Schriften des Deutschen Instituts für Urbanistik
Band 93

Stadt & Region –
Kooperation oder Koordination?

Ein internationaler Vergleich

herausgegeben von
Werner Heinz

mit Beiträgen von
Werner Heinz, E. Terrence Jones, Louise Quesnel,
Christian Lefèvre, Gordon Dabinett und A. M. J. Kreukels

Verlag W. Kohlhammer

Die Deutsche Bibliothek – CIP-Einheitsaufnahme

Stadt und Region : Kooperation oder Koordination? ; ein
internationaler Vergleich / Hrsg.: Werner Heinz. - 1. Aufl.. -
Stuttgart ; Berlin ; Köln : Kohlhammer; Stuttgart ; Berlin ; Köln :
Dt. Gemeindeverl., 2000
    (Schriften des Deutschen Instituts für Urbanistik ; Bd. 93)
    ISBN 3-17-016621-2

Redaktion:
Dipl.-Pol. Beate Hoerkens/Dipl.-Pol. Patrick Diekelmann

Übersetzungen:
Frank Deja/Werner Heinz

Textverarbeitung und Layout:
Kamilla Vuong/Christina Blödorn/Helga Eccles-James/Henrike Blau

Graphiken:
Rolando A. Laube/Dipl.-Geogr. Thomas Franke

Umschlaggestaltung:
Rother-Design, Berlin

Druck und Bindung:
MercedesDruck GmbH, Berlin

Dieser Band ist auf chlorfrei gebleichtem Papier gedruckt.

INHALT

4

VORWORT

Hintergrund und maßgeblicher Auslöser für die vorliegende Studie waren die im Deutschen Städtetag und einigen seiner Fachkommissionen ab der ersten Hälfte der 90er Jahre geführten Diskussionen: über veränderte auf Städte und Gemeinden zukommende Herausforderungen – von der Internationalisierung des Standortwettbewerbs und dem damit verbundenen Bedeutungsgewinn von Stadtregionen bis zur Regionalisierung von Fördermitteln auf Seiten der EU und einiger Bundesländer – einerseits und die daraus resultierende Notwendigkeit einer verbesserten Kooperation von Städten im regionalen Kontext andererseits. Die Betonung dieser Kooperationsnotwendigkeit ist zwar nicht neu, ihre praktische Umsetzung scheitert jedoch meist an den stets gleichen Restriktionen. Hierzu zählen insbesondere: vorhandene politisch-administrative Strukturen sowie Widerstände relevanter Akteure, die aus neuen Kooperationsansätzen Nachteile für sich und ihre Organisationen befürchten.

Zusammen mit der fortschreitenden Europäisierung und Internationalisierung städtischer Entwicklungsdeterminanten, Probleme und Politiken hat diese Erkenntnis den spezifischen Ansatz und das Ziel der Studie geprägt: Erweiterung der bundesdeutschen Debatte über intraregionale Kooperationsansätze durch Einbeziehung vorliegender ausländischer Erfahrungen. Zwischen diesem Ziel und der nun vorliegenden Arbeit lagen viele Schritte, die ohne die Mitwirkung einer Reihe von Akteuren nicht zu bewerkstelligen gewesen wären. Zu danken ist hier vor allem:

- den ausländischen Projektkooperanten, deren Mitwirkungsbereitschaft trotz vieler Korrektur- und Veränderungsvorschläge des Herausgebers nie nachgelassen hat,

- den Sponsoren einer im Februar 1998 in Bonn durchgeführten Veranstaltung, die eine fruchtbare Diskussion zwischen ausländischen Projektkooperanten sowie einer Reihe von Experten aus deutschen Städten und Regionen ermöglichte. Besonderer Dank gebührt hier den Städten Bonn, Dresden, Hannover, Karlsruhe und Lünen, dem Land Bremen, dem Großraumverband Hannover, der Kölner Flughafen AG, der T-Mobil Bonn als überaus großzügiger Gastgeberin sowie nicht zuletzt Margot Eisenreich (†), die für die organisatorische Vorbereitung der Veranstaltung zuständig war,

- Frank Deja für die ausgezeichnete Übersetzung der zum Teil sehr komplizierten ausländischen Texte,

- Christiane Hannemann, Dr. Paul von Kodolitsch und Prof. Heinrich Mäding für ihre kritische Lektüre von Manuskriptteilen sowie schließlich

- Kamilla Vuong, Helga Eccles-James und Henrike Blau, die mit großer Sorgfalt die alles andere als einfachen Textverarbeitungsaufgaben erledigt haben.

Köln, Februar 2000   Dr. Werner Heinz

ZUSAMMENFASSUNG

Gegenstand der Untersuchung

Die Zusammenarbeit benachbarter Städte und Gemeinden zählt – insbesondere in Ballungsräumen – zu den kommunalpolitischen Themen mit zyklisch wiederkehrender Bedeutung. Zuletzt stand das Thema in den späten 60er und frühen 70er Jahren bei der damaligen Gebietsreform im Zentrum der Diskussion; von den frühen 90er Jahren an hat es erneut an Relevanz gewonnen. Stadtregionen und Verdichtungsräume – so die Bundesregierung 1995 in ihrem Raumordnungspolitischen Orientierungsrahmen – werden als „regionale Wachstumsmotoren für die räumliche Entwicklung des Bundesgebiets insgesamt" erachtet; gefordert wird daher eine verbesserte interkommunale Zusammenarbeit im regionalen Kontext. Diese Forderung wird – ungeachtet der Tatsache, dass dieser Kontext keineswegs eindeutig definiert ist – in jüngerer Zeit zunehmend auch von anderen Akteuren erhoben: von den kommunalen Spitzenverbänden, von den Kammern und Verbänden der gewerblichen Wirtschaft, von Vertretern aus Politik und Verwaltung einzelner Kernstädte oder auch von Seiten der „scientific community", zu der insbesondere Verwaltungsjuristen und Vertreter der Politik- und Planungswissenschaften zählen. Grundlage dieser Forderungen sind vielerorts feststellbare Diskrepanzen zwischen einer zunehmenden funktionalen Verflechtung von Kernstädten und ihren Umlandgemeinden und kleinteiligen politisch-administrativen Strukturen innerhalb von Stadtregionen einerseits sowie eine gleichzeitig immer deutlicher werdende Ungleichverteilung von Lasten, Kosten und Einnahmen zwischen den kommunalen Gebietskörperschaften in diesen Räumen andererseits.

Zwischen Forderungen und realisierten Kooperationsansätzen in Stadtregionen klafft allerdings meist eine deutliche Lücke. Umfassende Reformvorschläge werden nur selten praktisch umgesetzt, meist scheitern sie an einer Reihe häufig wiederkehrender Restriktionen. Zu diesen zählen insbesondere steuerrechtliche Regularien, politisch-administrative Strukturen, praktische Widerstände kommunaler Mandats- und Funktionsträger, die Macht- und Kompetenzverluste befürchten, sowie nicht zuletzt die aktuellen Finanzprobleme vieler Gemeinden, die oft eher ein individuelles Sich-Abschotten wohlhabender Gemeinden als eine gemeinsame Kooperation begünstigen.

In dieser Situation erschien es sinnvoll, über die nationalen Grenzen zu blicken und der Frage nachzugehen, mit welchen Ansätzen und Formen der interkommunalen Kooperation in anderen westlichen Staaten auf die aktuellen Veränderungen und Herausforderungen für Städte und Stadtregionen reagiert wird. Die Einbeziehung ausländischer Erfahrungen bot sich auch an, weil die Europäische Union und ihre Politiken und Förderprogramme auf eine zunehmende Vereinheitlichung nationalstaatlicher Bedingungen zielen und sich gleichzeitig eine fortschreitende, weitgehend ökonomisch bestimmte und durch den Einsatz immer neuer Technologien beschleunigte Angleichung städtischer Entwicklungsdeterminanten, Probleme und Problemlösungsstrategien in den Industriestaaten Europas und Nordamerikas beobachten lässt. Aus der Auseinandersetzung mit Kooperationsansätzen in verstädterten Räumen dieser Staaten wurden daher Antworten auf Fragen erwartet, die in deutschen Stadtregionen bei der interkommunalen Zusammenarbeit von besonderer Bedeutung sind. Diese Fragen betreffen insbesondere

- den allgemeinen Hintergrund der Entstehung intraregionaler Kooperationsansätze (von den politisch-administrativen Ausgangsbedingungen bis zu den jeweiligen Befürwortern und Gegnern einer Kooperation),

- die wesentlichen Elemente und Merkmale von Kooperationsansätzen (von den jeweils beteiligten Akteuren und den Aufgabenschwerpunkten bis zu Organisationsformen und Finanzierungsmodi) sowie

- die mit einzelnen Kooperationsformen potenziell verbundenen Gefahren (von der zunehmenden Fragmentierung kommunaler Aufgabenbearbeitung bis zum Rückgang demokratischer Kontrolle und Legitimation).

Methodisches Vorgehen

Maßgebliche Auswahlkriterien für die am Projekt beteiligten Länder waren die jeweils gegebenen sozioökonomischen Rahmenbedingungen und Herausforderungen (diese sollten denen bundesdeutscher Städte und Regionen in wichtigen Dimensionen vergleichbar sein), die Existenz unterschiedlicher Kooperationsansätze in Stadtregionen und Verdichtungsräumen sowie ein ausreichender, die Entwicklung dieser Ansätze betreffender Erfahrungshintergrund.

Auf der Grundlage dieser Kriterien wurden fünf Staaten ausgewählt: Frankreich, die Niederlande, Großbritannien, Kanada und USA. Eine Einbeziehung drei weiterer Staaten – Italien, Schweden und der Schweiz – war gleichfalls beabsichtigt, ließ sich aber aus mehreren Gründen nicht realisieren.

Für die Darstellung und Analyse der in den projektbeteiligten Staaten vorliegenden Erfahrungen mit intraregionaler Kooperation waren dort ansässige Experten aus dem universitären Raum zuständig. Grundlage und Orientierungslinie für ihre Beiträge war ein umfangreiches strukturiertes Frageraster, das den aus deutscher Sicht interessierenden Fragestellungen Rechnung trug. Als Hintergrundfolie und zum besseren Verständnis der hiesigen Probleme und Entwicklungen wurde diesen ausländischen Erfahrungsberichten eine Skizze der deutschen Situation gegenübergestellt.

Zentrale Untersuchungsergebnisse

1. Interkommunale Kooperation in Stadtregionen ist in allen projektbeteiligten Nationen nichts Neues. Die ersten gesetzlichen Regelungen zur Einrichtung interkommunaler Zweckverbände gehen bis ins späte 19. Jahrhundert zurück, und in mehreren Staaten ist es zwischen den 50er und 70er Jahren dieses Jahrhunderts zu vielfältigen Kooperationsansätzen sowie unterschiedlichen Formen der administrativen Neuorganisation wie Eingemeindungen und Gemeindezusammenschlüssen gekommen.

   Neu sind allerdings, darauf wird übereinstimmend hingewiesen, die seit den 80er Jahren feststellbaren Veränderungen auf Seiten potenzieller Kooperationspartner. So wurden und werden in den meisten projektbeteiligten Staaten die kommunalen Gebietskörperschaften und ihre politisch-administrativen Strukturen den Prinzipien des New-Public-Management-Konzepts entsprechend modernisiert und reorganisiert. Ergebnis sind in der Regel eine zunehmende Fragmentierung der politisch-administrativen Strukturen auf lokaler Ebene und ein daraus resultierender erhöhter Kooperationsbedarf. Die Kooperationsansätze, mit denen diesem Bedarf entsprochen wird, sind meist funktionsspezifischer oder – auch dies ist eine neue Entwicklung – informeller Art. Eine Koordinierung dieser Aktivitäten auf regionaler Ebene wird zwar in zunehmendem Maße gefordert, eine praktische Umsetzung ist bisher allerdings nur selten erfolgt.

2. Die seit den späten 80er und frühen 90er Jahren in allen projektbeteiligten Nationen betonte Notwendigkeit einer verstärkten Kooperation auf kommunaler Ebene geht auf mehrere, teils immer wiederkehrende, teils zeitspezifische Gründe zurück. Hierzu zählen insbesondere

   - fragmentierte politisch-administrative Strukturen auf lokaler Ebene als Folge unterlassener oder auch erst kürzlich realisierter Gebietsreformen (für die erste Variante ist Frankreich ein Beispiel, für die zweite Großbritannien);

   - ein anhaltendes, auf der Dynamik der gesellschaftlichen und wirtschaftlichen Entwicklung beruhendes siedlungsstrukturelles Wachstum, das mit einer immer engeren funktionalen Verflechtung zwischen den einzelnen stadtregionalen Teilräumen (Kernstädten, alten und neuen Umlandgemeinden sowie „zwischenstädtischen" Siedlungsstrukturen) einhergeht. Dieser Entwicklung stehen tradierte Grenzen von kleinen und kleinsten Gemeinden in der Regel diametral entgegen;

   - sich ändernde, kommunale Grenzen gleichfalls überschreitende Aufgaben- und Problemstellungen (von der Planung und Steuerung der Siedlungsentwicklung über die regionale Wirtschaftsförderung bis zu Fragen eines übergreifenden Umweltschutzes);

- zunehmende, die Gesamtentwicklung von Stadtregionen bedrohende finanzielle Disparitäten zwischen Kernstädten, städtischer Peripherie und Umland als Folge einer räumlichen Ungleichverteilung von Lasten und Kosten einerseits sowie Einnahmen andererseits;

- eine auf supranationaler (Europäische Union) wie auch auf national- und bundesstaatlicher Ebene sich vollziehende, regionale Allianzen voraussetzende Regionalisierung von Fördermitteln;

- ein Bedeutungsgewinn der regionalen Ebene im Kontext des sich verschärfenden und internationalisierenden Wettbewerbs der Städte. Das oft nur schwer überschaubare Nebeneinander von unterschiedlichen Akteuren mit unterschiedlichen Kompetenzen und Zuständigkeiten erweist sich in diesem Zusammenhang als gravierender Nachteil; und schließlich

- Defizite und Unzulänglichkeiten bereits bestehender Kooperationsansätze. Diese reichen von unzureichender Aufgabenerfüllung über nicht mehr zeitgemäße räumliche Zuschnitte der Geltungsbereiche bis zu fehlender oder nur mittelbarer demokratischer Legitimation von Maßnahmen und Aktivitäten.

3. Zwischen potenzieller Notwendigkeit und praktischer Umsetzung von Kooperationsansätzen stehen zwei maßgebliche Variablen. Dies sind zum einen die jeweils existierenden politisch-administrativen Strukturen, zum anderen eine Reihe von vorwiegend öffentlich-rechtlichen Akteuren mit jeweils unterschiedlichen, bisweilen auch wechselnden Positionen, Interessen und Einflussmöglichkeiten. Die Umsetzung spezifischer Kooperationsnotwendigkeiten in praktische Formen der Zusammenarbeit ist damit stets das Ergebnis konkreter Akteursstrukturen und Machtverhältnisse und der unter diesen Bedingungen realisierbaren Kompromisse: zwischen Befürwortern, die aus den neuen Ansätzen Vorteile erwarten, und Gegnern, die Nachteile befürchten.

Trotz aller Unterschiede in den Staats- und Verwaltungssystemen der projektbeteiligten Staaten (infolge unterschiedlicher Formen der zentralstaatlichen oder föderalen Organisation) lassen sich jedoch sowohl bei den Initiatoren und Befürwortern als auch bei den Gegnern und Kritikern mit gewissen Vereinfachungen fast immer die gleichen Gruppen von Akteuren unterscheiden. Bei den Initiatoren und Befürworter sind dies

- die zentralstaatliche oder – in föderal organisierten Staaten – die Ebene der Bundesstaaten. Diese Akteure sind entweder an einer Effektivierung und Modernisierung der Verwaltungsstrukturen in Stadtregionen interessiert oder verbinden mit diesen Ansätzen die Absicht einer stärkeren Kontrolle der lokalen Ebene. Jüngste Beispiele aus Kanada und Großbritannien zeigen, dass die staatliche Ebene darüber hinaus Kooperationsansätze auch als Maßnahmen zur Dezentralisierung und Entlastung verstehen kann;

- Kernstädte und ihre politischen Repräsentanten. In Zeiten wirtschaftlicher Prosperität zählten diese meist zu den Gegnern von Kooperationsansätzen; Verluste an Wirtschaftskraft, Einwohnern und Einnahmen haben jedoch zusammen mit hohen Zentralitätskosten vielfach einen deutlichen Einstellungswandel bewirkt;

- die Wirtschaft und ihre Akteure. Diese sind meist an einer Vereinfachung politisch-administrativer Strukturen interessiert, da sie – hierfür sprechen vor allem US-amerikanische Erfahrungen – fragmentierte Entscheidungsstrukturen und -kompetenzen als kontraproduktiv erachten;

- fachlich involvierte Akteure und Medien mit spezifischen Zielen und Interessen. Diese reichen von der Realisierung transparenter und effektiverer Verwaltungsstrukturen bis zur Eröffnung neuer Beschäftigungsmöglichkeiten (im Falle freier Planer und Berater) oder neuer Absatz- und Anzeigenmärkte (im Falle lokaler Medien).

Auch auf Seiten der Gegner und Kritiker lassen sich vereinfacht vier Gruppen unterscheiden. Zu diesen zählen

- staatliche Mittelinstanzen und bestehende Gemeindeverbände. Diese gehören meist zu den schärfsten Gegnern von Kooperationsansätzen, da sie – vor allem wenn es um die Einrichtung neuer Gebietskörperschaften geht – einschneidende Kompetenz- und Machtverluste befürchten;

- Vorstädte und Umlandgemeinden. Diese Gebietskörperschaften und ihre maßgeblichen Funktions- und Mandatsträger befürchten gleichfalls Verluste an Macht, Einfluss und Funktionen, aber auch finanzielle Einbußen (als Folge der Beteiligung an den Zentralitätskosten der Kernstädte);

- Städtische Bewohner und Bewohnergruppen. Diese Akteure stehen umfassenden Kooperationsansätzen – hierfür sind die Referenda in den niederländischen Städten Amsterdam und Rotterdam ein Beispiel – in der Regel ablehnend gegenüber, da sie von diesen einen Rückgang an demokratischer Kontrolle, eine zu große Distanz zu administrativen Einrichtungen und auch einen Verlust an räumlicher Identität befürchten;

- die Fachwelt. Hier geht es weniger um eine allgemeine Ablehnung interkommunaler Kooperationsansätze als um eine ideologisch motivierte Kritik an bestimmten Formen der Zusammenarbeit. So kritisieren beispielsweise Anhänger des Public-Choice-Ansatzes umfassende Kooperationsansätze als schwerfällig und nicht mehr zeitgemäß, wärend die Protagonisten der Ge-

genseite an den Vorschlägen der Public-Choice-Anhänger demokratische Defizite, Kleinteiligkeit und mangelnde Überschaubarkeit monieren.

4. Wie die einzelnen nationalen Berichte zeigen, kann die Form der interkommunalen Kooperation sehr unterschiedlich ausfallen. Im konkreten Fall hängt sie von mehreren Einflussfaktoren ab: den spezifischen Problemen, Aufgaben und Anlässen; den lokalen Politik- und Verwaltungsstrukturen; den durch bundes- oder zentralstaatliche Politiken definierten Rahmenbedingungen und nicht zuletzt von den jeweils relevanten Akteuren und deren Kooperationsbereitschaft.

Trotz der durch das Zusammenwirken dieser unterschiedlichen Faktoren theoretisch möglichen Vielfalt an Formen lassen sich die meisten intraregionalen Kooperationsansätze in der Praxis nationalstaatenübergreifend einigen wenigen Typen zuordnen. Zu diesen Typen, die sich nach dem Grad der Institutionalisierung, dem Umfang der Aktivitäten und der Form der Organisation unterscheiden, zählen

■ nicht öffentlich-rechtlich institutionalisierte Formen der Kooperation, das heißt informelle oder privatrechtlich organisierte Kooperationsansätze;

■ die auf eine Aufgabe oder ein Vorhaben beschränkte institutionalisierte Zusammenarbeit zwischen meist nur wenigen Gemeinden (von funktionsspezifischen Organisationseinheiten in Deutschland bis zu den Syndicats Intercommunaux à Vocation Unique in Frankreich);

■ die vor allem in verstädterten Regionen anzutreffende multisektorale, unterschiedliche Aufgaben und Leistungen kombinierende Kooperation einer Vielzahl von Gemeinden in Verbandsform sowie schließlich

■ der Zusammenschluss von Städten und Gemeinden in neuen Gebietskörperschaften (durch Eingemeindungen oder Bildung von Gemeindeverbänden).

In einigen Staaten ist es darüber hinaus zu meist staatlich initiierten Sonderformen der Kooperation – wie stadtregionalen Planungsverbänden in den USA (Metropolitan Planning Organisations) oder großraumorientierten Koordinierungsinstanzen (Services Boards) in Kanada – gekommen. Zu diesen Sonderformen zählt auch die Zusammenarbeit zwischen unterschiedlichen Maßnahmeträgern (Inter-Agency-Collaborations) in Großbritannien.

Zu den ältesten und in den meisten Staaten am weitesten verbreiteten Typen der Kooperation zählen Eingemeindungen sowie aufgabenspezifische Kooperationsansätze. Letztere lassen sich zwar vergleichsweise leicht und situationsadäquat realisieren, tragen aber – und hierfür sind die französischen und englischen Erfahrungen deutliche Belege – zu einer zusätzlichen Fragmentierung politisch-administrativer Strukturen auf kommunaler Ebene bei. Eingemeindungen werden jedoch gegenwärtig – mit Ausnahme von Ostdeutschland – aufgrund der zu erwartenden politischen Widerstände kaum noch realisiert.

Einen deutlichen Anstieg haben in den letzten Jahren im Zuge von New-Public-Management- und Public-Choice-Konzepten informelle und öffentlich-private Kooperationsansätze erfahren. Sie lassen sich ebenso wie aufgabenspezifische Kooperationsansätze relativ leicht einrichten und den spezifischen Anforderungen des Einzelfalls entsprechend konzipieren. Nachteile dieser Ansätze sind neben der weiteren Fragmentierung auf kommunaler Ebene und der daraus für die Bürger resultierenden erhöhten Unübersichtlichkeit ein Rückgang an demokratischer Kontrolle (durch Übertragung öffentlicher Aufgaben an nicht legitimierte Kooperationsorgane) sowie eine weitgehende Beschränkung auf unstrittige Aufgaben und Probleme.

Der Typus der multisektoralen und räumlich umfassenden Kooperation, der dem steigenden Koordinierungsbedarf in Stadtregionen Rechnung trägt, ist – trotz der immer wieder betonten Notwendigkeit – in allen projektbeteiligten Staaten vergleichsweise selten realisiert worden. Eine Ausnahme bildet hier allein Frankreich: mit einem gestuften System von Verbandstypen, die über jeweils unterschiedliche Kompetenzen und Ressourcen verfügen (von den Communautés de Communes bis zu den Communautés d'Agglomération). Einen Bedeutungsgewinn verzeichnet dieser Typus auch in Großbritannien seit dem Regierungswechsel im Jahre 1997.

Form, Organisation und Verbreitungsgrad räumlich umfassender und multisektoraler Kooperationsansätze hängen in starkem Maße von den Verwaltungs- und Politikstrukturen der jeweiligen Nationalstaaten ab. Während in Zentralstaaten wie Frankreich oder den Niederlanden staatlich vorgegebene Kooperationstypen für das gesamte Land gelten, kommt es in föderal verfassten Staaten wie Deutschland oder den USA stets zu situationsspezifischen Einzellösungen.

5. Aufgaben und Aktivitäten interkommunaler Kooperationsansätze decken ein breites inhaltliches Spektrum ab. Dieses reicht von der regionsweiten räumlichen Planung über Ver- und Entsorgungswirtschaft und Verkehrswesen bis zum Gesundheits- und Bildungssektor sowie zu Kultur- und Freizeitinfrastruktur. Grundsätzlich können alle kommunalen Aufgaben, soweit keine rechtlichen Hinderungsgründe bestehen, Gegenstand der Zusammenarbeit sein.

Trotz aller Vielfalt der Kooperationsaktivitäten lassen sich auch hier in den meisten untersuchten Nationalstaaten einige immer wiederkehrende Gemeinsamkeiten feststellen. Bei aufgabenspezifischen und meist nur wenige Gemeinden umfassenden Organisationseinheiten – die für die Mehrzahl aller Kooperationsansätze kennzeichnend sind– stehen in der Regel Umsetzungs- und Trägerschaftsaufgaben im Ver- und Entsorgungssektor oder im öffentlichen Personennahverkehr im Vordergrund. Eine zunehmend wichtige Rolle spielt bei diesen Aktivitäten in jüngerer Zeit auch die Zuständigkeit für Kultur-, Sport- und Freizeiteinrichtungen.

Das Aufgabenspektrum bei multisektoralen, im stadtregionalen Kontext operierenden Kooperationsansätzen ist demgegenüber wesentlich breiter angelegt und umfasst Koordinierungs-, Beratungs-, Umsetzungs-, Management- und Trägerschaftsaufgaben in den unterschiedlichsten inhaltlichen Bereichen. Wenn es allerdings um Fragen der faktischen Durchsetzung geht, beschränkt es sich meist gleichfalls auf nur einige wenige Aufgabenfelder. Dies sind überwiegend „weiche" Bereiche wie Planungs-, Koordinierungs- und Beratungsleistungen oder Öffentlichkeitsarbeit, mit denen weder strittige Fragen der Verteilung von Lasten und Kosten noch weitreichende Eingriffe in die Zuständigkeiten etablierter Institutionen und Organisationen verbunden sind. „Harte" Aufgaben wie operative und Trägerschaftsleistungen stoßen hingegen häufig – dies zeigen insbesondere die Erfahrungen deutscher Verbände – auf den expliziten Widerstand vor allem kleinerer Mitgliedsgemeinden. Das Durchsetzungsvermögen von Verbänden ist in solchen Fällen allerdings nur gering, da sie weder über Sanktionspotenziale noch über eigene Ressourcen und damit Tauschpotenziale, wie z.B. Geldmittel, Boden oder Genehmigungsrechte, verfügen. Diese Erfahrungen haben bei neueren Ansätzen wie dem Greater Toronto Services Board oder dem Gemeindeverband Region Hannover zu einer klareren Trennung geführt: zwischen übergreifenden regionalen Koordinierungs- und Planungsaufgaben einerseits und konkreten lokalen Umsetzungsleistungen andererseits.

6. Die Finanzierung interkommunaler Kooperationsansätze ist von mehreren Faktoren abhängig: von Aufgaben- und Problemstellung, Kooperationsform, Akteuren usw.; den übergreifenden Rahmen bildet jedoch in jedem Fall das jeweilige nationale Finanzsystem. Bei den meisten Kooperationsansätzen werden mehrere Finanzierungsquellen miteinander verknüpft; nur wenige Ansätze sind von einer einzigen Finanzierungsquelle abhängig.

Trotz aller nationalen Unterschiede und Besonderheiten sind die potenziellen Finanzierungsquellen in den projektbeteiligten Staaten im Wesentlichen die gleichen. Sie umfassen

- Gebühren und Beiträge, die von den Nutzern der jeweils bereitgestellten Leistungen erhoben werden;

- Umlagen, die von den einzelnen Verbandsmitgliedern zu entrichten sind. Diese Finanzierungsform geht in der Praxis allerdings oft mit Verteilungskonflikten einher, deren Wahrscheinlichkeit mit steigender Umlagenhöhe und wachsender Zahl der Verbandsmitglieder deutlich zunimmt;

- Zuschüsse und Zuweisungen von bundes- oder zentralstaatlicher Ebene. Diese Mittel kommen in der Regel neben anderen Finanzierungsquellen zum Tragen, stellen sie jedoch – wie bei den Metropolitan Planning Organisations in den USA – die Hauptfinanzierungsquelle, kann damit sowohl eine starke inhaltliche Abhängigkeit der geförderten Ansätze als auch (im Falle veränderter politischer Schwerpunktsetzungen) eine existenzielle Gefährdung verbunden sein;

- eigene Steuereinnahmen. Diese sichern Kooperationsansätzen den höchsten Grad an Autonomie, sind aber in der Praxis außerhalb Frankreichs (Communautés Urbaines, Communautés de Villes usw.) und der USA (Special Districts) eine Ausnahmeerscheinung geblieben. Ausnahmen sind auch die in einigen wenigen Fällen gleichfalls in den USA und Frankreich eingerichteten regionalen Steuerpools für Grund- oder Gewerbesteuereinnahmen.

7. Der räumliche Zuschnitt von Kooperationsansätzen orientiert sich in der Regel an den Gebietsgrenzen der jeweiligen Mitgliedskörperschaften. Bei aufgabenspezifischen Organisationseinheiten ist diese Grenzziehung in Bezug auf den Einzelfall meist unproblematisch, schließlich zählt ein „maßgeschneiderter" räumlicher Zuschnitt zu den besonderen Merkmalen dieser Ansätze. Probleme wirft die Grenzziehung jedoch häufig im regionalen Kontext auf, und zwar immer dann, wenn – wie in den meisten Ballungsräumen üblich – mehrere Kooperationsansätze mit jeweils spezifischen Kombinationen von Akteuren und unterschiedlichen Gebietszuschnitten nebeneinander existieren und damit ein verwirrendes Konglomerat sich überschneidender territorialer Zuständigkeiten entsteht.

Die räumliche Abgrenzung regionsorientierter Ansätze mit vielfältigen Aufgabenfeldern wird oft vor allem deshalb als problematisch erachtet, weil für die einzelnen Funktions- und Aufgabenbereiche – vom Ver- und Entsorgungswesen über den Wohnungsmarkt bis zur Kultur- und Freizeitinfrastruktur –jeweils unterschiedliche Einzugsbereiche bestehen. Ein Blick in die Praxis zeigt allerdings, dass für den räumlichen Zuschnitt regionsorientierter Ansätze häufig weniger funktionale Kriterien als politische Zweckmäßigkeitsüberlegungen ausschlaggebend sind. Dabei können historische Bezüge oder parteipolitische Unterschiede und Differenzen ebenso eine Rolle spielen wie Probleme zwischen Kernstadt und Umlandgemeinden oder ökonomische Disparitäten und Konkurrenzen zwischen potenziellen Kooperationspartnern.

8. Formell organisierte Kooperationsansätze verfügen in der Regel über eine operative Einheit (Geschäftsstelle) sowie über Entscheidungsorgane, deren Mitglieder sich aus Vertretern der jeweiligen Kooperationspartner zusammensetzen. Letztere sind meist kommunale Gebietskörperschaften; es können jedoch auch andere Verwaltungsebenen sein – wie bei einigen französischen Kooperations-

ansätzen – oder von der Zentralregierung im Verbandsgebiet installierte Institutionen und Organisationen – wie bei englischen Inter Agency Collaborations.

Die Vertreter kommunaler Gebietskörperschaften in den Entscheidungsorganen verbandsmäßig organisierter Kooperationsansätze werden in der Mehrzahl der Fälle nach dem Delegationsprinzip bestimmt. Ob es sich dabei um Stadt- und Gemeinderäte oder um die Verwaltungsspitzen der jeweiligen Mitgliedskommunen handelt, ob die Delegierten über ein freies Mandat verfügen oder aber an die Weisungen der sie entsendenden Vertretungskörperschaften gebunden sind, hängt von den Verbandsstatuten im Einzelfall ab. Eine Direktwahl der Mitglieder von Entscheidungsorganen findet bisher nur bei einigen wenigen multisektoralen Verbänden statt. Beispiele hierfür gibt es insbesondere in Kanada und Deutschland.

Dieser Mangel an unmittelbarer demokratischer Kontrolle bei den meisten formellen Kooperationsansätzen wird jedoch infolge der quantitativen Zunahme derartiger Ansätze und ihres deutlichen Kompetenz- und Einflussgewinns im Bereich öffentlicher Aufgaben und Angelegenheiten zunehmend als problematisch erachtet. Wesentlich problematischer ist unter dem Gesichtspunkt der demokratischen Legitimation allerdings eine weitere Entwicklung: die Zunahme informeller oder öffentlich-privater Kooperationsansätze, bei denen die Mitglieder der Entscheidungsorgane allein nach funktionalen Kriterien bestimmt werden und keinerlei demokratischer Kontrolle unterliegen.

9. Ende der 90er Jahre, dies lässt sich zusammenfassend feststellen, ist interkommunale Kooperation in Stadtregionen in den meisten projektbeteiligten Staaten durch zwei unterschiedliche, mit einem jeweils anderen Verständnis des öffentlichen Sektors und seiner Funktionen einhergehende Entwicklungstrends gekennzeichnet:

- zum einen eine deutliche Zunahme aufgaben- und projektspezifischer formeller sowie in ihrem räumlichen und inhaltlichen Umfang unterschiedlich konzipierter informeller Ansätze,

- zum anderen eine, meist nur punktuelle Renaissance regionsweit operierender und nicht allein auf Kooperation, sondern insbesondere auf Koordination setzender Formen der Zusammenarbeit. Diese Ansätze konzentrieren sich in der Regel auf wirtschaftlich relevante Stadtregionen, die starkem internationalem Konkurrenzdruck ausgesetzt sind.

Der erste dieser beiden Trends ist in den meisten projektbeteiligten Staaten Bestandteil und Ergebnis des aktuellen, auf neoliberalen Reformansätzen wie New Public Management und Public Choice und deren Zielen und Prinzipien beruhenden Modernisierungsprozesses kommunaler Verwaltungen. Der „Boom" kleinteiliger und/oder informeller Kooperationsansätze kann aber auch auf nationalspezifischen Besonderheiten – wie fragmentierten Verwaltungsstrukturen in Frankreich und Ostdeutschland oder parteipolitischen Zielvorstellungen im Großbritannien der 80er und 90er Jahre – beruhen. Das Ergebnis für Stadtregionen und Verdichtungsräume ist trotz unterschiedlicher Ursachen jedoch meist gleich: ein immer schwerer zu überschauendes Nebeneinander von kommunalen Gebietskörperschaften, staatlichen und regionalen Organisationen und Institutionen sowie öffentlich-rechtlich, privatrechtlich oder informell organisierten Kooperationsansätzen mit jeweils unterschiedlichen Akteuren, Aufgaben und Gebietszuschnitten. Zur Beschreibung dieser Situation wurde bereits in den 70er Jahren in den USA der Begriff des Urban Governance geprägt. Für den Urheber dieses Begriffs, den US-amerikanischen Stadtforscher Victor Jones, bezeichnete Urban Governance eine neue und spezifische Form des politisch-administrativen Geschehens in Ballungsräumen, deren Funktionsfähigkeit er allerdings von einer maßgeblichen Voraussetzung abhängig machte: der Existenz einer regionsweit operierenden Instanz zur Koordinierung der „numerous special-purpose bodies in the region".

Der zweite Entwicklungstrend, das heißt der Bedeutungsgewinn regionsorientierter Kooperationsansätze, macht sich bis jetzt – mit Ausnahme von Frankreich – nur punktuell und konzentriert auf wenige wirtschaftlich relevante Stadtregionen bemerkbar. Beispiele hierfür sind die Reformansätze in Stuttgart und Hannover, der Zusammenschluss von Toronto mit seinen Nachbarstädten, die Einrichtung des Greater Toronto Services Board, die beabsichtigte Einrichtung von Stadtprovinzen für die Städte Rotterdam und Amsterdam in den Niederlanden, die geplante Einrichtung der Greater London Authority in Großbritannien sowie die Installierung eines besonderen Verbandstyps in Frankreich für Verdichtungsräume mit mehr als 500 000 Einwohnern (Communautés d'Agglomération). Diese Ansätze sind meist als Reaktionen auf die zunehmende Intransparenz der institutionellen und organisatorischen Strukturen von Stadtregionen zu verstehen und ein Beleg für den engen Zusammenhang zwischen kleinteiligen Kooperations- und übergreifenden Koordinationsformen. Je größer die Zahl punktueller, auf einzelne Aufgaben konzentrierter oder auch informeller Ansätze ist, desto höher wird der Bedarf an übergreifenden Instanzen zur Steuerung und Koordinierung im stadtregionalen Kontext.

10. Interkommunale Kooperationsansätze in Stadtregionen waren und sind das Ergebnis einer Vielzahl von Einflußfaktoren, deren Spektrum von politischen Schwerpunktsetzungen und ökonomischen Erfordernissen bis zu administrativen Strukturen und räumlich-funktionalen Veränderungen reicht. Kooperationsansätze und ihre Formen werden daher auch in Zukunft von der Entwicklung dieser Faktoren und Rahmenbedingungen abhängen, das heißt unter anderem von

- dem künftigen Selbstverständnis der öffentlichen Hand. Werden sich öffentliche Akteure wieder stärker als regulierende und koordinierende Instanzen oder aber vor allem als Marktteilnehmer und Moderatoren gesellschaftlicher Entwicklungsprozesse verstehen?

- der Entwicklung der kommunalen Ebene und der aktuell bedeutsamen, ihre politischen und administrativen Strukturen maßgeblich beeinflussenden Reformvorhaben;

- der Rolle, die verstädterte Regionen im nationalen und internationalen Kontext künftig spielen werden;

- den für diese Räume und ihre Entwicklung maßgeblichen Akteuren, ihren Interessen und Präferenzen und schließlich

- der Entwicklung der internen politisch-administrativen Strukturen in den jeweiligen Nationalstaaten.

Alle diese Faktoren stehen gegenwärtig zur Diskussion. Antworten darauf, wie sie sich entwickeln werden, sind allenfalls spekulativer Natur. Fest steht allerdings schon jetzt, dass es auch in Zukunft nicht den für alle Regionen und Situationen adäquaten Ansatz geben wird. Es ist daher auch weiterhin ein Nebeneinander von aufgabenspezifischen Funktionseinheiten, informellen Netzwerken, multisektoralen Verbänden und ballungsraumspezifischen Gebietskörperschaften zu erwarten. Offen ist allerdings, welche Bedeutung die unterschiedlichen Kooperationstypen im Einzelnen einnehmen werden, ob ihre immer wieder geforderte Koordination im stadtregionalen Kontext künftig eine größere Rolle spielen wird als gegenwärtig und sich damit die Chance eröffnet, dass – frei nach Marx – Stadtregionen „an sich" zu Stadtregionen „für sich" werden.

City and Region – Cooperation or Coordination? An International Comparison[*]

Subject of the Study

Cooperation between neighbouring cities and municipalities – especially in urban agglomerations – is a recurring concern in the debate on local government. It was the focus of attention in the late 60s and early 70s in the context of the territorial reorganization of local government, and has again become important since the early 90s. Metropolitan areas and urban agglomerations – according to the Federal Government's 1995 Guideline for Federal Regional Development Policy – are considered to be „regional engines of economic growth for the spatial development of the national territory as a whole"; better cooperation between local governments in the regional context is thus required. Although the context is far from clearly defined, this demand has been increasingly articulated in recent times by other actors, from local government umbrella organizations, trade and professional associations, politicians and administrators from certain core cities, and also by academe, particularly administrative lawyers, political scientists, and planning experts. It arises from the frequent incongruities between the increasing functional interdependence of core cities and surrounding areas, disjoined political and administrative structures within metropolitan areas, and growing maldistribution of burdens, costs, and revenues among the local authorities they encompass.

There is a marked discrepancy between demands and the cooperative approaches implemented in urban regions. Far-reaching proposals for reform are seldom put into practice. They usually fall victim to a number of frequently recurring restrictions, including tax issues, political and administrative structures, practical opposition from local government officials and representatives afraid of forfeiting power and authority, and, not least of all, the current financial problems facing many municipalities: well-to-do communities often prefer splendid isolation to cooperation.

In this situation it seemed useful to look beyond national boundaries to see what approaches other Western countries have adopted and how they are reacting to the changes and challenges confronting cities and metropolitan areas. Considering the experience of other countries is important because European Union policies and

---

[*] Übersetzung: Rhodes Barrett.

development programmes envisage increasing approximation of national conditions, and the determinants of urban development, the problems involved, and the strategies adopted to solve them, driven largely by economic factors and accelerated by the deployment of state-of-the-art technologies, are increasingly similar in the industrial countries of Europe and North America. An examination of cooperative approaches in the urbanised areas of these countries could therefore be expected to answer questions particularly relevant for cooperation between local governments in German urban regions. The questions to be examined included the following:

- the general background to the origin of intraregional cooperative approaches (from the political and administrative setting to the proponents and opponents of cooperation);

- the key elements and attributes of cooperative approaches (from actors and areas of activity to organisational forms and modes of financing);

- the potential risks of the various forms of cooperation (from increasing fragmentation of local government activities to the loss of democratic control and legitimation).

Procedure

The countries to be included in the project were selected essentially on the basis of socio-economic conditions and problems (important dimensions were to be comparable with those of German cities and regions), the existence of different cooperative approaches in metropolitan areas and conurbations and sufficient experience in the development of such approaches.

Five countries were finally chosen: France, Netherlands, Britain, Canada, and the United States. Three further countries, Italy, Sweden, and Switzerland, were to have been included, but for a number of reasons this was not feasible.

University experts located in the participating countries were entrusted with the presentation and analysis of their countries' experience with intraregional cooperation. Their contributions were based on and guided by a comprehensive, structured set of questions that took into account the issues of interest from a German perspective. A sketch of the German situation provided a comparative backdrop to enhance understanding of German problems and developments.

Central Findings of the Study

1. Inter-authority cooperation in urban regions is not new in any of the countries under study. The first legislation to establish inter-authority special-purpose associations goes back to the late 19th century, and in many countries a wide range of cooperative approaches and various forms of administrative reorganisation like annexation and amalgamation were realised between the 50s and the 70s.

    What is new, however, as all reports agree, are the changes that have occurred since the 80s in the potential collaborators. In most of the countries under study, local authorities and their political and administrative structures have been undergoing modernisation and reorganisation in keeping with New Public Management principles. As a rule, the outcome has been increasing fragmentation in local political and administrative structures, making cooperation between local authorities all the more important. The cooperative approaches established to meet this need are usually single purpose, or – a new development – informal. Although there is a growing demand for the regional coordination of activities, practical implementation has rarely been successful.

2. The need felt in all the countries under study since the late 80s and early 90s for greater cooperation at the local government level has been caused by a number of persistent, often time-specific causes:

    ■ Fragmented local political and administrative structures resulting from lacking or tardy territorial reorganisation (France is an example for the first, Britain for the second).

    ■ Sustained enlargement of the built environment driven by the dynamics of social and economic growth and accompanied by ever closer functional interdependence between metropolitan entities (core cities, old and new outlying communities and „inter-urban" settlement structures). The traditional boundaries of small and ultra-small communities are diametrically opposed to this development.

    ■ Changing, cross-boundary functions and problems (from the planning and control of the built environment to regional economic development and areawide environmental protection issues).

    ■ A growing financial divide between core cities, suburbs and surrounding areas that threatens the overall development of urban regions, and which results from disequilibrium in the distribution of burdens, costs and revenues.

    ■ The regionalisation of financial support at both the supranational (EU), national, and state levels, which presupposes regional alliances.

- The increasing importance of the regional level in the growing and increasingly international competition between cities. The often confusing co-existence of different actors with differing competencies and responsibilities proves to be a serious disadvantage.

- Finally, deficits and inadequacies in existing cooperative approaches. They include inadequate functional performance, obsolete boundaries, and lacking or only indirect democratic legitimation for their authority and activities.

3. Two key variables stand between the need for cooperation and the necessary consequences: first, existing political and administrative structures, and, second, a number of mainly public actors with varying, sometimes variable positions, interests, and influence. The transformation of specific needs for cooperation into practical forms of cooperation is thus always determined by specific actor and power constellations and by the potential for compromise under the given circumstances: between proponents, who expect benefits from the new approaches, and opponents, who fear disadvantages.

Despite the differences in the constitutional and administrative systems of the countries under study (due to different forms of centralised or federal organisation), the same groups of actors can, with some simplification, almost always be distinguished among both initiators and proponents and opponents and critics. Initiators and proponents:

- Central government or – in federal states – federal government. These actors are either interested in optimising and modernising administrative structures in metropolitan areas or expect cooperative approaches to permit greater control over the local level. The most recent instances from Canada and the United Kingdom show that central/federal government can also regard cooperative approaches as moves towards decentralisation and devolving the burden of government.

- Core cities and their political representatives. In periods of economic prosperity, they are mainly opposed to cooperative approaches; however, the loss of economic capacity, population, and revenues, together with the high cost of providing core city services have often brought about a change of mind.

- Industry and its actors. They are mostly interested in simplifying political and administrative structures, because, as experience in the United State has shown, fragmented decision-making structures and competencies prove counterproductive.

- Professionally involved actors and media with specific objectives and interests. They range from transparent and more effective administrative structures to new employment opportunities (in the case of freelance planners and consultants) or new sales and advertising markets (in the case of local media).

In simplified terms, four groups can also be distinguished among opponents and critics:

- Middle-tier government and existing associations of local authorities. They are usually among the strongest opponents of cooperative approaches, because, especially when the establishment of new territorial authorities are involved, they fear a drastic loss of competencies and power.

- Suburban governments and outlying communities, which, with their key officials and representatives also fear losing power, influence, and functions, not to mention financial losses (due to the obligation to share the cost of core-city services).

- Urban residents and population groups. These actors generally oppose comprehensive cooperative approaches – as the referendums in Amsterdam and Rotterdam show – because they fear a loss of democratic control, greater distance to administrative institutions, and also a loss of local identity.

- The experts. They do not display general opposition to inter-authority cooperative approaches so much as ideologically motivated criticism of certain forms of cooperation. For example, advocates of the public choice approach reject cooperative approaches as cumbersome and no longer up-to-date, whereas proponents accuse the proposals of public choice supporters as democratically deficient, too narrow in scope, and too complex.

4. As the national reports show, intraregional cooperation can take very different forms, depending on specific problems, tasks, and releasing factors; on local political and administrative structures; on the regulatory setting laid down by federal or central government; and, last but not least, on the specific actors and their readiness to cooperate.

Despite the multiple forms these different factors make possible in theory, only a few types of crossborder intraregional cooperative approaches have come to fruition. They differ in the degree of institutionalisation, the scope of activities, and organisational form:

- Non-public institutionalised forms of cooperation, i.e., informal or privately organised cooperative approaches.

- Single function or single project institutionalised cooperation between usually only a few entities (from special-purpose organisational units in Germany to the „syndicats intercommunaux à vocation unique" in France).

- Multisectoral cooperation between numerous authorities in the form of an association, covering various activities and services, and occurring mostly in urbanised regions.

- Finally, the consolidation of cities and towns to form new units (through annexation or the formation of associations of local authorities).

Moreover, some countries prefer mostly government initiated special forms of cooperation – like the metropolitan planning organisations in the United States or the Canadian services boards, regional coordination bodies. These special forms include British inter-agency collaborations.

Among the oldest and most widespread types of cooperation are annexation and special-purpose cooperative approaches. The latter are comparatively easy to set up in appropriate form, but, as French and British experience clearly shows, they contribute to the further fragmentation of political and administrative structures at the local government level. With the exception of East Germany, annexation is not a real option at present owing to the anticipated political resistance.

In the context of new public management and public choice concepts, informal and public-private cooperative approaches have become much more frequent in recent years. Like single-purpose approaches, they are relatively easy to set up and design for the particular situation. Their disadvantages, besides further local government fragmentation and the consequent complexity for the public, are a decline in democratic control (through the transfer of public functions to non-legitimised cooperative bodies) and restriction to largely uncontroversial activities and problems.

Although the need for multisectoral and areawide cooperation that takes into account the growing need for coordination in urban agglomerations is widely recognised and repeatedly advocated, it is comparatively rare in all the countries under study. France is the sole exception. With a graded system of association types with varying competencies and resources (from the communautés de communes to the communautés d'agglomération). This type has become more important in Britain since the change of government in 1997.

The form, organisation, and frequency of areawide and multisectoral cooperative approaches depend in large measure on the administrative and political structures of the country concerned. Whereas in centralised countries like France or the Netherlands, government-imposed cooperation types apply throughout the country, situation-specific solutions are always taken in federal countries like Germany or the United States.

5. Intraregional cooperative approaches cover a wide spectrum of functions and activities including regionwide spatial planning, utilities, sewage and refuse disposal, transport, health, education, and the cultural and recreational infrastructure. In principle, all local government functions can be handled in cooperation unless there are legal obstacles to such arrangements.

   Despite the multitude of cooperative activities, most of the countries under study displayed a number of common features. Single-purpose units covering only a few communities – the majority of all cooperative approaches – are mostly concerned with utilities, waste disposal, or public transport. In recent years, responsibility for cultural, sporting, and recreational facilities has been increasingly important, too.

   In contrast, the spectrum of multisectoral cooperative approaches operating within the metropolitan area is substantially broader, including coordination, consulting, implementation, management, and operation oriented activities. However, when it is a matter of actually putting them into effect, they are mostly restricted to a few functions, predominantly „soft" activities like planning, coordination, consulting, or public relations, which involve neither controversial issues of burden and cost distribution nor far-reaching encroachment on the jurisdiction of established institutions and organisations. As the experience of German associations of local authorities has shown, „hard" fields like operational and operation oriented activities often meet with explicit resistance especially from smaller member authorities. However, in such cases, local authority associations have little clout, since they have neither the means to impose sanctions nor resources of their own, and thus nothing to offer in exchange, like money, land or permits. In more recent approaches, like the Greater Toronto Services Board or the Gemeindeverband Region Hannover, the result has been a clear separation of functions, between regionwide coordination and planning and specific local implementation.

6. The financing of intraregional cooperative approaches depends on several factors: on the activities and problems involved, on the form cooperation takes, on the actors concerned, etc. In any case, the given national financial system provides the general setting. Most cooperative approaches rely on several sources of finance; only few are funded from a single source.

   Despite national differences and particularities, all the countries under study offer essentially the same potential sources of financing:

   ■ Charges and contributions paid by the users of the services offered.

- Levies payable by member authorities. In practice, however, this form of financing often provokes allocation conflicts, which grow in intensity and frequency with increasing volume and membership.

- Grants and allocations from federal or central government. As a rule, such funds complement other sources of revenue. If, as in the case of the American metropolitan planning organisations, they are the main source of income, they can produce heavy substantive dependence and (in the event of shifts in policy) a threat to the existence of the organisation.

- Independent tax revenues. They provide the highest degree of autonomy for cooperative approaches, but remain the exception. Only in France (communautés urbaines, communautés de villes, etc.) and the United States (special districts) do they play an important role.

7. The territorial scope of cooperative approaches is generally determined by the boundaries of member authorities. For special-purpose entities, such boundaries are usually unproblematic in the particular case. „Tailor-made" boundaries are among the specific properties of such approaches. But boundaries often become a problem in the regional context whenever – as is usual in most urban agglomerations – several cooperative approaches with specific combinations of actors and differing boundaries co-exist, producing a confusing conglomerate of overlapping territorial jurisdictions.

The territorial definition of regionwide multipurpose approaches is often considered problematic, especially because catchment areas differ for the various functions and activities – whether utilities, sewage and refuse disposal, housing, or cultural and recreation amenities. However, a glance at practical implementation shows that boundaries for regional approaches are determined less by functional criteria that by considerations of political expediency. Historical or party political considerations can play a role, as can conflicts between the core city and outlying communities, or economic disparities and competition between potential cooperation partners.

8. Formally organised cooperative approaches generally have an operational unit (central office) and decision-making institutions, composed of representatives of the cooperation partners. The latter are mostly municipalities, but other administrative levels can be involved – as in some French cooperative approaches – or institutions and organisations installed in the association area by central government – like the British inter-agency collaborations.

In the majority of cases, the representatives of local authorities in the decision-making institutions are delegates. Whether they are city or town councillors or top administrative officers of member authorities, whether they are bound by the instructions of the bodies that have appointed them or not depends on the statutes of the specific association. As yet, decision-making institutions have been directly elected in only a few multisectoral associations. There are examples especially in Canada and Germany.

This lack of direct democratic control is considered increasingly problematic in most formal cooperative approaches because of the growing number of such approaches and the marked increase in their competencies and influence in public activities and affairs. However, from the point of view of democratic legitimation, another development is much more problematic, namely the increase in informal public-private cooperative approaches, in which the members of decision-making bodies are determined only by functional criteria, and which are subject to no sort of democratic control.

9. In brief, cooperation between metropolitan area local authorities in the late 90s was characterised in most of the countries under study by two trends indicating different attitudes towards the public sector and its functions:

- First, a marked increase in single-purpose and single-project formal approaches as well as in informal approaches differing in territorial and substantive scope.

- Second, a mostly only sporadic renaissance in regionwide forms of cooperation relying not only on collaboration but especially on coordination. Such approaches are generally concentrated in economically relevant metropolitan areas exposed to strong international competition.

In most of the countries under study, the first of these two trends is a component and result of the ongoing modernisation of local government institutions in the context of neoliberal reform approaches such as new public management and public choice. The boom in narrow scope and/or informal cooperative approaches can, however, also be attributed to specifically national factors – such as fragmented administrative structures in France and East Germany or party political objectives in the Britain of the 80s and 90s. Despite different causes, however, the result is usually the same in metropolitan areas and conurbations: a more and more bewildering tangle of municipalities, governmental and regional organisations and institutions, and public, private, or informal cooperative approaches with differing actors, functions, and jurisdictions. To describe this situation, the term „urban governance" was coined as long ago as the 70s by the American urbanist Victor Johnes, who defined urban governance as a new and specific form of political and administrative activity in urban agglomerations, whose viability he considered to depend on one important precondition: the existence of a region-wide institution to coordinate the „numerous special-purpose bodies in the region".

Except in France, the second trend – the increasing importance of regionwide cooperative approaches – is only sporadic and restricted to a few economically significant metropolitan areas. Important examples are the reform approaches in Stuttgart and Hanover, the merging of Toronto with neighbouring communities, the establishment of the Greater Toronto Services Board, the planned metropolitan provinces for Rotterdam and Amsterdam in the Netherlands, the Greater London Authority in Britain, and the establishment of a special type of local authority association in France for conurbations with a population in excess of 500 000 (communautés d'agglomération). In general, these approaches can be seen as a reaction to the growing opacity of institutional and organisational structures in metropolitan areas, and evidence for the close link between narrow-scope cooperation and overarching forms of coordination. The greater the number of isolated, single-purpose, or informal approaches, the greater will be the need for regional institutions to control and coordinate activities in the context of the metropolitan area.

10. Numerous factors have motivated inter-authority cooperation in metropolitan areas, from policy objectives and economic requirements to administrative structures and spatial-functional changes. Cooperative approaches and the form they take will therefore continue to depend on the development of these factors and on the general setting, notably on:

- How the public sector sees its role in the future. Will public actors again consider themselves as regulative and coordinative institutions or as participants in the market and mediators in social development processes?

- The development of local government and the important current projects to reform political and administrative structures.

- The role that urbanised regions will play in the national and international context.

- The key regional actors, their development, interests and preferences.

- Finally, the development of internal political and administrative structures in the various countries.

All these factors are currently under discussion. How they will develop remains to be seen. However, it is already clear that no single approach is appropriate for all regions and situations. Single-purpose functional units, informal networks, multisectoral associations, and conurbation-specific territorial authorities are thus likely to continue to co-exist. However, it is still unclear how important the different types of cooperation will be in detail, whether the repeated call for regional coordination will play a greater part, so that the metropolitan area can, *pace* Marx, be not only „in itself" but also „for itself".

EINLEITUNG

Werner Heinz

Interkommunale Kooperation in Stadtregionen – ein internationaler Vergleich

Inhalt

1. Einleitung

Region, regionale Ebene und regionale Förderung haben im Laufe des letzten Jahrzehnts in Deutschland, einigen seiner Nachbarländer und auch auf EU-Ebene einen deutlichen Bedeutungszuwachs erfahren.

Maßgebliche Ursachen hierfür waren auf Seiten der Europäischen Gemeinschaft (EG) und nachfolgend der Europäischen Union (EU) weitreichende, bereits in den frühen 80er Jahren einsetzende Reformen in einigen Mitgliedsstaaten wie Frankreich, Spanien, Italien oder Belgien in Richtung Regionalisierung von Politik und Verwaltung[1] und ein daraus resultierender wachsender Druck der regionalen Einheiten auf eine stärkere Berücksichtigung ihrer besonderen Belange. Praktische Ergebnisse waren neben der regionalen Orientierung von EG/EU-Strukturpolitik und -förderung seit 1989 (Zielgebiete) die allgemeine Verankerung des Subsidiaritätsprinzips im EU-Vertrag, die Einrichtung eines spezifischen regionalen Anhörungsforums in Form des Ausschusses der Regionen, die offizielle Anerkennung des bereits 1951 gegründeten Rates der Gemeinden und Regionen Europas (RGRE) als „Beirat der regionalen und lokalen Gebietskörperschaften der Mitgliedsstaaten der EG" sowie nicht zuletzt die Betonung der Dreistufigkeit der Europäischen Union, die in dem Begriff „Europa der Regionen" deutlich wird[2].

In Deutschland betrifft der Relevanzgewinn der regionalen Ebene vor allem die staatliche Raumordnungspolitik. Veränderte politisch-ideologische Schwerpunktsetzungen und die ambivalenten bis negativen Erfahrungen mit der bis dahin geltenden Ausrichtung dieser Politik haben zusammen mit den „räumlichen Auswirkungen der deutschen Einheit, dem weitgehenden europäischen Integrationsprozeß (und) dem dynamischen wirtschaftlichen Strukturwandel"[3] Mitte der 90er Jahre zur Formulierung neuer raumordnungspolitischer Leitbilder und Strategien geführt, unter denen die „Regionalisierung" eine maßgebliche Rolle spielt. Als „Umsetzungsebene raumordnerischer Aktivitäten"[4] wird der Region nun von Seiten der verstärkt auf Dezentralisierung setzenden Politik des Bundes entscheidendes Gewicht beigemessen; ihre Eigenverantwortung soll im Sinne flexiblerer Reaktionsmöglichkeiten auf „die regional unterschiedlichen Anforderungen der Wirtschaft

---

[1] *Claus J. Schultze*, Die deutschen Kommunen in der Europäischen Union, Baden-Baden 1997, S. 99; *Christian Engel*, Europa der Regionen, in: Europa von A-Z. Taschenbuch der europäischen Integration, Bonn 1995, S. 143 ff.

[2] *Christian Engel*, S. 146.

[3] *Bundesministerium für Raumordnung, Bauwesen und Städtebau (Hrsg.)*, Raumordnungspolitischer Orientierungsrahmen, Bonn 1995a, S. 2.

[4] *Bundesministerium für Raumordnung, Bauwesen und Städtebau (Hrsg.)*, Raumordnung in Deutschland, Bonn 1996, S. 9 f.

an spezielle Lösungen"[5] gestärkt, Regionalplanung entsprechend mit neuen Inhalten gefüllt werden. Sie soll sich nicht länger auf die Erstellung von Plänen und Festlegungen beschränken, sondern über „die Moderation zwischen unterschiedlichen Akteuren und Interessen ... regionale Lösungskonzepte gemeinsam in Gang setzen"[6]. Zur Realisierung dieses Anspruchs soll die Einführung neuer Instrumente wie regionale Entwicklungskonzepte und Regionalkonferenzen beitragen.

Auf der Ebene der Bundesländer haben Region und Konzepte zur Regionalisierung gleichfalls – und dies bereits Anfang der 90er Jahre – an Bedeutung gewonnen. Eine maßgebliche Rolle spielte dabei Nordrhein-Westfalen, dessen Kabinett im Herbst 1990 ein „Konzept zur Regionalisierung der Strukturpolitik beschloß"[7]. Dieses sollte die Bildung von Regionen mit Hilfe von Regionalkonferenzen stimulieren und zur Erstellung regionaler Entwicklungskonzepte anregen. Vorrangiges Ziel war auch hier, „regionale Entwicklung verstärkt in regionaler Selbstverantwortung"[8] erfolgen zu lassen. In Bezug auf den Kreis der Beteiligten legte die Landesregierung besonderen „Wert darauf, daß neben den ökonomischen auch die sozialen, kulturellen, ökologischen, arbeitsmarktpolitischen und gleichstellungspolitischen Interessen der Region angemessen repräsentiert sind"[9].

In welchem Zusammenhang diese regionalorientierten Schwerpunktsetzungen politischer Akteure und die damit einhergehende „Regionalisierung der Regionalpolitik"[10] mit den gegenwärtig diskutierten Veränderungen des Nationalstaates bisheriger Prägung stehen, ist eine offene Frage. Ihre Beantwortung hängt vor allem davon ab, wie der Ausgang der tendenziellen Transformation des Nationalstaates interpretiert wird, die sich als Folge veränderter politischer und sozioökonomischer Rahmenbedingungen (insbesondere Einrichtung supranationaler Organisationen wie EU, North American Free Trade Agreement (NAFTA) und Asian Free Trade Agreement (AFTA) und Herausbildung großer transnational agierender und auch konstituierter Wirtschaftsunternehmen) beobachten lässt. Wird es, so die Erwartungen der einen, zu einer Reorganisation des Nationalstaates unter Abbau seiner keynesianisch-wohlfahrtsstaatlichen Elemente[11] kommen, oder muss eher, wie andere prognostizieren, von einer Aushöhlung des Nationalstaates mit deutlichen

---

5 Ebenda, S. 10.
6 Ebenda.
7 *Städtetag Nordrhein-Westfalen (Hrsg.),* Die Stadt und ihre Region, Köln 1996, S. 98.
8 *Ministerium für Wirtschaft, Mittelstand und Technologie des Landes Nordrhein-Westfalen,* Handlungsempfehlungen regionale Entwicklungskonzepte, 26.11.1990 (Manuskript), S. 1.
9 Ebenda, S. 3.
10 *Bob Jessop,* Die Zukunft des Nationalstaates: Erosion oder Reorganisation?, in: Steffen Becker, Thomas Sablowski und Wilhelm Schumm (Hrsg.), Jenseits der Nationalökonomie?, Berlin und Hamburg 1997, S. 50 ff.
11 Ebenda.

Kompetenzverlusten zugunsten supranationaler[12] oder subnationaler Ebenen wie Regionen und Städte ausgegangen werden?

Weniger strittig als die politische Zukunft der Regionen ist die ökonomische Bedeutung, die regionalen Räumen und ihren endogenen Potenzialen im Zuge der wachsenden Globalisierung der Wirtschaft von Wirtschafts- und Politikwissenschaftlern zugeschrieben wird[13]. Die Strategien der relevanten Wirtschaftsakteure – globale Ressourcenausnutzung und Internationalisierung der Produktion – beruhen danach zwar auf „der Verfügbarkeit politisch und sozial unterschiedlich strukturierter Räume, die wahlweise genutzt und unternehmensstrategisch miteinander verbunden werden"[14], gleichzeitig benötigen diese Akteure jedoch auch – vor allem im Forschungs- und Entwicklungsbereich sowie in der Produktion – Räume mit speziellen sozioökonomischen Standortvoraussetzungen (so genannte regionale Kooperations- und Innovationsmilieus)[15]. Diese Standortvoraussetzungen reichen von spezifischen Wirtschafts- und Unternehmensstrukturen (z.B. Vorhandensein sich wechselseitig ergänzender Produktions- und Dienstleistungsunternehmen) und ihren Kooperationsnetzwerken über Arbeitskräftepotenziale und deren Qualifikationsprofile bis zu Fragen der Ausstattung mit den aktuell relevanten sozialen und technischen Infrastrukturen (insbesondere im Transport- und Kommunikationswesen). Räume mit solchen Strukturmerkmalen sind jedoch „nicht beliebig herstellbar, sondern in ihrer Entwicklung an spezifische politische, kulturelle und soziale Vorbedingungen und Traditionen gebunden"[16]; endogene Potenziale gewinnen damit zunehmend an Gewicht.

Bemerkenswert bei allen diesen Veränderungen und Überlegungen ist allerdings, dass für die Region, den Gegenstand dieses allgemein zu verzeichnenden Bedeutungsgewinns, keine eindeutige Begriffsbestimmung, sondern nur ein „buntes Kaleidoskop von Vorstellungen und Konzepten"[17] existiert. Dies gilt vor allem im EU-Kontext, trifft aber auch auf nationaler Ebene zu. Vereinfacht lassen sich zwei Definitionsansätze unterscheiden – ein funktionaler und ein institutionell-organisatorischer:

---

[12] Bereits 50 Prozent aller innenpolitischen Entscheidungen der Bundesrepublik Deutschland werden in Brüssel getroffen.

[13] Siehe insbesondere: *Joachim Hirsch*, Der nationale Wettbewerbsstaat, Berlin 1995; *Dieter Läpple*, Städte im Umbruch, in: Akademie für Raumforschung und Landesplanung (Hrsg.), Agglomerationsräume in Deutschland, Hannover 1996, S. 191 ff.; *Bob Jessop*, S. 50 ff.

[14] *Joachim Hirsch*, S. 105.

[15] *Dieter Läpple*, S. 197.

[16] *Joachim Hirsch*, S. 105.

[17] *Hans-Georg Lange*, Städte und Regionen, Vorbericht für die 26. Ordentliche Hauptversammlung des Deutschen Städtetages, 25.4.1991 (Manuskript), S. 4.

- beim funktionalen Ansatz steht die Verflechtung eines Raumes nach je unterschiedlichen – ökonomischen, sozialen, kulturellen usw. – Bezügen im Vordergrund. Beispiele für diesen funktions- und aufgabenspezifischen Regionsbegriff sind Verkehrs-, Wirtschafts-, Arbeitsmarkt- sowie auch Freizeitregionen. Die räumlichen Grenzen dieser Regionen unterscheiden sich in der Regel deutlich voneinander; sie sind zudem nicht stabil, sondern in Abhängigkeit spezifischer Entwicklungsfaktoren Veränderungen unterworfen;

- beim institutionell-organisatorischen Ansatz kommen zum einen die unterschiedlichen politisch-administrativen Strukturen der einzelnen Nationalstaaten, zum anderen aber auch die besonderen Interessen und Vorstellungen relevanter öffentlicher Akteure zum Ausdruck.

Nationalspezifische Unterschiede und Besonderheiten werden innerhalb der EU vor allem in der von Eurostat vorgenommenen und als Grundlage für Förderkonditionen dienenden Gebietseinteilung des Gemeinschaftsraumes deutlich. Der Begriff Regionen steht hier für die ersten drei Ebenen einer fünfstufigen, drei regionale und zwei lokale Ebenen unterscheidenden Systematik (NUTS, Nomenclature of Territorial Units for Statistics)[18]. Die erste Ebene NUTS I umfasst alle in den einzelnen Mitgliedsstaaten bestehenden, sich jedoch deutlich voneinander unterscheidenden größeren, unmittelbar unterhalb des Nationalstaats angesiedelten Gebietseinheiten wie Bundesländer in Deutschland, Regionen in Belgien, Gemeinschaften autonomer Gebietskörperschaften in Spanien usw. Bezugsgröße für die Regionalpolitik der Europäischen Union ist jedoch nicht diese Ebene, es sind die beiden nachfolgenden Ebenen II und III, zu denen in Deutschland zum einen die Regierungsbezirke und zum anderen kreisfreie Städte und Kreise gezählt werden.

Die hier zum Ausdruck kommende Mehrdeutigkeit des Regionsbegriffs zeigt sich auch bei den mit diesem Begriff verbundenen Vorstellungen und Zielen relevanter öffentlicher Akteure. Während in romanischen Ländern wie Italien und Spanien, aber auch in Belgien Regionen häufig für starke Autonomiebestrebungen stehen, die auf eine Schwächung, bisweilen sogar Ablösung des Nationalstaats zielen, dienen sie im mittel- und nordeuropäischen Raum vorwiegend der „strukturorientierten Untergliederung eines Staatswesens"[19]. Dieses unterschiedliche Verständnis von Region besteht aber nicht nur zwischen den Mitgliedsstaaten der Europäischen Union, es existiert auch innerhalb eines einzelnen Staates, wie das Beispiel der föderal organisierten Bundesrepublik Deutschland zeigt. Deutlicher Beleg sind hierfür die unterschiedlichen Positio-

---

[18] *Amt für amtliche Veröffentlichungen der Europäischen Gemeinschaften (Hrsg.)*, Regionen. Systematik der Gebietseinheiten für die Statistik, NUTS, Luxemburg 1995.

[19] *Günter Seele*, Europa der Regionen, ein Holzweg?, in: Der Landkreis, 1992, H. 8/9, S. 365.

nen von Bundesländern und Kommunen. Auf die Frage, welche Gebietskörperschaften sich als Region verstehen oder als solche verstanden werden, gibt es in Deutschland keine eindeutige Antwort. Nach der Erklärung von Bordeaux (1975), nach der „die Region als die mit umfassender Zuständigkeit und gewählter Vertretungskörperschaft ausgestattete gebietskörperschaftliche Ebene unmittelbar unter dem Nationalstaat"[20] anzusehen ist, und auf der Grundlage eines föderalistischen Verfassungsverständnisses, wonach die Länder (als Gliedstaaten) Staatsqualität für sich in Anspruch nehmen und deshalb von einer regionalen Ebene erst unterhalb dieser Gliedstaaten gesprochen werden kann, ist der Regionsbegriff nicht auf die deutschen Bundesländer anzuwenden. Diese Sichtweise wird auch von den deutschen Kommunen vertreten – verbunden mit dem expliziten Ziel einer adäquateren Repräsentanz in den Gremien und Organen der EU. Die politischen Vorstellungen und Interessen der Bundesländer gehen in eine andere Richtung. Sie verstehen sich als die wahren Regionen in einem „Europa der Regionen" und gehen so mit dem Regionalverständnis einiger romanischer Länder konform, das auf Vorstellungen von Stärke und Macht beruht.

In den letzten Jahren wird der Regionsbegriff verstärkt auch im Zusammenhang mit spezifischen nationalstaatlichen Teilräumen verwandt. Gegenstand von Regionalisierung und Regionalpolitik sind nicht mehr ausschließlich oder vorwiegend benachteiligte, ländliche oder als strukturschwach anerkannte Räume, sondern in wachsendem Maße auch verstädterte Verdichtungsräume und Stadtregionen[21]. Die Relevanz dieser Teilräume und die Notwendigkeit einer verstärkten intraregionalen Kooperation wurden bereits im Herbst 1993 von einer Arbeitsgruppe „Regionalisierung" der Fachkommission Stadtentwicklungsplanung beim Deutschen Städtetag in einem Thesenpapier[22] betont. Dieses war Ausgangspunkt und Grundlage einer Reihe weiterer Veröffentlichungen, auch von Seiten des Deutschen Städtetages, in denen die Notwendigkeit sowie auch potenzielle, von informellen Zusammenschlüssen bis zu Regional- und Stadtverbänden reichende Formen „interkommunaler Zusammenarbeit in der Region"[23] eingehender diskutiert wurden.

---

20 Zitiert nach *Lange*, S. 5.
21 Ebenso wie der Regionsbegriff sind auch „Verdichtungsräume" und „Stadtregionen" Gegenstand einer zyklisch wiederkehrenden Diskussion; vgl. dazu: Kapitel I. 1.4 im Beitrag „Interkommunale Kooperation in Stadtregionen: das Beispiel der Bundesrepublik Deutschland".
22 *Die Städte und ihre Regionen*, in: Mitteilungen des Deutschen Städtetages vom 23.8.1993, S. 414 ff.
23 So z.B. *Deutscher Städtetag (Hrsg.)*, Interkommunales Handeln in der Region, Vorbericht für die 131. Sitzung des Bauausschusses des Deutschen Städtetages, Köln 19.10.1995 (Manuskript); *Stadt und Region* – Anforderungen, Ziele und Chancen einer effektiven interkommunalen Zusammenarbeit in den deutschen Stadtregionen, in: Eildienst des Städtetages Nordrhein Westfalen, 1997, H. 12, S. 528 ff.; *Folkert Kiepe*, Die Stadt und ihr Umland. Zur Notwendigkeit der Bildung von Stadtregionen, in: Informationen zur

Ab Mitte der 90er Jahre wird die Bedeutung der großen Verdichtungsräume und deren Entwicklung auch von Teilen der Bundesregierung betont. Unterstützung und Sicherung dieser Räume werden vor allem aus zwei Gründen für erforderlich gehalten: zum einen, weil diese als „als regionale Wachstumsmotoren für die räumliche Entwicklung des Bundesgebiets insgesamt"[24] fungieren, und zum anderen, weil sie „als räumliche Leistungsträger im internationalen Standortwettbewerb"[25] zu verstehen sind. Gefordert wird auch hier eine verbesserte interkommunale Zusammenarbeit im regionalen Kontext, ein möglicher Weg dahin wird im Aufbau von Städtenetzen gesehen[26].

Bei deutschen Stadtforschern und Städtestatistikern stoßen Stadtregionen in den 90er Jahren gleichfalls auf wachsendes Interesse. Das von Boustedt in den 50er Jahren entwickelte und auf den Abgrenzungsmerkmalen „Anteil der landwirtschaftlichen Erwerbspersonen in Prozent aller Erwerbspersonen", „Bevölkerungsdichte", „Auspendler in Richtung des städtischen Kerngebietes" und „absolute Zahl der Einpendler" basierende Stadtregionenmodell[27] wird für nicht mehr zeitgemäß erachtet, an seiner Stelle ein neues, auf den Indikatoren „Tagesbevölkerungsdichte" und „Einpendler-Auspendler-Relation" aufbauendes Abgrenzungsmodell entwickelt[28].

Aber nicht allein in Deutschland, sondern auch auf europäischer Ebene haben Stadtregionen und Metropolitan Areas in den letzten Jahren deutlich wachsende Aufmerksamkeit erfahren:

- Beim Europarat markierte eine Sitzung der für kommunale Angelegenheiten zuständigen Minister der Mitgliedsstaaten im Herbst 1993 in Den Haag den Anfang einer intensiveren Auseinandersetzung mit dem Thema „Major cities and their peripheries"[29]; vorläufiger Endpunkt war ein 1996 von einer Exper-

Raumentwicklung, 1996, H. 4/5, S. 307 ff.; *Rainer Duss,* Die Stadtregion – ihre Bedeutung für die regionale Zusammenarbeit in den städtischen Regionen, in: Stadtforschung und Statistik, 1997, H. I, S. 19 ff.

24 *Bundesministerium für Raumordnung, Bauwesen und Städtebau (Hrsg.),* 1995a, S. 6.
25 *Bundesministerium für Raumordnung, Bauwesen und Städtebau (Hrsg.),* Raumordnungspolitischer Handlungsrahmen, Bonn 1995b, S. 19.
26 Ebenda, S. 13; *Michael Melzer,* Städtenetze zwischen Raumordnungspolitik und Standortpolitik, in: ExWost-Informationen, 18.3.1997, S. 1.
27 *Olaf Boustedt,* Stadtregionen, in: Akademie für Raumforschung und Landesplanung (Hrsg.), Handwörterbuch der Raumforschung und Raumordnung, Hannover 1970, Spalte 3207 ff.
28 *Jürgen Göddecke-Stellmann,* Die Stadtregion – ein neues Abgrenzungsmodell, in: Verband Deutscher Städtestatistiker (Hrsg.), Jahresbericht 1995, S. 200 ff.; vgl. zur Problematik des Begriffs der Stadtregionen auch den Beitrag „Interkommunale Kooperation in Stadtregionen: das Beispiel der Bundesrepublik Deutschland" in diesem Band.
29 *Council of Europe,* Conference of European Ministers responsible for Local Government. Theme I: Major cities and their peripheries, Strasbourg 1993.

tengruppe, der auch der Autor des vorliegenden Berichts angehörte, erstellter Abschlussbericht mit dem Titel „The status of major cities and their peripheries"[30].

- Die in Paris ansässige Organisation for Economic Co-operation and Development (OECD) initiierte Mitte 1996 ein mehrere Mitgliedsstaaten einbeziehendes Projekt zum Thema „Urban Governance in Metropolitan Areas", das sich mit Fragen der institutionell-organisatorischen Regulierung, der Finanzierung und der wirtschaftlichen Wettbewerbsfähigkeit dieser Gebiete wie auch der sozialen Einbindung (Kohäsion) der Bewohner von Metropolitan Areas auseinandersetzte.

- Und auch die Europäische Kommission in Brüssel misst in jüngerer Zeit dem Thema „Städte, Stadtentwicklung und Stadtregionen" wachsende Bedeutung bei. Der Mitteilung „Towards an Urban Agenda in the European Union" von 1997, die sich differenziert mit den Problemen und Herausforderungen befasst, vor die sich die Städte gegenwärtig gestellt sehen, folgte ein im November 1998 in Wien im Rahmen eines Europäischen Städteforums zur Diskussion gestellter Aktionsrahmen mit dem Titel „Nachhaltige Stadtentwicklung in der Europäischen Union". In diesem Papier unterstreicht die Kommission „die Wichtigkeit einer Verbesserung der Effektivität des Einsatzes der Strukturfonds, indem der regionalen Planung eine ausdrückliche städtische Dimension beigestellt wird"[31]. Nach dem Verständnis der Kommission soll damit auch „die Rolle von Städten als Zentren von Innovation und wirtschaftlicher Entwicklung ... verstärkt werden"[32]. Städte sollen allerdings – darüber bestand bei den Teilnehmern des Städteforums weitgehende Übereinstimmung – nicht isoliert, sondern stets in ihren regionalen Zusammenhängen gesehen werden.

Auffallend bei den gegenwärtigen Forderungen nach einer intensiveren innerregionalen Kooperation der jeweils relevanten Akteure mit dem Ziel einer Stärkung von Stadtregionen und einer Verbesserung der ihnen zugeschriebenen Funktion von „Leistungsträgern" ist in Deutschland das sich ändernde Spektrum dieser Akteure. Wurden darunter bis vor kurzem nahezu ausschließlich lokale Gebietskörperschaften verstanden, so werden hierzu inzwischen auch weitere öffentliche und private Institutionen und Organisationen gezählt.

„Interkommunale Kooperation im regionalen Kontext" ist in Deutschland jedoch, dies gilt zumindest für westdeutsche Verdichtungsräume, keine neue Forderung. Bereits in den 60er und 70er wie auch in den frühen 80er Jahren wurde diesem

---

[30] *Council of Europe*, The status of major cities and their peripheries, local and regional authorities in Europe, No. 59, Strasbourg 1996.

[31] *Europäische Kommission*, Nachhaltige Stadtentwicklung in der Europäischen Union: ein Aktionsrahmen, Brüssel 1998, S. 85.

[32] Ebenda.

Thema – auch im Zuge der damaligen Gebietsreform und ihrer „Nachbereitung" – hohe Priorität eingeräumt. Verwaltungswissenschaftler legten detaillierte Übersichten über „die Verwaltung von Stadtregionen"[33] oder „großstädtischen Verdichtungsräumen"[34] vor, und in mehreren Ballungsräumen wurden neue Formen der Kooperation gefordert und diskutiert. Diese reichten vom Regionalstadt-Modell des damaligen Frankfurter Oberbürgermeisters Möller bis zu Stadtverbands- oder auch Stadtkreis-Ansätzen und unterschieden sich im Wesentlichen nach dem Status der neu zu schaffenden Organisationseinheiten, dem Grad ihrer demokratischen Kontrolle und der Kompetenzverteilung zwischen diesen Einheiten und bereits existierenden lokalen Gebietskörperschaften[35]. In einigen Stadtregionen wurden auch neue Kooperationsansätze eingerichtet oder bestehende, den damaligen politisch-administrativen Machtverhältnissen entsprechend, umorganisiert. Zu den bekanntesten Beispielen zählen der 1974 institutionalisierte Stadtverband Saarbrücken, der 1975 eingerichtete Umland-Verband Frankfurt wie auch die Verbandsreorganisation in der Stadtregion von Hannover (1980).

Vor dem Hintergrund dieser Entwicklungen stellt sich daher heute die Frage, ob der aktuelle Bedeutungsgewinn von Stadtregionen und die damit einhergehende Diskussion intraregionaler Kooperationsansätze im Wesentlichen nur eine Wiederholung von bereits Bekanntem sind oder ob es sich hierbei tatsächlich um eine qualitativ und/oder quantitativ neue Entwicklungsstufe handelt. Auch wenn sich die gegenwärtig verwandten Begriffe und Forderungen häufig mit denen der 70er und frühen 80er Jahre decken, so scheint einiges für die zweite, von einer neuen Entwicklungsstufe ausgehende Annahme zu sprechen. Wo aber liegt nun das Neue der aktuellen Situation? Wo ist es tatsächlich zu maßgeblichen Veränderungen gekommen? Antworten auf diese Fragen verspricht ein Blick auf drei thematisch relevante Aspekte: zum einen auf die Auslöser und Rahmenbedingungen stadtregionaler Kooperationsansätze, zum andern auf deren Verfechter und potenzielle Akteure und nicht zuletzt auch auf die Ansätze selbst.

Zunächst zu den Faktoren und Rahmenbedingungen, die für die Notwendigkeit einer verstärkten intraregionalen Kooperation ins Feld geführt werden. Hier lassen sich einige signifikante Veränderungen und Schwerpunktverlagerungen feststellen:

■ Anders als in den 70er Jahren kommt heute dem Wettbewerb zwischen Städten und Regionen, der durch die Einrichtung von EG-Binnenmarkt und EU zu-

---

[33] *Hinrich Lehmann-Grube und Günter Seele*: Die Verwaltung der Verdichtungsräume, Baden-Baden 1983 (Schriften der deutschen Sektion des Internationalen Instituts für Verwaltungswissenschaften, Bd. 9).

[34] *Frido Wagener*, Großraum – Verwaltungen, Baden-Baden 1983 (Schriften der deutschen Sektion des Internationalen Instituts für Verwaltungswissenschaften, Bd. 10).

[35] Vgl. dazu unter anderem: *Werner Heinz*, Ansätze interkommunaler Kooperation: Frankfurt und die Rhein-Main-Region, in: Archiv für Kommunalwissenschaften, 1997, H. I, S. 82.

sätzlich verschärft und weiter internationalisiert wurde, eine maßgebliche Bedeutung zu. Die Erhaltung und Verbesserung der regionalen Wettbewerbsfähigkeit wie auch der jeweiligen Position im „Wettbewerb der Standorte" sind zum diskussionsbestimmenden und oft alleinigen Faktor geworden. Die Notwendigkeit, sich diesem auf europäischer Ebene wie auch im weltweiten Maßstab ausgetragenen Wettbewerb mit regional vereinten (und nicht mit kontrovers agierenden) Kräften zu stellen, wird von öffentlichen wie auch privaten Akteuren gleichermaßen betont. Die interkommunale Bündelung vorhandener Kräfte soll dazu beitragen, „nach außen die Handlungsmöglichkeiten erhöhen und flexibler gestalten zu können"[36]. Nur folgerichtig erscheint es in diesem Kontext, dass sich „die in der Fachpresse immer häufiger präsentierten internationalen Hit-Paraden der Standortgunst ... zunehmend an Regionen, weniger an einzelnen Städten (orientieren)"[37].

■ Die früher für die Notwendigkeit einer traditionelle Gemeindegrenzen überschreitenden Aufgabenbearbeitung stets an erster Stelle genannte funktionale Verflechtung der Kernstädte mit ihrem Umland hat weiter zugenommen; gleichzeitig haben sich aber die Ausgangsbedingungen dieser Verflechtung, das heißt die räumliche Verteilung der Funktionen innerhalb von Stadtregionen verändert. „Die frühere Dominanz der Kernstädte (hat) tendenziell abgenommen ..., während sich andere Kommunen in der Region zunehmend emanzipieren"[38]. So haben beispielsweise Betriebsverlagerungen aus der Kernstadt und Betriebsererweiterungen sowie Neuansiedlungen dazu geführt, dass bei insgesamt steigenden Beschäftigtenzahlen der Anteil der Kernstadt an den Arbeitsplätzen einzelner Regionen zurückgeht[39]; auch die räumliche Verteilung des Einzelhandels und der Kaufkraftströme hat sich infolge der Ansiedlung großflächiger und zum Teil neuartiger Vertriebsformen (von Einkaufsmärkten über sektorale Fachmärkte bis zu Factory-Outlet-Centers) am Stadtrand oder zwischen Kern- und Umlandstädten deutlich verändert; zu signifikanten räumlichen Verlagerungen und neuen Schwerpunktsetzungen ist es gleichfalls im Bereich des Freizeit- und Unterhaltungssektors gekommen; darüber hinaus waren schließlich interne wie auch extern orientierte und in der Regel selektiv verlaufende Wanderungsbewegungen oft mit einer nachhaltigen sozialen Segregation zu Ungunsten der Kernstädte verbunden. Zusammen mit diesen Entwicklun-

---

36 *Herbert Droste, Jobst Fiedler und Valentin Schmidt*, Region Hannover, Hannover 1996, S. 6.
37 *Dietrich Fürst*, Stadt und Region, in: Heinrich Mäding (Hrsg.), Stadtperspektiven. Difu-Symposium 1993, Berlin 1994 (Difu-Beiträge zur Stadtforschung, Bd. 10), S. 41-55.
38 *Axel Priebs*, Erfordert die Auflösung der Stadt in die Region neue regionale Verwaltungsstrukturen? – Der Vorschlag zur Bildung der „Region Hannover", in: Michael Bose (Hrsg.), Die unaufhaltsame Auflösung der Stadt in die Region?, Hamburg 1997 (Harburger Berichte zur Stadtplanung, Bd 9), S. 152.
39 Vgl. dazu *Werner Heinz*, 1997, S. 79; *Sabine Weck*, Neue Kooperationsformen in Stadtregionen, in: Raumforschung und Raumordnung, 1996, H. 4, S. 248.

gen hat sich auch die Finanzlage der Kernstädte und deren Umlandgemeinden zum Teil dramatisch verändert: Früher finanz- und wirtschaftsstarke Kernstädte klagen zunehmend über gravierende Haushaltsprobleme, während die Kommunen des Umlandes steigende Finanzeinnahmen (aus Lohn- und Einkommen- und/oder Gewerbesteuern) verzeichnen und daher immer häufiger unter der Bezeichnung „Speckgürtel" firmieren.

Diese intraregionale Um- und Neuverteilung von Funktionen hat schließlich auch – so meine These – zu einer begrifflichen Veränderung beigetragen. War früher ausschließlich von Stadt und Umland die Rede, wobei ein gewisses Gefälle für dieses Begriffspaar unterstellt wurde, so wird die aktuelle Diskussion wesentlich stärker von Begriffen wie Stadtregion, regionaler Verdichtungsraum oder auch Metropolitan Area bestimmt.

■ Funktionale Veränderungen und ein quantitatives, auch für die absehbare Zukunft prognostiziertes Wachstum in den Stadtregionen[40] sind mit deutlichen siedlungsstrukturellen Veränderungen verbunden. Früher räumlich sichtbar voneinander abgegrenzte Städte und Gemeinden „lösen sich auf in Stadtregionen mit sehr differenzierten Verflechtungs-, Kooperations- und Konkurrenzbeziehungen zwischen Kernstadt und Umland"[41]. Die bereits genannten neuen Betriebsformen des Einzelhandels führen zusammen mit dem Bau flächenintensiver Freizeit- und Unterhaltungseinrichtungen sowie anhaltenden Wohnbauaktivitäten zu einer dispersen, bisherige Zwischenräume jedoch allmählich selektiv füllenden Be- und Zersiedlung. West- und ostdeutsche Städte sind von dieser Entwicklung, wenn auch mit unterschiedlichen, von den jeweiligen Rahmenbedingungen bestimmten siedlungs- und nutzungsstrukturellen Konsequenzen, gleichermaßen betroffen. Immer häufiger werden daher bereits Parallelen zwischen deutschen oder europäischen und US-amerikanischen Städten gezogen; der von letzteren bekannte Urban Sprawl wird auch hierzulande als mögliche Variante stadtregionaler Siedlungsentwicklung betrachtet. Die praktischen Belege hierfür sind nicht zu übersehen: „Es entstehen Riesenräume, die praktisch mit wertlosen Schrottstrukturen zugestellt werden, und dagegen hilft dann auch die Aufpäppelung der alten Stadtzentren mit großem Aufwand nichts."[42]

---

[40] *Bundesforschungsanstalt für Landeskunde und Raumordnung*, Raumordnungsprognose 2010. Erste Ergebnisse: Bevölkerung, Haushalte und Erwerbspersonen, in: Informationen zur Raumentwicklung, 1994, H. 12. Die stärksten absoluten Zunahmen der Bevölkerung werden danach für Regionen mit großen Verdichtungsräumen erwartet; der Siedlungsdruck in den Agglomerationsräumen wird entsprechend zunehmen.

[41] *Dieter Läpple*, S. 198.

[42] *Thomas Sieverts*, Im Streitgespräch: Gibt es eine europäische Alternative zur Amerikanisierung des Umlandes?, in: BMBau/Empirica (Hrsg.), Die Zukunft der Stadtregionen.

- Zu den nennenswerten Veränderungen zählt schließlich auch die zunehmende, allerdings nicht allein auf Stadtregionen beschränkte Regionalisierung von Fördermitteln. Auf europäischer Ebene, insbesondere in der EU, wird zunehmend in Stadtregionen gedacht und – hinsichtlich Planung und Strukturförderpolitik – auch gehandelt[43]. Adressaten und Akteure europäischer Förderprogramme sind daher verstärkt weniger einzelne Städte als Stadtregionen. Und auch einige Bundesländer tendieren in wachsendem Maße zu einer regional orientierten Förderpolitik; darüber hinaus werden von Landesregierungen – so beispielsweise in Nordrhein-Westfalen – regionale Kooperationsprozesse stimuliert und finanziell unterstützt.

Was die (potenziellen) Akteure und Protagonisten intraregionaler Kooperationsansätze betrifft, so lassen sich auch hier im Vergleich zu den 70er Jahren deutliche Veränderungen und Verschiebungen feststellen:

- Die mit der Reorganisation und Modernisierung kommunaler Verwaltungen oft einhergehende Ausgliederung und formelle oder auch materielle Privatisierung bisher kommunal erbrachter Leistungen und Aufgaben haben in den vergangenen Jahren zu einer Zunahme von Akteuren geführt, die bei intraregionalen, öffentliche Aufgabenfelder betreffenden Kooperationsansätzen zu berücksichtigen sind. Gleichzeitig haben sich auch das Selbstverständnis und damit die Ziele und Aktivitäten vieler kommunaler Akteure verändert: mit einer „tendenziellen Verwirtschaftlichung kommunaler Planung, kommunalen Handelns wie auch kommunaler Strukturen"[44].

- Auch die Zahl der Gebietskörperschaften, Organisationen und Institutionen, die sich in der Diskussion um eine verbesserte interkommunale Kooperation auf regionaler Ebene engagieren, hat zugenommen. Konzentrierten sich die Diskussionsteilnehmer in den 70er Jahren vorrangig auf Städte und Gemeinden, einzelne Fraktionen von Kommunalparlamenten sowie Bundesländer, so umfasst ihr Spektrum heute, wie bereits erwähnt, die Europäische Union, die zuständigen Bundesministerien, die Bundesländer, die kommunalen Spitzenverbände, Verwaltung und Politik kommunaler Gebietskörperschaften, lokale Medien und lokale Wirtschaft sowie nicht zuletzt einzelne thematisch relevante Wissenschaftsdisziplinen. Anders als in den 70er Jahren stehen bei Letzteren jedoch nicht mehr Planer und Planungswissenschaftler im Vordergrund; eine maßgebliche Rolle spielen vielmehr – wenn auch mit jeweils unterschiedlichen

---

Dokumentation eines Kongresses in Hannover am 22. und 23.10.1997, Bonn 1998, S. 63.
[43] *Folkert Kiepe*, S. 307.
[44] *Werner Heinz*, Prinzipien der Wirtschaft halten Einzug, in: Der Städtetag, 1992, H. 9, S. 631.

Blickrichtungen und Schwerpunktsetzungen – Politik-, Verwaltungs- und Wirtschaftwissenschaftler.

Die Ansätze schließlich, die gegenwärtig im Sinne einer verbesserten Kooperation in Stadtregionen diskutiert und/oder gefordert werden, reichen – und hier bestehen die geringsten Unterschiede zu den 70er Jahren – von informellen bis zu formellen Kooperationen, von kommunalen Zusammenschlüssen in Verbandsform (ein- oder mehrzweckorientiert) bis zur Einrichtung neuer Gebietskörperschaften wie Regionalkreis oder Regionalstadt[45], die in der Regel mit einer Auflösung bereits existierender Organisationen und Institutionen einhergehen[46]. Parallel dazu werden Überlegungen laut, die auf eine Kombination unterschiedlicher „harter" und „weicher" Kooperationsansätze und damit auf ein Nebeneinander von formellen Instanzen und konsensuellen Verfahren zielen[47]. Kooperative Verfahren und Verhandlungen stehen auch im Mittelpunkt eines Ansatzes, der in jüngster Zeit aus dem angloamerikanischen Raum, in dem stadtregionale Veränderungen, Entwicklungen und Kooperationsnotwendigkeiten gleichfalls zur Diskussion stehen, in die hiesige Debatte Eingang gefunden hat: der Begriff der Urban Governance. Dieser Begriff soll den aktuellen Rahmenbedingungen in Stadtregionen Rechnung tragen, aber ebenso den veränderten Kompetenzen und Zuständigkeiten einer gestiegenen Zahl öffentlicher wie privater Akteure und vor allem den – dies jedenfalls ist die zentrale Prämisse – veränderten, jedoch keineswegs starren, sondern flexiblen Beziehungen zwischen diesen Akteuren: informellen Kontakten, partnerschaftlichen Verhandlungssystemen, horizontalen und vertikalen Netzwerkstrukturen usw. Als Ausdruck eines veränderten, auf Interaktion, Kooperation und Verhandlungen setzenden Verständnisses von Steuerung und Regulierung verstädterter und stadtregionaler Räume wirft Urban Governance allerdings Fragen danach auf,

- ob damit eine tendenzielle Auflösung bisheriger „harter" Formen öffentlicher Steuerung und Koordination verbunden ist – analog der vielfach behaupteten Transformation des souveränen „Eingriffsstaates" in einen „kooperativen Staat", „in dem das politische System sich als ein Regulierungssystem unter vielen definiert"[48], oder

- ob dieser Begriff nur ein oft schon als Zauberformel missverstandenes Hüllenwort für alle „weichen" Formen der Beziehung und Zusammenarbeit zwischen unterschiedlichen stadtregional relevanten Akteuren ist.

---

45 *Kerstin Schwenn*, Gehört die Zukunft der Regionalstadt?, in: Frankfurter Allgemeine Zeitung vom 29.12.1993; *Jörg Jordan*, Der Regionalkreis Rhein/Main. Positionspapier für die SPD Hessen-Süd, Frankfurt/M. 1995 (Manuskript).

46 Vgl dazu im Einzelnen den Beitrag „Interkommunale Kooperation in Stadtregionen: das Beispiel der Bundesrepublik Deutschland" in diesem Band.

47 *Sabine Weck*, S. 254.

48 Vgl. dazu kritisch ebd., S. 255.

Der aktuelle Bedeutungsgewinn von Stadtregionen und die in diesem Zusammen-hang geführte Diskussion intraregionaler Kooperationsansätze sind – dies haben die bisherigen Ausführungen deutlich werden lassen – keine bloße Renaissance der 70er Jahre, sondern Ausdruck einer neuen Stufe stadtregionaler Entwicklung: mit veränderten Rahmenbedingungen und Kooperationsnotwendigkeiten, aber auch mit einer deutlich veränderten Akteursstruktur. Größere Übereinstimmungen gibt es hingegen bei den diskutierten und geforderten Lösungsansätzen, obwohl sich auch hier, wie die Urban Governance-Debatte zeigt, Veränderungen abzuzeichnen scheinen.

Wie aber, so bleibt zu fragen, schlagen sich veränderte Entwicklungsdeterminanten, Kooperationsnotwendigkeiten und auch -forderungen in der kommunalen und re-gionalen Praxis nieder? Welche Rolle wird ihnen auf der politischen Agenda von Kernstädten und ihren Umlandgemeinden eingeräumt? Welche konkreten Konse-quenzen sind damit verbunden?

Ein Blick in die kommunale Praxis lässt zunächst eine deutliche Diskrepanz offen-kundig werden – zwischen dem aktuellen Stand der Diskussion und den erhobe-nen Forderungen einerseits und den realen Verhältnissen in deutschen Stadtregio-nen andererseits[49]:

- Wie schon in den 70er Jahren stehen nämlich auch heute eindeutig punktuelle, auf die gemeinsame Bearbeitung einzelner Aufgaben bezogene Ansätze in Form öffentlich-rechtlicher Vereinbarungen oder von Ein-Punkt-Zweckverbänden im Vordergrund. Die von diesen kooperativ in Angriff genommenen Aufgaben be-schränken sich weitgehend auf den Bereich der technischen Infrastruktur (Ab-wasser- und Abfallbeseitigung, Wasserversorgung) wie auch die Erschließung und Planung gemeindegrenzenübergreifender Vorhaben, wie zum Beispiel Ge-werbegebieten.

- Multisektoral orientierte Stadt- und Regionalverbände wurden in den späten 70er oder frühen 80er Jahren aufgelöst – Beispiele hierfür sind der Siedlungs-verband Ruhrkohlenbezirk und die Kommunalverbände Großraum Hannover und Großraum Braunschweig –, ihre Nachfolgeorganisationen mit deutlich ge-ringeren Kompetenzen ausgestattet.

- Der für die Flächennutzungsplanung in seinem Verbandsgebiet zuständige Um-landverband Frankfurt, der im Zuge der Gebietsreform Mitte der 70er Jahre eingerichtet wurde und von Beginn an eine Kompromisslösung darstellte, sieht sich steigender Kritik und vielfältigen Reorganisationsüberlegungen ausgesetzt. Seit Ende 1999 ist seine Auflösung beabsichtigt.

---

[49] Vgl. dazu differenzierter den Beitrag „Interkommunale Kooperation in Stadtregionen: das Beispiel der Bundesrepublik Deutschland" in diesem Band.

- Die intendierte Fusion zwischen den Ländern Berlin und Brandenburg scheiterte 1996 am Votum der Wähler und ist damit zunächst von der politischen Agenda verschwunden.

- Allein in der Region Stuttgart wurde den verstärkten Kooperationsnotwendigkeiten zwischen Kernstädten und deren Umland 1994 mit einem breiteren Ansatz, das heißt der Einrichtung des „Verbandes Region Stuttgart", praktisch Rechnung getragen.

- Eine weitgehende Veränderung ist schließlich im Raum Hannover mit der 1998 begonnenen Vorbereitung zur Einrichtung der „Region Hannover" vorgesehen. Diese ist als kommunal verfasste Gebietskörperschaft konzipiert und soll Landeshauptstadt und Landkreis Hannover wie auch den Kommunalverband Großraum Hannover umfassen.

Den heutigen Bedingungen und Forderungen entsprechende Veränderungen und organisatorische Neuerungen in Richtung einer verbesserten intraregionalen Kooperation sind bisher weitgehend auf das Diskussionsstadium beschränkt geblieben. Praktische Umsetzungen sind nicht erfolgt, sondern in der Regel gescheitert an bestehenden gemeinde- und steuerrechtlichen Regularien, praktischen Widerständen kommunaler, Macht- und Kompetenzverluste befürchtender Mandats- oder Funktionsträger sowie an zunehmenden, für Kooperationsansätze eindeutig kontraproduktiven Ausgaben- und Einnahmendiskrepanzen zwischen den einzelnen kommunalen Gebietskörperschaften von Stadtregionen.

In dieser Situation erscheint es nicht nur reizvoll, sondern auch erforderlich, die Diskussion intraregionaler Kooperationsansätze und der für ihre Realisierung erforderlichen Bedingungen über nationale Grenzen hinaus auszuweiten sowie zu untersuchen – und dies ist der Gegenstand der vorliegenden Studie –, ob und mit welchen Ansätzen in anderen Staaten auf die aktuellen Herausforderungen für Städte und Stadtregionen reagiert wird. Für ein solches Vorgehen sprechen nicht allein die Existenz der Europäischen Union und deren auf zunehmende Vereinheitlichung nationalstaatlicher Bedingungen zielende Politiken und Förderprogramme, sondern auch die fortschreitende, weitgehend ökonomisch begründete und durch den Einsatz immer neuer Technologien beschleunigte Annäherung städtischer Entwicklungsdeterminanten wie auch städtischer Probleme und Problemlösungsstrategien in den Industriestaaten der nördlichen Hemisphäre.

2.   Untersuchungsansatz

2.1   Untersuchungsgegenstand

Die vorliegende Studie basiert auf mehreren Arbeiten des Herausgebers über die aktuellen Rahmenbedingungen städtischer Entwicklung und sich damit verändernde stadtentwicklungspolitische Strategien wie auch über Erweiterungen und Verschiebungen im Spektrum der zur Umsetzung dieser Strategien relevanten Akteure[50]. Im Zusammenhang mit diesen Arbeiten wurde vor allem von kommunalen Gesprächspartnern immer wieder die Frage aufgeworfen, ob Städte und Gemeinden den anstehenden Herausforderungen von wirtschaftlichem Strukturwandel, einem sich verschärfenden interkommunalen Wettbewerb auf internationaler Ebene sowie einer wachsenden funktionalen Verflechtung zwischen Kernstädten und deren Umland weiterhin vorwiegend isoliert begegnen können oder ob es nicht vielmehr erforderlich sei, aktuelle Partnerschafts- und Kooperationsüberlegungen über städtische Grenzen hinausgehen zu lassen und damit künftig stärker als bisher auf regionaler Ebene zu kooperieren. In besonderem Maße thematisiert wurde diese Frage von kommunalen Entwicklungsplanern, die seit den frühen 90er Jahren immer wieder kritisch nach den „Möglichkeiten einer kooperativen Regionalentwicklung in den Stadtregionen" fragen[51].

Eine Auseinandersetzung mit dieser Frage und somit mit innovativen Ansätzen und Verfahren stadtregionaler Kooperation steht allerdings – dies wurde im Rahmen der vorliegenden Untersuchung rasch deutlich – vor einem doppelten Dilemma:

■ Dieses betrifft zum einen den Begriff der Stadtregion. Stadtregion meint zunächst ein „Abgrenzungs- und Gliederungsmodell für städtische Regionen"[52], das in den 50er Jahren von Boustedt entwickelt und Mitte der 90er Jahre von einer Arbeitsgruppe des Verbandes Deutscher Städtestatistiker (VDSt) den inzwischen deutlich veränderten sozialen und ökonomischen Rahmenbedingun-

---

[50]   *Werner Heinz*, Stadtentwicklung und Strukturwandel, Stuttgart 1990; *Werner Heinz (Hrsg.)*, Public Private Partnership – ein neuer Weg zur Stadtentwicklung?, Stuttgart, Berlin und Köln 1993; *Werner Heinz und Carola Scholz*, Entwicklungsplanung in ostdeutschen Städten – Suche nach eigenen Wegen, Berlin 1996.

[51]   Vgl. u.a. *Arbeitsgruppe Regionalisierung der Fachkommission Stadtentwicklungsplanung des Deutschen Städtetages*, Die Städte und ihre Regionen, in: Mitteilungen des Deutschen Städtetages vom 23.8.1993, S. 414 ff.; *Stadt und Region* – Anforderungen, Ziele und Chancen einer effektiven Zusammenarbeit in den deutschen Stadtregionen, in: Eildienst Städtetag Nordrhein-Westfalen, 1997, H. 12, S. 528 ff.

[52]   *Rainer Duss*, S. 27.

gen angepasst wurde[53]. Der Begriff Stadtregion wird jedoch auch oft zur Bezeichnung verstädterter Teilräume verwandt: und zwar gleichbedeutend mit Begriffen wie städtische Regionen, städtische Agglomerationen oder auch Verdichtungs- und Ballungsräume.

- Dies betrifft zum anderen die Tatsache, dass das Thema der Untersuchung – Stadtregion und kooperative Regionalentwicklung oder intraregionale Kooperation – in den vergangenen Jahren Gegenstand einer Vielzahl einschlägiger Tagungen, Workshops und Veröffentlichungen gewesen ist, in denen es von den verschiedensten Seiten beleuchtet, erörtert und diskutiert wurde[54]. Eine Auseinandersetzung mit diesem Thema kann daher nur bedingt so etwas wie Neuheitscharakter für sich in Anspruch nehmen.

Das erste Dilemma lässt sich nicht auflösen. Stadtregion wird daher auch in der vorliegenden Untersuchung nicht als präzise definierter Begriff, sondern als Bezeichnung für große verstädterte Räume aus Kernstadt/Kernstädten sowie Umland- und Nachbargemeinden verstanden. Was hingegen das zweite Dilemma, die Flut aktueller einschlägiger Veranstaltungen und Veröffentlichungen, anbelangt, so liegt das Besondere der vorliegenden Studie nicht in ihrem Thema, sondern in der Art, wie es behandelt wird. Zur Diskussion stehen nämlich nicht allein die Verhältnisse, Ansätze und Restriktionen in deutschen Städten und Regionen, sondern vor allem spezifische Erfahrungen aus anderen westlichen Industriestaaten.

---

[53] *Jürgen Göddecke-Stellmann*, S. 200 ff.; vgl. auch Kapitel I. 1.4 im Beitrag „Interkommunale Kooperation in Stadtregionen: das Beispiel der Bundesrepublik Deutschland".

[54] Exemplarisch lassen sich hier nennen: die wissenschaftliche Plenarsitzung der ARL zum Thema „Zukunftsaufgabe Regionalplanung" vom 18.-20. Mai 1995 in Chemnitz; die Präsidiumssitzung des Deutschen Städtetages am 7. November 1996 in Freiburg; der Kongress „Die Zukunft der Stadtregionen" am 22. und 23. Oktober 1997 in Hannover und die nachfolgende Dokumentation (*BMBau/Empirica*, 1998); das Difu-Seminar „Stadt und Region" am 17. und 18. August 1998 in Berlin; *Jörg Hennerkes*, Interkommunales Handeln in der Region, Vorbericht für die 11. Sitzung des Umweltausschusses des Deutschen Städtetages am 8. und 9. Juni 1995 in Erlangen (Manuskript); *Folkert Kiepe*, Die Stadt und ihr Umland, 1996; mehrere Beiträge zum Schwerpunktthema „Kommunale Zusammenarbeit" in: Fachzeitschrift für Alternative Kommunal Politik (AKP), 1996, H. 6, S. 31 ff; *Michael Bose (Hrsg.)*, Die unaufhaltsame Auflösung der Stadt in die Region? Hamburg 1997; *Akademie für Raumforschung und Landesplanung (Hrsg.)*, Regionale Verwaltungs- und Planungsstrukturen in Großstadtregionen, Hannover 1998; *Akademie für Raumforschung und Landesplanung (Hrsg.)*, Interkommunale und regionale Kooperation, Hannover 1998.

2.2 Untersuchungsziel

Ziel der Forschungsstudie war es, über die Untersuchung von Kooperationsansätzen in verstädterten Räumen anderer Staaten Antworten auf einige, bei der interkommunalen Zusammenarbeit immer wieder auftauchende Fragen zu erhalten, um daraus Hinweise und Empfehlungen für künftige Kooperationsansätze in deutschen Stadtregionen ableiten zu können. Diese Fragen betreffen insbesondere

■ den allgemeinen Hintergrund für die Entstehung intraregionaler Kooperationsansätze (politisch-administrative Ausgangsbedingungen, spezifische Voraussetzungen und auslösende Faktoren, zentrale Befürworter und Gegner),

■ die wesentlichen Elemente und Merkmale von Kooperationsansätzen (Ziele und beteiligte Akteure, Aufgabenschwerpunkte und Kooperationsformen, Funktions- und Kompetenzverteilung zwischen den Beteiligten, Einbindung in vorhandene politische und administrative Strukturen – Ergänzung oder Ersatz etablierter Organisationen und Institutionen –, finanzielle Ressourcen und Handlungsspielräume, räumliche Einzugsbereiche, Art und Grad der demokratischen Kontrolle),

■ die feststellbaren Auswirkungen und Ergebnisse dieser Ansätze (in Bezug auf die Erreichung gesetzter Ziele und Aufgaben, die Absichten der jeweils Beteiligten, vorhandene politisch-administrative Strukturen),

■ die mit einzelnen Kooperationsformen verbundenen Gefahren (zunehmende Fragmentierung kommunaler Aufgabenbearbeitung, Aushöhlung von kommunalen Kompetenzen und kommunaler Planungshoheit, Rückgang demokratischer Kontrolle und Legitimität, wachsende Akzeptanz- und raumbezogene Identitätsprobleme)

■ und schließlich die längerfristigen politisch-administrativen Konsequenzen intraregionaler Kooperationsansätze (befristete Verfahren für die Realisierung konkreter Vorhaben und Projekte oder Auslöser und Teil einer generellen Reorganisation und Modernisierung vorhandener Verwaltungsstrukturen auf regionaler, bundes- oder auch gesamtstaatlicher Ebene?).

2.3 Methodisches Vorgehen

Die Durchführung eines internationalen Erfahrungsaustauschs wirft in der Regel immer wieder zwei zentrale Fragen auf: Welche Staaten und Fallbeispiele sollen im Einzelnen einbezogen werden? Wie, in welcher Form und von wem soll der beabsichtigte Erfahrungsaustausch durchgeführt werden? Gespräche mit Vertretern der kommunalen Praxis und einschlägiger universitärer Forschungsinstitute sowie zusätzliche Recherchen führten dazu, dass in die vorliegende Studie sechs verschiedene Staaten einbezogen wurden. Maßgebliche Auswahlkriterien dabei waren

- der Situation in bundesdeutschen Städten und Regionen vergleichbare sozio-ökonomische Rahmenbedingungen und Herausforderungen (wie zum Beispiel steigender Wettbewerbsdruck und funktionale Verflechtungen),

- das Vorhandensein unterschiedlicher, die verschiedensten öffentlichen und auch privaten Akteure einbeziehender Kooperationsansätze in größeren Verdichtungs- und Ballungsräumen sowie

- eine längere Laufzeit dieser Ansätze und ein damit gegebener ausreichender Erfahrungshintergrund für die Beantwortung der Fragestellungen der Studie.

Auf der Grundlage dieser Kriterien wurden die folgenden Staaten ausgewählt:

- Kanada vor allem wegen der in Fachdiskussionen immer wieder angesprochenen Modernisierungs- und Umstrukturierungsansätze im Großraum von Toronto,

- die USA wegen einer Vielzahl informeller und formeller, die unterschiedlichsten Akteure einbeziehender Kooperationsansätze,

- Frankreich wegen einer starken Zunahme interkommunaler Kooperationsbeziehungen im Zuge der Anfang der 80er Jahre eingeleiteten staatlichen Dezentralisierungsstrategien und den neuerdings erfolgenden staatlichen Reaktionen auf die negativen Nebenfolgen dieser Entwicklung (so z.B. zunehmende politisch-administrative Fragmentierung),

- die Niederlande vor allem wegen der dort versuchten, auf die Einrichtung von Stadtprovinzen zielenden Reorganisation der Ballungsräume von Rotterdam und Amsterdam,

- Großbritannien wegen der spezifischen, vor allem durch die Politik der Thatcher-Regierung bewirkten Akteursstrukturen intraregionaler Kooperationsansätze: kommunale Gebietskörperschaften, private Akteure sowie ein breites Spektrum zentralstaatlich initiierter „agencies",

- und schließlich die Bundesrepublik Deutschland als konkrete Hintergrundfolie.

Für die Art und Weise der Projektdurchführung waren vor allem eigene Erfahrungen des Herausgebers dieses Bandes mit internationalen Forschungsstudien ausschlaggebend. Zur Vermeidung eines zwangsläufig meist oberflächlich bleibenden Vorgehens wurden daher die ausländischen Erfahrungsberichte nicht von deutscher Seite, sondern durch externe Kooperanten in den am Projekt beteiligten Staaten erstellt. Diese Kooperanten rekrutieren sich sämtlich aus universitären Forschungsinstituten: Mit dieser Auswahl sollte eine differenzierte und detaillierte Analyse vorliegender Kooperationsansätze und -erfahrungen sichergestellt und der Gefahr eindimensionaler Erfolgsmeldungen durch Projektbeteiligte vorgebeugt werden.

Im Einzelnen war die Phase der Projektdurchführung in folgende Schritte untergliedert:

- Aufstellung eines umfangreichen, den oben genannten Problemstellungen Rechnung tragenden Frageleitfadens,

- Versand dieses Leitfadens an eine Vielzahl ausländischer, mit Fragen der Stadt- und Regionalentwicklung beschäftigter Institutionen und Forschungseinrichtungen zur Bestimmung möglicher Kooperanten,

- Auswahl von Kooperanten in den einzelnen Staaten zur Erstellung nationaler, am vorgelegten Frageraster orientierter Berichtsentwürfe,

- Präsentation und Diskussion der vorläufigen Projektergebnisse unter Beteiligung der Verfasser der einzelnen nationalen Erfahrungsberichte im Rahmen einer zweitägigen Veranstaltung mit ausgewählten bundesdeutschen Fachleuten in Bonn (Februar 1998)[55],

- Überarbeitung der Berichtsentwürfe durch den Projektkoordinator und Erstellung der Schlussversion der Berichte durch die ausländischen Autoren sowie schließlich

- Übersetzung dieser Berichte ins Deutsche.

Die vorliegende Studie enthält die Beiträge der ausländischen Kooperanten und einen Überblick über vorliegende Erfahrungen mit intraregionalen Kooperationsansätzen in deutschen Städten und Regionen. Alle Beiträge beginnen mit einer Skizze der jeweiligen politisch-administrativen Strukturen: zur Verdeutlichung der nationalen Besonderheiten der lokalen Ebene als zentralem Akteur bei Kooperationsansätzen. Diesem Überblick schließt sich eine Diskussion der jeweils maßgeblichen Formen der Kooperation und deren zentrale Elemente an. Abgeschlossen werden die einzelnen Beiträge mit einem die nationalen Besonderheiten und Erfahrungen kritisch reflektierenden Fazit.

Auf der Grundlage der sechs nationalen Berichte erfolgt eine abschließende Bilanz. Diese orientiert sich in ihrem Aufbau weitgehend an dem Frageraster, das den ein-

---

[55] Die Durchführung dieser Veranstaltung mit knapp 50 Experten aus deutschen Städten und Regionen war der finanziellen Unterstützung mehrerer Sponsoren zu verdanken: der Städte Bonn, Dresden, Hannover, Karlsruhe und Lünen, des Landes Bremen, des Großraumverbandes Hannover, der Kölner Flughafen AG und nicht zuletzt der T-Mobil Bonn als Gastgeberin. Ihnen allen wird an dieser Stelle noch einmal herzlich gedankt.

zelnen nationalen Beiträgen zugrunde lag, und hat zum Ziel, die – trotz aller nationaler Besonderheiten und Unterschiede deutlich werdenden – Gemeinsamkeiten und Übereinstimmungen der dargestellten interkommunalen Kooperationsansätze herauszuarbeiten.

Literatur

Akademie für Raumforschung und Landesplanung (Hrsg.), Interkommunale und regionale Kooperation, Hannover 1998.

Akademie für Raumforschung und Landesplanung (Hrsg.), Regionale Verwaltungs- und Planungsstrukturen in Großstadtregionen, Hannover 1998.

Amt für amtliche Veröffentlichungen der Europäischen Gemeinschaften (Hrsg.), Regionen. Systematik der Gebietseinheiten für die Statistik, NUTS, Luxemburg 1995.

Arbeitsgruppe Regionalisierung der Fachkommission Stadtentwicklungsplanung des Deutschen Städtetages, Die Städte und ihre Regionen, in: Mitteilungen des Deutschen Städtetages vom 23.8.1993, S. 414-418.

Bose, Michael (Hrsg.), Die unaufhaltsame Auflösung der Stadt in die Region?, Hamburg 1997 (Harburger Berichte zur Stadtplanung, Bd. 9).

Boustedt, Olaf, Stadtregionen, in: Akademie für Raumforschung und Landesplanung (Hrsg.), Handwörterbuch der Raumforschung und Raumordnung, Hannover 1970, Spalte 3207-3237.

Bundesforschungsanstalt für Landeskunde und Raumordnung (Hrsg.), Raumordnungsprognose 2010. Erste Ergebnisse: Bevölkerung, Haushalte und Erwerbspersonen, in: Informationen zur Raumentwicklung, 1994, H. 12.

Bundesministerium für Raumordnung, Bauwesen und Städtebau (Hrsg.), Raumordnung in Deutschland, Bonn 1996.

Bundesministerium für Raumordnung, Bauwesen und Städtebau (Hrsg.), Raumordnungspolitischer Orientierungsrahmen, Bonn 1995a.

Bundesministerium für Raumordnung, Bauwesen und Städtebau (Hrsg.), Raumordnungspolitischer Handlungsrahmen, Bonn 1995b.

Bundesministerium für Raumordnung, Bauwesen und Städtebau und Empirica (Hrsg.), Die Zukunft der Stadtregionen. Dokumentation eines Kongresses in Hannover am 22. und 23.10.1997, Bonn 1998.

Council of Europe, The status of major cities and their peripheries, local and regional authorities in Europe, No. 59, Strasbourg 1996.

Council of Europe, Conference of European Ministers responsible for Local Government. Theme I: Major cities and their peripheries, Strasbourg 1993.

Deutscher Städtetag (Hrsg.), Interkommunales Handeln in der Region, Vorbericht für die 131. Sitzung des Bauausschusses des Deutschen Städtetages, Köln 19.10.1995 (Manuskript).

Die Städte und ihre Regionen, in: Mitteilungen des Deutschen Städtetages vom 23.8.1993, S. 414 ff.

Droste, Herbert, Jobst Fiedler und Valentin Schmidt, Region Hannover. Entwicklung neuer Organisationsstrukturen für die Wahrnehmung regionaler Verwaltungsaufgaben in der Region, Hannover 1996.

Duss, Rainer, Die Stadtregion – ihre Bedeutung für die regionale Zusammenarbeit in den städtischen Regionen, in: Stadtforschung und Statistik, 1997, H. I, S. 19-31.

Engel, Christian, Europa der Regionen, in: Europa von A-Z. Taschenbuch der europäischen Integration, Bonn 1995, S. 143-146.

Europäische Kommission, Nachhaltige Stadtentwicklung in der Europäischen Union: ein Aktionsrahmen, Brüssel 1998.

Fürst, Dietrich, Stadt und Region, in: Heinrich Mäding (Hrsg.), Stadtperspektiven. Difu-Symposium 1993, Berlin 1994 (Difu-Beiträge zur Stadtforschung, Bd. 10), S. 41-55.

Göddecke-Stellmann, Jürgen, Die Stadtregion – ein neues Abgrenzungsmodell, in: Verband Deutscher Städtestatistiker (Hrsg.), Jahresbericht 1995, S. 200-210.

Heinz, Werner, Ansätze interkommunaler Kooperation: Frankfurt und die Rhein-Main-Region, in: Archiv für Kommunalwissenschaften, 1997, H. I, S. 73-97.

Heinz, Werner (Hrsg.), Public Private Partnership – ein neuer Weg zur Stadtentwicklung?, Stuttgart, Berlin und Köln 1993 (Schriften des Deutschen Instituts für Urbanistik, Bd. 87).

Heinz, Werner, Prinzipien der Wirtschaft halten Einzug, in: Der Städtetag, 1992, H. 9, S. 631-634.

Heinz, Werner, Stadtentwicklung und Strukturwandel, Stuttgart 1990.

Heinz, Werner, und Carola Scholz, Entwicklungsplanung in ostdeutschen Städten – Suche nach eigenen Wegen, Berlin 1996 (Difu-Beiträge zur Stadtforschung, Bd. 17).

Hennerkes, Jörg, Interkommunales Handeln in der Region. Vorbericht für die 11. Sitzung des Umweltausschusses des Deutschen Städtetages am 8. und 9. Juni 1995 in Erlangen (Manuskript).

Hirsch, Joachim, Der nationale Wettbewerbsstaat, Berlin 1995.

Jessop, Bob, Die Zukunft des Nationalstaates: Erosion oder Reorganisation?, in: Steffen Becker, Thomas Sablowski und Wilhelm Schumm (Hrsg.), Jenseits der Nationalökonomie?, Berlin und Hamburg 1997, S. 50-95.

Jordan, Jörg, Der Regionalkreis Rhein/Main. Positionspapier für die SPD Hessen-Süd, Frankfurt/M. 1996 (Manuskript).

Kiepe, Folkert, Die Stadt und ihr Umland. Zur Notwendigkeit der Bildung von Stadtregionen, in: Informationen zur Raumentwicklung, 1996, H. 4/5, S. 307-316.

Lange, Hans-Georg, Städte und Regionen. Vorbericht für die 26. Ordentliche Hauptversammlung des Deutschen Städtetages, Köln 25.4.1991 (Manuskript).

Läpple, Dieter, Städte im Umbruch, in: Akademie für Raumforschung und Landesplanung (Hrsg.), Agglomerationsräume in Deutschland, Hannover 1996, S. 191-216.

Lehmann-Grube, Hinrich, und Günter Seele: Die Verwaltung der Verdichtungsräume, Baden-Baden 1983 (Schriften der deutschen Sektion des Internationalen Instituts für Verwaltungswissenschaften, Bd. 9).

Melzer, Michael, Städtenetze zwischen Raumordnungspolitik und Standortpolitik, in: Ex-Wost-Informationen, 18.3.1997, S. 1-12.

Ministerium für Wirtschaft, Mittelstand und Technologie des Landes Nordrhein-Westfalen, Handlungsempfehlungen regionale Entwicklungskonzepte, Düsseldorf 26.11.1990 (Manuskript).

Priebs, Axel, Erfordert die Auflösung der Stadt in die Region neue regionale Verwaltungsstrukturen? – Der Vorschlag zur Bildung der „Region Hannover", in: Michael Bose (Hrsg.), Die unaufhaltsame Auflösung der Stadt in die Region?, Hamburg 1997 (Harburger Berichte zur Stadtplanung, Bd. 9), S. 152-169.

Schultze, Claus J., Die deutschen Kommunen in der Europäischen Union, Baden-Baden 1997.

Schwenn, Kerstin, Gehört die Zukunft der Regionalstadt?, in: Frankfurter Allgemeine Zeitung vom 29.12.1993.

Seele, Günter, Europa der Regionen, ein Holzweg?, in: Der Landkreis, 1992, H. 8/9, S. 364-369.

Sieverts, Thomas, Im Streitgespräch: Gibt es eine europäische Alternative zur Amerikanisierung des Umlandes?, in: Bundesministerium für Raumordnung, Bauwesen und Städtebau und Empirica (Hrsg.), Die Zukunft der Stadtregionen. Dokumentation eines Kongresses in Hannover am 22. und 23.10.1997, Bonn 1998, S. 63-66.

Stadt und Region – Anforderungen, Ziele und Chancen einer effektiven interkommunalen Zusammenarbeit in den deutschen Stadtregionen, in: Eildienst Städtetag Nordrhein-Westfalen, 1997, H. 12, S. 528-535.

Städtetag Nordrhein-Westfalen (Hrsg.), Die Stadt und ihre Region, Köln 1996.

Wagener, Frido, Großraum – Verwaltungen, Baden-Baden 1983 (Schriften der deutschen Sektion des Internationalen Instituts für Verwaltungswissenschaften, Bd. 10).

Weck, Sabine, Neue Kooperationsformen in Stadtregionen, in: Raumforschung und Raumordnung, 1996, H. 4, S. 248-256.

ERFAHRUNGEN
AUS FÖDERAL ORGANISIERTEN STAATEN

E. Terrence Jones

Intraregionale Kooperation zwischen Kernstädten und ihrem Umland in den USA

Inhalt

I. Aktueller Entwicklungsstand und wichtigste Ansätze

Der folgende Beitrag fasst die Erfahrungen mit intraregionaler Kooperation in den urbanen Verdichtungsräumen (Metropolitan Areas) der Vereinigten Staaten von Amerika zusammen. Er konzentriert sich auf die letzten 40 Jahre, schildert die wachsende Bedeutung urbaner Großräume in diesem Zeitraum, stellt die für sie geltenden verfassungsmäßigen und gesetzlichen Rahmenbedingungen dar und geht auf die staatsbürgerliche, ihre politischen Entscheidungen durchdringende Kultur der USA ein. Im Zentrum stehen jedoch Beschreibung und Analyse der vier wichtigsten Ansätze für intraregionale Zusammenarbeit: Zusammenschluss von Kommunalverwaltungen und interkommunale Vereinbarungen, funktionsspezifische Organisationseinheiten und Behörden, Regionalräte/metropolitane Planungsverbände sowie öffentlich-private Initiativen. Alle vier Ansätze werden gesondert bewertet; danach folgen einige abschließende Folgerungen.

1. Allgemeine Bedingungen und politisches Umfeld

Die Vereinigten Staaten sind zu einer von urbanen Ballungsräumen geprägten Nation geworden. Fast vier Fünftel aller US-Bürger leben in Gebieten, die von den Bundesbehörden statistisch als Verdichtungsräume (Metropolitan Statistical Areas) geführt werden. Wie aus Tabelle 1 ersichtlich wird, hat sich der Anteil der in den Metropolitan Areas lebenden US-Bürger zwischen 1950 und 1990 von 63 Prozent auf 78 Prozent erhöht.

Parallel mit diesem Zuzug von immer mehr Menschen in die Verdichtungsräume hat sich das demographische Schwergewicht in diesen Gebieten deutlich von der Kernstadt in den Ring von Vorstadtsiedlungen verschoben. Lebte 1950 noch über die Hälfte aller Bewohner urbaner Großräume in der Kernstadt, so wohnten 1990 bereits drei Fünftel in einer der Vorstädte. Diese Bevölkerungsumverteilung innerhalb der Ballungsräume hat zwei Ursachen: zum einen eine Wanderungsbewegung aus den Kernstädten in das Umland und zum anderen eine Präferenz von Zuzüglern für den Siedlungsring um die innerstädtischen Gebiete.

Tabelle 1:   Bevölkerungsentwicklung in den urbanen Verdichtungsräumen der
             USA 1950-1990, in Prozent*

	1950	1970	1990
Insgesamt	151 325 798	203 302 031	248 709 873
Davon in Verdichtungsräumen	63	69	78
Davon in der Kernstadt	57	46	40
Davon in den Vorstädten	43	54	60

*Quelle: *United States Bureau of the Census* (Bundesbehörde für Bevölkerungsstatistik).

Diese Verschiebung des Bevölkerungsschwerpunktes in die metropolitanen Randgebiete hat zu einer ausgeprägten sozioökonomischen Spaltung geführt. Die Erfahrungen des Großraumes St. Louis veranschaulichen diesen vor allem für die älteren
Ballungsräume geltenden Trend. In Tabelle 2 sind die Bevölkerungszahlen und
mittleren Haushaltseinkommen (in Dollar auf dem Stand von 1990) für St. Louis
(die Kernstadt der Region) und den Kreis St. Louis County (die größte vorstädti-
sche Gebietskörperschaft in diesem Großraum) vergleichend dargestellt, und zwar
für die Jahre 1950, 1970 und 1990.

Tabelle 2:   Bevölkerungsentwicklung im Großraum St. Louis: 1950, 1970 und
             1990*

	1950	1970	1990
Bevölkerung der Kernstadt	856 796	622 236	396 685
Bevölkerung von St. Louis County	406 349	951 671	993 259
Durchschnittseinkommen in der Kernstadt, in Dollar	15 420	25 600	24 270
Durchschnittseinkommen im Kreis (County), in Dollar	19 240	38 770	45 210

*Quelle: *United States Bureau of the Census* (Bundesbehörde für Bevölkerungsstatistik).

Die Zahlen zeigen, dass die Bevölkerung der Kernstadt im Untersuchungszeitraum von vier Jahrzehnten auf weniger als die Hälfte gesunken ist, während sich die Einwohnerzahl von St. Louis County mehr als verdoppelt hat. Im gleichen Zeitraum verschärfte sich das Einkommensgefälle zwischen Kernstadt und County vom Faktor 0,8 (der typische Kernstadthaushalt verfügte über vier Fünftel des Einkommens einer durchschnittlichen Vorortfamilie) auf 0,54 (das heißt, das Durchschnittseinkommen einer Kernstadtfamilie betrug nur noch gut die Hälfte des Durchschnittseinkommens in den Vororten). Die Kernstädte werden mit einem Wort sowohl relativ als auch in manchen Fällen absolut ärmer im Vergleich mit ihren Umlandgemeinden.

Prognosen über die demographische Entwicklung gehen davon aus, dass der Bevölkerungsanteil der Verdichtungsräume weiter steigen und sich bis zum Jahr 2020 der 90-Prozent-Marke nähern wird. Zur Zeit gibt es 273 Metropolitan Areas (eine Definition dieses Begriffs folgt weiter unten), die über zehn Prozent der Fläche der USA einnehmen. Die meisten dehnen sich um rund fünf Meilen pro Jahrzehnt aus.

Auch die Verteilung der wirtschaftlichen Aktivitäten in den Verdichtungsräumen hat sich im Laufe der letzten vierzig Jahre geändert. Wallis weist darauf hin, dass die meisten Regionen drei Entwicklungsphasen durchlaufen haben:

„Zunächst wurden die Regionen wirtschaftlich von ihren Kernstädten beherrscht, was zu konzentrischen Siedlungsringen führte, mit strahlenförmig vom Zentrum ausgehenden Pendlerkorridoren. Später entwickelten sich die Regionen zu polyzentrischen Strukturen oder solchen mit mehreren Kernen, wobei sich die Schwerpunkte wirtschaftlicher Aktivitäten auf mehrere spezialisierte Zentren innerhalb und außerhalb der Kernstadt verteilten, mit Konzentrationen entlang der Hauptverkehrsachsen. Und schließlich bildete sich das derzeitige postindustrielle Muster heraus, bei dem die wirtschaftlichen Aktivitäten räumlich noch weiter verstreut, gleichzeitig jedoch durch Kommunikations- und Verkehrsnetze noch komplexer integriert sind." (Wallis, 1994)

Das Staatswesen der Vereinigten Staaten ist föderal, wobei hoheitliche Aufgaben zwischen der Nationalregierung (auch Bundesregierung genannt) und den 50 Bundesstaaten aufgeteilt sind. Die kommunalen Gebietskörperschaften verfügen über keine eigenen Hoheitsbefugnisse und sind bei allen Aktivitäten rechtliche „Abkömmlinge" des Bundesstaates, in dem sie liegen. Sie stehen in keiner unmittelbaren Verbindung oder Beziehung zur amerikanischen Bundesregierung, die nur indirekt gesetzgeberischen Einfluß auf die kommunale Ebene nehmen kann.

Die Zuständigkeiten der einzelnen Bundesstaaten wurden 1868 in einer allgemein als Dillon-Urteil zitierten gerichtlichen Entscheidung klargestellt. Darin heißt es, dass kommunale bzw. alle Gebietskörperschaften unterhalb der bundesstaatlichen Ebene nur Aufgaben wahrnehmen dürfen, die ihnen explizit durch bundesstaatliche Gesetze übertragen wurden, und ihnen nur diejenigen Befugnisse zugestanden werden, die zur Erfüllung ihrer Pflichten unbedingt erforderlich sind. Diese letztgenannte Bestimmung ist sehr eng ausgelegt worden, und die vorherrschende Rechtsmeinung geht im Zweifelsfall davon aus, dass die kommunale Ebene über keine eigenen Vollmachten verfügt.

Übersicht 1:   Politisch-administrative Struktur der Vereinigten Staaten von Amerika*

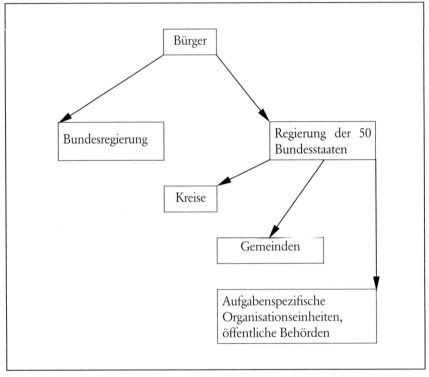

*Quelle: Zusammenstellung E. Terrence Jones.

Bundesstaaten wiederum sind in Kreise (Counties) oder deren Äquivalente (in Louisiana Gemeinden [Parishes] sowie kreisfreie Städte in einigen wenigen Bundesstaaten) unterteilt. Alle Bürger leben in einem dieser gut 3 000 lokalen Zuständigkeitsbereiche (Jurisdictions). Das ursprüngliche und immer noch gültige Ziel für die Einrichtung dieser Kreise war es, eine substaatliche Ebene zur Durchführung staatlicher Aufgaben – wie Grundsteuerveranlagung, Wahlen und Gerichtsbarkeit – zu schaffen. Mit sehr wenigen Ausnahmen liegt in allen Kreisen die gesamte Legislativ- und Exekutivgewalt in den Händen eines gewählten Ausschusses. Zusätzlich dazu wählt der Kreis die für die Wahrnehmung der unterschiedlichsten spezifischen Funktionen zuständigen Beamten (wie z.B. Steuerschätzer oder Richter). Nur wenige Kreise (weniger als fünf Prozent) haben sich eine Art Satzung gegeben, nach der die Exekutive getrennt von Legislative oder Räten gewählt wird und die die auf nationaler und bundesstaatlicher Ebene bestehende Gewaltenteilung und die damit verbundene gegenseitige Kontrolle widerspiegelt. Diese so genannten Charter Counties (Charter=Satzung) liegen häufig in den vorstädtischen Randgebieten metropolitaner Großräume.

In allen Bundesstaaten gibt es Verfahren für die Einrichtung zusätzlicher lokaler Gebietseinheiten wie Gemeinden (Municipalities), aufgabenspezifische Verwaltungseinheiten (Special Districts, zu denen auch die Schulverwaltung zählt) sowie öffentliche Behörden (Public Authorities). Solche lokalen Gebietseinheiten gibt es aber nicht überall, und so können viele Bürger keinem verfassten kommunalen Gemeinwesen zugerechnet werden. Die von ihnen bewohnten Gebiete werden unter dem Begriff „unincorporated" geführt, das heißt „nicht inkorporierte Gemeinwesen ohne eigene Rechtspersönlichkeit". Für die Erbringung lokaler Dienstleistungen ist hier typischerweise die Kreisverwaltung zuständig. Zur Durchführung dieser Aufgaben bilden die Kreisverwaltungen häufig besondere Verwaltungseinheiten, die Townships genannt werden. Die Bundesstaaten kontrollieren außerdem die Bedingungen und Umstände, unter denen zwei oder mehrere lokale Gebietseinheiten zusammenarbeiten können, sei es durch direkte Eingemeindung, oder sei es in Form von Kooperationsvereinbarungen.

Die Aufteilung der Zuständigkeiten zwischen diesen verschiedenen politisch-administrativen Ebenen ist nicht klar geregelt. Selbst das deutlichste Beispiel für eine nationalstaatliche Aufgabe, nämlich die Verantwortung für die Streitkräfte und die Abwehr äußerer Bedrohungen, nehmen in Wirklichkeit alle fünfzig Bundesstaaten gemeinsam wahr, wobei jeder Bundesstaat über seine eigene Miliz verfügt. Für fast jede Aufgabe der öffentlichen Hand sind mindestens zwei der drei Ebenen (national, bundesstaatlich, kommunal) zuständig, und bei vielen dieser Aufgaben sind alle drei Ebenen einbezogen.

Vorbehaltlich dieser Einschränkungen bestimmt die Bundesregierung die Außen- und Verteidigungspolitik, soziale Wohlfahrtsprogramme, die Forschungspolitik sowie die Bereiche Flug- und Schiffsverkehr und Energieversorgung. Die Regierungen der Bundesstaaten sind insbesondere für Ausbildung, Strafvollzug und Fernstraßenbau zuständig. Sie stellen auch den Verwaltungsapparat zur Durchführung vieler Sozialprogramme, obwohl diese meist aus Mitteln des Bundes finanziert werden. Kreise und Gemeinden wiederum kümmern sich vorrangig um Polizei und Feuerwehr, Orts- und Nebenstraßen, Abfallentsorgung und Flächennutzungsplanung.

Übersicht 2: Die wichtigsten Einnahmequellen der unterschiedlichen Ebenen der öffentlichen Hand in den USA*

Bundesregierung
■ Einkommensteuer
■ Körperschaftssteuer
■ Arbeitgeber- und Arbeitnehmeranteil der Payroll Tax, das heißt der lohnbezogenen Sozialversicherungssteuer
■ Kraftstoffsteuer (Mineralölsteuer)
Bundesstaaten
■ Einkommensteuer (gilt für die meisten Bundesstaaten)
■ Körperschaftssteuer (gilt für die meisten Bundesstaaten)
■ Allgemeine Umsatzsteuer
■ Zigaretten- und Alkoholsteuer
■ Kraftstoffsteuer (Mineralölsteuer)
■ Vermögenssteuer (Property Tax)
■ Bundeszuschüsse
Kreise und Kommunen
■ Vermögenssteuer (Property Tax)
■ Allgemeine Umsatzsteuer
■ Zuschüsse des Bundesstaates
Aufgabenspezifische Organisationseinheiten (Special Districts/Public Authorities)
■ Vermögenssteuer (Property Tax)
■ Gebühren
■ Bundeszuschüsse und Zuschüsse der Bundesstaaten

*Quelle: Zusammenstellung E. Terrence Jones.

Alle Ausgaben der öffentlichen Hand zusammen belaufen sich auf etwa 36 Prozent des Bruttosozialprodukts, wovon etwas weniger als zwei Drittel auf den nationalen Haushalt entfallen und rund ein Drittel auf die Haushalte der Bundesstaaten und Gemeinden. Die wichtigsten Einnahmequellen auf nationaler Ebene sind Einkommen- und Körperschaftssteuer und die von Arbeitgebern und Arbeitnehmern gemeinsam aufgebrachte Payroll Tax[1]. Die meisten Bundesstaaten erheben ebenfalls Einkommens- und Körperschaftssteuern; hinzu kommen Umsatzsteuern, Grundsteuern, so genannte „Laster"-Steuern (auf Alkohol, Zigaretten, Glücksspiel), Benutzergebühren sowie Ausgleichszahlungen aus dem Haushalt des Bundes. Die Gemeinden sind hauptsächlich von den Einnahmen aus Grundsteuern, Umsatzsteuern und kommunalen Abgaben sowie Gebühren abhängig.

Metropolitan Areas sind künstliche Gebilde (das heißt, sie haben keinen formalen Rechtsstatus). Sie wurden von der Haushaltsabteilung des amerikanischen Präsidialamtes (US-Office of Management and Budget) hauptsächlich für die Erhebung statistischer Daten eingeführt. Der offizielle Fachbegriff zur Bezeichnung urbaner Großräume lautet auch Metropolitan Statistical Area (MSA). Nach den derzeit gültigen Kriterien muss eine Metropolitan Statistical Area mindestens eine Stadt (Synonym für Gemeinde) oder einen verstädterten Raum mit 50 000 oder mehr Einwohnern sowie eine Gesamtbevölkerung von mindestens 100 000 Einwohnern aufweisen.

Der Kreis bzw. die Kreise, auf deren Gebiet die größte Gemeinde liegt, werden nach diesem Verfahren als Hauptkreis(e) bezeichnet; hinzu kommen alle angrenzenden Kreise, deren Bevölkerung mindestens zur Hälfte im verstädterten Bereich rund um die größte Stadt wohnt. Weitere benachbarte Kreise werden eingerechnet, sofern sie bestimmte Voraussetzungen im Hinblick auf Pendlerbeziehungen mit dem/den Hauptkreis(en) und andere Kriterien wie Bevölkerungsdichte oder wirtschaftliche Verflechtung erfüllen.

Rechtlich zusätzlich komplizierter wird die intraregionale Zusammenarbeit innerhalb urbaner Großräume durch die Tatsache, dass über dreißig dieser Metropolitan Areas auf dem Gebiet zweier oder mehrerer Bundesstaaten liegen. Dazu zählen einige der größten Ballungsräume, wie Chicago (Illinois und Indiana), New York (Connecticut, New Jersey, New York), Philadelphia (New Jersey und Pennsylvania) und St. Louis (Illinois und Missouri). In Fällen wie diesen müssen die betroffenen Bundesstaaten häufig einen formellen Staatsvertrag abschließen (Interstate Compact), um damit die Staatsgrenzen übergreifende Zusammenarbeit von Behörden zu ermöglichen und zu realisieren. Die Aushandlung dieser Verträge ist nicht einfach, denn sie bedürfen der Zustimmung aller gesetzgebenden Körperschaften der beteiligten Bundesstaaten und des Kongresses der Vereinigten Staaten (Winters, 1962). Das bekannteste Beispiel ist die Port Authority of New York, die für einen Großteil der Verkehrsinfrastruktureinrichtungen (so z.B. für Flughäfen, Brücken usw.) im Großraum New York zuständig ist (Caro, 1972).

---

[1] Lohnbezogene Sozialversicherungssteuer, nicht zu verwechseln mit der früheren deutschen Lohnsummensteuer (Anmerkung des Übersetzers).

Die typische Metropolitan Area umfasst rund einhundert lokale Gebietseinheiten (Local Governments), höhere Zahlen sind allerdings nicht ungewöhnlich. Unter den Oberbegriff Local Government fallen Kreise und Mehrzweck-Gemeinden, in denen meist eine Kernstadt identifiziert werden kann, von der die Entwicklung dieses Raumes ursprünglich ausgegangen ist, sowie ferner Schulverwaltungsbezirke (School Districts), die vom Kindergarten (Kinder bis fünf Jahre) bis zur High School (Jugendliche bis 17 Jahre) für das Bildungswesen zuständig sind und andere aufgabenspezifische Verwaltungsorganisationen und Behörden (Special Districts und Public Authorities). Mit Ausnahme der Schulbezirke werden diese Einrichtungen später noch näher erläutert.

Die politisch-administrativen Strukturen sind in den älteren Großräumen wie Cleveland, Philadelphia und Pittsburgh komplexer als in den neueren, wie etwa Albuquerque, Houston, Phoenix oder San Antonio. Dort gab es meist nur wenige Gemeinden, die direkt an die ursprüngliche Kernstadt angrenzten, und der Kreis, in dem diese Kernstadt lag, hatte in der Regel eine große Ausdehnung, denn die Bundesstaaten im Südwesten der USA waren dünner besiedelt und hatten daher weniger, aber größere Kreise als die Staaten in der Osthälfte des Landes. Zusammen mit Gesetzen der betreffenden Bundesstaaten, die Städten die Eingemeindung ihres Umlandes erleichterten, trug diese Situation dazu bei, sozioökonomische Spaltungen in diesen Großräumen weitgehend zu verhindern. Ein Autor hat dafür die Bezeichnung „elastische Städte" gewählt (Rusk, 1993).

Henry Cisneros, der unmittelbare Vorgänger des jetzigen amerikanischen Bundesministers für Wohnungs- und Städtebau und ehemalige Bürgermeister von San Antonio, hat erläutert, was dies für seine Stadt bedeutete:

„Was in San Antonio passierte, steht in deutlichem Gegensatz zu dem Schicksal vieler anderer amerikanischer Städte wie Detroit, Cleveland oder Hartford. Liberale Stadterweiterungsgesetze in Texas ermöglichten San Antonio, zu expandieren und der Ausbreitung seiner Vorstädte zu folgen ... Durch Annexionen nach dem Zweiten Weltkrieg hat San Antonio sein Stadtgebiet nahezu verfünffacht und über 260 Quadratmeilen hinzugewonnen ... Durch diese Expansion blieb die Stadt Wohnort von über 70 Prozent der Bevölkerung des Großraumes und hat sich eine starke Mittelklasse, solide Steuereinnahmen und eine gute Bewertung ihrer Kommunalobligationen bewahrt." (Cisneros, 1995)

In den älteren Ballungsräumen der USA konnte dieses Instrument nicht eingesetzt werden, denn hier waren Kernstädte von anderen Gemeinden umgeben. Folglich kam die Annexion des Umlandes nicht in Frage, so dass alternative Optionen (wie beispielsweise Eingemeindungen, Kooperationsvereinbarungen oder aufgabenspezifische Verwaltungsbezirke) geprüft werden mussten. Wikstrom stellt dazu fest: „Dort, wo große Kernstädte normalerweise von eigenständigen Gemeinden umgeben sind, wie an der Ostküste, ist das Instrument der Annexion, das von diesen

Städten im 19. Jahrhundert häufig eingesetzt worden war, keine brauchbare Alternative bei der jüngsten Suche nach einer geeigneten Form von Großraummanagement." (Wikstrom, 1977)

Diese komplexen Zusammenhänge veranlassten den führenden US-Journalisten für Ballungsraumthemen, Neal Peirce, zu folgender Schlussfolgerung:

„Das dritte große Handicap amerikanischer Stadtregionen ist das allgemeine Fehlen kohärenter Steuerungsstrukturen, formeller oder informeller Art. Folglich kommen politische Grundsatzentscheidungen über alle öffentlichen Angelegenheiten von Luftverschmutzung über Verkehr und Abfallentsorgung bis zur Sicherung qualifizierten Arbeitskräftenachwuchses für die Zukunft als Stückwerk und oft willkürlich zustande – oder, was noch schlimmer ist, sie werden gar nicht erst angegangen". (Peirce, 1993)

Jede Auseinandersetzung mit amerikanischen Verwaltungs- und Regierungsstrukturen muss im Rahmen einer staatsbürgerlichen Kultur gesehen werden, in der ganz bestimmte Werte und Traditionen hochgehalten werden. Auf dieser Grundlage kann man verstehen, warum die Vereinigten Staaten einerseits sehr komplexe politisch-administrative Strukturen aufweisen, andererseits aber ein stimmiger Ansatz zur Überarbeitung dieser Strukturen fehlt.

Individualismus ist im politischen Kontext der USA der vorherrschende Wert. Ob in zeitgenössischen Werbespots („Marlboro-Mann" und „Cowboykultur") oder im abgedroschenen Slogan aus dem amerikanischen Unabhängigkeitskrieg („Ich lass' niemanden auf mir herumtrampeln!") – die meisten Amerikaner schätzen individuelle Freiheit über alles. Sie wollen einfach nicht, dass irgend jemand – und erst recht keine Behörde – ihnen vorschreibt, was sie zu tun oder zu lassen haben.

Aus dieser Einstellung leitet sich die Philosophie ab, die amerikanischen Regierungsstrukturen zugrunde liegt. Die Vermeidung jeder Form von Tyrannei – ob von einer Minderheit oder Mehrheit ausgehend – genießt höchste Priorität. 1787 schrieb James Madison im Federalist Paper Nr. 10:

„Entweder muß verhindert werden, daß eine Majorität von ein und denselben Leidenschaften oder Interessen zur gleichen Zeit beherrscht wird, oder sollte dies der Fall sein, muß es dieser Mehrheit durch quantitative und räumliche Bedingungen unmöglich gemacht werden, Unterdrückungspläne zu schmieden und zu verwirklichen."[2]

---

[2] Zitiert nach der deutschsprachigen Ausgabe „Der Föderalist", *Felix Ermacora (Hrsg.)*, Wien 1958, S. 76. Der Begriff Federalist Papers steht für 85 Aufsätze von Hamilton, Madison und Jay „An das Volk des Staates New York"; sie stellen eine erste Verfassungslehre des amerikanischen Bundesstaates dar (Anmerkung des Übersetzers).

Das Besitzbürgertum war stets gegen eine Konzentration von Macht in den Händen einfacher Mehrheiten, da es befürchtete, dies könnte zur Umverteilung des gesellschaftlichen Reichtums genutzt werden.

Wie sollte das Ziel der Vermeidung von Tyrannei erreicht werden? Im Federalist Paper Nr. 51 liefert Madison die Antwort. Er setzt sich für eine Regierungsform ein, bei der die Gewalten zwischen verschiedenen Ebenen (Föderalismus) und zwischen verschiedenen Organen (Gewaltenteilung) aufgeteilt werden; ferner soll ein System von Checks and Balances (wechselseitiger Kontrolle) die einseitige Vorherrschaft eines dieser Elemente verhindern:

„Aber die wichtigste Sicherung gegen die allmähliche Konzentration der verschiedenen Gewalten in einem Ressort besteht darin, dafür zu sorgen, daß diejenigen, welche die einzelnen Ressorts verwalten, über die notwendigen verfassungsmäßigen Mittel verfügen und ein persönliches Interesse daran haben, sich Übergriffen der anderen Ressorts zu widersetzen. In diesem wie in allen anderen Fällen müssen die Mittel zur Verteidigung der voraussichtlichen Stärke des Angriffs entsprechen. Ehrgeiz muß durch Ehrgeiz unschädlich gemacht werden. ... Entwirft man ... einen Plan für eine Regierung, die von Menschen über Menschen ausgeübt werden soll, so liegt die Hauptschwierigkeit darin, daß zunächst die Regierung ermächtigt werden muss, die Regierten zu kontrollieren, um sie dann zu verpflichten, sich selbst zu kontrollieren. Die Abhängigkeit vom Volk ist zweifellos das beste Mittel, um die Regierung unter Kontrolle zu halten. Aber die Menschheit hat aus Erfahrung gelernt, daß zusätzliche Sicherheitsvorkehrungen notwendig sind."[3]

Die Konzentration politischer Macht läuft dem politischen Glaubensbekenntnis der USA zuwider. Dieser Glaubenssatz wurde zwar zunächst in den Debatten über die Bundesregierung und die Regierungen der Bundesstaaten aufgestellt, hat aber auch in die Diskussion um die Strukturierung lokaler Gebietskörperschaften Einlass gefunden. Im Ergebnis hat dies dazu geführt, dass jeder Vorschlag zur Übertragung von Entscheidungsbefugnissen von einer kleineren Einheit, sei es ein Stadtviertel, sei es eine Vorortgemeinde, auf eine größere regionale Einrichtung wie einen Kreis oder eine kreisübergreifende Institution zunächst mit Misstrauen aufgenommen wird.

In Verdichtungsräumen hat dies zu paradoxem Verhalten geführt. Obwohl alle Welt davon ausgeht, dass die Regionen heute mehr denn je in einem scharfen Wettbewerb stehen, der sowohl innerhalb der USA als auch über die nationalen Grenzen hinaus ausgetragen wird, und dass das Rennen um wirtschaftliche Attraktivität zwischen Räumen wie Chicago, Cleveland, Düsseldorf, Toronto, Lyon und ihresgleichen ausgetragen wird, begegnen die Bewohner von Ballungsräumen internen Umverteilungen von Vollmachten und Besteuerungsmöglichkeiten mit deutli-

---

[3] Ebenda, S. 296 ff.

74

chem Mißtrauen. Dass irgendjemand in ihrer Region ihnen zu viele Vorschriften machen könnte, fürchten sie mehr, als dass ihr Ballungsraum im Wettbewerb mit seinen weltweiten Konkurrenten ins Hintertreffen geraten könnte.

Dieses Misstrauen wird durch die Tatsache genährt und unterstützt, dass die US-Bevölkerung zur Bildung von Enklaven neigt, in denen die meisten Bewohner den gleichen ethnischen, religiösen und wirtschaftlichen Hintergrund haben. Hinzu kommt der Widerstand der gewählten und ernannten Funktionäre in den vielen lokalen Gebietseinheiten eines Verdichtungsraums, die eifersüchtig über ihre Vorrechte wachen und sie nur sehr ungern an irgendeine größere Verwaltungseinheit abgeben.

Eine weitere Folge des hohen Stellenwertes von Individualismus und des Widerstands gegen die Tyrannei einer Mehrheit ist, dass Amerikaner es sehr schätzen, über Wahlmöglichkeiten zu verfügen. Der freien Wahl zwischen Alternativen wird ein hoher Wert beigemessen, ob im privaten Bereich bei der Auswahl von Hamburgern oder im öffentlichen Bereich bei der Entscheidung zwischen Gemeinden. Jede Nivellierung von Unterschieden wie auch alle Vorschläge, die mit einer Einschränkung von Wahlmöglichkeiten verbunden sind, wie dies bei vielen intraregionalen Kooperationsvorhaben der Fall ist, müssen mit Widerstand rechnen. Dies gilt vor allem für Bürger, die infolge ihres Wohlstands über mehr Möglichkeiten der freien Wohnortwahl verfügen, in geringerem Maße trifft es aber auch für die weniger Begüterten zu.

2. Auslösende Faktoren, Hauptinitiatoren und Hauptgegner

Das Wachstum der Ballungsräume hatte eine Reihe von Folgen für die intraregionale Zusammenarbeit. Als Erstes benötigten die Kernstädte, die einst das wohlhabendste und mächtigste Teilstück waren, mehr Unterstützung durch den Rest der Region. Zwischen den 60er und 80er Jahren haben die Kernstände auf diese veränderten Umstände zunächst mit Forderungen nach höheren Finanztransfers durch die Bundesregierung reagiert. Diese hat darauf zuerst mit organisatorischen und finanziellen Maßnahmen geantwortet: zum einen durch die Einrichtung eines Ressorts für Wohnungs- und Städtebau (Housing and Urban Development), das den Begriff „urban" im Titel führt, und zum anderen durch die Aufstellung mehrerer Förderprogramme zugunsten innerstädtischer Bereiche (Inner Cities). Mit zunehmenden Haushaltsproblemen und der konservativen Wende in der Bundespolitik nahm man von dieser Vorgehensweise jedoch Mitte der 80er Jahre wieder Abstand.

Mit der Umverteilung des Wohlstandes in metropolitanen Regionen, mit dem Zuzug oder Umzug wohlhabender Bürger in die Vororte und der Abwanderung von Arbeitsplätzen an die Peripherie sahen sich die Kernstädte zunehmend gezwungen, sich um Unterstützung durch ihre wohlhabenderen Nachbarn zu bemühen.

Zum Zweiten machte sich im Zuge der zunehmenden Komplexität und Fragmentierung von politischer Steuerung und Verwaltung in den Ballungsräumen bei den Anhängern eines stärkeren Engagements der öffentlichen Hand, die in den USA fast immer eine Minderheit darstellen, Enttäuschung über die Unfähigkeit zu kollektivem Handeln in den Verdichtungsräumen breit. Die Unfähigkeit, öffentliche Mittel von den wohlhabenderen zu finanzschwächeren Räumen umzuleiten, war dabei nur ein Aspekt. Dieser ideologische Faktor begünstigte zudem eine Umkehrung des bisherigen Trends zur Dezentralisierung in Richtung einer stärkeren Zentralisierung von Entscheidungsbefugnissen.

Zum Dritten erschwerte die Fragmentierung von Entscheidungskompetenzen den wirtschaftlichen Eliten eine Einflussnahme auf öffentliche Politik in den Regionen. Solange die meisten Entscheidungen in nur einer Gebietseinheit getroffen wurden, so zum Beispiel in der Kernstadt, konnte die Wirtschaft durch enge Verbindungen zum Bürgermeister und zu einigen Ratsmitgliedern großen Einfluss ausüben. Mit der breiteren Streuung von Entscheidungsebenen wurde es jedoch viel schwieriger, die richtigen Verbindungen zu knüpfen und aufrechtzuerhalten.

Die wichtigsten Widerstände gegen eine verbesserte intraregionale Zusammenarbeit wurden bereits oben genannt. Einige dieser Faktoren, wie ihr Revier verteidigende Kommunalpolitiker oder ideologisch bedingter Widerstand gegen die Konzentration politischer Macht, sind Konstanten. Sie waren in der Vergangenheit hinderlich und sind dies auch gegenwärtig. Ein Widerstandsfaktor aber hat in den vergangenen zwanzig Jahren an Relevanz gewonnen, nämlich das häufig auch noch mit ethnischen Unterschieden verbundene Einkommensgefälle. Aus diesem entsteht häufig eine „Wir-gegen-sie-Mentalität" bei den wohlhabenderen Vorstadtbewohnern, die jeden Versuch zur Kooperation als getarnten Raubzug auf die besser gefüllten öffentlichen Kassen der Vorstädte erscheinen lässt.

II. Die Ansätze und ihre wichtigsten Elemente und Merkmale

Die US-amerikanischen Ansätze intraregionaler Zusammenarbeit können in vier Kategorien unterteilt werden. In die erste Kategorie fallen interkommunale Vereinbarungen und Zusammenschlüsse von lokalen Mehrzweck-Gebietseinheiten (das heißt Kreisen und/oder Gemeinden). Zur zweiten Kategorie gehören aufgabenspezifische Verwaltungseinheiten und öffentliche Behörden, deren Einzugsbereiche sich mit den Gebietsgrenzen der lokalen Mehrzweck-Körperschaften überschneiden und auch über diese hinausgehen. Diese Verwaltungseinheiten wurden in der Regel zur Wahrnehmung einzelner Aufgaben gebildet. Unter die dritte Kategorie fallen Regionalräte und regionale Planungsverbände. Erstere waren ursprünglich freiwillige Organisationen ohne formale Befugnisse; als jedoch die Bundesregierung begann, stärker auf intraregionale Kooperation zu setzen, dienten sie als Grundlage für die späteren regionalen Planungsverbände. Zur vierten Kategorie schließlich zählen öffentlich-private Initiativen, die im Koordinatensystem öffentlicher Verwaltungseinheiten häufig nicht klar einzuordnen sind. Diese Kategorien sind weitgehend chronologisch geordnet, wobei die beiden ersten Ansätze über eine längere Laufzeit verfügen als der dritte und vierte.

1. Zusammenlegung von Gebietskörperschaften, interkommunale Vereinbarungen

1.1 Die Stadt-Kreis-Zusammenlegung (City-County Consolidation)

Als die Ballungsräume in den 50er und 60er Jahren expandierten, schlugen viele Führungskräfte der Wirtschaft und akademische Fachleute vor, intraregionale Zusammenarbeit durch die Fusionierung von Kernstadt und umliegendem Kreis zu erreichen. Damals wären typischerweise mindestens drei Viertel der Gesamtbevölkerung und ein noch höherer Anteil der Wirtschaftsaktivitäten von der so geschaffenen neuen Gebietskörperschaft erfasst worden. Die Kernstadt mit ihrem eingemeindeten Umland hätte damit den größten Teil des Ballungsraumes umfasst.

Im Rahmen des US-Rechtssystems erforderte diese Form der Stadt-Kreis-Zusammenlegung drei Schritte. Aufgrund des Dillon-Urteils musste zunächst der bundesstaatliche Gesetzgeber ein entsprechendes Ermächtigungsgesetz erlassen oder in manchen Fällen eine Verfassungsänderung zur Abstimmung stellen, die dann von einer Mehrheit der Wahlberechtigten dieses Bundesstaates gebilligt werden musste. Im zweiten Schritt musste ein Ausschuss aus Vertretern der Kernstadt und des umliegenden Landkreises einen förmlichen Plan aushandeln, in dem Befugnisse, Einnahmequellen und Funktionen der neuen Einheit festgelegt wurden. Die Mitglieder dieses Ausschusses wurden meist von gewählten Verwaltungsvertretern der beteiligten Gebietseinheiten ernannt. Städtische Eliten waren dabei in der Regel überrepräsentiert. Zum Dritten mussten die Pläne zur Gestaltung der Verwaltungsstrukturen und politischen Funktionen durch die Mehrheit der Wähler in jeder der beiden Gebietseinheiten gebilligt werden.

Entsprechende Reformansätze waren in einigen wenigen Fällen vor dem Zweiten Weltkrieg vorgeschlagen worden, in der Regel von Akademikern und Befürwortern verbesserter Regierungsformen; sie waren aber auf heftigen Widerstand bei den Umlandbewohnern gestoßen. Nur drei Reformansätze erreichten überhaupt die dritte Stufe des Umsetzungsprozesses, aber sie wurden alle abgelehnt (Horan und Taylor, 1977). Der Hauptgrund dafür lag weniger in sozioökonomischen Unterschieden zwischen der größeren Kernstadt und den kleineren Vororten als vielmehr in Unterschieden des politischen Stils. Das politische System der Kernstädte wurde noch vielfach von Parteiapparaten bestimmt, die Parteipolitik und Pöstchenwirtschaft in der Verwaltung miteinander verknüpften, während die Vororte eher parteiunabhängig wählten und sich für fachlich qualifizierte Berufsbeamte aussprachen. In den Städten beruhte der Politikstil auf der Verteidigung vorhandener Interessen und auf Tauschgeschäften von Wählerstimmen gegen Arbeitsplätze. Die Vorstadtbewohner sahen darin einen überholten und unterschichtorientierten Ansatz, dem sie ein auf rationalen Prinzipien beruhendes, modernes Verwaltungsmodell entgegensetzen wollten.

Von den späten 40er Jahren bis zur Mitte der 70er Jahre gelangten rund 50 Eingemeindungsprojekte bis in die Phase der Wählerabstimmung. Zwölf davon wurden gebilligt und durchgeführt, alle Übrigen dagegen abgelehnt. Nur zwei dieser zwölf realisierten Ansätze betrafen größere Verdichtungsräume: Jacksonville und Duval County in Florida (1967) sowie Nashville und Davidson County in Tennessee (1962). Eine dritte größere Stadt-Kreis-Zusammenlegung wurde 1969 mit der Fusion von Indianapolis und Marion County in Indiana durchgeführt Die Verfassung von Indiana forderte für diesen Fall keine abschließende Billigung durch die Wähler, sodass hier der Gesetzgeber des Bundesstaates die endgültige Entscheidung fällen konnte und fällte. Alle drei Reformansätze bestehen auch noch heute.

In der Begründung für diese und andere weiter unten diskutierte Zusammenschlüsse fehlte das Argument wirtschaftlicher Wettbewerbsfähigkeit. In dieser Phase metropolitaner Entwicklung wurde die Wirtschaftsentwicklung noch vorrangig als nationale Domäne betrachtet, in einer stärkeren Einigung einer Region zur Verbesserung ihrer Wirtschaftskraft wurde daher nur wenig Sinn gesehen.

Die Argumentation stützte sich vielmehr hauptsächlich auf eines oder mehrere der folgenden Prinzipien (Bish, 1970):

■ Das öffentliche (und damit metropolitane) Interesse sollte über den Interessen der Einzelnen stehen.

■ Politische Zersplitterung führt zu Chaos.

■ Ein gleiches Niveau öffentlicher Dienstleistungen ist für die gesamte Region anzustreben.

■ Komplizierte Verwaltungsstrukturen erschweren die Kontrolle durch die Bürger.

■ Zur Erzielung von Mengeneffekten bei der Erbringung öffentlicher Leistungen ist eine Mindestgröße der Gebietseinheiten erforderlich.

Zu den aktiven Befürwortern der Eingemeindung zählten in allen drei Fällen die Spitzen der örtlichen Wirtschaft, die meisten Medien sowie gewählte Volksvertreter (zu denen auch Parlamentsabgeordnete der Bundesstaaten gehörten) aus der Kernstadt und dem Landkreis. Zusätzliche Glaubwürdigkeit, wenn auch nicht Wählerstimmen ergaben sich aus der Unterstützung durch so genannte Good Government Groups (wie z.B. die League of Women Voters) und Akademiker. Die Geschäftswelt nannte als wesentliche Begründung für ihre Unterstützung größere Effizienz; zynischere Stimmen jedoch argwöhnten, dass eine stärker zentralisierte Verwaltung für die ortsansässige Wirtschaft einfach besser zu kontrollieren wäre als fragmentierte Entscheidungsstrukturen. Zu dieser Zeit sprachen sich auch Vertreter der nationalen Wirtschaft für Eingemeindungen aus (Committee for Economic Development, 1970, und Gunlicks, 1981).

Widerstand kam typischerweise aus den Reihen der um ihre Arbeitsplätze besorgten Beschäftigten der öffentlichen Hand, von Kommunalpolitikern aus den Vorortgemeinden, weniger gut gebildeten Vorstadtbewohnern und – je nach Zusammensetzung der Vertretungskörperschaften – aus der schwarzen Bevölkerung. Die letztgenannte Gruppe stellte aufgrund der räumlichen Segregation von Wohngebieten die Mehrheit in einigen kleinen Gemeinden oder einzelnen Bezirken eines größeren Landkreises. Die Zusammenlegung von Gebietseinheiten oder Verwaltungsbezirken würde sie - so ihre Befürchtung – aus dieser Mehrheits- in eine Minderheitsposition bringen und ihren politischen Einfluss deutlich schwächen.

Die Gebietsreform in Jacksonville wurde durch die dort herrschende Krisenstimmung begünstigt (Probleme mit der Qualität des Schulwesens in der Kernstadt sowie Gesundheitsgefährdung durch mangelhafte Kanalisation), aber weder in Indianapolis noch in Nashville bestand eine vergleichbare Krisensituation (Hawkins, 1966; Owen und Willbern, 1985).

Die Eingemeindungen erweiterten im Allgemeinen den Geltungsbereich bestimmter lokaler Leistungen (Planung, Verkehr, Kanalisation) und führten zu einer Konzentration von Kompetenzen in den Händen gewählter Kreisparlamente und -verwaltungen. In allen drei Fällen wurden größere Umverteilungspolitiken zur Subventionierung kommunaler Dienstleistungen in den einkommensschwächeren Vierteln durch wohlhabendere Stadtgebiete vermieden. Alle drei Beispiele fanden Wege zu einer engeren Verknüpfung von Steueraufkommen (hauptsächlich durch die Grundsteuer) und erbrachten öffentlichen Leistungen, und in allen Fällen blieb eine gewisse Wahlfreiheit in Bezug auf die Leistungserbringung erhalten (Moguloff, 1972). Weder Quellen noch Höhe der Steuereinnahmen wurden signifikant verändert, da die Anhänger der Eingemeindungen befürchteten, ihre Pläne würden sonst verdächtigt, nur als Vorwand für mehr staatliche Intervention zu dienen. Effizienz lautete stattdessen der Schlachtruf.

Die beabsichtigten und unbeabsichtigten Effekte für die Ballungsräume Indianapolis, Jacksonville und Nashville waren weitgehend positiv. Was die gewollten Auswirkungen betrifft, so wurden die öffentlichen Leistungen in allen drei Regionen deutlich effizienter, und sie sind wohl auch gerechter verteilt, obwohl es zu dieser Frage keine definitiven Vorher-Nachher-Untersuchungen gibt. Und für die Bürger ist transparenter geworden, wer wofür Verantwortung trägt.

Nach Aussage eines Berichts der Advisory Commission on Governmental Relations von 1974 „wurde durch diese Umstrukturierungen das Leistungsangebot sowohl im Kernbereich als auch in den peripheren Gebieten erweitert ..., eine Reihe steuerlicher und funktionaler Verbesserungen erzielt, ...viele neue Dienstleistungen eingerichtet, ... (und) eine Integration von Leistungen erreicht."

Ein anderer Beobachter kommt zu dem Schluss:

„Stadtregionen haben gute Leistungen bei einer Reihe interkommunaler Funktionen gezeigt – Abwasserentsorgung, Verkehrsplanung und -kontrolle, Polizei- und Gesundheitsdienste, Abfallentsorgung usw. Von einigen wenigen Ausnahmen abgesehen, haben sich die realisierten Stadtregionen als kompetent bei der Bewältigung fast jeder in einem Verdichtungsraum wahrzunehmenden öffentlichen Aufgabe erwiesen". (Moguloff, 1972)

Mit zunehmender Effektivität bei der Bewältigung regionaler Aufgaben achteten die größeren Gebietskörperschaften gleichzeitig darauf, den kleineren Gebietseinheiten innerhalb ihrer Grenzen bestimmte Funktionen zu erhalten (Williams u.a., 1965).

Die wichtigste unbeabsichtigte Auswirkung der Gebietsreform war, dass sich alle drei Regionen in dem ab den 70er Jahren aufgeheizten Wettbewerb zwischen den Verdichtungsräumen äußerst gut geschlagen haben. Alle haben zusätzliche Status-symbole erworben (so verfügen alle drei Stadtregionen über Konzessionen der National Football League) und jede weist ein überdurchschnittliches Wirtschafts-wachstum auf. Vieles deutet darauf hin, dass die Eingemeindung es diesen Verdich-tungsräumen erheblich leichter gemacht hat, strategische Pläne zur Verbesserung ihrer Regionen zu entwickeln und umzusetzen. Trotz der Konzentration politi-scher Machtbefugnisse in den jeweils größten Kreisen der Regionen geht der pro-zentuale Anteil aller drei Gebietseinheiten an der Bevölkerung des gesamten Bal-lungsraumes ständig zurück; selbst in diesen Regionen herrscht daher Bedarf an zu-sätzlichen Kooperationsformen.

In den Verdichtungsräumen, in denen die Eingemeindungspläne scheiterten, wur-den sie in der Regel von den Wählern mit überwältigenden Mehrheiten abgelehnt. Der Grund für das Wahlverhalten der Stadtbewohner war, dass sie eine Schwä-chung ihres Einflusses in der größeren Gebietseinheit befürchteten. Dies war insbe-sondere dann der Fall, wenn die Kernstadtbevölkerung einen hohen Minderheiten-anteil aufwies. Die Wählerschaft in den Vorstädten dagegen befürchtete den Ver-lust lokaler Auswahlmöglichkeiten (das heißt bürgernaher Verwaltungen), die Über-tragung von Verantwortung für die Probleme der innerstädtischen Gebiete sowie eine Beeinträchtigung professioneller Verwaltungsarbeit infolge notwendiger Kom-promisse.

1.2 Der Stadtkreis-Ansatz (Urban County)

Eine Variante der Zusammenlegung von Kernstadt und umliegendem Kreis bezieht sich gleichfalls auf Verdichtungsräume, in denen ein einzelner Kreis die meisten Einwohner und Arbeitsplätze aufweist. Statt den Landkreis mit der Kernstadt zu fu-sionieren, treten alle Gemeinden des Kreises, einschließlich der Kernstadt, gemein-deübergreifende Aufgaben (wie z.B. Verkehrsplanung, Gesundheitswesen, Kanalisa-tion und Abfallentsorgung) an den Kreis ab und behalten selber nur einen einge-schränkten Aufgabenbereich zurück (Flächennutzungsplanung [„zoning"], die über bestimmte kreisweit geltende Standards hinausgeht, Polizeifunktionen, Gewerbe-aufsicht). Dieser Ansatz sieht demnach zwei Ebenen von Mehrzweck-Körperschaf-ten vor und teilt diesen jeweils spezifische Funktionen zu (regionale/kreisweite ver-sus lokale/gemeindeorientierte). Obwohl die Kreise ursprünglich als Mittelinstan-zen zur Wahrnehmung bestimmter bundesstaatlicher Aufgaben eingerichtet wor-den waren (wie z.B. Grundsteuerveranlagung oder Zivil- und Strafgerichtsbarkeit), werden sie bei diesem Ansatz zu einer Art Superkommune, und zwar nicht allein für die nicht verfassten Gemeinwesen (Unincorporated Areas), für die sie diese Funktion bereits ausübten, sondern auch für die inkorporierten Gemeinden.

Ein entsprechender Vorschlag wurde innerhalb der USA nur einmal umgesetzt, und zwar in Dade County, Florida – dem Ballungsraum, dessen größte Stadt Miami ist. Dade County ist ein großflächiger Landkreis (mit über 2 300 Quadratmeilen), und die Bewohner der Unincorporated Areas hatten nur unter großen Schwierigkeiten Zugang zu adäquaten öffentlichen Leistungen. Nach verschiedenen Ad-hoc-Anläufen für eine verbesserte Kooperation und einem Eingemeindungsversuch billigten die Wähler des Staates Florida und von Dade County 1957 die neue Regionalverwaltung Metropolitan Dade Government. Zu diesem Zeitpunkt waren Dade County und der statistische Großraum Miami (Miami Metropolitan Statistical Area) noch deckungsgleich; heute umfasst die Metropolitan Statistical Area weitere Kreise, die nicht zu der Metropolitan-Dade-Vereinbarung gehören.

Die Befürworter und Gegner setzten sich in der üblichen Weise und auf der Basis der bereits oben genannten Motive zusammen. Für den Ansatz waren die Spitzen der Wirtschaft, die Medien, die bundesstaatlichen Abgeordneten und die Verwaltungsreformer (Good Government Groups). Die Wirtschaftsvertreter gingen dabei weiter davon aus, dass eine zentralisiertere Verwaltung besser zugänglich sei; die Medien unterstützten Ansätze, die höhere Auflagen und größere Anzeigenmärkte versprachen; die Abgeordneten des Bundesstaates reagierten positiv auf die Bemühungen dieser beiden Lobbys; und die Reformer kritisierten Kirchturmdenken, setzten sich für Regionalismus ein und priesen transparente und unmittelbar rechenschaftspflichtige Verwaltungsstrukturen. Zu den Unterstützern zählten ferner die Bewohner nicht gemeindlich verfasster Gebiete, die sich ein höheres Niveau lokaler Dienstleistungen erhofften. Widerstand kam aus den Reihen der Vorstände kleinerer Gemeinden und einiger Bürgerinitiativen (Horan und Taylor, 1977).

Nach diesem Ansatz ist die Kreisverwaltung dafür verantwortlich, Basisleistungen für sämtliche örtlichen Dienste entweder selber zu erbringen oder in Auftrag zu geben. Beispiele dafür wären das Baurecht, Flächennutzungsbestimmungen und Polizeischutz. Hinderlich wirkt sich hierbei allerdings die ungenügende Steuererhebungsgewalt der Kreisregierung und der Widerstand der Gemeinden gegen Doppelbesteuerung aus: zum einen zur Finanzierung ihrer eigenen Leistungen und zum anderen zur Subventionierung von Dienstleistungen für die Unincorporated Areas (Moguloff, 1972). So zahlt ein Gemeindebewohner eine Grundsteuer an den Kreis, die teilweise zur Finanzierung der Polizeidienste in den Unincorporated Areas genutzt wird, und gleichzeitig eine lokale Grundsteuer zur Finanzierung der Polizeidienste in seiner eigenen Gemeinde.

Folglich halten Reibereien zwischen beiden Ebenen an, insbesondere zwischen der Kernstadt Miami und dem Kreis Dade County. Sie kommen häufig im Streit darüber zum Ausdruck, welcher der beiden Verwaltungschefs der zentrale Sprecher der

Region ist. Obwohl es einige quantitative und qualitative Verbesserungen bei den Dienstleistungen gegeben hat (Advisory Commission on Intergovernmental Relations, 1974), vor allem in den Bereichen Verkehr, Kanalisation und Wasserversorgung, hat der Stadtkreis-Ansatz dem Großraum Miami im späteren wirtschaftlichen Konkurrenzkampf keine organisatorischen Wettbewerbsvorteile gebracht.

Die günstigste Zeit für den Stadtkreis-Ansatz ist lange vorbei. In den 50er und 60er Jahren beherrschte oft ein einziger Kreis alle oder fast alle der großen Verdichtungsräume. Nachdem die Metropolregionen sowohl räumlich als auch in ihren Bewohnerzahlen deutlich gewachsen sind, ist dies heute nicht mehr der Fall, und in den 50 größten Metropolitan Areas lebt inzwischen häufig nur noch weniger als die Hälfte der Bewohner in dem jeweils größten Kreis.

1.3 Kreisübergreifende Regionalverwaltung (Multicounty Metropolitan Government)

Zwei Verdichtungsräume – Minneapolis/St.Paul (Minnesota) und Portland (Oregon) – sind in den USA alleinige Vorkämpfer für die Einrichtung einer Art kreisübergreifender Regionalverwaltung (Multicounty Metropolitan Government).

Im Fall der „Zwillingsstadt", wie Minneapolis/St. Paul in den USA genannt werden, spielten zwei auslösende Momente eine Rolle: Fragen der politisch-administrativen Steuerung auf der einen und steuerliche Überlegungen auf der anderen Seite. In der Zwillingsstadt war die treibende Kraft für eine verstärkte Zusammenarbeit auf metropolitaner Ebene eine regionale Interessengruppe, die Citizens' League; aktive Verbündete fand sie innerhalb des Parlaments von Minnesota. Die Wirtschaft spielte eine eher mittelbare Rolle: sie bezuschusste die organisatorischen Ausgaben der Citizens' League und förderte die Initiativen des Gesetzgebers. Das politisch-administrative Moment beginnt 1967 mit der Einrichtung eines Regionalrates (Metropolitan Council) als Antwort auf ein Abwasserproblem. Hydrologische Einzugsgebiete fielen nicht mit lokalen Zuständigkeitsgrenzen zusammen, stromab gelegene Gebietseinheiten litten darunter, wenn die stromauf gelegenen Nachbarn ihre Abwässer nicht sachgerecht aufbereiteten, und die Investitionskosten für moderne Abwasseraufbereitungsanlagen überstiegen die Finanzierungskapazitäten der einzelnen Kreise und Gemeinden. Im Unterschied zu den meisten anderen Verwaltungsräten und metropolitanen Planungsverbänden, auf die später noch einzugehen sein wird, verfügte der Metropolitan Council der Zwillingsstadt über einige bescheidene Kompetenzen, die über die bloße Planung hinausgingen. Im Jahr 1994 übernahm er sogar die direkte Zuständigkeit für den Betrieb zweier gebietsweiter Aufgaben: Durchgangsverkehr und Abwasserentsorgung. Und selbst seine Planungskompetenzen gingen mit der Zuständigkeit für Wohnungsbau und Flächennutzung über diejenigen entsprechender Organe in anderen urbanen Ballungsräumen hinaus.

Es gibt mindestens drei Erklärungen dafür, warum der Metropolitan Council über diese Entscheidungsbefugnisse verfügt. Erstens ist die staatsbürgerliche Kultur („Civic Culture") der Zwillingsstadt weit weniger individualistisch und deutlich stärker gemeinwesenorientiert als irgendwo sonst in den USA. Viele schreiben diesen Umstand der skandinavischen Herkunft eines großen Teils der Bevölkerung zu, wobei dieser Hintergrund regelmäßig durch die Kirchengemeinden gestärkt wird, denen viele Bewohner angehören. Zum Zweiten hat die großraumorientierte Koalition in der Zwillingsstadt die älteren Vorortgemeinden erfolgreich davon überzeugen können, sich für ihre weitere Entwicklung mit der Kernstadt zu verbünden. Damit verlaufen die Fronten nicht mehr zwischen der Kernstadt und allen Vorortgemeinden, sondern zwischen der Kernstadt plus alten Vorortgemeinden auf der einen und den neueren Vorstädten auf der anderen Seite, was zu einer Stärkung der Kooperationsbefürworter führte. Und drittens erforderte die Einrichtung des Metropolitan Council nicht die Zustimmung der Bürger; er wurde vielmehr auf Initiative des Bundesstaates eingerichtet. So konnten Kommunalpolitiker der Kernstadt und der älteren Vorortgemeinden Bündnisse eingehen, einige Abmachungen mit Vertretern anderer Bundesstaaten treffen und gelegentlich gesetzgeberische Erfolge verbuchen. Diese Bemühungen des Gesetzgebers und die Umgehung direkter Zustimmung durch die Bürger wurden durch die Tatsache erleichtert, dass St. Paul die Hauptstadt des Staates Minnesota ist und der urbane Ballungsraum der Zwillingsstadt den gesamten Staat wirtschaftlich und demographisch dominiert.

Ungeachtet dieser Faktoren weist zumindest einer der Befürworter einer stärkeren regionalen Kooperation für das Gebiet der Zwillingsstadt, Myron Orfield, der für den Staat Minnesota im Repräsentantenhaus sitzt, auf die Ambivalenz der bisherigen Entwicklung hin. Er schrieb 1997:

„Trotz der regionalen Kompetenzen, mit denen der Council ausgestattet wurde und trotz der Existenz einer übergeordneten Verwaltung zur Behandlung der Probleme der Zentralstadt und der älteren Vorortgemeinden wurden nur wenige Probleme tatsächlich gelöst. Stattdessen wurde der Metropolitan Council selbst Teil des Problems einer regionalen wirtschaftlichen Polarisierung, indem er einigen exklusiven und wirtschaftlich starken Gemeinden zu Wachstum auf Kosten der Region verhalf. Der Regionalrat hat weder wirtschaftliche Stabilität und eine gleichmäßige ökonomische Entwicklung gefördert noch für eine konsequente und beständige Führerschaft zur Regelung regionaler Konflikte gesorgt."

Aber die Dinge wenden sich zum Besseren, wie Orfield weiter ausführt:

„Mitte der 90er Jahre haben die Wiederbelebung der regionalen Debatte sowie spezifische Machtverhältnisse in den Kernstädten und den stadtnahen Vorortgemeinden mit geringer Steuerkraft zu einer Revitalisierung des Metropolitan Council beigetragen. Dieser musste sich nun mit Fragen wie Wohnungsbau, Flächennutzung und Verkehr im Kontext der Entwicklungen im Kern der Region auseinandersetzen."

Der bereits relativ lange bestehende „Regionalrat" für den Großraum der Zwillingsstadt hat zusammen mit der besonderen Rolle, die die bundesstaatliche Regierung bei der regionalpolitischen Entscheidungsfindung spielt, und der Tatsache, dass bei lokalen Angelegenheiten in immer stärkerem Maße auch eine regionale Komponente ins Blickfeld rückt, dazu geführt, dass der Metropolitan Council als die richtige Adresse angesehen wird, wenn es um die Wahrnehmung zusätzlicher Funktionen geht. Was mit eindeutig regionalen Problemen begann (Abwasser und Verkehr), wurde inzwischen auf Gebiete ausgeweitet, die nicht ohne Weiteres in die regionale Zuständigkeit fallen (Wohnungsbau für untere Einkommensschichten und horizontaler Finanzausgleich). Kommunalpolitiker aus den Gemeinden des Großraums und konservative Abgeordnete des Bundesstaates, die insbesondere die Konzentration politischer Macht und den Ausbau von Aktivitäten der öffentlichen Hand ablehnen, leisten gleichwohl weiter Widerstand gegen diese schleichende „Regionalisierung".

Der fiskalische Aspekt bei der Entwicklung des Twin-Cities-Ansatzes geht auf dieselben politischen Wurzeln zurück wie das politisch-administrative Element. Vertreter der Zentralstadt und der älteren Vororte koalierten mit relevanten Akteuren des bundesstaatlichen Gesetzgebers und verabschiedeten mit Unterstützung von Politikern aus ländlichen Gemeinden (der skandinavische Einfluss ist in den landwirtschaftlich geprägten Gemeinden Minnesotas noch stärker ausgeprägt) im Jahre 1971 ein Gesetz über horizontalen Finanzausgleich (Fiscal Disparities Act). Nach vier Jahren, in denen mehrere rechtliche Einsprüche erhoben wurden, trat das Gesetz in Kraft. Es sieht vor, dass 40 Prozent aller nach 1971 eingetretenen Grundsteuerzuwächse aus gewerblichen Erschließungs- und Entwicklungsmaßnahmen in einen zentralen Pool fließen (bis dahin standen diese Einnahmen der Gebietseinheit zu, in der die Maßnahme stattfand) und dass diese auf der Grundlage eines an den bisherigen lokalen Vermögenslagen orientierten Schlüssels den Kreisen, Gemeinden und Schulverwaltungsbezirken des Ballungsraumes zugeteilt werden. Im Ergebnis führte dies dazu, dass ein beachtlicher Teil der an der Peripherie erzielten zusätzlichen Steuereinnahmen in den Kernraum zurückfließt. Im Jahr 1996 wurden zum Beispiel 367 Millionen Dollar über den regionalen Steuerpool umverteilt, wobei das meiste aus wohlhabenden Gemeinden der Peripherie in stadtnahe Vororte und den Kernbereich ging. Doch selbst mit dieser Umverteilung fallen die Kernstadt und die älteren Vorortgemeinden bei der Grundsteuerbemessung weiter hinter die peripher gelegenen Gemeinden zurück. Und da die Grundsteuer für die meisten lokalen Gebietseinheiten eine der Haupteinnahmequellen bleibt, hat dies spürbare Folgen für Qualität und Umfang von Leistungen innerhalb der Region.

Das andere Beispiel einer kreisübergreifenden Regionalverwaltung aus jüngerer Zeit ist der Portland Metropolitan Services District, meist kurz „Metro" genannt. Bei seiner Gründung 1979 startete Metro zunächst mit einem kleinen Programm: mit der Erhebung einer regionalen Steuer auf gebrauchte Automobilreifen zur Finanzierung eines regionalen Abfallentsorgungssystems. Im Laufe der 80er Jahre wurde sein Aufgabenbereich mit Genehmigung des Bundesstaates und Zustimmung der beteiligten Kreise in bescheidenem Umfang erweitert.

Der Maßstab änderte sich 1992, als die Wähler eine umfangreiche Selbstverwaltungssatzung (Home Rule Charter) für Metro befürworteten, wobei besonderer Wert auf wachstumsorientierte Planung gelegt wurde. Eine solche Satzung ist das lokale Gegenstück einer Verfassung und räumt einer Gebietseinheit mehr Handlungsspielraum ein, als dies unter den Festsetzungen durch bundesstaatliche Gesetze normalerweise der Fall ist. Der Staat Oregon hat eine Pionierrolle darin gespielt, der Öffentlichkeit eine gewichtige Stimme bei Flächennutzungsentscheidungen zu geben, und im Rahmen dieser Philosophie der lokalen Ebene die Befugnis übertragen, Entwicklungspläne (Growth Plans) aufzustellen und umzusetzen. Entwicklungspläne legen die Flächennutzung innerhalb eines Ballungsraumes fest – mit detaillierten Angaben über zugelassene Nutzungsarten (Wohnungsbau, Gewerbe, Industrie, Freiflächen) und Nutzungsdichten. Metro ist gegenwärtig dabei, einen solchen Entwicklungsplan für die Region Portland abzuschließen. Darüber hinaus ist der Verband inzwischen für den öffentlichen Personennahverkehr und die Aufsicht über regionale Müllentsorgungs- und Recyclingprogramme zuständig. Er verwaltet regionale Parks, Grünflächen und den örtlichen Zoo und betreibt verschiedene Infrastruktureinrichtungen, darunter das Kongresszentrum und das Zentrum für darstellende Künste. Rund die Hälfte der Metro-Betriebskosten wird aus Gebühren für Dienstleistungen finanziert; der Rest stammt aus einer Mischung zweckgebundener und auf Zustimmung der Wähler basierender Grundsteuermittel und Zuschüsse. An der Spitze von Metro stehen ein auf regionaler Ebene gewählter Verbandsdirektor (Executive Officer) und ein siebenköpfiger Rat, dessen Mitglieder von den einzelnen Bezirken gewählt werden.

Es wäre verfrüht, die Auswirkungen von Metro heute schon beurteilen zu wollen. Er befasst sich hauptsächlich mit Themen, die bei der umweltbewussten Wählerschaft Oregons populär sind. Diese Themen – Flächennutzung, Umwelt, Verkehr – stehen in ganz direktem Zusammenhang mit dem Gemeinwohl und kommen in dieser Region besonders gut an. Strittigeren Fragen, etwa zur angemessenen Wohnungsversorgung oder Wirtschaftsentwicklung, ist der Verband bisher ausgewichen. Obwohl seine Struktur als Modell für andere Verdichtungsräume dienen könnte, ist Skepsis bei der Frage angebracht, ob dieselbe Kombination politischer Faktoren, die den Metro-Verband trägt, auch in anderen Ballungsräumen vorliegt.

1.4 Interkommunale Vereinbarungen

Stadt-Kreis-Zusammenlegungen, die Übertragung kommunaler Aufgaben an eine Kreisregierung oder die Schaffung eines Regionalverbandes zur Wahrnehmung bestimmter Funktionen sind revolutionäre, nicht evolutionäre Lösungen. An einem bestimmten Stichtag wird dabei eine alte Verwaltungsstruktur durch eine neue ersetzt. Aber auch ohne solche drastischen politisch-administrativen Veränderungen kann es in einem Verdichtungsraum interkommunale Kooperation in beträchtlichem Umfang geben, und zwar durch die verschiedensten Ad-hoc-Vereinbarungen über gemeinsame Aufgaben, die von öffentlicher Sicherheit bis hin zu Freizeiteinrichtungen reichen.

In seiner vielleicht reinsten Form wurde dieser Ansatz Mitte der 50er Jahre in der Region Los Angeles entwickelt, als eine neu gegründete Kommune, Lakewood, beschloss, ihre lokalen Aufgaben (wie z.B. Polizei, Feuerwehr, Straßeninstandhaltung) nicht selbst wahrzunehmen, sondern sie auf der Basis von Dienstleistungsverträgen anderen Gebietseinheiten zu übertragen. Diese Vorgehensweise, die später von weiteren Gemeinden in der Region Los Angeles und anderen Regionen übernommen wurde, zeigt, dass eine Gebietskörperschaft, die eine bestimmte Leistung benötigt, diese nicht auch selbst erbringen muss. Sie kann diese Leistung vielmehr von einem anderen und effizienteren Anbieter kaufen (Gove, 1961). Später sind Gemeinden dazu übergegangen, bei der externen Auftragsvergabe nicht nur öffentliche, sondern auch private Anbieter zu berücksichtigen (Savas, 1987).

Neben dem Fall, in dem eine Kommune Dienstleistungen von einer anderen kauft, gibt es im Wesentlichen noch zwei weitere Ansätze interkommunaler Kooperationsvereinbarungen:

- zwei oder mehr Kommunen vereinbaren, eine bestimmte Aufgabe gemeinsam wahrzunehmen;

- zwei oder mehr Gemeinden vereinbaren eine gegenseitige Unterstützung für den Fall, dass ihre Leistungskapazitäten durch einen ungewöhnlich hohen Bedarf zeitweise überschritten werden.

Ein Beispiel für die gemeinsame Wahrnehmung von Aufgaben ist das regionale Polizei-Informationssystem (Regional Justice Information System) im Großraum St. Louis. Es wurde 1970 im Zuge der Umstellung der Dateien von Papierform auf elektronische Datenträger eingeführt. Das System enthält eine gemeinsame Datenbank über kriminelle Vergehen für sämtliche Polizeidienststellen in dem zum Staat Missouri gehörenden Teil des Großraumes. Über vernetzte Rechner wird der einfache Zugriff auf diese Daten gewährleistet.

Der am weitesten verbreitete Fall gegenseitiger Unterstützungsvereinbarungen sind Verträge mehrerer Vorstadtgemeinden über Feuerwehreinsatzhilfen. Darin wird vereinbart, dass bei einem Großfeuer alle beteiligten Gemeinden Feuerwehrmänner und Feuerlöschgerät zu Hilfe schicken. So muss keine einzelne Gemeinde die Mittel für den größten anzunehmenden Ernstfall vorhalten. Ein anderes Beispiel ist die gemeinsame Bewirtschaftung eines teuren Maschinenparks für die Straßeninstandhaltung.

Es gibt keine genauen Zahlen darüber, wie viele interkommunale Vereinbarungen welcher Art in den Ballungsräumen der USA existieren. Zwei umfassende Untersuchungen von Teilen der Großräume Pittsburgh (Advisory Commission on Intergovernmental Relations, 1992) und St. Louis (Advisory Commission on Intergovernmental Relations, 1988) zeigen, dass ihre Zahl höher ist als erwartet und selbst bei Teilgebietszählungen in die Hunderte geht.

Die Autoren der oben genannten Studien sprechen sich im Allgemeinen für ein Netzwerk interkommunaler Vereinbarungen als bevorzugte Alternative gegenüber weitergehenden Reformen aus. Polizeischutz, Straßeninstandhaltung sowie das Grund- und Sekundarschulwesen werden als besonders geeignete Bereiche für solche Vereinbarungen angesehen. Sie weisen darauf hin, dass Verträge zwischen kleineren Gebietseinheiten Mengeneffekte bewirken können, auch ohne dass eine einzelne übergreifende Verwaltungseinheit geschaffen werden müsste, und dass auf diese Weise freie Wahl und ein differenziertes Leistungsangebot in einer größeren Region erhalten blieben. Die einzelnen Gemeinden könnten sich dabei für unterschiedliche Niveaus kommunaler Versorgung entscheiden und die dafür angemessenen Preise aus ihren Steuereinnahmen entrichten.

Außerdem behaupten diese Autoren, dass aus der Perspektive der Region als Ganzes der mit Fragmentierung verbundene Ansatz interkommunaler Vereinbarungen keine negativen Auswirkungen auf die wirtschaftliche Entwicklung zu haben scheint, obwohl sie einräumen, diese These nicht definitiv belegen zu können. Sie kommen allerdings zu dem Schluss, dass diese Fragmentierung den Kernstädten und den älteren Vororten schadet.

„Die Fragmentierung hat insofern Einfluss auf die Wirtschaftsentwicklung und die räumliche Verteilung von Arbeitsplätzen in St. Louis, als sie zentrifugale Entwicklungen beschleunigt ... Umlandkreise und Umlandgemeinden mit einer aggressiven Ansiedlungspolitik für Unternehmen finden es genauso attraktiv, Unternehmen aus der Stadt (das heißt der Kernstadt) auf ihren Gemeindegebieten anzusiedeln, wie neu gegründete oder von außerhalb kommende Firmen. Folglich fördern sie solche Verlagerungen. Auf diese Weise kann Fragmentierung die Standorte wirtschaftlicher Entwicklungsaktivitäten in der Region St. Louis beeinflussen und die zentrifugalen Tendenzen, die man in den meisten Verdichtungsräumen beobachtet, erleichtern und vielleicht sogar verschärfen." (Advisory Commission on Intergovernmental Relations, 1988)

Mit einem Wort: Interkommunale Vereinbarungen beenden keineswegs den inner-regionalen Wettbewerb zwischen einzelnen Gemeinden um die Ansiedlung steuerstarker Unternehmen, und gegenwärtig begünstigt dieser Wettbewerb die Peripherie gegenüber dem Ballungskern.

Die oben zitierte empirische Rechtfertigung für die Aufrechterhaltung der Fragmentierung bei gleichzeitiger Prüfung der Frage, wie man bei Wahrung der Stärken dieses Ansatzes durch verschiedene Formen vertraglicher Vereinbarungen seine Mängel ausgleichen kann, ist in der Public-Choice-Bewegung verwurzelt. Aufbauend auf der mikroökonomischen Theorie überträgt dieser Ansatz die Perspektive vernunftgesteuerter Individuen auf die Regelung kollektiver Angelegenheiten. Tiebout führte diesen Ansatz 1956 im Rahmen einer Untersuchung über Kommunalverwaltungen ein und präzisierte ihn dann in einem Aufsatz mit Ostrom und Warren (1961) über Verwaltungsstrukturen in Verdichtungsräumen. Sein Argument war, kommunale Vielfalt fördere die freie Wahl zwischen Alternativen und damit einen mit dem amerikanischen Individualismus bestens vereinbaren Wert. Die Möglichkeit der Bürger, innerhalb einer verstädterten Region zwischen alternativen Wohnorten zu wählen, veranlaßt nach Tiebout umgekehrt viele Gemeinden zu einem Wettbewerb darum, dass die Bürger der Region auf ihrem Gebiet leben, arbeiten und einkaufen. Vielfalt fordere mit einem Wort die Marktkräfte auf den Plan, und das Ergebnis sei von Vorteil für das Gemeinwohl.

Jüngere Kritiken wie die von Warren, Rosentraub und Weschler (1992) greifen allerdings einen Aspekt auf, den bereits die Untersuchung der Advisory Commission on Intergovernmental Relations einräumte, nämlich, dass dieser Wettbewerb den Kernstädten keinen guten Dienst erweist und die Fallstudien über Pittsburgh und St. Louis keinen definitiven Beweis dafür erbringen, dass Fragmentierung der beste Ansatz sei. Zusätzlich lässt sich noch anmerken, dass einkommensschwächere Bürger keineswegs die Freiheit haben, sich überall umzusehen und deshalb Gefangene ihrer jeweiligen Standorte sind.

90

Übersicht 3: Die wichtigsten Formen intraregionaler Kooperation in US-amerikanischen Ballungsräumen*

Merkmale \ Ansätze	Zusammenschluss von Stadt und umliegendem Kreis (City-County-Consolidation), interkommunale Vereinbarungen (Interlocal Agreements)	Aufgabenspezifische Verwaltungseinheiten (Special Districts/Public Authorities)	Regionale Planungsverbände (Metropolitan Planning Organizations)	Öffentlich-private Initiativen
Auslösende Faktoren	Zersplitterung öffentlicher Dienstleistungen	Inadäquate Leistungen	Verstärkte Förderung durch die Bundesregierung	Interregionaler Wettbewerb
Ziele	Effizientere öffentliche Dienstleistungen	Übereinstimmung von Dienstleistung und Gebietszuschnitt	Koordinierung von Anträgen auf Bundesmittel	Verbesserung der Lebensqualität
Funktionen	Feuerwehr, Polizei, Abfallbeseitigung, Straßeninstandhaltung	Abwasser, öffentlicher Personennahverkehr, Notdienste	Verkehrsplanung	Wirtschaftsförderung, Wachstumssteuerung, soziale Dienste
Zuständigkeitsbereiche	Kernstädte, größere Kreise (Counties), bestimmte Gemeinden	Hydrologische Einzugsgebiete, kreisübergreifend	Verdichtungsraum	Verdichtungsraum

(Fortsetzung nächste Seite)
(Fortsetzung nächste Seite)

(Fortsetzung)

Ansätze / Merkmale	Zusammenschluss von Stadt und umliegendem Kreis (City-County-Consolidation), interkommunale Vereinbarungen (Interlocal Agreements)	Aufgabenspezifische Verwaltungseinheiten (Special Districts/Public Authorities)	Regionale Planungsverbände (Metropolitan Planning Organizations)	Öffentlich-private Initiativen
Teilnehmer	Mehrzweck-Gebietseinheiten	Neugeschaffene Gebiets- und Verwaltungseinheiten	Mehrzweck-Gebietseinheiten	Akteure der öffentlichen Hand und der Privatwirtschaft, gemeinnützige Organisationen
Institutionelle Form	Formelle Vereinbarungen	Ermächtigung des Bundesstaates, lokale Satzung	Bundesmandat	Informelle Organisationen
Finanzierung	Unspezifische lokale Einnahmen	Zweckgebundene Steuern, Gebühren und Zuschüsse	Bundesmittel, örtliche Festsetzungen	Freiwillige Beiträge
Verantwortliche Akteure	Gewählte lokale Funktionäre	Gewählte/ernannte Vorstände	Örtlich gewählte Verwaltungsvorstände	Keine formelle Zuständigkeit

*Quelle: Zusammenstellung E. Terrence Jones.

91

2. Aufgabenspezifische Verwaltungsbezirke (Special Districts) und öffentliche Behörden (Public Authorities)

Angesichts der Notwendigkeit, öffentliche Lösungen für auftretende örtliche Probleme zu finden, jedoch mit einer tiefsitzenden Abneigung davor, irgendeiner bestehenden Körperschaft der öffentlichen Hand mehr Macht zu geben, hat die häufigste amerikanische Reaktion darin bestanden, eine neue Verwaltungseinheit zu bilden, die sich ausschließlich mit dem jeweils konkreten Problem befassen sollte. Zu den Anhängern dieses Ansatzes gehören üblicherweise die von dem Problem (z.B. einem fehlenden Kanalanschluss) unmittelbar Betroffenen und diejenigen, die von höheren öffentlichen Ausgaben für diese Aufgabe profitieren (z.B. Tiefbauunternehmen). Bei solchen für bestimmte Zwecke eingerichteten Verwaltungseinheiten können zwei Formen unterschieden werden: Jene, deren Leitungsorgane gewählt werden, heißen Special Districts; werden die Leitungsorgane dagegen ernannt, spricht man von Public Authorities.

Obwohl es Versuche gab, genaue Daten über die Anzahl beider Formen von aufgabenspezifischen Organisationseinheiten zu ermitteln, wird jede exakte Zählung durch raschen Zuwachs vereitelt. Die zuverlässigsten Schätzungen gehen davon aus, dass es rund 34 000 Special Districts gibt – darunter 15 000 Schulverwaltungsbezirke – (Dohm, 1995) und ungefähr 6 500 Public Authorities (Mitchell, 1992). Eine neuere Untersuchung der 105 größten Verdichtungsräume zählte unter Auslassung der Schulbehörden 3 649 Special Districts, was einem Durchschnitt von etwas über 30 pro Ballungsraum entspricht (Nunn und Schoedel, 1997). Die Zahl der nicht schulischen Sonderbehörden hat sich seit dem Zeiten Weltkrieg fast verdreifacht. Für Public Authorities gibt es keine vergleichbaren Statistiken, aber ihre Zahl nimmt mit Sicherheit ebenfalls zu.

Special Districts tragen nicht nur dazu bei, eine zu starke Machtkonzentration in den Händen weniger Gebietskörperschaften zu verhindern, ihr Geltungsbereich lässt sich zudem maßgeschneidert im Hinblick auf eine bestimmte Problematik räumlich gestalten. Die häufigsten Beispiele hierfür sind Trinkwasserversorgung, Abwasserentsorgung und -aufbereitung (Kanalisation) und die Anlage von Überlaufsystemen zur Hochwasservorbeugung, die alle durch die Grenzen hydrologischer Einzugsgebiete definiert sind. Special Districts eignen sich außerdem für Aufgaben, die hohe Investitionen und hochqualifiziertes Personal erfordern. Die am Weitesten verbreiteten Beispiele hierfür sind Feuerwehren, Krankenhäuser und Rettungsdienste. In letzter Zeit gewinnen auch Wirtschaftsförderungs-Districts an Bedeutung (Zimmermann, 1994). Bei einem zunehmenden interregionalen ökonomischen Wettbewerb können diese Einrichtungen Flächen bereitstellen (z.B. für Gewerbeparks) und über die Emission von Revenue Bonds[4] Kapital beschaffen, um neue Unternehmen anzusiedeln. Die von diesen Unternehmen aufgebrachten Steuern werden dann ganz oder teilweise zur Tilgung der Revenue Bonds genutzt.

Die gängigste Aufgabe für Public Authorities ist der Wohnungsbau, und die meisten öffentlich geförderten Wohnungen in urbanen Ballungsräumen fallen in die Zuständigkeit dieser Behörden. Andere Politikbereiche, denen sich Public Authorities häufig widmen, sind Umweltschutz (Luft, Wasser und andere natürliche Ressourcen), Einrichtungen für die Öffentlichkeit (z.B. Kongresszentren, Sportstadien und in zunehmendem Umfang Kultureinrichtungen), regionale ÖPNV-Systeme, Krankenhäuser und Häfen. Die Begründung für den Einsatz von Public Authorities deckt sich mit der für die Bildung von Special Districts (Übereinstimmung von räumlichen Leistungs- und Problembereichen, Zugang zu Kapital). Darüber hinaus werden Public Authorities häufig für speziellere Leistungen eingesetzt (Wohnungsbau und ÖPNV sind hierfür gute Beispiele). Hochqualifiziertes Personal lässt sich zudem leichter für eine öffentliche Behörde gewinnen, die einen gewissen Abstand zu politischer Einflußnahme durch gewählte Parlamentarier hält (Smith, 1964).

Die Einrichtung von Special Districts und Public Authorities erfordert generell ein entsprechendes Ermächtigungsgesetz durch die bundesstaatliche Legislative und daran anschließend eine Art von Petition und/oder Wahl. In der Verfassung der Bundesstaaten sind in der Regel die für diese Einrichtungen geltenden Organisationsstrukturen und steuerlichen Vollmachten festgelegt. Die Vorstände von Special Districts werden gewählt, und zwar meist für einen Zeitraum von vier Jahren. Alle Bewohner des jeweiligen Einzugsgebietes sind wahlberechtigt; die Wahlbeteiligung ist allerdings sehr niedrig, häufig unter 20 Prozent. Special Districts können jedoch Steuern (meist eine Steuer auf Grundbesitz) sowie Gebühren für ausgewählte Leistungen erheben. Die Vorstände von Public Authorities werden durch einen gewählten Amtsträger (Gouverneur, Bürgermeister, Kreisdirektor) ernannt. Diese Ernennungen bedürfen bisweilen der Beratung und Zustimmung durch die Mehrheit einer gesetzgebenden Körperschaft. Public Authorities können keine eigenen Steuern erheben, aber häufig für die von ihnen erbrachten Leistungen Gebühren berechnen. Beide Arten von Sonderbehörden erhalten manchmal Zuschüsse oder andere Fördermittel von der bundesstaatlichen und/oder Bundesregierung. So bewarben sich z.B. Abwasserbehörden in der Vergangenheit um Kapitalzuschüsse der Bundesregierung, und auch die für Wohnungsbau zuständigen Housing Authorities erhalten Kapital- und Betriebssubventionen aus Bundesmitteln.

---

[4]   Emissionen von US-Gebietskörperschaften, die der Finanzierung bestimmter Projekte dienen. Zinszahlungen und Tilgungen erfolgen aus den Einnahmen der finanzierten Projekte (Anmerkung des Übersetzers).

3. Regionalräte/Regionale Planungsverbände (Councils of Governments/Metropolitan Planning Organizations)

Die ersten Regionalräte (Councils of Governments) entstanden Mitte der 50er Jahre als „freiwillige Vereinigungen gewählter öffentlicher Vertreter aus den meisten oder allen Gemeinden eines Verdichtungsraumes. Sie wurden gegründet, um Konsens über die anstehenden regionalen Probleme und die erforderlichen Maßnahmen zu ihrer Lösung zu erzielen." (Beckman, 1964) Der erste Regionalrat wurde 1954 im Großraum Detroit gegründet, und in den nächsten acht Jahren folgten einige weitere Ballungsräume diesem Beispiel. Selten gab es irgendeinen konkreten Anlaß für die Einrichtung dieser freiwilligen Vereinigungen; sie wurden vielmehr einfach als interessante Form zur Diskussion von gemeinsamen Problemen angesehen.

In den frühen 60er Jahren entschied die Bundesregierung, dass innerhalb der Verdichtungsräume eine bessere Koordination gegeben sein müsse, um sicherzustellen, dass Bundesmittel für bestimmte Sonderprogramme auch effizient eingesetzt würden. Nachdem die Wählerstimmen aus den Städten 1960 knapp den Ausschlag für den Wahlsieg John F. Kennedys gegeben hatten, weitete die Bundesregierung ihre staatlichen Zuschussprogramme für urbane Ballungsräume aus. Mit diesen Zuschüssen wurden Bundesstaaten und lokalen Gebietseinheiten zweckgebundene Subventionen für bestimmte Aufgaben zur Verfügung gestellt (z.B. für den Bau von Kanalisationssystemen oder den Ausbau des öffentlichen Personennahverkehrs). Bei den Bundesbehörden wuchs jedoch schnell die Sorge, dass es bei getrennten Verhandlungen mit unterschiedlichen Gebietseinheiten innerhalb einer Region zu politischen Konflikten und zur Doppelvergabe von Mitteln kommen könnte. Die Lösung bestand in der Einrichtung einer zentralen Vermittlungsstelle (Clearinghouse) für jeden Ballungsraum, um die Anträge der verschiedenen lokalen Gebietseinheiten auf Zuwendungen aus unterschiedlichen Programmen zu prüfen und zu koordinieren, und in der Bereitstellung von Mitteln zur Unterstützung der Arbeit dieser Clearinghouses. Die Struktur dieser Vermittlungsstellen wurde im Einzelnen von den Ballungsräumen selbst festgelegt. Das für diese Clearinghouses erforderliche Planungsverfahren basierte auf drei Grundsätzen: kontinuierlich, umfassend und kooperativ.

Ab 1967 bedurften sämtliche Förderanträge lokaler Gebietseinheiten für fast 40 staatliche Programme obligatorisch der Prüfung und Zustimmung durch diese Vermittlungsstellen. Dabei ging es um Aufgabenbereiche wie Flughäfen, Fernstraßen, Krankenhäuser, Bibliotheken, Projekte zur Sicherung von Freiflächen, Kanalisation und Abwasseraufbereitung, ÖPNV, Bodenschutz und Trinkwasserversorgung.

Diese Vermittlungsstellen wurden unter dem Oberbegriff regionale Planungsverbände (Metropolitan Planning Organizations) bekannt. Nach dem Vorbild der bereits existierenden Regionalräte beschlossen die Bundesbehörden, dass die Vorstände der regionalen Planungsverbände gewählt und nicht ernannt werden sollten. Infolge dieser Entscheidung entwickelten sich die informellen Regionalräte zu metropolitanen Planungsverbänden. Aus einzelfallspezifischen Gründen werden sie in manchen Regionen immer noch als Councils of Governments, in anderen dagegen als Metropolitan Planning Organizations bezeichnet. Größere Gebietskörperschaften (Kreise, Kernstädte) werden durch ihre gewählte Verwaltungsspitze vertreten, während kleinere Gemeinden eines ihrer Ratsmitglieder entsenden.

Es sind zwar auch symbolische Vertretungen der Bürgerschaft und des Bundesstaates vorgesehen, die Schlüsselrolle spielen jedoch die örtlichen Verwaltungsspitzen. In den meisten Fällen gilt, dass jeder lokale Vertreter eine Stimme hat, manche Räte gewichten aber die Stimmen nach Einwohnerzahl der betreffenden Gebietseinheiten. Die Councils werden aus Bundeszuschüssen und lokalen Pro-Kopf-Veranlagungen finanziert. Die für die Zuweisung der Zuschüsse (z.B. für den ÖPNV) zuständigen Bundesbehörden zahlen den Clearinghouses eine Aufwandsentschädigung für ihre Planungsarbeiten, die Pro-Kopf-Beiträge sind hingegen typischerweise kaum höher als ein paar Pennys pro Einwohner.

Als Reaktion auf die von der Bundesregierung geschaffenen Anreize und Restriktionen sind bis in die späten 60er Jahre in allen Regionen solche Planungsverbände entstanden. Dort, wo es vorher bereits Regionalräte gab, verschmolzen diese mit den Planungsverbänden zu einer einzigen Institution. In Regionen ohne Räte übernahmen die neu geschaffenen Planungsverbände gleichzeitig die Rolle von Regionalräten.

In den 70er Jahren erlebten die Regionalräte/Planungsverbände ihre Blütezeit, denn dank der Bundesmittel konnten sie qualifizierte Mitarbeiter einstellen, und aufgrund der ihnen übertragenen staatlichen Vollmachten mussten kommunale Entscheidungsträger auf regionaler Ebene zusammenarbeiten, um Zugang zu der wachsenden Summe an Bundesmitteln zu erhalten. Der wichtigste Beitrag der Planungsverbände war es, „eine neutrale Arena oder Forum bereitzustellen, in dessen Rahmen gewählte Gemeindevertreter einander kennenlernen und Probleme von wechselseitiger und regionaler Bedeutung diskutieren konnten" (Wikstrom, 1977). Ferner dienten sie als Koordinierungsstelle für die Verknüpfung nationaler, bundesstaatlicher und lokaler Planungen in Bereichen, die die gesamte Region betrafen, wie Verkehr, Abwasseraufbereitung und Umwelt. In einer anderen älteren Bewertung heißt es, dass „jeder von uns untersuchte Regionalrat dazu beigetragen hat, ein regionales Gemeinschaftsbewußtsein zu erzeugen" (Moguloff, 1971). Die Begrenzung der staatlichen Aufwandsentschädigung auf Arbeiten in Bereichen, in denen die Bundesregierung Koordination wollte, bedeutete jedoch eine Einschränkung der inhaltlichen Handlungsfreiheit der regionalen Verbände.

Selbst auf dem Höhepunkt ihrer Entwicklung in den 70er Jahren sahen sich die Regionalräte/Planungsverbände mehrfacher Kritik ausgesetzt. Erstens neigten sie dazu, sich eher mit weniger strittigen Fragen zu befassen als mit kontrovers diskutierten. Infrastrukturprobleme standen z.B. häufig auf der Tagesordnung, während problematischere soziale Fragen ausgeklammert wurden, und zwar größtenteils deshalb, weil – wie bereits erwähnt – keine Mittel zur Förderung entsprechender Initiativen zur Verfügung standen (Harris, 1970). Zweitens kümmerten sich die Kommunalpolitiker verständlicherweise an erster Stelle um ihre eigenen Wahlkreise und vernachlässigten oft ihre regionalen Pflichten. Drittens wurden Fragen einer angemessenen Vertretung zum Anlass vieler Streitigkeiten: Die Gewichtung der Stimmen nach Einwohnerzahlen bedeutete, dass einige wenige Mitglieder den stärksten Einfluss hatten. Umgekehrt erregte der Ansatz „eine Stimme pro Kommune" den Unmut vieler Delegierter aus größeren Gemeinwesen. Viertens waren aufgrund der Bundesbestimmungen nur Mehrzweck-Gebietseinheiten (Kreise und Gemeinden) vertreten, Special Districts und Public Authorities blieben ausgeschlossen. In St. Louis z.B. wird der öffentliche Personennahverkehr durch eine Public Authority betrieben (eine Behörde der beiden betroffenen Bundesstaaten), für die Kanalisation ist ein Special District zuständig, der Metropolitan Sewer District. Und obwohl der dortige regionale Planungsverband, der East-West Gateway Coordinating Council, sich mit beiden Bereichen befasst, hatte keine der genannten Einrichtungen einen Sitz am Verhandlungstisch. Fünftens hielten es die Regionalräte/Planungsverbände für klüger, nicht im Rampenlicht der Öffentlichkeit zu stehen, um keine öffentlichen Konflikte mit einem oder mehreren ihrer Mitglieder austragen zu müssen. Dies war sicherlich sinnvoll in Bezug auf die hauptamtlichen Mitarbeiter, bedeutete aber gleichzeitig eine geringe öffentliche Präsenz und ein geringes Interesse auf Seiten der Bevölkerung. Beides aber sind überaus nützliche Faktoren für die Stärkung von Einfluss.

Der entscheidende und letztlich kurzfristig fatale Mangel aber war die Abhängigkeit des Personalhaushaltes von Bundesmitteln. In den 70er Jahren finanzierten die Planungsverbände siebzig bis achtzig Prozent ihres Haushaltes aus Zuschüssen der Bundesregierung. Nach dem Amtsantritt Ronald Reagans 1981 wurden diese Mittel drastisch zusammengestrichen, und Ende der 80er Jahre waren die Regionalräte/Planungsverbände nur noch Schatten ihrer selbst. Ihr Hauptkapital waren Wissen und Know-how, und hierfür waren qualifizierte Mitarbeiter erforderlich. Ohne die Subventionen des Bundes und wegen fehlender Bereitschaft ihrer jeweiligen Mitglieder, die Penny-Beiträge pro Kopf der Bevölkerung zu erhöhen, waren die meisten dieser Organisationen Anfang der 90er Jahre auf eine bescheidene Rolle zurückgeworfen, die kaum mehr als ein wenig Verkehrsplanung zuließ.

Ihr Schicksal wendete sich jedoch erneut, als die Bundesregierung 1991 ein Gesetz zur effizienteren Koordinierung der Verkehrsplanung verabschiedete, den Intermodal Surface Transportation Efficiency Act. Dieses Gesetz, das besser unter seinem Akronym ISTEA bzw. dem daraus abgeleiteten Spitznamen „Ice Tea", bekannt wurde, hat die Rahmenbedingungen für die Vergabe von Fördermitteln des Bundes für das Verkehrswesen (rund 25 Milliarden Dollar pro Jahr) in einigen Punkten grundlegend verändert. Erstens können die Ballungsräume für den Fernstraßenbau vorgesehene Mittel nunmehr für den ÖPNV und Umweltverbesserungsprogramme einsetzen. Zweitens fördern die ISTEA-Bestimmungen die intermodale Koordination der Planung für Flug-, Straßen-, Schiffs- und schienengebundenen Verkehr innerhalb eines Verdichtungsraumes. Drittens erfordert das Gesetz eine breitere Beteiligung der Öffentlichkeit an Planungsprozessen. Viertens, und dies ist im Kontext dieser Analyse der entscheidende Punkt, werden die Regionalräte/Planungsverbände damit zu zentralen Instanzen bei der Entscheidungsfindung innerhalb einer Region.

Zu den Verfechtern des neuen Gesetzes zählten Umweltschützer, die Verkehrssubventionen mit Maßnahmen zur Verbesserung der Luftqualität verknüpfen wollten; Bundesstaaten und lokale Gebietseinheiten, die sich größere Flexibilität in Bezug auf die Verwendung von Bundesmitteln wünschten, sowie Ersteller, Betreiber und Nutzer von öffentlichen Personennahverkehrssystemen, die ein größeres Stück vom Kuchen des Verkehrshaushaltes erhalten wollten. Die Fernstraßenlobby – das heißt Hoch- und Tiefbauunternehmen – wurde durch Versprechen beschwichtigt, dass ISTEA eine breitere Unterstützung für Verkehrsinvestitionen gegenüber anderen Haushaltsposten bewirken würde. Auch wenn der Anteil für den Fernstraßenbau geringer ausfallen sollte, werde ein insgesamt größeres Haushaltsvolumen für Verkehr diesen relativen Verlust mehr als wettmachen.

Eine erste Analyse (Gage und McDowell, 1995) zeigt, dass ISTEA sich ingesamt betrachtet für die regionalen Planungsverbände positiv ausgewirkt hat. Aus den Ergebnissen einer nationalen Untersuchung dieser Verbände ziehen die Autoren folgenden Schluss:

„Die ISTEA-Bestimmungen haben die Situation für regionale Planungsverbände erheblich verändert. Den Daten zufolge kann das Gesetz einigen Erfolg verbuchen: Dezentralisierung findet statt; mehr Akteure sind an Planungsprozessen beteiligt; Programme zur Öffentlichkeitsbeteiligung werden immer mehr zur Regel; und Themen wie Reinhaltung der Luft, intermodale Verkehrsfragen, langfristige Planung und interkommunale Koordination finden stärkere Beachtung. Bei der Umsetzung des Gesetzes stoßen jedoch die meisten Planungsverbände auf Schwierigkeiten. Sie wissen nicht, wie sie viele der ihnen übertragenen neuen Aufgaben wahrnehmen sollen, und die interkommunalen Verbindungen, auf die der ISTEA-Ansatz angewiesen ist, wurden noch nicht in der nötigen Festigkeit geschmiedet."

Ursprünglich sollte ISTEA 1997 auslaufen, aber die Debatte über eine Verlängerung wurde auf 1998 verschoben. Der Gesamtverband regionaler Planungsräte (Association of Metropolitan Planning Councils), der die Regionalräte/Planungsverbände bundesweit vertritt, sieht in dieser Auseinandersetzung einen zentralen Punkt für deren Zukunft. Mit einer Reihe von Argumenten tritt der Gesamtverband für eine Stärkung des ISTEA-Ansatzes ein. Zu diesen zählen insbesondere folgende (Association of Metropolitan Planning Councils, 1997):

- Strategische und koordinierte Investitionen in die Verkehrssysteme der amerikanischen Wirtschaftsregionen stärken die nationale Wirtschaft;

- Flexibilität bei der Verwendung von Mitteln aus dem Verkehrshaushalt ist eine wesentliche Voraussetzung zur Erfüllung der unterschiedlichen Anforderungen von Bundesstaaten und Ballungsräumen;

- Eine starke Partnerschaft zwischen Bund, Bundesstaaten, Ballungsräumen und lokaler Ebene ist entscheidend für die Entwicklung eines integrierten und ausgewogenen Verkehrssystems;

- Das in ISTEA verkörperte Planungs- und Entscheidungsfindungsmodell für regionale Planungsverbände hat sich als effektiv erwiesen;

- Die Beteiligung der breiten Öffentlichkeit und auch von einzelnen Interessengruppen bei der Entscheidungsfindung zu Verkehrsfragen war niemals zuvor so hoch und so offen, dies sollte durch eine Verlängerung der Gesetzesinitiative fortgeführt werden.

Die ISTEA-Initiative hat zwar den metropolitanen Planungsverbänden nur eine bescheidene Hilfestellung im Hinblick auf deren Haushaltsprobleme gewährt, sie aber dafür zu den zentralen Akteuren bei den immer wichtiger werdenden Verkehrs- und Umweltentscheidungen in den einzelnen amerikanischen Verdichtungsräumen werden lassen. Dadurch haben diese sich als wichtige Mitspieler bei der Gestaltung von Ballungsraumpolitik profiliert und als Foren für intraregionale Kooperation wieder an Bedeutung gewonnen. Diese Entwicklung ist ein Beleg dafür, dass Anreize und Streichungen seitens der Bundesregierung den Entscheidungsprozess in Ballungsräumen beeinflussen können (Dinsmore, 1997).

4.   Öffentlich-private Initiativen

In den letzten dreißig Jahren hat das Vertrauen der Amerikaner in den Staat dramatisch abgenommen. In Meinungsumfragen ist zum Beispiel der Anteil derjenigen, die sagen, sie könnten der Bundesregierung ständig oder meistens trauen, von drei Viertel auf ein Viertel zurückgegangen (Corbett, 1991). Obwohl diese Entwicklung im Wesentlichen die Bundesebene betraf, die durch das Vietnam-Debakel in der Außenpolitik und den Watergate-Skandal in der Innenpolitik viel an Glaubwürdigkeit verloren hatte, hat sie sich auch auf die bundesstaatliche und lokale Ebene ausgewirkt. In Verbindung mit dem ewigen Mißtrauen gegenüber jeder Form von Regierung und der keineswegs positiven Erfahrung mit der Umstrukturierung von metropolitanen Verwaltungen hat dieser Umstand die Befürworter einer besseren intraregionalen Kooperation (z.B. große Unternehmen, Good Government Groups) veranlasst, nach Lösungen zu suchen, die nicht allein auf die öffentliche Hand beschränkt sind. Damit will man keineswegs alle Verantwortung auf den privaten Sektor oder gemeinnützige Vereinigungen übertragen. Man ist sich auch darüber im Klaren, dass private Akteure mit Misstrauen zu betrachten sind und Nichtregierungsorganisationen nicht über ausreichende Ressourcen verfügen.

Während keinem Sektor – öffentlichem wie privatem, aber auch nicht intermediären Organisationen – zugetraut wird, alle Antworten geben zu können, wächst gleichzeitig die Erkenntnis, dass die zunehmende Komplexität urbaner Verdichtungsräume nach mehr und nicht nach weniger intraregionaler Kooperation verlangt; dies gilt für die an verbesserten Wachstumsraten interessierten Wirtschaftskreise ebenso, wie für diejenigen, die eine gerechtere Verteilung und mehr Gemeinsinn in den Ballungsräumen erreichen wollen. Folglich hatten in den letzten Jahren unterschiedlichste Initiativen zur Rettung der Ballungsräume Hochkonjunktur.

„Die Wissenschaft hat bereits einen Namen für dieses Phänomen geprägt: ‚Governance' heißt das Zauberwort, also Steuerung ohne Verwaltungen oder deren Ergänzung durch selbstorganisierte und miteinander verknüpfte Netzwerke, die von gegenseitigem Vertrauen und Ausgleich geprägt sind und neben Marktkräften und hierarchisch bestimmten Strukturen entstehen. Governance beruht nicht auf Zwang, ist nicht hierarchisch von oben vorgegeben oder Ausdruck geheimer Absprachen. Auf der anderen Seite kann man sie auch nicht einfach als von unten ausgelösten Ansatz bezeichnen. Zwar ist niemand von der Teilnahme ausgeschlossen, aber Seiten- und Querbeziehungen spielen ebenso eine Rolle wie alle anderen Faktoren. Es geht eben um Governance." (Hiss, 1997)

Hiss fährt fort:

„In den Verdichtungsräumen der USA haben sich selbstorganisierte Aktionsbündnisse die schwierigsten Probleme vorgenommen, die sie finden konnten, von Clusterstrategien zur Wirtschaftsförderung über Qualifizierung von Arbeitskräften, nachhaltige Entwicklung und die Befähigung von Bürgern zur aktiven Partizipation (Citizen Empowerment) bis hin zum Management von Ökosystemen."

Welche Themen werden im Rahmen dieser verbesserten intraregionalen Kooperation behandelt? An erster Stelle steht die Stärkung der Wettbewerbsfähigkeit in ei-

99

ner globalisierten Wirtschaft. So gründete zum Beispiel die Region St. Louis 1994 den Greater St. Louis Economic Development Council mit Vertretern der Kommune, der Arbeitnehmer, großer Kapitalgesellschaften und kleinerer Unternehmen sowie der regionalen Handelskammer. Diese Wirtschaftsförderungsinitiative hat 14 Millionen Dollar aus öffentlichen und privaten Quellen für eine Reihe von Aktivitäten aufgebracht, um die wirtschaftliche Wettbewerbsfähigkeit der Region zu verbessern. Beispiele für diese Aktivitäten sind eine verbesserte Abstimmung innerhalb des Großraums (um z.B. zu verhindern, dass kleinere Gebietseinheiten sich in einen Ansiedlungswettbewerb um ein und dasselbe Unternehmen begeben) und koordinierte Lobbyarbeit mit dem Ziel, Infrastruktursubventionen von Bundesstaat und Bundesregierung zu erhalten.

Ein zweites Thema ist die Steuerung des Wachstums. Viele Ballungsräume werden sich zunehmend der negativen Folgen räumlicher Expansion bewusst (der abwertende Begriff heißt „Zersiedelung"), und von Seattle bis Miami bilden sich Bündnisse, die sich mit diesem Problem auseinander setzen und Lösungen erarbeiten wollen. An der Spitze dieser Aktivitäten stehen häufig Umweltschützer, geschichtsbewußte Denkmal- und Landschaftspfleger sowie Kommunalpolitiker aus der Kernstadt und den älteren Vororten.

Das dritte Thema ist die Bekämpfung der Jugendkriminalität. Die USA stehen mit ihrer Kriminalitätsrate an der Spitze der entwickelten Nationen, und Jugendliche sind bei den meisten dieser Verbrechen sowohl Täter als auch Opfer. Viele Gemeinwesen erkennen, dass ein ganzheitlicherer Ansatz notwendig ist, wenn man daran etwas ändern will. In der Region St. Louis etwa hat die Regional Violence Prevention Initiative 1996 begonnen, einzelne Programme zu koordinieren und ihre Effektivität zu bewerten. Diese selbständige gemeinnützige Initiative wird von Kommunalverwaltungen, den Trägern der Jugendhilfe und den größeren Wohlfahrtsorganisationen unterstützt.

Nachhaltige Entwicklung ist der vierte Schwerpunkt. Diese Aktivitäten sind zwar manchmal mit Steuerung des Wachstums verbunden, gehen aber über diese eine Dimension hinaus. Die Initiative Sustainable Seattle z.B. vereinigt Vertreter aus der Wirtschaft, der öffentlichen Verwaltung, Umweltschutzgruppen, Kirchengemeinden, Schulen und Hochschulen mit dem Ziel, nachhaltige Aktivitäten und Maßnahmen in ihrer Region zu erforschen und zu fördern. Die Wiederverwertung stofflicher Ressourcen ist für eine wachsende Zahl von Amerikanern zu einem wichtigen Wert geworden, und die in diesem Zusammenhang meistverwendete Metapher mit gleichzeitig säkulärem wie religiösem Hintergrund ist die vom verantwortungsbewussten „Haushofmeister".

Ein fünftes Thema ist das räumliche Missverhältnis zwischen Arbeitsangebot und Arbeitsnachfrage. Erstarbeitsuchende leben in der Kernstadt und dem älteren Vorstadtring, während die meisten neuen Arbeitsplätze vor allem an der Peripherie des

Großraumes entstehen. Viele Verdichtungsräume, wie z.B. Chicago, Kansas City und Albuquerque, arbeiten daher an einer Abstimmung von Verkehrsplanung und Bedürfnissen der Arbeitskräfte.

Das sechste Thema ist angemessene Wohnungsversorgung (Fair Housing). Und wieder sind es die Verdichtungsräume, die zunehmend unter der sozioökonomischen Spaltung zwischen der verarmten Kernstadt und den wohlhabenden äußeren Vorstädten leiden. Die Überbrückung dieser Spaltung erfordert eine zweifache Veränderung: Mehr wohlhabende Haushalte müssten sich in der Kernstadt ansiedeln, mehr einkommensschwächere Familien in die Vororte ziehen. Entsprechende Initiativen, die allesamt erst in der Diskussionsphase stecken, wollen Einsicht dafür wecken, dass alle Teile einer Region ihren „fairen Anteil" an einkommensschwachen Familien tragen sollten.

III. Ergebnisse und Konsequenzen von Ansätzen intraregionaler Kooperation: abschließende Bewertung

In diesem Kapitel werden die Stärken und Schwächen der vier geschilderten Ansätze zusammengefasst, um daraus einige allgemeinere Lehren für künftige Formen intraregionaler Zusammenarbeit zu ziehen.

Die Zusammenlegung von Gebietseinheiten erhöht generell die Leistungseffizienz, da durch verbesserte Mengeneffekte die Kosten pro Leistungseinheit gesenkt werden. Dieser Ansatz löst außerdem in den Verdichtungsräumen eine Debatte über Regionalisierung aus, und wenn weitere Themen mit regionalen Auswirkungen auftauchen, fällt es diesen Metropolen leichter, regionsbezogene Antworten zu entwickeln.

Mit Ausnahme der Zwillingsstadt Minneapolis/St.Paul haben sich solche Zusammenschlüsse jedoch nicht nennenswert um Fragen des Ausgleichs über eine Umverteilung öffentlicher Ressourcen gekümmert. Unter den Bedingungen wachsenden Misstrauens gegenüber der öffentlichen Verwaltung und zunehmender wirtschaftlicher und sozialer Segregation wird es immer unwahrscheinlicher, dass die Bewohner der verschiedenen Gebietseinheiten innerhalb von Verdichtungsräumen ihr Schicksal von einer einzigen Regionalregierung abhängig machen wollen. Die zunehmende Ausdehnung der Regionen und eine immer größere Zahl von Gebietseinheiten komplizieren diese Situation noch weiter. Wo früher fast die gesamte

Bevölkerung eines Großraumes in zwei oder drei Gebietseinheiten lebte, hat sich deren Zahl inzwischen verdoppelt oder verdreifacht.

Interkommunale Vereinbarungen sind „win-win"-Verhandlungslösungen, von denen alle Beteiligten profitieren. Mit ihrer Hilfe können Gebietseinheiten auch dauerhaft bindende Verpflichtungen vermeiden, da diese Verträge stets Auflösungsklauseln enthalten. Allerdings ist der Vereinbarungsansatz sehr zweckorientiert und erfasst immer nur einige wenige Aufgabenbereiche und ganz bestimmte Gebietseinheiten.

Die Vorteile funktionsspezifischer Organisationseinheiten und Behörden liegen darin, dass sie relativ einfach eingerichtet und Geltungsbereich sowie räumlicher Bezug einer Aufgabe aufeinander abgestimmt werden können (Foster, 1996); ferner erweitern sie die Nutzerbasis für kapitalintensive Dienstleistungen, beugen der Konzentration politischer Macht vor und erhalten häufig unabhängigen Zugang zu den Kapitalmärkten (Bollens, 1975).

Es gibt jedoch auch mehrere Kritikpunkte. Erstens beachten die Bürger diese Behörden kaum, und die Beteiligung an Special Districts-Wahlen ist ziemlich niedrig. Von daher lässt sich bezweifeln, ob eine ausreichende demokratische Kontrolle gegeben ist. Aus diesem Kritikpunkt ergibt sich zweitens, dass auch die Massenmedien diesen Behörden wenig Aufmerksamkeit widmen. Dadurch wird die öffentliche Kontrolle weiter vermindert, und es wächst die Gefahr ihrer Ausnutzung für private Zwecke. Drittens sind die spezifischen Steuern zur Finanzierung der einzelnen Special Districts streng zweckgebunden, sodass eine Anpassung als Folge veränderter Entwicklungen schwierig ist. Dadurch haben diese Organisationen in der Regel entweder zu viel oder zu wenig Mittel zur Erfüllung ihrer Aufgaben. Im Falle von Überschüssen können diese jedoch nicht für dringlichere öffentliche Aufgaben eingesetzt oder in Form von Steuersenkungen an den Steuerzahler zurückerstattet werden. Bei Unterdeckung ist für gewöhnlich ein bundesstaatliches Ermächtigungsgesetz erforderlich, bevor die nötigen Mittel aufgebracht werden können. Viertens sind funktionsspezifische Organisationseinheiten aufgrund der mangelnden öffentlichen Kontrolle anfällig für die Vereinnahmung durch private Interessen (z.B. von Bauunternehmen, Warenlieferanten, Gewerkschaften), die meist direkt von ihnen profitieren. Wegen der geringen Wahlbeteiligung können die Träger solcher Partikularinteressen ihre Vertreter häufig erfolgreich in den Aufsichtsräten von Special Districts platzieren. In geringerem Umfang nehmen entsprechende Kreise auch Einfluss auf gewählte Amtsträger mit dem Ziel, ihnen genehme Personen in den Vorstand von Public Authorities zu berufen. Wegen fehlenden Gegendrucks durch eine breite Öffentlichkeit geben diese Amtsträger solchen Beeinflussungsversuchen häufig nach. All dies trägt dazu bei, das öffentliche Interesse weiter zu untergraben. Ein fünftes Problem ergibt sich in den Fällen, in denen die Vorstände von Public Authorities durch den Gouverneur eines Bundesstaates ernannt werden; damit vermischen sich tendenziell staatliche Interessen und regionale Entscheidungsfindung, wodurch der Spielraum für Konflikte erweitert wird. Sechstens wird die Verwaltungsstruktur in Verdichtungsräumen durch diese Organisationen weiter kompliziert, was die Koordination zusätzlich erschwert.

Die regionalen Planungsverbände bilden ein von lokalen Sonderinteressen unbeeinflusstes neutrales Forum, in dem lokale Verwaltungen Einigungen erzielen können. Mit dem Lockmittel von Bundeszuschüssen für bestimmte Maßnahmen geben sie außerdem starke Anreize zur Kooperation. Dieser Zusammenhang mit Programmen des Bundes lässt Planungsverbände jedoch zu „top-down"-Ansätzen werden, womit sie Gefahr laufen, wie eine weitere Organisationseinheit zu wirken, die den Willen der Bundesregierung von oben nach unten durchsetzt. Gehören sie wirklich zu ihrer Metropolregion, oder sind sie nur ein halb getarnter verlängerter Arm der Bundesregierung? Da zudem die Bundesregierung weitgehend bestimmt, mit welchen Aufgaben sich regionale Planungsverbände befassen dürfen, ist ihr Handlungsspielraum in Bezug auf eine Vielzahl regionaler Probleme eingeschränkt.

Es ist noch viel zu früh, um die Ergebnisse all der öffentlich-privaten Initiativen zu bewerten. Zwar ermutigt allein schon ihre Zahl alle Befürworter zusätzlicher regionaler Bewegungen, aber das häufige Fehlen institutioneller Regelungen lässt Zweifel an deren Dauerhaftigkeit aufkommen. Eine genauere Analyse und Bewertung im Rahmen US-amerikanischer Forschungsprojekte stehen mit Sicherheit an – mit dem Ziel, gemeinsame Ursachen sowohl für ihre Erfolge als auch für ihr Scheitern herauszufinden.

Derzeit, so der Kommentar eines Teilnehmers und Beobachters dieser Bewegung:

„… kann ihr Fortschritt höchstens daran gemessen werden, wie erfolgreich Planungsverfahren neu gestaltet, Bürger einbezogen und durchdachte Strategien mit relativ breiter Unterstützung entwickelt werden. Alle Initiativen sind immer noch mit großen Hindernissen konfrontiert, die insbesondere durch komplexe Regularien und Vorschriften gegeben sind … Ein ebenso großes Hindernis ist die Organisierung örtlicher Interessen und Aktivitäten. Ein jeder schlägt sich mit der Frage herum, wie man einen erfolgreichen gemeinschaftlichen Lernprozess in Gang bringen kann. Wie erreicht man ein Engagement der Bürger? Wie schafft man den Übergang von der Vision zum Handeln, insbesondere dann, wenn dies größere strukturelle Veränderungen erfordert? Wie schafft man Institutionen oder Netzwerke, die sich mit übergreifenden, mehrere Einzelanliegen betreffenden Frage- und Problemstellungen befassen?" (Parzen, 1997)

Dieses Zitat erweckt den Verdacht, dass öffentlich-private Initiativen, die häufig versuchen, die Probleme öffentlicher Vereinbarungen zu vermeiden, in gewissem Umfang zu genau diesen Strukturen zurückkehren müssen, wenn sie aus ihren vorübergehenden Erfolgen dauerhafte Verbesserungen machen wollen.

Welche Lehren können aus den US-amerikanischen Erfahrungen für die Bewertung bestehender intraregionaler Kooperationsansätze und die Planung künftiger Initiativen gezogen werden? Die folgende Zusammenstellung stützt sich auf die vorangegangene Analyse, die durch einige allgemeinere Betrachtungen ergänzt wird.

■ *Starre Grundsätze sollten vermieden werden.* Die Ableitung öffentlicher Vereinbarungen und Kooperationsansätze aus dogmatischen Prinzipien kann häufig in die Irre führen. Sowohl die Verfechter umfassender Regionalreformen als auch die sich auf die freie Wahl der Bürger berufenden Verteidiger fragmentierter Verwaltungsstrukturen versäumen es häufig, sich ernsthaft mit den komplizierten Aspekten der Realität auseinanderzusetzen. Ein Experte stellt dazu fest:

„Die Überlegungen über die Entwicklungssteuerung (Governance) in Verdichtungsräumen reichen vom rigiden Eintreten für starke metropolitane Verwaltungen, in denen progressive Reformer ein Allheilmittel für die Lösung vieler städtischer Probleme sehen, bis zu dem revisionistischen Public-Choice-Ansatz, der in der Fragmentierung lokaler Verwaltungen nicht die Ursache, sondern die Lösung für städtische Probleme sieht ... Dabei gibt es keinerlei schlüssige Beweise dafür, dass eine einheitliche Regionalverwaltung einerseits oder aber die Beibehaltung fragmentierter Verwaltungsstrukturen andererseits wünschenswert und effektiv wären." (Vogel, 1997)

Ansätze zur Verbesserung intraregionaler Kooperation müssen sensibel mit den organisch entwickelten Gegebenheiten von Verdichtungsräumen umgehen und versuchen, diese bei der Entwicklung aller neuen Strukturen gebührend zu beachten. Es sollte daher ein adaptiver und kein normativer Ansatz verfolgt werden.

■ *Sensibilität gegenüber dem Wunsch nach Beibehaltung einer gewissen Dezentralisierung ist angebracht.* Es gibt gute Gründe dafür, einige öffentliche Entscheidungen auf örtlicher oder sogar Stadtquartiersebene zu belassen. Ein solcher Ansatz kann der Vielfalt einer regionalen Bevölkerung Rechnung tragen, Gemeinschaftsgefühl und Identität an der Basis stärken und ein Stück bürgernahe Verwaltung erhalten. Wenn die Verfechter von mehr Regionalisierung automatisch als Feinde kleinteiliger Strukturen angesehen werden, macht dies ihre Aufgabe wesentlich schwieriger. Erfolgreiche Regionalisierungsbewegungen haben in vielen Fällen auch lokale Interessen und Vorstellungen geschützt (Savitch und Vogel, 1996).

■ *Probleme und Fragen der Umverteilung sollte man vermeiden.* Es mag von Nachteil sein, dass die Vororte wirtschaftlich blühen, während die innerstädtischen Gebiete verfallen. Aber das Konzept der regionalen Steuerung ist zu neu und unerprobt, als dass man mit ihm die heikelsten Aufgaben als erste angehen sollte. Es gibt genug regionale Herausforderungen, bei denen alle Beteiligten gewinnen können, wie etwa Verbesserung der Wirtschaftsförderung, Fragen der Nachhaltigkeit oder Stärkung der Infrastruktur. Damit ist die Tagesordnung für die unmittelbare Zukunft bereits ausgefüllt (National Civic Review, 1996).

■ *Aufgabenspezifische Organisationseinheiten (Special Districts) sind eine verlockende Falle.* Zwar stellen Special Districts und Public Authorities eine relativ leicht realisierbare Form dringend erforderlicher regionaler Antworten auf spezifische Fragen dar, sie können aber häufig auch mehr Probleme schaffen, als sie lösen. Sie tragen zu weiterer Verwaltungsfragmentierung bei, erschweren die Koordination, setzen einen nur schwer abschaffbaren starren Rahmen für Steuereinnahmen und verringern die demokratische Kontrolle.

■ *Auf die Bürger kommt es an.* Bei vielen Versuchen zur Stärkung intraregionaler Zusammenarbeit wurde versäumt, Basisinitiativen aufzubauen. Nach Untersuchung mehrerer Metropolitan Areas kommt Peirce zu dem Schluß:

„Immer wieder fiel uns auf, wie wichtig die Schaffung irgendeiner Form regionaler Bürgerorganisation ist, die für eine gemeinsame Sache und das Gemeinwohl gegenüber dem Druck von Partikularinteressen und der Kirchturmpolitik einzelner Gemeinden eintritt." (Peirce, 1993)

Eines der Klischees amerikanischer Politik lautet: „You cannot beat something with nothing" – „Mit nichts in der Hand kann man keinen Blumentopf gewinnen". Jeder Verfechter von mehr intraregionaler Kooperation muss mit Widerstand rechnen. Daher müssen über die Mitstreiter für das unmittelbare Interesse hinaus dauerhafte Verbündete gewonnen werden.

Dodge (1990) weist außerdem darauf hin, dass solche regionalen Bürgerorganisationen eine respektierte und parteiungebundene Struktur darstellen können, in deren Rahmen Probleme diskutiert, Empfehlungen vorgeschlagen und Umsetzungsstrategien beraten werden können. Auch wenn die sich an solchen Verfahren beteiligenden Bürger manchmal ihre eigenen Sonderinteressen in die Diskussion einbringen, bedeutet die Einbeziehung eines größeren Bevölkerungsquerschnitts größere Chancen für das Erreichen eines gemeinsamen regionalen Ziels. Einbeziehung ist der Schlüssel zum Erfolg; man muss daher sicherstellen, dass die Teilnehmer an solchen Beratungen über die gemeinsame Zukunft möglichst alle Schichten und Teilregionen des Großraums repräsentieren.

Durch die Arbeit mit solchen Bürgerorganisationen und den Einsatz weiterer Mittel müssen die Verfechter intraregionaler Zusammenarbeit auch das regionale Bewusstsein der Bürger erweitern und vertiefen helfen. Bestimmte Fortschritte in dieser Hinsicht stellen sich ganz natürlich ein. Ein Indikator hierfür ist, dass immer mehr US-Bürger auf die Frage danach, wo sie herkommen, nicht mehr als erstes ihren Bundesstaat nennen (z.B. Minnesota), sondern ihre Region (z.B. die „Zwillingsstadt"), auch wenn ihre Staatsbürgerschaft rechtlich an den Bundesstaat gebunden ist. Gleichwohl, so Peirce, muss die Botschaft beharrlich wiederholt werden, dass

„die Bürger eines Verdichtungsraumes vielleicht stärker voneinander abhängig sind und mehr gemeinsame Interessen haben als die Bürger großflächiger Bundesstaaten oder Nationalstaaten" (Peirce 1993). Anzustrebendes, jedoch noch nicht erreichtes Ziel sind Bürger, die unmittelbar örtliche und regionale Interessen so gegeneinander abwägen, dass ein für alle Ebenen vorteilhaftes Ergebnis erzielt wird.

Im Kontext dieses Regionalbewusstseins müssten die Bewohner der Vorstädte davon überzeugt werden, dass das Schicksal der Kernstadt sie etwas angeht und ihre Loyalität gefordert ist, während umgekehrt die Innenstadtbewohner stärker würdigen sollten, was die Peripherie zu bieten hat. Swanstrom stellt fest, dass „Metropolitan Areas nicht um mehr Bedeutung kämpfen können, ohne sich um das Schicksal ihrer Kernstädte zu kümmern. Schließlich sind es die Kernstädte, die diesen Räumen ihre Identität und historische Kontinuität verleihen." (Swanstrom, 1995)

Norton Long war geradezu hellseherisch, als er 1962 darauf hinwies, dass sich die Befürworter intraregionaler Zusammenarbeit allzu sehr auf ökonomische Argumente stützten, statt ihr Anliegen mit einem weitergehenden Sinn zu versehen:

„Die Apostel der Regionalisierung begreifen langsam, dass es bei der Vision, nach der sie suchen, um mehr geht als um effizientere Verkehrsplanung, bessere Kanalisation oder gar eine Stärkung der Wettbewerbsposition für die lokale Wirtschaft. Es geht vielmehr um die Möglichkeit, ein gemeinsam verfolgtes Ziel für ein besseres Leben zu erreichen."

Literatur

Advisory Commission on Intergovernmental Relations, Metropolitan Organization: The Allegheny County Case, Washington 1992.

Advisory Commission on Intergovernmental Relations, Metropolitan Organization: The St. Louis Case, Washington 1988.

Advisory Commission on Intergovernmental Relations, Governmental Functions and Processes, Washington 1974.

Beckman, Norman, Alternative Approaches for Metropolitan Reorganization, in: Public Management, 1964, H. 6, S. 128–131.

Bish, Robert L., The Public Economic of Metropolitan Areas, Chicago 1970.

Bollens, John C., Special District Governments in the United States, Berkeley 1957.

Burns, Nancy, The Formation of American Local Governments: Private Values in Public Institutions, New York 1994.

Caro, Robert A., The Power Broker, New York 1974.

Cisneros, Henry G., Regionalism: The New Geography of Opportunity, Washington 1995.

Committee for Economic Development, Reshaping Government in Metropolitan Areas, New York 1970.

Corbett, Michael, American Public Opinion, New York 1991.

Dinsmore, Clement, The Federal Role in Metropolitan Cooperation, Chicago 1997.

Dodge, William R., The Emergence of Intercommunity Partnerships in the 1980s, Denver 1990.

Dohm, Richard R., Special Districts in Missouri and the Nation, in: Richard J. Hardy, Richard R. Dohm und David A. Leuthold (Hrsg.), Missouri Government and Politics, Columbia 1995.

Foster, Kathryn A., Specialization in Government: The Uneven Use of Special Districts in Metropolitan Areas, in: Urban Affairs Review, 1996, Bd. 3, S. 283–313.

Gage, Robert W., und Bruce D. McDowell, ISTEA and the Role of MPOs in the New Transportation Environment: A Midterm Assessment, in: Publius, 1995, S. 133–154.

Gove, Samuel K., The Lakewood Plan, Urbana 1961.

Gunlicks, Arthur B. (Hrsg.), Local Government Reform and Reorganization: An International Perspective, Port Washington 1981.

Harris, Charles, Regional COG's and the Central City, Detroit 1970.

Hawkins, Brett W., Nashville Metro: The Politics of City-County Consolidation, Nashville 1966.

Hiss, Tony, Outlining the New Metropolitan Initiative, Chicago 1997.

Horan, James F., und G. Thomas Taylor, Jr., Experiments in Metropolitan Government, New York 1977.

Long, Norton E., The Polity, Chicago 1962.

Madison, James, Alexander Hamilton und John Jay, The Federalist Papers, New York 1982.

Mitchell, Jerry (Hrsg.), Public Authorities and Public Policy, New York 1992.

Moguloff, Melvin B., Five Metropolitan Governments, Washington 1972.

Moguloff, Melvin B., Governing Metropolitan Areas: A Critical Review of Councils of Governments and the Federal Role, Washington 1971.

National Civic Review, NCR Round Table: The Future of Regional Governance, in: National Civic Review, 1996, S. 8–14.

Nunn, Samuel, und Carl Schoedel, Special Districts, City Governments, and Infrastructure: Spending in 105 US Metropolitan Areas, in: Journal of Urban Affairs, 1997, Bd. 1, S. 59–72.

Orfield, Myron, Metropolitics: A Regional Agenda for Community and Stability, Washington 1997.

Ostrom, Vincent, Charles M. Tiebout und Robert O. Warren, The Organization of Government in Metropolitan Areas: A Theoretical Inquiry, in: American Political Science Review, Dezember 1961, S. 831–842.

Owen, C. James, und York Willbern, Governing Metropolitan Indianapolis: The Politics of Unigov, Berkeley 1985.

Parzen, Julia, Innovations in Metropolitan Cooperation, Chicago 1997.

Peirce, Neal R., Citistates: How Urban America Can Prosper in a Competitive World, Washington 1993.

Rusk, David, Cities Without Suburbs, Baltimore 1993.

Savas, E.S., Privatization: The Key To Better Government, Chatham 1987.

Savitch, H.V., und Ronald K. Vogel (Hrsg.), Regional Politics: America in a Post City Age, Thousand Oaks 1996.

Smith, Robert G., Public Authorities, Special Districts, and Local Government, Washington 1964.

Swanstrom, Todd, Philosopher in the City: The New Regionalism Debate, in: Journal of Urban Affairs, 1995, Bd. 3, S. 309–314.

Tiebout, Charles M., A Pure Theory of Local Expenditures, in: Journal of Political Economy, Oktober 1956, S. 416–424.

Vogel, Ronald K., Metropolitan Government, in: ders. (Hrsg.), Handbook of Research on Urban Politics and Policy in the United States, Westport 1997.

Wallis, Allan D., Evolving Structures and Challenges of Metropolitan Regions, in: National Civic Review, 1994, S. 40–53.

Warren, Robert O., Mark S. Rosentraub und Louis F. Weschler, Building Urban Governance: An Agenda for the 1990s, in: Journal of Urban Affairs, 1992, Bd. 3, S. 399–422.

Wikstrom, Nelson, Councils of Governments: A Study of Political Incrementalism, Chicago 1977.

Williams, Oliver, u.a., Suburban Differences and Metropolitan Policies, Philadelphia 1965.

Winters, John M., Interstate Metropolitan Areas, Ann Arbor 1962.

Zimmerman, Joseph F., Single-Purpose Governments on the Increase, in: National Civic Review, 1994, S. 209–210.

Louise Quesnel

Intraregionale Kooperation in Kanada

Inhalt

Verzeichnis der Tabellen

Verzeichnis der Übersichten

I. Einführung

Warum beschäftigt man sich heute mit Fragen der intraregionalen Kooperation? Besorgnis über unzureichende Kooperation innerhalb einer Region wird angeblich immer dann laut, wenn die Organisation kommunaler Dienstleistungen und die Praxis kommunaler Demokratie nicht mehr zeitgemäß sind und deshalb eine Lösung auf regionaler Ebene gesucht werden muss. Bei näherer Betrachtung stellen wir jedoch fest, dass eine solche Sichtweise zu stark vereinfacht, da sie von einer sehr komplexen Realität abstrahiert, deren einzelne Aspekte sich keineswegs auf bloße Effizienzprobleme beschränken.

Kommen wir zunächst kurz auf die Ursachen der Verdichtungsraumproblematik zurück: Wir haben es mit einer praktisch unkontrollierten Urbanisierung zu tun, die mit öffentlichen Fördermitteln weiter unterstützt wird; das urbane Geflecht breitet sich aus, und entlang der großen Verkehrsachsen wuchern kleine Ortschaften mit ihrer Bebauung; es entstehen Rivalitäten zwischen den um die wirtschaftliche Aufwertung ihres Territoriums bemühten Gebietskörperschaften, und es entwickelt sich eine politisch-administrative Klasse auf kommunaler Ebene, die zur Trägerin der Interessen dieser Gebietskörperschaften wird.

Die Relevanz des Themas hängt mit den Parametern der aktuellen Situation zusammen. In den urbanen Ballungsräumen wirken zwei unterschiedliche Kräfte auf die Entwicklung ein: einerseits externe Kräfte, die maßgeblichen Einfluss auf die Wirtschaft und die Organisation von Dienstleistungen nehmen; andererseits interne Kräfte, die sich organisieren, um ihre Autonomie zu verteidigen und dabei auf ihre Weise ebenfalls mit nationalen und internationalen Strömungen zu tun haben. Intraregionale Kooperation lässt sich in diesem Kontext als Instrument verstehen, das sowohl die Kräfte innerhalb eines Verdichtungsraumes mobilisiert als auch von außen in dessen Entwicklung eingreift. Betroffen sind dabei vor allem öffentliche Akteure, insbesondere die kommunalen und regionalen Gebietskörperschaften, deren Handlungsspielraum durch die Provinzregierungen stark eingeschränkt wird. Die Aufgabe, um die es geht, ist die Bündelung von Ressourcen für ein Gebiet, dessen Grenzen sich kontinuierlich erweitern.

Die Problematik, die hier behandelt werden soll, ist in ihrer Entwicklung also noch nicht abgeschlossen. Jedenfalls befassen wir uns mit dem Thema zu einem strategisch bedeutsamen Zeitpunkt, da die Vorteile staatlicher Interventionen in Frage gestellt sind und eine Neudefinition der Steuerungsaufgaben und der Rolle des Staates zur Diskussion steht. Die Zusammenarbeit innerhalb urbaner Verdichtungsräume ist durch diesen sich rasch verändernden Kontext gekennzeichnet, der für Kanada ungeachtet seiner spezifischen Erfahrungen und Traditionen typisch ist. Deshalb stellen wir an den Anfang dieses Beitrages eine Skizze des institutionellen und politischen Umfeldes, das den Rahmen für die spezifischen Kooperationserfahrungen in kanadischen Provinzen abgibt. Anschließend werden die unterschiedlichen Ansätze behandelt, wobei nach Räumen, Strukturen, Akteuren und Ressourcen intraregionaler Kooperationsmodelle unterschieden wird. Danach werden die Erfahrungen mit diesen Ansätzen in Bezug auf Ergebnisse und Prozesse bewertet, eine weitergehende Überlegung zu aktuellen Trends beschließt den Beitrag.

II. Politisch-administrativer Rahmen und Voraussetzungen intraregionaler Kooperation

Es gibt eine Reihe von Elementen, die sowohl Anreize als auch Hindernisse für Zusammenarbeit darstellen. Als erstes dieser Elemente wird zunächst das kanadische Staatsgebiet beschrieben, es folgen die Institutionen und insbesondere die kommunalen Gebietskörperschaften, die infolge der Übertragung entsprechender Befugnisse durch die Provinzregierungen für einen wesentlichen Teil der lokalen Dienstleistungen verantwortlich sind. Ferner gehen wir auf die Restriktionen des Finanzsystems ein, aus denen der spezifische Zusammenhang für die kanadischen Erfahrungen mit intraregionaler Kooperation deutlich wird. Nach der Darstellung ihrer unterschiedlichen Formen wird das Kapitel mit einer Analyse des Entstehungsprozesses von Kooperationsansätzen abgeschlossen.

1. Das Staatsgebiet – ein Überblick

Was jeden Beobachter Kanadas am meisten erstaunt, ist die riesige Ausdehnung des Landes von der Pazifikküste im Westen bis zum Atlantik im Osten. Das Staatsgebiet bedeckt eine Fläche von fast zehn Millionen Quadratkilometern, von denen 34 Prozent auf die Northwest Territories entfallen, 15 Prozent auf die Provinz Québec und elf Prozent auf deren Nachbarprovinz Ontario. Québec ist flächenmäßig die größte Provinz, da sie sich im Norden bis zur Hudson Bay erstreckt.

Ist die Ost-West-Ausdehnung Kanadas schon imposant, darf man ebenso wenig die Entfernungen zwischen den Nord- und Südgrenzen des Landes vergessen. Die nördlichen Territorien reichen bis zum Nordpol und machen aus Kanada einen Nachbarn des asiatischen Kontinents, und mit den USA teilt das Land insgesamt 8 900 km gemeinsame Grenze, einschließlich der Grenze zu Alaska.

Die Bevölkerung Kanadas lebt hauptsächlich in den südlichen Landesteilen unterhalb des 50. Breitengrades. Dieses Merkmal ist von besonderer Relevanz, wenn es um die räumliche Gliederung des Landes geht, da die meisten urbanen Verdichtungsräume im Süden liegen.

Die zehn Provinzen, die sich zwischen 1867 und 1949 zur kanadischen Föderation zusammengeschlossen haben, unterscheiden sich deutlich voneinander. Die vier östlichen Atlantikprovinzen, in denen acht Prozent der Bevölkerung des Landes leben, sind viel stärker ländlich geprägt als die übrigen Provinzen.[1]

Übersicht 1:   Verwaltungsstruktur Kanadas*

Bundesregierung	
10 Provinzregierungen	British Columbia Alberta Manitoba Saskatchewan Ontario Québec New Brunswick Nova Scotia Prince Edward Island Newfoundland
232 städtische und ländliche Kommunalverbände	Umlandverbände Landkreise Zweckverbände, Sonderbehörden Koordinierungsinstanzen
4 492 Kommunen	Städte Ländliche Gemeinden

*Quelle: Zusammenstellung Louise Quesnel.

Nach den statistischen Daten von 1996 leben in Québec 24,7 Prozent der kanadischen Bevölkerung, und 78 Prozent aller Bürger dieser Provinz wohnen in verstädterten Gebieten. Ontario ist mit einem Verstädterungsgrad von 83 Prozent die am

---

[1]   Anteil der ländlichen an der Gesamtbevölkerung (1996): Newfoundland 43,1 Prozent; Nova Scotia 45,2 Prozent; Prince Edward Island 55,8 Prozent; New Brunswick 51,2 Prozent.

117

stärksten urbanisierte und gleichzeitig die bevölkerungsreichste Provinz (37 Prozent der kanadischen Gesamtbevölkerung). In den vier Provinzen westlich von Ontario leben 29,4 Prozent der kanadischen Bevölkerung, und die rund 100 000 Einwohner der nördlichen Territorien machen weniger als ein Prozent aus. Die am stärksten verstädterte Provinz des Westens ist British Columbia (82 Prozent), während Saskatchewan deutlich stärker ländlich geprägt ist (37 Prozent der Bewohner leben hier außerhalb städtischer Gebiete).

2.   Städtische Verdichtungsräume

In Anbetracht seiner riesigen geographischen Ausdehnung hat Kanada relativ wenige Verdichtungsräume mit mehr als einer Million Einwohnern. Die Provinzhauptstadt Toronto bildet den Kern des mit Abstand größten verstädterten Ballungsraums (4,3 Millionen Einwohner), gefolgt von den Verdichtungsräumen Montréal (3,3 Millionen Einwohner), Vancouver (1,8 Millionen Einwohner) und Ottawa-Hull (der Region mit der kanadischen Hauptstadt mit einer Million Einwohnern; vgl. Tabelle 1).

Mit neun Verdichtungsräumen[2] ist Ontario die bei weitem am stärksten verstädterte Provinz, gefolgt von Québec mit sechs Verdichtungsräumen. Drei Provinzen haben je zwei Verdichtungsräume (einer davon ist jeweils die Provinzhauptstadt), dies sind British Columbia, Alberta und Saskatchewan. Manitoba, New Brunswick, Nova Scotia und Newfoundland verfügen über nur je einen urbanen Verdichtungsraum mit der Provinzhauptstadt als Kern. Die Provinz Prince Edward Island hat insgesamt lediglich 135 000 Einwohner, die allerdings so verstreut leben, dass kein verstädterter Raum entstehen konnte. Stehen diese städtischen Verdichtungsräume, die zum Teil aneinander angrenzen, zum Teil Tausende von Kilometern voneinander entfernt liegen, nun miteinander im Wettbewerb um die Ansiedlung neuer Unternehmen und Bewohner? Die Landkarte Kanadas liefert zwar bereits eine erste Antwort auf diese Frage, man darf allerdings nicht die strategische Bedeutung moderner Kommunikations- und Verkehrsmittel unterschätzen, die den Austausch erleichtern und Entfernungen schrumpfen lassen.

---

[2]   Als Verdichtungsraum (Région Métropolitaine de Recensement – Census Metropolitan Area) wird ein abgegrenztes Gebiet rund um eine Kernstadt mit mindestens 100 000 Einwohnern bezeichnet. Die Grenzen dieser statistischen Gebietseinheit richten sich danach, wie viel Prozent der Erwerbsbevölkerung in der Kernstadt leben oder arbeiten (*Statistique Canada*, Classification Géographique Type CGT 1996, Bd. I, S. 17).

Tabelle 1: Verdichtungsräume in Kanada (statistische Gebietseinheiten), 1997*

Stadt/städtische Region	Provinz(en)	Zahl der Städte, Kreise und Gemeindeverbände	Bevölkerung in Tausend, Stand 1995
Calgary	Alberta	8	828,5
Chicoutimi-Jonquière	Québec	10	167,2
Edmonton	Alberta	32	882,9
Halifax	Nova Scotia	6	342,8
Hamilton	Ontario	8	641,5
Kitchener	Ontario	5	395,5
London	Ontario	12	412,6
Montréal	Québec	99	3 328,3
Oshawa	Ontario	3	276,2
Ottawa-Hull	Ontario/Québec	23	1 026,9
Québec	Québec	44	695,2
Regina	Saskatchewan	17	198,7
Saint John	New Brunswick	13	129,1
Saskatoon	Saskatchewan	20	219,9
Sherbrooke	Québec	14	148,0
St. Catherines-Niagara	Ontario	10	385,4
St. John's	Neufundland	13	177,3
Sudbury	Ontario	6	166,3
Thunder Bay	Ontario	7	130,9
Toronto	Ontario	28[1]	4 338,4
Trois-Rivières	Québec	9	143,0
Vancouver	British Columbia	22	1 826,8
Victoria	British Columbia	22	311,2
Windsor	Ontario	11	286,2
Winnipeg	Manitoba	8	676,5

*Quelle: *Statistique Canada*, Annuaire du Canada (Statistisches Jahrbuch) 1997.

[1] Vor der Fusion im Januar 1998.

Die beiden Beispiele, die beim Wettbewerb zwischen Metropolen eine besondere Rolle spielen, sind die Verdichtungsräume Edmonton und Calgary in Alberta sowie die Regionen Québec und Montréal in Québec (Edmonton und Québec sind gleichzeitig Provinzhauptstädte). Die beiden Regionen der Provinz Alberta weisen ein recht unterschiedliches Profil auf. Calgary konnte vom Erfolg seiner Erdölindustrie und der Nähe zur US-amerikanischen Grenze profitieren, während die Hauptstadt Edmonton ständig kämpfen musste, um an großen öffentlichen und privaten Investitionen zu partizipieren. Als Kernstadt beherrscht Calgary seine gesamte Region, und der Region kam diese institutionelle Verflechtung eindeutig zugute, zählt sie doch zu den dynamischsten Verdichtungsräumen Kanadas. Hervorzuheben ist auch die privilegierte Situation, in der sich Calgary infolge seines raschen Wirtschaftswachstums und dank der Einbeziehung von Vertretern der Wirtschaft in die kommunale Verwaltung befindet. Während Calgary somit beneidenswerte Management- und Effizienzerfolge verbuchte, gab die Region Edmonton das Bild einer armen Verwandten ab. Infolge ihrer wesentlich größeren Abhängigkeit vom politischen Willen der Provinzbehörden war diese Region den Folgen eines neoliberalen Staatsverständnisses und dem daraus resultierenden Abbau staatlicher Hilfen unmittelbar ausgesetzt. Die institutionelle Fragmentierung des Verdichtungsraumes wurde zudem nicht durch kommunale Neugliederungen ausgeglichen.

Auch die Konkurrenz, wenn nicht offene Rivalität zwischen Québec und Montréal hat eine lange Tradition. Ein Rückblick ins vergangene Jahrhundert zeigt, wie Montréal der Region Québec ihren Rang als wichtigster wirtschaftlicher Entwicklungspol der Provinz und auch des gesamten Landes abgelaufen hat. Seither haben sich die Unterschiede zwischen beiden Regionen, die eifersüchtig um das Engagement der Provinz- und der Bundesregierung für ihre Gebiete konkurrieren, weiter vertieft. In der Hauptstadt haben die Schwächung von Industrie und Gewerbe in der Nachkriegszeit und der in neuerer Zeit einsetzende Rückbau des Staatsapparats und seiner Behörden die gesamte Region prägende tiefe Narben hinterlassen.

Diese beiden Beispiele lassen die strategische Bedeutung öffentlicher und privater Investitionen wie auch marktwirtschaftlicher Entwicklungen für die Zukunft der Metropolen erkennen. Sie liefern außerdem Anschauungsmaterial für die sich beschleunigende Entwicklung der letzten Jahrzehnte und das Auftauchen sozialer und institutioneller Probleme, die nach Reaktionen von Gebietskörperschaften und Regierungen rufen. Aber der Wettbewerb zwischen den Regionen wird nicht nur durch interne Faktoren beeinflusst; externe und auch globale Faktoren wirken immer stärker auf die Regionen ein.

In diesem Zusammenhang gibt die Rolle der kanadischen Städte im großen Geflecht der Weltmetropolen zu denken. Auf der Karte der Weltstädte gehört allein Toronto zur Kategorie der Städte, die sich maßgeblich an der Strategie der wirtschaftlichen Entwicklung orientieren. Damit steht der Großraum Toronto im

Wettbewerb mit den großen nordamerikanischen Städten, die alle in den USA liegen. Gleichzeitig wird er immer stärker mit der Region Vancouver verglichen, seit diese von der Dynamik profitiert, die durch Geschäftsleute aus Hongkong ausgelöst wurde. Weit davon entfernt, den internen Wettbewerb abzuschwächen, trägt die Globalisierung hierzu noch internationale Aspekte bei, deren Auswirkungen von den nationalen Akteuren nur noch schwer zu kontrollieren sein werden. Wie sieht es unter diesen Bedingungen mit der Rolle der lokalen Akteure aus, der Kommunalpolitiker, der Verwaltungsbeamten, der Bürger oder Geschäftsleute, die nach Wegen aus den städtischen Entwicklungsproblemen suchen? Eine der Hauptschwierigkeiten für diese Akteure besteht darin, die Orte der Regulation zu identifizieren. Wo ist das Zentrum? Wer ist für die Regulierung jeweils zuständig?

Diese Hinweise auf die spezifischen geographischen Merkmale Kanadas und den räumlichen Bereich des nordamerikanischen Wettbewerbs verdeutlichen den Einfluss der territorialen Bedingungen Kanadas auf die Problematik der intraregionalen Kooperation. Die großen verstädterten Räume kann man an den Fingern einer Hand abzählen; in den meisten Provinzen gibt es nur einen oder zwei städtische Verdichtungsräume. Komplexer ist die Situation allerdings in den beiden zentralen Provinzen Ontario und Québec, die in höherem Maße verstädtert sind. Über die Hälfte der kanadischen Bevölkerung lebt in diesen beiden Provinzen, die gleichzeitig über 50 Prozent aller kommunalen Gebietskörperschaften des Landes verfügen.

Die räumlichen Grenzen der kanadischen Städte, wie wir sie heute kennen, sind das Produkt zahlreicher Eingemeindungen im Laufe des 20. Jahrhunderts und Resultat des festen Glaubens von Planern an die Vorteile des Zusammenschlusses öffentlicher Institutionen auf lokaler und regionaler Ebene.

Die Dynamik der Verstädterung in den vergangenen 30 Jahren ist in bestimmten urbanen Verdichtungsräumen Ausdruck einer Strategie kernstadtzentrierter Gemeindezusammenschlüsse. Wie sich aus Tabelle 2 ersehen lässt, wurden die Grenzen von Städten wie Winnipeg (Manitoba) oder Calgary und Edmonton (Alberta) durch Beschlüsse der Provinzregierungen erheblich ausgeweitet. Durch Eingemeindung ihrer Randbereiche konnten diese Städte ihre demographische und wirtschaftliche Bedeutung stärken, was zur Erhaltung ihrer starken regionalen Position beigetragen hat. Im Falle anderer Städte wie London (Ontario) haben sich die Gemeindegrenzen kaum verschoben, dennoch haben es diese Städte geschafft, ihre zentrale Bedeutung innerhalb des gesamten Verdichtungsraums zu wahren. In den Regionen Montréal, Vancouver, Québec oder Ottawa-Hull hat die Verstädterung hingegen eine erhebliche Ausdehnung des urbanen Verdichtungsraums und einen Bedeutungsverlust der Kernstadt innerhalb der Region bewirkt.

Mit der Suburbanisierung sind die verstädterten Gebiete in manchen Verdichtungsräumen um das Drei- oder Vierfache gewachsen. Dies führte allerdings nicht immer zu einer Schwächung der Kernstadt. Calgary und Winnipeg konnten beispielsweise

Tabelle 2: Gebietsgrößen und Bevölkerungsanteile von Kernstädten im Ballungs-
raumkontext (1971-1991)*

Kernstädte	Fläche in km^2		Anteil der Kernstadt an der Be-völkerung des Verdichtungsraums in %	
	1971	1991	1971	1991
Calgary (Alberta)	403,6	5 085,8	100	94
Edmonton (Alberta)	3 837,6	9 532,5	88	73
Hamilton (Ontario)	1 136,6	1 358,5	73	53
London (Ontario)	1 805,2	2 105,1	86	79
Montréal (Québec)	2 674,0	3 127,2	44	33
Ottawa-Hull (Ontario und Québec)	1 898,2	5 138,3	68	41
Québec (Québec)	906,8	3 150,3	39	26
Toronto (Ontario)	3 627,7	5 583,5	27	16
Vancouver (British Columbia)	2 785,4	2 786,3	39	29
Winnipeg (Manitoba)	691,0	3 294,8	99	95

*Quelle: *Francis Frisken (Hrsg.)*, The Changing Canadian Metropolis, a Public Policy Perspective, Toronto 1994, S. 9.

ihre dominierende Rolle innerhalb ihrer Region erhalten, zum Teil auch durch Eingemeindungen, die ihr relatives Gewicht gegenüber den einwohnerschwächeren Vorortgemeinden sicherten. Eine Stadt wie das kanadische London hingegen kann außergewöhnlich stabile Gebietsgrenzen aufweisen und hat dennoch ihre Bedeutung innerhalb der Region konsolidieren können.

Dieser grobe Überblick über die geographischen Merkmale der wichtigsten städtischen Verdichtungsräume zeigt, dass die Problematik der beiderseitigen Abhängigkeit zwischen Kernstädten und ihrem Umland in Abhängigkeit vom jeweiligen Grad der territorialen und institutionellen Fragmentierung unterschiedlich ausfallen kann.

Haben wir es aber tatsächlich mit einer territorialen Fragmentierung zu tun? Institutionelle Gebietszuschnitte und siedlungsstrukturelle Realität sind nicht immer deckungsgleich, und letztere ist dadurch gekennzeichnet, dass Gebietskörperschaften oft ohne sichtbare Grenzen ineinander übergehen, Pendlerbewegungen stattfinden, ohne sich um kleinteilige kommunale Zuständigkeiten zu kümmern, und das Alltagsleben sich innerhalb regionaler Räume abspielt, die keinen erkennbaren Bezug zu politischen und administrativen Gebietsgrenzen aufweisen. Wenn damit auch nicht von physischer Fragmentierung des urbanen Raumes die Rede sein kann, so gilt dies doch für die Art der räumlich-funktionalen Nutzung durch unterschiedliche soziale Gruppen. Ob sie nun in den Vorortgürtel oder in bevorzugte Wohnlagen ziehen – gesellschaftliche Gruppen neigen in der Regel dazu, sich abzuschotten, sobald ihre anteiligen Kosten für den Verdichtungsraum fällig werden. Damit entsteht innerhalb städtischer Regionen ein Ungleichgewicht bei der Aufteilung der mit der Verstädterung einhergehenden Kosten. Dieses Ungleichgewicht ist eines der Probleme, dem durch intraregionale Kooperation begegnet werden soll.

Die Hindernisse, die einer Veränderung kommunalpolitischer Traditionen entgegenstehen, sind jedoch zahlreich, und die Problematik der Zusammenarbeit ist in starkem Maße durch institutionelle Strukturen bestimmt, die in gleicher Weise für das gesamte Land gelten.

3. Der politisch-administrative Rahmen kommunalen Handelns

3.1 Nationalstaat und Provinzen

Im Prinzip ist das Staatswesen Kanadas in zwei Ebenen gegliedert: eine Bundes- und eine Provinzebene. Die legislativen Kompetenzen der beiden Ebenen wurden 1867 durch Beschluss des Londoner Parlaments im British North America Act (BNA-Gesetz) festgelegt und mit der Verabschiedung des Constitution Act durch das kanadische Parlament 1981 bestätigt. In den Artikeln 91 bis 95 des BNA-Gesetzes wird die legislative Zuständigkeit des kanadischen Parlaments (als Bundesinstanz) für „den Frieden, die allgemeine Ordnung und eine gute Regierung Kanadas" festgelegt. Im Einzelnen fallen die folgenden Angelegenheiten in die Zuständigkeit des Bundes (Artikel 91):

- die Regelung von Handel und Gewerbe, das Postwesen, Miliz und Militärdienst, Schifffahrt und Fischereiwesen, Bank- und Münzwesen, Konkursrecht, Ehe- und Scheidungsrecht, Strafrecht und Gefängniswesen, Arbeitslosenversicherung, Finanzwesen, Volkszählungen und Statistik, Indianerangelegenheiten und Indianerreservate.

Artikel 92 des BNA-Gesetzes überträgt den Provinzen die Zuständigkeit für

- die direkte Besteuerung, öffentliche Liegenschaften, Bau öffentlicher Gefängnisse, Krankenhäuser, kommunale Verwaltungen, Eigentums- und Zivilrecht, Rechtspflege sowie Bildungswesen.

Die Aufteilung gesetzgeberischer Kompetenzen zwischen der Bundesebene und den Provinzen ist allerdings nicht immer so einfach, wie diese Aufzählung glauben machen könnte. Dafür gibt es vor allem zwei Gründe: Zum einen enthält bereits die Verfassung von 1867 uneindeutige Passagen im Zusammenhang mit den gemeinsamen Kompetenzen von Bund und Provinzen. Darunter fallen z.B. Alterssicherung, Landwirtschaft und Einwanderungsgesetzgebung und damit insgesamt Bereiche, deren Bedeutung im Laufe des 20. Jahrhunderts enorm zugenommen hat. Zum anderen schweigt die Verfassung von 1867 zu Fragen wie Umweltschutz und Wirtschaftsentwicklung, deren strategisches Gewicht im Vergleich mit anderen Politikfeldern heute sehr groß ist.

Die Zuständigkeitsverteilung ist also weder durch das BNA-Gesetz von 1867 noch durch die vom kanadischen Parlament verabschiedete Verfassung von 1981 eindeutig festgelegt. Zahlreiche Interpretationen haben auf die Komplexität des kanadischen Föderalismus hingewiesen, „dessen Realität nicht mehr den Bestimmungen

Übersicht 2:   Die maßgeblichen Kompetenzen der verschiedenen Verwaltungsebenen in Kanada*

Bundesregierung	Provinzregierungen	Regionale Körperschaften und Gemeindeverbände	Kommunen
Postwesen	Bildung	Raumordnung und Flächennutzung	Öffentliche Sicherheit
Bank- und Münzwesen	Kultur	ÖPNV	Transport, Verkehr, Straßenbau
Arbeitslosen-versicherung	Zivilrecht	Abfallwirtschaft	Freizeit und Kultur
Schifffahrt	Gesundheit	Regionalparks	Grundstücksbewertung
Kernenergie	Sozialfürsorge	Wirtschaftsentwicklung	Wasserver- und -entsorgung
Staatsbürgerschaft	Kommunale Gebietskörperschaften	Öffentliche Sicherheit	Abfallbeseitigung
Liegenschaften und Ländereien des Bundes	Wohnungswesen	Gesundheits- und soziale Dienste	Schneeräumdienste
Strafrecht	Liegenschaften und Ländereien der Provinzen		Gesundheits- und soziale Dienste
Transport und Verkehr	Forsten und Bergbau		Städtebau
Kommunikations-wesen	Landwirtschaft		Sozialer Wohnungsbau
Außenpolitik	Einwanderung		Grundsteuer
Verteidigung	Alterssicherung		
Umwelt	Umwelt		
Fischereiwesen	Fischereiwesen		
Finanzwesen	Transport und Verkehr		
Indirekte Steuern	Einkommen- und Körperschaftssteuer		
Einkommen- und Körperschaftssteuer			

*Quelle: Zusammenstellung Louise Quesnel.

des Gesetzes von 1867 entspricht" (Bernard, 1976, S. 383). So spielt die Bundesregierung ungeachtet aller rechtlichen und gesetzlichen Regelungen in den Bereichen Transport und Verkehr, Sozialleistungen, Kommunikationswesen und Umwelt die entscheidende Rolle.

Die zehn kanadischen Provinzen sind vor allem für die Bereiche Gesundheit, Bildung, kommunale Angelegenheiten, Transportwesen, Kultur, Umwelt sowie Bodenschätze zuständig. Die nördlichen Territorien (Yukon Territory und Northwest Territories) haben zwar nicht den Status von Provinzen, verfügen aber in einigen Punkten über dieselben Kompetenzen.

In der Praxis bilden die kommunalen Gebietskörperschaften und Gemeindeverbände die dritte Ebene dieser Verwaltungsstruktur: jedoch ohne Regierungsstatus im Sinne der Verfassung. Sie sind in dieser nicht als spezifische Regierungsebene vorgesehen; vielmehr werden sie als „Geschöpfe" der Provinzen bezeichnet, die allein für kommunale Angelegenheiten verantwortlich sind.[3] Die kommunalen, aus der Übertragung von Befugnissen der Provinzregierungen resultierenden Zuständigkeiten umfassen in allen zehn Provinzen folgende Bereiche:

- technische Infrastruktur (Wasserver- und -entsorgung);

- kommunales Straßennetz;

- Flächennutzungs- und Bebauungsplanung, Städtebau;

- öffentlichen Personennahverkehr;

- Umwelt: Kläranlagen, Abfallentsorgung und -aufbereitung.

Diese Aufgaben können je nach Provinz von den Kommunen (den Städten und Gemeinden) oder von regionalen Körperschaften (Sonderbehörden, Zweckverbänden, Landkreisen, Ballungsraumverbänden) wahrgenommen werden. Es fällt auf, dass die kanadischen Städte – etwa im Gegensatz zu den französischen Kommunen – keine Kompetenzen im Bildungswesen besitzen. Darüber hinaus liegen in manchen Provinzen, wie z.B. in Québec, auch die Sozial- und Wohlfahrtsdienste nicht im Zuständigkeitsbereich von Kommunen, sondern sind Aufgabe spezifischer, von der Provinzregierung eingerichteter Institutionen.

Die Bundesregierung ist laut Verfassung nicht für kommunale Angelegenheiten zuständig. Da die Verfassung jedoch bestimmt, dass die Bundesregierung intervenieren kann, wenn dies im allgemeinen Interesse des Landes ist, hat sie sich in zahlreichen Fällen in verschiedene städtische Aktivitätsbereiche eingemischt. Seit langem dienen z.B. die öffentlichen Mittel des Bundes der Förderung eines Wohnungsbaumodells: über die Richtlinien der kanadischen Hypotheken- und Wohnungsbaugesellschaft (Société canadienne d'hypothèques et de logement – Canadian

---

3 Dieses Prinzip wurde bereits in dem Municipal Corporations Act festgelegt, der 1849 durch das Parlament von Haut-Canada (dem heutigen Ontario) beschlossen wurde.

Mortgage and Housing Corporation)[4]. Durch die Finanzierung des Baus von Fernverkehrsstraßen und Autobahnen, die Errichtung der großen Flughäfen und die Bewirtschaftung der Seehäfen sind die Bundesbehörden zentrale Akteure für das städtische Leben und die Entwicklung der Ballungsräume sowie der Regionen geworden. Gleichzeitig schaffen sie die Bedingungen, die die Eingliederung Kanadas in die Weltwirtschaft begünstigen[5]. Aber im Gegensatz zur Entwicklung in den USA hat die Bundesregierung in Kanada keine dominierende Rolle eingenommen, wenn es darum ging, sich um die Probleme der Städte und Metropolen zu kümmern. Die meisten Provinzen haben ihre Zuständigkeiten in diesem Bereich eifersüchtig verteidigt. Allerdings bekamen die weniger industrialisierten und stärker vom Fischfang abhängigen Atlantikprovinzen im Osten des Landes ihre Abhängigkeit von den Subventionen des Bundes deutlich zu spüren. In ihren Beziehungen zu Ottawa (dem Sitz der Bundesregierung) konnten sie daher keine Position der Stärke aufrechterhalten.

Demgegenüber haben seit den 50er Jahren die zentral gelegenen Provinzen und die Provinzen des Westens ihre Stellung verbessert und in ihren Beziehungen mit der Bundesregierung eine strategisch günstige Position erobert. Diese Entwicklung wurde durch die Stärkung der Wirtschaftskraft im Westen des Landes gefördert, die insbesondere auf den Aufschwung der Ölindustrie und die Öffnung der Märkte im pazifischen Raum zurückgeht. Wir werden weiter unten sehen, dass diese starke Position jedoch keine Abkehr von den Vorbehalten bedeutet, die die Provinzen gegenüber intraregionaler Kooperation hegen.

Um das Feld ihrer kommunalen Interventionsmöglichkeiten zu erhalten, drängten die Provinzen die Bundesbehörden, das 1971 in Ottawa eingerichtete Amt eines Staatsministers für städtische Angelegenheiten wieder abzuschaffen. Ferner erzwangen sie, dass alle Bundessubventionen für Kommunen und regionale Gebietskörperschaften ihren Weg über die Provinzministerien nehmen müssen. Damit sind alle mit der Bundesregierung gemeinsam finanzierten Programme für die kommunale Ebene der Kontrolle der Provinzbehörden unterstellt.

Die Provinzbehörden üben eine strenge Kontrolle über die Aktivitäten der Kommunen und regionalen Gebietskörperschaften aus; außerdem unterstützen sie gleichzeitig eine beträchtliche Zahl von Institutionen in Bereichen wie Bildungs- und Gesundheitswesen, Sozialwesen, Kultur oder Fremdenverkehr (z.B. Schulauf-

---

[4] Diese bundeseigene öffentliche Gesellschaft für Stadtentwicklung und Wohnungsbau; stellt zinsgünstige Hypotheken für den geförderten Eigenheimbau bereit, finanziert den sozialen Mietwohnungsbau (auch für Sonderformen wie Seniorenwohnanlagen) und nimmt Dokumentations- und Forschungsaufgaben im Bereich der Stadtentwicklung und des Wohnungsbaus wahr (Anmerkung des Übersetzers).

[5] A. Sancton geht so weit, zu behaupten, dass „die Bundesregierung die vielleicht wichtigste Institution zur Beeinflussung der Qualität unseres städtischen Lebens" sei (Sancton, 1991, S. 446).

sichtsbehörden[6], regionale Sonderbehörden für das Gesundheitswesen und soziale Dienste). Bei der Regelung lokaler Probleme und Fragen, die direkt die Lebensumstände der Bürger betreffen, sind die Kommunen folglich keineswegs autonom. Die These, die Kommunen seien die wichtigsten Akteure für städtische Angelegenheiten, stieße daher rasch auf Widerspruch. Zu weitreichend sind die strukturellen Vorgaben etwa in den Bereichen Verkehrspolitik, Wirtschaftsförderung und Umweltschutz (vor allem seitens der Provinz- und Bundesbehörden), um nur einige Beispiele zu nennen.

Der Handlungsspielraum kanadischer Kommunen und regionaler Körperschaften wird in erster Linie durch die Provinzregierungen definiert. Diese überlassen der kommunalen und regionalen Ebene allerdings nicht die Festlegung eigener Spielregeln, sondern setzen die Rahmenbedingungen für kommunales Handeln ausdrücklich selbst fest. Für das Selbstverwaltungsprivileg (Home Rule) einiger Städte in mehreren Bundesstaaten der USA gibt es in Kanada kein Äquivalent. Nur Alberta hat die Kontrolle der Provinz über die kommunalen Aktivitäten eingeschränkt und den Kommunen mehr Autonomie eingeräumt. Viele Städte und Gemeinden würden gern über einen größeren Handlungsspielraum verfügen, aber ihre Absichten entsprechen nicht notwendigerweise den Zielen der jeweiligen Provinzregierungen.

3.2   Die Rolle der Kommunen und regionalen Gebietskörperschaften[7]

Das Modell des Wohlfahrtsstaates, das prägenden Einfluss auf die kommunale Realität Europas gehabt hat, spielt für die nordamerikanischen Städte und Gemeinden keine besondere Rolle. Kanadischen Städten und Gemeinden wurden von den

---

6   Die Commissions Scolaires oder School Boards sind unabhängige, von eigens dafür gewählten Mandatsträgern kontrollierte und der Gemeindezuständigkeit entzogene Einrichtungen, die für das Schulwesen der Primar- und Sekundarstufe verantwortlich sind (Anmerkung des Übersetzers).

7   Die Autorin nennt alle der Provinz nachgeordneten Verwaltungsebenen der frankokanadischen Terminologie entsprechend Municipalités. Im Gegensatz zum europäischen (französischen) Verständnis dieses Begriffs sind damit aber ausdrücklich nicht nur Kommunen gemeint, sondern auch Zweckverbände, Sonderbehörden, Landkreise und Umlandverbände. Daher werden in der Übersetzung an entsprechender Stelle meistens die Begriffe „Kommunen (oder Städte) und regionale Verwaltungseinheiten (oder regionale Gebietskörperschaften)" verwendet. Im Übrigen ist darauf hinzuweisen, dass der Beitrag in Französisch verfasst wurde, die Verweise auf Originalbegriffe aber häufig beide Amtssprachen Kanadas berücksichtigen. Terminologische Schwierigkeiten liegen nicht nur in der Zweisprachigkeit Kanadas begründet, sondern auch darin, dass die Bezeichnungen von Provinz zu Provinz unterschiedlich sein können (Anmerkung des Übersetzers).

Provinzbehörden daher auch keine Aufgaben in Bereichen wie Sozial-, Gesundheits- und Bildungswesen übertragen. Dafür sind vielmehr Sonderbehörden wie die Schulaufsichtsbehörden zuständig oder dezentralisierte Einrichtungen der Provinz- und Bundesregierungen. Städte und regionale Gebietskörperschaften haben generell auch nur sehr wenig in sozialen Wohnungsbau oder öffentlichen Nahverkehr investiert.

Im Laufe des gesamten 20. Jahrhunderts waren kanadische Städte und Gemeinden in den Bereichen der Stadtentwicklung und der Förderung der Industrie tätig: Sie haben Investitionen in Industrie und Gewerbe unterstützt, das Grundeigentum geschützt und die nötigen Infrastruktureinrichtungen für die Erschließung neuer Stadtgebiete erstellt. Im Unterschied etwa zu britischen Städten sind Kommunen in Kanada seit langem gewohnt, sich unternehmerisch zu verhalten. Die jüngsten Trends haben folglich nur eine Orientierung verstärkt, die die kanadischen Kommunen und regionalen Gebietskörperschaften seit ihrer Bildung im vorigen Jahrhundert bzw. – im Falle der Stadtrand- und Vorortgemeinden in den großen Verdichtungsräumen – seit dem Zweiten Weltkrieg prägt.

Als die großen kanadischen Städte – Montréal, Toronto, Winnipeg – von der Depression der 30er Jahre schwer getroffen wurden, waren es ungeachtet der oben genannten Zuständigkeiten die Kommunalverwaltungen, die als erste Hilfsprogramme für die Armen organisierten. Sie spielten damals eine wichtige soziale Rolle, was zu der Feststellung berechtigt, dass die Kommunen einen entscheidenden Anteil am Aufbau des Wohlfahrtsstaates in Kanada hatten (Collin, 1997, S. 354).

Im Laufe der letzten 50 Jahre konzentrierten sich die Interessen der Kommunalpolitiker allerdings stark auf Stadtentwicklungs- und Erschließungsaufgaben sowie Maßnahmen zum Schutz des Grundeigentums (Andrew, 1994b, S. 93-98; Tindal und Tindal, 1995, S. 3-9; Keating und Mehrhoff, 1992, S. 174). Diesen Interessen entsprach die Bildung immer größerer Städte und Gemeinden mit Kompetenzen zur Planung der weiteren Entwicklung. Die Dominanz von Infrastrukturaufgaben ging allerdings auf Kosten politischer Vertretungsfunktionen, die doch als wesentliches Merkmal der kommunalen Ebene gelten.

Die politische Funktion der Beteiligung und Vertretung der Bürger wird als wesentliches Charakteristikum der kommunalen Ebene spätestens seit den Zeiten erachtet, als Alexis de Tocqueville „die Demokratie in Amerika" entdeckte und Lord Durham dem britischen Parlament riet, in Bas-Canada (dem heutigen Québec) Kommunen einzurichten, um damit die Formulierung von Positionen auf lokaler Ebene zu fördern und Ansätze der Bürgerbeteiligung zu entwickeln. Dennoch gibt es heute viele Stimmen, die bezweifeln, dass die Kommunalregierungen tatsächlich der verlängerte Arm der Bürgerschaft und der örtlichen Gemeinwesen sind.[8]

Tindal und Tindal vertreten die Ansicht, die politische Vertretungsfunktion sei eher in kleinen Gemeinden gewährleistet, da dort größere Bürgernähe herrsche und ein politischer Raum für Diskussionen und Lösungen lokaler Probleme geschaffen werden könne (Tindal und Tindal, 1995, S. 3). Um Entscheidungen unter Beteiligung der Bürgerschaft zu erreichen, haben große Städte wie Vancouver und Toronto bereits auf Referenden zurückgegriffen (Quesnel, 1998). Dieses Instrument lokaler Demokratie wird jedoch in Kanada bei weitem nicht so oft eingesetzt wie in einigen Staaten der USA.

Diese Überlegungen führen zu der Feststellung, dass zwischen der Größe eines Gemeinwesens und den Formen der kommunalen Organisation einerseits und der Beteiligung der Bürger an Entscheidungen andererseits ein Zusammenhang besteht. Im Idealfall scheint die kleine Gemeinde besser geeignet, Diskussionen zu fördern und der Meinung der Bürger zum Ausdruck zu verhelfen. Doch so einfach sind die Verhältnisse nicht, denn andere Faktoren weisen in die entgegengesetzte Richtung und fordern einen Diskussions- und Entscheidungsrahmen, der über die kleine Gemeinde hinausgeht.

Fragen der wirtschaftlichen Organisation, des Umweltschutzes, der Entwicklung des ÖPNV und der Steuergerechtigkeit sind solche Faktoren, die eine Neuorganisation und Kooperation auf der Ebene der städtischen Verdichtungsräume erfordern. Aber es gibt gegen eine solche Ausweitung der kommunalen Territorien starke Widerstände, die tief in der lokalen Tradition verwurzelt sind. Es genügt, in diesem Zusammenhang auf das Fortbestehen eines apolitischen Verständnisses von Kommunalverwaltung hinzuweisen, das ein direktes Erbe der amerikanischen Reformbewegung der Jahrhundertwende darstellt.

Diese Bewegung war eine Reaktion auf die als verhängnisvoll empfundene Parteienwirtschaft und Ämterpatronage in amerikanischen Städten und trat für die Ausschaltung politischer Parteien aus dem kommunalpolitischen Geschehen ein. Stattdessen forderte sie die Einrichtung einer effizienten Verwaltung nach den Prinzipien privater Unternehmen. Obwohl die Situation in den kanadischen Städten deutlich anders aussah, wurden diese Reformideen in den Wirtschaftskreisen und Rathäusern Kanadas mit deutlichem Wohlwollen aufgenommen. Um die gesteckten Ziele zu erreichen, richteten Städte und Gemeinden von Beginn des 20. Jahrhunderts an besondere Kommissionen und Behörden ein, für Aufgaben wie Kanalisation und Wasserversorgung, Gesundheitswesen oder öffentliche Sicherheit. Auf-

---

[8] Dieser Standpunkt wird von *Tindal und Tindal* (1995, S. 3-5) vertreten, aber auch von zahlreichen Bürgerinitiativen geteilt, die gegen Strategien der Stadtentwicklung gekämpft haben und eine Kommunalpolitik fordern, die sich stärker um die Bedürfnisse der städtischen Bewohner und die Lebensqualität in den Stadtvierteln kümmert.

sichtsbehörden („boards of control") gewährleisten die Kontrolle der öffentlichen Ausgaben und überwachen die Trennung von Legislative und Exekutive. Damit soll Korruption vermieden, die Effizienz der Verwaltung verbessert und sichergestellt werden, dass die politischen Parteien der Provinz- und Bundesebene sich nicht in kommunalpolitische Angelegenheiten einmischen.

Auch heute noch spielen für die Einstellung lokaler Entscheidungsträger gegenüber Ansätzen zur Organisation kommunaler Dienstleistungen und zur intraregionalen Kooperation zwei Faktoren eine maßgebliche Rolle: der apolitische Ansatz bei lokalen Entscheidungen, der in der Ablehnung politischer Parteien auf kommunaler wie nationaler Ebene zum Ausdruck kommt und das übergreifende Ziel der Effizienz.

3.3   Gemeindefinanzen im kanadischen Finanzsystem

Innerhalb der kanadischen Föderation verfügen Bundesregierung und Provinzregierungen sowohl über spezifische als auch über gemeinsame Kompetenzen. Zur Finanzierung der daraus resultierenden Aufgaben verwenden Bundes- und Provinzregierungen ihre Einnahmen aus Einkommen- und Körperschaftsteuer. Diese werden jährlich erhoben, und ihre Höhe wird durch Beschluss der einzelnen Regierungen festgelegt.

Seit 1867 haben sich die staatlichen Aktivitäten deutlich weiterentwickelt, wie man aus Tabelle 3 über die Ausgaben der öffentlichen Hand erkennen kann. Nach dem Zweiten Weltkrieg lag das Ausgabenschwergewicht eindeutig bei der Bundesregierung, während die lokale Ebene etwa die Hälfte des Betrages ausgab, den die Bundesministerien zur Erfüllung ihrer Aufgaben benötigten. Seit 1970 hat sich diese Situation allerdings verändert, denn die Aktivitäten der Provinzen sind heute umfangreicher als die der Bundesregierung, und das Verhältnis zwischen kommunalen Ausgaben und denen des Bundes oder der Provinzen beläuft sich inzwischen auf 1:3.

Die Steuerproblematik spielte bei der Entwicklung der Beziehungen zwischen den verschiedenen Verwaltungsebenen eine maßgebliche Rolle. Seit den 80er Jahren hat der Anstieg der öffentlichen Ausgaben das Wachstum der Einnahmen aus der Einkommen- und Körperschaftsteuer deutlich überholt. Die Regierungen entschieden sich dafür, die erforderlichen Kosten für Investitionen zur Förderung des raschen Wachstums der kanadischen Wirtschaft von den zukünftigen Generationen tragen zu lassen. Sowohl Bundesregierung als auch Provinzregierungen hatten daher defizitäre Haushalte und nahmen Anleihen auf. Diese öffentliche Verschuldung beunruhigte vor allem die Wirtschaft. So erklärte die Canadian Tax Foundation auf der Basis einschlägiger Zahlen (vgl. Tabellen 3 und 4), das Ungleichgewicht zwischen Ausgaben und Einnahmen werde durch den vertikalen Finanzausgleich verursacht; Bund und Provinzen gerieten durch den Finanzausgleich in eine defizitäre Lage, gleichzeitig sei dieser der Grund für die vorteilhafte (sprich: nicht defizitäre) Lage der kommunalen Gebietskörperschaften (Canadian Tax Foundation, 1994).

Tabelle 3: Ausgaben der öffentlichen Gebietskörperschaften einschließlich der Transferleistungen im vertikalen Finanzausgleich (in Millionen kanadischer Dollar)*

	1965	1975	1983	1993
Bundesebene	8 580	35 640	94 627	167 451
Provinzen	6 324	31 569	90 070	170 456
Kommunale Ebene (einschließlich Schulaufsichtsbehörden)	4 478	14 549	33 916	63 367

*Quelle: *Canadian Tax Foundation*, The National Finances, Toronto 1994, Tabelle 3.13.

Tabelle 4: Einnahmen der öffentlichen Gebietskörperschaften (in Millionen kanadischer Dollar)*

	1965	1975	1983	1993
Bundesebene	9 097	31 817	69 634	137 189
Provinzen	6 324	29 869	83 806	152 120
Kommunale Ebene (einschließlich Schulaufsichtsbehörden)	4 087	13 760	33 581	65 997

*Quelle: *Canadian Tax Foundation*, The National Finances, Toronto 1994, Tabelle 3.11.

Ab 1995 wurde der vertikale Finanzausgleich erheblich reduziert, wodurch den Provinzen substanzielle Beträge im Bereich des Gesundheitswesens verloren gingen, die sie bis dahin vom Bund erhalten hatten. Die Kommunen mussten dadurch auf umfangreiche Zuweisungen von den Provinzen verzichten, und zwar für Aufgabenbereiche wie öffentliche Sicherheit, öffentlicher Nahverkehr und Straßenbau. Gleichzeitig übertrugen einige Provinzen wie Ontario und Québec zusätzliche Aufgaben auf Städte und regionale Gebietskörperschaften. Diese müssen nunmehr Kosten im Sozialwesen, für den Straßenbau, die öffentliche Sicherheit und den ÖPNV übernehmen, die bisher von den Provinzen getragen wurden.

Durch die partielle Infragestellung des vertikalen Finanzausgleichs erschütterte die Politik zur Eindämmung der Staatsverschuldung gewisse lokale Traditionen; gleichzeitig wurden der kommunalen Ebene neue Verantwortungen übertragen. Durch Kürzung ihrer Zuweisungen zwangen die Provinzregierungen die Städte und Gemeinden zudem, einen größeren Teil der Kosten für lokale Leistungen zu übernehmen. Im Kontext dieser Veränderungen gestanden die Provinzen der kommunalen Ebene Kompetenzen im Bereich der Wirtschaftsförderung zu.

Wir haben es also mit einer Veränderung auf zwei Ebenen zu tun – auf einer finanziellen und auf einer politischen –, die Städte und Gemeinden seit 1995 mit einer neuen Situation konfrontiert. Führt diese nun zu mehr Gemeinsamkeit und zu freiwilliger oder erzwungener Kooperation? Oder ordnen die Provinzregierungen interkommunale Zusammenarbeit an, und zwar auf dieselbe autoritäre Weise, wie sie die Kürzung ihrer Zuweisungen beschlossen?

4. Die wichtigsten Formen intraregionaler Kooperation

Nach der Darstellung der wesentlichen Faktoren in Bezug auf die Problematik der Organisation kommunaler Zuständigkeiten, sollen nun die wichtigsten Formen der Zusammenarbeit diskutiert werden. Im Folgenden werden fünf Formen der Zusammenarbeit zwischen den kommunalen Akteuren einer gemeinsamen Region unterschieden. Anschließend wird eine sechste Kooperationsform dargestellt, die eine Sonderstellung einnimmt: Es handelt sich dabei um den Zusammenschluss mehrerer Gemeinden zur Bildung einer einzigen Stadt. In diesem Fall erfolgt die Kooperation durch institutionelle Neuordnung und nicht durch Zusammenarbeit zwischen bestehenden Institutionen. Diese sechs Formen der Kooperation werden alle vom Gesetzgeber auf Provinzebene angeordnet. Die konkreten organisatorischen Strukturen werden von Fall zu Fall und je nach den Besonderheiten der Provinzpolitik zur Lösung eines spezifischen Problems (ÖPNV, Raumordnung, Wirtschaftsentwicklung usw.) geschaffen. Die in diesem Text verwandten Begriffe berücksichtigen Unterschiede zwischen den Provinzen und auch unterschiedliche Terminologien in der englischen und französischen Sprache (für Québec). Schließlich soll an dieser Stelle noch darauf hingewiesen werden, dass die Einführung dieser Kooperationsansätze schrittweise im Laufe des 20. Jahrhunderts erfolgte: von den im 19. Jahrhundert geschaffenen Landkreisen (Comtés – Counties) über aufgabenspezifische Zweckverbände („organismes à vocation unique") – ein zu Beginn des 20. Jahrhunderts weit verbreitetes Instrument, das seit 1980 wieder an Bedeutung gewinnt –, die zwischen 1950 und 1975 eingerichteten Ballungsraum- oder Umlandverbände („communautés urbaines" – „metropolitan governments") und regionale Verwaltungsbezirke („districts régionaux" – „regional districts") sowie die im Laufe der 90er Jahre gegründeten öffentlich-privaten Kooperationen („organismes mixtes" – „joint bodies") bis hin zu den regionalen Koordinierungsinstanzen („organismes de service" – „services boards") als jüngster und für die großen Verdichtungsräume vorgesehener Form der Zusammenarbeit. Die Merkmale dieser Kooperationsansätze sehen im Einzelnen folgendermaßen aus:

- Die Landkreise („comtés" – „counties"). Als Zusammenschlüsse ländlicher Gemeinden einer Region außerhalb der städtischen Ballungsräume verkörpern die Landkreise die älteste Form der Bündelung von Ressourcen mehrerer Gemeinwesen. Ihre Zusammensetzung ist heute sehr vielfältig, denn inzwischen gehören ihnen auch die in ländlichen Regionen entstandenen Städte an. Die Mitgliedsgemeinden eines Landkreises delegieren aus dem Kreis ihrer gewählten Ratsmitglieder je einen Vertreter in den Kreisrat (üblicherweise den Bürgermeister). Dieser verfügt über Entscheidungsbefugnisse in Fragen der Raumordnung, des Umweltschutzes sowie in anderen Bereichen. Es kommt auch vor, dass Landkreise vom Ministerium für Gesundheit und Soziales einer Provinz mit der Durchführung bestimmter Programme der Provinzregierung beauftragt werden, wie dies z.B. in Ontario der Fall ist.

  Landkreise gibt es seit der Einrichtung von Kommunen im vorigen Jahrhundert. In Québec hat das Parlament des damaligen Bas-Canada zwar Landkreise bereits 1847 eingerichtet, doch erst 1979 verabschiedete die Nationalversammlung von Québec das Gesetz über Raumordnung und Städtebau (Loi sur l'aménagement et l'urbanisme) und legte damit die Rahmenbedingungen für die Schaffung einer neuen Form von Landkreisen fest (Municipalités Régionales de Comté – Regional County Municipalities), unter deren gemeinsamem Dach erstmals Städte und Gemeinden kooperieren konnten. In den englischsprachigen Provinzen stellt der Landkreis nach wie vor eine weit verbreitete Form der Zusammenarbeit von Gemeinden außerhalb verstädterter Regionen dar.

- Zweckverbände und Sonderbehörden („organismes à vocation unique" / „districts spéciaux" – „special districts")[9] handeln als Bevollmächtigte ihrer Mitgliedsgemeinden und nehmen für diese eine spezifische gemeinsame Aufgabe wahr (z.B. Feuerwehrdienste oder die Bewirtschaftung eines Regionalparks).

---

[9] In Québec heißen diese Organisationen „régies intermunicipales".

Diese Organisationen werden, im Unterschied zu den meisten anderen Kooperationsformen, mit Zustimmung der betroffenen Gemeinden gebildet. Die anderen Kooperationsansätze werden den kommunalen Entscheidungsträgern in der Mehrzahl der Fälle von der Provinzregierung vorgeschrieben. Je nach Einzelfall verfügen Zweckverbände über Entscheidungsbefugnisse oder über beratende Stimme.

Im Unterschied zu den Landkreisen haben Zweckverbände und Sonderbehörden („special districts") eine einzige Aufgabe. Diese in Handbüchern als „Quasi-Kommunalverwaltung" (Higgins, 1977; Boswell, 1996) beschriebenen Organisationen werden von den Provinzregierungen eingerichtet. Ihre Führung wird von den beteiligten Gemeinden bestimmt, die in der Regel je ein Ratsmitglied in den Vorstand entsenden. Zweckverbände und Sonderbehörden können mit Entscheidungsbefugnissen ausgestattet werden, und einige von ihnen sind berechtigt, mit Zustimmung der entsprechenden Aufsichtsbehörde der Provinz langfristige Darlehen aufzunehmen.[10] Da sie keine eigenen Steuern erheben dürfen, stammen die notwendigen Mittel für ihren Haushalt aus Umlagen ihrer Mitgliedsgemeinden.

Die Provinz Alberta hat beispielsweise auf Antrag mehrerer Kommunen 1972 sieben regionale Planungsbehörden eingerichtet. Es wurden auch Kommissionen eingesetzt, um für mehrere Gemeinden das Management der Wasserversorgung zu übernehmen.

■ Umlandverbände und regionale Verwaltungsbezirke („communautés urbaines" – „metropolitan governments" / „districts régionaux" – „regional districts") sind Formen der Zusammenarbeit zwischen allen Gemeinden eines verstädterten Ballungsraumes. Die Mitglieder ihrer Vertretungskörperschaften werden entweder nach allgemeinem Wahlrecht direkt gewählt oder von den Räten der beteiligten Kommunen ernannt. Die Zahl der kommunalen Repräsentanten ist von der Größe der einzelnen Gemeinden abhängig. Die Haushalte dieser Organisationen werden zum größten Teil aus Mitgliedsbeiträgen der beteiligten Kommunen finanziert. Umlandverbände (bzw. Regionalbezirke) genießen umfangreiche Entscheidungsvollmachten in den Bereichen ÖPNV, Umweltschutz, Raumordnung usw.

Kooperationsansätze dieser Art wurden in den 50er und 60er Jahren durch die Provinzregierungen von Ontario, Manitoba und Québec geschaffen. Als suprakommunale Organisationen wurden Umlandverbände so konzipiert, dass sie zu Entscheidungsträgern auf der Ebene von Verdichtungsräumen werden konn-

---

10 Diese Aufsichtsbehörde für kommunale Finanzen (Municipal Board oder Commission Municipale) ist beim Ministerium für Kommunale Angelegenheiten der einzelnen Provinzen angesiedelt.

Übersicht 3:   Wichtigste Formen intraregionaler Kooperation in Kanada*

Landkreise	■ Regionale Kooperationsformen zwischen ländlichen Gemeinden auf Anordnung der Provinzregierung ■ außerhalb der verstädterten Räume angesiedelt ■ Entscheidungskompetenzen in einigen Bereichen ■ kein Gegenstand von Referenden
Aufgabenspezifische Zweckverbände	■ freiwillige Zusammenarbeit von Kommunen in einem spezifischen Aufgabenbereich ■ je nach Einzelfall Entscheidungs- oder Empfehlungskompetenz ■ Synonym für „aufgabenspezifischer Verwaltungsbereich" ■ kein Gegenstand von Referenden
Umlandverbände	■ Kooperationsform zwischen Städten auf Anordnung der Provinzregierung ■ in städtischen Verdichtungsräumen angesiedelt ■ Entscheidungskompetenzen in mehreren Aufgabenbereichen ■ kein Gegenstand von Referenden
Öffentlich-private Kooperation	■ freiwillige Form der Zusammenarbeit, orientiert an Public Private Partnerships ■ Beteiligung von Vertretern der Wirtschaft und der Kommunalpolitik ■ Empfehlungskompetenzen gegenüber Kommunen ■ kein Gegenstand von Referenden
Regionale Koordinierungsinstanzen (Dienstleistungszentren)	■ Kooperationsansatz auf Anordnung der Provinzregierung ■ Einzugsbereich: die Großregion (mit Städten und Landkreisen) ■ Empfehlungskompetenzen gegenüber den Kommunen
Gemeindezusammenschlüsse, Eingemeindungen	■ radikale Form der Kooperation auf Anordnung der Provinzregierung ■ im ländlichen wie im städtischen Raum praktiziert ■ dient der Verringerung der Zahl von Kommunen innerhalb einer Provinz ■ Konsultation der Bevölkerung durch Referenden (ohne Bindungswirkung)

*Quelle: Zusammenstellung Louise Quesnel.

ten, ohne die Befugnisse ihrer Mitgliedsgemeinden in Frage zu stellen. Jeder Umlandverband ist ein Fall für sich, er wird nicht nach einem einheitlichen nationalen Plan eingerichtet. Allerdings galt das 1953 von den Entscheidungsträgern der Provinz Ontario gegründete „Metropolitan Toronto Government" als Referenzmodell und nachahmenswertes Beispiel.

Regionale Verwaltungsbezirke, eine Sonderform der Kooperation in British Columbia, sind eher administrativ als politisch ausgerichtet. Zumindest war dies die Absicht der dortigen Provinzregierung, als sie zwischen 1965 und 1967 solche Bezirke innerhalb ihres Zuständigkeitsbereichs einrichtete. Ursprünglich sollten diese regionale Raumordnungspläne ausarbeiten, sie verloren diese Kompetenz aber 1983 nach einer Entscheidung der damaligen Provinzregierung, die für eine Reduzierung des staatlichen Einflusses eintrat. Damit, ohne formelle Entscheidungsbefugnisse in Fragen der Raumordnung, agieren die Regionalbezirke in British Columbia seither als Foren der freiwilligen Abstimmung zwischen den beteiligten Kommunen. Trotz dieser Änderung in Bezug auf ihre Entscheidungskompetenzen, die von den Verfechtern starker und weisungsberechtigter Kooperationsformen als Rückschlag empfunden werden könnte, halten Beobachter wie Smith und Oberlander (1997) das neue Konzept der regionalen Verwaltungsbezirke in British Columbia für eine angemessene und auch effiziente Lösung. Sie stellen nämlich fest, dass die freiwillige Kooperation positive Ergebnisse zeitigt, und zwar insbesondere wegen der Tradition gemeinsamer Aktivitäten, die sich in den verstädterten Verdichtungsräumen von British Columbia herausgebildet hat. Diese Provinz hat insofern eine wichtige Rolle gespielt, als sie 1957 ihrem Minister für kommunale Angelegenheiten per Gesetz die Vollmacht verlieh, die Kommunen eines Ballungsraums zu zwingen, eine gemeinsame Institution zur Regelung interkommunaler Fragen einzurichten. Diese gesetzlichen Bestimmungen führten dann zur Gründung der Regionalbezirke, die sich vor allem mit Raumordnungsfragen befassen sollten.

- Öffentlich-private Kooperationen („organismes mixtes") werden von Vertretern der öffentlichen Hand (den Kommunen), der Privatwirtschaft (Geschäftsleuten) und der Gemeinwirtschaft (gemeinnützigen Vereinen) gebildet. Sie können Empfehlungen aussprechen, besitzen aber keine Entscheidungskompetenz. Es handelt sich um Diskussionsforen und Plattformen des Meinungsaustausches, die von kommunalen Entscheidungsträgern mit Wohlwollen betrachtet werden, auch wenn sie keine wichtigen Akteure auf regionaler Ebene sind. In dem aktuellen und für partnerschaftliche Ansätze überaus vorteilhaften Kontext entstanden, konzipieren diese Organisationen Vorhaben, bei denen öffentliche Konsultationen umgangen werden können, obwohl die Kommunen zu deren Durchführung verpflichtet sind. So betrachtet bieten sie die Möglichkeit, eines der wesentlichen Elemente lokaler Demokratie zu unterlaufen.

■ Regionale Koordinierungsinstanzen („organismes de services" – „services boards") handeln ebenso wie Zweckverbände und Sonderbehörden als Bevollmächtigte ihrer Mitgliedsgemeinden. Sie unterscheiden sich von den anderen Kooperationsformen durch die Größe der von ihnen vertretenen Gebiete. Ihr Ziel ist die bessere Koordinierung kommunaler Dienstleistungen innerhalb der „Großregion", das heißt auf der Ebene des gesamten regionalen Verdichtungsraumes. Für diesen Ansatz gibt es bisher nur einen Prototyp, nämlich den im Dezember 1998 durch die Provinzregierung von Ontario geschaffenen Greater Toronto Services Board (Koordinierungsbüro für öffentliche Dienstleistungen im Großraum Toronto). Diese Institution ist für vier Aufgaben zuständig:

▲ Unterstützung bei der Lösung interkommunaler Probleme;
▲ Koordinierung von Aktivitäten im Bereich der Wirtschafts- und Tourismusförderung;
▲ Beratung der Mitgliedskommunen in Fragen der Sozialhilfe und des sozialen Wohnungsbaus;
▲ Entwicklung von Leitlinien für den großregionalen öffentlichen Personennahverkehr.

Aus dem Charakter dieser Aufgaben wird deutlich, dass die regionale Koordinierungsinstanz eher eine beratende Rolle hat als dass sie selber Entscheidungen trifft. Damit ähnelt sie öffentlich-privaten Organisationen, die diese Funktion bereits im kleinregionalen Zusammenhang wahrnehmen. Ihre Besonderheit bezieht sich zuallererst auf die Größe des Gebietes, für das sie zuständig ist, das heißt die Großregion. Darüber hinaus verweist dieser Ansatz auf eine Option, die in der Namensgebung des Prototyps (Services Board) bereits angedeutet wird: gemeinsames Dienstleistungszentrum für die Großregion zu sein. Die jetzige Koordinierungsinstanz könnte sich folglich dahingehend entwickeln, öffentliche Dienstleistungen für die Großregion zu erbringen, wie es in den Empfehlungen des Golden-Berichts nahe gelegt wird. Die konservative Provinzregierung von Ontario hat es zum gegenwärtigen Zeitpunkt allerdings nicht für sinnvoll erachtet, in diese Richtung zu gehen, da sie heftigen Widerstand von den Städten und regionalen Gebietskörperschaften des Großraums Toronto befürchtet. Die Situation in der Großregion Toronto wird weiter unten noch eingehender untersucht.

Die Einrichtung solcher gemeinsamen Dienstleistungszentren auf der Ebene von Großregionen wird auch in anderen kanadischen Provinzen erwogen, insbesondere für den Großraum Montréal. Zwischen 1992 und 1998 hat die Provinzregierung von Québec diesen Ansatz geprüft, ihn angesichts des heftigen Widerstands der führenden Kommunalpolitiker in den Stadtrand- und Vorortgemeinden von Montréal jedoch wieder verworfen. Gegenwärtig (1999) gibt es daher keine Kooperations- oder Beratungsinstanz für den Großraum Montréal.

- Eingemeindungen: Kooperation durch institutionellen Zusammenschluss. Während die bisher hier behandelten Formen der Zusammenarbeit bestehende Kommunen nicht in ihrer Existenz in Frage stellen, sondern nur die Aufteilung von Zuständigkeiten neu regeln, führt die sechste Form, die Eingemeindung, zur Abschaffung bestehender Gemeinden und zur Bildung einer neuen territorialen Verwaltungseinheit. Dies ist eine radikale Form der Umstrukturierung, mit der Vertretungs- und Verwaltungsinstanzen zu größeren Einheiten verschmolzen, der räumliche Einzugsbereich vergrößert und unterschiedliche Bewohnergruppen zum Zusammenleben unter dem Dach gemeinsamer lokaler Institutionen gezwungen werden.

Eingemeindungen waren zu Beginn des 20. Jahrhunderts ein bevorzugtes Mittel der Provinzregierungen und Kernstädte zur Lösung spezifischer Erweiterungsbedürfnisse und der mit dem raschen Wachstum verbundenen Stadtentwicklungsprobleme. So wurden kleine Umlandgemeinden durch Beschluss der Provinzbehörden in die Kernstädte der Verdichtungsräume eingemeindet. In Übereinstimmung mit den kommunalreformerischen Leitideen der Epoche waren die Räte der neuen Städte klein und bestanden aus kaum einem Dutzend gewählter Mitglieder.

Diese Eingemeindungen waren nicht Teil einer abgestimmten Politik der Provinzen zur Verringerung der Zahl ihrer Gemeinden durch Schaffung größerer Einheiten; sie führten daher lediglich dazu, dass sich die Gemeindegebiete der meisten Kernstädte im Laufe dieses Jahrhunderts erheblich vergrößerten. Die Zahl der Gemeinden wurde hingegen kaum in nennenswertem Umfang verringert.

Mit einer Urbanisierung nach „amerikanischem Muster" kam es zu einer zentrifugalen Stadtentwicklung, die durch Zersiedelung der Peripherie und die Gründung neuer kommunaler Gebietskörperschaften im Umlandgürtel in immer größerer Entfernung von der Kernstadt gekennzeichnet war. Kleine städtische und ländliche Gemeinden bestehen damit in großer Zahl weiter fort und bilden zusammen mit dichten und komplexen regionalen Kernen den strukturellen Hintergrund für die Realisierung intraregionaler Kooperationsansätze.

Kooperation durch Eingemeindung ist der radikalste Ansatz, weil er das Verschwinden von Gemeinden rund um das urbane Zentrum und die Einrichtung einer einzigen kommunalen Gebietskörperschaft für den gesamten Raum zur Folge hat. Im Laufe des 20. Jahrhunderts hat dieser Ansatz reges Interesse bei den Provinzministerien für kommunale Angelegenheiten geweckt, da diese darin ein Mittel sahen, ihre eigenen Kosten für die Beaufsichtigung der Kommunalverwaltungen zu senken. Unterstützt wurde dieser Ansatz auch von den Kernstädten, die einen großen Teil der regionalen Dienst- und Versorgungsleistungen erbringen müssen. Heftiger Widerstand ging hingegen von den Umlandgemeinden der Peripherie aus.

Tabelle 5 zeigt, wie sich die Gemeinden der einzelnen Provinzen auf verschiedene Gemeindetypen und Formen der Kooperation verteilen, und zwar im Abstand von nahezu 20 Jahren – 1993 im Vergleich mit 1975. Dieser Vergleich macht deutlich, dass die Zahl der kommunalen Gebietskörperschaften und Verbände insgesamt zugenommen hat, und zwar in allen Kategorien (Städten, ländlichen Gemeinden, Ballungsraum- und Regionalverbänden). Außerdem sind erhebliche Unterschiede zwischen den Provinzen feststellbar, die Ursachen hierfür liegen in den besonderen Strukturen der Provinzen und den entsprechend unterschiedlichen Ansätzen. In Saskatchewan beispielsweise wurde kein einziger Umland- oder Regionalverband gegründet, während Québec in den letzten 20 Jahren eine neue Form der regionalen Organisation eingeführt hat. Von Interesse ist auch der besondere Charakter der Provinz Prince Edward Island, in der es nur sehr wenige Städte und Gemeinden gibt und deren Bevölkerung geringer ist als die einiger Städte Ontarios oder Québecs. Auf Prince Edward Island ist die Provinzregierung für die interkommunale Zusammenarbeit zuständig, sie nimmt daher Funktionen wahr, die in anderen Provinzen auf regionale oder ballungsraumbezogene Körperschaften übertragen wurden.

Es erscheint nur folgerichtig, dass die meisten Provinzen die Zahl ihrer regionalen und metropolitanen Körperschaften erhöht haben, um mit dem städtischen Wachstum der letzten 20 Jahre Schritt zu halten. Es geht aber auch anders: In fünf Provinzen ist die Situation unverändert geblieben, und zwar in jenen, in denen die Provinzministerien oder quasikommunale Instanzen damit beschäftigt sind, eine gewisse intraregionale Kooperation zu gewährleisten.

Die in einigen Provinzen im Laufe der letzten Jahrzehnte eingerichteten Regionalräte haben sich übrigens mit drei Ausnahmen gehalten. Diese Ausnahmen sind der Umlandverband Winnipeg, der 1971 mit dem Zusammenschluss aller Verbandsgemeinden zu einer einheitlichen Kommune (der so genannten Unicity) aufgehoben wurde, der Gemeindeverband Toronto, der 1997 abgeschafft wurde, um der neuen Stadt Groß-Toronto Platz zu machen (der so genannten Megacity), und schließlich die klassischen Landkreise („Comtés") in Québec, die durch neue Municipalités Régionales de Comté ersetzt wurden.

Tabelle 5: Zahl der Gemeinden nach Typen und Kooperationsformen in den einzelnen Provinzen (1975 und 1993)*

Provinzen	Städte		Dörfer und ländliche Gemeinden		Ballungsraum- und Regionalverbände, Landkreise und regionale Verwaltungsbezirke		Insgesamt	
	1975	1993	1975	1993	1975	1993	1975	1993
Newfoundland	112	161	139	134	0	0	251	295
Prince Edward Island	9	9	26	80	0	0	35	89
Nova Scotia	41	42	12	12	12	13	65	67
New Brunswick	26	36	85	81	0	0	111	117
Québec	258	290	1 251	1 314	75	101	1 584	1 705
Ontario	186	200	595	588	39	39[1]	820	827
Manitoba	38	41[2]	145	145	0	0	183	186
Saskatchewan	143	159	640	675	0	0	783	834
Alberta	113	126	167	196	30	44	310	366
British Columbia	43	56	95	95	28	29	166	180
Yukon und Northwest Territories	8	10	11	42	0	6	19	58
Insgesamt	977	1 130	3 166	3 362	184	232	4 327	4 724
In Prozent	22,6	23,9	73,2	71,2	4,2	4,9	100	100

*Quellen: *Peter G. Boswell*, Provincial-Municipal Relations, in: Christopher Dunn (Hrsg.), Provinces: Canadian Provincial Politics, Peterborough 1996, S. 253-274, Tabelle 1; *Donald J. H. Higgins*, Urban Canada: its Government and Politics, Toronto 1997, S. 16-44.

1 Der Umlandverband Toronto wird unter Ballungsraumverbänden geführt, da die Fusion zur „Regionalstadt" erst 1997 erfolgte.
2 Winnipeg wird als Stadt („municipalité de ville") klassifiziert.

III. Vorliegende Erfahrungen mit politischen Kooperationsansätzen

1. Merkmale und Besonderheiten

1.1 Politisches Umfeld und Ausgangsbedingungen

Wir wollen im Folgenden auf einige allgemeine Rahmenbedingungen für die Entwicklung der Politiken intraregionaler Kooperation in Kanada eingehen. Die Verantwortung für diese Politiken tragen in erster Linie die Provinzregierungen, genauer gesagt deren Ministerien für kommunale Angelegenheiten. Bei unterschiedlichen Gelegenheiten haben die Provinzregierungen ihre Spuren in der Geschichte der intraregionalen Kooperation des 20. Jahrhunderts hinterlassen. So hat z.B. die sozialdemokratische Regierung der Nouveau Parti Démocratique[11] der Provinz Manitoba 1971 beschlossen, durch Fusion mehrerer Kommunen die Stadt Winnipeg zu bilden. Die konservative Social-Credit-Party-Regierung in British Columbia beschnitt demgegenüber 1983 die Kompetenzen der dortigen „Regionalbezirke". Und die konservative PPC-Regierung Ontarios schließlich hat die Städte der Region Toronto 1997 zu einer Großkommune zusammengeschlossen. Aus der Vielfalt der beteiligten Parteien wird deutlich, dass die Reform der kommunalen Institutionen keiner einzelnen Partei und auch weder der Rechten noch der Linken zugeschrieben werden kann.

Institutionelle Reformen zur Förderung intraregionaler Kooperation sind auch im Rahmen der Bestrebungen der Provinzregierungen zu sehen, ihre jährlichen Ausgaben zu kürzen, um einen ausgeglichenen Haushalt zu erzielen. Diese Bemühungen haben für die Kommunen zwei wichtige Konsequenzen. Zum einen versuchen die Provinzregierungen Personalkosten dadurch einzusparen, dass sie die Zahl der von ihnen zu kontrollierenden und zu unterstützenden Kommunen reduzieren. Zum anderen kürzen die Provinzbehörden ihre Finanzzuweisungen für bestimmte dezentralisierte Leistungen und den Bau regionaler und lokaler Infrastruktureinrichtungen. Davon betroffen sind z.B. die Bereiche Straßenwesen, öffentliche Sicherheit und öffentlicher Personennahverkehr. Durch diese Kürzungen bei den Zuwei-

---

[11] Zur Nomenklatur der politischen Parteien Kanadas, soweit sie in diesem Beitrag erwähnt werden: Nouveau Parti Démocratique – New Democratic Party (NPD – NDP); Parti Progressiste-Conservateur – Progressive Conservative Party (PPC – PCP), alter Name der heutigen Parti Conservateur – Conservative Party; Parti Libéral – Liberal Party (PL – LP); Parti du Crédit Social – Social Credit Party (PCS – SCP); (Anmerkung des Übersetzers).

sungen geraten die Kommunen in eine schwierige Lage, die sie durch Erhöhung der Steuerlast ihrer Steuerzahler auszugleichen versuchen.

Darüber hinaus plädieren die Kernstädte für eine stärkere Zusammenarbeit und verweisen zur Begründung auf das wachsende Ungleichgewicht zwischen den Städten eines Verdichtungsraumes. Den Kernstädten gehen Ressourcen verloren, während zahlreiche Vorortgemeinden Wachstum verzeichnen. Da die lokalen Ressourcen der Gemeinden weitgehend von der Grund- und Gewerbesteuer abhängen, haben die Verlagerung von Industrie und Gewerbe an die Peripherie und die Entwicklung von Vorortzentren dazu geführt, dass die Basis für die Veranlagung der Steuern in den Kernstädten nicht im selben Rhythmus wächst wie die Kosten für kommunale Dienstleistungen. Damit die Kernstädte ihre Aufgaben wahrnehmen können, appellieren deren Räte an die finanzielle Unterstützung der Vorortgemeinden, stoßen dort jedoch auf Ablehnung. Für die Peripheriegemeinden kommt es nämlich nicht in Frage, sich an den Kosten für die von der Kernstadt bereitgestellten Infrastruktureinrichtungen zu beteiligen.

Mit der immer weitergehenden Zersiedlung wachsen Gewerbe-, Industrie- und Wohnsiedlungen über die städtische Peripherie hinaus, und es entsteht ein zweiter und sogar dritter Siedlungsgürtel. Den damit einhergehenden Problemen des Verkehrs, des Umweltschutzes und des Baus von Infrastruktureinrichtungen für diese periurbanen Siedlungen steht eine mangelnde Auslastung zentraler Infrastruktureinrichtungen gegenüber, von denen einige zudem erneuerungsbedürftig sind. Bei der Beurteilung interkommunaler Kooperation spielen damit steuerliche Komponenten eine maßgebliche Rolle, was die Kernstädte zu Befürwortern und die Peripherie zu Gegnern entsprechender Vorhaben werden lässt.

Forderungen nach Zusammenarbeit gehen auch von der Wirtschaft aus. Da die Kommunen für die Regulierung der Ladenöffnungszeiten, die Realisierung der für Unternehmen unverzichtbaren Infrastruktureinrichtungen wie auch die Bauleitplanung als Grundlage städtischer Entwicklung zuständig sind, unterhalten die Vertreter der Wirtschaft enge Beziehungen zu den kommunalen Entscheidungsträgern. Die wachsende Zahl kommunaler Gebietskörperschaften hat für die Wirtschaft die regulatorischen Rahmenbedingungen komplizierter werden lassen; damit sind verstärkte Anstrengungen erforderlich, wenn sie investitionsfreundliche Bedingungen erhalten wollen. Die Wirtschaft unterstützt also jeden Ansatz, der zur Vereinfachung bestehender Regeln beitragen könnte. Durch die Einrichtung von Verbänden für Industrie und Einzelhandel hat sie bereits selber regionale Strukturen geschaffen; von den kommunalen Institutionen erwartet sie das Gleiche.

Nachdem sie die Bildung metropolitaner Verwaltungsstrukturen aktiv gefördert haben, setzen sich die Vertreter der Wirtschaft inzwischen für die Schaffung von Kooperationsansätzen auf der Ebene der Megaregionen Montréal und Toronto ein. Zur Förderung der Industrie verlangen sie eine Vereinfachung kommunaler Strukturen, einen Abbau der Bürokratie und vor allem eine Senkung von Steuern und Abgaben.

Als weitere Rahmenbedingung ist die entschieden ablehnende Haltung zu nennen, die die Stadtrandgemeinden und die Städte im Peripheriegürtel der urbanen Verdichtungsräume gegenüber Ansätzen intraregionaler Kooperation einnehmen. Die Peripherie zählt heute schon mehr Einwohner als die ursprüngliche Kernstadt, wodurch ein demographisches, soziales und wirtschaftliches Ungleichgewicht entsteht, dessen Auswirkungen für die Dienstleistungen der Kernstadt immer deutlicher werden. Für die politischen Vertreter dieser Umlandgemeinden, die in den vergangenen 50 Jahren wie Pilze aus dem Boden geschossen sind, kommt es aber überhaupt nicht in Frage, zur Finanzierung der Infrastruktureinrichtungen und Dienstleistungen des urbanen Kerns beizutragen.

Das letzte gemeinsame Merkmal intraregionaler Kooperationsansätze betrifft die Bürger. Im allgemeinen verteidigen die Bürger Werte, die mit ihrem Quartier und ihrem unmittelbaren Lebensumfeld verbunden sind. Für sie bedeutet die Einrichtung von Kooperationsformen auf interkommunaler Ebene eine Vergrößerung des Abstands zwischen ihrem konkreten Lebensraum und den zuständigen Entscheidungsinstanzen. Der Hinweis auf größere Verwaltungseffizienz als Argument für die Legitimierung regionaler Reformen bedeutet für sie wenig, wichtiger sind für sie das Prinzip der lokalen Demokratie und eine möglichst große Nähe zwischen der Wählerschaft und deren kommunalpolitischen Entscheidungsträgern. Dieser Aspekt wird weiter unten eingehender am Beispiel des Zusammenschlusses von sechs Städten des Großraums Toronto behandelt.

1.2 Spezifische Interessen und Initiativfunktion der Provinzregierungen

In den letzten Jahrzehnten war eine bedeutende Verschiebung bei den von den Provinzbehörden gesteckten Zielen festzustellen. Mit der raschen Urbanisierung der Nachkriegszeit ergaben sich für die kommunalen Institutionen Probleme, auf die sie nur schlecht vorbereitet waren und die vor allem mit den folgenden Aufgaben und Veränderungen zusammenhängen: dem Bau von Infrastruktureinrichtungenen, der Systematisierung der Steuereinnahmen durch Neubewertung von Grund- und gewerblichem Eigentum (zur Finanzierung der kommunalen Haushalte), aber auch der Bereitstellung der zentralen kommunalen Dienste (Wasserversorgung, Hausmüllentsorgung, Kanalisation, Feuerwehr). Auf der Suche nach Lösungen schlugen die Provinzen in Abhängigkeit von den jeweiligen Rahmenbedingungen verschiedene Wege ein. Dabei lassen sich zwei Modelle unterscheiden: das der Zentralisierung und das der Dezentralisierung.

Die Provinzen im Osten Kanadas, deren Verstädterungsprozess langsamer voranschritt als anderswo, haben sich dafür entschieden, weiterhin mit starken Provinzbehörden präsent zu sein. Aufgaben wie öffentliche Sicherheit, Grundstücksbewertung und Raumordnung blieben unter ihrer Kontrolle (zentralisiertes Modell).

Die Mehrheit der Provinzen optierte allerdings für das dezentralisierte Modell. Wichtige institutionelle Reformen führten zur Bildung metropolitaner Verwaltungsstrukturen und zur Stärkung der Kompetenzen der Landkreise. Diese Reformen bezogen sich ausdrücklich auf die verfassungsmäßige Unabhängigkeit der Kommunen und die daraus resultierende Notwendigkeit einer Koordinierung ihrer Dienstleistungen. Zwei spezifische Ziele richteten sich an die lokalen Institutionen: erstens sollte dem lokalen Isolationismus ein Ende bereitet und eine Zusammenarbeit zwischen städtischen und ländlichen Gebieten realisiert werden; zweitens sollte das Prinzip der Bündelung von Ressourcen beachtet und die interkommunale Zusammenarbeit zwischen den Gemeinden einer Region gefördert werden.

Die Experimente der 60er und 70er Jahre (Eingemeindungen, Bildung von Regional- und Umlandverbänden) wurden von den Provinzregierungen mit folgenden Forderungen unterstützt:

- Beendigung des lokalen Kirchturmdenkens; die Kommunen einer Region sollten sich nicht mehr nur mit sich selbst beschäftigen;

- Entwicklung von Mechanismen zur Suche von Lösungen für gemeinsame Probleme;

- Vermeidung von Doppelarbeit bei der Erbringung von Dienstleistungen, Realisierung von Mengeneffekten und Effizienzgewinnen;

- Rationalisierung der Beziehungen zwischen kommunaler und Provinzebene durch die Verminderung der Zahl von Kommunen; schließlich

- Stärkung und Aufwertung der Städte und Gemeinden.

Bei ihrem Widerstand gegen die Vorstellungen der Provinzregierungen führten kommunale Spitzenpolitiker und Verwaltungsbeamte aus Städten und ländlichen Gemeinden folgende Argumente gegen eine Eingemeindungsstrategie ins Feld:

- absehbare Steuererhöhungen;

- mögliche Einschränkung der Qualität kommunaler Dienstleistungen;

- Verschlechterung der Beziehungen zwischen Mandatsträgern und Bürgern.

Sowohl die Provinzbehörden als auch ihre kommunalen Gegenspieler brachten damit eher administrative und wirtschaftliche als soziale Argumente vor. Hat sich 20 Jahre später, so stellt sich die Frage, eine veränderte Diskussionslage mit anderen Zielsetzungen ergeben? Die Antwort lautet Ja und Nein.

Die Problematik der Kommunalreform wird am Ende des 20. Jahrhunderts stark vom Kontext der Globalisierung bestimmt. Aus Sicht der Provinzbehörden erzeugt die Öffnung der Märkte einen Druck auf die kommunalen Institutionen, dem diese mit Zusammenschlüssen begegnen müssten, um die wirtschaftliche Entwicklung zu fördern. Diese neuen und eindeutig wirtschaftlich bestimmten Argumente führen die kommunalen Entscheidungsträger und die Wirtschaft leichter zusammen als die früheren administrativen Ziele.

Die Provinzregierungen rechtfertigen geplante Änderungen ihrer Förderpolitik für kommunale Dienstleistungen auch mit dem Hinweis, damit der lokalen Vielfalt und lokalen Besonderheiten Rechnung zu tragen. Um ihre Fördermittel stärker auf die wirtschaftliche Entwicklung konzentrieren zu können, beabsichtigen einige Provinzregierungen, darüber hinaus ihre Beiträge zur Finanzierung kommunaler Dienstleistungen zu kürzen. Sie rechtfertigen diese Neuorientierung mit den Prinzipien der Dezentralisierung und der kommunalen Autonomie. Dieser Ansatz greift das Argument von der Aufwertung der kommunalen Entscheidungsmacht auf und knüpft an die Diskussion der vorangegangenen Periode an. Er löst in kommunalpolitischen Kreisen allerdings keine Zustimmung aus, sondern provoziert vielmehr Protest, da die Kommunen das Argument einer stärkeren Berücksichtigung lokaler Autonomie und Besonderheiten auf ihre Weise interpretieren. Diese Ziele finden nämlich eine deutliche Zustimmung der Städte, da sie daran interessiert sind, damit ihre konstitutionelle Position zu stärken und einen Status zu erreichen, der ihre starke Abhängigkeit von den Provinzbehörden mindert.

Auffällig ist das Fehlen von sozial- und umweltpolitischen Ziele in dieser Diskussion. Landesweit werden Sozial- und Umweltpolitiken im Wesentlichen auf Provinz- und Bundesebene konzipiert, und dort wird auch ihre Umsetzung geregelt. Die Debatten zur Stärkung der interkommunalen Zusammenarbeit beziehen deshalb sozial- oder umweltpolitische Überlegungen nicht mit ein.

Zusammenfassend kann man aus den Regierungsdebatten der 90er Jahre folgende Ziele ableiten:

- Stärkung der Kommunen zur Verbesserung ihrer internationalen Wettbewerbsfähigkeit;

- Beteiligung der Kommunen an den Bestrebungen von Provinz- und Bundesregierung zur Ausgabenkürzung;

- Aufteilung der Kosten für stadtregionale Dienstleistungen zwischen Stadtrand- und Vorortgemeinden sowie Kernstädten zur Korrektur steuerlicher Ungleichheiten.

Aber die kommunalpolitischen Wortführer, insbesondere jene außerhalb der Kernstädte, sehen in den Vorhaben für intraregionale Kooperation weiterhin zunächst einen Angriff auf ihre Autonomie und eine Erhöhung ihrer Steuerlasten. Ihre Argumente sind seit 1970 eindeutig dieselben geblieben:

- Ablehnung von Steuererhöhungen;
- Wahrung einer engen Beziehung zwischen Politikern und ihren Wählern;
- Nichtzuständigkeit für die Probleme des Großraums.

Zusammenfassend lässt sich feststellen, dass die Ziele beider Seiten auf politischen, administrativen und moralischen Werten beruhen.

1.3 Positionen relevanter Akteure auf kommunaler Ebene

An den Debatten über die Neugliederung von Zuständigkeiten und Gebietszuschnitten innerhalb der Regionen sind meist die gleichen Akteure beteiligt; hierzu zählen insbesondere gewählte Kommunalpolitiker und -politikerinnen.

Die Bürgermeister meldeten sich zu Wort, um die auf Provinzebene geplanten Kooperationsvorhaben zu unterstützen oder abzulehnen. Dabei lassen sich tendenzielle Unterschiede je nach Art der vorgeschlagenen Kooperation feststellen. Wenn es darum ging, suprakommunale Institutionen für den gesamten Verdichtungsraum einzurichten, wie die Umlandverbände von Toronto (1953) und Montréal (1969), stimmten die Bürgermeister der Kernstädte voll und ganz zu. Diese Unterstützung, die heute noch genauso stark ist wie zum Zeitpunkt der Einrichtung dieser Organisationen, resultiert aus der Überzeugung der Kernstädte, dass die Zusammenarbeit zwischen Zentrum und Peripherie unerlässlich sei. Ohne finanzielle Unterstützung durch die Stadtrand- und Vorortgemeinden, so die Bürgermeister der Kernstädte, könnten letztere die Kosten für regionale Infrastruktureinrichtungen nur tragen, wenn sie ihre Steuerzahler über Gebühr belasteten.

Wenn es aber um den Zusammenschluss von Städten zur Bildung von Großkommunen geht, sind die Meinungen durchaus geteilt. In Toronto z.B. hat sich die Kernstadt 1997 diesem Anliegen widersetzt. Dieser Widerstand basierte auf der Befürchtung ihrer kommunalpolitischen Wortführer, die Fusion werde lokale Besonderheiten zerstören, indem sie die Verschmelzung unterschiedlich strukturierter lokaler Gemeinwesen zu einem einheitlichen Ganzen erzwinge. Ein maßgebliches Gegenargument war zudem die überdimensionale Größe der neuen Megacity. Dieselben Argumente wurden auch von den anderen Kommunen des Ballungsraumverbandes Toronto (Communauté Urbaine de Toronto – CUT) als Einwand gegen die Schaffung der Megacity vorgebracht.

Übersicht 4:   Merkmale intraregionaler Kooperationsansätze in den städtischen Verdichtungsräumen Kanadas*

Merkmale \ Ansätze	Umland- und Ballungsraumverbände	Zweckverbände	Öffentlich-private Organisationen	Regionale Koordinierungsinstanzen
Auslösende Faktoren	Fragmentierung der lokalen und regionalen Verwaltungsstrukturen	stadtreformerische Bewegung	Verknappung der finanziellen Ressourcen	Zunahme des Regionalismus
Ziele	Erbringung öffentlicher Dienstleistungen, städtische Planung	Wahrnehmung einer spezifischen öffentlichen Leistung	Abstimmung zwischen öffentlichen und privaten Partnern	Koordinierung öffentlicher Dienstleistungen in einer Großregion
Funktionen	ÖPNV, Raumordnung, Müllentsorgung, öffentliche Sicherheit	potenziell alle kommunalen Dienstleistungen	Beratung und Lobbyarbeit zur Wirtschaftsförderung	Wirtschafts- und Tourismusförderung, regionaler ÖPNV
Räumliche Einzugsgebiete	verstädterter Verdichtungsraum	verschiedene subregionale Einzugsgebiete	verschiedene subregionale Einzugsgebiete	Großregion mit Städten, Gemeinden und Landkreisen
Teilnehmer	alle Kommunen des Verbandsgebietes	einige Kommunen	Vertreter der Wirtschaft, der öffentlichen Hand sowie gemeinnützige Akteure	alle Gemeinden und Gebietskörperschaften der Großregion
Organisation	Regionalräte, deren Mitglieder entweder direkt gewählt oder aus den Gemeinderäten delegiert werden	Vorstand, dessen Mitglieder aus den beteiligten Gemeinderäten delegiert werden	von den beteiligten Partnern gewählter Vorstand	Büro aus ernannten Vertretern der beteiligten Gebietskörperschaften
Finanzierung	Pflichtbeiträge der Kommunen und Zuweisungen der Provinzregierungen	Nutzergebühren und Pflichtbeiträge der beteiligten Kommunen	Beiträge der verschiedenen Partner	Pflichtbeiträge der beteiligten Gebietskörperschaften
Leitung und Führung	über die direkt gewählten oder aus den Gemeinderäten delegierten Ratsmitglieder	über die aus den Gemeinderäten delegierten Vorstandsmitglieder	über die von den einzelnen Partnern delegierten Vorstandsmitglieder	über die aus den beteiligten Gebietskörperschaften delegierten Mitglieder

*Quelle: Zusammenstellung Louise Quesnel.

148

In Montréal nimmt die Kernstadt eine andere Haltung ein. Ihr Bürgermeister befürwortet den Zusammenschluß der 27 Gemeinden, die den Umlandverband Montréal bilden (Communauté Urbaine de Montréal – CUM). Er ist der Ansicht, dieser Zusammenschluss sei der beste Weg, um das Herz des Ballungsraums zu stärken, Dienstleistungen zu koordinieren und steuerliche Ungerechtigkeiten zu korrigieren, die bislang zu Lasten der Steuerzahler der Kernstadt gingen. Ein solches Vorhaben stößt jedoch auf den entschiedenen Widerstand der Vorortgemeinden, insbesondere der wohlhabenderen Städte mit hohem anglophonem Bevölkerungsanteil. Unter diesen Bedingungen hat es die Provinzregierung seit Einrichtung des Umlandverbandes 1969 nicht gewagt, in der Region Montréal, die 27 Städte des Umlandverbandes umfasst, größere Fusionen anzuordnen. Die Vorortgemeinden können also im Prozess der intraregionalen Kooperation eine sehr wichtige Rolle spielen und sogar Reformen verhindern, die sie ihrer Autonomie und auch des Privilegs berauben würden, nur in geringem Maße Verantwortung für den Großraum übernehmen zu müssen.

Hier zeigt sich ein großer Unterschied zwischen der Situation in Montréal und der in Toronto, wobei die 13 Städte des dortigen Umlandverbandes (CUT) 1967 gezwungen wurden, sich zu sechs Kommunen zusammenzuschließen, die wiederum 1997 eine Großkommune bildeten. Tatsächlich setzte sich der Umland- bzw. Ballungsraumverband Toronto zwischen 1967 und 1997 nicht aus einer zentralen Großstadt und fünf Vorortgemeinden zusammen, sondern aus sechs großen Städten, wobei nur 28 Prozent der Gesamtbevölkerung der CUT 1991 in der Kernstadt lebten.[12] Das Kräfteverhältnis innerhalb der CUT schlug weniger zugunsten der Kernstadt als vielmehr zugunsten des Umlandverbandes insgesamt aus. Diese suprakommunale Institution ist zum wichtigsten Forum für Entscheidungen geworden, und der Umfang ihrer Aktivitäten ging, betrachtet man die jährlichen Ausgaben, weit über den der Kernstadt hinaus.[13] Die Einrichtung der Megacity bestätigte also nur einen Trend zugunsten einer städtischen Zentralisierung in der Region von Toronto, der bereits vor 30 Jahren seinen Anfang genommen hatte. Und dieser

---

[12] Bevölkerung der zum Umlandverband CUT gehörenden Städte und der statistischen Gebietseinheit Großregion 1991:

East York	102 696	
Etobicoke	309 993	
North York	562 564	
Scarborough	524 598	
Toronto	635 395	oder 27,9 % der *CUT*
York	140 525	
CUT insgesamt	2 275 771	oder 58,4 % der Großregion
Großregion insgesamt	3 893 045	

[13] 1992 belief sich der Jahreshaushalt der CUT auf 3 211 Mio. kanadische Dollar und der der Stadt Toronto auf 589 Mio. kanadische Dollar *(Canadian Urban Institute,* 1992, S. 9)

Trend setzte sich trotz des Widerstandes führender Kommunalpolitiker und einer Koalition aus bekannten Wortführern der örtlichen Bürgerinitiativen durch.

Werden die Bürgermeister und die anderen gewählten kommunalen Vertreter in ihrer Einstellung zur kommunalen Umstrukturierung von den politischen Parteien beeinflusst? Sind Parteien wichtige Akteure bei der Entwicklung von Ansätzen zur intraregionalen Kooperation? Aufgrund der Besonderheiten des politischen Parteiensystems in Kanada lässt sich diese Frage nicht ohne weiteres beantworten. Auf der Bundesebene haben mehrere politische Parteien seit Beginn des Jahrhunderts abwechselnd die kanadische Politik bestimmt. Dies sind vor allem die Parti Progressiste-Conservateur (Progressive Conservative Party) und die Parti Libéral (Liberal Party*). Die Nouveau Parti Démocratique (New Democratic Party) hat in dieser Zeit stets eine wichtige Funktion als Oppositionspartei gehabt. Da sie im politischen Leben der Provinzen eine Rolle spielen wollten, mussten die Anhänger und Mitglieder dieser Parteien Provinzverbände mit relativ großer Autonomie gegenüber der Bundesebene gründen. Relevante Aktivitäten der Parteien auf Provinzebene wie Auswahl von Kandidaten, Aufstellung von Wahlprogrammen und Finanzierung der Parteiaktivitäten erfolgen daher formell unabhängig von denen der Bundesverbände. Die Abschottung zwischen provinz- und kommunalpolitischer Ebene ist sogar noch stärker. In den meisten kanadischen Gemeinden spielen politische Parteien im kommunalpolitischen Geschehen keine Rolle. Dort, wo sich politische Gruppierungen formiert haben, insbesondere in Kernstädten wie Vancouver, Edmonton, Winnipeg und Toronto, legen diese Wert darauf, „keine Parteien" oder aber unabhängig von den politischen Parteien auf Provinz- oder Bundesebene zu sein (Quesnel, 1998 b). In den Städten von Québec gibt es zwar eine Tendenz zur Gründung politischer Parteien auf kommunalpolitischer Ebene; diese legen jedoch gleichfalls Wert auf ihre Unabhängigkeit gegenüber den Parteiorganisationen auf Provinzebene. Kommunal tätige Parteien, die in rund 50 Städten Québecs bestehen, werden vor allem im Wahlkampf aktiv. Ein solches stabileres Parteiensystem hat auch dazu beigetragen, in größeren Städten wie Montréal, Laval und Québec ein gewisses Maß an Parlamentarismus in die Kommunalpolitik einzuführen. Bis heute haben es die kommunalpolitischen Parteien allerdings nicht für sinnvoll erachtet, ihre Aktivitäten auf alle Städte einer Region auszuweiten.

Aus diesem Verhalten der politischen Parteien ergeben sich zwei wichtige Konsequenzen für die intraregionale Kooperation. Erstens können die Provinzregierungen eine Regionalisierung kommunaler Institutionen nur schwer ohne die Unterstützung lokaler Mandatsträger durchsetzen, was deren Bedeutung unterstreicht. Diese Unterstützung könnte sicherlich leichter erzielt werden, wenn die Kommunal- und Provinzpolitiker einer Partei durch stärkere Bande parteilicher Solidarität miteinander verbunden wären. Dasselbe gilt zweitens auch innerhalb von Agglomerationen, deren Politik genauso fragmentiert ist wie ihre Institutionen. Von den Aktivitäten der linken Sammlungsbewegung „Reform Toronto" einmal abgesehen, die bis zum Zusammenschluss der Städte und der Abschaffung des Umlandverbandes von Toronto im Jahre 1997 in der Politik des Großraums aktiv war, hat sich keine politische Partei je für Themen auf der Ebene von Verdichtungsräumen engagiert. Diese politische Fragmentierung schafft keine günstigen Ausgangsbedingungen für die Entwicklung einer regionalen Solidarität im Kreis der politischen Akteure und der Bürger.

Was die Beteiligung der Bürger an Prozessen der intraregionalen Kooperation betrifft, so zeigt der Vergleich zwischen den Projekten von Toronto und Montréal einige interessante Unterschiede:

- In Montréal hat das Vorhaben zur Schaffung eines Abstimmungsorgans auf Ebene der Großregion kaum Reaktionen der Bürgerschaft provoziert, sondern eher die gewählten Kommunalvertreter mobilisiert. Für diese fehlende Einmischung der Bürger gibt es vor allem zwei Gründe. Zunächst einmal stieß das Thema kaum auf öffentliches Interesse, weil sich die Bürger von einer kommunalen Neugliederung, die die Existenz der einzelnen Städte nicht in Frage stellte, nur in geringem Maße betroffen fühlten. Die Koordinierung von Dienstleistungen wurde als vom Alltagsleben ziemlich weit entferntes Verwaltungsproblem aufgefasst, das die Bürger gleichgültig ließ. Zum anderen führte das Fehlen formaler Konsultationsmechanismen in Form von Referenden dazu, dass die Bürger sich von dem Plan zur Schaffung einer Institution auf der Ebene der Großregion nicht angesprochen fühlten.

- In Toronto wurde das Vorhaben eines Zusammenschlusses der Ballungsraumstädte und des Umlandverbandes CUT zur Bildung einer Großkommune als Bedrohung für das Leben der Stadtviertel und als Gefährdung der Kontrollmöglichkeiten wahrgenommen, die die Wähler über ihre Kommunalpolitiker hatten. Darüber hinaus hatte sich die Bürgerschaft bereits mehrfach in Referenden zu den Fragen geäußert, die im Zentrum der Diskussion standen, wie z.B. der Beibehaltung oder Abschaffung der CUT oder der Änderung des Grundstücksbewertungssystems für die Region.[14] In Toronto sind es demnach die Art der beabsichtigten Reform und die Rahmenbedingungen lokaler Partizipation, die das große Engagement der Bürgerschaft erklären.

Dieses Engagement hat jedoch sein Ziel nicht erreicht, da die Fusion von der Provinzregierung durchgesetzt wurde. Allerdings machte die Provinzregierung Zugeständnisse im Hinblick auf die Zeitpläne für die Umsetzung der Reform der Grundstücksbewertung und die Übertragung von bestimmten öffentlichen Leistungen an die neue Stadt und die anderen Gemeinden des Großraums. Die Mobilisierung der Bürgerschaft hat außerdem bewirkt, dass der Stadtrat der neuen Groß-

---

[14] Auf die inhaltlichen Aspekte dieses Vorhabens gehen wir weiter unten in diesem Beitrag ein.

kommune begonnen hat, „Stadtbezirksausschüsse" auf der Ebene der bisher selbständigen Städte einzurichten („comités de voisinage" – „neighborhood committees"), um wohnortnahe Dienstleistungen aufrechtzuerhalten und die Kommunikation zwischen Bürgern und kommunalen Verwaltungsbeamten zu erleichtern.

Das Reformprojekt in Toronto setzte sich aus mehreren Teilen zusammen: erstens, der Fusion von Umlandverband und Mitgliedsstädten; zweitens, der Einrichtung von Stadtbezirksausschüssen auf der Ebene der einzelnen Städte; drittens, der Einrichtung einer Beratungsinstanz auf regionaler Ebene. Wie im Fall Montréal kann man auch hier feststellen, dass die Bürger gegen das die Großregion Toronto betreffende Projekt keinen Widerstand leisteten. Auf dieser Ebene spielten sie keine entscheidende Rolle, sie konzentrierten ihre Energien vielmehr ganz auf die Bekämpfung des Eingemeindungsvorhaben, da es sie direkt betraf.

Die Erfahrungen von Toronto und Montréal verdeutlichen die enge Beziehung, die zwischen dem Typus geplanter Reformen, der Beteiligung der Bürgerschaft und der Einstellung der gewählten Kommunalvertreter besteht. Letztere halten mit aller Kraft an ihren Vorrechten als gewählte Mandatsträger fest und wehren sich gegen jede Form der Aushöhlung ihrer Macht, sei es durch den Zusammenschluss von Gemeinden, sei es durch die Einrichtung interkommunaler Organisationen, die mit Entscheidungsvollmachten ausgestattet sind. Die Bürger wiederum fühlen sich von suprakommunalen oder regionalen Vorhaben nur wenig betroffen. Auch Fragen der Reorganisation von Dienstleistungen, z.B. durch die Bildung von Zweckverbänden oder öffentlich-privaten Partnerschaften, stoßen nicht auf das allgemeine Interesse der Stadtbewohner.

1.4 Strukturen und Zuständigkeiten sowie ihre Veränderungen – das Beispiel Toronto

1.4.1 Der Umlandverband Metro Toronto und seine Entwicklung

Man kann, wie in Kapitel II. 4 vorgestellt, sechs Typen der intraregionalen Kooperation unterscheiden. Ergänzend ließe sich feststellen, dass sich diese Typen nicht gegenseitig ausschließen; tatsächlich treten sie in Ballungsräumen oft nebeneinander auf. Innerhalb von Großräumen existiert eine beeindruckende Zahl von Zweckverbänden und Sonderbehörden, ein Ballungsraum- oder Umlandverband, eine beachtliche Zahl von Gemeinden, einige gemischtwirtschaftliche Organisationen mit Public Private Partnerships usw. Da diese unterschiedlichen Formen der Zusammenarbeit bereits erläutert wurden, beschränken wir uns an dieser Stelle auf die Darstellung des Beispiels Toronto, dessen wichtigste Entwicklungsstufen der Übersicht 5 zu entnehmen sind.

Übersicht 5:   Der Ballungsraum-/Umlandverband Toronto: Stufen der Entwicklung regionaler Verwaltungsstrukturen, 1953-1998*

1953	Schaffung des Umlandverbandes Toronto (Communauté Urbaine de Toronto – CUT/Metro Toronto) mit 13 Mitgliedsgemeinden
1957-1967	Erweiterung der Zuständigkeiten der CUT
1967	Zusammenlegung der 13 Kommunen innerhalb der CUT zu sechs größeren Städten
1971-1974	Einrichtung von vier Regionalverwaltungen im Umlandgürtel des Metro Toronto
1988	Direktwahl der Mitglieder der Verbandsversammlung der CUT (Conseil de la CUT)
1991	Ablehnung des Vorhabens zur Vereinheitlichung der Grundstücksbewertung im Zuge eines Referendums
1994	Mehrheit der Wähler Torontos in einem Referendum für die Abschaffung des Umlandverbandes
1995 (April)	Einrichtung einer Arbeitsgruppe für die Großregion Toronto (Grande Région de Toronto – GRT / Greater Toronto Area) durch die sozialdemokratische Provinzregierung
1995 (Juni)	Wahlen zum Provinzparlament: Antritt einer neuen, konservativen Provinzregierung
1996 (Januar)	Vorlage des Berichts der GRT-Arbeitsgruppe
1996 Oktober)	Ankündigung des Vorhabens, sechs Städte und die CUT zusammenzuschließen
1997 (März)	Referenden in den sechs betroffenen Verbandsstädten; Fusion wird mehrheitlich abgelehnt
1997 (April)	Verabschiedung des City of Toronto Act (Gesetz 103) und damit des Gemeindezusammenschlusses
1997 (November)	Wahl des Bürgermeisters und der Ratsmitglieder der neuen Großkommune
1998 (Januar)	Bildung der neuen Stadt Toronto
1998 (Dezember)	Verabschiedung des Greater Toronto Services Board Act (Gesetz 56) zur Einrichtung einer regionalen Koordinierungsinstanz

*Quelle: Zusammenstellung Louise Quesnel.

Anfang der 50er Jahre besteht die Region Toronto aus einer Kernstadt und zwölf Umlandgemeinden. Die Kernstadt hat etwa 600 000 Einwohner bei sinkender Bevölkerungszahl, während die zwölf Umlandgemeinden zusammen 400 000 Einwohner zählen und ein starkes Bevölkerungswachstum aufweisen. Aus Sicht der Provinzregierung Ontarios erscheint folglich die Einrichtung einer übergeordneten Instanz als geeignete Lösung für den Mangel an Abstimmung innerhalb der Region und als Mittel, um die Kosten für die zur Entwicklung des Umlandes notwendigen Infrastruktureinrichtungen teilweise auf die relativ wohlhabende Kernstadt abzuwälzen. Daher wird 1953 per Provinzgesetz der Umlandverband Toronto (Communauté urbaine de Toronto – CUT) geschaffen. Dieser besteht aus 13 Kommunen und ist zuständig für öffentlichen Personennahverkehr, Raumordnung, Hauptverkehrsstraßen, Ableitung und Klärung von Abwässern sowie Regionalparks. Die eindeutig lokalen Aktivitäten in diesen Aufgabenfeldern verbleiben in der Zuständigkeit der Kommunen. Die Provinzregierung hat die Kompetenzen der CUT im Laufe der Zeit erweitert, insbesondere um die Bereiche der öffentlichen Sicherheit (1957) und der Abfallentsorgung (1967). Mehrere dieser Zuständigkeiten wurden an einen Zweckverband übertragen (so z.B. der ÖPNV und die öffentliche Sicherheit), der die von der Verbandsversammlung beschlossenen Leitlinien in die Praxis umsetzt.

Der zweite maßgebliche Eingriff der Provinzregierung von Ontario nach der Schaffung des Umlandverbandes bestand 1967 darin, den Zusammenschluss der 13 Kommunen zu sechs größeren Städten anzuordnen. Die CUT blieb weiter als suprakommunale Organisation bestehen: Direktwahlen politischer Vertreter fanden in den sechs Städten statt, die Mitglieder der Verbandsversammlung waren Delegierte aus dem Kreis dieser Ratsmitglieder. Einen maßgeblichen Wendepunkt markierte die Entscheidung der Provinzregierung, 1988 die Direktwahl von 28 Mitgliedern der Verbandsversammlung einzuführen; weitere sechs Mitglieder waren die Bürgermeister der sechs Mitgliedstädte der CUT. Gleichzeitig legte die Provinzregierung fest, dass die Mitglieder der Verbandsversammlung ihre Funktion, ebenso wie die sechs Bürgermeister, hauptamtlich wahrnehmen sollten. Mit dieser Verfügung wurden sehr günstige Voraussetzungen für die Entstehung einer Gruppe gewählter Politiker geschaffen, die die Interessen der Stadtregion vertreten sollten, während sich die örtlichen Ratsmitglieder vor allem lokalen Interessen zuwandten. Außerdem begünstigte diese Vorschrift die Wahl einer wachsenden Zahl sozialdemokratischer Politiker der NPD (Nouveau Parti Démocratique) in die Verbandsversammlung.

1988 richtete die Provinzregierung überdies das so genannte Office of the Greater Toronto Area ein. Diese der Provinzregierung unterstehende Organisation ohne eigenen Status auf Ballungsraumebene sollte die kommunalen Behörden beraten und intraregionale Kooperation fördern. Ihr gehörten Vertreter der CUT und der vier Regionalverbände an, die zwischen 1971 und 1974 im unmittelbaren Umland der CUT gegründet worden waren (Durham, Halton, Peel und York).

Ende der 60er Jahre überstieg die Wachstumsrate im Umlandgürtel der CUT die der sechs Mitgliedstädte des Umlandverbandes. Die Großregion Toronto zählte bald mehr als ein Drittel der gesamten Provinzbevölkerung; gleichzeitig nahm die Zahl der Zweckverbände, Gemeinden und regionalen Gebietskörperschaften zu. Der öffentliche Personennahverkehr der Region lag beispielsweise in der Hand von acht eigenständigen Verkehrsbetrieben.

Mit dem Wachstum der Peripherie nahm die Bedeutung der Kernstadt in den Entscheidungen der CUT immer mehr ab, während die Verteilung der finanziellen Lasten auf der Grundlage des Immobilienwertes der sechs Städte wachsende Probleme aufwarf. Nach Ansicht der Provinzbehörden und vieler Steuerzahler der Peripherie der CUT erschien daher eine Reform dieses Bewertungssystems erforderlich. Viele Steuerpflichtige widersetzten sich diesem Vorhaben jedoch energisch, da sie ihre Interessen besser durch eine Beibehaltung des Status quo gewahrt sahen. Danach basierte ihre jährliche Steuerlast auf Grundstückswerten, die in den 40er Jahren festgelegt und seither nicht mehr angepasst worden waren.

Da die Grundsteuern die Haupteinnahmequelle der Städte darstellen, führten die signifikanten Unterschiede im Hinblick auf die Modalitäten der Grundstücksbewertung zu Ungerechtigkeiten, gegen die sowohl der Umlandverband als auch die Vorortgemeinden protestierten. Die Wähler der Kernstadt lehnten in einem 1991 durchgeführten Referendum mehrheitlich das Vorhaben zur Vereinheitlichung der Grundstücksbewertung ab. Drei Jahre später stimmten sie gleichfalls in ihrer Mehrzahl für die Abschaffung der CUT und die Stärkung der bestehenden Gemeinden.

Dieses Abstimmungsverhalten hatte zwei Hauptursachen: eine hohe Unzufriedenheit der Steuerzahler von Toronto in Bezug auf die CUT sowie den Widerstand gutsituierter Hauseigentümer bestimmter zentral gelegener Quartiere gegenüber einer Bewertung ihrer Immobilien nach aktuellen Marktpreisen. Debattiert wurde auch über die Besteuerung der auf dem Gebiet des Umlandverbandes angesiedelten Unternehmen. Diese mussten bis zu dreimal höhere Steuern zahlen als die Unternehmen in Gemeinden außerhalb der CUT.

Die damals von der linksgerichteten Nouveau Parti Démocratique (New Democratic Party) gestellte Provinzregierung stieß mit der Frage der Grundstücksbewertung jedoch auf den Widerstand ihrer eigenen Fraktion im Stadtrat von Toronto, die ihren lokalen Rückhalt nicht verlieren wollte. Die Provinzregierung votierte daher im April 1995 für die Einrichtung einer Arbeitsgruppe für die Großregion Toronto unter Vorsitz der Wirtschaftswissenschaftlerin Anne Golden.

Kurz darauf überstürzten sich die Ereignisse mit der Niederlage der Sozialdemokraten und dem Sieg einer konservativen Regierung bei den Provinzwahlen im Juni

1995. Die Regierung Harris verkürzte das Mandat der Golden-Kommission, die ihren Bericht damit bereits im Januar 1996 vorlegte. Seine Ergebnisse werden im Folgenden kurz zusammengefasst, um danach besser darstellen zu können, wie weit die Empfehlungen dieses Berichts von den tatsächlichen Entscheidungen der Provinzregierung abweichen.

1.4.2 Der Golden-Bericht und die Einrichtung des Greater Toronto Services Board

Auftrag der Golden-Kommission war es, Leitlinien für die Verwaltung der Großregion zu entwerfen und eine kurzfristige Lösung zum Problem der Grundsteuerbemessungsgrundlage vorzuschlagen. Die wichtigsten Empfehlungen der Golden-Kommission zu Fragen regionaler Strukturen zielten darauf,

- die Städte und Gemeinden zu stärken und ihre Kompetenzen zu erweitern;
- die CUT und die vier Regionalverbände abzuschaffen;
- eine übergreifende Verwaltung des Großraums mit beschränkten Kompetenzen einzurichten sowie sektoralen Körperschaften, die bestimmte Aufgaben der früheren Regionalverbände übernehmen sollten: wie z.B. öffentliche Dienste, Gesundheitswesen, Feuerwehr, Bibliotheken und Bewirtschaftung von Parks.

Die Arbeitsgruppe empfahl auch, einen Regionalrat für Groß-Toronto einzurichten, der aus von den Kommunen delegierten Gemeinderatsmitgliedern bestehen und für die folgenden Aufgabenbereiche zuständig sein sollte: Regionalplanung, ÖPNV, Naturschutz, Polizeidienste, Wasserversorgung und Kanalisation, Abfallentsorgung.

Eines der zentralen Elemente der Empfehlungen zum Themenkomplex der regionalen Strukturen bestand in der Abschaffung der Direktwahl der Mitglieder des Regionalrats, um damit den Bürgermeistern der Städte wieder mehr Macht zu verleihen. Diese Empfehlung entsprach den Wünschen der Bürgermeister, die der Stärkung des Umlandverbandes CUT durch die Direktwahl seiner politischen Führung ab 1988 stets mit Mißtrauen begegnet waren. Mit dem Vorschlag zur Abschaffung der CUT und der vier Regionalverbände folgten die Mitglieder der Golden-Kommission den Vorstellungen der neoliberalen Ideologie der Public-Choice-Schule, die auf den Prinzipien der lokalen Autonomie und des Wettbewerbs zwischen den Gemeinden basiert. Die folgenden Passagen aus dem Bericht illustrieren ihre diesbezügliche Sichtweise; die Autoren richten hier ihren „Blick in die Zukunft":

„Wir werden eine Region aus gesunden und blühenden Gemeinwesen sein, die mit ihrer Vielfalt von Wohn-, Arbeits-, Freizeit- und Unterhaltungsangeboten den Bürgern unterschiedliche Wahl- und Zugangsmöglichkeiten bieten werden. Dank des Schutzes und der Aufwertung der ländlichen Räume, der Landwirtschaft, der kulturellen Ressourcen, historischer Bezüge und der Umwelt wird sich ein ausgewogenes Wachstum erzielen lassen.

Mit der Verwaltungsstruktur der Großregion Toronto werden wir auch weiterhin als Modell für urbane Ballungsräume der ganzen Welt dienen können.

Zusammenfassend lässt sich sagen, dass die Großregion Toronto der Ort sein wird, an dem sich Unternehmen und Bürger, die über eine Vielzahl von Wahlmöglichkeiten verfügen, gerne ansiedeln werden." (Groupe d'étude sur la grande région de Toronto, 1996, S. 35)

Die neue konservative Regierung nahm den Golden-Report mit deutlicher Zurückhaltung auf. Einige Beobachter meinten sogar, die Regierung hätte schon vor den Wahlen fertige Pläne in der Schublade gehabt, ihre Absichten aber im Wahlkampf verschwiegen. Im Herbst 1996 wurde dann das Projekt des Zusammenschlusses der sechs Städte und der CUT im Rahmen eines Antrags bekannt gegeben, der darauf zielte, eine einzige Großkommune mit 2,3 Millionen Einwohnern zu schaffen.

In den kommunalpolitischen Kreisen von Toronto schlug dieses Vorhaben wie eine Bombe ein. Die Bürgermeister der sechs Städte sprachen sich sofort dagegen aus und in den sechs betroffenen Gemeinden entstand eine Protestbewegung gegen den Zusammenschluss. Die Provinzregierung reagierte auf diese Bewegung mit dem Zugeständnis, im Februar 1997 öffentliche Hearings abzuhalten, bei denen die Hälfte der 1 200 Gruppen und Einzelpersonen, die sich äußern wollten, zu Worte kam. Die Beiträge standen überwiegend im Zeichen des Widerstands gegen die Pläne, auch wenn die wichtigsten Interessenvertreter der Geschäftsleute (die Handelskammer), die beiden zentralen regionalen Tageszeitungen (The Globe and Mail und The Toronto Star) sowie die Führung der CUT das Projekt unterstützten.

Die Befürworter des Zusammenschlusses sahen darin eine normale Weiterentwicklung des Umlandverbandes (CUT): Die von jeder der sechs Städte angebotenen kommunalen Dienste sollten unter einer Oberverwaltung integriert werden, um Doppelarbeit zu vermeiden und die Effizienz zu erhöhen. Gleichzeitig aber warnten diese Gruppen die Provinzregierung vor der Versuchung, der neuen Stadt zusätzliche Zuständigkeiten zu übertragen, um die Provinzregierung funktional zu entlasten.

Eine Koalition aus Bürgerinitiativen, Intellektuellen und lokalen Wortführern der sechs Städte unterstützte die Oppositionsbewegung gegen das Projekt des Zusammenschlusses. Sie argumentierten, eine Fusion sei keine angemessene Lösung für die Probleme des Verdichtungsraums, Gemeinden mit derart unterschiedlichen Merkmalen könnten nicht einfach zusammengeschlossen werden, und schließlich führe die Bildung einer derart großen Stadt zum Verlust der Nähe zwischen Kommunalpolitikern und ihren Wählern.

Noch nie hatte ein Thema in der Region Toronto so viele Diskussionen ausgelöst. Die sechs Städte beschlossen, ihre Bürger im März 1997 in einem Referendum über die Frage abstimmen zu lassen. Bei einer durchschnittlichen Wahlbeteiligung von 31 Prozent sprachen sich 75,6 Prozent der Wähler gegen den Vorschlag des Zusammenschlusses aus. Doch die Provinzregierung, die bereits verkündet hatte, sie werde das Projekt unabhängig vom Ausgang der Abstimmung weiterführen, ließ im April 1997 durch das Parlament von Ontario das Gesetz 103, den City of Toronto Act, verabschieden, und im Januar 1998 übernahm die neue Stadt die ihr zugewiesenen Funktionen.

Das Gesetz 103 ist ein Spezialgesetz zur Reorganisation der sechs Städte und des Umlandverbandes CUT. Fragen zur Strukturreform für die Großregion, die später folgen soll, blieben zunächst unberücksichtigt. Durch hastiges und auf Teilfragen beschränktes Agieren wollte die Provinzregierung rasch in die Entscheidungsprozesse der sechs Städte eingreifen. Sie richtete daher unverzüglich ein treuhänderisches Aufsichtsorgan (Board of Trustees) ein, um die Aktivitäten der ehemaligen Stadträte und Zweckverbände der sechs Städte zu kontrollieren und „sicherzustellen, dass sie der neuen Gesetzeslage folgen" (Art. 9 Abs. 4a des Gesetzes 103). Der überwiegende Teil des Gesetzestextes befaßt sich übrigens nicht mit der neuen Stadt, sondern konzentriert sich auf das Mandat des Board of Trustees und die Rolle der „Übergangsverwaltung" (Transition Team), deren Mitglieder ebenfalls von der Provinzregierung ernannt wurden. Diese Übergangsmannschaft sollte gemäß Artikel 16 Absatz 4 des Gesetzes 103 die grundlegende Organisationsstruktur der neuen Stadt ausarbeiten, die Spitzenbeamten für die Verwaltung aussuchen sowie Umfragen und Untersuchungen zu Funktionen und zur Zusammensetzung der Stadtbezirksausschüsse (Neighborhood Committees) durchführen, einer neuen, im City of Toronto Act vorgesehenen Institution. Das Gesetz legte schließlich fest, dass die bisherigen Stadträte und Zweckverbände bis zum Ende der Übergangsperiode unter dem Schirm des Board of Trustees im Amt bleiben und im Herbst 1997 der Bürgermeister und die Ratsmitglieder gewählt werden sollten – der Bürgermeister in allgemeiner Direktwahl und die Ratsmitglieder in einzelnen Wahlbezirken.

Bei den Wahlen am 10. November 1997 erhielt der Ex-Bürgermeister von North York die Mehrheit der Stimmen vor der Bürgermeisterin der bisherigen Stadt Toronto und wurde zum Bürgermeister der neuen Stadt Groß-Toronto gewählt. Ferner wurden in 28 Wahlbezirken 57 Ratsmitglieder gewählt.

Im ersten Jahr seines Bestehens gründete der Rat der neuen Stadt sechs Stadtbezirksausschüsse (Neighborhood Committees), deren Einzugsbereiche den Gebietsgrenzen der sechs zusammengeschlossenen Städte entsprechen. Diese Ausschüsse sind für die lokalen öffentlichen Dienstleistungen zuständig, während der Stadtrat als zentrales Entscheidungsorgan der Gesamtstadt Prioritäten festlegt und die Budgets einzelner Aufgabenfelder samt der kommunalen Service- und Versorgungsleistungen und der Sozialdienste beschließt. Für sechs Aufgabenbereiche übertrug der Stadtrat das operative Management an je einen Zweckverband (öffentliche Sicherheit, ÖPNV, Gesundheitswesen, öffentliche Bibliotheken, Wasserkraftwerke und Denkmalschutz).

Nach Abschluss dieser Etappe der Verwaltungsreform verabschiedete die Provinzregierung im Dezember 1998 das Gesetz 56, den „Greater Toronto Services Board Act". Im Januar 1999 wurden auf der Grundlage dieses Gesetzes zwei Koordinierungsinstanzen für die Großregion geschaffen: die Dienstleistungsbehörde Groß-Toronto (Greater Toronto Services Board) und die Koordinierungsbehörde für den regionalen Verkehrsverbund im Großraum Toronto (Bureau de Transport du Grand Toronto – Greater Toronto Transit Authority). Diese Einrichtungen sind für die Abstimmung wichtiger Entscheidungen in bezug auf den Regionalverkehr und die Koordinierung der Wirtschaftsförderung zuständig. Zur Finanzierung ihrer Tätigkeit dürfen sie Umlagen von ihren Mitgliedskommunen erheben. Die Entscheidungen fällt ein Vorstand aus Vertretern aller Mitgliedskommunen, die von diesen ernannt werden.[15]

Gegenstand dieser Fallstudie ist ein für Kanada einmaliger Ansatz. Er bezieht sich auf die einzige kanadische Stadt dieser Größe (2,3 Millionen Einwohner) und die einzige Behörde (Greater Toronto Services Board) für eine Großregion mit mehr als 4 Millionen Einwohnern. Insgesamt ist die realisierte Struktur nicht vollkommen neu; neu ist allerdings die Dimension des Gebietszuschnitts, und es gibt einigen Grund für die Vermutung, dass die Kompetenzen des Greater Toronto Services Board in Zukunft noch erweitert werden. Aber im Rahmen dieser ersten Etappe einer möglichen künftigen Entwicklung bleibt die wirkliche Macht in den Händen der Städte. Die regionale Koordinierungsinstanz hat bislang vor allem die Aufgabe, Empfehlungen auszusprechen und Anregungen zur Zusammenarbeit zu geben; sie verfügt aber nicht über die Mittel, um diese auch verbindlich durchzusetzen. Diese Mittel stehen allein den Provinzbehörden zu.

---

15 Mitglieder des Greater Toronto Services Board sind rund 30 Kommunen einschließlich der neuen Megacity und vier ländliche regionale Gebietskörperschaften. Groß-Toronto verfügt über 50 Prozent der Stimmen im Vorstand, die übrigen 50 Prozent verteilen sich auf die anderen größeren und kleineren Verbandsmitglieder nach einem demographischen Schlüssel.

2. Ergebnisse und Auswirkungen

2.1 Provinzregierungen

In den Diskussionen und Restrukturierungsprojekten zur Erweiterung intraregionaler Kooperation spielten mehrere Ziele eine Rolle. Für die Provinzregierungen geht es darum, die Kommunen durch Zusammenschluss zu stärken, die Zahl der Gemeinden und gewählten Kommunalvertreter zu reduzieren, die Effizienz kommunaler Dienstleistungen zu verbessern, die Bildung von Zweckverbänden zu fördern und die Zuweisungen an Kommunen zu kürzen, um die jeweiligen Provinzhaushalte zu sanieren. Die Provinzen sind folglich die Gewinner dieses Prozesses. Am Beispiel von Erfahrungen mit Gemeindezusammenschlüssen soll diese Einschätzung erläutert werden.

Erweitern Fusionen als Mittel der Kooperation innerhalb einer Region tatsächlich den Handlungsspielraum von Kommunen? Die Provinzen berufen sich bei der Anordnung solcher Zusammenschlüsse darauf, die Städte auf diese Weise für die Anforderungen der Globalisierung zu stärken. Auch wenn es verfrüht ist, auf diese Frage eine definitive Antwort zu geben, sind doch aus mehreren Gründen Zweifel angebracht, ob dieses Ziel erreicht werden kann. Erstens bewirkt der Zusammenschluss soziale und wirtschaftliche Kosten: soziale infolge der Zerstörung gesellschaftlicher Netzwerke und gemeinnütziger Vereine und wegen der Mobilisierung des Widerstands in der Bevölkerung (wofür Toronto ein gutes Beispiel ist), ökonomische infolge nicht erzielter Mengeneffekte, einer Erhöhung der Personalkosten der Verwaltung durch Angleichung nach oben und einer Reduzierung wohnortnaher Dienstleistungen (auf diese Aspekte wies übrigens bereits die Übergangsverwaltung in Toronto 1997 hin).

Zweitens stehen die Provinzbehörden einer echten Stärkung der Städte und einer Erweiterung deren Autonomie zurückhaltend bis ablehnend gegenüber. Im Fall der Fusion von Gemeinden in der Region Winnipeg 1971 hat die Provinzregierung von Manitoba beispielsweise die Aktivitäten der Stadt ständig genau kontrolliert und bleibt damit der traditionellen Auslegung von Artikel 92 der kanadischen Verfassung treu, der die Kommunalverwaltungen unter die Aufsicht der Provinzen stellt. Ist nicht ein wesentliches Ziel des kanadischen Systems, das Kräfteverhältnis zwischen Bundes- und Provinzregierungen zu wahren und damit auch sicherzustellen, dass die Provinzen nicht durch eine stärker werdende dritte Ebene geschwächt werden? Haben die Provinzen überhaupt ein Interesse daran, die Kommunen zu stärken und damit zu riskieren, dass diese zu geeigneten Verhandlungspartnern großer Unternehmen und sogar der Bundesregierung werden können? Diese Fragen stehen zur Diskussion. Die Antwort der Provinzen des Westens wird als erste vorliegen, denn dort haben die Kommunen bereits eine Änderung ihres konstitutionellen Status gefordert, und zwar in Richtung der in einigen Bundesstaaten der USA bestehenden Home Rule, die den Städten eine weitreichende Autonomie sichert. Bisher jedenfalls hat sich der Status der Kommunen durch den Zusammenschluss zu größeren Einheiten nicht verändert, und die Kontrolle durch die Provinzen blieb bestehen.

Wäre es sogar möglich, dass Gemeindezusammenschlüsse innerhalb von Verdichtungsräumen die Stimme der kommunalen Ebene eher schwächen als stärken? Bezogen allein auf das Verhältnis zwischen Provinzen und Kommunen, könnte man diese Frage bejahen. Tatsächlich gibt es nach Gemeindezusammenschlüssen deutlich weniger gewählte Kommunalvertreter, die ihre Standpunkte gegenüber den Provinzbehörden geltend machen, wodurch sich letztere leichter durchsetzen können. Auch unter dem Aspekt der lokalen Dynamik müßte man die Frage mit Ja beantworten, denn in der größeren, vereinigten Stadt ist die Konsensbildung aufgrund der Vielfalt unterschiedlicher Bedürfnisse oft sehr schwierig. Darüber hinaus treten Konflikte bei der Prioritätensetzung zwischen zentral und peripher gelegenen Stadtteilen auf. Die Provinzbehörden, die im Konfliktfall als Vermittler angerufen werden, üben damit eine Funktion aus, die ihre eigene Macht stärkt und nicht die der Kommunen.

In mehreren Provinzen haben die jeweiligen Regierungen erhebliche Summen zur Förderung kommunaler Zusammenschlüsse bereitgestellt. Die Provinz Alberta bot zum Beispiel 1988 300 Gemeinden mit weniger als 20 000 Einwohnern Zuschüsse unter der Bedingung an, Möglichkeiten für Zusammenschlüsse zu prüfen. Québec hat eine ähnliche Initiative in Bezug auf 400 Gemeinden mit weniger als 10 000 Einwohnern unternommen. Diese Programme wurden zwar offiziell im Namen der „Förderung kommunaler Leistungsfähigkeit" (in Alberta) oder der Stärkung kleiner Gemeinden (in Québec) durchgeführt, eine Analyse ihres Kontextes legt jedoch andere Erklärungen nahe. Im Zusammenhang mit den aus einer Verringerung der Gemeindezahl erwarteten Vorteilen führten diese Reformen zu einer Vereinfachung der Verwaltungsvorgänge und der politischen Beziehungen zwischen den Entscheidungsträgern von Provinz und Kommunen. Hierauf bezog sich übrigens auch der Minister für Kommunale Angelegenheiten in Ontario, als er versicherte, dass eines der Ziele der Eingemeindungen im Großraum Toronto 1997 darin bestanden habe, die Zahl gewählter Kommunalabgeordneter zu reduzieren. Nur selten werden parteipolitische Argumente in den Diskussionen der für kommunale Angelegenheiten zuständigen Provinzbehörden deutlich. Dennoch weisen zahlreiche Beobachter auf die Existenz ideologischer Spannungen zwischen Provinzregierungen und den politischen Spitzen einiger Städte hin. Hintergrund dieser Beobachtung ist die Tatsache, dass die in mehreren Provinzparlamenten einflussreiche neokonservative Bewegung in den Kernstädten und verstädterten Ballungsräumen weniger Anklang gefunden hat. Diese Städte und Räume haben mit immer ungünstiger werdenden Bedingungen zu kämpfen, zu denen die politischen Entscheidungen der Provinzregierungen wesentlich beigetragen haben. Hierzu zählen zum einen die lokalen Auswirkungen der Kürzung sozialpolitischer Programme auf Provinz- und Bundesebene und zum anderen die Aussicht auf eine höhere Belastung der Steuerzahler zur Deckung der Dezentralisierungskosten. Um den lokalen Widerstand gegen diese Entwicklung in Schranken zu halten, machen die Provinzregierungen von ihren Befugnissen in kommunalen Angelegenheiten Gebrauch und ordnen den Zusammenschluss von Gemeindegebieten an.

2.2 Kommunalpolitiker und Bürgerschaft

Für die kommunalen Spitzen und die Bürger ist allerdings nicht alles verloren, denn ihre Mobilisierung hatte Auswirkungen auf die Regierungspolitik: Das Beispiel Toronto zeigt nämlich, dass ihr Widerstand zwar nicht den Zusammenschluss der Städte zu einer Großkommune verhindern konnte, dass Kommunalpolitiker und Bürger aber erreicht haben, dass die Übertragung von Zuständigkeiten von der Provinz auf die Städte und die Einführung einer vereinheitlichten Grundsteuerbemessungsgrundlage weniger rasch realisiert werden. Außerdem blieb die Rolle des Greater Toronto Services Board zunächst eingeschränkt und die Autonomie der Mitgliedsstädte gewahrt.

Die Bürger haben gezeigt, dass sie in der Lage sind, mit erheblichem Einsatz für demokratische Errungenschaften zu kämpfen, um lokale Identität und bürgernahe Dienstleistungen zu verteidigen (ihre Internet-Homepage war übrigens mit dem Titel „Citizens for Democracy" überschrieben). Ihr Kampf hat Früchte getragen; dies zeigt sich in der Einrichtung von Stadtbezirksausschüssen. Doch die Bezeichnung dieser innerstädtischen Organisationen sollte nicht darüber hinwegtäuschen, dass jeder dieser Ausschüsse für einen räumlichen Bereich mit mehr als 100 000 Einwohnern zuständig ist. Ob mit dieser Größenordnung den Vorstellungen von Nachbarschaft und Nähe Genüge getan wird, bleibt allerdings fraglich.

Die Intensität der Diskussionen rund um die Bildung von Groß-Toronto zeigte, wie viele unterschiedliche Interessen hier eine Rolle spielen und dass intraregionale Kooperation – als Wert betrachtet – in Konflikt mit anderen, ebenso berechtigten Werten geraten kann. Auch wenn der Zusammenschluss der Gemeinden eines Ballungsraumes eindeutig den radikalsten Ansatz der Zusammenarbeit innerhalb einer Region darstellt, hat er gleichzeitig zur Folge, dass die damit verbundene Abschaffung lokalspezifischer Instanzen die Rahmenbedingungen für Bürgerinitiativen und Bürgerengagement tiefgreifend verändert. Darüber hinaus führt der Gemeindezusammenschluss zur Reorganisation der politischen Vertretungsverfahren und dazu, dass die Entscheidungen der neuen Kommunalverwaltung in einem größeren Gebiet stattfinden, in dem die Interessen der zentralen Stadtviertel und der Quartiere des Stadtrandes ausgeglichen werden müssen. Der Erfolg einer oktroyierten Zusammenarbeit hängt stark von der Haltung der kommunalpolitischen Wortführer ab, die gesetzlich verpflichtet sind, ihre Gemeinden in den suprakommunalen Gremien zu vertreten und gegebenenfalls als Delegierte in ballungsraumorientierten und regionalen Organisationen oder auch in Sonderbehörden (Districts Spéciaux) zu agieren. Wenn sie ihrer Aufgabe innerhalb dieser Organisationen gerecht werden wollen, statt nur die Empfehlungen von Verwaltungsbeamten zu ratifizieren, dann erfordert dies eine doppelte strategische Neuorientierung: zum einen im Hinblick auf ihr Zeitbudget, da sie sich eingehender mit dem zur Entscheidung anstehenden Aktenmaterial befassen müssten, zum anderen im Hinblick auf ihr politisches Verhalten, da sie bei ihren Prioritätensetzungen den Problemen des urbanen Großraums stärkere Berücksichtigung schenken müssten.

Dieses Szenario mag im Lichte der lokalen Erfahrungen utopisch erscheinen. Faktisch haben die gewählten Kommunalpolitiker in den letzten Jahrzehnten ihr Verhalten nämlich kaum verändert, um dem Bedeutungsgewinn und der Notwendigkeit intraregionaler Kooperation Rechnung zu tragen; ihre beständige Sorge gilt nach wie vor der eigenen Absicherung durch die jeweilige lokale Wählerschaft. Es wäre daher gewagt, von der Schlussfolgerung auszugehen, die Einrichtung metropolitaner und regionaler Körperschaften werde bei Kommunalpolitikern ein Zugehörigkeitsgefühl im Sinne einer Stärkung intraregionaler Kooperation auslösen und ihr Verhalten damit ungebunden und spontan werden lassen. Die Hindernisse für eine solche Zusammenarbeit sind folglich stark durch die tradierten Verhaltensmuster von Kommunalpolitikern bestimmt.

Wie wird das Thema der intraregionalen Kooperation nun von der Stadtgesellschaft aufgegriffen? Die Antwort auf diese Frage muss differenziert betrachtet werden, und zwar je nach gesellschaftlicher Gruppe und der Art der beabsichtigten Zusammenarbeit. Die Einrichtung von Zweckverbänden wird von der Wirtschaft wegen der damit verbundenen Prinzipien unterstützt: vor allem wegen des versprochenen Bemühens um Effizienz und Eigenfinanzierung. Die Praxis zeigt allerdings, dass diese Ziele selten erreicht werden, die Aufrechterhaltung der Qualität von Dienstleistungen nicht erwiesen ist und schließlich eine Ausgabenkontrolle über die aus den Aktivitäten erzielten Einnahmen nicht verwirklicht wird. Die Handelskammern und die Wirtschaftsverbände befürworten dennoch weiterhin die Bildung solcher interkommunaler Organisationen und fordern die Schaffung von Strukturen, die die Zusammenarbeit auf der Ebene der verstädterten Großräume erleichtern.

Die Bürgerinitiativen und gesellschaftliche Eliten kämpften nach ihrer Vereinigung unter dem gemeinsamen Dach der „Citizens for Democracy" vergeblich gegen die Fusion Groß-Torontos und führten dabei folgende Argumente ins Feld: die Vorteile direkter Beteiligung und bürgernaher Demokratie, die Überlegenheit urbaner Werte gegenüber den stärker individualistischen Verhaltensformen der Vororte und die Gefahr eines Verlustes unmittelbarer Beziehungen zwischen den Bürgern und der Kommunalverwaltung infolge der Einrichtung einer zu großen kommunalen Gebietskörperschaft (Moore-Milroy u.a., 1998a). Das letztgenannte Argument wurde insbesondere von älteren Personen vorgebracht, die den Verlust wohnortnaher lokaler Dienstleistungen und ein Wachstum der Bürokratie befürchteten. Interessante Unterschiede sind in den Positionen von Frauen und Männern gegenüber dem Gemeindezusammenschluss deutlich geworden. Frauen bezogen sich in ihrer Argumentation stärker auf demokratische Grundwerte, während sich Männer mehr auf Aspekte der Effizienz beriefen.

Diese Anmerkungen zeigen, dass das Thema der intraregionalen Kooperation von verschiedenen gesellschaftlichen Gruppen unterschiedlich aufgenommen wird und dass bei der Erklärung dieser Einstellungen sowohl alters- als auch geschlechtsspezifische Faktoren berücksichtigt werden müssen.

3.   Abschließende Bewertung

Die in den städtischen Verdichtungsräumen Kanadas realisierten Kooperationsmaßnahmen haben insgesamt erfolgreich dazu beigetragen, die Isolierung zu überwinden, in der sich die Kernstädte befanden. Diese haben im Übrigen die Gründung von Ballungsraumverbänden und Sonderbehörden oder Eingemeindungen zur Vergrößerung ihres Territoriums stets unterstützt (mit Ausnahme der Stadt Toronto im Jahre 1997). Durch diese Strukturreformen hat sich aber nicht notwendigerweise etwas an den Standpunkten der Stadtrand- und Vorortgemeinden verändert, die sich weiter gegen das Prinzip der Kostenteilung für regionale Infrastruktureinrichtungen wehren. Die Zusammenarbeit ist also nicht gesichert, da die Verhandlungen schwierig bleiben. Im Kontext knapper werdender Ressourcen neigen die kommunalen Spitzen sogar zu einer Rückkehr zu einem Kirchturmdenken, das sie bereits früher daran gehindert hatte, die Realitäten jenseits der eigenen Gemeindegrenzen wahrzunehmen.

Die Konkurrenz zwischen den Städten ist nach wie vor ausgeprägt, wenn es um die Entwicklung eines Industriezentrums oder die Anwerbung von Investoren geht. Dies wird auch so bleiben, solange die sich aus solchen Investitionen ergebenden Einnahmen der öffentlichen Hand auf der lokalen Ebene verbleiben, denn jede Kommune profitiert unmittelbar von zusätzlichen Steuereinnahmen aus Eigentum und Unternehmen innerhalb ihrer Grenzen. Eine Erhebung der Grundsteuer auf regionaler Ebene und die Verwendung dieser Einnahmen zur Finanzierung der Kosten für regionale und lokale Infrastruktureinrichtungen sowie Dienstleistungen könnte den Widerstand gegen intraregionale Kooperation vermindern. Eine derart bedeutende Änderung der kommunalen Finanzierungsmodalitäten müßte von den Provinzregierungen beschlossen und von diesen auf regionaler wie lokaler Ebene durchgesetzt werden. Daraus ergäben sich weitreichende Konsequenzen, denn die regionale Verwaltung der Steuereinnahmen könnte eine Verschiebung der Haushaltsprioritäten zugunsten regionaler Instanzen bewirken, während die aktuelle Praxis darauf hinausläuft, zunächst den lokalen Anforderungen zu entsprechen. Ergebnis wäre ein Relevanzgewinn der regionalen Instanzen gegenüber den lokalen, was wiederum eine zweite spürbare Änderung erforderlich machen würde, und zwar beim Verfahren zur Wahl regionaler Entscheidungsträger. Solange diese als Vertreter lokaler und nicht regionaler Wahlkreise gewählt werden, sind sie zu vorrangiger Loyalität gegenüber lokalen, nicht gegenüber regionalen Interessen verpflichtet (Sancton, 1991, S. 481 f.). Wir teilen daher die Ansicht Sanctons, dass die Direktwahl der politischen Vertreter auf regionaler und metropolitaner Ebene eine notwendige Voraussetzung für eine starke Führung und die Entwicklung echter Kooperation zwischen den Gemeinden darstellt.

Die heutigen kommunalen Entscheidungsträger befürworten offensichtlich eher die Schaffung von Zweckverbänden und Sonderbehörden, die die Autonomie und Vormachtstellung der Kommunen nicht in Frage stellen. Diese Organisationen werden allerdings von Experten unter Verweis auf folgende Kriterien kritisiert: Transparenz von Entscheidungen und Rechenschaftspflicht von Entscheidungsträgern, Identifizierung der jeweils verantwortlichen Instanzen sowie Koordinierung unterschiedlicher Politiken auf regionaler Ebene. Das erste Kriterium bezieht sich auf die Tatsache, dass die Entscheidungsträger solcher Zweckverbände und Sonderbehörden sich nicht öffentlich und den üblichen demokratischen Verfahren entsprechend verantworten müssen. Dieser Ansatz des Managements öffentlicher Dienstleistungen bedeutet eindeutig eine Reduzierung demokratischer Kontrolle. Das zweite Kriterium zielt auf den Verwirrungseffekt, der die durch die Vielzahl unterschiedlicher Zweckverbände mit wechselndem Gebietszuschnitt ausgelöst wird. Für die Bürger wird es zunehmend schwieriger, die Verantwortlichen für Maßnahmen zu identifizieren und – falls notwendig – Kontakte zu ihnen aufzunehmen. Das dritte Kriterium schließlich verdeutlicht das Fehlen einer Instanz zur Koordinierung aller von Zweckverbänden und Sonderbehörden innerhalb einer Region erbrachten Dienstleistungen, wobei der Gedanke der Schaffung einer Koordinierungsinstanz mit unabhängigem Status gegenüber den Organisationen, die sie zu einem Ganzen integrieren soll, widersprüchlich erscheint.

Zweckverbände und Sonderbehörden erregen zwar nicht das Mißtrauen von Räten und gewählten Kommunalpolitikern, werfen dafür aber Probleme im Hinblick auf kommunale Demokratie und die begrenzten Möglichkeiten zur Realisierung von Koordinierung und Integration städtischer Politiken auf. Erweiterung und Stärkung regional orientierter Organisationen würden hingegen in gleicher Weise die Rolle der Gemeinden schwächen, insbesondere mit der Einführung eines Wahlmodus und der Konstituierung einer starken regionalen Führungsebene. Dennoch ist dies die unverzichtbare Voraussetzung für die Verwirklichung einer intraregionalen Zusammenarbeit, die auf eine Verbesserung der Lebensqualität und nicht allein auf Effizienz zielt.

Eine Politik zur Stärkung der Zusammenarbeit wirft allerdings, wie in diesem Beitrag dargestellt, mehrere Probleme auf:

- sie umfasst unterschiedliche Denkansätze politischer, institutioneller und korporatistischer Natur;

- sie löst erheblichen Widerstand auf Provinzebene aus;

- sie provoziert Widerspruch in den betroffenen Kommunen.

Eine intensivere Ausseinandersetzung mit den spezifischen Stärken der unterschiedlichen, für Ballungsräume in Kanada vorgeschlagenen Ansätze ist sicherlich sinnvoll. Zusammenfassend lässt sich jedoch feststellen, dass eine weiterreichende Lösung auch zwei maßgeblichen Einflussfaktoren der Problematik intraregionaler Kooperation Rechnung tragen müsste. Solange zum einen die immer weitere Zersiedelung des städtischen Umlandes geduldet wird, müssen auch die Institutionen ständig umgestaltet werden, um Dienstleistungsangebote und zu versorgende Räume aufeinander abzustimmen. Setzte man dagegen der städtischen Entwicklung klare räumliche Grenzen, könnte man damit eine Stabilität erreichen, die es erlaubte, die Suche nach einem geeigneten institutionellen Ansatz zur Lösung der urbanen Probleme einzugrenzen, wenn nicht sogar einzustellen. Solange zum anderen die Höhe kommunaler Steuereinnahmen von der lokalen Grund- und Gewerbesteuer abhängt, werden die Gemeinden eher darauf aus sein, miteinander zu konkurrieren als zu kooperieren. Würden dagegen die Steuereinnahmen (Hebesätze und Bemessungsgrundlagen) regional festgelegt und auf die Gemeinden nach einem Schlüssel verteilt, der regionalen, großräumigen und lokalen Prioritäten Rechnung trüge, dann wären günstige Rahmenbedingungen dafür geschaffen, dass bestehende Rivalitäten einem gemeinsamen Willen zur Kooperation Platz machten.

Literatur

Andrew, Caroline, Activités urbaines fédérales: relations intergouvernementales à une époque de restriction, in: F. Frisken (Hrsg.), La métropole canadienne en mutation, vol. 2, Toronto 1994a, S. 465-498.

Andrew, Caroline, Recasting Political Analysis for Canadian Cities, in: Vered Amit-Talai und Henri Lustiger-Thaler (Hrsg.), Urban Lives. Fragmentation and Resistance, Toronto 1994b, S. 93-120.

Bernard, André, La politique au Canada et au Québec, Montréal 1976.

Boswell, Peter G., Provincial-Municipal Relations, in: Christopher Dunn (Hrsg.), Provinces: Canadian Provincial Politics, Peterborough 1996, S. 253-274.

Canadian Tax Foundation, The National Finances, Toronto 1994.

Canadian Urban Institute, Municipal Government in the Greater Toronto Area: Structure, Function, Issues and Intergovernmental Relations, Toronto 1992.

Collin, Jean-Pierre, City Management and the Emerging Welfare State: Evolution of City Budgets and Civic Responsibilities in Montréal 1931-1951, in: Journal of Policy History, 1997, vol. 9, no 3, S. 339-357.

Diamant, Peter, Unicity: Bureaucratic Success, Political Nightmare, in: Nancy Klos (Hrsg.), The State of Unicity – 25 Years Later, Conference Proceedings, Winnipeg 1998 (Institute of Urban Studies, Occasional Paper 35), S. 17-24.

Fallis, George, The Federal Government and the Metropolitan Housing Problem, in: F. Frisken (Hrsg.), The Changing Canadian Metropolis: a Public Policy Perspective, Berkeley, vol. 1, Toronto 1994 (Institute of Governmental Studies Press), S. 357-390.

Frisken, Francis, Canadian Cities and the American Example, in: Canadian Public Administration, 1986, vol. 29, S. 345-376.

Groupe d'étude sur la grande région de Toronto, La nouvelle ville-région de Toronto (Rapport Golden), Toronto 1996.

Hamel, Pierre, La question du partenariat: de la crise institutionnelle à la redéfinition des rapports entre sphère publique et sphère privée, in: Cahiers de recherche sociologique, 1995, no 24, S. 87-104.

Higgins, Donald J.H., Urban Canada: its Government and Politics, Toronto 1977.

Keating, Michael, und A. Mehrhoff, Canadian Provincial and US State Roles in Urban Planning and Development: a study of London, Ontario, and ST Cloud, Minnesota, in: Environment and Planning C: Government and Policy, 1992, vol. 10, S. 173-187.

Klos, Nancy (Hrsg.), The State of Unicity – 25 Years Later, Conference Proceedings, Winnipeg 1998 (Institute of Urban Studies, Occasional Paper 35).

Leo, Christopher, The State in the City: a Political-Economy Perspective on Growth and Decay, in: James Lightbody (Hrsg.), Canadian Metropolitics, Mississauga 1995, S. 27-50.

Lightbody, James, Council Multiplicity and the Cost of Governance in Canadian Metropolitan Areas, in: Canadian Journal of Urban Research, 1998, vol. 7, no 1, S. 27-46.

Linteau, Paul-André, und Alan F.J. Artibise, L'évolution de l'urbanisation au Canada: une analyse des perspectives et des interprétations, Winnipeg 1984.

Magnusson, Warren, und Andrew Sancton (Hrsg.), City Politics in Canada, Toronto 1983.

Mercer, John, The Canadian City in Continental Context: Global and Continental Perspectives on Canadian Urban Development, in: Trudi Bunting und Pierre Filion (Hrsg.), Canadian Cities in Transition, Toronto 1991, S. 45-68.

Moore-Milroy, Beth, u.a., Who says Toronto is a good city? Communication présentée au colloque „World Class Cities: can Canada play?", Ottawa 1998a (Vortrag beim Symposium des International Council for Canadian Cities in Ottawa).

Moore-Milroy, Beth, The Constitution and the Canadian City: the Case of Toronto's Amalgamation. Communication présentée au congrès de l'Association canadienne de science politique, Ottawa 1998b (Vortrag vor dem Kongress des kanadischen Vereins für Politikwissenschaft).

Quesnel, Louise, Les nouveaux rôles des villes dans le cadre de la mondialisation. Communication présentée dans le cadre du colloque „Ville mondiale: Y a-t-il une place pour le Canada?", Ottawa 1998a (Vortrag beim Symposium des International Council For Canadian Cities in Ottawa).

Quesnel, Louise, La démocratie urbaine dans les métropoles canadiennes, in: Vincent Hoffman-Martinot (Hrsg.), Démocraties urbaines, Paris 1998b.

Quesnel, Louise, La métropole comme espace politique, in: Yves Bélanger u.a. (Hrsg.), La CUM et la région métropolitaine, Montréal 1998c, S. 121-132.

Quesnel, Louise, Media and Urban Politics: the 1991 Civic Elections in Toronto, in: Canadian Journal of Urban Research, 1996, vol. 5, no 2, S. 220-250.

Sancton, Andrew, The Municipal Role in the Governance of Canadian Cities, in: Trudi Bunting und Pierre Filion (Hrsg.), Canadian Cities in Transition, Toronto 1991, S. 462-486.

Sancton, Andrew, Reducing Costs by Consolidating Municipalities: New Brunswick, Nova Scotia and Ontario, in: Canadian Public Administration, 1996, vol. 39, no 3, S. 267-289.

Smith, Patrick J., und H. Peter Oberlander, Restructuring Metropolitan Governance: Greater Vancouver – British Columbia Reforms, in: Donald N. Rothblatt und Andrew Sancton (Hrsg.), Metropolitan Governance: American/Canadian Intergovernmental Perspectives, Berkeley 1997.

Tindal, C. Richard, und Susan Nobes Tindal, Local Government in Canada, 4. Aufl. Toronto 1995.

Vojnovic, Igor, Municipal Consolidation in the 1990s: an Analysis of Five Canadian Municipalities, Toronto 1997.

Werner Heinz

Interkommunale Kooperation in Stadtregionen: das Beispiel der Bundesrepublik Deutschland

Inhalt

Verzeichnis der Abbildungen

Verzeichnis der Übersichten

I. Einführung in das Thema – national-spezifische Rahmenbedingungen

Einleitung

Mit rund 82 Millionen Einwohnern ist die Bundesrepublik Deutschland der bevöl-kerungsreichste Staat Europas. Die Bevölkerungsdichte ist im Vergleich zu anderen europäischen Flächenstaaten mit 230 Einwohnern pro Quadratkilometer (Gesamt-fläche: 357 000 km^2) relativ hoch. Fast jeder dritte Bewohner Deutschlands lebt in einer Großstadt mit mehr als 100 000 Einwohnern. Im Vergleich mit anderen Staa-ten erweist sich dieser Verstädterungsgrad jedoch als nichts Besonderes; er ist eher durchschnittlich. Auffallend und bundesdeutsches Spezifikum ist hingegen die ho-he Zahl dieser vor allem in den alten Bundesländern gelegenen Städte (85). Abhän-gig von ihrer Lage und räumlichen Zuordnung sind diese Städte Solitärstädte oder Teil größerer Agglomerationsräume oder Metropolregionen[1].

Koordinations- und Abstimmungsprobleme zwischen Städten und ihrem Umland – vor allem in siedlungs- und infrastrukturellen Fragen – sind gleichfalls keine bun-desdeutsche Besonderheit. Zur Regelung dieser Probleme gibt es eine Vielzahl von Kooperationsansätzen – von informellen Abstimmungsgesprächen über aufgaben-spezifische Zweckverbände bis zu Stadt- und Regionalverbänden. In den vergange-nen Jahrzehnten, aber auch gegenwärtig waren und sind es vor allem diese multi-sektoralen Verbände, die in der kommunalpolitischen Diskussion eine besondere Rolle spielen. Als Folge veränderter sozioökonomischer Rahmenbedingungen (frü-her vor allem im intraregionalen Kontext, heute zunehmend mit internationalen Bezügen) und der damit einhergehenden Probleme und Anforderungen wurden und werden daher in einigen der großen Verdichtungsräume – wie z.B. in Ber-lin/Brandenburg, Hamburg, Rhein-Ruhr, Rhein-Main, Stuttgart oder München – Stadt- und Regionalverbände vorgeschlagen, in einigen Fällen auch eingerichtet, inzwischen allerdings wieder modifiziert und korrigiert oder auch ganz zur Disposi-tion gestellt (vgl. dazu Kapitel II. 2.2).

Hintergrund und wesentliche Einflussgröße für Stadt-Umland-Kooperationen sind die öffentliche Verwaltung und deren besondere Strukturmerkmale. Viele Probleme und Restriktionen, denen sich innovative Kooperationsansätze gegenübersehen,

---

[1] *Karl Peter Schön*, Agglomerationsräume, Metropolen und Metropolregionen Deutsch-lands im statistischen Vergleich, in: Akademie für Raumforschung und Landesplanung (Hrsg.), Agglomerationsräume in Deutschland, Hannover 1996, S. 360 ff.

gehen unmittelbar auf die vorhandenen politisch-administrativen Strukturen zurück. Weitreichende innovative Kooperationsansätze – wie z.B. die gegenwärtig
diskutierten „Regionalkreis"- oder „Regionalstadt"-Ansätze – stellen für diese Strukturen allerdings auch eine Bedrohung dar: als potentielle Auslöser einer umfassenden Verwaltungsreformdebatte. Die besondere Rolle der öffentlichen Verwaltung
und ihrer Strukturen hat dazu geführt, dass der differenzierten Auseinandersetzung
mit verschiedenen Kooperationsansätzen zwischen Kernstädten und ihrem Umland im Folgenden eine kurze Skizze dieser Verwaltung, ihres Aufbaus und einiger
ihrer thematisch relevanten Sektoren vorangestellt wird.

1. Der politisch-administrative Rahmen kommunalen Handelns

1.1 Städte und Gemeinden im Verwaltungsaufbau

Die Bundesrepublik Deutschland ist – wie der Staatsname bereits besagt – ein Bundesstaat, der aus 16 Bundesländern besteht: elf „alten" in Westdeutschland (einschließlich Berlin) und fünf „neuen" auf dem Gebiet der ehemaligen, am 3. Oktober 1990 mit der Bundesrepublik Deutschland vereinigten Deutschen Demokratischen Republik. Drei der alten Bundesländer – Berlin, Hamburg und Bremen –
haben einen besonderen Status; sie sind Stadtstaaten und damit Länder und Städte
zugleich. Die Bundesländer besitzen „Eigenstaatlichkeit, sie sind nicht lediglich, wie
im Einheitsstaat, reine staatliche Verwaltungsbezirke (Provinzen); sie haben eigene
Verfassungen, Staatsgebiete und staatliche Gewalten (Gesetzgebung, Verwaltung,
Rechtsprechung)"[2].

Die Zuständigkeitsabgrenzung der staatlichen Gewalten zwischen Bund und Ländern wird durch das Grundgesetz, das ursprünglich als zeitlich befristeter Ersatz für
eine Bundesverfassung gedacht war, geregelt. Der Schwerpunkt der Gesetzgebungskompetenz, die in ausschließliche, konkurrierende und Rahmengesetzgebung untergliedert ist, liegt danach beim Bund. Die Ausführung der Gesetze und die Verwaltung obliegen vor allem den Ländern und Gemeinden. Für einen Ausgleich der
relativ geringen Gesetzgebungskompetenz der Länder sorgt das aus Vertretern der
Länderregierungen zusammengesetzte Organ des Bundesrates. Dieses wirkt bei der
Gesetzgebung und Verwaltung des Bundes und den Angelegenheiten der Europäischen Union als zweite Kammer neben dem Bundestag mit.

---

2 *Otto Model u.a.*, Staatsbürger-Taschenbuch, 29. Aufl. München 1997, S. 78 f.

Abbildung 1:   Politisch-administrative Struktur der Bundesrepublik Deutschland*

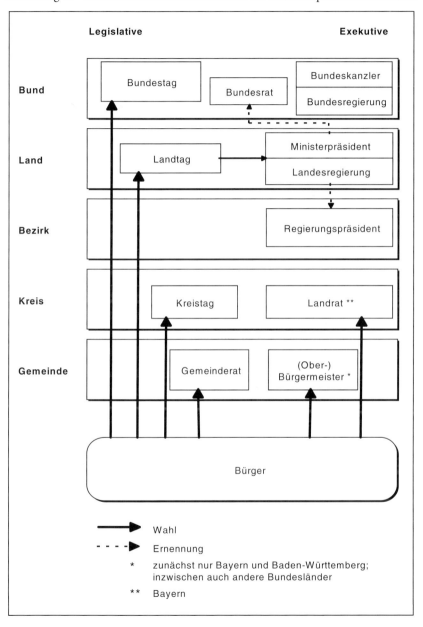

*Quelle: *Henrik Uterwedde*, Kommunen in Frankreich und Deutschland, Bonn o. J., S. 17.

Die Mehrzahl der Bundesländer weist einen dreistufigen Verwaltungsaufbau auf: mit Staatsbehörden als Oberstufe (Ministerien) und Mittelstufe (Regierungspräsidenten) und kommunalen Selbstverwaltungskörperschaften als Unterstufe, die damit eine Doppelfunktion erhalten. Sie sind unterste Ebene der allgemeinen Staatsverwaltung und gleichzeitig Gebietskörperschaften mit kommunaler Selbstverwaltung. Nach Art. 28 Abs. 2 Grundgesetz (GG) sind sie befugt, „alle Angelegenheiten der örtlichen Gemeinschaft im Rahmen der Gesetze in eigener Verantwortung zu regeln". Zu den kommunalen Gebietskörperschaften zählen kreisfreie Gemeinden (in der Regel Städte ab einer gewissen Einwohnerzahl), Landkreise (als Kommunalverbände mit dem Recht der Selbstverwaltung) sowie kreisangehörige Gemeinden; diese bilden in allen Ländern ein flächendeckendes Netz. Struktur und innere Organisation der kommunalen Gebietskörperschaften sind Ländersache und in den jeweiligen Gemeindeordnungen geregelt; sie weisen daher je nach Landeszugehörigkeit große Unterschiede auf. Die der örtlichen Ebene obliegenden Aufgaben sind hingegen im Wesentlichen gleich; sie werden durch Bundes- und Ländergesetze bestimmt. Zu ihnen zählen insbesondere Sozialwesen, Bereitstellung von sozialer und technischer Infrastruktur, Einrichtung und Unterhaltung von Kultur- und Freizeiteinrichtungen, Bauleitplanung sowie kommunale Wirtschaftsförderung und Umweltschutz. Der Anteil der freiwilligen Aufgaben, bei denen es den Gemeinden freisteht, ob und wie sie sie ausfüllen, ist relativ gering. Bei den meisten Aufgaben handelt es sich um vom Gesetzgeber vorgeschriebene Pflichtaufgaben (weisungsfrei oder nach Weisung).

Trotz dieser Zuständigkeit für ihre eigenen Angelegenheiten sind Gemeinden befugt, im Falle grenzüberschreitender Aufgaben mit ihren Nachbarkommunen zusammenzuarbeiten. Die Form dieser Kooperation bestimmt das jeweilige Landesrecht.

1.2 Gemeindefinanzen im Finanzsystem der Bundesrepublik Deutschland

Neben den Zuständigkeiten und Aufgaben, die den Städten und Gemeinden obliegen, und dem Grad der Freiwilligkeit dieser Aufgaben ist für den kommunalen Handlungsspielraum vor allem die Finanzausstattung von besonderer Bedeutung.

Das Finanzwesen von Bund, Ländern und Gemeinden ist als Mischsystem aus Trenn- und Verbundsystem organisiert (vgl. Abbildung 2). Die Verteilung der Zuständigkeiten in Bezug auf Finanzhoheit, Gesetzgebungskompetenz und Steueraufkommen wird im Einzelnen in den Art. 104 a ff. GG geregelt. Bei den Steuern unterscheidet das Grundgesetz zwischen solchen, deren Aufkommen ausschließlich dem Bund, den Ländern oder den Gemeinden zusteht (Trennsystem), sowie Bund,

Abbildung 2: Verteilung des Steueraufkommens zwischen den Gebietskörperschaften in Prozent*

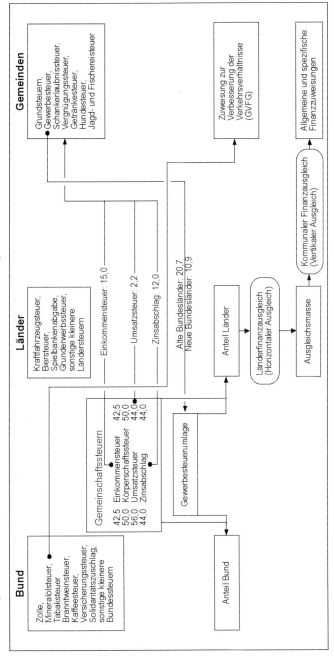

*Quelle: Deutsches Institut für Urbanistik auf der Grundlage einer Systematik von *Joachim von Barby*, Städtebauliche Infrastruktur und Kommunalwirtschaft, Bonn 1974.

Ländern und Gemeinden gemeinsam zustehenden Steuern (Verbundsystem): Einkommensteuer, Körperschaftssteuer und Umsatzsteuer. Diese Steuern machen den größten Teil der den Ländern zufließenden Steuermittel aus.

Neben diesem Steuerverbund zwischen Bund, Ländern und Gemeinden sieht das Grundgesetz einen horizontalen Finanzausgleich zwischen Bundesländern unterschiedlicher Finanzkraft vor. Dieser ist durch Gesetz (Finanzausgleichsgesetz) sicherzustellen und umfasst Ausgleichszuweisungen an finanzschwache Länder. 1997 waren dies neben den fünf neuen Bundesländern das Saarland, Rheinland-Pfalz, Niedersachsen und die Stadtstaaten Bremen und Berlin.

Die Finanzen der Gemeinden sind in das Finanzsystem von Bund und Ländern integriert. Steuern, Finanzzuweisungen und Gebühren haben auf der Einnahmeseite die größte Bedeutung. Bei den Steuern spielen für die Gemeinden vor allem die ihnen qua Grundgesetz allein zustehenden Realsteuern (Grund- und Gewerbesteuer) eine besondere Rolle: zum einen wegen ihres finanziellen Umfangs, zum anderen, weil die Gemeinden die Höhe dieser Steuern über so genannte Hebesätze autonom festlegen können. Daneben steht ihnen (oder nach Maßgabe der Landesgesetzgebung den Gemeindeverbänden) das Aufkommen der örtlichen Verbrauchs- und Aufwandsteuern (Bagatellsteuern) zu, deren Erhebung jedoch meist im freien Ermessen der Gemeinden liegt.

Seit 1969 erhalten die Gemeinden auch einen Teil (gegenwärtig 15 Prozent) des örtlichen Aufkommens an Lohn- und Einkommensteuern. Diese Mittel werden an die Gemeinden nach einem örtlichen, an dem jeweiligen Einkommensteueraufkommen orientierten Schlüssel verteilt. Als Ausgleich für diesen Anteil an der Einkommensteuer müssen die Gemeinden – ebenfalls nach einem bestimmten Schlüssel – einen Teil ihres Gewerbesteueraufkommens an Bund und Länder abführen. Mit der Abschaffung der Gewerbekapitalsteuer zum 1. Januar 1998 wurden die Gemeinden außerdem am Aufkommen der Umsatzsteuer mit 2,2 Prozent (etwa 5,4 Milliarden DM im Jahre 1998) beteiligt.

Bei den staatlichen, überwiegend von Länderseite erfolgenden Zuweisungen wird zwischen nicht zweckgebundenen und zweckgebundenen unterschieden:

- Nicht zweckgebundene Zuweisungen stammen zum einen aus dem Länderanteil am Gesamtaufkommen der Gemeinschaftssteuern (obligatorisch, da im Grundgesetz festgelegt), zum anderen aus dem Aufkommen der Landessteuern (fakultativ, da im Ermessen der Länder). Diese nach einem relativ komplizierten und von Bundesland zu Bundesland variierenden Verteilerschlüssel (Einwohnerzahl, defizitäre Steuerkraft) organisierten Zuweisungen haben einen landesweiten kommunalen Finanzausgleich zugunsten finanzschwacher Gemeinden zum Ziel; diese Zuweisungen kommen zum Teil auch Kooperationsansätzen im Stadt-Umland-Bereich zugute.

- Zweckgebundene Zuweisungen werden den Gemeinden von Länderseite für die Finanzierung spezifischer Projekte – meist im Bereich der sozialen und technischen Infrastruktur – und für laufende Aufgaben gewährt.

Eine weitere Einnahmequelle der Gemeinden (1995 mehr als 15 Prozent) stellen schließlich die Gebühren dar. Diese sind Leistungsentgelte für die Benutzung öffentlicher Einrichtungen und Dienstleistungen (Benutzergebühren) oder für die Inanspruchnahme der Verwaltung (Verwaltungsgebühren).

Für die Kooperation von Kernstädten und ihrem Umland erweist sich das bestehende Gemeindefinanzsystem in der Regel als nachteilig. Hebesatzautonomie bei den Realsteuern und ein Interesse an hohen eigenen Steuereinnahmen führen dazu, dass viele Nachbarkommunen zunächst einmal Konkurrenten sind: um potente Gewerbe- und Einkommensteuerzahler.

1.3 Regionalplanung im System der staatlichen Planung

Eine maßgebliche Rolle im Zusammenhang mit dem Thema dieser Studie „intraregionale Kooperation" spielen schließlich auch Fragen der räumlichen Planung und der hier gegebenen Zuständigkeiten. Dem föderalen Staatsaufbau der Bundesrepublik Deutschland entsprechend unterscheidet das räumliche Planungssystem vier Ebenen (vgl. Abbildung 3): Raumordnung des Bundes (mit Raumordnungsgesetz, raumordnungspolitischem Orientierungs- und Handlungsrahmen [1995]), Landesplanung (mit Landesraumordnungsprogrammen und Landesentwicklungsplänen), Regionalplanung (mit regionalen Raumordnungsplänen) und Ortsplanung (Bauleitplanung mit Flächennutzungs- und Bebauungsplänen).

Die nach dem Erlass des Raumordnungsgesetzes des Bundes im Jahre 1965 fast flächendeckend institutionalisierte Regionalplanung ist in diesem Planungssystem Teil der Landesplanung und für „die zusammenfassende, überörtliche und überfachliche Ordnung des Raumes (zuständig)"[3]. Rechtlich ist die Regionalplanung als staatliche Aufgabe anzusehen; allgemeine Rechtsgrundlage ist das Raumordnungsgesetz. Die konkrete Ausgestaltung der Regionalplanung wird hingegen durch die Landesplanungsgesetze der Bundesländer und deren Ausführungsbestimmungen geregelt. Aufbau- und Ablauforganisation, Planungs- und Umsetzungsinstrumente fallen daher von Land zu Land unterschiedlich aus und entsprechen den jeweiligen Zielsetzungen, die „in bezug auf ... institutionelle Eigenständigkeit (der Regionalpla-

---

[3] Vgl. dazu im Einzelnen: *Akademie für Raumforschung und Landesplanung (Hrsg.)*, Zukunftsaufgabe Regionalplanung: Anforderungen – Analysen – Empfehlungen, Hannover 1995, S. 1 ff.

nung), die Mitwirkung der Kommunen, die regionalpolitische Vertretung sowie den Umfang der Planungsaufgaben und die Kompetenzen" vertreten werden[4]. Für alle Länder obligatorisch ist allerdings eine privilegierte Beteiligung der Gemeinden. Das Bundesgebiet ist nahezu flächendeckend in 110 Planungsregionen zur Durchführung der Regionalplanung unterteilt. Nur in den drei Stadtstaaten und im Saarland gibt es keine Regionalplanung.

„In der Abgrenzung ... (dieser) Planungsregionen schlagen sich die großräumige Raum- und Siedlungsstruktur im Bundesgebiet ebenso nieder wie die Berücksichtigung sozioökonomischer Merkmale, Erreichbarkeitsüberlegungen und politisch-administrative Fakten, wie z.B. die Grenzen von Regierungsbezirken und Bundesländern. Bei der Mehrzahl der Regionen dominieren funktionale Abgrenzungskriterien. ... wegen der kommunalen Ergänzungsfunktionen der Kreisebene – und um die Zerschneidung der Kreise zu vermeiden – sind in der Regel die Regionsgrenzen auch zugleich Kreisgrenzen"[5].

Als Bindeglied zwischen Landesplanung und kommunaler Bauleitplanung der Gemeinden ist Regionalplanung unterschiedlichen Ansprüchen und Interessen ausgesetzt. Welche dieser Interessen sich in der Praxis durchsetzen und ob sich Regionalplanung stärker als (staatliche) Ordnungsplanung oder als (räumliche) Entwicklungsplanung versteht, hängt in starkem Maße auch von der jeweiligen Trägerschaft ab. Diese kann in unterschiedlicher Weise erfolgen: so sind z.B. in Niedersachsen in den Stadtregionen von Hannover und Braunschweig die dortigen Großraumverbände, darüber hinaus die Landkreise für die Regionalplanung zuständig, in Nordrhein-Westfalen, Hessen oder Sachsen-Anhalt staatliche Mittelinstanzen (Regierungsbezirke) und in Baden-Württemberg, Bayern, Rheinland-Pfalz, Thüringen, Sachsen und Mecklenburg-Vorpommern sowie in einigen Verdichtungsräumen regionale Planungsverbände oder Planungsgemeinschaften, die sich aus den jeweiligen kommunalen Selbstverwaltungskörperschaften (Landkreisen und kreisfreien Städte) zusammensetzen[6].

Für die räumliche Planung innerhalb ihrer Grenzen sind die Städte und Gemeinden zuständig. Die Flächennutzungs- und Bebauungspläne umfassende Bauleitplanung ist eine pflichtige Selbstverwaltungsaufgabe. Bei der inhaltlichen Gestaltung dieser Pläne sind die Gemeinden keineswegs völlig unabhängig. Nach den Vorschriften des Bundesgesetzgebers (§ 1 Abs. 4 BauGB) sind sie gehalten, „die Bauleitpläne ... den Zielen der Raumordnung und Landesplanung anzupassen". In einigen

---

[4] *Akademie für Raumforschung und Landesplanung (Hrsg.)*, Konzeptionelle Überlegungen zur räumlichen Entwicklung in Deutschland, Hannover 1992, S. 29.

[5] *Akademie für Raumforschung und Landesplanung (Hrsg.)*, Handwörterbuch der Raumordnung, Hannover 1995, S. 824 f.

[6] *Christoph Mecking*, Die Regionalebene in Deutschland, Stuttgart u.a. 1995, S. 262 ff.; zu Regionalverbänden und regionalen Planungsgemeinschaften siehe II. 2.2.1.2.

Abbildung 3: Planungssystem in der Bundesrepublik Deutschland*

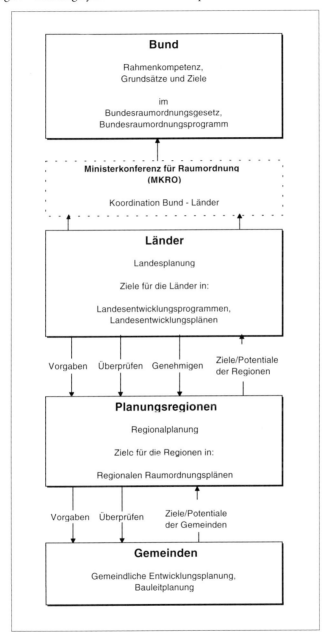

*Quelle: *Volker Seifert*, Regionalplanung, Braunschweig 1986, S. 11.

Verdichtungsräumen wird die kommunale Aufgabe der vorbereitenden Bauleitplanung (Aufstellung des Flächennutzungsplans) nicht isoliert auf Gemeindeebene, sondern gemeindegrenzenübergreifend von Mehrzweck-Pflichtverbänden wie dem Stadtverband Saarbrücken oder dem Umlandverband Frankfurt wahrgenommen.

1.4 Stadtregionen und Verdichtungsräume, Fragen ihrer räumlichen Abgrenzung und ihrer politisch-administrativen Steuerung

Zur Bezeichnung verstädterter Räume werden in Deutschland unterschiedliche Begriffe verwandt: (Groß-)Stadtregionen, Verdichtungsräume, städtische Agglomerationen oder auch Agglomerationsräume. Diese Begriffe werden häufig – dies gilt auch für wissenschaftliche Publikationen – synonym verwandt; gleichzeitig liegen für sie jedoch auch präzise und unterschiedliche Definitionen vor. So dient beispielsweise der Begriff Stadtregion zum einen der Bezeichnung eines nicht exakt definierten Raumes von Kernstädten und ihrem Umland, zum anderen steht Stadtregion für ein differenziertes Abgrenzungs- und Gliederungsmodell für verstädterte Regionen, dessen Kriterien von den jeweiligen sozioökonomischen Rahmenbedingungen abhängig sind. Ändern sich diese Rahmenbedingungen in signifikanter Weise, müssen auch die Kriterien des Modells verändert werden.

Das Modell der Stadtregionen geht auf die bereits Ende der 40er Jahre in den USA entwickelte Methode zur Abgrenzung von Standard Metropolitan Areas zurück. „Nach dieser Methode werden alle jene Gebiete im Umland größerer Städte zum Agglomerationsraum gerechnet, deren Einwohner überwiegend nichtlandwirtschaftlichen Berufen nachgehen und von denen der überwiegende Teil seine Existenzgrundlage in den Arbeitsstätten der Kernstadt hat."[7] O. Boustedt diente diese Methode als Grundlage für seinen 1953 entwickelten und vom Forschungsausschuss „Raum und Bevölkerung" der Akademie für Raumforschung und Landesplanung überarbeiteten Ansatz zur Festlegung von Stadtregionen für das Gebiet der Bundesrepublik Deutschland. 1961 wurden in der Bundesrepublik 68 Stadtregionen mit Kernstädten, die jeweils mindestens 80 000 Einwohner hatten, gezählt. Das Spektrum dieser Regionen reichte von Rhein-Ruhr mit 9,4 Millionen Einwohnern bis Lüdenscheid mit knapp 82 000 Einwohnern. Abgrenzungskriterien waren „Anteil der landwirtschaftlichen Erwerbspersonen in Prozent aller Erwerbspersonen", „Bevölkerungsdichte", „Auspendler in Richtung des städtischen Kerngebietes" und

---

[7] *Hinrich Lehmann-Grube,* Die Verwaltung von Stadtregionen in der Bundesrepublik Deutschland, in: Hinrich Lehmann-Grube und Günter Seele, Die Verwaltung der Verdichtungsräume, Baden-Baden 1983, S. 16.

„absolute Zahl der Einpendler"[8]. 1970 belief sich die Zahl der Stadtregionen auf 72: „... in ihnen lebten 63 Prozent der Bevölkerung auf 26 Prozent der Fläche des Bundesgebietes"[9].

Deutlich veränderte gesellschaftliche und ökonomische Rahmenbedingungen haben jedoch dazu geführt, dass dieser Ansatz bereits in den 80er Jahren aufgegeben wurde, da er nicht mehr praktikabel war[10]. 1994 wurde daher von einer Arbeitsgruppe des Verbandes Deutscher Städtestatistiker (VDSt) nach mehreren „Durchgängen" ein modifiziertes Stadtregionenmodell für die westdeutschen Bundesländer vorgelegt. „Die grundsätzliche Differenzierung von Boustedt in Kern- und Einzugsbereich blieb erhalten"[11], ebenso die auf 80 000 Einwohner festgesetzte Mindestgröße der Kernstadt. Zentrales Abgrenzungsmerkmal des neuen Stadtregionen-Ansatzes sind die Berufspendlerbeziehungen zwischen Kernstadt und Umlandgemeinden. Ergebnis sind 44 Stadtregionen, deren Spektrum – wie bereits beim Ansatz von Boustedt – von Rhein-Ruhr mit fast 12,5 Millionen Einwohnern bis Neumünster mit knapp 140 000 Einwohnern reicht (vgl. Abbildung 4).

Ähnlich wie „Stadtregion" sind auch Begriffe wie „Verdichtungsraum" und „Agglomerationsraum" mehrdeutig. Sie dienen zum einen – häufig synonym verwandt – der Bezeichnung großer verstädterter Räume, sind jedoch zum anderen anhand bestimmter Kriterien eindeutig definiert. Als „Verdichtungsraum" wurden in den späten 60er Jahren auf der Grundlage bestimmter Größen- und Dichtekriterien (wie Fläche, Einwohnerzahl und -dichte) 24, zum Teil mehrere Stadtregionen umfassende Räume festgelegt. Einige dieser Räume wie beispielsweise Rhein-Ruhr oder Stuttgart waren allerdings im oben genannten Stadtregionenmodell auch als Stadtregionen ausgewiesen worden[12]. Im Herbst 1993 wurde dieser Ansatz vom Hauptausschuss der Ministerkonferenz für Raumordnung (MKRO) durch eine an den Kriterien Siedlungsdichte, Siedlungsfläche und Siedlungsflächenanteil orientierte Neuabgrenzung ersetzt (vgl. Abbildung 5). Die Zahl der Verdichtungsräume beläuft sich seitdem auf 45 (35 in West-, zehn in Ostdeutschland).

---

8 *Olaf Boustedt*, Stadtregionen, in: Akademie für Raumforschung und Landesplanung (Hrsg.), Handwörterbuch der Raumforschung und Raumordnung, Hannover 1970, Spalte 3207 ff.
9 *Hinrich Lehmann-Grube*, 1983, S. 16.
10 *Rainer Duss*, Die Stadtregion – ihre Bedeutung für die regionale Zusammenarbeit in den städtischen Regionen, in: Stadtforschung und Statistik, 1997, H. I, S. 27.
11 *Jürgen Göddecke-Stellmann*, Die Stadtregion – ein neues Abgrenzungsmodell, in: Verband Deutscher Städtestatistiker (Hrsg.), Jahresbericht, o.O. 1995, S. 200 ff.
12 Vgl. dazu: *Olaf Boustedt und Georg Müller*, Verdichtungsraum, in: Akademie für Raumforschung und Landesplanung (Hrsg.), Handwörterbuch der Raumforschung und Raumordnung, Hannover 1970, Spalten 3215 und 3538.

Abbildung 4: Stadtregionen in Westdeutschland (nach Pendler-Einzugsbereichen)*

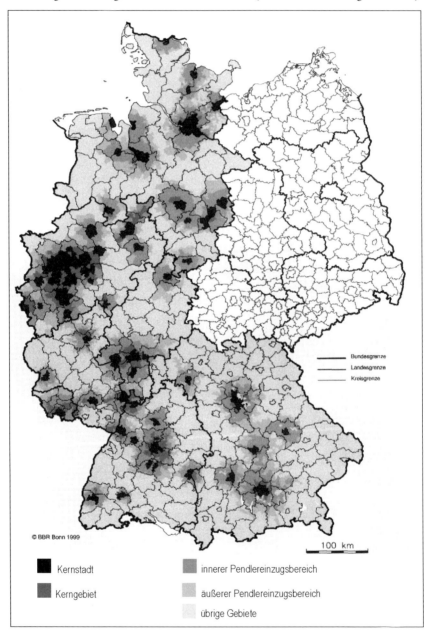

*Quelle: *Bundesamt für Bauwesen und Raumordnung*, Bonn 1999.

Abbildung 5: Verdichtungsräume in der Bundesrepublik Deutschland*

*Quelle: *Bundesamt für Bauwesen und Raumordnung*, Bonn 1999.

Der Begriff „Agglomerationsraum" bezeichnet „Regionen mit großen Verdich-tungsräumen"[13] und steht damit von den hier diskutierten Begriffen für die größte Raumkategorie. Zu den Agglomerationsräumen werden die sechs so genannten Metropolregionen Berlin/Brandenburg, Hamburg, Rhein-Ruhr, Rhein-Main, Stutt-gart und München sowie weitere „hochverdichtete Regionen" gezählt. Auffallend ist erneut, dass der bereits als „Stadtregion" und „Verdichtungsraum" definierte Raum Rhein-Ruhr auch zu den Agglomerationsräumen gezählt wird.

Ungeachtet der bestehenden Definitionsansätze werden die oben genannten Beg-riffe auch in einschlägigen Veröffentlichungen oft gleichgesetzt. In dem einen Bei-trag gilt dies für Agglomerationen, Großstadtregionen und große Ballungsräume; in einem anderen für städtische Regionen, städtische Agglomerationen und Verdich-tungsräume. Auch im vorliegenden Beitrag wurde auf eine trennscharfe Verwen-dung der oben genannten Begriffe verzichtet; sie erschien in Anbetracht der vor-handenen Überschneidungen der einzelnen Definitionsansätze auch nur schwer möglich.

Gravierender als diese definitorischen sind jedoch die organisatorisch-institutionel-len Probleme, die die oben genannten Raumtypen immer dann aufwerfen, wenn ihre politische und administrative Steuerung zur Diskussion steht. Dem auf öko-nomischen und demographischen Verflechtungszusammenhängen basierenden Begriffssystem steht ein flächendeckendes Netz kommunaler Gebietskörperschaften gegenüber, das mit diesem System in der Regel nicht kompatibel ist. Es überrascht daher nicht, dass bei den Überlegungen zur Gebietsreform der 60er und 70er Jahre „die Gestaltung der städtischen Verdichtungsräume ... einen der schwierigsten und umstrittensten Bereiche (darstellte)"[14]. Bei den diskutierten Reformmodellen hatte sich nämlich rasch gezeigt, dass alle weitergehenden und auf die Einrichtung neuer Gebietskörperschaften zielenden Ansätze wie „Regionalstadt" oder „Regionalkreis" eine grundlegende, über „vorwiegend planerische und technische ... Veränderun-gen"[15] hinausgehende Reform des öffentlichen Verwaltungsaufbaus voraussetzten. Die von Frido Wagener Anfang der 80er Jahre formulierte Aussage – „Das Stadt-Umland-Problem (ist) im Normalaufbau der fünf Verwaltungsebenen ... nicht un-terzubringen ... Die politisch-administrative Bewältigung der Probleme in den Ver-dichtungsräumen macht also immer eine exzeptionelle Verwaltungsorganisation notwendig"[16] – hat bis heute nichts von ihrer Gültigkeit verloren.

13 *Karl Peter Schön*, S. 361.
14 *Ulrich Scheuner*, Voraussetzungen der kommunalen Gebietsreform, in: Georg Christoph von Unruh, Werner Thieme und Ulrich Scheuner, Die Grundlagen der kommunalen Gebietsreform, Baden-Baden 1981, S. 115.
15 Ebenda, S. 125.
16 *Frido Wagener*, § 39, Stadt-Umland-Verbände, in: Handbuch der kommunalen Wissen-schaft und Praxis, Berlin, Heidelberg und New York 1982, S. 416 f.

Trotz aller definitorischen und organisatorischen Probleme spielen Verdichtungsräume auch in der aktuellen Diskussion über intraregionale Kooperationsansätze
wieder eine besondere Rolle. Die bis Herbst 1998 amtierende Bundesregierung
stellte sie sogar in den Mittelpunkt ihrer raumordnungspolitischen Überlegungen,
denn „ohne Konzepte und Lösungsansätze für die Probleme in den Verdichtungsräumen ist auch eine positive Entwicklung in den strukturschwachen Räumen
nicht zu erreichen"[17].

2. Veränderte Rahmenbedingungen und Kooperationsformen – ein Überblick

2.1 Relevanzgewinn eines keineswegs neuen Reform-ansatzes

Seit den frühen 90er Jahren genießt das Thema „intraregionale Kooperation" in der
kommunalpolitischen Diskussion in Deutschland hohe Priorität[18]; die Zahl einschlägiger Veranstaltungen und Veröffentlichungen ist kaum noch überschaubar.
Eine besondere Rolle haben dabei bisher vor allem der Deutsche Städtetag und
seine Gremien sowie die Akademie für Raumforschung und Landesplanung gespielt.[19]

„Interkommunale Kooperation im regionalen Kontext" ist jedoch kein neues, sondern die Städte und ihr Umland schon seit langem begleitendes Thema. Umwelt-
und Strukturprobleme haben z.B. bereits 1912 zur Entstehung des Zweckverbandes

---

17 *Bundesministerium für Raumordnung, Bauwesen und Städtebau (Hrsg.)*, Raumordnung in
    Deutschland, Bonn 1996, S. 8.
18 Dieser Bedeutungsgewinn und seine maßgeblichen Ursachen wurden bereits in der Ein-
    leitung dieser Studie ausführlicher kommentiert. Um Wiederholungen zu vermeiden,
    müssen an dieser Stelle einige Schlaglichter genügen.
19 Als Belege hierfür sollen nur einige wenige, zum Teil in der Einleitung der vorliegenden
    Studie bereits genannte Beispiele dienen: ein 1993 von der Fachkommission Stadtent-
    wicklungsplanung beim Deutschen Städtetag vorgelegtes Thesenpapier („Die Städte und
    ihre Regionen"), die um das Thema „Interkommunales Handeln in der Region" kreisen-
    de Präsidiumssitzung des Deutschen Städtetages Ende 1996 sowie mehrere Vorberichte
    dieses Verbandes zur gleichen Fragestellung; der vom Bundesministerium für Raumord-
    nung, Bauwesen und Städtebau – zusammen mit empirica – veranstaltete Kongress „Die
    Zukunft der Stadtregionen" 1997 oder die 1998 von der Akademie für Raumforschung
    und Landesplanung herausgegebenen Schriften „Interkommunale und regionale Koope-
    ration" sowie „Regionale Verwaltungs- und Planungsstrukturen in Großstadtregionen".

189

Groß-Berlin geführt; 1920 wurde der Siedlungsverband Ruhrkohlenbezirk gegründet; 1939 wurde mit dem Reichszweckverbandsgesetz die rechtliche Grundlage für viele öffentlich-rechtliche Formen der Zusammenarbeit geschaffen; in den westdeutschen Flächenstaaten wurde schließlich in den 60er Jahren durch den 45. Deutschen Juristentag (1964) eine umfassende, zwischen 1967 und 1977 als Ländersache realisierte kommunale Gebietsreform angestoßen[20], die mit einer deutlichen Reduzierung der Zahl kommunaler Selbstverwaltungskörperschaften (Bildung von Einheitsgemeinden oder Gemeindeverbänden) und der Einrichtung oder Reorganisation multisektoraler Kooperationsansätze in mehreren verstädterten Regionen einherging.

2.2 Veränderte Ausgangsbedingungen

Ebenso wie das Thema sind auch die für eine verbessere Kooperation der Städte mit ihrem Umland gegenwärtig genannten Gründe nicht alle neu; im Vergleich mit den Reformansätzen früherer Jahre fallen jedoch einige deutliche Verschiebungen auf.

Hintergrund der Reformen und Reformüberlegungen der 60er und 70er Jahre waren die damals geltenden politischen Rahmensetzungen und Vorstellungen der Bundesebene einerseits sowie die spezifischen Strukturmerkmale der Städte und ihres Umlandes andererseits. Auf Bundesebene war ab der Mitte der 60er Jahre die bis dahin vorherrschende Planungsabstinenz der so genannten Rekonstruktionsperiode durch eine Politik ersetzt worden, die sich durch eine verstärkte Zentralisierung und den Einsatz einer Reihe planvoller, am keynesianischen Modell der Gegensteuerung orientierter staatlicher Interventionen auszeichnete. Eine zentrale Rolle spielten in diesem Kontext das Konzept der Globalsteuerung und seine unmittelbaren wie mittelbaren Auswirkungen: von der Gemeindefinanzreform und der Verankerung von Gemeinschaftsaufgaben der öffentlichen Gebietskörperschaften im Grundgesetz (Art. 91 a GG) bis zur Installierung von Planungsstäben in vielen Bereichen der Bundesverwaltung und dem Versuch, das Planungssystem von Bund, Ländern und Kommunen mittels einer vertikalen Integration und Koordination der verschiedenen Planungsebenen zu effektivieren.

Städte und ihr Umland waren in den 60er Jahren (noch) durch eine spezifische Funktionsteilung gekennzeichnet: In den Kernstädten konzentrierten sich Bevölkerung, Arbeitsplätze, öffentliche und private Dienstleistungen sowie Kultur- und Freizeiteinrichtungen. So wohnten beispielsweise 1960 noch 55 Prozent der Ein-

---

[20] Vgl. dazu *Georg Christoph von Unruh, Werner Thieme und Ulrich Scheuner.*

wohner des Einzugsgebietes des Frankfurter Umlandverbandes in der Kernstadt[21]; der Anteil Frankfurts bei den Beschäftigten lag bei 67 Prozent[22]. Die häufig baulich noch klar von den Kernstädten abgegrenzten Umlandgemeinden waren vor allem Wohnvororte – mit lagespezifischen Einkommensunterschieden ihrer Bewohner – und/oder Ziele der Naherholung wie auch verlängerte „Werkbänke" der Kernstadt.

Inzwischen haben sich beide – Bundespolitik wie kommunale Strukturen – deutlich verändert. Die Politik der Bundesregierung hat sich seit den späten 70er Jahren zunehmend in Richtung Dezentralisierung und Regionalisierung bewegt. Städte und Gemeinden werden dabei weniger als unterste Ebene staatlicher Gesamtplanung, sondern als eigenständige Akteure verstanden, die sich mit ihren endogenen Potentialen in einem immer schärfer werdenden und sich gleichzeitig internationalisierenden Konkurrenzkampf zu behaupten haben. Gleichzeitig wird die frühere Funktionalisierung der Umlandgemeinden als Wohnvororte der Kernstädte infolge von wirtschaftlichem Strukturwandel, technologischen Innovationen und veränderten unternehmerischen Standortanforderungen von einer sukzessiven Verstädterung abgelöst. Im städtischen Umland haben sich kleinere und größere Städte entwickelt, die über ein immer breiter werdendes Spektrum an Funktionen verfügen – von gehobenen Einkaufsmöglichkeiten über weiterführende Schulen bis zu Angeboten der Freizeit- und Kulturinfrastruktur – und die in zunehmendem Maße mit den Kernstädten um die gleichen Funktionen konkurrieren.

Verändert haben sich seit der zweiten Hälfte der 70er Jahre auch die Bevölkerungs- und Wirtschaftsstruktur der Kernstädte und ihres Umlandes. So hat sich beispielsweise die Bevölkerung vieler Umlandgemeinden von größeren Städten in dieser Zeit sowohl in quantitativer Hinsicht als auch in Bezug auf ihre soziale Zusammensetzung deutlich günstiger als in den jeweiligen Kernstädten entwickelt: Die Anteile höherer Einkommensbezieher und größerer Haushalte mit Kindern stiegen, in den Kernstädten war die Entwicklung hingegen in der Regel gegenläufig. Auch bei den wirtschaftsstrukturellen Veränderungen schnitt das Umland häufig wesentlich besser ab. Während die Zahl der Arbeitsplätze in den Kernstädten zwischen 1980 und 1993 nur um durchschnittlich 1,6 Prozent anstieg, nahm sie im Umland um 16 Prozent zu – mit hohen Zuwachsraten in innovativen Branchen des Dienstleistungssektors[23].

Als Folge dieser Entwicklungen hat sich die Finanzsituation vieler Umlandgemeinden über höhere Einnahmen bei der Einkommen- und Gewerbesteuer deutlich verbessert. Mit dem Zuwachs an Wirtschafts- und Steuerkraft sind allerdings auch

---

[21] *Lorenz Rautenstrauch*, Perspektiven für die Verwaltungsorganisation im Stadtumlandbereich. Beispiel: Rhein-Main, Frankfurt/M. 1990 (Manuskript), S. 5.

[22] Ebenda.

[23] Vgl. dazu *Deutscher Städtetag (Hrsg.)*, Beitrag für die Dokumentation der Hauptversammlung 1997, Köln 1997 (Manuskript), S. 3.

Selbstbewusstsein und politische Macht dieser Gemeinden und ihrer Politiker gestiegen.

Räumlich sind Kernstädte und Umlandgemeinden seit den Zeiten der Gebietsreform immer stärker zusammengewachsen. Früher erkennbare Grenzen sind oft kaum noch auszumachen. Gleichzeitig haben Privatisierung und Auslagerung früher öffentlicher Dienstleistungen aus den Kommunalverwaltungen dazu geführt, dass das Spektrum entwicklungspolitisch relevanter Akteure in verstädterten Regionen breiter und vielfältiger geworden ist.

Verändert haben sich schließlich auch die externen Herausforderungen. Technologische Innovationen und wirtschaftlicher Strukturwandel einerseits, fortschreitende Europäisierung im Zuge von Europäischer Union und einem liberalisierten europäischen Binnenmarkt andererseits haben zu einer Internationalisierung der Märkte und damit zu einer Verschärfung des nationale Grenzen überschreitenden Wettbewerbs von Städten und Regionen geführt.

2.3 Veränderte Zielsetzungen

Den veränderten Ausgangsbedingungen entsprechend haben sich auch die mit interkommunalen Kooperationsansätzen verbundenen Zielsetzungen partiell verändert. Bei der Gebietsreform der 60er und 70er Jahre, mit der „über ein geschichtlich gewachsenes Gefüge von kommunalen Körperschaften ... ein abstrakt konzipiertes Netz von ‚ausgedachten‘ gemeindlichen Leistungseinheiten gelegt"[24] wurde, ging es vor allem darum, die „Verwaltungsorganisation, vor allem im kommunalen Bereich, an die inzwischen eingetretenen und längere Zeit nicht berücksichtigten sozialen und wirtschaftlichen Entwicklungen (anzupassen)"[25]. Vor dem Hintergrund dieses auch heute noch aktuellen Oberzieles sollten die Leistungsfähigkeit der Gemeinden in organisatorischer, wirtschaftlicher, infrastruktureller sowie planerischer Hinsicht verbessert, ihre politische Form den veränderten sozialen Verhältnissen entsprechend optimiert[26] und „die Erreichung der Ziele von Raumordnung und Landesplanung"[27] gefördert werden. Hauptziele waren eine effektivere Organisation der kommunalen Ebene und eine verbesserte Integration dieser Ebene in das hierarchisch strukturierte politisch-administrative System der Bundesrepublik Deutschland.

---

[24] *Werner Hoppe und Hans-Werner Regeling*, Rechtsschutz bei der kommunalen Gebietsreform, in: Schriften zum deutschen Kommunalrecht, Bd. 3, Frankfurt/M. 1973, S. 3 f.

[25] *Ulrich Scheuner*, S. 126.

[26] Vgl. zu den Zielen der kommunalen Gebietsreform im Einzelnen *Werner Thieme und Günther Prillwitz*, S. 45 ff.

[27] Ebenda, S. 48.

Auch bei den im Zuge der Gebietsreform diskutierten „Stadt-Umland-Verbänden" standen diese Ziele einer räumlichen, administrativ-organisatorischen wie auch planerischen Effektivierung und Koordinierung im Vordergrund. Im Kontext sozialer, ökonomischer sowie siedlungsstruktureller Veränderungen und der damit einhergehenden weitgehend noch hierarchischen Verflechtungen zwischen Kernstädten und ihrem Umland erwiesen sich traditionelle Gemeindegrenzen als Schranken für eine adäquate Problembewältigung und eine geordnete räumliche Entwicklung.

Die anhaltende funktionale und räumliche Verflechtung zwischen Kernstädten und ihrem Umland spielt auch Ende der 90er Jahre unter den für eine verbesserte intraregionale Kooperation ins Feld geführten Gründen eine maßgebliche Rolle. Diese Verflechtung ist allerdings weniger hierarchischer Art, sondern Ergebnis der veränderten Verteilung von Funktionen in verstädterten Räumen und ihrer siedlungsstrukturellen Konsequenzen.

„Zahl und Umfang der Aufgaben, die von einzelnen Städten nicht mehr allein bewältigt werden können" und zu denen „vor allem die Aufgabenfelder Verkehr, Wohnungsbau, Gewerbeansiedlung, Freiraumschutz und bestimmte Umweltaufgaben"[28] zählen, sind daher auch gegenwärtig wesentliche Faktoren für Forderungen nach Stadt-Umland-Kooperationen. Der Strukturwandel der Wirtschaft und die Einrichtung von EG-Binnenmarkt und EU haben jedoch zusammen mit den auf Regionalisierung und Dezentralisierung setzenden Politiken des Bundes und einem sich ändernden Selbstverständnis der Städte in Richtung „Unternehmen" dazu geführt, dass in jüngster Zeit Faktoren wie kommunale und regionale Wettbewerbsfähigkeit und deren Stärkung immer mehr als Kooperationsmotive in den Vordergrund rücken[29]. Betont wird dieses Wettbewerbsmoment auch von den kommunalen Spitzenverbänden und Vertretern der Kommunalwissenschaften. So wird erwartet, dass „nur jene Großstädte einen strategischen Wettbewerbsvorteil erlangen, die sehr schnell politisch und ökonomisch über ihren bisherigen ‚kommunalen Tellerrand' hinausschauen und sich als integrativer Teil einer Metropole begreifen ..."[30].

Mit den funktionalen und siedlungsstrukturellen Veränderungen und als Folge der Finanzreform von 1969 (Stärkung der bevölkerungsabhängigen Komponenten des kommunalen Finanzsystems) hat sich auch die Haushaltssituation von Städten und ihrem Umland deutlich zuungunsten der Kernstädte verändert. Es ist daher nicht überraschend, dass sich die Kernstädte, die noch in den 70er Jahren ihre Abhängig-

---

28 *Interkommunale Zusammenarbeit tut Not, Kommentar*, in: Eildienst Städtetag Nordrhein-Westfalen, 1996, H. 6, S. 127.

29 Vgl. dazu auch: *Stadt und Region*, in: Mitteilungen des Deutschen Städtetages vom 23.10.1997, S. 505.

30 *Dietrich Budäus*, Großstädtische Aufgabenerfüllung im Wandel – Probleme und neue Formen der Verwaltung von Metropolen, in: Dietrich Budäus und Gunther Engelhardt (Hrsg.), Großstädtische Aufgabenerfüllung im Wandel, Baden-Baden 1996, S. 227.

keit vom Umland tendenziell ignorierten[31], auch aus fiskalischen Gründen „wieder stärker an ihrer Region (orientieren)"[32] und zunehmend für einen Finanzausgleich mit dem Umland eintreten.

2.4 Interkommunale Kooperationsansätze – ein strukturierender Überblick

Wie aber wird nun den sich ändernden Kooperationsnotwendigkeiten zwischen kommunalen Gebietskörperschaften in Deutschland begegnet? Welche Formen der Kooperation werden diskutiert und gefordert, welche wurden bisher praktisch umgesetzt? Ein Blick in die umfangreiche Literatur zu diesem Thema lässt eine Fülle von Ansätzen deutlich werden, von denen allerdings viele das Diskussionsstadium nicht verlassen haben. Im Gegensatz zu den sich ändernden Rahmenbedingungen und Zielen sind diese Ansätze bis auf wenige Ausnahmen die gedanklichen Produkte der 60er und 70er Jahre. Ihr Spektrum reicht von kommunalen Arbeitsgemeinschaften bis zu Regionalkonferenzen, von Ein-Zweck- bis zu Mehrzweck-Regionalverbänden, von Eingemeindungen bis zu neuen Städteverbänden oder Verbandsstädten[33]. Welchen dieser Formen im Einzelnen der Vorzug gegeben wird, hängt von mehreren Faktoren ab: den spezifischen Problemen und Aufgabenstellungen vor Ort, den jeweiligen politisch-administrativen Strukturen, der Kooperationsbereitschaft potentieller Akteure wie auch den durch die jeweilige Landespolitik gesetzten Rahmenbedingungen. Bei nicht realisierten, nur zur Diskussion gestellten Ansätzen spielen darüber hinaus Funktion und Position ihrer Autoren eine maßgebliche Rolle.

---

[31] *Dietrich Fürst*, Stadt und Region, in: Stadtperspektiven. Difu-Symposium 1993, Berlin 1994 (Difu-Beiträge zur Stadtforschung, Bd. 10), S. 43.

[32] Ebenda, S. 45.

[33] Vgl. dazu u.a.: *Stadt und Region*, Eildienst 1997; *Deutscher Städtetag (Hrsg.)*, Interkommunales Handeln in der Region. Vorbericht für die 44. Sitzung der Fachkommission Stadtentwicklung, Köln 1995 (Manuskript), *Heinz Münzenrieder*, Stadt-Umland-Verbände als kommunale Regelinstitutionen?, in: Bayerisches Verwaltungsblatt, 1995, H. 2, S. 42 ff.; *Beate Zielke*, Zwischengemeindliche Zusammenarbeit, Berlin 1993; *Hans-Heinrich Trute*, Institutionelle Möglichkeiten zur Lösung von Stadt-Umland-Problemen, in: Die Neue Verwaltung, 1997, H. 1, S. 20 ff.; *Alexander Schink*, Die Stadt und ihr Umland. Interkommunale Zusammenarbeit oder neue Verwaltungsstrukturen?, in: Nordrhein-Westfälische Verwaltungsblätter, 1997, H. 3, S. 81 ff.; *Folkert Kiepe*, Die Stadt und ihr Umland, in: Informationen zur Raumentwicklung, 1996, H. 4/5, S. 307 ff.; *Rainer Danielzyk*, Netze knüpfen. Die großen Städte und ihr Umland: Lösung der Probleme durch Kooperation?, in: Fachzeitschrift für Alternative Kommunal Politik – AKP, 1996, H. 6, S. 32 ff.

Trotz ihres breiten Spektrums lassen sich realisierte und diskutierte Kooperationsansätze in Abhängigkeit verschiedener Kriterien einer Reihe von Gegensatzpaaren zuordnen:

- nach dem Aufgabenumfang: mono- vs. multisektoralen Ansätzen,
- nach den jeweiligen Initiatoren: von der kommunalen Ebene initiierten „bottom-up"- vs. von Landesregierungen verordneten „top-down"-Ansätzen,
- nach dem Rechtsbereich: privatrechtlich vs. öffentlich-rechtlich verfassten Ansätzen,
- nach der Hauptzielrichtung: konsensorientierten vs. effizienzorientierten Ansätzen,
- nach dem Grad der Rechtsverbindlichkeit: informellen vs. formellen, „weichen" vs. „harten" Ansätzen sowie schließlich
- allerdings nur bezogen auf formelle Ansätze: verbandsmäßig vs. gebietskörperschaftlich organisierten.

Eine Verknüpfung dieser Gegensatzpaare erlaubt jedoch – wenn auch mit gewissen Vereinfachungen – eine relativ übersichtliche und nach dem Grad der Rechtsverbindlichkeit, dem Umfang der Aktivitäten sowie der Organisationsform (Verband oder Gebietskörperschaft) differenzierende Unterteilung des breiten Spektrums von Kooperationsansätzen[34] in

- *Informelle Ansätze:* Hierzu zählen Zusammenschlüsse wie Arbeitskreise, Foren oder Regionalkonferenzen, die vor allem in den 90er Jahren im Zuge eines neuen, an einem kooperativen Staat orientierten Staatsverständnisses an Bedeutung gewinnen. Diese aus Politikern, Verwaltungsfachleuten und zunehmend auch aus Vertretern gesellschaftlicher Gruppen zusammengesetzten freiwilligen Kooperationen gibt es in nahezu allen städtischen Regionen der Bundesrepublik.

- *Formelle Ansätze,* die sich wiederum drei verschiedenen Gruppen zuordnen lassen:
  - ▲ *Vertraglich geregelten Vereinbarungen,* die sich auf die Regelung einzelner Aufgaben beschränken. Hierzu zählen öffentlich-rechtlich oder auch privatrechtlich begründete Kooperationsverträge, gemeinsame Gesellschaften, vor allem jedoch aufgabenspezifische Zweckverbände als Körperschaften des öffentlichen Rechts. Die Aufgabenschwerpunkte dieser Ansätze – dies gilt vor allem für Zweckverbände – liegen im Ver- und Entsorgungsbereich sowie in der Unterhaltung von Einrichtungen der Sozial- und Freizeitinfrastruktur. Infolge ihrer sektoralen Orientierung umfassen vertragliche Regelungen und Zweckverbände oft nur einige, das heißt die an einer kooperativen Bearbei-

---

34 Vgl. dazu insbesondere: *Stadt und Region,* Eildienst 1997, S. 532 ff.

tung einer bestimmten Aufgabe interessierten Städte und Gemeinden einer Stadtregion. Vertraglich geregelte Vereinbarungen und Zweckverbände gibt es in allen (städtischen) Regionen der Bundesrepublik.

▲ Für die Regelung einer größeren Zahl von Aufgaben eingerichtete *Regional- oder Umlandverbände*. Diese zum Teil unmittelbar demokratisch legitimierten Verbände finden sich vor allem in den größeren, von einer oder mehreren Kernstädten dominierten Verdichtungsräumen der Bundesrepublik. Als Folge der unterschiedlichen Länderverfassungen sind ihre Organisation und ihre Zuständigkeiten von Land zu Land verschieden. Mit Ausnahme von Baden-Württemberg mit seinen sechs Nachbarschaftsverbänden gibt es in den meisten Bundesländern allenfalls einen solchen Verband. Zu den bekanntesten zählen: der als Nachfolger des 1979 aufgelösten Siedlungsverbandes Ruhrkohlenbezirk (SVR) eingerichtete Kommunalverband Ruhrgebiet (KVR), der allerdings nach den Vorstellungen der gegenwärtigen nordrhein-westfälischen Landesregierung durch eine Regionalagentur ersetzt werden soll, die Kommunalverbände Großraum Hannover und Großraum Braunschweig in Niedersachsen, der 1975 gegründete Umlandverband Frankfurt in Hessen sowie schließlich der 1994 eingerichtete Regionalverband Stuttgart in Baden-Württemberg.

▲ Für die Regelung einer Vielzahl kommunaler Aufgaben geschaffene *Einrichtungen mit dem Status von Gebietskörperschaften*.

Hierzu zählen zunächst die in den 60er und 70er Jahren im Zuge der Gebietsreform durchgeführten klassischen Eingemeindungen und Gemeindezusammenlegungen, in deren Folge die Zahl der Gemeinden in Westdeutschland von 24 278 auf fast ein Drittel (8 514), die Zahl der Kreise von 425 auf 235 reduziert wurde[35]. Die Kernstädte von Verdichtungsräumen haben allerdings im Gegensatz zu ihren umliegenden Vorortstädten von dieser Gebietsreform nur wenig profitiert[36]. In Ostdeutschland, wo sich die Zahl der Städte und Gemeinden noch 1993 auf 7 563 belief (von denen 47 Prozent weniger als 500 Einwohner zählten) und die der Kreise auf 189[37], wird eine entsprechende Reform durchgeführt. Bis Ende 1997 war die Zahl der Städte und Gemeinden um ein knappes Viertel auf 5 750, die der Kreise auf 86 reduziert worden.

Die Schaffung neuer gebietskörperschaftlicher Einrichtungen durch eine Neustrukturierung von Großstädten und ihrem Umland wurde und wird

---

[35] *Werner Thieme und Günther Prillwitz*, S. 74 ff.
[36] *Frido Wagener*, S. 416.
[37] *Horst Damskis*, Zur Entwicklung der kommunalen Gebietsreform in den neuen Bundesländern, Berlin 1993 (Difu-Materialien 11/93), S. 13.

unter wechselnden Begriffen – wie z.B. erweiterter Stadtkreis und Regionalkreis, Regionalstadt und Verbandsstadt oder auch Städteverband – immer
wieder diskutiert; praktisch umgesetzt wurden diese Reformvorschläge bisher jedoch nur im Falle des 1974 als Rechtsnachfolger des Landkreises Saarbrücken eingerichteten Stadtverbandes Saarbrücken. In Hannover ist 1997
mit der Bildung einer öffentlich-rechtlichen Gebietskörperschaft durch Zusammenlegung von Kommunalverband, Stadtkreis und kreisfreier Stadt
Hannover begonnen worden. Im Raum Frankfurt wurde ab der Mitte der
90er Jahre die Bildung eines Regionalkreises Rhein-Main diskutiert, praktische Veränderungen sind allerdings nicht erfolgt.

II. Interkommunale Kooperation: die An- sätze und ihre besonderen Merkmale

Die bisher vorliegenden Ansätze interkommunaler Kooperation in verstädterten
Regionen sind, darauf wurde einleitend bereits hingewiesen, durch eine Vielzahl
organisatorischer Formen und Regelungen gekennzeichnet. Welche dieser Formen
im konkreten Fall realisiert wird, hängt von den spezifischen Bedingungen vor Ort
ab: von Intensität und Umfang der vorhandenen Probleme und Aufgaben, den jeweiligen politisch-administrativen Strukturen sowie den potentiellen Akteuren und
deren Kooperationsbereitschaft. „Die Palette der Organisationsformen reicht von
der losen Arbeitsgemeinschaft über Gesellschaften des bürgerlichen Rechts, Vereine, Gesellschaften mit beschränkter Haftung, bilaterale und multilaterale Verträge
bis hin zu Zweckverbänden auf freiwilliger Basis und öffentlich-rechtlichen Pflicht-
verbänden mit ,kommunalen Zuständigkeiten'. Die Beschlussgremien setzen sich
zum Teil aus delegierten, teilweise aber auch aus direkt gewählten Mandatsträgern
zusammen."[38]

Ein differenzierterer Überblick über die wesentlichen dieser Ansätze und ihre
Merkmale kann in unterschiedlicher Form erfolgen. Im einen Fall stehen Merkmale
wie Initiatoren, Beteiligte, Aufgaben, Ziele usw. und die Frage nach deren jeweiliger
Ausprägung bei unterschiedlichen Ansätzen im Vordergrund; im anderen Fall haben die Ansätze Priorität: mit einer an den jeweils gleichen Merkmalen orientierten

---

[38] *Arbeitsgruppe „Regionalisierung" der Fachkommission Stadtentwicklungsplanung des Deutschen
Städtetages*, Die Städte und ihre Regionen. Zehn Thesen über die Notwendigkeit und die
Möglichkeiten einer kooperativen Regionalentwicklung in den Stadtregionen, 19.5.1993
(Manuskript), S. 3.

Struktur. Die erste Form der Darstellung hat einen unbestreitbaren Vorteil – Problem- und Fragestellungen stehen im Vordergrund –, sie hat aber auch einen gravierenden Nachteil, denn sie geht zwangsläufig mit einer Auflösung der einzelnen Ansätze in Merkmalskomponenten einher; die Ansätze sind damit in ihrer Gesamtheit nicht mehr erkennbar. Entgegen ursprünglich anders orientierter Überlegungen, wurde für die folgende Darstellung deshalb die zweite der oben genannten Formen gewählt. Als Gliederungsprinzip dient die in Kapitel I. 2.4 skizzierte, in informelle und formelle Kooperationsformen unterteilende Struktur.

1. Informelle Kooperationsansätze

Informelle Kooperationsansätze reichen von losen, dem Austausch von Informationen, Meinungen und Erfahrungen dienenden Treffen über regelmäßige Gesprächskreise[39] der Verwaltungsspitzen benachbarter Städte und Gemeinden bis zu Regionalkonferenzen, Foren und Netzwerken mit unterschiedlichen – oft ein breites Spektrum von Akteuren umfassenden – Teilnehmerkreisen. Diese Ansätze können als Eingangs- und Vorstufe einer institutionalisierten interkommunalen Zusammenarbeit fungieren[40], da die Erkenntnis gemeinsamer Probleme und die Einsicht in die Notwendigkeit von abgestimmten oder gemeinsamen Aktionen mit dem Ziel ihrer Bearbeitung zu weiteren und intensiveren Kooperationsformen führen können. Informelle Kooperationsansätze können aber auch, und dies ist die neuere und zunehmend an Relevanz gewinnende Variante, neben und als Ergänzung zu „den institutionalisierten Organisationen" als „neue Aushandlungsformen regionaler Zusammenarbeit"[41] eingerichtet werden.

1.1 Regionalkonferenzen

Die ab den späten 80er Jahren zunächst in Nordrhein-Westfalen und Niedersachsen eingerichteten Regionalkonferenzen haben inzwischen auch in anderen Bundesländern stark an Bedeutung gewonnen. Initiiert wurden und werden diese „Koordinierungskonferenzen ohne Durchführungskompetenz"[42], an denen die jeweils

---

[39] *Deutscher Städtetag (Hrsg.)*, Interkommunales Handeln in der Region, Köln 19.10.1995 (Manuskript), S. 10.

[40] Vgl. *Folkert Kiepe*, 1996, S. 312.

[41] *Sabine Weck*, Neue Kooperationsformen in Stadtregionen, in: Raumforschung und Raumordnung, 1996, H. 4, S. 250.

[42] *Frido Wagener*, S. 423.

relevanten „regionalen Kräfte" beteiligt werden, in der Regel von der Landesebene. In Nordrhein-Westfalen werden zu den „regionalen Kräften" insbesondere die o-bersten kommunalen und Kreisverwaltungsbeamten sowie Vertreter der Kammern der Wirtschaft, der Gewerkschaften und der Arbeitsverwaltung sowie der Hoch- und Fachhochschulen gezählt; in einzelnen Regionen ist zusätzlich die Einbindung kommunaler Politiker in die Arbeit dieser Konferenzen vorgesehen. Die inhaltli-chen Schwerpunkte von Regionalkonferenzen liegen in der Regel im Ausloten und der Entwicklung der vorhandenen regionalen Wirtschaftspotentiale. Ihre maßgebli-chen Ziele liegen darin, „die örtlichen Kräfte in den regionalen Politikprozeß ein-zubeziehen ..., gemeinsame regionsspezifische Problemlösungsvorschläge zu erar-beiten ... sowie regionales Bewußtsein zu formen und die Erkenntnis regionaler Zu-sammenhänge zu fördern"[43]. Die Ergebnisse ihrer Arbeit schlagen sich in der Regel in regionalen Entwicklungskonzepten nieder, die sich mit den jeweils relevanten re-gionalen Aufgabenfeldern auseinandersetzen: von Wirtschaft und Arbeitsmarkt bis zu Kultur und Freizeit, von Verkehr und Flächenentwicklung bis zu Umwelt und Energie[44]. Die Struktur dieser Entwicklungskonzepte ist deduktiv und reicht von der Stärken- und Schwächen-Analyse über regionalspezifische Leitgedanken und Zielvorstellungen bis zur Formulierung konkreter Handlungsfelder und Projekte. Regionale Entwicklungskonzepte haben keine bindende Wirkung; in Nordrhein-Westfalen werden sie jedoch beispielsweise von der Landesregierung mit der Förde-rung bestimmter Projekte oder einer Beschleunigung von Planungs- und Genehmi-gungsverfahren honoriert[45].

Anlass für Kritik waren und sind bei der Einrichtung von Regionalkonferenzen in der Regel die Regionsabgrenzungen, die Auswahl der Teilnehmer und deren man-gelnde demokratische Legitimation wie auch die jeweiligen Handlungsfelder. Der besondere Wert dieser Konferenzen wird vor allem in dem durch sie bewirkten „in-teraktiven Meinungsbildungsprozeß" und den von ihnen gemeinsam erstellten re-gionalen Entwicklungskonzepten gesehen. Erfolgreich – auch im Sinne einer anhal-tenden Motivierung aller Beteiligen – scheinen Regionalkonferenzen nach den vor-liegenden Erfahrungen vor allem dann zu sein, wenn sie sich mit konkreten Prob-lemen und Projekten zu ihrer Lösung auseinandersetzen.

Landesgrenzenübergreifende regionale Entwicklungskonzepte wurden 1991 von den jeweils zuständigen Landesregierungen sowohl für den Planungsraum der Ge-meinsamen Landesplanung Bremen/Niedersachsen (GLP)[46] als auch für die den Stadtstaat Hamburg und jeweils vier angrenzende Landkreise der Länder Nieder-

43 *Akademie für Raumforschung und Landesplanung (Hrsg.)*, Zukunftsaufgabe Regionalpla-nung. Anforderungen – Analysen – Empfehlungen, Hannover 1995, S. 262.
44 *Das Bergische Städtedreieck, Wuppertal-Solingen-Remscheid*. Regionales Entwicklungskonzept, Wuppertal, Mai 1992.
45 *Städtetag Nordrhein-Westfalen (Hrsg.)*, Die Stadt und ihre Regionen, Köln 1996, S. 99.
46 *Rainer Danielzyk*, S. 32 ff.

sachsen und Schleswig-Holstein umfassende „Metropolregion Hamburg" beschlossen[47]. Beide Konzepte sollten als Orientierungsrahmen für die Raumordnungspläne und -programme sowie Flächennutzungspläne in den jeweils beteiligten Ländern dienen. Das Hamburger Regionale Entwicklungskonzept sollte darüber hinaus als die erste Stufe einer „verstärkten institutionalisierten Zusammenarbeit, z.B. in Form eines Regionalverbandes"[48] fungieren.

Mitte der 90er Jahre hat auch die Ministerkonferenz für Raumordnung (MKRO) „in Ergänzung diesbezüglicher Aktivitäten in den Ländern" die modellhafte Durchführung von Regionalkonferenzen in sieben ausgewählten Regionen beschlossen[49]. Ziele sind auch hier die Erarbeitung und Umsetzung regionaler Entwicklungskonzepte in einem „offenen und kontinuierlichen Prozeß der regionalen Zusammenarbeit"[50] zwischen unterschiedlichen regional relevanten öffentlichen und privaten Akteuren.

1.2 Netzwerke und Foren

In den 90er Jahren haben informelle Kooperationsansätze wie „Arbeits- und Initiativkreise" (so z.B. im Münchener Raum), „kommunale Nachbarschaftsforen" (so z.B. an der Peripherie Berlins), „Wirtschaftsforen" (so z.B. das Wirtschaftsforum Nürnberg/Fürth/Erlangen und das IHK-Forum Rhein-Main) oder „Netzwerke" deutlich an Gewicht gewonnen. Damit haben sich „neben den institutionalisierten Organisationen, die ihre Bedeutung im Rahmen einer hoheitlich-regulativen Planung behalten, neue Aushandlungsformen regionaler Zusammenarbeit (etabliert), in denen Kommunikation und Kooperation als Planungsverfahren Bedeutung erlangen"[51]. Die Arbeitsschwerpunkte reichen von der Analyse relevanter Rahmenbedingungen und der jeweiligen regionalen Stärken, Schwächen und Entwicklungspotentiale bis zur Formulierung gemeinsam getragener Ziele und der zu ihrer Realisierung erforderlichen Strategien und Maßnahmen. Diese Ansätze sind nicht allein auf die regionale Ebene beschränkt; sie sind vielmehr Ausdruck eines veränderten und verstärkt auf Diskussion und Kommunikation setzenden, auch andere Verwaltungsebenen erfassenden Politikverständnisses. Deutlicher Beleg auf kommunaler Ebene sind die seit den späten 80er Jahren in Form von „Stadtforen",

---

[47] *Regionales Entwicklungskonzept für die Metropolregion Hamburg. Leitbild und Orientierungsrahmen*, Hamburg 1994.

[48] *Regierungsabkommen zwischen dem Senat der Freien und Hansestadt Hamburg und der schleswig-holsteinischen Landesregierung über deren Zusammenarbeit-Vertragsgemeinschaft*, Hamburg 1991 (Manuskript), S. 2.

[49] *Bundesministerium für Raumordnung, Bauwesen und Städtebau (Hrsg.)*, Raumordnungspolitischer Handlungsrahmen, Bonn 1995, S. 5.

[50] Ebenda, S. 6.

[51] *Sabine Weck*, S. 250.

„Planungswerkstätten" oder auch „Stadtentwicklungsgesprächen" in mehreren Großstädten praktizierten diskursiven, verstärkt auf Mediation und Moderation setzenden Planungsverfahren[52].

Die Vorteile dieser dialog- und diskursorientierten Ansätze sieht man vor allem in ihren flexiblen Reaktionsmöglichkeiten bei neu auftauchenden Problemen und Herausforderungen, in der Bündelung regionaler Kräfte und der Einbeziehung unterschiedlicher, zum Teil auch bisher nicht beteiligter regionaler Akteure wie auch in ihren interaktiven Strukturen, die zum Aufbau von Vertrauen und Verständnis zwischen den jeweiligen Akteuren beitragen können. Eine strittige Frage bleibt allerdings, ob Netzwerke, Foren und Arbeitskreise tatsächlich nur der Entscheidungsvorbereitung und der Beratung demokratisch legitimierter Gremien dienen oder ob sie allein durch ihr Tätigwerden den Entscheidungsspielraum dieser Gremien faktisch einengen und damit zu einer „Entmachtung der eigentlich zuständigen Entscheidungsträger in den Kommunen beitragen"[53]. Zu den potentiellen Nachteilen dieser Kooperationsformen zählen auch die häufige Dominanz privatwirtschaftlicher Akteure und wirtschaftlicher Themenstellungen, mangelnde demokratische Legitimation und Kontrolle, starke, oft von übergreifenden Problemstellungen abstrahierende Projektorientierung sowie Beschränkung auf „machbare" Aufgaben und Anforderungen. „Ihre Handlungsfähigkeit zu strategisch wichtigen, aber verteilungspolitisch harten Fragen ist noch nicht bewiesen."[54] Schließlich stellt sich mit der Zunahme informeller Kooperationsansätze in einer Stadtregion auch die Frage nach der Koordinierung der dispersen Arbeitsergebnisse der oft nur mit einzelnen Projekten beschäftigten interkommunalen Arbeitskreise.

Abschließend bleibt festzuhalten, dass die neuen diskurs-, dialog- und verhandlungsorientierten Kooperationsformen „keinesfalls ohne weiteres per se als positiv oder negativ klassifiziert werden (können)"[55]. Ihre Ambivalenz ist dadurch gekennzeichnet, dass sie sowohl Ausdruck von Deregulierung, Privatisierung und Abbau demokratischer Kontrolle sein als auch eine Öffnung politisch-administrativer Strukturen und ihrer Ziel- und Entscheidungsfindungsprozesse für ein breites Spektrum zusätzlicher Akteure bedeuten können[56]. Informelle Kooperationsformen können folglich eine sinnvolle Ergänzung für formelle und institutionelle Strukturen darstellen, ersetzen können sie sie nicht, „denn ohne ein Verfahren oder

---

52 Vgl. *Axel Priebs*, Von der Planung zur Moderation, in: Geographische Rundschau, 1995, H. 10, S. 546 ff.
53 *Städtetag Nordrhein-Westfalen (Hrsg.)*, 1996, S. 99.
54 *Sabine Weck*, S. 254.
55 *Klaus Selle*, Was ist bloß mit der Planung los?, Dortmund 1994, S. 15.
56 Vgl. *Sabine Weck*, S. 255.

ein Regelwerk, das Entscheidungsfindungen garantiert, bleibt eine dialogorientierte Politik und Planung allzu oft stecken"[57].

2. Formelle Kooperationsansätze – zwischen Gebietskörperschaften

Das Spektrum der formellen Kooperationsansätze ist breit. Es umfasst Ansätze nach dem öffentlichen Recht wie auch nach dem Privatrecht, ferner Verbands- und Körperschaftsmodelle und reicht von monofunktionalen Ansätzen, bei denen es um die gemeinsame Erfüllung nur einer Aufgabe geht, bis zu umfassenden, vielfältige Aufgaben kommunaler Gebietskörperschaften einbeziehenden Kooperationsformen. Die folgende Zusammenstellung erhebt keinen Anspruch auf Vollständigkeit. Sie beschränkt sich auf Ansätze mit einem größeren Verbreitungsgrad wie aufgabenspezifische Zweckverbände sowie übergreifende Ansätze, die in der Diskussion interkommunaler Kooperation in Stadtregionen sehr wichtig sind.

2.1 Funktionale oder aufgabenorientierte Ansätze

Funktionale oder aufgabenspezifische Ansätze gibt es im Gegensatz zu territorialen oder großraumorientierten Ansätzen (vgl. Kapitel II. 2.2) in allen Bundesländern. Als Kernformen kommunaler Zusammenarbeit sind in den einzelnen Landesgesetzen „öffentlich-rechtliche Vereinbarungen beziehungsweise Zweckvereinbarungen (Sachsen-Anhalt) und Zweckverbände festgelegt. Die Einzelheiten dazu sind länderweise unterschiedlich ausgestattet"[58].

2.1.1 Aufgabenspezifische Zweckverbände

Die häufigste Form interkommunaler Zusammenarbeit ist die eines aufgabenspezifischen Zweckverbandes. Zweckverbände kommen bei und zwischen Städten aller Größenordnungen vor; oft werden sie auch mit anderen Kooperationsansätzen kombiniert. Zweckverbände waren bereits im Kommunalrecht des 19. Jahrhunderts

---

[57] *Jürgen Aring*, Region Hannover? Auf der Suche nach geeigneten Selbstverwaltungsstrukturen für eine urbanisierte Stadtregion, in: Kommunalverband Großraum Hannover (Hrsg.), Hannover Region 2001, Hannover 1997, S. 84.
[58] *Deutscher Städtetag (Hrsg.)*, 1995, S. 12.

vorgesehen; nach dem Ersten Weltkrieg belief sich ihre Zahl im Reichsgebiet auf über 15 000[59]. 1939 wurde erstmals eine für das gesamte Reich geltende Regelung geschaffen: das Reichszweckverbandsgesetz. Rechtsgrundlage der heutigen Zweckverbände sind die einschlägigen Gesetze der Bundesländer.

Zweckverbände sind Körperschaften des öffentlichen Rechts mit Personal-, Satzungs- und Finanzhoheit, jedoch ohne Gebietshoheit. Wer im konkreten Fall die Initiative für den Zusammenschluss von Kommunen in einem Zweckverband ergreift, ist von den jeweils anstehenden Aufgaben abhängig. Bei Aufgaben, zu deren Wahrnehmung Kommunen berechtigt oder (weisungsfrei) verpflichtet sind, erfolgt der Zusammenschluss zwischen Gemeinden oder Gemeindeverbänden auf freiwilliger Basis in einem sogenannten „Freiverband". Handelt es sich jedoch um Pflichtaufgaben zur Erfüllung nach Weisung oder Auftragsangelegenheiten, geht die Initiative zur Bildung eines Zweckverbandes („Pflichtverband") von der zuständigen Aufsichtsbehörde (Landrat, Regierungspräsident oder Innenminister)[60] aus. Neben „Freiverband" und „Pflichtverband" gibt es schließlich noch die Variante des zwangsweise vorgesehenen Zusammenschlusses in Form eines „gesetzlichen Zweckverbandes".

Mitglieder von Zweckverbänden sind vor allem kommunale Selbstverwaltungskörperschaften wie Gemeinden und Gemeindeverbände. Darüber hinaus „können aber auch andere Körperschaften, Anstalten und Stiftungen des öffentlichen Rechts und – unter bestimmten Voraussetzungen – auch natürliche und juristische Personen des Privatrechts einem Zweckverband angehören"[61]. Zusammensetzung und Rolle der Verbandsmitglieder sind ebenso wie Definition und Regelung der Aufgaben eines Verbandes Elemente der nach Landesrecht geregelten Verbandssatzungen von Zweckverbänden. Das räumliche Einzugsgebiet von Zweckverbänden setzt sich aus dem Territorium der angeschlossenen Gebietskörperschaften zusammen.

Die potenziellen Aufgabenbereiche von Zweckverbänden sind ebenso vielfältig wie die der örtlichen Ebene obliegenden Aufgaben. In der kommunalen Praxis stehen jedoch vor allem Aktivitäten im Bereich der technischen und sozialen Infrastruktur im Vordergrund: bei der Trinkwasser- und Energieversorgung, bei der Abwasser- und Abfallbeseitigung, im öffentlichen Personennahverkehr (ÖPNV) und bei der „Unterhaltung öffentlicher Einrichtungen wie Sportstätten, Volkshochschulen, Musikschulen und Museen"[62]. Im ÖPNV-Bereich haben Zweckverbände einen deutlichen Relevanzgewinn im Zuge der Anfang 1994 beschlossenen Bahnstruktur-

59 *Dieter Emig und Rita A. Hermann*, Regionenfieber? Probleme und institutionelle Formen der interkommunalen Zusammenarbeit, in: Fachzeitschrift für Alternative Kommunal Politik – AKP, 1996, H. 6, S. 37.
60 Vgl. dazu *Beate Zielke*, Zwischengemeindliche Zusammenarbeit, Berlin 1993, S. 63.
61 *Deutscher Städtetag*, Entwurf eines Arbeitspapiers zum „Interkommunalen Handeln in der Region", Köln 19.10.1995 (Manuskript), S. 13.
62 *Folkert Kiepe*, Die Städte und ihre Regionen, in: Der Städtetag, 1996, H. 1, S. 4 f.

reform und der damit einhergehenden Regionalisierung des ÖPNV erhalten. In mehreren Bundesländern wurden Verkehrsverbünde in Form von Zweckverbänden eingerichtet. Der bekannteste und – auch europaweit – flächenmäßig größte ist der im Ballungsraum Rhein-Main angesiedelte Rhein-Main-Verkehrsverbund[63].

Eine besondere Rolle spielen Zweckverbände auch bei der Einrichtung interkommunaler Gewerbegebiete. Vielzitiertes Beispiel hierfür ist der im Verdichtungsraum Nürnberg/Fürth/Erlangen 1992 gegründete – infolge veränderter Rahmenbedingungen allerdings Ende der 90er Jahre wieder aufgelöste – gleichnamige Zweckverband zur Vorbereitung und Realisierung und zum Betrieb eines Gewerbeparks im Zuge einer städtebaulichen Entwicklungsmaßnahme[64].

In einigen Bundesländern sind zudem durch Landesgesetze Zweckverbände für besondere Aufgaben vorgesehen: Schulverbände in Brandenburg, Kultur-Zweckverbände in Sachsen oder im Bereich des Umweltschutzes tätige Verbände im Saarland[65]. Die mit den vereinbarten Aufgabenfeldern verbundenen Rechte und Pflichten gehen einschließlich des Satzungsrechts grundsätzlich immer auf die neue Körperschaft des Zweckverbandes über.

Organe des Zweckverbandes sind in allen Bundesländern die „Verbandsversammlung als Hauptwillensbildungsorgan und der Verbandsvorsteher als derjenige, der die laufenden Geschäfte nach Maßgabe der Gesetze, der Verbandssatzung und der Beschlüsse der Verbandsversammlung führt."[66] Die Verbandsversammlung setzt sich aus den Vertretern der Verbandsmitglieder (mindestens ein Vertreter je Verbandsmitglied) zusammen. Die Vertreter der Gemeinden und Gemeindeverbände werden durch die jeweiligen Vertretungskörperschaften gewählt. „Da bei Zweckverbänden auch die Möglichkeit gegeben ist, daß natürliche oder juristische Personen Verbandsmitglieder werden, ist vorgeschrieben, daß ihre Stimmen insgesamt die Hälfte der in der Verbandsversammlung festgelegten Stimmenzahl nicht erreichen sollen."[67] Mit dieser Bestimmung soll der öffentlich-rechtliche Charakter von Zweckverbänden gewahrt bleiben.

Der Finanzierung von Zweckverbänden dienen zunächst Gebühren und Beiträge, die diese „in entsprechender Anwendung der Vorschriften des jeweiligen Kommunalabgabenrechts"[68] zu erheben berechtigt sind. Reichen diese Einnahmen nicht

---

[63] Vgl. dazu *Werner Heinz*, Ansätze intraregionaler Kooperation: Frankfurt und die Rhein-Main-Region, in: Archiv für Kommunalwissenschaften, 1997, H. I, S. 86 ff.

[64] *Stadtentwicklung Nürnberg (Hrsg.)*, Gewerbepark Nürnberg/Fürth/Erlangen, 1992, H. 1. (Dokumentation 10/1992).

[65] *Deutscher Städtetag (Hrsg.)*, Entwurf eines Arbeitspapiers zum „Interkommunalen Handeln", S. 14.

[66] *Städtetag Nordrhein-Westfalen (Hrsg.)*, 1996, S. 95.

[67] *Beate Zielke*, S. 57.

[68] Ebenda, S. 60.

aus, kann der Verband von seinen Mitgliedern Umlagen erheben. Die Höhe dieser Umlagen kann sich an dem Nutzen für einzelne Mitglieder oder den Anteilen der Aufgabenerfüllung bemessen. Darüber hinaus können – wie z.B. im Falle des obengenannten „Zweckverbandes Gewerbepark Nürnberg/Fürth/Erlangen" ursprünglich beabsichtigt – „Vor- und Nachteile, die die Verbandsmitglieder aus dem Zweckverband haben, ... durch Ausgleichszahlungen kompensiert (werden)"[69].

Folgt man der einschlägigen Literatur, so haben sich Zweckverbände in vielen Fällen als geeignete Rechtsform für die interkommunale Bearbeitung spezifischer Aufgaben erwiesen. In Bezug auf die Durchführung einzelner Aufgaben haben Zweckverbände unbestreitbare Vorteile: Bündelung von Kompetenzen in einer Hand, Professionalisierung und Effizienzgewinn. Diesen Vorteilen stehen allerdings auch einige Nachteile gegenüber: Ein Kompetenzverlust bei den Verbandsmitgliedern durch Auslagerung einer spezifischen Aufgabe aus dem kommunalen Selbstverwaltungsbereich, ein damit einhergehender Rückgang unmittelbarer demokratischer Kontrolle (die Mitglieder der Verbandsversammlung unterliegen keiner Direktwahl) sowie schließlich eine Fragmentierung von Kommunalpolitik und Kommunalverwaltung in Ermangelung übergreifender politischer Strategien.

2.1.2 Öffentlich-rechtliche Vereinbarungen

Zusammenschlüsse von kommunalen Gebietskörperschaften zur Wahrnehmung einzelner öffentlicher Aufgaben können auch in Form der öffentlich-rechtlichen Vereinbarung erfolgen. Rechtsgrundlage sind wie auch beim Zweckverband die entsprechenden Landesgesetze. Öffentlich-rechtliche Vereinbarungen sehen zwei Varianten vor: zum einen die gemeinsame Durchführung einer Aufgabe in der einer Arbeitsgemeinschaft ähnlichen Form, die Trägerschaft bleibt hier bei den beteiligten Gemeinden; zum anderen die Aufgabenübertragung an einen der Beteiligten, der diese dann für alle anderen erfüllt. Die Trägerschaft sowie alle Rechte und Pflichten der jeweiligen Aufgabe werden in diesem Fall an den jeweiligen Akteur übertragen. Diese Form der öffentlich-rechtlichen Vereinbarung bietet sich vor allem dann an, „wenn Gemeinden mit stark unterschiedlicher Leistungs- und Verwaltungskraft beteiligt sind und eine relativ leistungsstarke Gemeinde die Aufgabenwahrnehmung übernimmt"[70]. In der kommunalen Praxis trifft dies vor allem auf Kernstädte und ihre Umlandgemeinden zu.

Öffentlich-rechtliche Vereinbarungen sind potentiell in allen kommunalen Aufgabenfeldern möglich. In der Praxis finden sie sich jedoch ähnlich wie Zweckverbän-

---

[69] Satzung des Zweckverbandes Gewerbepark Nürnberg-Fürth-Erlangen vom 16.10.1992, § 20.

[70] *Deutscher Städtetag (Hrsg.)*, Entwurf eines Arbeitspapiers zum „Interkommunalen Handeln", S. 13.

de vorwiegend im Bereich der technischen Infrastruktur (Abfall- und Abwasserbeseitigung, Schlachthofbetrieb), im Wohnungsbau sowie bei der Bereitstellung von Gewerbeflächen. Die Einrichtung spezifischer Organe ist bei diesem Kooperationsansatz nicht erforderlich. Zuständig sind die Organe des Aufgabenträgers, bei dem auch die Geschäftsführung angesiedelt ist. Die Regelung der Kosten- und Ertragsaufteilung kann zwischen den Beteiligten frei vereinbart werden. Grundsätzlich gilt, dass die Kommune, die die Trägerschaft für eine Aufgabe übernommen hat, von den anderen Beteiligten eine angemessene Entschädigung erhält.

Die Vorteile öffentlich-rechtlicher Vereinbarungen werden vor allem gesehen im Fehlen formalisierter Verfahren und den Freiheiten der Vertragsgestaltung sowie der damit einhergehenden Flexibilität in Bezug auf organisatorische und inhaltliche Fragen. Ein potentieller Nachteil liegt in der Konstruktion dieses Ansatzes, das heißt der mit der Aufgabenübertragung an eine potente Trägergemeinde verbundenen Gefahr einer eindeutigen Dominanz dieser Gebietskörperschaft.

2.1.3 Kommunale Arbeitsgemeinschaften

Die in einigen Bundesländern möglichen Kommunalen Arbeitsgemeinschaften sind Zusammenschlüsse von Gemeinden und Gemeindeverbänden auf der Basis öffentlich-rechtlicher Vereinbarungen. Zu diesen „Abstimmungskonferenzen ohne eigene Rechtssubjektivität"[71] können als spezialgesetzliche Sonderformen auch die „Nachbarschaftsbereiche des Landes Rheinland-Pfalz" und die „Nachbarschaftsausschüsse in Schleswig-Holstein" gezählt werden. Mitglieder können neben den kommunalen Gebietskörperschaften „auch sonstige Körperschaften, Anstalten und Stiftungen des öffentlichen Rechts sowie natürliche Personen und juristische Personen des Privatrechts"[72] sein. Die Geschäftsführung wird im Einzelfall zwischen den Beteiligten geregelt. Zweck und Ziel dieser Arbeitsgemeinschaften sind die gemeinsame Beratung und Abstimmung von Aufgaben, die den Wirkungskreis mehrerer Gemeinden berühren. Hierzu zählen beispielsweise „die Abstimmung von Planungen mit grenzüberschreitenden Wirkungen, die Abstimmung über Gebührenerhöhungen und Steuerhebesätze oder auch nur die Fahrplangestaltung im öffentlichen Nahverkehr"[73]. Potenziell kommen für eine Zusammenarbeit alle Angelegenheiten der örtlichen Gemeinschaft in Frage. Ein konkretes Beispiel im Kulturbereich ist die 1988 gegründete Arbeitsgemeinschaft „Kultur im Großraum Nürnberg-Erlangen-Fürth-Schwabach", die sich zum Ziel gesetzt hat, „die Kulturarbeit zwischen den Städten in dem eine Million Einwohner zählenden Großraum stärker aufeinander

---

[71] *Frido Wagener*, S. 424.
[72] *Beate Zielke*, S. 95.
[73] *Christoph Mecking*, Die Regionalebene in Deutschland, Stuttgart u.a. 1995, S. 217.

abzustimmen"[74]. Bindungswirkung nach außen haben die Beschlüsse von kommunalen Arbeitsgemeinschaften nicht. Sie bleiben unverbindliche Anregungen und Empfehlungen. In vielen Fällen fungieren diese Arbeitsgemeinschaften jedoch als Vorläufer intensiverer Formen der Zusammenarbeit[75].

2.2 Territoriale oder großraumorientierte Ansätze

Die zunehmende Verflechtung der Kernstädte mit ihrem Umland, wachsende Zahlen von Berufspendlern, die anhaltende Nutzung städtischer Infrastruktureinrichtungen durch die Bewohner des Umlandes bei einer gleichzeitig verstärkten Inanspruchnahme des Umlandes für großflächige Nutzungen der Kernstädte (von der Abfallbeseitigung und Einrichtung von Kraftwerken bis zur Bereitstellung größerer Flächen für Naherholung) veranlassten eine Reihe von Großstädten, im Zuge der Gebietsreform der 60er und 70er Jahre über eine Neuregelung bestehender Stadt-Umland-Verhältnisse nachzudenken. Eingemeindungsforderungen wie auch die Einrichtung neuer Gebietskörperschaften in Form von Regionalstädten oder -kreisen (vgl. Kapitel II. 3.2) scheiterten in der Regel am Widerstand der jeweils betroffenen Umlandgemeinden und -kreise. „Infolgedessen wurde überall nach Kompromißlösungen gesucht, die dann sehr verschieden ausfielen und mitunter inzwischen ... modifiziert wurden. ... Zu irgendwelchen Formen der organisierten Zusammenarbeit zwischen Städten und ihrem Umland kam es (jedoch) fast überall."[76]

Die maßgeblichen dieser für (große) verstädterte Regionen konzipierten Ansätze werden im Folgenden dargestellt. Sie sind entweder verbandsmäßig oder körperschaftlich organisiert und umfassen im Wesentlichen eine (Planungsverbände) oder mehrere Funktionen (Mehrzweckverbände). Dargestellt werden auch Ansätze, die nicht praktisch umgesetzt wurden; es handelt sich dabei vor allem um einige der schon seit den 70er Jahren immer wieder diskutierten gebietskörperschaftlichen Modelle.

Territoriale Ansätze oder Stadt-Umland-Kooperationen lassen sich nur schwer in eine Typologie fassen. Ihre Gesamtzahl ist überdies, wenn man von Eingemeindungen, das heißt dem Zusammenschluss bereits bestehender zu neuen Gebietskörperschaften einmal absieht (da diese in verstädterten Regionen gegenwärtig keine Rolle spielen) nur gering. Kaum mehr als 20 Verbände und neue Körperschaften finden sich in den 45 Verdichtungsräumen der Bundesrepublik Deutschland. Bis

---

74 *Friederike Kegel*, Vier Städte ziehen an einem Strang, in: Demokratische Gemeinde, 1994, H. 3, S. 20 f.
75 *Christoph Mecking*, S. 217.
76 *Rembert Behrendt*, Erfahrungen mit der Organisationsstruktur von Zweck- und Umlandverbänden, in: Das Rathaus, 1990, H. 9, S. 463.

auf sechs Nachbarschaftsverbände in Baden-Württemberg und eine Reihe von Verbänden zur Durchführung der Regionalplanung in Baden-Württemberg, Bayern, Sachsen und Mecklenburg-Vorpommern (von denen allerdings nur ein Teil in verstädterten Regionen tätig ist) sind diese Kooperationsansätze in der Regel Unikate. Ihre Organisation, ihre Zuständigkeiten und ihr räumlicher Zuschnitt sind in Abhängigkeit der jeweiligen Landesgesetzgebung und der politischen wie gesellschaftlichen Rahmenbedingungen zur Zeit ihrer Einrichtung unterschiedlich. Von Modellen, deren zentrales Merkmal ihre Reproduzierbarkeit ist, kann daher – auch wenn dies häufig in der öffentlichen Diskussion der Fall ist – keine Rede sein.

Organisation und Aufbau dieser auf die spezifische Situation einzelner Verdichtungsräume zugeschnittenen Kooperationsformen sind allerdings in der Regel nicht von Dauer und Gegenstand immer wiederkehrender Veränderungen oder Veränderungsabsichten. Beispiele hierfür gibt es mehrere: Die Reorganisation bestehender Verbände in den Räumen Hannover (1980) und Braunschweig (1978) – eine Reorganisation steht (wie in diesem Kapitel weiter unten erläutert) in Hannover auch gegenwärtig wieder an –, die im Zuge der Funktionalreform erfolgte Umgestaltung des früheren Siedlungsverbandes Ruhrkohlenbezirk in den Kommunalverband Ruhrgebiet (1979), der zur Zeit erneut zur Transformation ansteht, die einen bestehenden Regionalverband sowie einen Nachbarschaftsverband ablösende Gründung des Verbandes Region Stuttgart (1994) sowie die seit den frühen 90er Jahren im Raum Frankfurt am Main geführten Auseinandersetzungen über Fortbestand, Weiterentwicklung oder ersatzlose Auflösung des dort existierenden Umlandverbandes. Die maßgeblichen Ursachen für diese fast zyklisch erfolgenden Umstrukturierungen bestehender Verbände liegen nach Einschätzung von Experten vor allem in Kompetenzüberschneidungen und politisch divergierenden Interessen und Positionen von Verbänden und ihren Mitgliedern wie auch in sich ändernden sozioökonomischen Rahmenbedingungen, veränderten sektoralen Verflechtungen und entsprechend veränderten räumlichen Einzugsgebieten[77].

2.2.1 Planungsverbände

In den 60er und 70er Jahren sind in mehreren Bundesländern von den jeweiligen Landesregierungen Planungsverbände[78] eingerichtet worden, die sich allerdings nicht allein auf Verdichtungsräume beschränken und deren maßgebliche Aufgabe die Durchführung der Flächennutzung- oder Regionalplanung für das jeweilige Verbandsgebiet ist. Einigen dieser Verbände können von ihren Mitgliedern auch

---

[77] Vgl. dazu auch die in bestimmten Zeitabständen für erforderlich gehaltene Neudefinition von Raumtypen wie Stadtregion oder Verdichtungsraum (siehe Abschnitt I. 1.4).

[78] Begriffswahl und Untergliederung orientieren sich an: *Günter Seele*, Verwaltungsorganisation in Großstadtregionen, in: Hinrich Lehmann-Grube und Günter Seele, S. 104 ff.

weitere Aufgaben übertragen werden. Von dieser Möglichkeit wird allerdings nur selten Gebrauch gemacht. Bekannteste Beispiele für diese Verbandsform sind die Nachbarschafts- und Regionalverbände in Baden-Württemberg, die Regionalverbände in Bayern (hier vor allem der Regionale Planungsverband München und der Planungsverband Industrieregion Mittelfranken), Sachsen und Mecklenburg-Vorpommern, der Raumordnungsverband Rhein-Neckar oder die Stadt-Umland-Verbände in Kassel und Kiel[79] (der Kieler Verband wurde allerdings 1991 wegen tiefgreifender Differenzen zwischen der Kernstadt und ihren Nachbargemeinden aufgelöst). Von diesen unterschiedlichen Ansätzen werden im Folgenden nur die beiden dargestellt, die über einen größeren Verbreitungsgrad verfügen: Nachbarschaftsverbände und Regionalverbände.

2.2.1.1   Nachbarschaftsverbände

Nachbarschaftsverbände sind eine Besonderheit des Landes Baden-Württemberg, sie gehen auf die bereits 1973 im Zuge der Gebietsreform aufgestellten „Grundsätze der Landesregierung zur Lösung des Stadt-Umland-Problems" zurück. „Mit Wirkung vom 1. Januar 1976 (wurden) die Städte Heidelberg/Mannheim, Karlsruhe, Pforzheim, Reutlingen/Tübingen, Stuttgart und Ulm jeweils mit ihrem Umland zu Nachbarschaftsverbänden zusammengeschlossen."[80] Rechtsgrundlage für diese Initiative der Landesregierung war das Nachbarschaftsverbandsgesetz Baden-Württemberg vom 9. Juli 1974.

Die sechs Nachbarschaftsverbände sind ebenso wie Zweckverbände Körperschaften des öffentlichen Rechts; die für Zweckverbände geltenden Bestimmungen des „Gesetzes über kommunale Zusammenarbeit (GKZ)" finden entsprechende Anwendung. Verbandsmitglieder sind die im jeweiligen Verbandsgebiet gelegenen „Kernstädte, die Umlandgemeinden und – mit beratender Stimme – die Landkreise, zu denen diese gehören"[81]. Der gesetzlich definierte allgemeine Verbandszweck liegt darin, dass „die Nachbarschaftsverbände unter Beachtung der Ziele der Raumordnung und Landesplanung die geordnete Entwicklung des Nachbarschaftsbereichs zu fördern und auf einen Ausgleich der Interessen ihrer Mitglieder hinzuwirken haben"[82]. Zur Umsetzung dieses Verbandszwecks müssen sich Nachbarschaftsverbände auf Empfehlungen beschränken; eine Weisungsbefugnis steht ihnen nicht zu.

---

[79]   Ebenda.
[80]   *Frido Wagener*, S. 424.
[81]   Ebenda.
[82]   § 4 Abs. 1 NVerbG, zit. nach *Friedel Erlenkämper*, Die Stadt-Umland-Problematik der Flächenstaaten der Bundesrepublik Deutschland, Köln 1980, S. 110.

Hauptaufgabe der Nachbarschaftsverbände ist die Aufstellung eines gemeinsamen Flächennutzungsplans. Bei der verbindlichen Bauleitplanung der Mitgliedsgemeinden sind Nachbarschaftsverbände als Träger öffentlicher Belange (§ 4 BauGB) zu beteiligen. Das Nachbarschaftsgesetz Baden-Württemberg sieht darüber hinaus vor, dass Nachbarschaftsverbänden nach den Vorschriften des Gesetzes über die kommunale Zusammenarbeit weitere kommunale Aufgaben übertragen werden können.

Organe der Nachbarschaftsverbände sind die Verbandsversammlung und der Verbandsvorsitzende. Als weiteres Organ kann die Verbandssatzung einen Verwaltungsrat vorsehen. In den zum Teil sehr großen Verbandsversammlungen haben alle Mitgliedstädte und -gemeinden mindestens zwei Vertreter (ausschlaggebend ist die jeweilige Einwohnerzahl). Die Verbandsversammlung des inzwischen im Verband Region Stuttgart (siehe weiter unten) aufgelösten Nachbarschaftsverbandes Stuttgart bestand aus 87 Mitgliedern. Die Vertreter der Gemeinden und Gemeindeverbände sind die jeweiligen Verwaltungsspitzen sowie weitere, von den jeweiligen Vertretungskörperschaften (Gemeinderat, Kreistag) aus deren Mitte gewählte Personen. Die in die Verbandsversammlung entsandten Vertreter haben kein freies Mandat, sondern sind an etwaige Weisungen ihrer Vertretungskörperschaft gebunden[83]. Nachbarschaftsverbände können zur Erfüllung ihrer Aufgaben eine eigene Verwaltung einrichten oder – was in der Regel der Fall war – auf Personal und Sachmittel eines Verbandsmitgliedes, meist der Kernstadt, zurückgreifen.

Nachbarschaftsverbände haben das Recht, von ihren Mitgliedern eine Umlage zu erheben. Da die Kompetenzen dieser Verbände auf die Wahrnehmung kommunaler Aufgaben beschränkt sind, wird von den beteiligten Landkreisen keine Umlage erhoben; in der Verbandssatzung kann jedoch anderes vereinbart werden.

Positiv beurteilt wird bei Nachbarschaftsverbänden die Aufstellung eines gemeinsamen, Gemeindegrenzen übergreifenden Flächennutzungsplans. Nachteile werden hingegen gesehen in ihren geringen Entscheidungskompetenzen, ihrer mangelnden Befugnis, bestimmte Aufgaben bei Bedarf und gegen den Willen der eigentlichen Kompetenzträger an sich zu ziehen und nicht zuletzt in ihren räumlichen Abgrenzungen. Diese tragen weniger faktisch vorhandenen strukturellen Verflechtungen als politischen Faktoren Rechnung und überschneiden sich darüber hinaus mit den Grenzen bestehender Planungsregionen und den dort tätigen Regionalverbänden. In der Region Stuttgart führten vorhandene Probleme und Verflechtungen zwischen Kernstadt und Umland, das Vorhandensein einer Vielzahl von Selbstverwaltungskörperschaften sowie die Parallelität von Nachbarschaftsverband, Regionalverband und einer Reihe weiterer, häufig zweckverbandsmäßig organisierter Formen interkommunaler Zusammenarbeit dazu, dass „schon bald nach Einführung des Nachbarschaftsverbandes ... die Landeshauptstadt Stuttgart die erneute ... Dis-

---

[83] Ebenda, S. 117.

kussion über Wege zur Verbesserung der Stadt-Umland-Beziehungen (anregte)"[84]. Bis zur Realisierung eines neuen Ansatzes vergingen allerdings noch fast 20 Jahre (vgl. Kapitel II. 2.2.3.2).

2.2.1.2 Regionalverbände

Regionalverbände[85] als Träger der Regionalplanung wurden zunächst in den Bundesländern Baden-Württemberg (zwölf Verbände, inzwischen elf, da der Regionalverband Stuttgart 1994 in den neu gegründeten Verband Region Stuttgart übergeleitet worden ist) und in Bayern (18) eingerichtet. In einigen anderen Bundesländern wurde die Regionalplanung verbandsähnlichen Einrichtungen übertragen (so beispielsweise in Rheinland-Pfalz Planungsgemeinschaften, in Nordrhein-Westfalen Bezirksplanungsräten). Nach der deutschen Vereinigung wurden Regionalverbände oder regionale Planungsverbände auch in Mecklenburg-Vorpommern (4) und Sachsen (5) gegründet. Diese Bundesländer sind ebenso wie Baden-Württemberg und Bayern flächendeckend in Regionen unterteilt. Die für diese Regionen zuständigen Regionalverbände decken damit auch häufig ländlich strukturierte Räume ab. Sie sind folglich keine spezifischen Einrichtungen zur Lösung von Stadt-Umland-Problemen, auch wenn einige von ihnen – so z.B. die regionalen Planungsverbände München oder Industrieregion Mittelfranken – für Verdichtungsräume zuständig sind. Neben der Regionalplanung können Regionalverbänden per Satzungsbeschluss auch weitere Aufgaben übertragen werden. Dem regionalen Planungsverband München obliegen beispielsweise die „Mitwirkung bei der Ausarbeitung und Aufstellung von Zielen der Raumordnung und Landesplanung durch Staatsbehörden" sowie „Stellungnahmen zu raumbedeutsamen Planungen und Maßnahmen bei Raumordnungsverfahren und anderen landesplanerischen Abstimmungen"[86].

Mitglieder von Regionalverbänden sind die Landkreise und kreisfreien Städte (in Bayern auch die kreisangehörigen Gemeinden) einer Region. In den verstädterten Regionen Baden-Württembergs, in denen, wie im Weiteren erläutert wird, auch Nachbarschaftsverbände eingerichtet worden sind, kommt es mitunter – wie zum Beispiel beim Regionalverband Unterer Neckar mit den Städten Mannheim und Heidelberg – zu problematischen Gebietsüberschneidungen zwischen den unterschiedlichen Verbandstypen.

---

84 *Christoph Mecking*, S. 231.
85 Zu den Regionalverbänden werden hier die für die Regionalplanung zuständigen Verbände gleichen Namens in Baden-Württemberg, Bayern, Sachsen und Mecklenburg-Vorpommern gezählt; vgl. aber *Beate Zielke*, S. 65 ff., sowie mehrere Arbeitspapiere des Deutschen Städtetages, die zu den Regionalverbänden auch Nachbarschaftsverbände und Mehrzweckverbände wie die Zweckverbände Großraum Hannover und Braunschweig und den Kommunalverband Ruhrgebiet zählen.
86 *Beate Zielke*, S. 67.

Oberste Organe der Regionalverbände sind wie auch schon bei den Zweckverbänden Verbandsversammlung und Verbandsvorsitzender. In Bayern sind als weitere Organe ein Planungsausschuss und ein regionaler Planungsbeirat, der sich aus Vertretern wirtschaftlicher, sozialer, kultureller oder auch kirchlicher Organisationen zusammensetzt, vorgesehen. Im Gegensatz zu den Regionalverbänden in Baden-Württemberg verfügen die Verbände in Bayern über keine eigene Verwaltung. Finanziert werden Regionalverbände in Baden-Württemberg über eine Verbandsumlage und durch Landeszuschüsse; in Bayern erfolgt die Finanzierung über Zuweisungen der Regierung des Freistaates.

Regionalverbände dienen nach dem Verständnis der betreffenden Landesregierungen nicht nur der Formulierung großräumiger Ziele der Raumordnung und Landesplanung und der Erfassung und Analyse regionsspezifischer Entwicklungsprobleme, sondern auch der vor allem in verstädterten Regionen als notwendig erachteten Koordinierung von Einzelplanungen. Gerade dieser Funktion begegnen die Umlandgemeinden von Kernstädten jedoch häufig mit Skepsis und Ablehnung. Im Münchener Raum haben die nur begrenzten Zuständigkeiten des Regionalen Planungsverbandes, veränderte Anforderungen und Abhängigkeiten zwischen Kernstadt und Umland und die auch in anderen Planungsregionen zu beobachtende zunehmende Diskrepanz zwischen administrativen Regionsgrenzen und tatsächlichem Verflechtungsraum in den 90er Jahren dazu geführt, dass sich neben der „traditionellen Organisation der Regionalplanung" auch neue und informelle Formen der Kooperation entwickelt haben. Für „neue Formen bilateraler Zusammenarbeit zwischen Kernstadt und Umlandgemeinden"[87] spricht sich auch der Oberbürgermeister der Stadt München aus. Gleichzeitig wird jedoch eine Stärkung des Regionalen Planungsverbandes und seiner Management- und Kontrollfunktionen gefordert. Der Verband habe sich „trotz mangelnder Kompetenzen als Plattform des Stadt-Umland-Dialoges und als Planungsinstrument bewährt"[88]. Die Schaffung eines Regionalparlaments nach dem Vorbild des Verbandes Region Stuttgart und mit der Befugnis, Zielvorgaben für die gesamte Region rechtsverbindlich zu beschließen, wird deshalb als wünschenswert und langfristig anzustrebendes Ziel bezeichnet, das jedoch gegenwärtig politisch nicht durchsetzbar sei[89].

---

[87] *Landeshauptstadt München, Referat für Stadtplanung und Bauordnung*, Perspektive München, Bd. 1, München 1995, S. 101.
[88] Zit. nach *Friederike Kegel*, Umland fürchtet Politik des goldenen Zügels, in: Demokratische Gemeinde, 1995, H. 9, S. 12.
[89] Ebenda.

2.2.2   Mehrzweck-Pflichtverbände

2.2.2.1   Kommunalverband Ruhrgebiet (KVR)

Der Kommunalverband Ruhrgebiet (KVR), der über das größte Verbandsgebiet in Deutschland verfügt, und die beiden nachfolgend dargestellten Zweckverbände „Großraum Hannover" und „Großraum Braunschweig" teilen zwei Gemeinsamkeiten: Sie sind Nachfolger von Verbänden, die ursprünglich mit wesentlich mehr Kompetenzen ausgestattet waren, und sie sind gegenwärtig wieder Gegenstand von Reorganisationsüberlegungen.

Vorgänger des KVR war der bereits 1920 „zur Sicherung einer einheitlichen Planung ... im dichtbesiedelten und stark industrialisierten Ruhrgebiet"[90] eingerichtete Siedlungsverband Ruhrkohlenbezirk (SVR). Dieser Verband war mit umfangreichen Kompetenzen ausgestattet und „sollte unabhängig von den Gemeinde- und Kreisgrenzen langfristige Siedlungspolitik betreiben, sich um die überörtlichen Verkehrsprobleme bemühen und Frei- und Reserveflächen der Region sichern ... . Von 1950 bis 1975 war der Verband ... auch Träger der Regionalplanung für sein Gebiet und besaß bis 1979 ... Bebauungsplankompetenz."[91]

Der Strukturwandel des Ruhrgebiets und der damit verbundene Rückgang seiner Sonderstellung werden zusammen mit den Folgen der Gebietsreform von 1975 – wesentliche Reduzierung der Zahl der kreisfreien Städte und Kreise im Verbandsgebiet und dadurch Stärkung ihrer Verwaltungskompetenz – und der Übertragung der Regionalplanung auf die Regierungsbezirke als die maßgeblichen Ursachen dafür gesehen, dass der SVR 1979 in den Kommunalverband Ruhrgebiet umgestaltet wurde[92]. Dieser sowohl räumlich als auch nach seinen Aufgaben neu strukturierte Verband wurde als „spezialgesetzlicher Zweckverband für einen polyzentrischen Verdichtungsraum"[93] in der Rechtsform einer Körperschaft des öffentlichen Rechts konzipiert. Mitglieder sind die elf kreisfreien Städte und vier Kreise des Ruhrgebiets.

Aufgabenschwerpunkte des Verbandes sind Dienstleistungen im Bereich des Umweltschutzes und der Landschaftspflege für die Verbandsmitglieder sowie Öffentlichkeitsarbeit für das Ruhrgebiet als Verbandsgebiet. Bekanntestes Beispiel hierfür ist die Anfang der 90er Jahre durchgeführte internationale Werbekampagne, die mit den Slogans „Das Ruhrgebiet. Ein starkes Stück Deutschland" und „The Ruhr. The driving force of Gemany" um Investoren warb. Neben diesen Aufgaben ist der KVR zuständig für die Einrichtung und den Betrieb von Freizeitanlagen mit überörtlicher Bedeutung (Revierparks und Freizeitzentren), die Abfallbeseitigung (über die 100-prozentige KVR-Tochter Abfallbeseitigungs-Gesellschaft Ruhrgebiet mbH,

---

90   *Günter Seele*, S. 103.
91   *Hinrich Lehmann-Grube*, S. 35.
92   Ebenda.
93   *Frido Wagener*, S. 428.

AGR) sowie die Durchführung vermessungstechnischer und kartographischer Arbeiten. Organe des Verbandes sind die Verbandsversammlung, der Verbandsausschuss und der Verbandsdirektor. Die Verbandsversammlung setzt sich aus 43 Delegierten der Vertretungskörperschaften der Verbandsmitglieder mit vollem Stimmrecht sowie weiteren Personen mit Beraterstatus zusammen. Zu diesen Beratern zählen die Hauptverwaltungsbeamten der Mitgliedskörperschaften, Vertreter der staatlichen Mittelinstanzen (Bezirksplanungsräte) sowie Repräsentanten der im Verbandsgebiet tätigen Arbeitgeber- und Arbeitnehmerorganisationen. Dem Verbandsausschuss als Gremium zur Vorbereitung der Entscheidungen der Verbandsversammlung gehören der Vorsitzende der Verbandsversammlung und 14 weitere Mitglieder an. Anders als die meisten der bisher dargestellten Verbände besitzt der KVR einen relativ großen eigenen Verwaltungsapparat, für dessen Leitung ein Verbandsdirektor und mehrere Beigeordnete zuständig sind.

Der KVR erhebt von seinen Mitgliedskörperschaften eine Verbandsumlage[94]. Bei der jedes Jahr erfolgenden Neufestsetzung sind mehrere Faktoren zu berücksichtigen: allgemein die sonstigen Einnahmen des Verbandes (aus staatlichen Zuweisungen, Liegenschaftsverwaltung usw.), für den Einzelfall die finanzielle Leistungsfähigkeit der Mitgliedskörperschaften sowie der Umfang, in dem bestimmte „Einrichtungen des Verbandes ausschließlich, in besonders großem oder in besonders geringem Maße einzelnen Mitgliedskörperschaften zugute kommen"[95].

Der KVR nimmt in Deutschland als multifunktionaler Verwaltungsträger für einen polyzentralen Verdichtungsraum eine Sonderstellung ein. Das Verhalten seiner Großstadt-Mitglieder war und ist nicht immer durch Solidarität geprägt; das Verbandsgebiet ist sehr groß (mehr als 4 400 km^2) und überschneidet sich mit den Zuständigkeitsgrenzen mehrerer staatlicher Mittelbehörden (von drei Regierungsbezirken und zwei Landschaftsverbänden). Diese problematische Situation, aber auch Veränderungen auf Seiten der Kommunalpolitiker der Ruhrgebietsstädte haben dazu geführt, dass anläßlich des 75-jährigen Bestehens von KVR und SVR im Jahre 1995 die weitere Entwicklung des Verbandes vielfach kritisch in Frage gestellt wurde. Die Äußerungen und Vorschläge reichten von Auflösung bis Aufwertung. Diejenigen, die für eine Auflösung plädierten, verwiesen darauf, dass dem KVR in den vergangenen Jahrzehnten „die harten Verwaltungskompetenzen" entzogen worden seien und das Ruhrgebiet über staatliche Mittelbehörden und Sonderverwaltungen „in beträchtlichem Umfang fremdbestimmt" werde[96]. Sie votierten daher für eine radikale Reform der so genannten Mittelebene und die Überführung der bisherigen Regierungsbezirke, Landschaftsverbände und des Kommunalverbandes in vier Verwaltungsbezirke landesweit. Andere sprachen sich für eine Privatisierung der

---

[94] Die Höhe dieser Verbandsumlage lag 1995 bei 67 Millionen DM.
[95] *Beate Zielke*, S. 79.
[96] Zit. nach *Hendrik Zörner*, Mutter aller Verbände steckt in der Sinnkrise, in: Demokratische Gemeinde, 1995, H. 9, S. 13.

214

lukrativen Teilbereiche des Verbandes aus. Danach sollten einzelne „Dienstleistungen und Tochterunternehmen des Verbandes, wie die Revierpark GmbHs ... in selbständige Gesellschaften überführt ... , die Imagekampagne ... einer Werbeagentur übertragen werden"[97]. Ein Verkauf der Abfallbeseitigungs-Gesellschaft Ruhrgebiet mbH (AGR) wurde gleichfalls für denkbar erachtet. Für Dritte ist der Verlust hoheitlicher Funktionen in der Vergangenheit kein Nachteil, sondern vielmehr eine Chance für die künftige Rolle des KVR: „als Ideengeber, Moderator, Dienstleistungsanbieter"[98]. Schwerpunkte werden dabei in der Erarbeitung von Leitbildern für die Region, der Hilfe bei der Planung gemeindeübergreifender Flächen und der Formulierung von Ideen und Lösungsvorschlägen zur Bewältigung anstehender Verkehrsprobleme gesehen. Eine von SPD-Politikern gebildete Initiative sprach sich schließlich Anfang 1997 in einem „KVR 2000" genannten Positionspapier für eine Neuordnung der mittleren Ebene und eine Bündelung aller regionalplanerischen Kompetenzen für das Ruhrgebiet bei einem zur zentralen Bezirksplanungsbehörde aufgewerteten KVR aus. Im Einzelnen sollte der KVR danach „regionale Verantwortung in den Bereichen Flächennutzung und Regionalplanung, Verkehrsmanagement, Landschaft, Kultur und Kulturwirtschaft, Freizeit und Tourismus, Telekommunikation, Forschung und Entwicklung, Abfallwirtschaft, regionales Standortmarketing und Öffentlichkeitsarbeit übernehmen"[99]. Vorgesehen war auch, die Finanzierung des KVR auf eine breitere Basis zu stellen und neben die bestehende Umlagefinanzierung Erträge aus dem Eigenkapital des Verbandes wie auch „in Ausnahmefällen ... Projektfinanzierungen aus ... Zuweisungen des Landes"[100] treten zu lassen.

Diesen Aufwertungsüberlegungen stehen die von der nordrhein-westfälischen Landesregierung im Rahmen der beabsichtigten Verwaltungsstrukturreform Anfang 1999 geäußerten Vorstellungen diametral gegenüber. Der KVR soll danach personell „verschlankt" werden, allein strategische, in ihren Inhalten noch nicht weiter präzisierte Aufgaben wahrnehmen sowie Anfang 2000 in eine „Agentur Ruhr" überführt werden. Wie sich diese Agentur in die für Nordrhein-Westfalen geplanten, die bestehenden Bezirksverwaltungen, Landschaftsverbände und Sonderbehörden ersetzenden fünf oder sechs Dienstleistungszentren einfügen soll, ist gegenwärtig noch eine ungeklärte Frage.

---

97 *Roland Kirbach*, Kein Grund zum Feiern, in: Die Zeit vom 28.4.1995, S. 17.
98 So der frühere Verbandsdirektor *Jürgen Gramke* im Gespräch „Regierungsbezirke sind völlig überflüssig", in: Demokratische Gemeinde, 1994, H. 4, S. 33.
99 Zit. nach *Detlef B. Lange*, KVR-Reform – Kirchenglocken tiefer hängen, in: Sozialdemokratische Gemeinde, 1997, H. 3, S. 35.
100 Ebenda.

2.2.2.2 Die Zweckverbände „Großraum Hannover" und „Großraum Braunschweig"

Beide Verbände sind ebenso wie der KVR aus anderen Verbänden hervorgegangen: aus den beiden Verbänden „Großraum Hannover" und „Großraum Braunschweig". Der „Verband Großraum Hannover" war bereits 1962 als regionaler Planungsverband mit einigen zusätzlichen Vollzugskompetenzen gegründet und im Zuge der Gebietsreform 1974 „zu einem Kommunalverband mit einigen gebietskörperschaftlichen Strukturelementen"[101] wie der Direktwahl der Verbandsversammlung ausgebaut worden. Der Verband blieb weiter Träger der Regionalplanung, hatte mehrere ausschließliche Zuständigkeiten auf dem Gebiet des eigenen und übertragenen Wirkungskreises wie Bodenbevorratung, Landschaftsschutz, ÖPNV usw. und stellte darüber hinaus Fachpläne für den Bereich der sozialen und technischen Infrastruktur auf[102]. Gleichzeit mit dieser Kompetenzerweiterung wurden jedoch die vier früher an Hannover angrenzenden Landkreise zu einem Ringkreis zusammengelegt, der nun das neben der Kernstadt zweite Verbandsmitglied war.

„Der Verband ‚Großraum Hannover' war (zwar) lange Zeit die bekannteste und rechtlich ausdifferenzierteste Stadt-Umland-Verwaltung der Bundesrepublik"[103], mit der Stärkung seiner Zuständigkeiten, die mit einer organisatorischen Stärkung von Stadt und Landkreis einherging, hatte man jedoch „einen Dauerkonflikt organisiert"[104]. Inhaltliche Kompetenzstreitigkeiten und mehrere Prozesse zwischen dem Verband und seinen beiden Mitgliedern (Stadt und Landkreis Hannover) führten dazu, dass der „Verband Großraum Hannover" 1980 von der Landesregierung aufgelöst und ein neuer „Zweckverband Großraum Hannover" gegründet wurde.

Bei dem 1973 gleichfalls als Träger der Regionalplanung eingerichteten und mit einem breiten Spektrum (potenzieller) Kompetenzen ausgestatteten „Verband Großraum Braunschweig" kam es – wenn auch aus anderen Gründen – zu einem ähnlichen Verlauf. Veränderte politische Schwerpunktsetzungen einer neuen Landesregierung führten hier bereits 1976 dazu, dass mit dem Argument der Vereinfachung des Verwaltungsaufbaus und einer Stärkung von Kommunalpolitik und kommunaler Selbstverwaltung eine Auflösung des Verbandes vorgeschlagen wurde[105]. Diese wurde 1978 zunächst ersatzlos vollzogen. Erst Anfang 1992 wurden die kreisfreien Städte und Landkreise des Verbandes mit starker Unterstützung des damaligen

---

[101] *Günter Seele*, S. 96.
[102] Ebenda.
[103] *Frido Wagener*, S. 427.
[104] Ebenda.
[105] *Christoph Mecking*, S. 243.

niedersächsischen Innenministers im neuen „Zweckverband Großraum Braunschweig" zusammengeschlossen[106].

Beide neu geschaffenen Zweckverbände sind Träger der Regionalplanung und für den öffentlichen Personennahverkehr (im Braunschweiger Fall nur Mitwirkung bei dessen Planung) in ihrem Verbandsgebiet zuständig; sie sind zusätzlich auch untere Landesplanungsbehörde. Dem „Zweckverband Großraum Hannover" wurden von seinen Mitgliedern darüber hinaus regionalbedeutsame Maßnahmen der Industrie- und Gewerbeansiedlung und der Wirtschaftsförderung wie auch die Trägerschaft für einige Erholungseinrichtungen übertragen. Die Verbandsversammlung des „Zweckverbandes Großraum Braunschweig" votierte hingegen zunächst dafür, „lediglich die gesetzlichen Aufgaben des ... Verbandes zu erfüllen"[107].

Die Organe der beiden Verbände sind wie auch beim Kommunalverband Ruhrgebiet Verbandsversammlung (aus Mitgliedern der Vertretungskörperschaften der Verbandsmitglieder), Verbandsausschuss und Verbandsdirektor. Zusätzliche Mitglieder mit Beraterstatus sind hier jedoch nicht für die Verbandsversammlung, sondern für den Verbandsausschuss vorgesehen. Beide Verbände erheben eine Verbandsumlage. Diese Umlage deckt beim „Zweckverband Großraum Hannover" 80 Prozent des Haushalts und ist wie auch in Braunschweig mit einem bestimmten Prozentsatz an die Steuerkraftzahlen und Schlüsselzuweisungen der Kernstadt (im Falle Braunschweig der kreisfreien Städte) und die Kreisumlage des Landkreises gebunden. 1995 beliefen sich die Anteile von Kernstadt und Landkreis auf 58 Prozent beziehungsweise 42 Prozent[108].

Die Entwicklung der beiden Verbände zeigt, dass ein breites Spektrum von Kompetenzen und – im Falle des „Verbandes Großraum Hannover" – eine selbstbewusste, da direkt gewählte Verbandsversammlung zu Konflikten mit den Mitgliedskörperschaften führen oder – wie im Falle von Braunschweig – auch auf politisch motivierte Ablehnung stoßen können. „Die politisch-administrative Bewältigung der Probleme in den Verdichtungsräumen" erfordert nach Frido Wagener zwar exzeptionelle Lösungen, deren Tragfähigkeit ist allerdings, so scheint es, in der Regel nur von begrenzter Dauer. Es überrascht daher nicht, dass im Raum Hannover gegenwärtig erneut eine Reorganisation vorhandener Kooperationsstrukturen geplant ist (vgl. Kapitel II. 3.2.2.3). Verbandsinterne Spannungen, hierfür ist der „Zweckraum Großraum Braunschweig" ein Beispiel, hängen auch in starkem Maße von der Struktur der Verbandsmitglieder ab: ländliche vs. städtische Regionen, konkurrierende Kernstädte und deren spezifische Interessen usw.

---

[106] *Arnim Plett*, Neugründung mit Problemen, in: Kommunalpolitische Blätter, 1993, H. 1, S. 64 ff.
[107] Ebenda.
[108] *Deutscher Städtetag (Hrsg.)*, Entwurf eines Arbeitspapiers zum „Interkommunalen Handeln", S. 17.

2.2.3 Mehrzweckverbände mit gebietskörperschaftlichen Elementen

2.2.3.1 Der Umlandverband Frankfurt am Main[109]

Der Gegensatz von abstrakter Kooperationsnotwendigkeit und konkreten Kooperationsproblemen wird im Rhein-Main-Gebiet, dessen zentraler Bereich vom Umlandverband Frankfurt (UVF) abgedeckt wird, besonders deutlich. Deshalb und auch weil dieser Verband über lange Zeit als die „in der Bundesrepublik wohl am weitesten entwickelte Stand-Umland-Regelung"[110] galt, fällt die Darstellung dieses Verbandes und seiner Rahmenbedingungen etwas breiter aus als die anderer Verbandsformen.

Das im Zentrum der Bundesrepublik Deutschland gelegene Rhein-Main-Gebiet ist nach Rhein-Ruhr und Berlin der drittgrößte deutsche Ballungsraum und gilt vielen als *das* bundesdeutsche Wirtschafts- und Finanzzentrum. Funktionsräumlich ist dieses Gebiet eine Einheit; eine einheitliche Verwaltungsorganisation gibt es allerdings nicht. Seine räumliche Ausdehnung ist überdies nicht eindeutig definiert. „Ballungsgebiet Rhein-Main", „Verdichtungsraum Rhein-Main", „Region Frankfurt", „Stadtregion Frankfurt/Offenbach" oder „Aktionsraum Frankfurt"[111], jede dieser Bezeichnungen steht für einen anderen Gebietszuschnitt, mit anderen Dimensionen, Einwohnerzahlen usw.

Anders als die monozentrisch strukturierten Räume Hamburg, München und Berlin weist das Rhein-Main-Gebiet mit seinen drei Millionen Einwohnern und etwa 1,6 Millionen Beschäftigten (mit quantitativen Abweichungen, die je nach Gebietsdefinition positiv oder negativ ausfallen) eine polyzentrische Struktur auf, in der allerdings die Stadt Frankfurt infolge ihrer herausragenden wirtschaftlichen Stärke und auch Größe eindeutige Dominanz besitzt. Weitere Oberzentren in der Region sind die beiden Landeshauptstädte Mainz (Rheinland-Pfalz) und Wiesbaden (Hessen) sowie Darmstadt und Offenbach.

Im internationalen Vergleich ist Frankfurt mit knapp 650 000 Einwohnern und einer Fläche von etwa 250 km^2 eine relativ kleine Stadt. Seine wirtschaftliche Potenz, die auf spezifischen historischen Voraussetzungen, Kriegsfolgen (Zweiter Weltkrieg), zentraler Lage und ausgezeichneter Verkehrs- und Kommunikationsinfrastruktur beruht, hat der Stadt jedoch zu einer über die Grenzen Deutschlands und Europas hinausgehenden Bedeutung verholfen. Kennzeichnende Merkmale der Frankfurter Wirtschaft sind „ihre starke Weltmarktorientierung, ihr hoher interna-

---

[109] Beim folgenden Beitrag handelt es sich im Wesentlichen um komprimierte Ausschnitte aus: *Werner Heinz*, Ansätze interkommunaler Kooperation: Frankfurt und die Rhein-Main-Region, in: Archiv für Kommunalwissenschaften, 1997, H. I, S. 73 ff.

[110] *Heinz Münzenrieder*, Stadt-Umland-Verbände als kommunale Regelinstitutionen, in: Bayerisches Verwaltungsblatt, 1995, H. 2, S. 43.

[111] *Jochen Schulz zur Wiesch*, Regionalplanung in Hessen, Stuttgart 1977, S. 76.

tionaler Verflechtungsgrad ..., eine zunehmende Konzentration von Entscheidungsspitzen (Hauptverwaltungen, Dachverbänden usw.) und der hohe, über 70 Prozent liegende Anteil des tertiären Sektors"[112]. Zentraler Wirtschaftsfaktor Frankfurts ist der die räumliche Struktur und Gestalt der Stadt (Hochhausbauten) maßgeblich bestimmende Finanzsektor: In der Stadt sind mehr als 400 Kreditinstitute vertreten, davon sind über 60 Prozent aus dem Ausland. Als fast ebenso bedeutend wird der Flughafen eingeschätzt; an dritter Stelle stehen Handel und Messewesen.

Anhaltendes Wirtschaftswachstum, eindeutige Präferenzen der produktivsten und damit auch zahlungskräftigsten Nutzungen für die Kernstadt und damit einhergehende Miet- und Bodenpreissteigerungen führten in den 60er und 70er Jahren zu tiefgreifenden funktionalen Entmischungsprozessen und – angesichts der enggezogenen Stadtgrenzen – zu immer stärker werdenden funktionalen Verflechtungen der Stadt mit ihren Umlandgemeinden. Frankfurt wurde damit, nach Ansicht damaliger Beobachter, zum Zentrum einer zwar politisch-administrativ nicht existenten, jedoch faktisch bestehenden, sämtliche Umlandgemeinden einbeziehenden „Regionalstadt".

Die starke funktionale Verflechtung Frankfurts mit seinem Umland, damit deutlich zunehmende Koordinationsnotwendigkeiten und die für Hessen vorgesehene kommunale Gebietsreform führten ab den frühen 70er Jahren zur Formulierung unterschiedlicher Vorschläge aus dem politischen Raum zur administrativen Neuordnung der Frankfurter Stadtregion. Diskussionbestimmend waren Ansätze, die gegenwärtig (das heißt ein Vierteljahrhundert später) erneut an Relevanz gewinnen: das „Regionalstadt-Modell" des damaligen Oberbürgermeisters Möller, das „Stadtkreismodell" der CDU und der von Landräten und Hessischem Gemeindetag favorisierte „Stadtverband" (zu diesen gebietskörperschaftlichen Ansätzen vgl. S. 232 ff.). Kompromissfähig unter den vorgeschlagenen Ansätzen war jedoch allein eine Verbandslösung, wobei der Typus des von der SPD favorisierten Mehrzweck-Pflichtverbandes als Leitbild diente[113] – mit Gewährleistung der kommunalen Selbständigkeit der Städte, Gemeinden und Kreise bei gleichzeitiger Etablierung einer möglichst engen Kooperation zur Lösung anstehender Probleme. Eine breite Meinungsvielfalt sowie unterschiedliche Interessen der Akteure führten zu einem langwierigen und kontroversen, mit mehrfachen Änderungen des Gesetzentwurfes einhergehenden Entscheidungsprozess. Das Ergebnis – Einrichtung des Umlandverbandes Frankfurt als Mehrzweck-Pflichtverband am 1. Januar 1975 – war damit von Anfang an ein Kompromiss.

---

112 *Werner Heinz*, Stadtentwicklung und Strukturwandel, Stuttgart 1990, S. 123.
113 *Dietrich Fürst u.a.*, Regionalverbände im Vergleich: Entwicklungssteuerung in Verdichtungsräumen, Baden-Baden 1990, S. 37.

Verbandsmitglieder sind die kreisfreien Städte Frankfurt und Offenbach sowie 41 kreisangehörige Städte und Gemeinden und „sechs Landkreise, von denen drei vollständig, die anderen nur mit einem Teilgebiet dem Verband angehören"[114]. Ausschlaggebend für diesen Zuschnitt, der deutlich von den Grenzen der Region Frankfurt abweicht und wesentliche Teile ihres Nordostens ausspart, waren „politische Zweckmäßigkeitsüberlegungen und nicht Kriterien der Raumordnung und Landesplanung"[115].

Zentrales Ziel des UVF sind nach § 1 des „Gesetzes über den Umlandverband Frankfurt" die „Förderung und Sicherung einer geordneten Entwicklung des Verbandsgebietes". Zur Erreichung dieses Zieles ist dem Verband ein breites Spektrum an Aufgaben übertragen worden. Unter den so genannten echten Kompetenzen nehmen überörtliche Planungsaufgaben wie Aufstellung von Flächennutzungsplan, Generalverkehrsplan und Landschaftsplänen eine vorrangige Rolle ein. Hierzu zählen aber auch Bodenbevorratung, Wasserversorgung, überörtliche Wasserbeseitigung sowie Betrieb von Abfallbeseitigungsanlagen, Schlachthöfen und Freizeit- und Erholungszentren. Neben diesen echten Kompetenzen besitzt der Verband auch mehrere Mitwirkungs-, Koordinations- und Beratungskompetenzen wie Mitwirkung bei der Planung des ÖPNV, Abstimmung energiewirtschaftlicher Interessen und überörtliche Aufgaben des Umweltschutzes, Standortberatung und -werbung auf dem Gebiet der Wirtschaftsförderung sowie Abstimmung der Interessen der kommunalen Krankenhausträger[116]. Die Regionalplanung fällt nicht in den Kompetenzbereich des UVF; für sie ist der Regierungspräsident als staatliche Mittelbehörde zuständig.

Organe des Verbandes sind der Verbandstag, der Verbandsausschuss und die Gemeindekammer. Diese Organe und deren Bezeichnung machen deutlich, dass der Gesetzgeber keinen herkömmlichen Zweckverband schaffen wollte, sondern die Organisation kommunaler Gebietskörperschaften zum Vorbild nahm. Die 105 Abgeordneten des Verbandstages werden daher, anders als bei den bisher dargestellten Verbänden, seit 1977 unmittelbar gewählt. Ihre Zahl orientiert sich an den Bevölkerungsanteilen der fünf Wahlkreise. Damit stellen Frankfurt und Offenbach fast die Hälfte aller Abgeordneten. Der dem Magistrat in hessischen Großstädten entsprechende Verbandsausschuss ist die Verwaltungsbehörde des Umlandverbandes. Er wird vom Verbandstag gewählt und besorgt die laufenden Geschäfte der Verwaltung. In der Gemeindekammer sind die verbandsangehörigen Städte und Gemeinden unmittelbar – und zwar unabhängig von ihrer Größe mit je einem Vertreter und einer Stimme – vertreten[117]. Die Einrichtung dieses Organs war aus verfas-

---

[114] *Günter Seele*, S. 100.
[115] Ebenda.
[116] *Dietrich Fürst u.a.*, S. 35, sowie Gesetz über den Umlandverband Frankfurt vom 11. September 1994, § 3 Abs. 1.
[117] *Beate Zielke*, S. 71.

sungsrechtlichen Gründen erforderlich, da der Verband für die Flächennutzungsplanung, eine Aufgabe der grundgesetzlich garantierten kommunalen Selbstverwaltung, zuständig ist, die Gemeinden im Verbandstag jedoch nicht als Institution vertreten sind.

Die Finanzierung des Verbandes setzt sich wie auch bei anderen Verbänden neben Gebühren (ab 1990) und Beiträgen vor allem aus der jährlich festzulegenden Verbandsumlage zusammen, die von den verbandsangehörigen Städten und Gemeinden erhoben wird. Die Kreise sind wie bei den Nachbarschaftsverbänden in Baden-Württemberg nicht umlagepflichtig. Die Höhe der Umlage bemisst sich nach Einwohnerzahl und Wirtschaftskraft einer Gemeinde. Die Stadt Frankfurt muss daher – obwohl dies nicht ihrer Einwohnerzahl entspricht – mehr als die Hälfte des Verbandshaushaltes zahlen. Seit der Verbandsgründung im Jahre 1975 stieg die Verbandsumlage kontinuierlich an. Betrug sie anfangs 50 Pfennig je Einwohner, so belief sich dieser Betrag 1997 auf 18,36 DM.

In seiner mehr als 20-jährigen Geschichte hat sich der Umlandverband Frankfurt nach Ansicht von Beobachtern im Planungsbereich, das heißt dem Zweckverbandsteil des Verbandes, beachtliche Kompetenzen und Autorität erworben. Als erfolgreich gelten auch die Beratungs- und Moderationsfunktionen des UVF. In nahezu allen anderen Bereichen, in denen der Verband als Gebietskörperschaft fungiert, ist er ein „zahnloser Tiger" geblieben. Sein Um- und Durchsetzungspotential – dies hat sich insbesondere bei den Trägerschaftsaufgaben gezeigt – ist nur gering: zum einen wegen der durch etablierte kommunale Interessen gesetzten Grenzen und zum anderen in Ermangelung eigener Ressourcen und Tauschpotentiale, wie z.B. von finanziellen Mitteln, Grundstücken und Genehmigungsrechten. Anfang 1999 ist dem UVF nach länger anhaltenden Auseinandersetzungen mit der Gründung der Rhein-Main-Abfall GmbH die Abfallentsorgung entzogen worden; die Zahl der Mitarbeiter sank damit auf weniger als 50 Prozent.

Häufig wiederkehrender Kritikpunkt beim UVF ist auch der räumliche Zuschnitt des Verbandsgebietes, der aktuellen innerregionalen Bezügen und Verflechtungen immer weniger Rechnung trägt. Der allgemein betonte und sich im Kontext einer fortschreitenden Europäisierung und Internationalisierung wie auch veränderter Wettbewerbsbedingungen vollziehende Relevanzgewinn der Regionen trifft in besonderem Maß auf die Region Rhein-Main zu. Wachsende Verflechtungen und veränderte Standortpräferenzen haben dazu geführt, dass immer weniger allein die Kernstadt Frankfurt, sondern immer stärker die gesamte Region mit anderen nationalen und internationalen Verdichtungsräumen im Wettbewerb steht. Gleichzeitig haben mehrere Entwicklungen in der Region (zunehmende Verstädterung der Umlandgemeinden und Prosperitätsgewinne durch Ansiedlung attraktiver und innovativer Arbeitsplätze wie auch Zuzug einkommensstarker Schichten) zu einer Gewichtsverschiebung bei Wirtschafts- und Steuerkraft zuungunsten der Kernstadt Frankfurt geführt.

Diese veränderten Bedingungen waren zusammen mit den kritisierten Unzulänglichkeiten des UVF seit den frühen 90er Jahren immer wieder Anlass für die Formulierung von Reformen und Lösungsvorschlägen, die auf eine verbesserte regionale
Zusammenarbeit zielten. Die Gesprächsinitiative ging zunächst von den Wirtschaftsverbänden und den großen Tageszeitungen der Region aus. Zentrale Verbes-
serungsvorschläge kamen aus dem Bereich der Stadt- und der Verbandsverwaltung
und reichten von der Einrichtung eines neuen, dem tatsächlichen Verflechtungsbe-
reich der Region Rechnung tragenden und mit seinen Kompetenzen an den aufgelösten Siedlungsverband Ruhrkohlenbezirk erinnernden Regionalverbandes bis zu
einem, mit einer umfassenden Verwaltungsstrukturreform in der Region verbundenen Regionalkreis-Ansatz. Reaktionen aus dem politischen Raum, vor allem auf
den letztgenannten Reformvorschlag scheinen allerdings die in früheren Jahren ge-
äußerte Skepsis des heutigen Verfechters dieser Kooperationsform zu bestätigen,
dass solche Ansätze wie auch schon ihre Vorläufer in den frühen 70er Jahren „im
Sperrfeuer lokalpolitischer Interessen liegenbleiben"[118].

Diesen Reformvorschlägen ist mit der Koalitionsvereinbarung der im Frühjahr
1999 angetretenen Hessischen Landesregierung (CDU/FDP) zunächst ein Ende bereitet worden: „Der Umlandverband Frankfurt (UVF) wird aufgelöst, die verbliebe-
nen Aufgaben sollen kommunale Zweckverbände oder Gesellschaften übernehmen."[119] Verbandsauflösung und Begründung erinnern an einen ähnlichen Vorgang: die Auflösung des „Verbandes Großraum Braunschweig"; allerdings hat diese
1978, das heißt vor 21 Jahren, stattgefunden.

2.2.3.2 Verband Region Stuttgart

Der im Oktober 1994 als öffentlich-rechtliche Körperschaft mit dem Recht der
Selbstverwaltung gegründete Verband Region Stuttgart ist der gegenwärtig jüngste
mehrzweckorientierte kommunale Zusammenschluss in einem großen Verdichtungsraum. Der bis dahin im polyzentrischen Verbandsgebiet tätige Regionalverband Stuttgart (früher Mittlerer Neckar) ging im neuen Verband auf; der für den
Kernbereich des Regionalverbandes zuständige Nachbarschaftsverband sowie zwei
Zweckverbände wurden aufgelöst[120]. Rechtsgrundlage des Verbandes Region Stuttgart ist das vom Landtag Baden-Württemberg im Februar 1994 verabschiedete „Gesetz über die Stärkung der Zusammenarbeit in der Region Stuttgart". Maßgeblichen

---

[118] *Jörg Jordan,* früherer Hessischer Landesentwicklungsminister, zit. nach Frankfurter Rundschau vom 18.2.1995.
[119] *Matthias Bartsch,* Die Koalitionsvereinbarung, in: Frankfurter Rundschau vom 20.3.1999;
ders., Aus für das UVF-Parlament, in: Frankfurter Rundschau vom 13.7.1999.
[120] *Bernd Steinacher und Claudia Geiser,* Interkommunales Handeln in der Region Stuttgart,
in: Der Städtetag, 1997, H. 4, S. 256.

Anteil an der Errichtung des Verbandes hatte eine 1991 aus Vertretern des Landes, der Kreise und der Kommunen wie auch der Wirtschaft des Verdichtungsraumes zusammengesetzte Regionalkonferenz. Mit dem Ziel, die Hauptstadtregion Stuttgart im Wettbewerb der Regionen zu stärken, hatte diese verschiedene Organisationsformen diskutiert und schließlich für einen Kommunalen Umlandverband votiert, der ähnlich wie der Umlandverband Frankfurt auch für die Flächennutzungsplanung zuständig sein sollte. Infolge des Widerstandes der betroffenen Gemeinden nahm man von diesem Vorschlag jedoch bald wieder Abstand ebenso wie von der Variante Einrichtung eines Regionalkreises, die vom ehemaligen Stuttgarter Oberbürgermeister Rommel als „Maßanzug für den mittleren Neckarraum"[121] favorisiert worden war.

Mitglieder des Verbandes Region Stuttgart sind die Landeshauptstadt Stuttgart und die umliegenden Landkreise Böblingen, Esslingen, Göppingen, Ludwigsburg und Rems-Murr[122]. Nach der gesetzlich fixierten Zielsetzung soll mit dem Verband „die Position der Region Stuttgart im europäischen und internationalen Wettbewerb ... gestärkt werden". Hierzu „soll die regionale Zusammenarbeit ... verbessert werden, um auch die sich verschärfenden Stadt-Umland-Probleme zu lösen und die damit verbundenen regionalbedeutsamen Aufgaben zielgerichtet zu erfüllen"[123]. Als Pflichtaufgaben wurden dem Verband daher übertragen: Trägerschaft der Regionalplanung, Aufstellung und Fortschreibung des Landschaftsrahmenplans, Regionalverkehrsplanung, regionalbedeutsamer öffentlicher Personennahverkehr (seit 1996 Trägerschaft der S-Bahn), Teilbereiche der Abfallentsorgung, Trägerschaft und Koordinierung regionalbedeutsamer Wirtschaftsförderung und des regionalen Tourismusmarketing[124]. Auf Beschluss seiner Mitglieder kann der Verband weitere freiwillige Aufgaben wie Messebeteiligungen sowie Trägerschaft und Koordinierung regionalbedeutsamer neuer Messen, Kongresse oder Kultur- und Sportveranstaltungen übernehmen. Auf ein spezifisches Recht des Verbandes wird vor allem in Pressemitteilungen hingewiesen; in seinen Selbstdarstellungen wird es erstaunlicherweise nur selten erwähnt: Es handelt sich dabei um das dem Verband zustehende Planungsgebot für die Region Stuttgart, wonach er die Träger der Bauleitplanung dazu verpflichten kann, ihre Bauleitpläne den Zielen der Raumordnung und Landesplanung anzupassen sowie Bauleitpläne aufzustellen, wenn dies zur Verwirklichung bestimmter regionalbedeutsamer Vorhaben erforderlich ist[125].

---

[121] Zit. nach *Alfred Behr*, Der Regionalverband soll helfen, der Region Stuttgart ihren Spitzenplatz zu sichern, in: Frankfurter Allgemeine Zeitung vom 30.9.1994.

[122] *Bernd Steinacher und Claudia Geiser*, S. 255.

[123] Ebenda, S 254.

[124] *Verband Region Stuttgart (Hrsg.)*, Verband Region Stuttgart im Überblick, Stuttgart o.J. (Manuskript), S. 2.

[125] Vgl. *Tim Philippi*, Interkommunale Zusammenarbeit (II), Gesetzliche Regelung für die Region Stuttgart, in: Standort – Zeitschrift für angewandte Geographie, 1995, H. 1, S. 36.

Hauptorgan des Verbandes ist die Regionalversammlung, deren Mitglieder wie beim Verbandstag des Umlandverbandes Frankfurt direkt gewählt werden. Für die Leitung des Verbandes ist eine Doppelspitze aus ehrenamtlichem Verbandsvorsitzenden und hauptamtlichem Regionaldirektor zuständig. Der Verband unterhält eine eigene Geschäftsstelle; für die Aufgaben Wirtschaftsförderung und Tourismus-Marketing wurde eine gesonderte Wirtschaftsförderung GmbH gegründet. Besonderen Wert misst der Verband eigenen Aussagen zufolge der horizontalen Kooperation mit unterschiedlichen gesellschaftlichen Gruppen in Form von Netzwerken bei.

Wie alle anderen bisher dargestellten Verbände verfügt auch der Verband Region Stuttgart über keine frei verfügbare eigene Finanzquelle. Zur Erledigung seiner Aufgaben ist er daher gleichfalls auf die Erhebung von Umlagen angewiesen: eine Nahverkehrsumlage von der Stadt Stuttgart und den in den Verkehrsverbund VVS integrierten Kreisen, eine Regionalumlage von sämtlichen Städten und Gemeinden des Verbandsgebietes sowie eine Umlage für die Abfallwirtschaft von den fünf Mitgliedskreisen und der Stadt Stuttgart. Darüber hinaus erhält der Verband Landeszuschüsse für seine Trägerschaft der Regionalplanung und für den ÖPNV-Bereich sowie Regionalisierungsmittel des Bundes[126].

Vier Jahre nach Aufnahme seiner Tätigkeit ist die Situation des Verbandes Region Stuttgart ambivalent. So wird in Baden-Württemberg einerseits die Frage gestellt, „ob ... weitere Regionen nach dem Modell Stuttgart entstehen können"[127]. Und auch in anderen bundesdeutschen Verdichtungsräumen werden der Verband und seine Arbeit als Vorbild oder Richtschnur für eigene Organisationsüberlegungen diskutiert. Gleichzeitig sieht sich der Verband jedoch einer Reihe von Problemen und Konflikten gegenüber, die zum Teil in seiner Konstruktion, zum Teil in den unterschiedlichen Interessen seiner Mitglieder begründet sind. Da der Verband nicht als regionale Gebietskörperschaft verfasst wurde, ist er in starkem Maße von seinen Mitgliedern abhängig; darüber hinaus besitzt er im institutionellen Nebeneinander verschiedener kommunaler und staatlicher Ebenen nur für wenige regionale Aufgaben die Alleinzuständigkeit. „Mischkompetenzen führen (jedoch)" – dies wird vor allem in den Bereichen Abfallwirtschaft und öffentlicher Personennahverkehr deutlich – „zu Reibungsverlusten und Konkurrenzverhalten"[128]. Der baden-württembergische Gemeindetag nimmt den Verband als Konkurrenten und als Bedrohung der kommunalen Selbstverwaltung wahr. Eine Ausweitung der Kompetenzen des Verbandes wird daher ebenso wie dessen Ausstattung mit eige-

---

[126] *Bernd Steinacher und Claudia Geiser*, S. 255.
[127] Ebenda, S. 257.
[128] *Bernd Steinacher*, Stärkung der Zusammenarbeit durch den Verband Region Stuttgart, Stuttgart 1998 (Manuskript), S. 14.

nen Steuermitteln oder umlageunabhängigen Finanzquellen kategorisch abgelehnt; favorisiert werden vielmehr aufgabenspezifische Zweckverbände[129] (vgl. Kapitel II. 2.2.1).

3. Formelle Ansätze – in Form neuer Gebietskörperschaften

Die im Folgenden dargestellten Kooperationsformen unterscheiden sich von den bisher diskutierten Ansätzen in zwei wesentlichen Aspekten: Sie sind kommunal verfasste Gebietskörperschaften, und sie verfügen über eigene Finanzmittel. Andere Merkmale wie demokratische Legitimation durch direkt gewählte Vertretungskörperschaften oder breites Aufgabenspektrum treffen hingegen auch auf einige der oben genannten Mehrzweck-Pflichtverbände zu.

Die Bildung neuer Gebietskörperschaften kann vereinfacht in zweierlei Form erfolgen: Im einen Fall findet der Zusammenschluss bestehender Gebietskörperschaften unter Auflösung der alten Einheiten statt (Bildung von Einheitsgemeinden, Regionalstadt-Ansatz), im anderen Fall bleiben diese – wenn auch mit veränderten Kompetenzen – bestehen (Gemeindeverbände, Regionalkreis usw.).

3.1 Gemeindezusammenschlüsse: Einheitsgemeinden, Eingemeindungen

Die gängigste Form zur Lösung von Stadt-Umland-Problemen war über Jahrzehnte die Eingemeindung von Randgemeinden[130]. Ziel von Eingemeindungen ist eine bessere Übereinstimmung von Verwaltungs- und funktionalen Verflechtungsräumen. Bis in die 20er Jahre dieses Jahrhunderts haben Eingemeindungen zu einem anhaltenden – Jahresringen vergleichbaren – Wachstum der Kernstädte in ihr Umland beigetragen.

Eine maßgebliche Rolle haben Eingemeindungen und Gemeindezusammenschlüsse zu neuen Gebietskörperschaften in den westdeutschen Flächenstaaten erneut im

---

[129] *Verband Region Stuttgart will mehr Macht und Geld*, in: Kommunalzeitschrift des Gemeindetages Baden-Württemberg, 1998, H. 9, S. 292.
[130] Vgl. *Günter Seele*, S. 85.

Übersicht 1:   Die wichtigsten Formen intraregionaler Kooperation in Stadtregionen in

Ansätze / Merkmale	Informelle	Formelle	
		Aufgabenspezifische Organisationseinheiten	Planungsverbände
Bezeichnung	Regionalkonferenzen, Netzwerke, Foren	Zweckverbände (Z) öffentlich-rechtliche Vereinbarungen (Ö - R)	Nachbarschaftsverbände (N) Regionalverbände (R)
Auslösende Faktoren	Diskussions- und Informationsbedarf in Bezug auf regionale Probleme, Erfordernis gemeinsamer Leitlinien	Gemeindegrenzenübergreifende Probleme und Aufgaben, Kompetenzbündelung, Effizienzsteigerung	Stadt-Umland-Probleme (N), übergemeindliche flächendeckende Planung im Landeskontext, Koordinierung von Einzelplanungen (R)
Initiatoren, zuständige Akteure für Einrichtung	Kommunale Verwaltungsspitzen und Landesregierungen sowie Vertreter der Wirtschaft (bei Foren)	Aufgabenspezifisch: Gemeinden, Gemeindeverbände, zuständige Aufsichtsbehörden	Landesregierung Baden-Württemberg (N); Landesregierungen mehrerer Bundesländer (R)
Aufgabenbereiche	Breites inhaltliches Spektrum, allerdings Dominanz wirtschaftlicher Fragestellungen; unterschiedliche Arbeitsschwerpunkte: von der Analyse bis zur Strategie- und Maßnahmenformulierung	Potenzielle alle der örtlichen Ebene obliegenden Aufgaben; Schwerpunkte im Bereich der technischen Infrastruktur und öffentlicher Großprojekte	F-Plan-Aufstellung, weitere Aufgaben können übertragen werden (N); Regionalplanung (weitere Aufgaben können übertragen werden, R)
Organe	Offen, abhängig von den jeweiligen Akteuren	Verbandsversammlung, (Vertreter der Verbandsmitglieder) und Verbandsvorsteher (Z), Organe der Aufgabenträger, gemeinsame Trägerschaft aller oder einer beteiligten Gemeinde (Ö-R)	Verbandsversammlung (Vertreter der Verbandsmitglieder und Verbandsvorsitzender (N und R); Zusätzliche Organe in Bayern (R)

Mehrzweck-Pflichtverbände	Eingemeindungen, Gemeindezusammenschlüsse	Gemeindeverbände	Privatrechtliche Kooperationsformen
Kommunalverband Ruhrgebiet (KVR), Zweckverbände „Großraum Hannover" und „Großraum Braunschweig", „Umlandverband Frankfurt (UVF)", Verband Region Stuttgart	Eingemeindungen, Gemeindezusammenschlüsse	Stadtverband Saarbrücken (S), Region Hannover (H; in Planung) sowie Regionalstadt und Regionalkreis (nicht realisierte Reformvorschläge)	Prinzipiell alle Möglichkeiten des privatrechtlichen Organisationsrechts, meist GmbH-Ansätze
Zunehmende funktionale Verflechtung zwischen Kernstadt(en) und Umlandgemeinden, Sicherung einer geordneten Entwicklung im Verbandsgebiet	Gebietsreformen in West- und Ostdeutschland; Diskrepanzen zwischen siedlungsstrukturellen Grenzen und sozioökonomischer Verflechtung	Gebietsreform, gemeindliche Integration im Verdichtungsraum (S); Interregionale Konkurrenz, Diskrepanzen der innerregionalen Lasten- und Einnahmenverteilung (H)	Beschleunigung, hohe Gestaltungsfreiheit, Verwaltungsunabhängigkeit
Zuständige Landesregierungen	Landesregierungen	Landesregierung (S); kommunale Ebene, Landesregierung (H)	Kommunalverwaltungen
Breites Aufgabenspektrum bei UVF (inkl. F-Plan-Aufstellung) und Verband Region Stuttgart; insb. Öffentlichkeitsarbeit, Umweltschutz und Landschaftspflege, (KVR); Regionalplanung und ÖPNV (Hannover und Braunschweig)	Alle der örtlichen Ebene obliegenden Aufgaben	F-Plan-Aufstellung, alle Selbstverwaltungsaufgaben eines Landkreises, Aufgaben der unteren staatlichen Verwaltungsbehörde (S); breites Aufgabenspektrum im übertragenen und eigenem Wirkungskreis, Regionalplanung sowie mehrere Trägerschaftsfunktionen (H)	Insbesondere Aufgaben im Bereich der technischen Infrastruktur, keine gemeindehoheitliche Befugnisse
Verbandsversammlung, -ausschuß und -direktor (KVR, Hannover und Braunschweig); Verbandstag und -ausschuss sowie Gemeindekammer (wg. F-Plan-Aufstellung, UVF); Regionalversammlung und Doppelspitze (Stuttgart)	Die nach den Gemeindeverfassungen/-verordnungen der Bundesländer jeweils vorgesehenen Gemeindeorgane	Organisation nach dem „Kreismodell" mit Stadtverbandstag, -ausschuß und -präsident, zusätzlich Planungsrat wg. F-Plan-Aufstellung, (S); Regionalversammlung, -ausschuss und -präsident sowie Gemeindekammer (H)	Bei GmbH-Ansätzen: Gesellschafter und Gesellschafterversammlung

(Fortsetzung nächste Seite)

Übersicht 1:   Die wichtigsten Formen intraregionaler Kooperation in Stadtregionen in

Ansätze / Merkmale	Informelle	Formelle	
		Aufgabenspezifische Organisationseinheiten	Planungsverbände
Beteiligte	Relevante öffentliche und private „regionale Kräfte": kommunale Verwaltungsspitzen, Vertreter organisierter Interessengruppen	Vor allem Gemeinden und Gemeindeverbände	Kernstädte und Umlandgemeinden, Landkreise (nur Beratungsfachträger, N); Landkreise und Kreisfreie Städte (R), zusätzlich kreisangehörige Gemeinden in Bayern (R)
Finanzen	Landesmittel (Regionalkonferenzen) sowie Mittel der Beteiligten	Gebühren, Beiträge, Umlagen (Z); freie Vereinbarung der Kosten- und Ertragsaufteilung (Ö-R)	Verbandsumlagen (N, R) sowie Landeszuschüsse und -zuweisungen (R)
Räumlicher Zuschnitt	Ballungsraumweit, in der Regel aufgaben- und akteursabhängig	Gemarkungsgrenzen der angeschlossenen Gebietskörperschaften	Gemarkungsgrenzen von Kernstädten und ihrem jeweiligen Umland (N), Gemeindegrenzen der Verbandsmitglieder (R)
Demokratische Kontrolle	Teilnehmer durch Institutionen benannt, nicht demokratisch legitimiert	Mittelbare demokratische Legitimation (Verbandsmitglieder durch Vertretungskörperschaften gewählt, Z)	Mittelbare demokratische Legitimation (nur eines Teiles der Mitglieder der Verbandsversammlung, N)
Häufigkeit der Verbreitung	Ausgehend von Nordrhein-Westfalen und Niedersachsen inzwischen in mehreren Bundesländern (Regionalkonferenzen); in mehreren Ballungsräumen (Netzwerke und Foren)	Hoher Verbreitungsgrad (in allen Flächenstaaten, gilt insbesondere für Z)	Sechs Verbände in Baden-Württemberg (N), 38 Verbände in vier Bundesländern (R)

der Bundesrepublik Deutschland (Fortsetzung)

Mehrzweck-Pflichtver-bände	Eingemeindungen, Gemeindezusammen-schlüsse	Gemeindeverbände	Privatrechtliche Koopera-tionsformen
Kreisfreie Städte und Krei-se (beim UVF z.T. nur mit Teilbereichen) des Verbandsgebiets	Kernstadt und Umlandge-meinden oder mehrere benachbarte Gemeinden	Saarbrücken und neun weitere Städte und Ge-meinden (S); Hannover und die dem Kreis Han-nover angehörenden Städte und Gemeinden (H)	Öffentliche und private Akteure
Verbandsumlagen (mit jeweils unterschiedlichen Bemessungskriterien) und Gebühren sowie Landes-zuschüsse (im Falle des Verbandes Region Stutt-gart)	Steuern, (Real-, Ver-brauchs- und Aufwand-steuern), Finanzzuwei-sungen, Gebühren	Verbandsumlage, Schlüs-selzuweisungen des Lan-des und Zuschüsse (S) und (H) sowie zusätzliche Steuereinnahmen (H)	Kapitaleinlagen der Ge-sellschafter
Gemarkungsgrenzen von Kernstadt bzw. Kernstäd-ten und umliegenden Landkreisen (Ausnahme UVF)	Gemarkungsgrenzen der zusammengeschlossenen kommunalen Gebietskör-perschaften	Gemarkungsgrenzen der verbandsangehörigen Ge-bietskörperschaften (S); Gemarkungsgrenzen des Kommunalverbandes Großraum Hannover (H)	Aufgabenspezifisch
Mittelbare demokratische Legitimation (durch De-legierte der Vetretungskör-perschaften der Verbands-mitglieder); Direktwahl im Falle der Stuttgarter und Frankfurter Verbande	Direktwahl der Mitglieder der kommunalen Ver-tretungskörperschaften	Direktwahl der Mitglieder von Stadtverbandstag (S) und Regionalver-sammlung (H)	Mittelbar im Falle der kommunalen Vertreter in der Gesellschafterver-sammlung
Fünf Verbände in den Ballungsräumen von vier Bundesländern	Mehrere Tausend in allen Bundesländern: in West-deutschland zwischen 1967 und 1977, in Ost-deutschland ab 1993	Zwei Gemeindeverbände (davon einer in Planung)	Zunehmend

*Quelle: Zusammenstellung Werner Heinz.

229

Zuge der Gebietsreform der späten 60er und mittleren 70er Jahre gespielt. Lange Zeit hatten die Gemarkungsgrenzen von Städten und Gemeinden infolge der spezifischen Relevanz dieser Körperschaften für den Prozess der demokratischen Willensbildung als quasi unantastbar gegolten[131]. Die Expansion der Verdichtungsräume und die deutliche Zunahme interkommunaler Funktionsbeziehungen als Folge von wirtschaftlichem Aufschwung, der Zuwanderungen von Vertriebenen und von zunehmender Motorisierung ließen jedoch ab den frühen 60er Jahren die Diskrepanz zwischen vorhandenen, meist noch aus dem Agrarzeitalter stammenden Gemeindegrenzen und den realen sozialen, ökonomischen und siedlungsstrukturellen Verhältnissen immer deutlicher werden. Ziel der mit dem 55. Deutschen Juristentag im Jahre 1964 angestoßenen Verwaltungs- und Gebietsreform war es daher, „die kommunale Selbstverwaltung zu stärken (und) Verwaltungseinheiten zu schaffen, die möglichst rationell und effektiv arbeitend den modernen ... Lebensanforderungen gerecht werden können"[132].

Die Gebietsreform wurde in Westdeutschland zwischen 1967 und 1977 als „Ländersache" realisiert und führte zu einer deutlichen Reduzierung der Zahl kommunaler Selbstverwaltungskörperschaften. Die Gesamtzahl der Gemeinden verringerte sich von 24 278 (1968) auf 8 514 (1978), die der Kreise von 425 auf 235[133]. Während in einigen Bundesländern, wie z.B. Nordrhein-Westfalen, bei der Gemeindegebietsreform die Strategie der Bildung neuer Einheitsgemeinden durch Gemeindezusammenschlüsse im Vordergrund stand[134], „zogen es andere Bundesländer (z.B. Bayern und Baden-Württemberg) vor, die überkommen kleinen Gemeinden als Trägerinnen der politischen Selbstverwaltung in erheblichem Umfang zu erhalten und für die Erledigung der administrativen Aufgaben eine neue institutionelle Schicht gemeinsamer Verwaltungseinheiten (Ämter beziehungsweise Verwaltungsgemeinschaften) zu schaffen"[135]. Der Versuch, vorhandene Stadt-Umland-Probleme in Verdichtungsräumen – wie bis in die 20er Jahre dieses Jahrhunderts üblich – durch Eingemeindungen zu lösen, wurde in den Bundesländern Bayern, Baden-Württemberg und Hessen vor allem für mittlere Großstädte realisiert. Städte wie München, Stuttgart, Mannheim oder Frankfurt haben sich nicht oder nur unwesentlich vergrößert. In Niedersachsen und Nordrhein-Westfalen erfuhren dagegen auch größere Städte durch Eingemeindungen erhebliche, das Gemeindegebiet zum Teil um das Drei- bis Vierfache vergrößernde Flächenzuwächse[136]. „Für größere Ballungen war Vorbild zunächst der Siedlungsverband Ruhrkohlenbezirk und sodann lange Zeit der Verband Großraum Hannover."[137] In anderen Regionen wie dem Rhein-Main-Raum wurde die Bildung neuer Gebietskörperschaften durch Zusammenschluss von Kernstadt und Umlandgemeinden/-kreisen zu Regionalkreisen oder Regionalstädten diskutiert. Diese Überlegungen wurden jedoch nie realisiert,

---

[131] Ebenda, S. 86.
[132] *Michael Deubert*, Gebietsreform-Korrekturen?, Voraussetzungen einer kommunalen „Ehescheidung", Köln 1989, S. 7.

die beiden genannten Vorbildverbände 1978 und 1980 unter Verzicht auf ihre gebietskörperschaftlichen Elemente aufgelöst oder umgestaltet.

Eine Vergrößerung von Kernstädten durch Eingemeindungen spielt in der aktuellen Diskussion von Ansätzen zur Verbesserung der kommunalen Kooperation in westdeutschen Verdichtungsräumen keine Rolle; als Denkmodelle haben hingegen Zusammenschlüsse in Form von Regionalkreisen oder Regionalstädten wieder an Bedeutung gewonnen (vgl. Kapitel II. 3.2). Immer noch als sinnvoll wird die „klassische Eingemeindung ... zur Aufnahme extrem hoch mit den Kernstädten verflochtener und von diesen stark abhängiger Gemeinden ... (jedoch) für die ostdeutschen Stadtregionen"[138] erachtet.

Für die fünf ostdeutschen Bundesländer mit ihren mehr als 7 500 Gemeinden (von denen 1990 knapp drei Viertel weniger als 1 000 Einwohner zählten[139]) ist zwar eine umfassende Gebietsreform mit der Bildung von Einheitsgemeinden und Eingemeindungen vorgesehen, ihre Umsetzung geht allerdings infolge des oft heftigen Widerstandes der betroffenen Gemeinden und ihrer politischen Repräsentanten nur langsam voran. Realisiert werden konnten bisher vor allem Verwaltungsgemeinschaften, das heißt freiwillige Gemeindezusammenschlüsse, „die den Mitgliedsgemeinden möglichst viele eigene Entscheidungskompetenzen"[140] lassen und diese in ihrer bisherigen Form nicht antasten. In den verstädterten Regionen mit starken Stadt-Umland-Verflechtungen stellen sich ähnliche Probleme wie in vergleichbaren Verdichtungsräumen Westdeutschlands. Geplante Vergrößerung und Stärkung von Kernstädten durch Eingemeindungen lassen sich infolge des Widerstandes vieler Umlandgemeinden nur schwer durchsetzen. In Rostock plädierte man daher für die Bildung eines Mantelkreises nach dem Vorbild von Hannover und setzte auf eine „enge vertraglich geregelte Zusammenarbeit der Hansestadt Rostock mit dem Landkreis Rostock und seinen Gemeinden"[141]. Für den Ballungsraum Leipzig-Halle wurde bereits 1991 darauf hingewiesen, dass „wirtschaftlicher Strukturwandel und ökologischer Umbau nicht in den enggesteckten administrativen Grenzen und schon gar nicht im Gegeneinander der Kommunen, Kreise und

133 Siehe dazu im Einzelnen: *Werner Thieme und Günther Prillwitz*, S. 74 ff.

134 Zwischen 1964 und 1978 ging die Zahl der Gemeinden in Nordrhein-Westfalen von 2 362 auf 396 zurück, vgl. dazu ebenda, S. 409.

135 *Hellmut Wollmann*, Entwicklungslinien lokaler Demokratie und kommunaler Selbstverwaltung im internationalen Vergleich, in: Roland Roth und Hellmut Wollmann (Hrsg.), Kommunalpolitik, Bonn 1998, S. 202.

136 *Günter Seele*, S. 87 f.

137 *Werner Thieme und Günther Prillwitz*, S. 59.

138 *Stadt und Region*, Eildienst 1997, S. 533.

139 *Horst Damskis*, S. 19.

140 Ebenda, S. 90.

141 *Architekten & Planer Rostock GmbH*, Studie zur funktionellen Verflechtung zwischen der Hansestadt Rostock und ihrem Umland, Rostock 1992, S. 8.

Landesteile dieses Großraums zu bewältigen (sind)"[142], eine Vergrößerung der Kernstadt durch Eingemeindungen ist jedoch erst Anfang 1999 mit der Gemeindegebietsreform möglich geworden. Bis dahin hatte sich nur „eine der 20 unmittelbar an Leipzig angrenzenden Gemeinden (Hartmannsdorf) ... freiwillig der Kernstadt angeschlossen"[143]. Interkommunale Kooperation blieb daher auch in der Leipziger Region weitgehend auf weiche Formen der Kooperation wie Planungswerkstätten, Workshops und Regionalkonferenzen oder „projektbezogen definierte zweckverbandsähnliche Organisationen ... (für die Übernahme) gemeinsamer Ver- und Entsorgungsaufgaben"[144] beschränkt.

3.2   Gemeindeverbände und Reformansätze

Seit der Gebietsreform in den späten 60er und 70er Jahren werden in der Diskussion um die Stärkung von Großstadtregionen und eine Bündelung der dortigen Kräfte immer wieder Reformansätze vorgeschlagen, die eine Neugliederung vorhandener Gebietskörperschaften zum Ziel haben. Bisher sind diese Ansätze jedoch alle – „Regionalstädte", „Stadtregionen", „Regionalkreise" oder auch „Regionalverbände" – nur Vorschläge geblieben; sie wurden in keinem Fall realisiert.

Auch in den 90er Jahren zählen Körperschaftsmodelle wie „Regionalstadt" und „Regionalkreis" zu den potenziellen Lösungsvorschlägen, wenn es um die Neuorganisation der interkommunalen Kooperation in Stadtregionen geht. Beispiele hierfür sind die Räume Stuttgart, Frankfurt oder Hannover. Beispiele gibt es auch im benachbarten Ausland: So wurde in den Niederlanden Mitte der 90er Jahre versucht, das Modell der Stadtprovinzen in den Verdichtungsräumen von Rotterdam und Amsterdam umzusetzen – bisher allerdings ohne Erfolg (vgl. dazu den niederländischen Beitrag in dieser Studie).

Die folgende Darstellung beschränkt sich auf die beiden Ansätze, die in der gegenwärtigen Kooperationsdiskussion die größte Beachtung erfahren: Regionalstadt und Regionalkreis.

---

[142] *Hartmut Usbeck*, Leipzig und seine Region – Prozesse, Probleme und Perspektiven, in: Deutsches Institut für Urbanistik (Hrsg.), Urbanität in Deutschland, Stuttgart, Berlin und Köln 1991 (Schriften des Deutschen Instituts für Urbanistik, Bd. 83), S. 81.

[143] *Karin Wiest*, Die Region Halle-Leipzig. Neugliederung und Kooperationsansätze, in: Europa Regional, 1993, H. 1, S. 5.

[144] Ebenda, S. 10.

3.2.1 Regionalstadt

Das Regionalstadt-„Modell" steht für eine umfassende Gebietsreform, bei der versucht wird, die „Inkongruenz von Verwaltungsräumen und Verflechtungsräumen" und die daraus resultierenden „Probleme dadurch zu lösen, daß Aufgabenzuschnitt und Verwaltungsraum einander angepaßt werden"[145].

Am Weitesten entwickelt wurde der Regionalstadt-Ansatz im Rhein-Main-Gebiet im Zuge der Gebietsreform Anfang der 70er Jahre. Der damalige Oberbürgermeister der Stadt Frankfurt am Main, Möller, hatte diesen Ansatz als Alternative zum später eingerichteten Umlandverband favorisiert und sich für die Einrichtung einer Gebietskörperschaft „Groß-Frankfurt" mit mehr als 1,3 Millionen Einwohnern ausgesprochen: mit einem ähnlichen Gebietszuschnitt wie der später eingerichtete Umlandverband und einer politisch-administrativen Struktur, die sich am Vorbild der Städte Hamburg und Berlin orientierte. Die Kernstädte Frankfurt am Main und Offenbach, die Kreise Hochtaunus und Offenbach sowie Teile der Landkreise Main-Taunus, Wetterau und Groß-Gerau sollten zusammengelegt und in fünf Bezirke unterteilt werden. Für den Kern der Stadt Frankfurt war ein eigener Bezirk vorgesehen; die übrigen Stadtbereiche sollten den vier weiteren Bezirken zugeschlagen werden.

Vorgesehen war ein dreistufiger Verwaltungsaufbau: Regionalstadt, Bezirke, Mitgliedsgemeinden. Der Regionalstadt sollten lediglich die wichtigsten Aufgaben der großräumigen Planung und Gestaltung übertragen werden; neben der Planungshoheit sollte sie auch Finanz- und Investitionshoheit besitzen. Ihre Organe sollten ein direkt gewähltes Regionalparlament und ein Regionalmagistrat als Verwaltungsspitze sein. Bezirksmagistrate und Bezirksverordnetenversammlungen in den fünf Bezirken sowie Ortsbeiräte und Verwaltungsaußenstellen in den bisherigen Gemeinden sollten gewährleisten, dass die Bürgernähe von Verwaltung und Politik erhalten bliebe.

Bei den Landräten, Bürgermeistern und politischen Mandatsträgern der Umlandgemeinden stieß dieser Ansatz auf heftigen Widerstand: in der Regel nicht aus sachlich-inhaltlichen Gründen, sondern nach Ansicht eines damaligen Beobachters wegen des absehbaren Verlustes ihrer Funktionen und/oder der „Degradierung zu Ortsbeiratsmitgliedern"[146]. Eine Realisierung des Regionalstadt-Ansatzes hätte auch für die hessische Landesregierung eine Bedrohung bedeuten können. In der geplanten Stadt hätten sich ein Drittel der Bevölkerung, zwei Drittel der Arbeitskräfte und drei Viertel des Bruttosozialprodukts des Landes Hessen konzentriert.

---

[145] *Hans-Heinrich Trute*, Institutionelle Möglichkeiten zur Lösung von Stadt-Umland-Problemen, in: Die Neue Verwaltung, 1997, H. 1, S. 21.

[146] *Reinhard Sander*, zit. nach *Detlev Janik*, Das allgegenwärtige Schreckgespenst der Regionalstadt, in: Frankfurter Allgemeine Zeitung vom 20.1.1996.

1995 hat die Einheitsgemeinde Groß-Frankfurt eine – wenn auch nur kurze – Renaissance über ein Papier der Frankfurter CDU erfahren. „Die künftige, in Bezirke gegliederte Einheitsgemeinde kann sich gebietsmäßig in etwa am heutigen Territorium des Umlandverbandes Frankfurt orientieren, wobei allerdings pragmatische Grenzkorrekturen notwendig erscheinen. Jede derzeitige Stadt/Gemeinde erhält als Bezirk ihre Identität. Die Stadt Frankfurt am Main wird unter Beachtung von wirtschafts- und siedlungsgeographischen Gesichtspunkten in vier bis sechs Bezirke zerlegt."[147]

Die Frage, „ob die Regionalstadtlösung auf Dauer trägt oder ob nicht neue Verflechtungen mit dem ‚neuen' Umland entstehen, so daß die Regionalstadt nach einiger Zeit um einen weiteren Ring erweitert werden müßte usw."[148], muss in Ermangelung praktischer Erfahrungen weiter unbeantwortet bleiben.

3.2.2   Regionalkreis und regionalkreisähnliche Gemeindeverbände

Wie bei der Regionalstadt soll auch beim Regionalkreis „eine gemeinsame überörtliche Zuständigkeitsebene für den Verflechtungsraum geschaffen" werden, allerdings „ohne die Gemeinden aufzulösen"[149]. Regionalkreise sind wesentlich größer als traditionelle Landkreise konzipiert und sollen als einzige Mittelinstanz zwischen Städten und Gemeinden sowie Landesebene fungieren[150]. Vorhandene Kreise, höhere Kommunalverbände und Regierungsbezirke sollen daher aufgelöst, ihre Aufgaben weitgehend an die neuen Regionalkreise übertragen werden. Bisher kreisfreie Städte sollen ihren besonderen Status verlieren und regionalkreisangehörige Städte werden.

Für einen Regionalkreis sprach sich auch – allerdings erfolglos – der frühere Stuttgarter Oberbürgermeister Rommel aus, als es Anfang der 90er Jahre darum ging, einen adäquaten Kooperationsansatz für den Raum Stuttgart zu finden.

3.2.2.1 Regionalkreis Rhein-Main

Ein Regionalkreis wurde Mitte der 90er Jahre von einer Arbeitsgruppe der SPD Hessen-Süd unter Vorsitz des früheren Hessischen Landesentwicklungsministers

---

[147] Zit. nach *Detlev Janik.*
[148] *Hermann Hill und Carsten Nemitz,* Verwaltungsstrukturmodelle auf dem Prüfstand: Darstellung und Vergleich möglicher Reformmodelle für die Region Rhein-Main. Gutachten, Frankfurt/M. 1998, S. 43.
[149] *Hans-Heinrich Trute,* S. 21.
[150] *Klaus Lange,* Zur Problematik einer isolierten Regionalkreisbildung, in: Die Öffentliche Verwaltung, 1996, H. 16, S. 684 ff.

Jordan (Jordan-Modell) für die Neuordnung des Rhein-Main-Raumes gefordert. Dieser Ansatz, der bundesweit auf Aufmerksamkeit stieß, versteht sich als spezifischer Lösungsansatz für eine bestimmte Region, der „auf der Grundlage der hier vorhandenen Erfahrungen und Strukturen und den für diese Region sinnvollen Zielen"[151] entwickelt wurde. Hessenweit gleiche Verwaltungsstrukturen wurden dabei ebenso wenig für notwendig erachtet wie ein Festhalten an dem Prinzip der Einheitlichkeit der Verwaltung. Für die anderen Regionen Hessens sollte daher das herkömmliche Kreismodell beibehalten werden.

Der geplante Regionalkreis Rhein-Main umfasst die drei Kernstädte Frankfurt, Offenbach und Wiesbaden sowie die sieben an diese Städte angrenzenden hessischen Landkreise: vom Rheingau-Taunuskreis im Westen bis zum Main-Kinzig-Kreis im Osten. Nach dem ursprünglich formulierten, später deutlich modifizierten Positionspapier verlieren die drei Kernstädte ihren Status als kreisfreie Städte; die Landkreise, der Umlandverband Frankfurt und das Regierungspräsidium Darmstadt werden aufgelöst, ihre Aufgaben „auf die Städte und Gemeinden beziehungsweise den neuen Regionalkreis ... übertragen. So entsteht für diese Region eine klare, einleuchtende zweistufige Verwaltungsgliederung. Für alle Einzelentscheidungen und örtlichen Feinsteuerungs- und Verteilungsfunktionen ist die lokale Ebene der Städte und Gemeinden zuständig und für alle regionalen Steuerungs- und Bündelungs- und überlokalen Kontrollfunktionen die neue Organisationseinheit."[152]

Als Aufgabenschwerpunkte des Regionalkreises genannt werden insbesondere die Bereiche der überörtlichen Planung (Regionale Raumordnungsplanung einschließlich Fachplanungen, Schulentwicklungsplanung und Innovationsforschung), der eigenständigen Regionalentwicklung (Wirtschaftsförderung und Arbeitsmarktpolitik, Mitwirkung bei der Gewerbeansiedlung, Koordination der Wohnungsbauförderung, Schulentwicklung) und der Umweltsicherung (Aufgaben der oberen und unteren Naturschutz-, Immissionsschutz-, Wasser- und Abwasserbehörden). Darüber hinaus soll dem Kreis neben Beteiligungs- und strategischen Aufgaben der Sozialverwaltung die regionale Trägerschaft für regional bedeutsame Aufgaben wie Wasserbeschaffung, Abfallwirtschaft, überörtliche Freizeiteinrichtungen sowie weiterführende Schulen übertragen werden[153]. Zu den Kompetenzen, die auf die Ebene der Städte und Gemeinden „nach unten" verlagert werden sollen, zählen neben der bisher vom Umlandverband Frankfurt wahrgenommenen Aufgabe der Flächennutzungsplanung Genehmigungs- und Aufsichtskompetenzen der Kreisaus-

---

[151] *Jörg Jordan*, Der Regionalkreis Rhein-Main. Positionspapier für die SPD Hessen-Süd, Frankfurt/M. 1996 (Manuskript), S. 6.
[152] Ebenda, S. 7 f.
[153] *Jens Peter Scheller*, Rhein-Main. Eine Region auf dem Weg zur politischen Existenz, Frankfurt/M. 1998, S. 103.

schüsse sowie die staatlichen Zuständigkeiten des Landrats vor allem im Kfz- und Verkehrsbereich[154].

Organe des Regionalkreises sind nach dem Jordan-Modell das von der Bevölkerung direkt gewählte Regionalparlament, der hauptamtliche Kreisvorstand sowie der als zweite Kammer fungierende Regionalrat, der von den Magistraten der Städte und Gemeinden des Regionalkreises gebildet wird. „Die einzelnen Kommunen werden im Regionalrat durch die Bürgermeister beziehungsweise Oberbürgermeister vertreten, die die Stimmen ihrer Kommunen einheitlich abgeben."[155] Bei Beschlüssen des Regionalparlaments muss Einvernehmen mit dem Regionalrat, der über ein qualifiziertes Widerspruchsrecht verfügt, hergestellt werden[156].

Die Finanzierung des Regionalkreises soll „durch die bislang den Landkreisen zustehenden Anteile des kommunalen Finanzausgleichs, durch Gebühren und eine Umlage der dem Regionalkreis angehörenden Städte und Gemeinden sowie durch Landeszuweisungen"[157] erfolgen. Für die Übernahme von Landesaufgaben soll das Land einen laufenden Verwaltungskostenbeitrag entrichten; darüber hinaus soll es „anläßlich der Gründung des Regionalkreises und im Hinblick auf die dadurch bewirkten Rationalisierungseffekte der Staatsreform"[158] einen einmaligen Zuschuss leisten. Langfristiges Ziel ist die Sicherung eines eigenen Anteils am kommunalen Steueraufkommen; hierfür wäre allerdings eine Grundgesetzänderung erforderlich.

Die Reaktionen auf den für die Rhein-Main-Region vorgeschlagenen Regionalkreisansatz waren und sind ambivalent. Von den Befürwortern, zu denen vor allem Vertreter der Wirtschaft, die Spitze des Umlandverbandes Frankfurts sowie einzelne Mitglieder des Magistrats und der Fraktionen der Main-Metropole zählen, werden die Vorteile dieses Ansatzes insbesondere in der „Koordinierung regionaler Planungs-, Durchführungs- und Finanzierungsaufgaben bei gleichzeitiger Vereinfachung der Verwaltungsorganisation"[159] gesehen. Weitere Vorteile des Regionalkreis-Ansatzes seien die damit erreichte Integration bei der Aufgabenwahrnehmung und die regionale Gesamtsteuerung. Infolge der vorgesehenen Kommunalisierung bestimmter Aufgaben sei eine Schwächung der kommunalen Ebene nicht zu befürchten[160].

Gegner des Regionalkreis-Ansatzes sind insbesondere Vertreter der Landkreis-Ebene (so vor allem der Präsident des Hessischen Landkreistages) und der Landesregierung. Nach Ansicht des bis 1999 amtierenden Innenministers ist der Ansatz „nicht

---

[154] *Hermann Hill und Carsten Nemitz*, S. 21.
[155] *Jörg Jordan*, S. 14.
[156] Vgl. dazu im Einzelnen ebenda.
[157] *Jörg Jordan*, S. 13.
[158] Ebenda.
[159] *Klaus Lange*, S. 684.
[160] *Hermann Hill und Carsten Nemitz*, S. 40.

umsetzbar", da er „eine gigantische Gebietsneuordnung zur Folge hätte"[161]. Mit der Einrichtung des Regionalkreises würden zudem 680 ehrenamtliche Mandatsträger ihre Aufgaben verlieren, das Ziel der bürgernahen, eigenverantwortlichen Verwaltung damit konterkariert[162]. Gegen eine Regionalkreisbildung werden auch die potenziellen Nachteile groß dimensionierter Verwaltungen im Allgemeinen angeführt: Zunahme der Bürokratisierung sowie Demokratiedefizite infolge von Bürgerferne, Anonymität und mangelnder Identifikation[163].

Die mit einer isolierten Regionalkreisbildung allein für den Rhein-Main-Raum befürchtete Dominanz dieser Gebietskörperschaft innerhalb von Hessen hat zur Entwicklung mehrerer, zum Teil das gesamte Bundesland einbeziehender Varianten geführt. Der jüngste Vorschlag kommt vom Direktor des Frankfurter Umlandverbandes, Alfons Faust. Danach sollen in Hessen flächendeckend sechs Regionalkreise eingerichtet werden; ihre Aufgaben und Strukturen orientieren sich weitgehend am Jordan-Papier[164].

Die in Hessen geführte Regionalkreisdebatte hat auch auf andere bundesdeutsche Verdichtungsräume ausgestrahlt. „Für die Reform der Region Hannover" beispielsweise hat sie nach den Worten ihrer Initiatoren „wichtige Impulse (gegeben)"[165].

3.2.2.2   Stadtverband Saarbrücken

Der Stadtverband Saarbrücken wurde bereits 1974 als Rechtsnachfolger des gleichnamigen Landkreises eingerichtet. Er „ist als einziger Umlandverband in der Bundesrepublik nach dem ‚Kreismodell' organisiert worden"[166] und stellt damit eine der wenigen als regionale Gebietskörperschaft verfassten Stadt-Umland-Regelungen dar. Der Stadtverband Saarbrücken entstand in der Endphase der Gebietsreform des Saarlandes und „sollte zunächst der ‚fortschreitenden Integration' der benachbarten Gemeinden des Großraums Saarbrücken dienen"[167]. Ziel war die Verwirklichung einer einheitlichen kreisfreien Regionalstadt in mehreren Schritten (vgl. Kapitel II. 3.2.1) für das gesamte Verbandsgebiet; dieses Ziel scheiterte jedoch am Wi-

---

[161] Zit. nach *Karl Doemens*, Absage an Regionalkreis, in: Frankfurter Rundschau vom 30.4./1.5.1997.

[162] Ebenda.

[163] *Klaus Lange*, S. 684.

[164] Vgl. dazu *Jürgen Schultheis*, Ein alter Zopf, an dem noch geschnitten wird, in: Frankfurter Rundschau vom 30.7.1998.

[165] *Herbert Droste, Jobst Fiedler und Valentin Schmidt*, Region Hannover. Entwicklung neuer Organisationsstrukturen für die Wahrnehmung regionaler Verwaltungsaufgaben in der Region Hannover, Hannover 1996., S. 18.

[166] *Hinrich Lehmann-Grube*, S. 65.

[167] *Frido Wagener*, S. 426.

derstand der verbandsangehörigen Gemeinden. Der gesetzliche „Integrationsauftrag" wurde daher 1979 wieder aufgegeben.

Rechtsgrundlage des Stadtverbandes ist seitdem „das Kommunale Selbstverwaltungsgesetz vom 2. Januar 1975 in der Fassung des Änderungsgesetzes vom 12. Juli 1978"[168]. Hauptaufgabe ist nun die „funktionsgerechte Ordnung ... des Großraums Saarbrücken"[169]. Im Vergleich mit den meisten anderen Stadt-Umland-Verbänden ist das Verbandsgebiet des Stadtverbandes Saarbrücken relativ klein (410 km^2 mit etwa 360 000 Einwohnern). Mitglieder des Verbandes sind die Landeshauptstadt Saarbrücken sowie neun weitere Städte und Gemeinden. Die Landeshauptstadt hat mit der Verbandsgründung ihre Kreisfreiheit verloren. Ihre Zuständigkeiten für das Stadtgebiet blieben jedoch weitgehend erhalten; zusätzlich wurden ihr einige Angelegenheiten der unteren staatlichen Verwaltungsbehörde für das gesamte Stadtverbandsgebiet übertragen.

Neben der Aufstellung des Flächennutzungsplans obliegen dem Stadtverband alle Aufgaben eines saarländischen Landkreises. Zu den Aufgaben, die der Verband für das Verbandsgebiet einschließlich der Stadt Saarbrücken wahrnimmt, zählen die Erarbeitung des Landschaftsplanes, Trägerschaften nach dem Bundessozialhilfegesetz, dem Jugendwohlfahrtsgesetz und dem Schulordnungsgesetz sowie Förderung der Kulturarbeit und Wirtschaftsförderung[170]. Für freiwillige Selbstverwaltungsaufgaben wurde dem Verband die so genannte Kompetenz-Kompetenz eingeräumt. Der Verband fungiert zudem auch als untere staatliche Verwaltungsbehörde (untere Naturschutzbehörde, untere Bauaufsichtsbehörde usw.); diese Funktion gilt allerdings nicht für das Stadtgebiet der Landeshauptstadt. Die Trägerschaft für den ÖPNV liegt im Gegensatz zu einigen anderen Mehrzweck-Pflichtverbänden nicht beim Stadtverband, sondern bei einem kommunalen Zweckverband, der für denselben räumlichen Bereich zuständig ist.

Organe des Stadtverbandes sind der Stadtverbandstag, der Stadtverbandsausschuss und der Stadtverbandspräsident sowie ein Planungsrat. Die Mitglieder des Stadtverbandstages werden ebenso wie bei den Verbänden im Frankfurter und Stuttgarter Raum von den Bürgern der verbandsangehörigen Gemeinden direkt gewählt. Aufgabe des Stadtverbandsausschusses ist es, die Entscheidungen des Stadtverbandstages vorzubereiten. Für die Leitung der Verwaltung des Stadtverbandes ist der Stadtverbandspräsident als kommunaler Wahlbeamter zuständig. Der mit der Reform des Stadtverbandes ab 1979 eingerichtete Planungsrat setzt sich aus Repräsentanten der verbandsangehörigen Städte und Gemeinden zusammen und hatte zunächst die Funktion, die Interessen der Gemeinden bei der Aufstellung des Flächennutzungsplanes zu vertreten. Die Klage einer verbandsangehörigen Gemeinde

---

[168] *Günter Seele*, S. 93.
[169] Ebenda.
[170] Vgl. *Hinrich Lehmann-Grube*, S. 62.

und ein Urteil des Bundesverfassungsgerichts führten jedoch 1988 zu einer Novellierung des Saarländischen Kommunalen Selbstverwaltungsgesetzes und zur Einrichtung „eines ‚echten‘ Planungsrates nach dem Vorbild der Gemeindekammer im Umlandverband Frankfurt“[171]. Seitdem ist der Planungsrat allein und ausschließlich für die inhaltliche Ausgestaltung der Flächennutzungsplanung sowie die bis dahin in der Zuständigkeit der Gemeinden liegende Landschaftsplanung zuständig.

Der Stadtverband Saarbrücken finanziert sich aus einer Verbandsumlage (die 1996 knapp zwei Drittel seiner Einnahmen ausmachte), Schlüsselzuweisungen des Landes im Rahmen des kommunalen Finanzausgleichs, Zuschüssen und Kostenerstattungen im sozialen Bereich sowie – wenn auch nur in geringem Umfang – aus eigenen Steuereinnahmen[172], einer Einnahmequelle, auf die alle anderen der bisher dargestellten Verbände keinen Anspruch haben.

Die bereits Anfang der 80er Jahre getroffene Feststellung, der Stadtverband Saarbrücken „habe sich im Gegensatz zu den meisten Stadt-Umland-Modellen anderer Bundesländer stabilisiert“[173], scheint auch weiterhin zu gelten. Die mit der Aufstellung des Flächennutzungsplans verbundenen Kompetenzstreitigkeiten wurden per Gesetzesnovelle bereits 1988 bereinigt, und so wird auch Mitte der 90er Jahre „die im Raum Saarbrücken gefundene Lösung einer regionalen Gebietskörperschaft“ noch immer als „außerordentlich interessant“ bezeichnet[174]

3.2.2.3   Gemeindeverband „Region Hannover“

Der aktuellste Ansatz zur Neuorganisation einer Stadtregion wird gegenwärtig im Großraum Hannover vorbereitet. Diese Region verfügt bereits über längere, bis in die frühen 60er Jahre zurückreichende Erfahrungen mit intraregionalen Planungs- und Kooperationsansätzen: gegenwärtig besteht hier (noch) der Kommunalverband Großraum Hannover (KGH; vgl. S. 216 ff.); die Zusammenarbeit zwischen Kernstadt und Umland scheint im Vergleich mit anderen Stadtregionen gut zu funktionieren[175].

Trotz oder vielleicht auch gerade wegen dieser vergleichsweise günstigen Voraussetzungen haben die früheren Verwaltungsspitzen von Landeshauptstadt, Landkreis und Kommunalverband im Oktober 1996 einen Reformvorschlag vorgelegt, der davon absieht, vorhandene Verbandsstrukturen „durch einzelne Maßnahmen zu

---

[171] *Christoph Mecking*, S. 246.

[172] *Herbert Droste u.a.*, S. 13.

[173] Zit. nach *Günter Seele*, S. 95.

[174] *Herbert Droste u.a.*, S. 14.

[175] *Axel Priebs*, Erfordert die Auflösung der Stadt in die Region neue regionale Verwaltungsstrukturen? – Der Vorschlag zur Bildung der „Region Hannover“, in: Michael Bose (Hrsg.), Die unaufhaltsame Auflösung der Stadt in die Region? Hamburg 1997, S. 160.

optimieren" und dem eine „im Denkansatz völlig neue, nicht durch Traditionen determinierte integrierte Sicht von Aufgabenstellungen und Aufgabenerfüllung einerseits und Finanzverteilung andererseits für die Region zugrunde (liegt)"[176]. Ziel dieses Vorschlags, der sich als spezifische Antwort auf die besonderen Bedürfnisse des Großraums Hannover versteht, ist die Bildung einer regionalen Gebietskörperschaft, mit der bisher von unterschiedlichen öffentlichen Akteuren wahrgenommene regionale Aufgaben gebündelt werden sollen.

Als maßgebliche Auslöser sowie Ziele für die Einrichtung dieses „Region Hannover" genannten Ansatzes werden angeführt:

■ die mit der Globalisierung der Märkte, der fortschreitenden Integration Europas wie auch der Öffnung Osteuropas verbundenen Herausforderungen und die Überzeugung, dass diesen verstärkt auf regionaler Ebene begegnet werden muss,

■ die zunehmend im europäischen Kontext ausgetragene Konkurrenz regionaler Standorte, die „die Verdichtungsräume dazu zwingt, ihre vorhandenen Kräfte zu bündeln, um nach außen ... (ihre) Handlungsmöglichkeiten erhöhen und flexibler gestalten zu können"[177],

■ die vorhandenen Verwaltungsebenen und Verwaltungsstrukturen und die Absicht, diese mit einer Neuorganisation sowohl zu reduzieren als auch zu verschlanken, sowie nicht zuletzt

■ zunehmende Diskrepanzen in der räumlichen Verteilung und Konzentration von Funktionen und Belastungen in der Region und das Interesse, hier einen entsprechenden Vorteils- und Lastenausgleich herzustellen[178].

Der Reformvorschlag ist inzwischen von einer Lenkungsgruppe konkretisiert und präzisiert worden: Seine wesentlichen Elemente wurden beibehalten, einige Aspekte aber – dies gilt vor allem für die Finanzierung des neuen Ansatzes – umsetzungsorientiert weiterentwickelt.

Die „Region Hannover" (oft auch nur REGION genannt) ist als öffentlich-rechtlicher Gemeindeverband konzipiert. Der Gebietszuschnitt der einzelnen Mitgliedsgemeinden – Landeshauptstadt Hannover sowie die 20 Städte und Gemeinden des Landkreises Hannover – bleibt im Gegensatz zum Regionalstadt-Ansatz unverändert. Die räumlichen Grenzen der neuen Gebietskörperschaft entsprechen denen des heutigen Kommunalverbandes Großraum Hannover[179]. Dieser Verband wird mit der Einrichtung der „Region Hannover" ebenso wie der Landkreis Han-

---

[176] *Herbert Droste u.a.*, 1996, S. 5.
[177] Ebenda, S. 6.
[178] Ebenda, S. 7.
[179] *Lenkungsgruppe Region Hannover (Hrsg.)*, Region Hannover, Hannover 1998, S. 15.

nover aufgelöst; ihre Aufgaben gehen vollständig auf die REGION über; die Landeshauptstadt Hannover verliert ihren Status als kreisfreie Stadt.

Die Lenkungsgruppe „Region Hannover" hat das im ursprünglichen Reformvorschlag vorgesehene Aufgabenspektrum im Wesentlichen übernommen. Die REGION wird damit im übertragenen Wirkungskreis Aufgaben der unteren und oberen Verwaltungsbehörde übernehmen, soweit sie nicht von den Mitgliedsstädten und -gemeinden wahrgenommen werden. Hierzu zählen insbesondere Naturschutz, Wasserwirtschaft, Abfall- und ordnungsbehördliche Aufgaben, Veterinärwesen, Straßenverkehr, überörtliche Sozial- und Jugendhilfeangelegenheiten usw.[180]. Im eigenen Wirkungskreis sind als Pflichtaufgaben vorgesehen: Regionalplanung und Abfallwirtschaft sowie Trägerschaftsfunktionen für den öffentlichen Personennahverkehr, bei örtlichen Sozial- und Jugendhilfeangelegenheiten wie auch im Krankenhausbereich und in Teilbereichen des Schulwesens (insbesondere berufsbildende Schulen). Als freiwillige Aufgaben sollen der REGION regionale Entwicklungsplanung sowie regionale Wirtschafts- und regionale Wohnungsbauförderung, regionalbedeutsame Naherholung wie auch Statistisches Informationssystem übertragen werden[181].

Die ursprünglich vorgesehenen Organe der Region Hannover – eine Regionalversammlung, deren Mitglieder direkt gewählt werden, ein Regionalausschuss aus Mitgliedern der Regionalversammlung zur Vorbereitung ihrer Beschlüsse sowie ein direkt gewählter Regionalpräsident – wurden von der Lenkungsgruppe um ein weiteres Organ ergänzt: eine Gemeindekammer nach dem Vorbild des Umlandverbandes Frankfurt. Diese soll sich aus den Verwaltungsspitzen der 21 verbandsangehörigen Städte und Gemeinden zusammensetzen und den kommunalen Gebietskörperschaften die Möglichkeit geben, „die gemeindlichen Interessen im politischen Meinungsbildungsprozeß der Regionen (zu) artikulieren"[182].

Der ursprüngliche Reformvorschlag sah als Haupteinnahmequelle der „Region Hannover" eine eigene Steuer vor. Da das Grundgesetz unterhalb der Länderebene nur den Städten und Gemeinden eine eigene Steuerhoheit einräumt, wurde – wie auch beim Regionalkreis-Vorschlag für das Rhein-Main-Gebiet – für eine Änderung des Grundgesetzes plädiert. Als „Spitzenfinanzierung" ist – wie beim gegenwärtigen Landkreis – eine Umlage von den verbandsangehörigen Städten und Gemeinden vorgesehen. Wegen der erwarteten Synergie- und Rationalisierungseffekte soll diese jedoch nicht höher ausfallen als die derzeitige Kreisumlage[183]. Leitgedanke im Hinblick auf die Einnahmen aus dem kommunalen Finanzausgleich (Schlüsselzu-

---

[180] Ebenda, S. 26 ff.
[181] Ebenda, S. 17 ff.
[182] Ebenda, S. 15.
[183] *Neue Gebietskörperschaft „Region Hannover"*, in: Niedersächsischer Städtetag-Nachrichten, 1996, H. 12, S. 283.

weisungen sowie Zuweisungen für Aufgaben des übertragenen Wirkungskreises) ist, „daß der bisher auf Landkreis und Landeshauptstadt Hannover entfallende Anteil der Finanzausgleichsmasse für die Region erhalten werden ... und andere Landesteile nicht zusätzlich belastet werden sollen"[184]. Die Einzelheiten der Finanzierung sind inzwischen Gegenstand differenzierter Modellrechnungen, die von der Lenkungsgruppe in Zusammenarbeit mit dem Statistischen Landesamt Niedersachsen durchgeführt werden[185].

Befürworter des Reformvorschlags, dessen Bewährung in der Praxis gegenwärtig noch aussteht, begrüßen vor allem seinen situationsspezifischen Zuschnitt, seine Praxisnähe und die Tatsache, dass „die Umsetzung ... kaum ‚Verlierer' (erzeugt)"[186]. Auf positive Resonanz ist der Vorschlag auch bei den politischen Parteien und ihren relevanten regionalen Vertretern gestoßen. Kritische Stimmen wurden allerdings – wie auch bei anderen Reformansätzen – auf der Ebene einzelner betroffener Gemeinden laut. Aus der Einrichtung einer neuen größeren Verwaltungseinheit werden hier zusätzliche Reibungsverluste und erhöhte Regiekosten erwartet. Die von den Initiatoren des Reformvorschlags betonten räumlichen Diskrepanzen im Hinblick auf Aufgaben, Belastungen und finanzielle Möglichkeiten werden ebenso wie der innerregionale Wettbewerb um relevante Wirtschaftsakteure relativiert oder in Abrede gestellt[187]. Gefordert werden eine Beibehaltung und „Optimierung des Status quo" sowie eine Stärkung des Konnexitätsprinzips.

Gegenwärtig (das heißt Mitte 1999) wird die „Region Hannover" auf breiter Ebene in den politischen Gremien und mit der Bevölkerung diskutiert. Das erforderliche Spezialgesetz zu ihrer Umsetzung soll im Jahr 2000 im Niedersächsischen Landtag beschlossen, die neue Gebietskörperschaft im Jahre 2001 realisiert werden[188].

4.   Privatrechtliche Kooperationsformen

Neben den vielfältigen Formen interkommunaler Kooperation nach dem öffentlichen Recht besteht auch die Möglichkeit, diese Zusammenarbeit in privatrechtlicher Form zu organisieren. Voraussetzungen sind allerdings, dass der Kooperati-

---

[184] Ebenda, S. 282.
[185] Vgl. dazu: *Lenkungsgruppe Region Hannover (Hrsg.)*, S. 38 ff.
[186] *Dietrich Fürst*, Region Hannover – Aufbruch zu neuen Ufern?, in: Niedersächsischer Städtetag-Nachrichten, 1996, H. 12, S. 283.
[187] *Eckhard David*, Überlegungen zur „Region Hannover", in: Niedersächsischer Städtetag-Nachrichten, 1996, H. 12, S. 284 ff.
[188] *Kommunalverband Großraum Hannover (Hrsg.)*, Region Hannover. Informationen zur Regionalreform im Großraum Hannover, Hannover 1998, S. 6.

onszweck „nicht ebenso gut in einer Rechtsform des öffentlichen Rechts erfüllt wird oder erfüllt werden kann"[189] und dass keine gemeindehoheitlichen Befugnisse übertragen werden. In Frage kommen privatrechtliche Kooperationsformen – dies wird durch Beispiele aus der Praxis bestätigt – vor allem in den Bereichen der technischen Infrastruktur (Ver- und Entsorgungsleistungen, Abfallbeseitigung, öffentlicher Personennahverkehr) sowie bei der Wirtschafts-, Struktur- oder Tourismusförderung.

In Bezug auf die Form der Kooperation können prinzipiell „sämtliche Möglichkeiten des privatrechtlichen Organisationsrechts genutzt werden"[190]. Infolge der Restriktionen des Gemeinderechts – so vor allem des Erfordernisses einer Begrenzung der kommunalen Haftung auf einen bestimmten Betrag – „scheiden neben der Genossenschaft mit unbeschränkter Nachschußpflicht die BGB-Gesellschaft, die oHG und der nicht rechtsfähige Verein aus. Ebenso darf sich die Gemeinde nicht als Komplementär an einer KG oder einer KGaA beteiligen."[191] Unter den verbleibenden Formen – Aktiengesellschaft und GmbH – wird allgemein der GmbH-Lösung der Vorzug gegeben. Diese bietet mit dem Gesellschaftsvertrag eine hohe Gestaltungsfreiheit hinsichtlich der zu treffenden Regelungen und der Aufgaben, die zu erledigen sind. Zudem ist eine uneingeschränkte Beteiligung weiterer, auch privater Akteure möglich[192]. In Bezug auf die Gesellschaftsziele setzt das Kommunalrecht allerdings eine Grenze: Diese müssen sich an einer öffentlichen Zwecksetzung orientieren[193]. Wichtigste Organe der GmbH sind Gesellschafter und Gesellschafterversammlung sowie die für die laufenden Geschäfte zuständige Geschäftsführung. Ihre Finanzierung erfolgt über die Kapitaleinlagen der Gesellschafter. Die Aufteilung der Kosten und Erträge ist frei regelbar und Gegenstand des Gesellschaftervertrages.

Beispiele für interkommunale Zusammenarbeit in GmbH-Form sind die KVR-Tochter Abfallbeseitigungs-Gesellschaft Ruhrgebiet mbH, die Anfang 1999 im Rhein-Main-Gebiet aus dem Umlandverband Frankfurt ausgelagerte Rhein-Main-Abfall GmbH, die vom Verband Region Stuttgart gegründete Wirtschaftsförderungs GmbH oder die für die Region Bonn-Rhein-Sieg/Ahrweiler zuständige Strukturförderungsgesellschaft.

Vorteile von GmbH-Ansätzen liegen nach allgemeiner Einschätzung vor allem in ihrer relativ einfachen Gründung, der geringen Regelungsdichte und hohen Gestaltungsfreiheit wie auch in ihrer Verwaltungsunabhängigkeit und der daraus resultie-

---

[189] *Dirk Ehlers,* Interkommunale Zusammenarbeit in Gesellschaftsform, in: Deutsches Verwaltungsblatt, 1997, H. 3, S. 141.
[190] Ebenda, S. 139.
[191] Ebenda.
[192] Vgl. *Landesregierung Schleswig-Holstein (Hrsg.),* Flächenentwicklung ohne Grenzen. Wie Gemeinden zusammenarbeiten können, Kiel 1995, S. 60.
[193] *Dirk Ehlers,* S. 142.

renden Chance schnellerer Entscheidungen. Als Nachteile gelten der mit der Gründung einer neuen Organisation entstehende zusätzliche Verwaltungsaufwand, der mit diesem Ansatz verknüpfte Interessengegensatz zwischen öffentlicher (gemeinwohlorientierter) Zwecksetzung und betriebswirtschaftlichen Erfordernissen, der Mangel an demokratischer Kontrolle sowie die mit einer Organisationsprivatisierung stets verbundene Schwächung der kommunalen Selbstverwaltung. Diese Schwächung könnte im Extremfall – und diese Aussage ist auch im Zusammenhang mit der allgemeinen Verwaltungsmodernisierung zu sehen – „zu einer völligen Denaturierung der kommunalen Selbstverwaltung führen, da sich fast alle Selbstverwaltungsaufgaben auf Gesellschaften übertragen lassen, so daß den Kommunen selbst nichts mehr zu verwalten bliebe. Die Verkümmerung der Gemeinden und Gemeindeverbände zu bloßen Holding-Einheiten entspricht aber nicht dem verfassungsrechtlichen Leitbild der kommunalen Selbstverwaltung."[194]

Interkommunale Kooperationsansätze in privatrechtlicher Form sind nicht unabhängig zu sehen. Sie müssen vielmehr im Kontext der seit den frühen 90er Jahren durchgeführten Modernisierung kommunaler Verwaltungen verstanden werden, die nicht allein auf eine interne Effektivierung administrativen Handelns, sondern auch auf eine strukturelle Veränderung des öffentlichen Sektors zielt: über die formelle oder materielle Voll- oder Teilprivatisierung bisher von diesem erbrachter Leistungen. Die für interkommunale GmbH-Ansätze genannten Vor- und Nachteile gelten daher sinngemäß auch für andere Formen der Organisationsprivatisierung.

III. Fazit

Interkommunale Kooperation in Stadtregionen – dies lässt die Auseinandersetzung mit diesem Thema immer wieder deutlich werden – ist in einem föderal verfassten und mit einer starken kommunalen Selbstverwaltung ausgestatteten Staat wie der Bundesrepublik Deutschland ein hoch komplexes Thema, das mit einer Vielzahl von Frage- und Problemstellungen einhergeht. Intraregionale Kooperation ist eine abhängige Variable, die von einem breiten Spektrum von Einflussfaktoren bestimmt ist und für die es nicht *die eine* Form oder Lösung gibt. Kompetenzen, Form und Organisation konkreter Handlungsansätze sind daher – Beispiele hierfür gibt es in nahezu allen größeren Verdichtungsräumen – nie unmittelbares Resultat abstrakter Kooperationsnotwendigkeiten, sondern vielmehr abhängig von den jeweils gegebenen konkreten politisch-administrativen Strukturen, den relevanten Akteuren

---

[194] Ebenda, S. 141.

und ihren spezifischen Interessen sowie den allgemeinen, durch Verwaltungsaufbau und Finanzsystem der Bundesrepublik Deutschland gesetzten Rahmenbedingungen.

Diese Beziehung zwischen relevanten, sich oft als Restriktionen erweisenden Einflussgrößen und einigen maßgeblichen Aspekten interkommunaler Kooperationsansätze wie Aufgaben, Formen, räumlicher Zuschnitt oder Finanzierung stehen im Mittelpunkt der folgenden Bilanz. Eingeleitet wird diese mit einer kurzen Problematisierung des „zyklischen" Relevanzgewinns des Untersuchungsthemas, abgeschlossen mit einem Ausblick sowie einigen pragmatischen Empfehlungen für künftige Kooperationsvorhaben.

1.   Zur „zyklischen" Wiederkehr eines Themas

Interkommunale Kooperation in Stadtregionen ist kein neues, sondern ein im Laufe des 20. Jahrhunderts in unregelmäßigen Abständen – von der Einrichtung des Zweckverbandes Groß-Berlin im Jahre 1912 über die Aktivitäten der Gebietsreform in den 60er und 70er Jahren bis zu den Reorganisationsüberlegungen und -bemühungen der 90er Jahre – wiederkehrendes Thema. Auffallend ist dabei allerdings zweierlei:

■ zum einen die – abgesehen von der Gebietsreform – zu beobachtende Beschränkung der meisten Debatten auf nur wenige Verdichtungsräume. Für wiederkehrende Aufmerksamkeit sorgen nicht – wie beispielsweise in Frankreich – Reorganisation und Verbesserung von Stadt-Umland-Beziehungen allgemein, sondern vielmehr spezifische Räume und deren Probleme;

■ zum anderen die Dominanz bestimmter Berufsgruppen unter den Teilnehmern einschlägiger Reformdiskussionen (insbesondere von Verwaltungsjuristen, Finanzwissenschaftlern, Geographen und Planern). Andere regional relevante Akteure, wie z.B. Stadt- und Regionsbewohner, Kommunalpolitiker oder – bis vor kurzem – auch Vertreter der Wirtschaft, spielen meist eine vergleichsweise geringe Rolle.

Maßgebliche Auslöser von Kooperationsüberlegungen sind in der Regel

■ deutliche Diskrepanzen – und dies erklärt die besondere Rolle von Verdichtungsräumen, da diese Diskrepanzen hier am schnellsten und deutlichsten sichtbar werden – zwischen vorhandenen politisch-administrativen Strukturen und Grenzen einerseits und sozioökonomischer Entwicklung sowie funktionaler Verflechtung zwischen Kernstädten und ihrem Umland andererseits. War diese Verflechtung in den 60er und frühen 70er Jahren vor allem durch eine Konzentration von Arbeitsplätzen in den Kernstädten und den Ausbau der Umlandgemeinden zu Wohnorten der in der Kernstadt Beschäftigten gekennzeichnet (Suburbanisierung, selektive Stadt-Umland-Wanderungen, Stadtflucht, zunehmende Pendlerzahlen), so ist sie inzwischen wesentlich vielschichtiger geworden. De-Industrialisierung und Tertiärisierung der Wirtschaft, technologische Innovationen und veränderte unternehmerische Standortpräferenzen haben zu einer anhaltenden Verstädterung vieler Umlandgemeinden und der Ansiedlung von Funktionen und Nutzungen geführt, die jene der Kernstadt ergänzen oder ihnen auch gleichen. Kernstadt und Umlandgemeinden werden damit zunehmend zu Konkurrenten wie Kooperanten (Regionalisierung von Kooperationsbeziehungen) gleichermaßen;

- Diskrepanzen in Bezug auf die Verteilung der Lasten und Vorteile zwischen vielen Kernstädten und ihrem Umland. Den hohen Sozial- und Zentralitätskosten der Kernstädte (Einrichtungen der sozialen und technischen Infrastruktur, kulturelle Einrichtungen usw.) steht auf Seiten kommunaler Einnahmen als Folge der Finanzreform von 1969 und der oben genannten Entwicklungstrends eine zunehmende Ungleichverteilung zwischen Kernstädten und vielen Umlandgemeinden gegenüber. Bildhaft dargestellt wird dies mit dem Begriff des viele Kernstädte umgebenden „Speckgürtels";

- zunehmende, weitgehend unkoordiniert verlaufende siedlungsstrukturelle Tätigkeiten in Stadtregionen und Verdichtungsräumen: als Folge von Bevölkerungskonzentration, selektiven Wanderungen, Neuansiedlungen und Verlagerungen im unternehmerischen Bereich, neuen, vor allem seit den späten 80er Jahren zunehmend an Gewicht gewinnenden Formen außerstädtischer Kultur-, Freizeit- und Einzelhandelseinrichtungen (von Urban Entertainment Centers bis zu Mega Malls) sowie einer anhaltenden, diese Entwicklungen ermöglichenden und begleitenden Motorisierung;

- Zunahme von Großvorhaben im Bereich der technischen Infrastruktur, bei Freizeit- und Kultureinrichtungen oder auch im gewerblichen Sektor, die entweder die Kompetenzen und Kapazitäten einzelner Kommunen überschreiten oder schwierige Standortentscheidungen erfordern (im Falle belastender Einrichtungen) und für ihre Realisierung gemeinsamer Anstrengungen bedürfen;

- die sich vor allem seit den späten 80er Jahren im Zuge einer fortschreitenden wirtschaftlichen Integration in Europa und einer zunehmenden Internationalisierung der Wirtschaft verschärfende Konkurrenz zwischen supralokalen Räumen wie Stadtregionen und Verdichtungsräumen und eine damit einhergehende Notwendigkeit, intraregionale Kräfte zu bündeln und nicht gegeneinander auszuspielen, sowie schließlich

- die Absicht, einigen oder auch allen dieser Entwicklungen mit einer abgestimmten und koordinierten Politik und Planung zu begegnen. Stand hierbei in früheren Jahren vor allem die Erhöhung der intraregionalen Effektivität als Ziel im Vordergrund, so ist dies heute zunehmend die Verbesserung der interregionalen Wettbewerbsfähigkeit.

2. Zur „zyklischen" Wiederkehr von Reformvorschlägen – Diskrepanz zwischen abstrakten Möglichkeiten und konkreter Umsetzung

Die Auslöser von Reformvorschlägen sind über längere Zeiträume gesehen in Abhängigkeit von der allgemeinen gesellschaftlichen Entwicklung mehr oder weniger starken Veränderungen unterworfen. Im Gegensatz dazu ist der institutionelle Hintergrund für diese Reformvorschläge, dies gilt zumindest für die westdeutschen Bundesländer seit dem Zweiten Weltkrieg, weitgehend gleich geblieben. Vierstufiger Verwaltungsaufbau und Finanzsystem der Bundesrepublik (vgl. Kapitel I) sind der allgemeine Kontext, die spezifischen Regelungen der einzelnen Bundesländer mit ihren staatlichen Mittelbehörden und einem flächendeckenden Netz kommunaler Gebietskörperschaften hingegen der besondere Rahmen, innerhalb dessen sich regionale Kooperationsüberlegungen seit den 60er Jahren bewegen und bewegen müssen.

Das Spektrum der denkbaren Möglichkeiten ist groß – vor allem dann, wenn eine Reorganisation bestehender institutioneller Strukturen mit einbezogen wird –, es reicht von informellen bis zu einer Vielzahl formeller Ansätze, von mono- bis zu multifunktionalen Verbänden, von Gemeindeverbänden unterschiedlichster Form bis zu Gemeindezusammenschlüssen. Diese Möglichkeiten und Formen waren alle schon zu Zeiten der Gebietsreform in den 60er und 70er Jahren bekannt und bereits damals Gegenstand umfassender und differenzierter, ihre Besonderheiten wie auch Vor- und Nachteile präzisierender Darstellungen und Bewertungen[195]. Aber auch im Zuge der Realisierung einzelner Ansätze, wie z.B. des Umlandverbandes Frankfurt, wurden unterschiedliche Kooperationsvarianten – von der Entwicklungsgesellschaft bis zum Mehrzweck-Pflichtverband, vom Stadtkreis bis zur Regionalstadt – diskutiert und gegeneinander abgewogen. Ähnliches war und ist auch in

---

[195] So z.B.: *Günter Seele; Hinrich Lehmann-Grube; Frido Wagener; Friedel Erlenkämper.*

den 90er Jahren in ostdeutschen Bundesländern, erneut im Rhein-Main-Raum oder im Großraum Hannover wieder der Fall[196].

Zwischen dem, was an Kooperationsmöglichkeiten denkbar und dem, was letztlich konkret mach- und umsetzbar ist, klafft jedoch, dafür sind die Erfahrungen der letzten 30 Jahre ein Beleg, eine deutliche Lücke. Ungeachtet der Veränderung gesellschaftlicher Rahmenbedingungen und Kooperationsnotwendigkeiten wird das Potenzial möglicher Kooperationsformen keineswegs ausgeschöpft, realisiert wird vielmehr – sieht man vom aktuellen Boom informeller Kooperationsansätze einmal ab – nur eine begrenzte Zahl der immer gleichen Varianten. Antworten auf die Frage, warum dies so ist, ermöglicht ein Blick auf die Restriktionen und strittigen Aspekte, die für die spezifische Form oder auch die Verhinderung einzelner Ansätze von maßgeblicher Bedeutung sind.

3. Restriktionen und strittige Aspekte in Bezug auf die Realisierung von Kooperationsansätzen

Als Restriktionen für die Realisierung von Reformvorschlägen erweisen sich vor allem vorhandene institutionelle Regelungen und politisch-administrative Strukturen sowie die relevanten öffentlichen Funktionsträger und deren spezifische Interessen. Zu den strittigen Aspekten zählen hingegen Aufgaben, Formen, demokratische Legitimation, räumlicher Zuschnitt wie auch Finanzierung von Kooperationsansätzen sowie – in einigen Fällen – die Frage, ob umfassendere Ansätze nur für einzelne Verdichtungsräume oder flächendeckend für das jeweilige Bundesland realisiert werden sollen.

3.1 Vorhandene politisch-administrative Strukturen

Wenn es um die Realisierung informeller Kooperationsformen oder die Einrichtung formeller aufgabenspezifischer Zweckverbände geht, stellen bestehende Gebietskörperschaften und staatliche Behörden in der Regel kein Hindernis dar. Problematischer werden vorhandene Gebiets- und Verwaltungsstrukturen jedoch immer dann, wenn größere, mehrere Aufgaben und Zuständigkeiten umfassende Koopera-

---

[196] Vgl. dazu *Hans-Heinrich Trute; Jens Peter Scheller*.

tionsansätze für spezifische Stadtregionen und Verdichtungsräume zur Diskussion stehen. Schließlich treffen die Ansätze auf ein lückenloses Netz von kommunalen Gebietskörperschaften und institutionellen Strukturen, und ihre Realisierung bedeutet in jedem Fall – auch wenn sie im abstrakten Interesse der jeweiligen Region und damit aller Beteiligten erfolgen soll – eine Überlagerung dieser Strukturen und eine Umverteilung von konkreten Kompetenzen und Einflussmöglichkeiten. Für kommunale Gebietskörperschaften wie Gemeinden und Kreise heißt dies eine Einschränkung der kommunalen Selbstverwaltung, für staatliche Mittelinstanzen oder bereits bestehende funktionsspezifische Organisationseinheiten eine Aufgabenreduzierung oder auch Überleitung in die neue Organisation. Je höher daher die kommunale Selbstverwaltung in einem Bundesland bewertet wird, desto geringer sind die Chancen zur Umsetzung umfassender Kooperationsansätze. So werden – so scheint es – in den Verdichtungsräumen München, Stuttgart und Hannover zwar vergleichbare Kooperationsnotwendigkeiten betont, jedoch unterschiedliche Kooperationsformen praktiziert: in München ein Regionaler Planungsverband, den man seitens der Kernstadt gerne in Richtung des Stuttgarter Verbandsansatzes verändern möchte, in Stuttgart ein Mehrzweck-Pflichtverband, obwohl verschiedene Seiten für eine Regionalkreislösung votiert hatten, wie sie nun in Hannover umgesetzt werden soll.

Bei Mehrzweck-Pflichtverbänden, die nicht mit einem Ersatz, sondern der Überlagerung vorhandener Strukturen einhergehen, führen diese – der Verband Region Stuttgart ist hierfür ein Beispiel – in der Regel dazu, dass die neue Einrichtung im institutionellen Nebeneinander verschiedener Gebietskörperschaften und Ebenen nur für wenige Aufgaben die Alleinzuständigkeit besitzt oder dass sich die jeweiligen Mitglieder – wie zum Beispiel beim Umlandverband Frankfurt – weigern, einzelne, dem Verband zustehende Aufgaben diesem auch tatsächlich zu übertragen.

Noch restriktiver erweisen sich vorhandene Strukturen für die Realisierung gebietskörperschaftlicher Reformvorschläge. Eingemeindungen, wie sie im Zuge der Gebietsreform in großer Zahl realisiert worden sind, stehen daher heute in den westdeutschen Bundesländern nicht zur Diskussion, und auch in Ostdeutschland mit seiner Vielzahl klein(st)er Gemeinden waren und sind Gemeindezusammenschlüsse zu Einheitsgemeinden nur unter großen Schwierigkeiten möglich. Aber auch Gemeindezusammenschlüsse in Form von Regionalkreisen oder Regionalstädten, bei denen die Auflösung vorhandener Gebietskörperschaften nicht zwingend ist, sind bisher – abgesehen von den beiden Ausnahmen des Stadtverbandes Saarbrücken und der beabsichtigten Einrichtung der Region Hannover – nicht realisierte Reformüberlegungen geblieben. Die Prognose von Frido Wagener, „es spricht vieles dafür, daß der Stadtverband Saarbrücken eine einmalige Erscheinung bleiben wird"[197], hat sich damit weitgehend bewahrheitet.

---

[197] *Frido Wagener*, 1982, S. 430.

3.2 Die relevanten Funktionsträger

Intraregionale Kooperationsansätze sind – wie die Erfahrungen der Praxis zeigen – ein Reflex der jeweiligen Konstellationen von Akteuren, ihrer Interessen, ihrer Macht- und Einflussmöglichkeiten. Generalisierbare Aussagen über ihr Verhalten sind allerdings – auch wenn dieses meist durch ein starkes Interesse an Besitzstandswahrung bestimmt ist – nicht ohne weiteres möglich. Frühere Gegner von breiteren Kooperationsansätzen – so z.B. einzelne Kernstädte und ihre Vertreter – zählen heute zu deren Befürwortern; aber auch umgekehrte Entwicklungstrends sind in der Praxis zu verzeichnen. Maßgeblich für diese Einstellungsänderungen sind in der Regel Veränderungen der jeweiligen wirtschaftlichen wie auch kommunalen Haushaltssituationen.

Auf weitgehend positive Reaktionen stoßen funktionsspezifische Organisationseinheiten mit einer klar umrissenen Aufgabe und einem begrenzten Kooperantenkreis. Der mit diesen Einheiten einhergehende Verlust direkter demokratischer Kontrolle scheint in der Praxis auf keinen Widerstand zu stoßen. Widerstand löst jedoch meist die beabsichtigte Einrichtung umfassender Kooperationsansätze wie Mehrzweck-Pflichtverbände oder neue Gebietskörperschaften aus. Vertreter aller Verwaltungsebenen befürchten aus der Realisierung dieser Ansätze Kompetenz-, Macht- und Funktionsverluste, und dies oft auch nicht zu Unrecht. Wäre beispielsweise die Regionalstadt-Idee des früheren Frankfurter Oberbürgermeisters Möller realisiert worden, so hätte dies einen Machtverlust bei mehreren 100 Mandatsträgern und deren Degradierung zu einfachen Ortsbeiratsmitgliedern bedeutet; beim Regionalkreis Rhein-Main hätte sich diese Zahl auf knapp 700 belaufen.

Widerstand gegenüber neuen Kooperationsansätzen von kommunaler Seite muss aber nicht allein auf befürchteten Einfluss- und Kompetenzverlusten beruhen, er kann auch auf einem oft nur schwach ausgeprägten Verständnis vieler Kommunalpolitiker für die Notwendigkeit einer Regionalisierung der Kommunalpolitik oder den fiskalischen Überlegungen wirtschafts- und steuerstarker Kommunen basieren, die an einer Zusammenarbeit mit ihren finanzschwachen Nachbarn – vor allem wenn es sich dabei um die jeweilige Kernstadt handelt – kein Interesse haben.

Bei gebietskörperschaftlichen Kooperationsvorschlägen befürchten insbesondere Kreise oder staatliche Mittelinstanzen Kompetenzverluste, wenn nicht gar ihre Auflösung und votieren deshalb meist für eine Beibehaltung des Status quo und/oder eine Auflösung bereits bestehender Kooperationsstrukturen. Ein Beleg hierfür ist beispielsweise die Mitte der 90er Jahre geführte Reformdiskussion im Rhein-Main-Gebiet. Die nach Funktion und Ebenenzugehörigkeit ihrer Vertreter variierenden Vorschläge – vom Regionalkreis bis zur Einheitsgemeinde, vom Regionalparlament bis zum Raumordnungsverband[198] – sahen eine Vielzahl institutioneller Verände-

---

[198] Vgl. dazu im Einzelnen *Jens Peter Scheller*; *Werner Heinz*, 1997.

rungen vor. Diese reichten von Zusammenschluss und Neuorganisation der Kernstadt und ihrer Umlandgemeinden in fünf Bezirken bis zur Auflösung bestehender Kreise und Regierungsbezirke und waren mit entsprechenden Reaktionen der jeweils Betroffenen verbunden: „unausgegorenes Konzept", „Verwaltungsmoloch", „falscher Weg", „gigantische Gebietsneuordnung" usw.

Befürworter von interkommunalen Kooperationsansätzen in Stadtregionen finden sich vor allem auf Landesebene[199]. Aber auch hier lassen sich Gegenbeispiele finden: die Auflösung des „Verbandes Großraum Braunschweig" 1978 durch eine neu gewählte Koalitionsregierung oder die gleichlautenden Absichten der Anfang 1999 gewählten Hessischen Landesregierung bezüglich des Umlandverbandes Frankfurt. Ablehnend reagieren Landesvertreter auch – wie dies beim Regionalkreis Rhein-Main der Fall war –, wenn die neue Einheit infolge der Größe ihres Zuständigkeitsbereichs und ihrer Kompetenzfülle zu einem „Staat im Staate" zu werden droht und der Landesregierung damit nur die Zuständigkeit für die wirtschaftsschwächeren restlichen Landesteile verbleibt.

Auf wesentlich positivere Resonanz stoßen interkommunale Kooperationsansätze in Stadtregionen bei Vertretern der Wirtschaft. Diese sind nicht an bestehende Gemeinde- und Kreisgrenzen gebunden; ihr „regionales Bewusstsein" ist daher vielfach stärker ausgeprägt. Von ihnen initiierte und favorisierte Kooperationsformen, wie z.B. Wirtschaftsforen, weisen allerdings eine zweifache Beschränkung auf: Eingrenzung auf wirtschaftliche Fragestellungen und fehlende demokratische Legitimation der Beteiligten.

3.3 Kooperationsgegenstand und Aufgabenfelder

Gegenstand interkommunaler Zusammenarbeit können grundsätzlich alle kommunalen Aufgaben sein: zur freiwilligen wie pflichtigen Selbstverwaltung oder zum übertragenen Wirkungskreis zählende, problemspezifisch wie territorial orientierte, umsetzungs- oder strategisch bestimmte.

Nach Ansicht von kommunalen Praktikern und Vertretern der kommunalen Spitzenverbände zählen zu den potenziellen Aufgabenfeldern interkommunaler Kooperation in Stadtregionen vor allem: Steuerung der Siedlungsentwicklung, Freiraumschutz, Flächenbereitstellung und Bodenbevorratung, regionale Verkehrsentwicklung, Regionalplanung, Infrastruktureinrichtungen im Bereich der Ver- und Entsorgung (Wasser und Energie, Abwasser und Abfall), regionale Struktur-, Wirtschafts- und Kulturförderung, Sozial- und Jugendhilfeangelegenheiten, Schul- und

---

[199] So *Dietrich Fürst* in: Hendrik Zörner, Siegt Lokalpatriotismus über lokale Vernunft?, in: *Demokratische Gemeinde*, 1995, H. 9, S. 8.

Gesundheitswesen, regionale Öffentlichkeitsarbeit und Stadtmarketing[200]. Diese Aufgabenfelder schließen zum Teil mehrere Tätigkeitsformen ein: behördlich-regulierende, strategisch-planerische, umsetzungsorientierte sowie Trägerschaftsaufgaben.

Welche dieser Aufgabenfelder nun gemeinsam und in welcher Form bearbeitet werden, hängt nicht nur von konkreten Aufgaben und Problemdruck, sondern in starkem Maße auch von Kooperationsinteresse und -bereitschaft der potenziellen Kooperanten ab. Wie die kommunale Praxis zeigt, sind diese am größten, wenn es um die isolierte Bearbeitung einzelner Aufgaben geht: vor allem im Ver- und Entsorgungsbereich, bei Kultureinrichtungen oder beim öffentlichen Nahverkehr (in Form von Zweckverbänden oder öffentlich-rechtlichen Vereinbarungen). Im Vordergrund stehen dabei häufig Trägerschaftsaufgaben sowie Realisierung und Betrieb spezifischer Projekte (von der Errichtung und dem Management gemeinsamer Klär- und Abfallbeseitigungsanlagen bis zu Gewerbeflächenerschließung und Verkehrsmanagement). Die Interessen der Akteure stehen bei diesen Vorhaben fest, die Vor- und Nachteile der Kooperation sind weitgehend abschätzbar, darüber hinaus ist diese eindeutig ergebnisorientiert[201].

Wenn es allerdings um die regionsbezogene Bearbeitung (und Bündelung) von Aufgaben(feldern) geht, dann – dies zeigen die Erfahrungen der vergangenen 30 Jahre mehr als deutlich – klafft zwischen potenziellen und tatsächlich in Angriff genommenen Aufgabenbereichen eine deutliche Lücke. Schließlich geht es hier um Zuständigkeiten und Pfründen etablierter Institutionen, von denen sich diese nur ungern trennen wollen. Bei den realisierten regionsbezogenen Tätigkeitsformen stehen eindeutig Planungsaufgaben im Vordergrund: von der Regionalplanung über die Landschafts- und Generalverkehrsplanung bis zur Flächennutzungsplanung. Die Zuordnung der letztgenannten Planungsart kann allerdings auch Anlass von Konflikten sein. Der Verband Region Stuttgart und die geplante Region Hannover haben daher bewusst auf eine regionale Lösung der Flächennutzungsplanung verzichtet; beim Stadtverband Saarbrücken bedurfte es eines Urteils des Bundesverfassungsgerichts, um eine einvernehmliche Lösung herbeizuführen.

Eine Erweiterung der Kompetenzen territorial orientierter Kooperationsansätze im Sinne einer Aufgabenbündelung wird, auch wenn diese – wie z.B. bei Nachbarschafts- oder Regionalverbänden – rechtlich zulässig ist, von kommunaler Seite in der Regel abgelehnt. Eine harsche Abfuhr seitens des baden-württembergischen

---

[200] So z.B. *Gottfried Schmitz*, Entwicklungssteuerung in den großen Verdichtungsräumen der Bundesrepublik Deutschland, in: Umlandverband Frankfurt (Hrsg.), Ansichten zur Region, Bd. 6, Frankfurt/M. 1997, S. 12 ff.; *Folkert Kiepe*, S. 308 ff.; *Deutscher Städtetag (Hrsg.)*, 1995, S. 5 f.; *Lenkungsgruppe Region Hannover (Hrsg.)*, S. 17. ff.
[201] *Akademie für Raumforschung und Landesplanung (Hrsg.)*, Interkommunale und regionale Kooperation – Variablen ihrer Funktionsfähigkeit, Hannover 1998, S. 52.

Gemeindetages hat daher nicht unerwartet auch der Verband Region Stuttgart mit seiner Forderung nach Ausweitung seiner Zuständigkeiten erfahren. Besondere Probleme im Hinblick auf eine regionale Bündelung von Zuständigkeiten werfen vor allem Trägerschafts-, Umsetzungs- und Durchführungsaufgaben auf (so z.B. überörtliche Trinkwasserversorgung, Abwasser- oder Abfallbeseitigung). Die Aussage von Frido Wagener, „daß die Mehrzahl dieser Aufgaben in Verdichtungsräumen im Rahmen von Zweckverbänden gelöst wird"[202], hat zwischen 1982 und 1999 nichts von ihrer Gültigkeit verloren. Aber auch wenn Trägerschafts- und Durchführungaufgaben einem regional agierenden Verband spezialgesetzlich übertragen werden, kann es – wie das Beispiel des Umlandverbandes Frankfurt zeigt – dazu kommen, dass sich die verbandsangehörigen Gemeinden in Ermangelung von Sanktionsmöglichkeiten weigern, derartigen Verpflichtungen nachzukommen.

Zwischen potenziell und tatsächlich bearbeiteten regionalen Aufgabenfeldern stehen zahlreiche Einflussfaktoren. Welche Aufgaben gemeinsam bearbeitet werden und welche nicht, hängt daher weitgehend von den konkreten Konstellationen des Einzelfalles ab.

3.4 Kooperationsformen

Das Spektrum der praktizierten interkommunalen Kooperationsformen ist groß. Es reicht von informellen Abstimmungsgesprächen, Foren und Regionalkonferenzen bis zu öffentlich-rechtlichen Vereinbarungen und aufgabenspezifischen Zweckverbänden, von Planungsverbänden in Form von Nachbarschafts- oder Regionalverbänden bis zu Mehrzweck-Pflichtverbänden, von Eingemeindungen bis zu Gemeindeverbänden in Form von Regionalkreisen. Das Spektrum der Ansätze wird noch größer, wenn es um die seit der Gebietsreform der 60er und 70er Jahre geäußerten und vielfach auf die Bildung neuer Gebietskörperschaften zielenden Reformvorschläge ergänzt wird. Die verschiedenen Ansätze, darauf wurde bereits eingangs hingewiesen (vgl. Kapitel I. 2.4.) lassen sich zu unterschiedlichen Gegensatzpaaren gruppieren: so z.B. informell vs. formell, mono- vs. multisektoral, verbandsmäßig vs. körperschaftlich organisiert.

Die Beschlussorgane der formellen Ansätze setzen sich aus delegierten oder – dies gilt für vergleichsweise wenige Fälle – direkt gewählten Mandatsträgern der jeweils beteiligten kommunalen Gebietskörperschaften zusammen. Vertreter regionaler Institutionen und „Kräfte" (Kammern, Gewerkschaften, Hoch- und Fachhochschulen usw.) werden in unterschiedlichem Maße einbezogen. Sie sind bei informellen Kooperationsansätzen, wie beispielsweise Regionalkonferenzen, oder in den Beiräten

---

[202] *Frido Wagener*, S. 429.

von Regionalverbänden zu finden; sie sind auch in den Entscheidungsgremien einiger Mehrzweck-Pflichtverbände als nicht stimmberechtigte Berater vorgesehen.

In den Fällen, in denen interkommunale Kooperationsansätze für die Flächennutzungsplanung zuständig sind, wurden entweder gesonderte Organe wie Gemeindekammer (UVF) oder Planungsrat (Stadtverband Saarbrücken), in denen die Gemeinden als Institution vertreten sind, eingerichtet oder aber ein Verfahren vereinbart, wonach die delegierten Vertreter der Mitgliedsgemeinden von Verbänden (wie z.B. bei Nachbarschaftsverbänden) nicht über ein freies Mandat verfügen, sondern von den Weisungen ihrer Vertretungskörperschaften abhängig sind.

Welche Kooperationsform im konkreten Fall realisiert werden soll und kann, ist oft eine strittige Frage. Ihre Beantwortung hängt nur zum Teil von den spezifischen Problemen und Aufgabenstellungen vor Ort ab; eine maßgebliche, oft auch die entscheidende Rolle spielen die jeweiligen politisch-administrativen Strukturen, die Kooperationsbereitschaft der relevanten Akteure sowie die durch die jeweilige Landespolitik bestimmten Rahmenbedingungen (wie z.B. Stellenwert der kommunalen Selbstverwaltung).

Wie die kommunale Praxis zeigt, stehen bei den realisierten Kooperationsformen aufgaben- oder funktionsspezifische Regelungen wie Zweckverbände oder öffentlich-rechtliche Vereinbarungen eindeutig im Vordergrund. Die Einrichtung von Zweckverbänden ist gleichsam der „Regelfall" – dies gilt auch für Verdichtungsräume. Einen deutlichen Relevanzgewinn haben in den letzten Jahren gleichfalls informelle sowie privatrechtlich verfasste Kooperationsansätze unterschiedlichster Ausprägung erfahren. Zweckverbände, GmbH-Lösungen und informelle Kooperationsformen können – dies ist ihr zentraler Vorteil – als unmittelbare Antworten auf spezifische Aufgabenstellungen und konkrete örtliche Gegebenheiten verstanden werden. Ein vor allem für verstädterte Regionen und Verdichtungsräume geltender Nachteil dieser sektoralen Ansätze ist allerdings, dass sie in der Regel Querbezüge zwischen verschiedenen Bereichen und Problemstellungen aussparen[203], dass sie ein Verwaltungs- und Kooperationsgeflecht entstehen lassen, „in dem sich allenfalls Insider zurechtfinden, das aber für Außenstehende – zumal für Bürger, aber auch für Parlamentarier – immer undurchschaubarer wird"[204], und dass es ihnen darüber hinaus an unmittelbarer demokratischer Legitimation und Kontrolle mangelt.

Die Zahl territorial orientierter Kooperationsansätze ist gering. Sieht man von den für die Erstellung von Flächennutzungs- oder Regionalplänen zuständigen Nachbarschafts- und Regionalverbänden einmal ab, dann lassen sich in Deutschland nur

---

[203] *Lorenz Rautenstrauch*, Organisation der Region, in: Akademie für Raumforschung und Landesplanung (Hrsg.), Großstadtregionen in Deutschland vor dem Hintergrund europäischer Entwicklungen, Hannover 1991, S. 23 f.
[204] Ebenda, S. 23.

knapp zehn Räume finden, in denen es zur Einrichtung umfassender Stadt-Umland-Kooperationen gekommen ist. Ursache hierfür ist nicht die Zahl potenzieller Kooperationsräume; diese beläuft sich sowohl bei Stadtregionen als auch bei Verdichtungsräumen auf mehr als 40 (vgl. dazu Kapitel I. 1.4). Die Ursachen liegen vielmehr vor allem – dies zeigt die Geschichte der einzelnen Ansätze deutlich – in den mit der Einrichtung multisektoraler Kooperationsformen verbundenen vielfältigen Problemen und Fragestellungen. Diese reichen von den unterschiedlichen Interessen und Erwartungen potenzieller Akteure bis zu den vorhandenen institutionellen Strukturen, von den zu übertragenden Kompetenzen und Tätigkeitsformen bis zum jeweiligen räumlichen Zuschnitt, von der Finanzierung und Organisationsform bis zu Fragen der demokratischen Legitimation sowie danach, wie sich der neue Ansatz in die bestehende Verwaltungsorganisation des jeweiligen Bundeslandes einfügen lässt.

Ob und in welcher Form es schließlich zur Realisierung eines regional orientierten Kooperationsansatzes kommt, hängt in der Regel vom Ausgang langwieriger Abstimmungsgespräche zwischen den jeweils betroffenen Institutionen und ihren administrativen wie politischen Vertretern ab. Entweder bleiben die Ansätze, wie es der frühere Hessische Landesentwicklungsminister, Jörg Jordan, einmal formulierte, „im Sperrfeuer lokalpolitischer Interessen liegen", oder es kommt zu Ergebnissen, die – wie die bisher realisierten Ansätze anschaulich belegen – Kompromisse „mit gewissen Unzulänglichkeiten" sind. Die Erwartungen der jeweiligen Befürworter werden somit häufig enttäuscht, die skeptischen Prognosen von Gegnern partiell bestätigt. Diese in der Regel ab dem Zeitpunkt der Einrichtung eines multisektoralen Ansatzes bestehenden Probleme und die Tatsache, dass sich darüber hinaus maßgebliche Rahmenbedingungen und Einflussfaktoren mittelfristig verändern, tragen dazu bei, dass umfassendere, territorial orientierte Ansätze in Verbandsform in der Regel nur von begrenzter Dauer sind und nach einer gewissen Zeit zur Reorganisation, zur Überleitung in andere Kooperationsformen oder auch zur ersatzlosen Auflösung anstehen.

Zwischen den seit Mitte der 90er Jahre aus einer Vielzahl von Gründen (vgl. Kapitel I. 2.2 und III. 1) verstärkt erhobenen Forderungen nach einer verbesserten interkommunalen Kooperation in Stadtregionen und der praktischen Umsetzung dieser Forderungen klafft allerdings eine große Lücke. Nur in zwei verstädterten Regionen – Stuttgart und Hannover – wurden oder werden regionsspezifische „harte" und mehrere Aufgaben bündelnde Kooperationsformen realisiert. In den meisten anderen Regionen ist die Kooperationspraxis auf ein fragmentiertes, zum Teil auch kontraproduktives Nebeneinander von funktionsspezifischen Organisationseinheiten und informellen Kooperationsansätzen in weitgehend konfliktfreien Aufgabenfeldern beschränkt geblieben.

3.5 Finanzierung interkommunaler Kooperationsansätze

Das Finanzsystem der Bundesrepublik Deutschland und die spezifischen Regelungen der einzelnen Bundesländer stecken nicht nur den Rahmen für die Finanzierung von Kooperationsansätzen ab, sie fungieren angesichts der durch sie mitbedingten Disparitäten zwischen Kernstädten und Umlandgemeinden in Bezug auf Lasten- und Einnahmenverteilung auch als Auslöser für solche Ansätze. Wie bei anderen Kooperationselementen gilt auch für den Finanzierungsbereich: Dieser wird um so komplizierter und problematischer, je größer ein Gebiet und je komplexer eine Kooperationsform ist.

Funktionsspezifische, als öffentlich-rechtliche Körperschaften verfasste Organisationseinheiten finanzieren sich in der Regel vorwiegend über Gebühren und Beiträge auf der Basis des jeweils geltenden Kommunalabgabenrechts. Darüber hinaus können sie ergänzend von ihren Mitgliedern Umlagen erheben sowie – ein Beispiel hierfür war der beabsichtigte Zweckverband Gewerbepark Nürnberg/Fürth/Erlangen – Ausgleichszahlungen zur Kompensation von Vor- und Nachteilen vereinbaren.

Auch bei anderen öffentlich-rechtlichen Kooperationsansätzen – von Planungsverbänden bis zu Mehrzweck-Pflichtverbänden – sind jährlich in den Haushaltssatzungen der Gemeinden festzusetzende Umlagen eine gängige Finanzierungsform. Ihre Höhe bemisst sich nach der Einwohnerzahl, Steuerkraft oder auch – wie z.B. beim Kommunalverband Großraum Hannover – nach der Höhe der Schlüsselzuweisungen eines Verbandsmitgliedes. Bei bestimmten Kooperationsansätzen ist die Umlagepflicht einzelner Verbandsmitglieder ausgeschlossen. So wird beispielsweise bei Nachbarschaftsverbänden, da ihnen die Wahrnehmung kommunaler Aufgaben obliegt oder beim Umlandverband Frankfurt von den beteiligten Landkreisen keine Umlage erhoben. Mit steigender Umlagenhöhe und größer werdender Zahl der Verbandsmitglieder nimmt allerdings auch die Konfliktträchtigkeit dieser Finanzierungsform zu. Der Zusammenhang zwischen finanziellen Belastungen und spezifischen Kooperationsvorteilen ist – vor allem bei regional orientierten Aufgaben – für die einzelnen Mitglieder oft nicht unmittelbar sicht- oder meßbar.

In vielen Fällen werden regionale Kooperationsansätze bzw. einzelne ihrer Aufgabenbereiche aus Zuschüssen sowie Zuweisungen (mit oder ohne Zweckbindung) des jeweiligen Bundeslandes finanziert – Beispiele hierfür sind die für die Trägerschaft der Regionalplanung zuständigen Regionalverbände in Baden-Württemberg und Bayern oder Mehrzweck-Pflichtverbände wie der Verband Region Stuttgart und der Kommunalverband Ruhrgebiet. Die mit dieser Finanzierung aus Landesmitteln einhergehenden Konsequenzen sind allerdings ambivalent. Von Vorteil ist, „daß sie keine Verteilungskonflikte provozieren und die Haushalte der Gemeinden und

Kreise nicht belasten", von Nachteil jedoch, dass sie „die regionale Politik und Verwaltung vom Land ... abhängig machen"[205].

Gebühren, Umlagen und Landeszuweisungen dienen auch der Finanzierung ge-bietskörperschaftlicher Kooperationsansätze. Eigene und frei verfügbare Steuerein-nahmen zur Sicherung der finanziellen Unabhängigkeit dieser Ansätze – wie sie beispielsweise zunächst bei der Region Hannover oder dem Regionalkreis Rhein-Main vorgeschlagen worden waren – sind aus verfassungsrechtlichen Gründen der-zeit allerdings nicht möglich. Das Grundgesetz räumt auf kommunaler Ebene nur den Städten und Gemeinden eine eigene Steuerhoheit ein und müsste daher ent-sprechend geändert werden.

Ausreichende Finanzmittel zur Erfüllung ihrer Aufgaben sind eine der Grundvor-aussetzungen zur Gewährleistung der Funktionsfähigkeit interkommunaler Koope-rationsansätze. In Anbetracht der bisherigen Probleme in Stadtregionen plädiert der Deutsche Städtetag daher für eine „Finanzautonomie ..., die auf einer Mischform der Finanzierungswege aufgebaut ist"[206]. Die Frage, wie eine solche Mischform un-ter den gegebenen Rahmenbedingungen und unter Berücksichtigung bestimmter Postulate, wie z.B. „Verteilungsneutralität auf Landesebene", aussehen könnte, ist gegenwärtig Gegenstand differenzierter Modellrechnungen für die geplante Region Hannover[207].

Vergleichsweise unproblematisch ist die Finanzierung privatrechtlicher Kooperati-onsansätze. Diese finanzieren sich – wie z.B. bei der GmbH-Lösung – aus den Ka-pitaleinlagen der jeweiligen Gesellschafter. Die Aufteilung der Kosten und Erträge ist frei regelbar und Gegenstand von Gesellschafterverträgen.

3.6 Räumlicher Zuschnitt

Die räumliche Begrenzung von Kooperationsansätzen wird um so schwieriger, je mehr Aufgabenfelder diese Ansätze umfassen. Jeder relevante Funktions- und Auf-gabenbereich – vom Arbeits- und Wohnungsmarkt bis zu Kultur- und Freizeitinfra-struktur, vom öffentlichen Personennahverkehr bis zur Abwasser- und Abfallbesei-tigung – umfasst ein anderes räumliches Gebiet. Und jeder dieser Einzugsbereiche ist in Abhängigkeit von aufgabenspezifischen wie siedlungsstrukturellen Entwick-lungen relativ raschen Veränderungen unterworfen.

---

[205] *Akademie für Raumforschung und Landesplanung (Hrsg.)*, Regionale Verwaltungs- und Pla-nungsstrukturen in Großstadtregionen, Hannover 1998, S. 35.
[206] *Deutscher Städtetag (Hrsg.)*, Interkommunales Handeln in der Region, Köln 1995, S. 24.
[207] *Lenkungsgruppe Region Hannover (Hrsg.)*, S. 38 ff.

Am einfachsten ist die räumliche Abgrenzung daher bei aufgabenspezifischen formellen wie informellen Kooperationsansätzen mit nur wenigen Beteiligten. Aber auch bei großflächigen, viele Teilnehmer einbeziehenden Kooperationsformen ist eine Festlegung des Einzugsbereichs noch vergleichsweise einfach, wenn sich die Kooperation auf nur ein Aufgabenfeld beschränkt. Die Grenzen des Rhein-Main-Verkehrsverbundes beispielsweise richten sich nur nach dem vorhandenen, auf die Kernstadt Frankfurt ausgerichteten ÖPNV-Netz sowie nach den bestehenden Landkreis-Grenzen.

Der räumliche Zuschnitt von Mehrzweck-Pflichtverbänden ist in der Regel pragmatisch und/oder politisch bestimmt. Funktionalen Verflechtungen Rechnung tragende Raumtypen wie „Stadtregionen" oder „Verdichtungsräume" (vgl. Kapitel I. 1.4) spielen bei der Festlegung von Verbandsgrenzen keine entscheidende Rolle. Im Vordergrund stehen in der Regel vielmehr

- bereits bestehende Gebiets- und Gemarkungsgrenzen. Dies sind entweder die Kernstadt sowie angrenzende Landkreise oder bei einem Städteband wie dem Ruhrgebiet die Regionsgrenzen;

- sowie das Kooperationsinteresse potenzieller Akteure. Ein Beispiel hierfür ist der Umlandverband Frankfurt, dem aus politischen Zweckmäßigkeitsüberlegungen mehrere der an die Kernstadt angrenzenden Landkreise nur mit einem Teilgebiet angehören.

Kooperationsvorschläge, die den tatsächlichen regionalen Verflechtungszusammenhängen gerecht werden wollen, können – ein Beispiel hierfür ist der Regionalkreis Rhein-Main – in ihren räumlichen Ausmaßen rasch eine Größe erreichen, die die gesamte Verwaltungsstruktur des betreffenden Bundeslandes in Frage stellt. Darüber hinaus tragen aber auch die räumlichen Grenzen solcher Ansätze nur einer spezifischen historischen Situation mit ihren jeweiligen funktionalen Beziehungen und Verflechtungen Rechnung. Nach Ablauf einer bestimmten Zeit müssten auch sie infolge der unterschiedlichen räumlichen Entwicklungsdynamik einzelner Aufgabenfelder verändert werden. Frido Wagener hat allerdings bereits 1974 davor gewarnt, dies in jeder Generation zu versuchen: „Eine territoriale Verwaltungsreform in Permanenz ist das Schlimmste, was passieren kann."[208]

3.7   Demokratische Kontrolle

Die Gemeinden sind die untersten politischen Gemeinwesen in Deutschland und als Gebietskörperschaften mit dem Recht der Selbstverwaltung ausgestattet (vgl.

---

[208] Zit. nach *Elmar Münzer*, Gebietsreform, in: Akademie für Raumforschung und Landesplanung (Hrsg.), Handwörterbuch der Raumordnung, Hannover 1995, S. 369.

Kapitel I. 1.1). Damit steht ihnen die „selbständige Verwaltung der eigenen, örtlichen Angelegenheiten ... unter eigener Verantwortung"[209] durch die von den Bürgern hierzu legitimierten Organe zu. Oberstes dieser Gemeindeorgane ist die direkt gewählte Gemeindevertretung, die über alle wichtigen Angelegenheiten – soweit sie nicht der Verwaltungsspitze vorbehalten sind – zu beschließen hat.

Die Organe interkommunaler Kooperationsansätze unterliegen unterschiedlichen Formen der demokratischen Kontrolle. Bei aufgabenspezifischen Zweckverbänden, der am häufigsten vorkommenden Kooperationsform, aber auch bei Nachbarschafts- und Regionalverbänden werden die Mitglieder der Verbandsversammlung als Hauptwillensbildungsorgan nicht direkt von den Bürgern, sondern von den Vertretungskörperschaften der jeweiligen Städte und Gemeinden gewählt; Mitglieder können aber auch die Städtespitzen der Mitgliedsstädte qua Funktion sein. Während die einen den damit einhergehenden Verlust an direkter demokratischer Kontrolle bei relevanten kommunalen Aufgaben(bereichen) kritisieren[210], verweisen andere darauf, dass diese demokratische Legitimation zwar „in höherem Grade vermittelt"[211], es aber nicht ausgeschlossen sei, die Mitglieder von Organen funktionsspezifischer Organisationseinheiten an entsprechende Weisungen der sie entsendenden kommunalen Gebietskörperschaften zu binden.

Dem Vorwurf deutlicher demokratischer Legitimationsdefizite sehen sich privatrechtlich organisierte sowie informelle Kooperationsansätze ausgesetzt. In beiden Fällen wird auch kritisiert, dass die Zusammensetzung der jeweiligen Mitglieder oft relativ einseitig und an den Interessen spezifischer gesellschaftlicher Gruppen orientiert sei. Befürworter informeller Kooperationsansätze weisen allerdings darauf hin, dass diese Ansätze auch bis dahin nicht einbezogenen Gruppen unmittelbare Beteiligungsrechte eröffneten.

Eine wirksame demokratische Kontrolle sehen Vertreter der kommunalen Spitzenverbände und auch aus dem kommunalen Bereich durch Regionalparlamente (Beispiel: Regionalkreis Rhein-Main) oder Regionalversammlungen (Beispiele: Verband Region Stuttgart und Region Hannover) gegeben, deren Mitglieder direkt von den Bürgern der beteiligten Gebietskörperschaften gewählt werden. Kritiker assoziieren mit diesen Ansätzen jedoch – dies gilt insbesondere für das Regionalkreis-Modell – Bürgerferne, einen „Verlust kleinräumiger demokratischer Einwirkungsmöglichkeiten"[212] und eine Auflösung der Selbstverwaltung des Umlandes. Letztere wird aus dem zahlenmäßigen Übergewicht der Kernstadtvertreter in den jeweiligen Vertre-

---

[209] *Otto Model u.a.*, S. 195.
[210] So z.B. *Jörg Jordan*, S. 53.
[211] *Klaus Lange*, S. 688.
[212] Ebenda.

tungskörperschaften erwartet, da die Sitzverteilung in der Regel an die Bevölkerungszahl der jeweiligen Mitglieder gebunden ist[213].

Den Prinzipien der kommunalen Selbstverwaltung und der unmittelbaren demokratischen Legitimation kommunalen Verwaltungshandelns werden die meisten interkommunalen Kooperationsansätze nicht oder nur eingeschränkt gerecht. Die Frage, ob und in welcher Form dieser Situation begegnet werden soll, wird interessenspezifisch unterschiedlich beantwortet.

3.8 Stadtregionale Kooperationsansätze im Landeszusammenhang

Die Einrichtung großflächiger interkommunaler Kooperationsansätze in Stadtregionen (multisektorale Verbände oder neue Gebietskörperschaften) wirft auch im jeweiligen Landeszusammenhang eine Reihe von Fragen auf. Die Protagonisten dieser Ansätze betonen zwar die Funktion wirtschaftlicher Kernregionen als „„Motoren' und ‚Schrittmacher' der wirtschaftlichen Entwicklung"[214] und die daraus resultierende Notwendigkeit, deren nationale und internationale Wettbewerbsfähigkeit zu stärken. Vertreter anderer Landesteile befürchten demgegenüber jedoch eine weitere, für diese Regionen ungünstige Konzentration der wirtschaftlichen und demographischen Entwicklung auf einen begrenzten und ohnehin privilegierten Teilraum. Sie sprechen sich daher dafür aus, stärker das Ziel „Entlastung der Verdichtungsräume" zu verfolgen, und zu versuchen, einen Teil des vorhandenen Entwicklungsdrucks auch auf die an Kernregionen angrenzenden Gebiete zu verteilen[215].

Strittig ist zudem, ob großflächige Kooperationsansätze auf die Kernregion eines Bundeslandes beschränkt bleiben oder aber als flächendeckendes Modell für das gesamte Bundesland dienen sollen. In der ab den frühen 90er Jahren geführten Diskussion zur Reorganisation der interkommunalen Kooperation im Rhein-Main-Gebiet beispielsweise konzentrierten sich zwar die meisten Kooperationsvorschläge auf diese Kernregion des Bundeslandes Hessen, es gab jedoch auch Überlegungen, für diese Region entworfene Kooperationsansätze wie das Regionalkreis-Konzept

---

213 *Alexander Schink*, Die Stadt und ihr Umland. Interkommunale Zusammenarbeit oder neue Verwaltungsstrukturen, in: Nordrhein-Westfälische Verwaltungsblätter 1997, H. 3, S. 88.
214 *Stadt und Region*, Eildienst 1997, S. 529.
215 *Martin Kraus*, Gehören die Nachbarn des Zentrums zu den Verlierern?, in: Frankfurter Rundschau vom 4.7.1992.

flächendeckend in ganz Hessen einzuführen[216]. Ähnliche Vorschläge wurden auch in Baden-Württemberg vorgebracht: Hier sollte der Verband Region Stuttgart „als Modell für das ganze Land" dienen.

Großflächige und multisektorale Kooperationsansätze werfen darüber hinaus – unabhängig davon, ob sie für eine oder alle Landesregionen konzipiert sind – eine weitere Frage auf. Und diese Frage betrifft die Kompatibilität von neuem Ansatz und bestehenden politisch-administrativen Institutionen und Körperschaften unterhalb der Landesebene. Bedeuteten die in den 70er Jahren eingerichteten oder reformierten Ansätze – mit Ausnahme des Stadtverbandes Saarbrücken – keine Veränderung für bestehende Verwaltungsstrukturen (den existierenden Verwaltungsebenen wurde eine weitere hinzugefügt), so zielen einige der in den 90er Jahren diskutierten Reformansätze – von der Reorganisation des KVR über den Regionalkreis Rhein-Main bis zur Region Hannover – auf eine Neuorganisation dieser Strukturen (innerhalb des Verbandsgebietes oder auch für das gesamte Bundesland). Zwischen Gemeinden und Land soll es danach nur noch eine politisch-administrative Ebene geben: die der neuen Organisationseinheit. Staatliche Mittelbehörden wie Regierungspräsidien und untere Landesbehörden sollen damit ebenso wie bestehende Landkreise aufgelöst, ihre Kompetenzen – soweit es sich um „regionale Steuerungs-, Bündelungs- und überlokale Kontrollfunktionen" handelt – auf die neu zu schaffende Einheit verlagert, andere Funktionen den Städten und Gemeinden übertragen werden. Der Widerstand der von diesen Reformvorschlägen in ihrer Existenz betroffenen Institutionen ist groß. Widerstand gibt es – wie an anderer Stelle bereits erwähnt – auch von Länderseite. Dieser richtet sich vor allem gegen die Einrichtung großer multisektoraler Kooperationsansätze in wirtschaftsstarken Verdichtungsräumen, da derartige Ansätze als Konkurrenz und Beeinträchtigung von Landeskompetenzen begriffen werden.

IV. Ausblick, offene Fragen und abschließende Empfehlungen

Formen und Aufgabenschwerpunkte interkommunaler Kooperationsansätze in Stadtregionen werden auch in Zukunft Ergebnis der jeweiligen Akteursstrukturen und der relevanten national- wie länder- und regionalspezifischen Rahmenbedingungen sein: politisch-administrativer wie institutioneller, ökonomischer wie auch

---

[216] *Jürgen Schultheis,* Ein alter Zopf, an dem noch geschnitten wird. UVF-Direktor Faust entwirft ein Modell für Hessen, in: Frankfurter Rundschau vom 30.7.1998.

fiskalischer. Gleiche oder zumindest in wesentlichen Bereichen übereinstimmende Kooperationsansätze für Stadtregionen sind demnach auch künftig nicht zu erwarten. Erwartet werden muss vielmehr ein Fortbestand der gegenwärtigen Situation mit ihrer Vielfalt an formellen und informellen, aufgabenspezifischen wie multisektoralen, öffentlich-rechtlich oder auch privatrechtlich verfassten Kooperationsansätzen, die sowohl nebeneinander existieren als auch sich gegenseitig überschneiden oder ergänzen können. Die aktuell feststellbare Diskrepanz zwischen nachdrücklicher Betonung und nur begrenzter praktischer Umsetzung regional und nicht allein an kommunalen Partialinteressen orientierter Kooperationsansätze in Verdichtungsräumen wird sich dabei kaum ändern.

Kooperation ist zwar inzwischen ebenso wie Partnerschaft zu einem unverzichtbaren Schlüsselbegriff geworden, wenn es um Ansätze zur Lösung kommunaler und regionaler Probleme geht, faktisch realisiert wird sie jedoch meist nur dann, wenn bestimmte Voraussetzungen gegeben sind. Hierzu zählen vor allem ein hoher Koordinationsbedarf, ohne dass jedoch konfliktträchtige Verteilungsfragen diskutiert werden müssten, hohe Kooperationsbereitschaft der Akteure, keine nennenswerten Interessenunterschiede, klare Aufgabendefinition sowie konkrete Problem- und Projektorientierung[217]. Daher werden auch in Zukunft mit hoher Wahrscheinlichkeit diejenigen Kooperationsformen im Vordergrund stehen, die bereits heute eine Vorrangstellung einnehmen und in hohem Maße auf diesen Voraussetzungen basieren: aufgabenspezifische Organisationseinheiten einerseits sowie informelle Kooperationsansätze andererseits.

Vor allem informelle oder „weiche" Kooperationsansätze werden weiter an Bedeutung zunehmen. Sie sind zum einen vergleichsweise einfach und mit geringem Aufwand einzurichten und zum anderen Ausdruck eines zunehmend an Relevanz gewinnenden neoliberalen Politikverständnisses, das weniger auf harte Regulierung und Steuerung durch staatliche Institutionen als auf ebenenadäquate Mobilisierung von Akteuren sowie Diskussion, Kommunikation und Verhandlungen setzt[218]. Die Vorteile informeller Ansätze werden vor allem gesehen in der Chance flexibler Reaktionsmöglichkeiten auf spezifische oder neu auftauchende Probleme, in der Einbeziehung unterschiedlicher verwaltungsexterner Akteure und in ihren interaktiven, den Aufbau von wechselseitigem Vertrauen ermöglichenden Strukturen. Diesen Vorteilen stehen allerdings – und dies gilt zum Teil auch für aufgabenspezifische Organisationseinheiten – einige Defizite gegenüber. Diese reichen von der Fragmentierung interkommunalen Verwaltungshandelns, die mit diesen Ansätzen ein-

---

[217] Vgl. dazu *Dietrich Fürst*, „Weiche" versus „harte" Kommunalverbände: Gibt es Gründe für eine „härtere" Institutionalisierung der regionalen Kooperation?, in: Gerhard Seiler (Hrsg.), Gelebte Demokratie, Stuttgart 1998, S. 138 ff.

[218] Gefordert und befürwortet werden diese dialog- und diskursorientierten Ansätze häufig auch von Vertretern jener Fachdisziplinen, die hier ein neues Aufgaben- und Betätigungsfeld sehen: als Moderatoren oder Mediatoren.

hergeht, und dem daraus resultierenden Koordinierungsaufwand über ihre mangelnde demokratische Legitimation und Transparenz bis zu ihrer faktischen, in ihrem konkreten Ausmaß allerdings oft nur schwer bestimmbaren Einflussnahme auf die Entscheidungsprozesse demokratisch legitimierter Organe[219]. Informelle Kooperationsansätze sind darüber hinaus in starkem Maße personen- und problembezogen. In der Regel beschränken sie sich auf weitgehend konfliktfreie „Gewinn-Themen" für die jeweils Beteiligten. Die spezifischen, regional orientierten und oft mit härteren Verteilungsfragen verknüpften Probleme und Themen funktional verflochtener Verdichtungsräume wie „Kontrolle und Steuerung der Siedlungstätigkeit", „Bewältigung des wirtschaftlichen Strukturwandels", „Planung der gemeinsamen Nutzung knapper Naturraumressourcen", „gemeinsame Außenvertretung" oder „Vermeidung ruinöser Konkurrenz in der Umweltschutzpolitik"[220] bleiben hingegen meist ausgeblendet.

Defizite und negative Nebenfolgen aufgabenspezifischer wie informeller Kooperationsansätze werden zusammen mit anderen Faktoren (vgl. Kapitel III. 1) auch künftig Anlass für Forderungen nach übergreifenden, regional orientierten „härteren" Kooperationsformen sein. Eine Umsetzung dieser Forderungen ist vor allem für einige wenige Stadtregionen zu erwarten, die einem tiefgreifenden Wandel bisheriger Strukturen sowie einem starken (inter-)nationalen Konkurrenzdruck ausgesetzt sind und die sich daher zu weitreichenden Reformen mit dem Ziel einer Verbesserung ihrer Wettbewerbsfähigkeit gezwungen sehen. Die konkrete Form dieser Ansätze – Verbands- oder Körperschaftstypus – wird von den besonderen Bedingungen des Einzelfalles abhängen: von landesspezifischen Regelungen, dem Komplexitätsgrad der gebietskörperschaftlichen Strukturen, dem Kooperationsinteresse der relevanten Akteure usw. Unter Fortdauer der gegebenen, häufig restriktiven Rahmenbedingungen (vgl. Kapitel III. 3) werden allerdings auch in Zukunft nur Kompromisslösungen zu realisieren sein, mit denen den ursprünglichen Absichten und Zielen der Reforminitiatoren nur eingeschränkt Rechnung getragen werden wird.

Denkbar ist auch, dass eine Kombination „harter" und „weicher" Kooperationsformen versucht werden wird, wie sie in jüngerer Zeit von Vertretern der New-Public-Management-Theorie[221] propagiert wird und die Rautenstrauch bereits Anfang der 90er Jahre mit seinem „Netzwerkmodell" vorgeschlagen hat[222]. Dieses

---

[219] Vgl. dazu *Heinrich Mäding*, Verwaltung im Wettbewerb der Regionen, in: Archiv für Kommunalwissenschaften, 1992, H. II, S. 205 ff.

[220] *Dietrich Fürst*, 1998, S. 150.

[221] Vgl. dazu *Arthur Benz*, Effiziente Erfüllung und Finanzierung regionaler Aufgaben. Thesen zur Organisation von Verdichtungsräumen, in: Die Neue Verwaltung, 1998, H. 3, S. 19 ff.

[222] *Lorenz Rautenstrauch*, Perspektiven für die Verwaltungsorganisation im Stadtumlandbereich, Beispiel: Rhein-Main, Frankfurt/M. 1990 (Manuskript); *ders.*, Netzwerke als Orga-

„Modell" basiert zum einen auf langjährigen Erfahrungen mit der Rhein-Main-Region und dem Umlandverband Frankfurt (vgl. Kapitel II. 2.2.3.1) und zum anderen auf der Absicht, die Dezentralisierungstendenzen in der Organisation privater Großunternehmen auf den öffentlichen Sektor zu übertragen: von der bürokratisch-zentralistischen über die Matrix- bis zur komplexen Netzwerkorganisation.

Für Rautenstrauch wird „das Modell der Stadtumlandverwaltung … das ‚Netzwerk' sein. Es wird keine sehr klare und einfache Struktur haben"[223], weil es – so muss hinzugefügt werden – den gegebenen Strukturen, Entwicklungen und Restriktionen weitgehend Rechnung zu tragen versucht. Die kommunalen Gebietskörperschaften (Städte, Gemeinden und Kreise) firmieren in „Netzwerk-Modellen" als so genannte Netzknoten; als solche können auch private Institutionen fungieren. Die als Netzverknüpfungen bezeichneten Kooperationsbeziehungen zwischen diesen Akteuren können informeller oder vertraglich geregelter Natur sein. Sie können sich jedoch auch zu „eigenen Netzknoten" verfestigen, wenn sie die Form eigenständiger Organisationen annehmen (Zweckverbände, Stiftungen, Vereine usw.). Informelle wie formelle Kooperationsbeziehungen sind in der Regel sektoral begrenzt und dienen wie auch bisher der Bearbeitung unterschiedlicher Probleme und Projekte mit unterschiedlichen räumlichen Einzugsbereichen.

Von zentraler Bedeutung im Ansatz von Rautenstrauch ist die übergeordnete Instanz des „Spielmachers", der mehrere Funktionen wahrnehmen soll. Er soll

- als „Netzknüpfer" und Koordinator dafür „sorgen, daß aus der quasi naturwüchsigen, zufälligen und einzelzweckorientierten Vernetzung von Kommunen und privaten Institutionen eine systematisch betriebene Netzwerkbildung wird"[224],

- als „Makler" und Moderator „eine regionalpolitische Funktion der Zielfindung und des Interessenausgleichs übernehmen" und dazu ein Forum für öffentliche und politische Diskussionen über Zweck und Ziele des Netzwerkes bereitstellen[225] und

- schließlich auch für die „Lenkung" und Steuerung des Netzwerkes zuständig sein und daher mit einem ausreichenden Spektrum an Planungs-, Entwicklungs- und Durchführungskompetenzen ausgestattet werden.

Organisatorisch könnte der „Spielmacher" nach Rautenstrauch – und auch hier wird auf bereits bestehende Organisationsansätze zurückgegriffen – die Form politisch legitimierter regionaler Planungs- oder Stadt-Umland-Verbände annehmen.

---

nisationsmodelle für die Regionalverwaltung – Überlegungen auf dem Erfahrungshintergrund des Verdichtungsraumes Rhein-Main, Frankfurt/M. 1992 (Manuskript).

[223] *Lorenz Rautenstrauch*, 1990, S. 17.
[224] *Lorenz Rautenstrauch*, 1992, S. 15.
[225] Ebenda, S. 16.

Das von Rautenstrauch vorgeschlagene „Netzwerkmodell" scheint zunächst ebenso wie ähnlich konzipierte New-Public-Management-Überlegungen leicht zu realisieren, da es an bestehenden Strukturen ansetzt und ohne tiefgreifende institutionelle oder organisatorische Veränderungen auskommt. Das zentrale Problem des Ansatzes liegt jedoch darin, dass er einer Voraussetzung bedarf, die unter den gegebenen Bedingungen kaum erreichbar erscheint: eines gemeinsamen Regionalbewusstseins nicht nur bei den jeweils relevanten Akteuren aus Kommunalverwaltungen und -politik, sondern auch bei den meist allein an lokal eingegrenzten Fragen interessierten Bürgern als den Trägern dieser Politik.

Ob intraregionale Kooperation in Stadtregionen auch künftig im Wesentlichen eine Fortschreibung bestehender Ansätze – in unterschiedlichen Kombinationen – sein wird, oder ob es nicht doch noch zu einschneidenden Veränderungen kommt, wird in starkem Maße abhängen von

- der weiteren Entwicklung auf Seiten der öffentlichen Akteure. Wird die derzeitige föderale Struktur erhalten bleiben, oder wird es zu einer umfassenden Neugliederung der Länder mit entsprechenden Auswirkungen für die regionale Ebene kommen?[226] Wird es unabhängig davon in einzelnen Bundesländern zu einer auch die Organisation der Stadtregionen betreffenden weitreichenden Verwaltungsstrukturreform kommen?[227] Wird auf kommunaler und regionaler Ebene der aktuelle, durch New-Public-Management-Konzepte, Privatisierung öffentlicher Leistungen und Netzwerkstrukturen gekennzeichnete Trend weiter anhalten, oder wird der damit verbundene Koordinationsaufwand – nahezu zwangsweise – zur Ausbildung neuer institutionalisierter Regulationsformen führen? Welches Selbstverständnis werden schließlich kommunale Akteure künftig an den Tag legen: ein sektorales und lokal orientiertes oder ein übergreifendes und regional ausgerichtetes?

- den künftigen Aufgaben- und Problemstrukturen. Wird sich der gegenwärtig vielfach betonte Wettbewerb der Regionen weiter verschärfen oder aber (in vielen Fällen) als bloßer Mythos erweisen? Wird die Zahl der zunehmend nur auf regionaler Ebene zu lösenden Aufgaben und Probleme weiter zunehmen und damit die abstrakt festgestellte zu einer konkret spürbaren Notwendigkeit werden? Werden dabei auch künftig vor allem wirtschaftliche Gesichtspunkte im Vordergrund stehen, oder wird es zu einer Trendwende in Richtung sozialer und ökologischer Problemstellungen kommen?

---

[226] Vgl. dazu *Adrian Ottnad und Edith Linnartz*, Sieben sind mehr als siebzehn. Ein Vorschlag zur Neugliederung der Bundesländer, in: Informationen zur Raumentwicklung (hrsg. vom Bundesamt für Bauwesen und Raumordnung), 1998, H. 10, S. 647 ff.

[227] Vgl. dazu *Rolf Potthoff*, Der schlanke Staat als Ideal: Verwaltungsreform in Nordrhein-Westfalen, in: Westdeutsche Allgemeine Zeitung vom 5.2.1999.

- der Entwicklung des Finanz- und Steuerwesens. Werden im Zuge der Vereinheitlichung der europäischen Steuersysteme die kommunale Konkurrenz fördernde Steuern, wie beispielsweise die Gewerbesteuer, abgeschafft werden? Wird die finanzielle Polarisierung von Kernstädten und Umlandgemeinden einen Grad erreichen, der staatliches Handeln erforderlich macht? Wird es über eine Grundgesetzänderung zur Bereitstellung spezifischer Finanzmittel für regional agierende Gebietskörperschaften kommen? Werden länderspezifische Finanzzuweisungen stärker an die Existenz kooperativer Strukturen gebunden sein?

- der weiteren Entwicklung des Privatsektors und seiner Unternehmen. Werden sich diese zunehmend als standortunabhängige oder aber als in regionalen Milieus verortete und damit an der Zukunft dieser Regionen interessierte Akteure verstehen? Werden diesen Akteuren ihre eigenen regionalen Foren und Kooperationsansätze genügen, oder werden sie auf die Einrichtung regionsweit tätiger öffentlich-rechtlicher Institutionen drängen? Wird darüber hinaus die anhaltende Konzentration im Unternehmensbereich Städte und Gemeinden nicht auch zwingen, im Sinne der Entwicklung von Gegenmacht besser und intensiver als bisher zu kooperieren?

- der Frage, ob sich bei den relevanten Akteuren aus Kommunalpolitik und -verwaltung wie auch bei den jeweiligen Bürgern ein gemeinsames Regionalbewusstsein einstellen oder es bei der gegenwärtigen Fixierung auf Lokales bleiben wird.

Diese Fragen lassen sich zum gegenwärtigen Zeitpunkt nicht beantworten. Konkrete Aussagen über die Form künftiger Kooperationsansätze in Stadtregionen müssen daher unterbleiben. Dessen ungeachtet legen die Erfahrungen deutscher Städte und Gemeinden mit intraregionalen Kooperationsansätzen jedoch nahe, abschließend auf einige allgemeine Prinzipien zu verweisen, die auch künftig unabhängig von den jeweiligen Kooperationsformen berücksichtigt werden sollten:

Regionalspezifische Orientierung

Intraregionale Kooperationsansätze sollten sich an den spezifischen Bedingungen einer Region, ihren Strukturen, Aufgaben und Problemen orientieren. Den für alle Räume und Konstellationen geltenden Ansatz gibt es nicht.

Bündelung regional bedeutsamer Aufgaben und übergeordnete Steuerungsinstanz zur Vermeidung institutioneller Fragmentierung

Zur Bündelung und Bearbeitung regional bedeutsamer Aufgaben – von der regionalen Siedlungssteuerung bis zur Verkehrsplanung, von der Wirtschafts- und Kulturförderung bis zur regionalen Öffentlichkeitsarbeit – reichen informelle Gesprächsrunden und Netzwerke nicht aus. Hierfür sollten übergeordnete, zwischen kommunalen Gebietskörperschaften und Länderebene angesiedelte Institutionen eingerichtet werden. Diese sollten mit umfassenden Planungs- und Umsetzungskompetenzen ausgestattet sein, sich in ihren Aufgaben klar von vorhandenen Institutionen und Organisationen unterscheiden (Vermeidung von Doppelzuständigkeiten) und diese gegebenenfalls ersetzen. In Bezug auf funktionsspezifische Kooperationsansätze sollten diese Institutionen – eventuell mit einiger geringeren Zahl eigener Aufgaben betraut – als übergeordnete Steuerungs- und Koordinationsinstanzen fungieren, um damit der Gefahr einer unkoordinierten Fragmentierung des Verwaltungshandelns zu begegnen.

Demokratische Legitimation

Interkommunale Kooperation bedarf der demokratischen Kontrolle. Übergeordnete Kooperationsansätze in Verbands- oder Gebietskörperschaftsform sollten daher direkt gewählte Vertretungskörperschaften vorsehen. Die Kontrolle aufgabenspezifischer Kooperationsansätze sollte zum einen wie bisher über die dafür eingerichteten Organe (Verbandsversammlungen) und zum andere durch übergeordnete Koordinationsinstanzen erfolgen.

Finanzielle Eigenständigkeit

Entscheidungsmacht und Handlungsfähigkeit regional orientierter Kooperationsformen hängen in starkem Maße von der Form der Finanzierung ab. Multisektorale Kooperationsansätze sollten daher im Sinne einer adäquaten Aufgabenerfüllung mit eigenen, ihre Unabhängigkeit sicherstellenden Finanzmitteln ausgestattet werden.

Erweiterung des Zielspektrums

Unter den Zielen intraregionaler Kooperationsansätze haben in der Regel wirtschaftliche und häufig außenorientierte Aspekte wie Verbesserung der regionalen Wettbewerbsfähigkeit und Sicherung des wirtschaftlichen Wachstums eindeutige Priorität. Damit wird vielfach negiert, dass Verdichtungsräume auch regionale und lokale Funktionen zu erfüllen haben. Darüber hinaus erweist sich die Vorrangstellung wirtschaftspolitischer Ziele häufig als kontraproduktiv. Soziale und ökologische Probleme werden damit kaum gelöst, vielfach jedoch weiter verschärft. Es ist daher erforderlich, dass künftig sowohl regionale und lokale Bezüge als auch soziale und ökologische Ziele in intraregionalen Kooperationsansätzen stärkere Berücksichtigung erfahren.

Keine Beschränkung auf wenige wirtschaftsstarke Räume

Aus einer verbesserten Kooperation in nur wenigen wirtschaftsstarken Räumen und der damit einhergehenden Herausbildung „singulärer Stadtstaaten" ist eine weitere Verschärfung bereits bestehender regionaler Disparitäten zu erwarten. Punktuelle, auf einzelne Teilräume beschränkte Lösungen sollten daher möglichst vermieden,

Konzepte, die das ganze Bundesland erfassen, aber teilräumlich differenzierte Leistungen ermöglichen, favorisiert werden.

Notwendigkeit periodischer Veränderungen

Interkommunale Kooperationsansätze sind Antworten auf gesellschaftliche Entwicklungen, funktionale Verflechtungen und Veränderungen, politisch-administrative Strukturen und Entscheidungen. Infolge der Dynamik dieser Entwicklungen sind bei der Suche nach Lösungen nie dauerhaft adäquate Kooperationsformen zu erwarten, sondern immer nur zeitspezifische und damit auch zeitlich begrenzte.

Literatur

Akademie für Raumforschung und Landesplanung (Hrsg.), Interkommunale und regionale Kooperation – Variablen ihrer Funktionsfähigkeit, Hannover 1998.

Akademie für Raumforschung und Landesplanung (Hrsg.), Regionale Verwaltungs- und Planungsstrukturen in Großstadtregionen, Hannover 1998.

Akademie für Raumforschung und Landesplanung (Hrsg.), Zukunftsaufgabe Regionalplanung: Anforderungen – Analysen – Empfehlungen, Hannover 1995.

Akademie für Raumforschung und Landesplanung (Hrsg.), Handwörterbuch der Raumordnung, Hannover 1995.

Akademie für Raumforschung und Landesplanung (Hrsg.), Konzeptionelle Überlegungen zur räumlichen Entwicklung in Deutschland, Hannover 1992

Arbeitsgruppe „Regionalisierung" der Fachkommission Stadtentwicklungsplanung des Deutschen Städtetages, Die Städte und ihre Regionen. Zehn Thesen über die Notwendigkeit und die Möglichkeiten einer kooperativen Regionalentwicklung in den Stadtregionen, Köln 19.5.1993 (Manuskript).

Architekten & Planer Rostock GmbH, Studie zur funktionellen Verflechtung zwischen der Hansestadt Rostock und ihrem Umland, Rostock 1992.

Aring, Jürgen, Region Hannover? Auf der Suche nach geeigneten Selbstverwaltungsstrukturen für eine urbanisierte Stadtregion, in: Kommunalverband Großraum Hannover (Hrsg.), Hannover Region 2001, Hannover 1997, S. 78-89.

Bartsch, Matthias, Die Koalitionsvereinbarung, in: Frankfurter Rundschau vom 20.3.1999.

Bartsch, Matthias, Aus für das UVF-Parlament, in Frankfurter Rundschau vom 13.7.1999.

Behr, Alfred, Der Regionalverband soll helfen, der Region Stuttgart ihren Spitzenplatz zu sichern, in: Frankfurter Allgemeine Zeitung vom 30.9.1994.

Behrendt, Rembert, Erfahrungen mit der Organisationsstruktur von Zweck- und Umlandverbänden, in: Das Rathaus, 1990, H. 9, S. 462-465.

Benz, Arthur, Effiziente Erfüllung und Finanzierung regionaler Aufgaben. Thesen zur Organisation von Verdichtungsräumen, in: Die Neue Verwaltung, 1998, H. 3, S. 19-22.

Boustedt, Olaf, Stadtregionen, in: Akademie für Raumforschung und Landesplanung (Hrsg.), Handwörterbuch der Raumforschung und Raumordnung, Hannover 1970, Spalte 3207-3237.

Boustedt, Olaf, und Georg Müller, Verdichtungsraum, in: Akademie für Raumforschung und Landesplanung (Hrsg.), Handwörterbuch der Raumforschung und Raumordnung, Hannover 1970, Spalten 3215 und 3538.

Budäus, Dietrich, Großstädtische Aufgabenerfüllung im Wandel – Probleme und neue Formen der Verwaltung von Metropolen, in: Dietrich Budäus und Gunther Engelhardt *(Hrsg.),* Großstädtische Aufgabenerfüllung im Wandel, Baden-Baden 1996, S. 226-250.

Bundesministerium für Raumordnung, Bauwesen und Städtebau (Hrsg.), Raumordnung in Deutschland, Bonn 1996.

Bundesministerium für Raumordnung, Bauwesen und Städtebau (Hrsg.), Raumordnungspolitischer Handlungsrahmen, Bonn 1995.

Damskis, Horst, Zur Entwicklung der kommunalen Gebietsreform in den neuen Bundesländern, Berlin 1993 (Difu-Materialien 11/93).

Danielzyk, Rainer, Netze knüpfen. Die großen Städte und ihr Umland: Lösung der Probleme durch Kooperation?, in: Fachzeitschrift für Alternative Kommunal Politik – AKP, 1996, H. 6, S. 32-35.

Das Bergische Städtedreieck Wuppertal-Solingen-Remscheid. Regionales Entwicklungskonzept, Wuppertal, Mai 1992.

David, Eckhard, Überlegungen zur „Region Hannover", in: Niedersächsischer Städtetag-Nachrichten, 1996, H. 12, S. 284-286.

Deubert, Michael, Gebietsreform-Korrekturen? Voraussetzungen einer kommunalen „Ehescheidung", Köln 1989.

Deutscher Städtetag (Hrsg.), Beitrag für die Dokumentation der Hauptversammlung 1997, Köln 1997 (Manuskript).

Deutscher Städtetag (Hrsg.), Stadt und Region. Interkommunales Handeln. Vorbericht für die 44. Sitzung der Fachkommission Stadtentwicklung, Köln 12.4.1995.

Deutscher Städtetag (Hrsg.), Entwurf eines Arbeitspapiers zum „Interkommunalen Handeln", Köln 1995.

Deutscher Städtetag (Hrsg.), Interkommunales Handeln in der Region, Köln 19.10.1995 (Manuskript).

Doemens, Karl, Absage an Regionalkreis, in: Frankfurter Rundschau vom 30.4./1.5.1997.

Droste, Herbert, Jobst Fiedler und Valentin Schmidt, Region Hannover. Entwicklung neuer Organisationsstrukturen für die Wahrnehmung regionaler Verwaltungsaufgaben in der Region Hannover, Hannover 1996.

Duss, Rainer, Die Stadtregion – ihre Bedeutung für die regionale Zusammenarbeit in den städtischen Regionen, in: Stadtforschung und Statistik, 1997, H. I, S. 19-31.

Ehlers, Dirk, Interkommunale Zusammenarbeit in Gesellschaftsform, in: Deutsches Verwaltungsblatt, 1997, H. 3, S. 137-145.

Emig, Dieter, und Rita A. Hermann, Regionenfieber? Probleme und institutionelle Formen der interkommunalen Zusammenarbeit, in: Fachzeitschrift für Alternative Kommunal Politik – AKP, 1996, H. 6, S. 37-39.

Erlenkämper, Friedel, Die Stadt-Umland-Problematik der Flächenstaaten der Bundesrepublik Deutschland, Köln 1980.

Fürst, Dietrich, „Weiche" versus „harte" Kommunalverbände: Gibt es Gründe für eine „härtere" Institutionalisierung der regionalen Kooperation?, in: Gerhard Seiler (Hrsg.), Gelebte Demokratie, Stuttgart 1998, S. 131-157.

Fürst, Dietrich, Region Hannover – Aufbruch zu neuen Ufern?, in: Niedersächsischer Städtetag-Nachrichten, 1996, H. 12, S. 283-284.

Fürst, Dietrich, Stadt und Region, in: Stadtperspektiven. Difu-Symposium 1993, Berlin 1994 (Difu-Beiträge zur Stadtforschung, Bd. 10), S. 41-55.

Fürst, Dietrich, u.a., Regionalverbände im Vergleich: Entwicklungssteuerung in Verdichtungsräumen, Baden-Baden 1990.

Göddecke-Stellmann, Jürgen, Die Stadtregion – ein neues Abgrenzungsmodell, in: Verband Deutscher Städtestatistiker (Hrsg.), Jahresbericht, o. O. 1995, S. 200-210.

Gramke, Jürgen, Im Gespräch: „Regierungsbezirke sind völlig überflüssig", in: Demokratische Gemeinde, 1994, H. 4, S. 32-33.

Heinz, Werner, Ansätze interkommunaler Kooperation: Frankfurt und die Rhein-Main-Region, in: Archiv für Kommunalwissenschaften, 1997, H. I, S. 73-97.

Heinz, Werner, Stadtentwicklung und Strukturwandel, Stuttgart 1990.

Hill, Hermann, und Carsten Nemitz, Verwaltungsstrukturmodelle auf dem Prüfstand: Darstellung und Vergleich möglicher Reformmodelle für die Region Rhein-Main. Gutachten, Frankfurt/M. 1998.

Hoppe, Werner, und Hans-Werner Regeling, Rechtsschutz bei der kommunalen Gebietsreform, in: Schriften zum deutschen Kommunalrecht, Bd. 3, Frankfurt/M. 1973.

Interkommunale Zusammenarbeit tut Not. Kommentar, in: Eildienst Städtetag Nordrhein-Westfalen, 1996, H. 6, S. 127.

Janik, Detlev, Das allgegenwärtige Schreckgespenst der Regionalstadt, in: Frankfurter Allgemeine Zeitung vom 20.1.1996.

Jordan, Jörg, Der Regionalkreis Rhein-Main. Positionspapier für die SPD Hessen-Süd, Frankfurt/M. 1996 (Manuskript).

Kegel, Friederike, Umland fürchtet Politik des goldenen Zügels, in: Demokratische Gemeinde, 1995, H. 9, S. 12.

Kegel, Friederike, Vier Städte ziehen an einem Strang, in: Demokratische Gemeinde, 1994, H. 3, S. 20-21.

Kiepe, Folkert, Die Städte und ihre Regionen, in: Der Städtetag, 1996, H. 1, S. 2-5.

Kiepe, Folkert, Die Stadt und ihr Umland, in: Informationen zur Raumentwicklung, 1996, H. 4/5, S. 307-316.

Kirbach, Roland, Kein Grund zum Feiern, in: Die Zeit vom 28.4.1995.

Kommunalverband Großraum Hannover (Hrsg.), Region Hannover. Informationen zur Regionalreform im Großraum Hannover, Hannover 1998.

Kraus, Martin, Gehören die Nachbarn des Zentrums zu den Verlierern?, in: Frankfurter Rundschau vom 4.7.1992.

Landeshauptstadt München, Referat für Stadtplanung und Bauordnung, Perspektive München, Bd. 1, München 1995.

Landesregierung Schleswig-Holstein (Hrsg.), Flächenentwicklung ohne Grenzen. Wie Gemeinden zusammenarbeiten können, Kiel 1995.

Lange, Klaus, Zur Problematik einer isolierten Regionalkreisbildung, in: Die Öffentliche Verwaltung, 1996, H. 16, S. 684-690.

Lange, Detlef B., KVR-Reform – Kirchenglocken tiefer hängen, in: Sozialdemokratische Gemeinde, 1997, H. 3, S. 35-36.

Lehmann-Grube, Hinrich, Die Verwaltung von Stadtregionen in der Bundesrepublik Deutschland, in: Hinrich Lehmann-Grube und Günter Seele, Die Verwaltung der Verdichtungsräume, Baden-Baden 1983, S. 9-67.

Lenkungsgruppe Region Hannover (Hrsg.), Region Hannover, Hannover 1998.

Mäding, Heinrich, Verwaltung im Wettbewerb der Regionen, in: Archiv für Kommunalwissenschaften, 1992, H. II, S. 205-219.

Mecking, Christoph, Die Regionalebene in Deutschland, Stuttgart u.a. 1995.

Model, Otto, u.a., Staatsbürger-Taschenbuch, 29. Aufl. München 1997.

Müller, Georg, Verdichtungsraum, in: Akademie für Raumforschung und Landesplanung (Hrsg.), Handwörterbuch der Raumforschung und Raumordnung, Hannover 1970, Spalte 3535-3546.

Münzenrieder, Heinz, Stadt-Umland-Verbände als kommunale Regelinstitutionen?, in: Bayerisches Verwaltungsblatt, 1995, H. 2, S. 42-46.

Münzer, Elmar, Gebietsreform, in: Akademie für Raumforschung und Landesplanung (Hrsg.), Handwörterbuch der Raumordnung, Hannover 1995, S. 365-370.

Neue Gebietskörperschaft „Region Hannover", in: Niedersächsischer Städtetag-Nachrichten, 1996, H. 12, S. 282-283.

Ottnad, Adrian, und Edith Linnartz, Sieben sind mehr als 17. Ein Vorschlag zur Neugliederung der Bundesländer, in: Informationen zur Raumentwicklung (hrsg. vom Bundesamt für Bauwesen und Raumordnung), 1998, H. 10, S. 647-659.

Philippi, Tim, Interkommunale Zusammenarbeit (II), Gesetzliche Regelung für die Region Stuttgart, in: Standort – Zeitschrift für angewandte Geographie, 1995, H. 1, S. 34-36.

Plett, Arnim, Neugründung mit Problemen, in: Kommunalpolitische Blätter, 1993, H. 1, S. 64-66.

Potthoff, Rolf, Der schlanke Staat als Ideal: Verwaltungsreform in Nordrhein-Westfalen, in: Westdeutsche Allgemeine Zeitung vom 5.2.1999.

Priebs, Axel, Erfordert die Auflösung der Stadt in die Region neue regionale Verwaltungsstrukturen? – Der Vorschlag zur Bildung der „Region Hannover", in: Michael Bose (Hrsg.), Die unaufhaltsame Auflösung der Stadt in die Region? Hamburg 1997, S. 151-169.

Priebs, Axel, Von der Planung zur Moderation, in: Geographische Rundschau, 1995, H. 10, S. 546-550.

Rautenstrauch, Lorenz, Netzwerke als Organisationsmodelle für die Regionalverwaltung – berlegungen auf dem Erfahrungshintergrund des Verdichtungsraumes Rhein-Main Frankfurt/M. 1992 (Manuskript).

Rautenstrauch, Lorenz, Organisation der Region, in: Akademie für Raumforschung und Landesplanung (Hrsg.), Großstadtregionen in Deutschland vor dem Hintergrund europäischer Entwicklungen, Hannover 1991, S. 21-26.

Rautenstrauch, Lorenz, Perspektiven für die Verwaltungsorganisation im Stadtumlandbereich. Beispiel: Rhein-Main, Frankfurt/M. 1990 (Manuskript).

Regierungsabkommen zwischen dem Senat der Freien und Hansestadt Hamburg und der schleswig-holsteinischen Landesregierung über deren Zusammenarbeit-Vertragsgemeinschaft, Hamburg 1991 (Manuskript).

Regionales Entwicklungskonzept für die Metropolregion Hamburg. Leitbild und Orientierungsrahmen, Hamburg 1994.

Satzung des Zweckverbandes Gewerbepark Nürnberg-Fürth-Erlangen vom 16.10.1992.

Scheller, Jens Peter, Rhein-Main. Eine Region auf dem Weg zur politischen Existenz, Frankfurt/M. 1998.

Scheuner, Ulrich, Voraussetzungen der kommunalen Gebietsreform, in: Georg Christoph von Unruh, Werner Thieme und Ulrich Scheuner, Die Grundlagen der kommunalen Gebietsreform, Baden-Baden 1981, S. 57-127.

Schink, Alexander, Die Stadt und ihr Umland. Interkommunale Zusammenarbeit oder neue Verwaltungsstrukturen?, in: Nordrhein-Westfälische Verwaltungsblätter, 1997, H. 3, S. 81-91.

Schmitz, Gottfried, Entwicklungssteuerung in den großen Verdichtungsräumen der Bundesrepublik Deutschland, in: Umlandverband Frankfurt/Main (Hrsg.), Ansichten zur Region, Bd. 6, Frankfurt/M. 1997, S. 9-19.

Schmitz, Gottfried, Regionalplanung, in: Akademie für Raumforschung und Landesplanung (Hrsg.), Handwörterbuch der Raumordnung, Hannover 1995, S. 823-830.

Schön, Karl Peter, Agglomerationsräume, Metropolen und Metropolregionen Deutschlands im statistischen Vergleich, in: Akademie für Raumforschung und Landesplanung (Hrsg.), Agglomerationsräume in Deutschland, Hannover 1996, S. 360-401.

Schultheis, Jürgen, Ein alter Zopf, an dem noch geschnitten wird. UVF-Direktor Faust entwirft ein Modell für Hessen, in: Frankfurter Rundschau vom 30.7.1998.

Schulz zur Wiesch, Jochen, Regionalplanung in Hessen, Stuttgart 1977.

Seele, Günter, Verwaltungsorganisation in Großstadtregionen, in: Hinrich Lehmann-Grube und Günter Seele, Die Verwaltung der Verdichtungsräume, Baden-Baden 1983, S. 69-230.

Selle, Klaus, Was ist bloß mit der Planung los?, Dortmund 1994.

Stadt und Region, Mitteilungen des Deutschen Städtetages vom 23.10.1997, S. 505-512.

Stadt und Region. Anforderungen, Ziele und Chancen einer effektiven interkommunalen Zusammenarbeit in den deutschen Stadtregionen, in: Eildienst Städtetag Nordrhein-Westfalen, 1997, H. 21, S. 528-535.

Stadtentwicklung Nürnberg (Hrsg.), Gewerbepark Nürnberg/Fürth/Erlangen, 1992, H. 1 (Dokumentation 10/1992).

Städtetag Nordrhein-Westfalen (Hrsg.), Die Stadt und ihre Regionen, Köln 1996.

Städtetag Nordrhein-Westfalen (Hrsg.), Interkommunale Zusammenarbeit tut Not, Köln 1996.

Steinacher, Bernd, Stärkung der Zusammenarbeit durch den Verband Region Stuttgart, Stuttgart 1998 (Manuskript).

Steinacher, Bernd, und Claudia Geiser, Interkommunales Handeln in der Region Stuttgart, in: Der Städtetag, 1997, H. 4, S. 254-257.

Thieme, Werner, und Günther Prillwitz, Durchführung und Ergebnisse der kommunalen Gebietsreform, Baden-Baden 1981.

Trute, Hans-Heinrich, Institutionelle Möglichkeiten zur Lösung von Stadt-Umland-Problemen, in: Die Neue Verwaltung, 1997, H. 1, S. 20-23.

Unruh, Georg Christoph von, Werner Thieme und Ulrich Scheuner, Die Grundlagen der kommunalen Gebietsreform, Baden-Baden 1981.

Usbeck, Hartmut, Leipzig und seine Region – Prozesse, Probleme und Perspektiven, in: Deutsches Institut für Urbanistik (Hrsg.), Urbanität in Deutschland, Stuttgart, Berlin und Köln 1991 (Schriften des Deutschen Instituts für Urbanistik, Bd. 83), S. 71–81.

Uterwedde, Henrik, Kommunen in Frankreich und Deutschland, Bonn o.J.

Verband Region Stuttgart will mehr Macht und Geld, in: Kommunalzeitschrift des Gemeindetages Baden-Württemberg, 1998, H. 9, S. 292

Verband Region Stuttgart (Hrsg.), Verband Region Stuttgart im Überblick, Stuttgart o.J. (Manuskript).

Wagener, Frido, § 39. Stadt-Umland-Verbände, in: Handbuch der kommunalen Wissenschaft und Praxis, Berlin, Heidelberg und New York 1982, S. 413-430.

Weck, Sabine, Neue Kooperationsformen in Stadtregionen, in: Raumforschung und Raumordnung, 1996, H. 4, S. 248-256.

Wiest, Karin, Die Region Halle-Leipzig. Neugliederung und Kooperationsansätze, in: Europa Regional, 1993, H. 1, S. 1-11.

Wollmann, Hellmut, Entwicklungslinien lokaler Demokratie und kommunaler Selbstverwaltung im internationalen Vergleich, in: Roland Roth und Hellmut Wollmann (Hrsg.), Kommunalpolitik, Bonn 1998, S. 186-205.

Zielke, Beate, Zwischengemeindliche Zusammenarbeit, Berlin 1993.

Zörner, Hendrik, Siegt Lokalpatriotismus über lokale Vernunft?, in: Demokratische Gemeinde, 1995, H. 9, S. 8.

Zörner, Hendrik, Mutter aller Verbände steckt in der Sinnkrise, in: Demokratische Gemeinde, 1995, H. 9, S. 13.

ENTWICKLUNG IN AUSGEWÄHLTEN LÄNDERN MIT ZENTRALSTAATLICHEM AUFBAU

Christian Lefèvre

Intraregionale Zusammenarbeit zwischen Kernstädten und ihrem Umland in Frankreich

Inhalt

Verzeichnis der Übersichten

I.   Einführung in das Thema

1.   Politisch-administrative Rahmen-bedingungen

Frankreich hat 58 Millionen Einwohner (1996) und eine Größe von über 551 000 km^2. Die Bevölkerungsdichte ist mit 106 Einwohnern/km^2 im Vergleich zu den meisten anderen europäischen Ländern mit ähnlichen Einwohnerzahlen verhältnismäßig niedrig (Deutschland: 218 EW/km^2, Italien: 191 EW/km^2, Vereinigtes Königreich: 232 EW/km^2).

Frankreichs politisch-administrative Struktur gliedert sich in vier Ebenen: den Zentralstaat, die Regionen (Régions)[1], die Départements und die Gemeinden (Communes). Diese sind die einzigen in der Verfassung vorgesehenen Gebietskörperschaften (Artikel 72 der französischen Verfassung). Manche dieser Gebietskörperschaften sind alt (die Départements wurden beispielsweise schon während der Französischen Revolution gegründet), während die Regionen noch sehr jung sind; ebenso wie die Gemeindeverwaltungen wurden sie erst 1982 eingeführt. Es gibt 26 Regionen (22 im so genannten Mutterland (France Métropole) und vier in überseeischen

Übersicht 1:   Das institutionelle System Frankreichs unterhalb der staatlichen Ebene*

Kommunale Gebietskörperschaften	Staatliche Organe
Regionen (22)	Präfekt der Region
Départements (96)	Präfekt des Département
Établissements Publics de Coopération Intercommunale (ÉPCI) (Formen interkommunaler Kooperation)	
Gemeinden (36 500)	Bürgermeister

*Quelle: Zusammenstellung Christian Lefèvre.

---

[1]   Der Begriff „Region" ist in diesem Beitrag immer als Gebietskörperschaft nach französischem Recht zu verstehen, nicht im Sinne der allgemeinsprachlichen Bedeutung „Landstrich"; das Adjektiv „regional" dagegen kann – je nach Zusammenhang – auch allgemeinsprachlich verstanden werden (Anmerkung des Übersetzers).

Territorien), 100 Départements (davon 96 im Mutterland) und ungefähr 36 750 Gemeinden (davon rund 36 550 im Mutterland). Der vorliegende Bericht befasst sich nur mit der Lage im Mutterland.

Die Regionen, Départements und Gemeinden unterscheiden sich nach Bevölkerung und Größe. Die Region Rhône-Alpes ist beispielsweise (nach der Ile-de-France) mit 5,4 Millionen Einwohnern auf 43 700 km² die bevölkerungsreichste, wohingegen die Region Limousin auf einem Gebiet von 17 000 km² nur 0,7 Millionen Einwohner zählt. Unter den Départements zählt Le Nord mit 2,5 Millionen die meisten Einwohner, das Département Lozère mit 70 000 die wenigsten. Am größten sind die Unterschiede jedoch bei den Gemeinden. 77 Prozent aller Gemeinden haben weniger als 1 000 und nur zwei Prozent haben mehr als 10 000 Einwohner. Mit etwa 2,1 Millionen Einwohnern ist Paris die bevölkerungsreichste Stadt.

Trotz oder gerade wegen dieser Vielfalt ist Frankreich ein Einheitsstaat (Unitary Country)[2], das heißt, dass alle Einheiten einer institutionellen Ebene (z.B. der kommunalen) über dieselben Befugnisse und dieselben Typen von Ressourcen sowie über dasselbe politische System und dieselben Verwaltungsstrukturen verfügen. Alle diese Strukturen und Zuständigkeiten beruhen auf der Übertragung von Befugnissen durch den Staat auf untere Verwaltungsebenen. Seit den frühen 80er Jahren hat in Frankreich eine Dezentralisierungsphase eingesetzt, die als die bedeutendste politische und institutionelle Veränderung dieses Jahrhunderts angesehen werden kann. Die ersten und entscheidenden Gesetze zur Dezentralisierung wurden 1982 und 1983 verabschiedet: das Gesetz vom 22. März 1982 (Loi du 22 Mars), das die neuen Rechte und Handlungsspielräume für Kommunalverwaltungen begründet, sowie die Gesetze vom 7. Januar und vom 22. Juli 1983 (Loi du 7 Janvier und du 22 Juillet), die die Verlagerung von Kompetenzen auf Gemeinden, Départements und Regionen in Form „gebündelter Zuständigkeiten" (Blocs de Compétences) regelten. Mit diesem System wurde jeder Ebene ein spezifischer Kompetenzschwerpunkt zugeteilt: Kontrolle der Flächennutzung und kommunale Versorgungseinrichtungen (z.B. Tagesstätten) für die Gemeinden, soziale Sicherung und Finanzausgleich für die Départements, berufliche Aus- und Weiterbildung sowie Planung und Entwicklung für die Regionen.

Die kommunale Ebene finanziert sich aus drei Quellen: kommunalen Steuern, staatlichen Zuschüssen sowie Kreditaufnahmen. Es gibt vier Formen kommunaler Steuern: zwei Grundsteuern (zum einen für bebautes Land: Taxe Foncière sur les Propriétés Baties, zum anderen für unbebautes: Taxe Foncière sur les Propriétés Non-Baties), eine Gewerbesteuer (Taxe Professionnelle) und eine „Wohnsteuer"

---

2 Frankreichs Staatsform war während der Französischen Revolution heftig umstritten. Die Montagnards, die für eine ausgeprägt zentralstaatliche Ordnung eintraten, setzten sich schließlich gegen die Girondins durch, die ein föderatives System anstrebten.

(Taxe d'Habitation). Sie werden von den Kommunalverwaltungen, den Départements und den Regionen erhoben. Staatliche Zuschüsse gibt es mehrere, der wichtigste ist allerdings die allgemeine Betriebskostenpauschale (Dotation Générale de Fonctionnement – DGF), ein Zuschuss, der vornehmlich zur Deckung von Betriebskosten verwandt wird. Der DGF ist 1983 für den Transfer staatlicher Mittel zur Umsetzung der Dezentralisierungsgesetze geschaffen worden. Da die Gemeinden, insbesondere die größeren Städte, nicht in der Lage waren, intraregional finanzielle Solidarität zu gewährleisten, beschloss der Staat 1992 die Einrichtung eines spezifischen „Städtischen Finanzausgleichszuschusses" (Dotation de Solidarité Urbaine – DSU). Den reicheren Gemeinden wurde dabei die DGF-Pauschale gekürzt, die damit eingesparten Mittel auf ärmere Städte umverteilt. Allerdings macht die DSU-Förderung nur einen kleinen Prozentsatz der DGF aus (zwei Prozent im Jahr 1997).

Politisches System und Verwaltungsstruktur sind auf jeder Ebene – unabhängig von der jeweiligen Größe – gleich. Gemeinden werden von einem Bürgermeister regiert, den der Stadtrat aus seiner Mitte wählt. Dem Bürgermeister steht ein Kabinett aus den stellvertretenden Bürgermeistern zur Seite. Der Stadtrat wird von einem Generalsekretär (Secrétaire Général), der zugleich Chef der Kommunalverwaltung ist, in seiner Arbeit unterstützt. Dieselbe Struktur besteht auf der Ebene der Départements und der Regionen. Dort wählen die Abgeordneten des Conseil Général (Parlament auf Departementsebene, „Departementsrat") und des Conseil Régional (Parlament auf der Ebene der Regionen, „Regionalrat") jeweils einen Präsidenten aus ihrer Mitte.

Für die Funktionsweise der französischen Gesellschaft und besonders für die intraregionale Kooperation spielt eine weitere politische und institutionelle Besonderheit eine wichtige Rolle: das „System der Ämterhäufung" (Cumul des Mandats). Es ist allgemeine Praxis und Ausdruck der Stärke, wenn ein kommunaler Funktionär mehrere Mandate innehat (Mitglied des Europaparlaments, der Nationalversammlung, verschiedener Räte auf den unterschiedlichen Staatsebenen). Zur Verdeutlichung: Etwa 80 Prozent aller Abgeordneten der Nationalversammlung bzw. des Senats[3] haben noch andere, lokale Mandate.

Frankreich wird seit jeher als Prototyp des Zentralstaats betrachtet. Trotz der Dezentralisierung stimmt das noch immer in vieler Hinsicht, da der Staat auf allen Ebenen der Verwaltung durch verschiedene dezentrale Behörden und Organe vertreten ist. In den Gemeinden ist der Bürgermeister zugleich Repräsentant der Bevölkerung und des Staates. Auf der Ebene der Départements werden die dezentralen staatlichen Verwaltungseinheiten von einem Präfekten (Préfet) geleitet, auf der Ebene der Regionen von einem Regionalpräfekten (Préfet de Région).

---

[3] Nationalversammlung und Senat sind die beiden Kammern des französischen Parlaments (Anmerkung des Übersetzers).

In Bezug auf intraregionale Zusammenarbeit spielt der Staat schon immer eine bedeutende Rolle bei der regionalen Raumordnung und -planung. Bereits in den 60er Jahren waren staatliche Initiativen in diesem Bereich von Bedeutung. Die staatliche Raumordnungs- und Regionalbehörde (Délégation à l'Aménagement du Territoire et à l'Action Régionale – DATAR) wurde 1963 gegründet und schlug schon bald ein Programm für „Ausgleichsmetropolen" (Métropoles d'Équilibre) vor, in dessen Rahmen starke Ballungsräume als ausgleichendes Gegengewicht zur Wirtschaftskraft von Paris entwickelt werden sollten. Acht solcher regionalen Metropolenräume wurden ausgewiesen (Bordeaux, Lille, Lyon, Marseille, Nancy, Nantes, Straßburg und Toulouse), darunter einige mit polyzentrischem Charakter (Lyon-Grenoble-Saint-Etienne, Nancy-Metz und Nantes-Rennes). Zeitgleich wurden in diesen Regionen mehrere staatlich kontrollierte Planungsbehörden für Ballungsräume (Organisme d'Etudes des Aires Métropolitaines – OREAM) gegründet, die in etwa dieselben Gebiete wie die „Ausgleichsmetropolen" von DATAR abdeckten. Zur Abrundung des Bildes wurden über das staatliche Landesplanungsgesetz (Loi d'Orientation Foncière – LOF) 1967 städtische Planungsagenturen (Agences d'Urbanisme) und ein zweistufiges Planungssystem eingeführt: mit einem gemeindeübergreifenden „Flächennutzungsplan" (Schéma Directeur d'Aménagement et d'Urbanisme – SDAU) und einem kommunalen „Bebauungsplan" (Plan d'Occupation des Sols – POS)[4.] Intraregionale Planung war daher für die größten urbanen Verdichtungsräume bereits Anfang der 70er Jahre etabliert. Dieses System existiert (mit Ausnahme der OREAM, die 1982 abgeschafft wurden) auch heute noch trotz zahlreicher bedeutender, durch die Dezentralisierung bedingter Änderungen.

Intraregionale Kooperationsansätze werden in diesem Bericht als Bündel politischer, wirtschaftlicher und finanzieller Arrangements zwischen verschiedenen Typen von Akteuren verstanden. Die Bandbreite dieser Vereinbarungen reicht von den flexibelsten bis zu stark formalisierten Ansätzen in Form gemeindeübergreifender Behörden. „Intraregional" bezieht sich auf die Räume, die von solchen Vereinbarungen betroffen sind; im Vordergrund stehen dabei die urbanen Verdichtungsräume und Stadtregionen.

Zurzeit gibt es in Frankreich weder statistische noch politisch-administrative Kriterien zur genauen Bestimmung dieser Gebiete. Das staatliche Institut für Statistik und Wirtschaftsstudien (Institut National de Statistique et d'Etudes Economiques – INSEE) ging bis 1995 von dem Konzept der „Agglomeration" (Agglomération) aus. Diese war durch eine Bevölkerung von mindestens 2 000 Einwohnern im Kernbereich definiert und umfasste alle angrenzenden Gebiete, sofern die Entfernung zwischen zwei Siedlungen nicht mehr als 250 Meter betrug. Hierbei handelt es sich um eine morphologische/gestalterische Definition städtischer Gebiete, die auf der zu-

---

[4]   „Flächennutzungsplan" und „Bebauungsplan" sind nicht wörtlich im Sinne des deutschen Planungsrechts zu verstehen, sondern nur näherungsweise Übersetzungen, um dem deutschen Leser das Verständnis zu erleichtern (Anmerkung des Übersetzers).

sammenhängenden Bebauung eines Areals basiert. Nach dieser Definition gibt es ein paar Hundert städtische Gebiete (urban areas) in Frankreich, von denen die meisten allerdings recht klein sind. Der AMGVF (Association des Maires des Grandes Villes de France) ist der Verband der Bürgermeister der größten französischen Städte, das heißt der Städte mit mehr als 100 000 Einwohnern; abgesehen von Paris und Umgebung (Région Ile-de-France) beläuft sich ihre Zahl auf zirka 50. Diese Städte, die auch als Grundlage für diesen Bericht dienen, repräsentieren 22 Prozent der französischen Gesamtbevölkerung und ein Drittel der städtischen Bevölkerung (AMGVF 1997).

Der Begriff der Agglomeration wird in diesem Bericht analog der oben genannten Definition des staatlichen Instituts für Statistik und Wirtschaftsstudien (INSEE) verwandt. Unter Metropolen und metropolitanen Räumen werden hingegen die größten, im AMGVF vertretenen, verstädterte Bereiche verstanden.

Bevölkerungsdaten für die zehn größten französischen Agglomerationen finden sich in Tabelle 1.

Tabelle 1: Bevölkerungsentwicklung in den zehn größten Agglomerationen zwischen 1982 und 1990 (in Tsd.)*

Agglomerationen	Bevölkerung (1982)	Bevölkerung (1990)	Durchschnittliche jährliche Veränderung, in %
Paris	8 924	9 319	+ 0,55
Lyon	1 220	1 262	+ 0,43
Marseille	1 249	1 231	- 0,18
Lille	945	959	+ 0,18
Bordeaux	647	696	+ 0,94
Toulouse	569	650	+ 1,80
Nizza	477	517	+ 0,10
Nantes	467	496	+ 0,77
Toulon	410	438	+ 0,85
Grenoble	396	405	+ 0,28

*Quellen: *Institut National de Statistique et d'Etudes Economiques (INSEE)*, Volkszählungen 1982 und 1990.

2. Kurzbeschreibung der wichtigsten intraregionalen Kooperationsansätze

Es gibt zahlreiche intraregionale Kooperationsansätze, die die unterschiedlichsten Formen annehmen können. Die politische und institutionelle Fragmentierung der räumlichen Organisation machte derartige Kooperationsstrukturen erforderlich; Frankreich verfügt daher über eine lange Erfahrung mit solchen Ansätzen, vor allem auch deshalb, weil es sich als unmöglich erwiesen hat, die Zahl der Gemeinden – insbesondere wegen des erfolgreichen Widerstands lokaler Gebietskörperschaften – zu reduzieren. Dieser Widerstand basiert auf einem verschachtelten System von Querbezügen (so z.B. einer Allianz von Präfekten und lokalen Würdenträgern), das in den 70er Jahren ausführlich vom Centre de Sociologie des Organisations (CSO) beschrieben und erläutert wurde (Crozier und Thoenig, 1975; Grémion, 1976). Aber dies ist keine französische Besonderheit, da sich diese Situation auch in anderen Ländern wie den Vereinigten Staaten, der Schweiz, Italien oder Spanien beobachten lässt.

Das französische Konzept für den Aufbau kooperativer Strukturen basiert bis heute auf interkommunalen Vereinbarungen. Der Grund hierfür ist einfach: Die Kommunen sind die Basis jeder institutionellen Reform in Frankreich. Während die Schaffung regionaler Institutionen seit Jahrzehnten auf der politischen Tagesordnung steht, ist jeder Versuch, suprakommunale Verwaltungseinheiten wie die Metropolitan Counties in England zu schaffen oder mehrere Gemeinden zusammenzulegen bzw. größeren Kommunen einzugemeinden – wie das in verschiedenen westlichen Ländern schon in den 60er und 70er Jahren geschah – bisher gescheitert. Gleichwohl entstanden viele andere Formen institutioneller Vereinbarungen, in deren Mittelpunkt aber stets die Kommune steht, der niemand ernsthaft ihre politische Legitimität abspricht. Daher sind solche intraregionalen Institutionen per se keine politischen Vertretungskörperschaften auf kommunaler Ebene, da sie zum einen keine umfassenden Zuständigkeiten besitzen und zum anderen nicht von direkt gewählten Volksvertretern regiert werden.

Insgesamt gibt es derzeit – zusätzlich zu den bestehenden Institutionen auf den geschilderten vier Verwaltungsebenen – zirka 19 000 solcher Kooperationsansätze. Im französischen Sprachgebrauch werden sie als Établissements Publics de Coopération Intercommunale (ÉPCI) bezeichnet, das heißt zwischengemeindliche Behörden/Verwaltungsstellen. In Frankreich gibt es acht Formen von ÉPCI, die alle vom Staat eingerichtet wurden.

- Interkommunale Zweckverbände mit einem einzigen Geschäftszweck (Syndicats Intercommunaux à Vocation Unique – SIVU): Sie werden seit 1890 eingerichtet (Gesetz vom 22. März 1890) und stellen mit zirka 14 500 heute den

Löwenanteil aller ÉPCI. Sie beschäftigen sich hauptsächlich mit dem Management von Infrastruktureinrichtungen (ÖPNV, Wasserversorgung und Kanalisation, Abfallentsorgung usw.) und der Bereitstellung von Dienstleistungen.

- Interkommunale Mehrzweckverbände (Syndicats Intercommunaux à Vocation Multiple – SIVOM): Sie wurden 1959 eingerichtet (Erlass 59-29 vom 5. Januar 1959); 1996 gab es etwa 2 500 solcher Verbände.

- Mischverbände mit einem oder mehreren Geschäftszwecken: Sie werden Mischverbände genannt, weil verschiedene Verwaltungsebenen beteiligt sind (z.B. eine Kommunalverwaltung und ein Département, ein Département und eine Region usw.). Alle Kombinationen sind hier möglich. 1996 gab es rund 1 200 solcher Mischverbände.

SIVU, SIVOM und die Mischverbände werden aus den Haushalten der Gemeinden oder anderer Beteiligter finanziert; sie dürfen aber keine eigenen Steuern erheben. Die von den Mitgliedern zu zahlenden Beiträge sind in den jeweiligen Statuten festgelegt.

- „Distrikte" (Districts) wurden 1959 durch den Erlass 59-30 vom 5. Januar 1959 für urbane Verdichtungsräume eingerichtet und ab 1970 auch für ländliche Gebiete zugelassen. Heute gibt es etwa 320 solcher Distrikte, zumeist in ländlichen Gebieten. Distrikte unterscheiden sich von den bisher genannten ÉPCI dadurch, daß ihnen zwei satzungsmäßige Rechte zustehen: Wohnungswesen und Brandschutz. Selbstverständlich können sie von den beteiligten Gemeinden auch mit weiteren Kompetenzen ausgestattet werden, was in der Regel auch geschieht. Sie können auch eigene Steuern in Form eines prozentualen Anteils an den vier kommunalen Steuerarten erheben; dies ist jedoch gesetzlich nicht zwingend vorgeschrieben.

- Umlandverbände (Communautés Urbaines): Sie wurden 1966 eingeführt (Gesetz 66-1069), wobei vier von staatlicher Seite in vier Agglomerationsräumen sofort realisiert wurden: Bordeaux, Lille, Lyon und Straßburg. 1997 gab es elf Umlandverbände. Diese werden als die am weitesten integrierten Kooperationsansätze angesehen, da sie über elf gesetzlich festgelegte Rechte (Planung, ÖPNV, Wasserwirtschaft, Abfallentsorgung usw., siehe unten) und über eigene Steuereinnahmen verfügen (ihnen steht ein bestimmter Prozentsatz der vier kommunalen Steuerarten zu).

- Verbände der „Neuen Städte" (Syndicats d'Agglomération Nouvelle oder SAN): Sie wurden 1983 eingerichtet und können nur in den so genannten Villes Nouvelles eingerichtet werden. Bisher wurden neun gegründet.

- Gemeindeverbände (Communautés de Communes): Diese wurden 1992 für Gebiete mit wenger als 20 000 Einwohnern eingerichtet. 1996 gab es etwa 900 solcher Gemeindeverbände. Zahlreiche großstädtische Gebiete (wie z. B. Grenoble oder Marseille) haben auch diese Kooperationsform gewählt, obwohl sie weitaus mehr als 20 000 Einwohner zählen. Gemeindeverbände haben zwei satzungsmäßige Rechte: Wirtschaftsentwicklung und Planung. Darüber hinaus sind sie noch für einen weiteren, aus einer Liste von Kompetenzen auszuwählenden Bereich zuständig; dies wurde 1992 mit dem Gesetz über die territoriale

Übersicht 2:   Die verschiedenen Formen interkommunaler Kooperation, Stand 1996*

Formen inter-kommunaler Kooperation (ÉPCI)	Zahl	Eigenes Steuersystem	Übertragene Befugnisse	Betroffene Verdichtungs-räume (Beispiele)
SIVU	14 500	nein	keine	Tours
SIVOM	2 500	nein	keine	Mulhouse
Distrikte	320	optional	zwei: Brandschutz und Wohnungswesen	Rennes, Toulouse
Umlandverbände	11	vorgeschrieben	elf verschiedene	Bordeaux, Lille, Lyon, Strasbourg
Gemeindeverbände	900	spezifische Gewerbesteuer in ausgewiesenen Gewebegebieten (optional)	drei: Wirtschaft, Entwicklung, Planung	Grenoble, Marseille
Stadtverbände	5	gebietsweite Gewerbesteuer	drei: Wirtschaft, Entwicklung, Planung	La Rochelle, Aubagne
Verbände der „Neuen Städte"	9	nein	keine	Marne la Vallée
Mischverbände	1 200	nein	keine	Lille, Lyon, Strasbourg

*Quellen: *Direction Générale des Collectivités Locales (DGCL), Association des Districts et des Communes de France (ADCF).*

Verwaltung der Republik festgelegt (Loi sur l'Adminstration Territoriale de la République, das so genannte ATR-Gesetz). Gemeindeverbände unterscheiden sich von anderen Kooperationsformen auch durch das Recht, für bestimmte eingegrenzte Teilräume Gewerbesteuern erheben zu können.

- Stadtverbände (Communautés de Villes): Diese wurden ebenfalls durch das ATR-Gesetz ermöglicht und unterliegen im Grundsatz denselben Regeln wie die Gemeindeverbände, außer dass sie nur für Gebiete mit über 20 000 Einwohnern zulässig sind und eine für das gesamte Verbandsgebiet geltende Gewerbesteuer erheben müssen. 1997 gab es nur fünf solcher Stadtverbände (Aubagne, Cambray, Flers, La Rochelle, Sud-Toulouse).

Mit Ausnahme der vier gesetzlich vorgeschriebenen Umlandverbände basieren alle oben genannten Kooperationsansätze auf dem Grundsatz der Freiwilligkeit; keiner verfügt über die allgemeinen Zuständigkeiten kommunaler Gebietskörperschaften, keiner wird von direkt gewählten Beamten geführt. Ihre Leitungsorgane bestehen aus Vertretern der angeschlossenen Kommunen, in der Regel aus Stadt- und Gemeinderatsmitgliedern. Mit Ausnahme der Umlandverbände, die der nationalen Gesetzgebung unterliegen, wird die Größe dieser Leitungsorgane in den Satzungen der jeweiligen ÉPCI festgelegt.

Das institutionelle System der intraregionalen Zusammenarbeit in Frankreich ist folglich äußerst komplex; dies wird noch dadurch verstärkt, daß sich alle ÉPCI zu neuen ÉPCI zusammenschließen können. So kann ein Gemeindeverband beispielsweise mit einem Département, einer Region oder einem Zweckverband eine gemeinsame Verwaltungsstelle/Behörde gründen. Dies geschieht nicht selten, sondern ist im Gegenteil die übliche Art, gemeindeübergreifende Probleme anzugehen, die ein größeres Gebiet betreffen.

Neben den acht institutionalisierten Kooperationsformen gibt es noch andere, freiwillige Kooperationsansätze in vielen städtischen Gebieten. So verfügen beispielsweise die meisten Ballungsräume Frankreichs über Arbeitsgemeinschaften für Entwicklungsplanung. In diesen Einrichtungen sind sowohl der Zentralstaat als auch verschiedene lokale Gebietskörperschaften (inklusive der Regionen) vertreten, die allesamt mit strategischer Planung auf regionaler Ebene befasst sind.

Aber das „Goldene Zeitalter" der intraregionalen Zusammenarbeit liegt noch vor uns. Bisher kam Kooperation nur von Fall zu Fall zustande, was zu einem viel zu komplizierten System führte, dessen Reform mittlerweile auf der politischen Agenda steht,

- zum einen, weil zurzeit ein Paradigmenwechsel im Hinblick auf die Ursachen interkommunaler Zusammenarbeit stattfindet. Vor einem Jahrzehnt noch dienten Kooperationsansätze vor allem der Bereitstellung von Dienstleistungen, die eine Gemeinde allein nicht anbieten konnte. Heute arbeiten die Gemeinden zusammen, weil sie gemeinsame Projekte und Entwicklungsplanungen für erforderlich halten. Dieser Wechsel wird aus zentralstaatlicher Sicht ernst genommen und hat dazu geführt, daß mit den Gemeindeverbänden (Communautés de Communes) und den Stadtverbänden (Communautés des Villes) erst kürzlich zwei neue Organisationsformen geschaffen wurden, deren Hauptaufgabe in der Entwicklung und Durchführung gemeinsamer Projekte besteht;

■ zum anderen, weil die zunehmende Bedeutung von Kooperationsansätzen und das Recht, in bestimmten Fällen Steuern zu erheben, in Kontrast zu der mangelnden demokratischen Kontrolle dieser Ansätze durch die jeweiligen Gebietsbewohner stehen;

■ zum Dritten, weil der territoriale Zuschnitt der bestehenden Kooperationsansätze nicht mehr dem räumlichen Umfang der Projekte und Entwicklungsvorhaben entspricht, die sie inzwischen verfolgen wollen (Projekte orientieren sich heute mehr an langfristigen und strategischen Themen und weniger an der Bereitstellung von Alltagsdienstleistungen);

■ zum Vierten liegt ein wesentlicher Nachteil des Steueraufkommens darin, dass die Gewerbesteuer, die wichtigste Quelle der Gemeindefinanzierung, auf kommunaler Ebene erhoben wird, was die Gemeinden zu verstärktem Wettbewerb und weniger zu gemeinsamer Kooperation veranlasst.

Zusammenfassend lässt sich feststellen, dass es den interkommunalen Kooperationsansätzen an wirtschaftlicher und politischer Legitimation mangelt, da sie sowohl politisch als auch finanziell von den Gemeinden abhängig sind und ihre territoriale Zuständigkeit sich nicht mit ihren Projektzielen deckt.

Neben der angestrebten Vereinfachung des bestehenden Systems von Kooperationsansätzen sollen die vorgeschlagenen Reformen und die zurzeit laufenden Experimente drei weitere Ziele verfolgen: erstens Umwandlung einiger ÉPCI in tatsächliche kommunale Gebietskörperschaften, zweitens Schaffung neuer Institutionen und drittens Erweiterung der räumlichen Grenzen.

■ Die Umwandlung einiger ÉPCI (und zwar derjenigen in den größten städtischen Gebieten) in echte Gebietskörperschaften setzt die Direktwahl ihrer Vertretungskörperschaften, die Schaffung eigener Steuerquellen sowie die Integration ihrer Mandate in das System der Ämterhäufung voraus. Das würde dann das Ende der bestehenden interkommunalen Kooperationsformen französischen Stils bedeuten, zumindest für bestimmte Gebiete, da die französischen Kooperationsansätze auf Zweckverbänden und nicht auf direkt gewählten Körperschaften beruhen.

■ Schaffung neuer gemeindeübergreifender Institutionen: Mit dem neuen staatlichen Planungsgesetz von 1995 hat das Innenministerium bereits Experimente mit neuen Institutionen in Form der so genannten Pays eingeleitet. Diese neue Gebietseinheit soll nur im ländlichen Raum eingerichtet werden, obschon ähnliche Überlegungen auch für urbane Verdichtungsräume angestellt werden.

- Erweiterung der räumlichen Grenzen: Zurzeit wird in den größten Ballungsräumen versucht, die Kooperation auf breiterer Ebene zu organisieren als das bisher mit den bestehenden Zweckverbänden der Fall ist. Die politische und wirtschaftliche Dynamik erfordert beispielsweise eine breiter angelegte wirtschaftliche Entwicklungsplanung und die Ausweitung der räumlichen Zuständigkeitsbereiche; Beispiele sind die Stadtregionen von Lyon (Région Urbaine de Lyon – RUL), Groß-Bordeaux oder Groß-Rouen.

Alle diese Änderungen und Projekte werden das räumlich-institutionelle System Frankreichs nachhaltig verändern. Die Umwandlung einiger gemeinsamer Verwaltungseinheiten in lokale Gebietskörperschaften und die Schaffung neuer Institutionen auf der mittleren Ebene (zwischen Kommunen und Regionen) werden die Existenz der Départements in Frage stellen. Die besondere Behandlung bestimmter Gebiete (das heißt der großen städtischen Bereiche) wird auch das so genannte republikanische Prinzip durchbrechen und somit die Fundamente des einheitlichen Zentralstaats angreifen.

Der vorliegende Bericht gliedert sich in drei Abschnitte. Im ersten werden Hintergrundinformationen und auslösende Faktoren für die Entwicklung intraregionaler Zusammenarbeit vorgestellt. Der zweite Abschnitt konzentriert sich auf die Organisation und Arbeitsweise intraregionaler Kooperationsansätze und setzt sich mit institutionellen wie informellen Ansätzen auseinander. Der dritte Abschnitt nimmt eine Bewertung intraregionaler Zusammenarbeit vor und skizziert die aller Wahrscheinlichkeit nach in nächster Zukunft eintretenden und diese Zusammenarbeit begünstigenden Veränderungen.

II. Hintergrund und Voraussetzungen intraregionaler Kooperationsansätze

Dieser Abschnitt gliedert sich in allgemeine Bedingungen für intraregionale Kooperationsansätze und deren auslösende Faktoren. Hierbei sollte nicht vergessen werden, dass diese Trennung schwierig, wenn nicht gar künstlich ist; denn allgemeine Bedingungen und auslösende Faktoren für die Entstehung und Entwicklung intraregionaler Kooperationsansätze sind eng miteinander verbunden. So wurde bei-

spielsweise im Laufe der Zeit aus einem ursprünglich auslösenden Faktor, der Dezentralisierung, mittlerweile eine allgemeine Bedingung.

1. Allgemeine Bedingungen – politisches Umfeld

Es gibt drei Kategorien von Hintergrundbedingungen: räumliche, institutionelle
und finanzielle. Räumlich ist in dem Sinn gemeint, dass sich urbane Räume heut-
zutage erheblich von den Stadtgebieten von vor zwanzig oder dreißig Jahren unterscheiden. Dies gilt um so mehr, als die Urbanisierung in Frankreich (im Vergleich
mit England z.B.) erst relativ spät einsetzte. Institutionell und finanziell meint, dass
die geschichtliche Entwicklung ein System lokaler Gebietseinheiten geschaffen hat,
das sich zwar jedem Wandel deutlich widersetzte, aber zugleich eine ausgeprägte
Anpassungsfähigkeit bewies.

1.1 Räumliche Faktoren

Frankreich erlebte, wie andere Länder auch, eine deutliche räumliche Expansion
seiner großstädtischen Verdichtungsräume. Diese verdankt sich zwei Phänomenen:
Zum einen der Suburbanisierung und zum anderen der so genannten Exurbanisierung, das heißt der Ausweitung urbaner Räume über die Grenzen der geschlossenen Ortschaften hinaus.

Zwischen 1975 und 1990 (zwei Volkszählungsjahre) wuchs die durchschnittliche
Fläche einer Agglomeration (im Sinne der INSEE-Definition) um 18 Prozent, während der Bevölkerungsanstieg im gleichen Zeitraum nur neun Prozent betrug. Daher war die räumliche Ausdehnung im wesentlichen mit einer relativ geringen
Dichte verbunden. Tatsächlich verringerte sich zwischen 1975 und 1990 die Bevölkerungsdichte in den Agglomerationen um sechs Prozent und die Beschäftigungs-
dichte um drei Prozent (Pumain und Godard, 1996). Zu den stärksten Wachstums-
bereichen zählten die Stadtrandgebiete (1982 wohnten dort elf Prozent, 1990
schon fast 16 Prozent der Gesamtbevölkerung). In den urbanen Großräumen stellten die Kernstädte 1975 noch 55 Prozent der Bevölkerung und 65 Prozent der Arbeitsplätze in dem betreffenden Gebiet. Die entsprechenden Werte lagen 1990 bei
50 Prozent beziehungsweise 61 Prozent. Suburbanisierung ist demnach ein signifikantes Phänomen der 70er und 80er Jahre. Tabelle 2 enthält einige Daten zur Ent-

wicklung der räumlichen Verteilung der französischen Bevölkerung in den letzten 20 Jahren.

Tabelle 2: Demographische Entwicklung in unterschiedlichen urbanen Räumen, 1975-1990*

	Bevölkerung in Tausend			Durchschnittliche jährliche Veränderung, in %	
	1975	1982	1990	1975-1982	1982-1990
Frankreich	52 656	54 335	56 614	+ 0,52	+ 0,59
Stadtzentren	23 565	23 413	23 540	- 0,09	+ 0,07
Vororte	15 455	16 446	17 597	+ 0,89	+ 0,97
Ländliche Stadtrand- gebiete	7 827	8 746	9 687	+ 1,87	+ 1,47
Ländliche Gebiete	5 809	5 731	5 791	- 0,23	+ 0,15

*Quellen: *Institut National de Statistiques et d'Etudes Economiques (INSEE)*, Volkszählungen 1975 und 1990.

Allerdings spiegelt die statistische Gleichsetzung von Agglomeration mit Gebieten zusammenhängender Bebauung nicht die tatsächliche Entwicklung verstädterter Räume wider. In funktionaler Hinsicht fand ein Großteil des räumlichen Wachstums in Gebieten statt, die physisch nicht mit der Kernstadt eines urbanen Raums verbunden sind. Zahlreiche ländliche Gebiete am Rande des verstädterten Raums sind zunehmend mit einem von mehreren städtischen Zentren verbunden, so dass die morphologische, das heißt die Gestalt betreffende Definition von „städtisch" bedeutungslos wird. Die Entwicklung neuer Technologien und vor allem der Telekommunikation hat stark zur räumlichen Ausdehnung städtischer Gebiete über die Grenzen von Siedlungsräumen hinaus beigetragen (man spricht in diesem Fall von Exurbanisierung). Dies wird durch detaillierte und exakte Daten über die täglichen Pendlerbewegungen belegt.

Zwischen 1975 und 1990 verdoppelte sich die von Pendlern in verstädterten Räumen durchschnittlich zurückgelegte Strecke von sieben auf 14 km, was bedeutet, dass die Menschen zunehmend in anderen Gemeinden als ihrem Wohnort arbeiten. Die funktionalen Interdependenzen innerhalb urbaner Räume verändern sich ebenfalls.

Die Vororte stehen immer weniger unter dem beherrschenden Einfluss der Kernstädte, zumindest in den metropolitanen Verdichtungsräumen[5]. Immer weniger Pendler verkehren radial zwischen Vororten und Stadtkernen, immer mehr fahren tangential von Vorort zu Vorort. Das geht aus verschiedenen Haushaltsuntersuchungen, die in den meisten Verdichtungsräumen durchgeführt wurden, hervor. So stieg die Zahl der Pendlerfahrten zwischen Vororten im letzten Jahrzehnt um sechs Prozent in Grenoble und zwölf Prozent in Paris (Lefèvre und Pucher, 1996).

Die räumlichen Veränderungen städtischer Gebiete und somit auch des nationalen Territoriums veranlassten INSEE, seine statistischen Konzepte nach der Volkszählung von 1990 zu modifizieren. Angesichts der Tatsache, dass der Begriff des urbanen Raums nicht länger auf die klassische Form kontinuierlich und zusammenhängend erfolgender Bebauung eingeschränkt werden konnte und sich das 1960 zur Integration einiger funktionaler Dimensionen eingeführte Konzept der industriellen und urbanen Bevölkerungszonen (Zone de Peuplement Industriel et Urbain – ZPIU) nicht länger als sinnvoll erwies, da 1990 nur noch vier Prozent der Gesamtbevölkerung nicht in solchen ZPIU (das heißt in ausgesprochen ländlichen Gebieten) lebten, führte man kürzlich neue Konzepte ein, die den räumlichen Veränderungen Rechnung tragen. Das neue Konzept der „urbanen Zone" (Aire Urbaine) beruht auf drei Überlegungen: erstens auf der Notwendigkeit, zwischen Agglomeration und urbanem Raum zu unterscheiden, zweitens auf der Notwendigkeit, Multipolarität in statistische Konzepte zu integrieren und drittens auf der Notwendigkeit, die tatsächlichen Ränder einer Kernstadt zu identifizieren, diejenigen also, die eindeutig unter dem dominierenden Einfluss eines Zentrums stehen. Darüber hinaus wurden drei weitere Raumkategorien eingeführt: a) der urbane Pol, der dem klassischen Gebiet zusammenhängender Bebauung entspricht, b) der erste Vorstadtring, der nach funktionalen Kriterien definiert wird (kurz: diejenigen Gemeinden, die mehr als 40 Prozent ihrer Arbeitskräfte in die Kernstadt entsenden), c) die „multipolaren" Gemeinwesen, die nicht unter dem beherrschenden Einfluss eines einzigen urbanen Pols stehen, die aber auch nicht autonom sind, da mehr als 40 Prozent der Erwerbstätigen auswärts arbeiten. Die „urbane Zone" eines urbanen Pols setzt sich also aus a) und b) zusammen. Besteht sie aus a), b) und c), so sprechen die Statistiker von einer „multipolaren urbanen Zone" (Le Jeannic, 1996).

---

[5] In Frankreich ist ein metropolitaner Verdichtungsraum weder ein statistisches Konzept noch ein verwaltungstechnischer Begriff wie in anderen Ländern, so z.B. in Deutschland oder den USA. Daher kann auch keine Liste der „Metropolitan Areas" erstellt werden. Im Allgemeinen versteht man darunter Räume, die mehr als 100 000 Einwohner zählen und zur AMGVF gehören.

1.2 Institutionelle Bedingungen

Die zunehmende Diskrepanz zwischen einer stark fragmentierten politischen und institutionellen Landschaft und den sich verstärkenden funktionalen Interdependenzen auf regionaler Ebene war stets ein Argument zugunsten einer institutionalisierten intraregionalen Kooperation.

Mit seinen etwa 36 500 Gemeinden hat Frankreich genauso viele lokale Gebietseinheiten wie alle anderen Länder der Europäischen Union zusammen. Dies ist eine altbekannte, oft stark kritisierte Tatsache, die zahlreiche Befürworter allerdings als Symbol der Demokratie schlechthin ansehen. Gleichwohl ist dies der Grund für eine extreme Fragmentierung funktional zusammenhängender Gebiete wie der urbanen Räume.

In der Regel besteht ein metropolitaner Verdichtungsraum aus einigen Hundert Gemeinden. In der Agglomeration von Lyon (in dem vom INSEE definierten, engeren urbanen Raum) gibt es beispielsweise 86 Gemeinden. Betrachtet man allerdings den Raum nach funktionalen Kriterien, so zählt man im Großraum Lyon mehr als 1 000 Gemeinden. Die Region Ile-de-France hat mehr als 1 200 Gemeinden. Hinzu kommen noch die Départements: acht für die Ile-de-France, drei oder vier für Lyon, je nach Zuschnitt des Großraums. Angesichts der Tatsache, dass jede Gemeinde eine gesonderte Gebietseinheit ist, die über eigene Ressourcen, ihre eigene Politik und eine, sich aus der Geschichte und dem Verfassungssystem ergebende, starke politische Legitimation verfügt, könnte man zu dem Schluß kommen, daß sich die französischen urbanen Räume nicht allzusehr von den amerikanischen Verdichtungsräumen der 60er Jahre unterscheiden, die von ihren Reformern seinerzeit als „crazy quilt pattern" kritisiert wurden, als „buntscheckiger Flickenteppich".

Zahlreiche Befürworter des bestehenden institutionellen Systems (z.B. der Verband der Bürgermeister Frankreichs, Association des Maires de France – AMF, oder der Verband der Distrikte und Gemeinden Frankreichs, Association des Districts et des Communes de France – ADCF) behaupten auch, daß sich die institutionelle Fragmentierung durch Kooperationsansätze wirksam ausgleichen ließe. Dies ist allerdings aus mehreren Gründen äußerst fraglich. Erstens sind traditionelle Kooperationsansätze meistens von den Gemeinden abhängige Ad-hoc-Initiativen, die nicht in der Lage sind, eigene Politiken konsequent umzusetzen. Zweitens wurden die meisten dieser Ansätze vor der Urbanisierungsphase eingerichtet, weshalb das von ihnen abgedeckte Territorium nicht dem funktional zusammenhängenden Raum entspricht, selbst dann nicht, wenn man nur die Ebene der Agglomeration berücksichtigt. Drittens können diese Kooperationsansätze nicht ohne weiteres durch andere mit beispielsweise mehr Befugnissen ersetzt werden, weil die jeweiligen Räume notwendigerweise deckungsgleich sein müssen. Das ist aber selten der Fall. Statt Substitution hat sich daher die Anhäufung mehrerer solcher Kooperationsansätze in einem Gebiet eingebürgert, so dass man in manchen Räumen nicht selten zehn oder mehr solcher Kooperationsformen findet (siehe beispielsweise die noch folgende Darstellung des Großraums Lyon). Deshalb lässt sich zusammenfassend sagen, dass die traditionellen Kooperationsansätze die Fragmentierung keineswegs vermindern, sondern vielmehr vergrößern.

Entgegengewirkt werden kann der Fragmentierung allerdings mit dem „System der Ämterhäufung", einem politischen und institutionellen Schlüsselelement der intraregionalen Kooperation. Ein Argument für dieses System ist seine Eigenschaft, Entscheidungsstrukturen gebietsweit zu vernetzen. Tatsächlich mag dieses Modell als einfallsreiche Variante erscheinen, um die institutionelle Zersplitterung zu kompensieren und Kooperation zwischen verschiedenen Ebenen zu ermöglichen. Zusammenarbeit statt Konkurrenz scheint die logische Folge zu sein, wenn eine Person zugleich Bürgermeister einer Kernstadt, Vorsitzender mehrerer interkommunaler Zweckverbände, Vorsitzender des Generalrates (Conseil Général), Mitglied des Regionalrates sowie Präsident mehrerer lokaler Gesellschaften und Vereine ist. Allerdings wurde dies nie nachgewiesen. Im Gegenteil: Wettbewerb entwickelte sich zwischen den verschiedenen Verwaltungsebenen trotz des „Systems der Ämterhäufung", insbesondere weil verschiedene Sektoren der Kommunalverwaltungen keine Kooperation wünschten. Dieses System konnte zwar den Zugang zu Fördermitteln aus verschiedenen Quellen erleichtern, es ist aber kein Garant für eine solche Kooperation.

Mit den ersten Gesetzen zur Dezentralisierung (1982 und 1983) hätte man diese Situation verändern können. Das war aber nicht der Fall. Man muss sich dabei allerdings vergegenwärtigen, daß die Dezentralisierung in Frankreich, abgesehen von der Einrichtung von 20 Regionen (Régions) im Mutterland, ohne größere institutionelle Änderungen eingeleitet wurde. Die Dezentralisierung hätte aber zugleich auch als Gebietsreform mit dem Schwerpunkt auf der Schaffung neuer, gebietsweiter Mittelinstanzen konzipiert werden können. Stattdessen stärkte sie die beiden klassischen lokalen Gebietskörperschaften, die Kommunen und die Départements, durch die Übertragung zentralstaatlicher Befugnisse und Ressourcen. Verwirrung kam allerdings auf, weil sich die künstliche Zuweisung „gebündelter Zuständigkeiten" auf mehrere lokale Ebenen unmöglich umsetzen ließ. So versuchte jede lokale Gebietskörperschaft, ihre eigenen Zuständigkeitsbereiche zu schaffen. Kommunalverwaltungen und Départements befassten sich nun beide mit Wirtschaftsförderung, alle Ebenen mussten sich mit Bildung, Erziehung und Berufsausbildung usw. auseinander setzen. Mit seinem Aufruf an die lokalen Gebietskörperschaften, sich in politischen Bereichen zu betätigen, die eigentlich – wie etwa das weiterführende Bildungswesen – in seine eigene Domäne fielen, war der Staat hierbei keine große Hilfe. Nach und nach erwies sich diese Situation als Ursache für mangelnde Effizienz, für Verschwendung und nutzlose Konkurrenz. Auch wenn heute niemand mehr behaupten würde, der Status quo sei ein gutes System, und alle übereinstimmend Reformen fordern, bleibt immer noch die Frage nach den Inhalten dieser Veränderungen. Diese werden in Kapitel IV behandelt.

1.3   Finanzielle Regelungen

Wenn schon die Überschneidung von räumlichen und inhaltlichen Zuständigkeiten der verschiedenen lokalen Gebietskörperschaften regionale Kooperation erforderlich macht, so gilt dies mit Sicherheit auch für das System der Finanzierung dieser Aufgaben. Zwei spezifische Elemente müssen hier besonders herausgestellt werden.

Zum einen ist es für eine Kommune nahezu unmöglich oder mit großen Schwierigkeiten verbunden, ihre eigene Infrastruktur oder sämtliche erforderlichen Dienstleistungen aus eigenen Mitteln zu finanzieren. Wenn eine Gemeinde beispielsweise eine Kindertagesstätte oder ein Museum finanzieren will, kann sie sich an andere Verwaltungsebenen um finanzielle Beteiligung an dieser Aufgabe wenden, zum einen, weil diese dafür zuständig sind, und zum anderen, weil diese damit ihre Rolle in diesem Aufgabenbereich legitimieren können. Hinzu kommt noch, dass viele Aufgabenfelder nicht eindeutig einer bestimmten Hierarchieebene zugeordnet sind oder dass deren Befugnisse nur für Teile eines Aufgabenfeldes gelten (so gehen beispielsweise die Investitionskosten für den Bau einer Infrastruktureinrichtung zulasten einer anderen Behörde als die laufenden Betriebskosten). Schließlich hat der Zentralstaat die lokalen Gebietskörperschaften zur Beteiligung an der Finanzierung bestimmter Infrastrukturmaßnahmen aufgefordert, da er dazu allein nicht in der Lage war. Dies war beispielsweise der Fall im Bildungswesen (hier haben die Regionen und die Départements einen Teil des nationalen Plans zur Modernisierung und Entwicklung des Hochschulwesens finanziert) oder im Verkehrswesen (Regionen, Départements, Kommunen und der Staat finanzierten hier gemeinsam städtische Schnellverkehrssysteme sowie städtische Straßennetze). Die Kofinanzierung durch mehrere Ebenen ist daher eher zur Regel denn zur Ausnahme geworden. Auch darf der Einfluss von Fördermitteln der Europäischen Union nicht unerwähnt bleiben, für deren Bewilligung oft erhebliche Eigenmittel aufgebracht werden müssen, die eine einzelne Verwaltungsebene allein nicht bereitstellen kann. Kooperation ist daher das Ergebnis einer strukturellen Entwicklung von Finanzierungskonditionen, die allerdings nur stückweise realisiert wird (von Fall zu Fall und Bereich für Bereich).

Zweitens erweist sich das kommunale Steuersystem als ungeeignet zur Förderung territorialer Solidarität (Gilbert und Guengant, 1991). In der Tat wurde dieses System von mehreren Verbänden lokaler Wirtschaftsunternehmen, der DATAR und dem AMGVF für die Verschärfung sozialer Disparitäten verantwortlich gemacht, das heißt für das immer stärkere Auseinanderklaffen der Schere zwischen armen

299

und reichen Kommunen. Von den direkten Steuern ist die Gewerbesteuer (Taxe Professionnelle) bei weitem die wichtigste Einnahmequelle für die Gemeinden, denn sie macht ungefähr die Hälfte der kommunalen Steuereinnahmen aus. Gleichzeitig wird sie aber auch als das größte Hindernis für regionale Kooperation angesehen. Denn das System der Gewerbebesteuerung wird maßgeblich für den scharfen Wettbewerb um Investitionen und Unternehmen zwischen den Kommunen, die relativ selbstständig über ihren Gewerbesteuerhebesatz entscheiden können, verantwortlich gemacht (der Staat legt nur Ober- und Untergrenzen fest, den Gemeinden bleibt damit ein gewisser Spielraum). In durchschnittlichen urbanen Verdichtungsräumen schwanken die Hebesätze, je nach Gemeinde, im Verhältnis 1 zu 4, das heißt, der höchste Satz liegt viermal so hoch wie der niedrigste. Die wohlhabendsten Gemeinden können sich somit niedrigere Gewerbesteuerhebesätze leisten und damit Unternehmen anziehen. Je mehr Unternehmen in einer Gemeinde existieren und je reicher diese sind, desto niedriger kann der Gewerbesteuerhebesatz ausfallen. In den 70er und 80er Jahren richteten zahlreiche Gemeinden ein und desselben urbanen Raums ihre eigenen Industrie- bzw. Gewerbegebiete ein und entwickelten ihre eigene Steuerpolitik, um so ihre Attraktivität für Firmenansiedlungen zu steigern. Das Ergebnis war eine beachtliche Mittelverschwendung mit relativ bescheidenen Ergebnissen; viele Flächen in den neu eingerichteten Industrie- und Gewerbegebieten konnten nicht vermarktet werden. Dieser Wettbewerb wurde von vielen Kommunalbeamten und auch den örtlichen Industrie- und Handelskammern kritisiert, die sich für interkommunale Kooperationsansätze aussprachen. Aber das System der Gewerbesteuer wurde seither nicht verändert, abgesehen von einigen Reformen und Initiativen in einigen wenigen städtischen Räumen (siehe unten). Mit der zunehmenden politischen Relevanz sozioökonomischer Probleme vor allem in vielen Vorstädten ist die Reform des kommunalen Steuersystems jedoch heute wieder auf der Tagesordnung.

Abschließend soll noch ein weiterer Faktor erwähnt werden, der intraregionale Zusammenarbeit erschwert: die (gegenwärtige) Bedeutungslosigkeit der räumlichen Grenzen intraregionaler Kooperation für die Zivilgesellschaft. Weder die Région noch der urbane Verdichtungsraum geben geeignete Räume für den Aufbau kollektiver Interessenvertretungsorgane ab. Aus historischen Gründen sind und bleiben die Gemeinden und Départements der Ort für die räumliche Organisation von politischen Parteien, Gewerkschaften, Handelskammern und anderen Wirtschaftsverbänden.

2.   Auslösende Faktoren

Der räumliche Wandel urbaner Räume durch Sub- und Exurbanisierung, die institutionelle Fragmentierung, mangelnde Gebietsreformen in den Dezentralisierungsgesetzen, ein unbefriedigender Ausgleich dieser Situation durch traditionelle Kooperationsformen, ein Kompetenzwirrwarr zwischen den verschiedenen lokalen Gebietskörperschaften, das kommunale Finanzierungssystem usw.: Alle diese Elemente bilden die allgemeinen Rahmenbedingungen für die Entwicklung neuer Kooperationsansätze. Dies gilt um so mehr für die aktuelle Situation, in der sich der Rhythmus der räumlichen, wirtschaftlichen und technologischen Veränderungen beschleunigt und die Grenzen traditioneller institutioneller Formen des Umgangs mit den Diskrepanzen zwischen funktionalen Räumen und institutionellen Gebietsgrenzen deutlich werden.

Dennoch können unter Umständen einige erst kürzlich vorgenommene Veränderungen und Entwicklungen für den Ausbau von Kooperationsansätzen eine positive Rolle spielen. Zwei Typen von Entwicklungen lassen sich dabei nennen: zum einen politisch-institutionelle und zum anderen soziale.

2.1   Politisch-institutionelle Faktoren

Mindestens zwei politisch-institutionelle Entwicklungen könnten sich in naher Zukunft positiv auf die Entwicklung intraregionaler Kooperationsansätze auswirken: zum einen die Kritik am System der ÉPCI aufgrund ihrer Demokratiedefizite (mangelnde Legitimation) und zum andern die Infragestellung des Systems der Ämterhäufung.

- Den ÉPCI mangelt es an demokratischer Legitimation, da ihre Leitungsgremien nicht direkt gewählt werden und der Durchschnittsbürger überhaupt nicht weiß, was sie tun. Dies wird um so stärker kritisiert, als einige von ihnen, hauptsächlich in städtischen Räumen (Distrikte und Umlandverbände), Steuern erheben (einen bestimmten Prozentsatz der vier kommunalen Steuerarten) und eine zunehmend größere Rolle in der Verwaltung der städtischen Räume spielen (sie erbringen immer mehr Dienstleistungen, und viele von ihnen sind an wichtigen Entwicklungsprojekten beteiligt). Der Mangel an Legitimation steht heute im Zentrum der allgemein für notwendig erachteten Reform interkommunaler Kooperationsansätze. Hier liegt eine besondere Chance für regionsweite Strategien und Kooperation, weil im Falle ihres Gelingens die urbanen Verdichtungsräume wirkliche Gebietskörperschaften erhielten, also richtige „Metropolitan Governments". In der Tat liegen zahlreiche Reformvorschläge in dieser

Richtung vor, und der Gedanke erhält von Tag zu Tag größere politische Unterstützung. Es ist nicht länger absurd zu prognostizieren, daß die größten urbanen Verdichtungsräume in naher Zukunft ihre eigenen politisch-administrativen Strukturen haben werden.

- Überall werden mehr und mehr Stimmen laut, die sich gegen die Beibehaltung des „Systems der Ämterhäufung" aussprechen: Zum einen gäbe es Interessenkonflikte zwischen den verschiedenen räumlichen Organisationen, und niemand sei in der Lage, die verschiedenen Interessen von Gemeinden, Départements, Regionen und Zentralstaat miteinander zu vereinbaren; zum anderen sei die Arbeit des Bürgermeisters einer großen Kommune oder die des Vorsitzenden einer wichtigen lokalen Behörde ein Vollzeitjob und sollte daher nicht Politikern übertragen werden, die nicht die dafür nötige Zeit aufbringen könnten. Schon 1985 wurde ein Gesetz verabschiedet (Gesetz Nr. 85-1406), das die Zahl der Ämter beschränkt, die ein Politiker auf sich vereinigen kann. Dieses Gesetz sieht vor, daß Politiker neben einem nationalen Mandat nur höchstens noch zwei weitere Mandate auf lokaler Ebene wahrnehmen dürfen. Politisch war es danach für einen Politiker nicht länger möglich, zugleich Bürgermeister (oder Zweiter Bürgermeister einer Gemeinde mit mehr als 20 000 Einwohnern), Mitglied des Départementrates und des Regionalrates sowie Mitglied der Nationalversammlung zu sein.

Nach dem Gesetz Nr. 85-1406 mussten sich Politiker entscheiden, welche Mandate sie behalten und welche sie aufgeben wollten. Im Allgemeinen zogen Politiker es vor, ihre traditionellen Stellungen in den Gemeinden oder Départements zu behalten und damit ihre regionalen Mandate aufzugeben. Die Debatte dauert immer noch an, und es stehen verschiedene Vorschläge im Raum, die Zahl der gleichzeitig zulässigen Mandate weiter zu beschränken und dabei auch Führungspositionen in Zweckverbänden oder Sociétés d'Economie Mixte Locales[6] mitzuzählen. Die Verabschiedung eines neuen Gesetzes zur weiteren Einschränkung der Ämterhäufung ist sehr wahrscheinlich. Premierminister Lionel Jospin tritt offen für ein solches Gesetz ein und forderte deshalb seine Minister bereits auf, ihre lokalen Mandate aufzugeben und somit echte „Vollzeitminister" zu werden, was diese allerdings nur sehr widerwillig taten[7].

Für die Entwicklung der intraregionalen Zusammenarbeit muss das Hinterfragen des „Systems der Ämterhäufung" keineswegs von Nachteil sein. Es kann im

---

6 Unter einer „Société d'Economie Mixte" versteht man in Frankreich eine Kapitalgesellschaft mit mindestens 51 Prozent öffentlicher Beteiligung; solche „SEMs" werden z.B. häufig als Entwicklungsträger gegründet und eingesetzt. Siehe auch Kapitel III. 2.2 (Anmerkung des Übersetzers).

7 Wenn sie Mitglieder der Nationalversammlung waren, mussten sie dieses Amt per se aufgeben, da die französische Verfassung die gleichzeitige Mitgliedschaft in der Exekutive und der Legislative verbietet.

Gegenteil diese Kooperation beschleunigen. Die Analyse der letzten kommunalen und nationalen Wahlen zeigt, dass sich das Verhalten der politischen Klasse (der gewählten Volksvertreter) in Bezug auf die Umsetzung der Vorschriften des Gesetzes von 1985 leicht gewandelt hat. Mehr und mehr der neu gewählten Funktionäre gaben eines ihrer traditionellen Mandate zugunsten ihres Mandats in der Region auf, was als Beleg für die zunehmende politische Bedeutung der Regionen gewertet werden kann. Dies ist neu, aber noch nicht allgemein verbreitet. So könnten die zusätzlichen Beschränkungen, mit denen sich das „System der Ämterhäufung" konfrontiert sieht, dafür sorgen, dass man sich wieder mit den „vergessenen" Feldern der Dezentralisierungsgesetze befasst. Regionen und urbane Verdichtungsräume könnten damit unter Umständen als neue politische Räume in den Vordergrund treten, da sie politisch für all jene von zunehmender Bedeutung sind, die wirtschaftliche, soziale, kulturelle und politische Unternehmungen im größeren Stil planen.

2.2 Soziale Faktoren

Die zunehmende Verschlechterung der sozialen Lage in den Verdichtungsräumen (die so genannte Krise der Vorstädte) und, damit einhergehend, die Bildung sozialräumlicher Disparitäten und die unangemessenen Reaktionen der Kommunen auf diese Probleme haben den Ruf nach tief greifenden Veränderungen in Bezug auf die Praxis gebietsweiter politischer Strategien laut werden lassen. Diese Veränderungen wurden im Wesentlichen vom Zentralstaat und den Bürgermeistern einiger der größten Städte (z.B. Straßburg und Mulhouse) gefordert. Heute ist klar, dass gemeindeübergreifende Gebietskörperschaften oder zumindest straff organisierte, starke intraregionale Kooperationsformen wichtige Instrumente für die Durchführung solcher politischen Strategien darstellen. Das Beispiel der „Politik für die Städte" (Politique de la ville) illustriert die Notwendigkeit der Veränderung von Maßstäben sehr gut.

Die „Politik für die Städte" bedeutet in der französischen Fachsprache diejenige Regierungspolitik, die auf eine Verminderung sozialer und räumlicher Disparitäten in verstädterten Gebieten zielt. Diese Politik setzt sich aus einem Bündel öffentlicher Programme zusammen, die der Staat ab Anfang der 80er Jahre initiierte und 1991 (durch das „Gesetz für die Städte" – Loi d'Orientation à la Ville – LOV) und 1996 (durch das Bündnis zur Erneuerung der Städte – Pacte de Relance pour la Ville – PRV) in geltendes Recht umsetzte. Diese Politik bezog von Anfang an (also bereits ab 1983) unterschiedliche Beteiligte mit ein: den Zentralstaat, lokale Gebietskörperschaften und auch die Wohlfahrtsverbände. Mitte der 80er Jahre konzentrierte sich diese „Politik für die Städte" in der Regel auf Krisenquartiere und betraf vor allem einzelne Gemeinden. Nach dem „Gesetz für die Städte" (LOV) von 1991 wurde diese Politik auf die urbanen Verdichtungsräume ausgedehnt. Interkommunale Zweckverbände erhielten dabei die Befugnis, die „Lokalen Wohnungsbauförder-programme" (Programmes Locaux de l'Habitat – PLH) zur Bekämpfung der sozialen Segregation umzusetzen (und zwar so, dass diese Programme denjenigen der einzelnen Gemeinden übergeordnet waren). Letztere sahen sich nämlich dem Vorwurf ausgesetzt, die soziale Segregation noch zu verstärken, da sich Siedlungen des sozialen Wohnungsbaus in einigen Gemeinden konzentrierten, während andere überhaupt keinen Sozialwohnungsbestand hatten. Ziel der PLH ist eine soziale Mischung im gesamten urbanen Verdichtungsraum durch eine bessere Verteilung sozialer Wohnungsbauten über die verschiedenen Gemeinden. Die entsprechenden Vereinbarungen zwischen Staat und Gemeinden (Kommunalvereinbarungen oder Contrats de Ville) wurden auf den ganzen Verdichtungsraum ausgedehnt (Contrat d'Agglomération), da man davon ausging, dass soziale Segregation von den Gemeinden allein nicht wirksam bekämpft werden kann, sondern auf der Ebene des gesamten Ballungsraums angegangen werden muss. Diese räumliche Verschiebung von der Gemeinde zum Verdichtungsraum hat auch den Einbezug von Kooperationsansätzen für wesentlich größere Gebiete zur Folge gehabt. So wurden Vereinbarungen zwischen dem Staat und diesen Kooperationsformen (Stadtverbänden, Distrikten oder Gemeindeverbänden) geschlossen. Vielfach waren hieran auch noch andere Verwaltungsebenen wie die Regionen und – seltener – die Départements beteiligt.

Die „Politik für die Städte" ist ein gutes Beispiel für die neuen Ansätze staatlicher Politik. Diese sind nichts spezifisch Französisches und können in allen westlichen Ländern beobachtet werden. Diese neuen Ansätze staatlicher Politik bedeuten einen neuen Politikstil, da die Problemstellungen sich derart geändert haben, dass ihre Lösungen auch innovative Ansätze erfordern. Politik muss sich nun immer mehr an Problemen und nicht an sektoralen Fragestellungen orientieren, da viele Probleme sich nicht auf einzelne Sektoren beschränken lassen. Dies gilt für die Umweltpolitik, für Verkehrsprobleme, für die Beschäftigungspolitik und die Wirtschaftsentwicklung gleichermaßen.

Die Beschäftigung mit diesen Themen setzt eine Reihe wichtiger, sämtlich mit Kooperation zusammenhängender Veränderungen in der praktischen Politik voraus. Die „Transsektorialität" von Problemen erfordert Koordination und Kooperation zwischen sektoralen Verwaltungen. Die „Territorialität" bestimmter Probleme bedingt Koordination und Kooperation verschiedener Ebenen von Gebietskörperschaften. Die Gemeinde ist nicht länger das für die Lösung dieser Probleme relevante Gebiet. Der Verlust der Fähigkeit der öffentlichen Verwaltung, diese Probleme adäquat zu erfassen und darauf aufbauend politische Ansätze zu ihrer Lösung vorzuschlagen, wurde hinreichend durch die Untersuchung gescheiterter Initiativen der öffentlichen Hand nachgewiesen (Kooiman, 1993). Es ist nur konsequent, wenn man daher versucht, die erforderliche Kompetenz (und wenn auch nur in Teilen) woanders zu finden: im Privatsektor und bei gemeinnützigen Akteuren.

Multisektorale Problemstellungen, der problemadäquate Zuschnitt von Räumen und die Wiedererlangung der kollektiven Fähigkeit, damit umzugehen, all das sind Faktoren, die intraregionale Kooperation begünstigen: zum einen durch die Einbeziehung einer größeren Gruppe von privaten und öffentlichen Akteuren und zum anderen durch die Notwendigkeit von neuen Verfahren der Zusammenarbeit. Viele davon sind zur Zeit in der Erprobung (gebietsübergreifende Planung, Verkehrswesen usw.).

2.3 Weitere auslösende Faktoren

Die Notwendigkeit zur Verbesserung der internationalen Wettbewerbsfähigkeit städtischer Räume wurde von vielen (z.B. der DATAR oder dem AMGVF) als zentraler Faktor für die Entwicklung intraregionaler Kooperationsansätze dargestellt. Aber das ist nicht neu. Einige Untersuchungen (Jouve u.a., 1997) zeigen, dass das Thema der internationalen Wettbewerbsfähigkeit schon in den 60er Jahren eine wichtige Rolle spielte, damals aber von einem nationalen Fachgremium in der DATAR und dem staatlichen Ministerium für Infrastruktur (Ministère de l'Équipement) behandelt wurde. Heute wird diese Problematik erneut von einigen Städten und Gemeinden – unter anderem auch von den größten Ballungsräumen, wie z.B. Lyon und Lille – als Argument für den Aufbau intraregionaler Zusammenarbeit angeführt. Allerdings scheint die internationale Dimension noch kein entscheidendes Element für eine Zusammenarbeit zu sein, vor allem, wenn es um die Mobilisierung regionaler Akteure geht (wie etwa die großen Unternehmen, die Gewerkschaften, die Handelskammern). Im Hinblick auf die Mobilisierung von Akteuren dient die internationale Wettbewerbsfähigkeit eher der politischen Rhetorik, als dass sie sich auf die praktische Politik auswirkt, mit Ausnahme vielleicht der größten Verdichtungsräume (Bordeaux, Lille, Lyon, Marseille, Straßburg, Toulouse usw.).

Die Tatsache, dass sich auch die Art der interkommunalen Zusammenarbeit ändert und zumindest in ihren Zielsetzungen mehr und mehr projektorientiert ist, begünstigt ebenfalls intraregionale Kooperation, da diese über reine Managementfragen (wie die Nutzung von Mengeneffekten, die Erbringung von Dienstleistungen oder die effizientere Umsetzung von Politik) hinausgeht. In der Vergangenheit stellten diese Fragen den Kern und auch die Existenzberechtigung der meisten klassischen Zweckverbände dar. Interkommunale Kooperation ist heute stärker politisiert, da sie die Legitimation der Produktion und Initiierung von großräumigen Projekten betrifft (soziale, kulturelle und wirtschaftliche Weichenstellungen für die Entwicklung eines Gebietes) und so z.B. lokale Kräfte um solche Projekte mobilisiert. Diese

Entwicklung war eindeutig der Auslöser für die Schaffung neuer Formen von ÉPCI durch das ATR-Gesetz (nämlich der Gemeinde- und Stadtverbände). Maßgeblicher Grund war, daß zwei sektorenübergreifende Bereiche, das heißt Flächennutzungsplanung und Wirtschaftsentwicklung, zur entscheidenden Arena gebietsweiter Entwicklungsentscheidungen geworden sind.

Andere Themen, wie beispielsweise das der Nachhaltigkeit, scheinen (bisher) für die Entwicklung intraregionaler Kooperation noch keine Rolle zu spielen. Zwar misst man in Ländern wie den Niederlanden oder Deutschland der nachhaltigen Entwicklung große Bedeutung bei, aber in Frankreich ist dies nicht der Fall. Natürlich sind Umweltprobleme wesentlich stärker als früher Gegenstand politischer und wirtschaftlicher Debatten, aber diese Themen scheinen für Politiker noch nicht genügend Sprengkraft zu besitzen, um sie als erfolgversprechende Elemente in ihre Strategien einzubauen. Diese Themen spielten (von wenigen Ausnahmen abgesehen) weder bei den Parlaments- noch bei Kommunalwahlen eine große Rolle. Die Frage der Nachhaltigkeit ist daher auch für die Entwicklung gebietsübergreifender Politiken oder für intraregionale Kooperationsansätze kein bedeutender positiver Faktor.

3.   Hauptinitiatoren

Vor der Dezentralisierung war vor allem der Staat Hauptinitiator intraregionaler Kooperation, vor allem auch deshalb, weil er über die politischen und finanziellen Ressourcen verfügte. In jedem Fall wurde intraregionale Kooperation aus der zentralstaatlichen Perspektive betrachtet. Für eine ausgewogene Entwicklung des gesamten Staatsgebiets brauchte man, das war zumindest gängige Ansicht, stärkere subnationale Räume und Institutionen. Der Staat drängte zwar deutlich in diese Richtung, behielt aber gleichwohl die Kontrolle über die weitere Entwicklung in der Hand, da er verhinderte, dass intraregionale Kooperationsansätze die Form eigenständiger lokaler Gebietskörperschaften annahmen. Gegenkräfte waren nicht erwünscht.

Die Zentralregierung hat zur Stärkung lokaler Kooperation seit jeher Maßnahmen initiiert und Gesetze erlassen. Interkommunale Zusammenarbeit wurde durch eine lange Reihe von Gesetzen ermöglicht (Gesetz von 1890, Verordnungen vom Januar 1959, das Gesetz über Umlandverbände von 1966, das Gesetz von 1988, das ATR-Gesetz). In allen diesen Gesetzen war die Gemeinde das einzige politisch legitimierte Organ. Die bedeutendste Maßnahme seitens des Staates war indes die Einführung einer obligatorischen intraregionalen Kooperation in einigen großstädtischen Ballungsräumen Mitte der 60er Jahre. Im Anschluß an die in den 60er Jahren angestellten Überlegungen über „Ausgleichsmetropolen" (Métropoles d'équilibre), die ihre eigenen Verwaltungsgremien haben sollten, wurde auch über neue Institutionen nachgedacht. 1966 erließ der Staat das Gesetz über die Umlandverbände und gründete vier davon in den als Gegengewicht zur Hauptstadt gedachten „Ausgleichsmetropolen" Bordeaux, Lille, Lyon und Straßburg. Aber diese vier Umlandverbände waren per se keine echten lokalen Gebietskörperschaften, und ihr Gebiet war deutlich kleiner als das der großräumigen Einzugsgebiete dieser „Ausgleichsmetropolen".

Auch nach Verabschiedung der Dezentralisierungsgesetze blieb der zentralstaatliche Eingriff bedeutend. Auf staatlicher Seite war man sich bewusst, dass die Gemeinden intraregionale Kooperationsansätze ohne zentralstaatliche Intervention kaum vorantreiben würden; schließlich war der seit Verabschiedung der Dezentralisierungsgesetze in diesem Bereich verfolgte Laissez-faire-Ansatz nicht sehr erfolgreich gewesen. In den 90er Jahren hat der Staat daher einige Initiativen in diese Richtung gestartet, dabei jedoch bewusst darauf hingewiesen, daß diese Initiativen den allgemeinen Trend zur Dezentralisierung der französischen Gesellschaft keinesfalls in Frage stellen sollten. Zur Förderung der Wirtschaftsentwicklung und zur Erleichterung gebietsweiter Politiken führte man mit dem ATR-Gesetz 1992 zwei neue Kategorien intraregionaler Kooperationsansätze ein: die Gemeindeverbände und die Stadtverbände.

Drei Jahre später, also 1995, hat das Parlament das Rahmengesetz zur Raumordnung und -entwicklung (Loi d'Orientation sur l'Aménagement et le Développement du Territoire – LOADT) verabschiedet, mit dem eine neue Gebietseinheit eingeführt wurde: das Pays. Mit der Einrichtung der Pays versuchte der Staat, die verschiedenen dezentralisierten staatlichen Strukturen neu zu organisieren, das heißt, die verschiedenen lokalen staatlichen Verwaltungseinheiten innerhalb der Départements besser zu koordinieren. Die DATAR schlug etwa 400 solcher Pays landesweit vor. Hinter dem Versuch der räumlichen Restrukturierung auf lokaler Ebene verbirgt sich nach Meinung vieler, unter ihnen der Nationalverband der Präsidenten der Départementräte (Association des Présidents des Conseils Généraux – APCG), die Absicht für die Schaffung einer neuen Institution. Denn das Gesetz von 1995 fordert die Gemeinden nachdrücklich dazu auf, ihre eigenen Pays als Bezugsräume für gemeinsame Entwicklungsvorhaben zu definieren, und es lässt keinen Zweifel daran, daß der Staat diese Pays als territoriale Grundlage für die Reorganisierung seiner lokalen Behörden betrachten wird. Einen spezifischen Rechtsstatus haben Pays nach dem Gesetz (LOADT) nicht; sie sind vielmehr als reine Kooperationsstrukturen konzipiert, die nur über die Befugnisse verfügen, die die lokalen Gebietskörperschaften ihnen übertragen. Bis heute ist das Konzept der Pays erfolgreich. 1997 wurden 45 Pays von gemeindlicher Seite ausgewiesen, allesamt in ländlichen Räumen. Dasselbe Verfahren wurde auch für die größten urbanen

Räume angedacht; DATAR schlug daher die Einrichtung von 100 Agglomérations[8] bis zum Jahr 2015 vor, deren territorialer Zuschnitt auf den jeweiligen Pendlerbeziehungen basieren sollte.

Aber staatliche Eingriffe blieben nicht nur auf institutionelle Politiken beschränkt. Auch Planungsinstrumente wie die gemeindeübergreifenden Flächennutzungspläne (SDAU) oder die kürzlich eingeführten „territorialen Richtlinien für Raumordnung" (Directives Territoriales d'Aménagement – DTA) wurden zur Förderung der intraregionalen Zusammenarbeit eingesetzt. DTA beispielsweise sind Planungsverfahren, mit denen staatliche Prioritäten für Infrastruktur- und Entwicklungsvorhaben in spezifischen Gebieten festgesetzt werden, nämlich solchen, die nach Auffassung der Regierung wegen ihrer wirtschaftlichen und sozialen Bedeutung von nationalem Interesse sind. Die DTA-Richtlinien sollen zu einer verbesserten Kooperation und einer besseren Kohärenz der verschiedenen staatlichen Politiken in diesen Gebieten beitragen. Lokale Planungen müssen mit den Vorgaben der DTA vereinbar sein; diese werden daher mit den lokalen Gebietskörperschaften gemeinsam erarbeitet. DTA bieten damit auch eine Grundlage für intraregionale Kooperation unter der Schirmherrschaft des Staates. Seit 1995 wurden allerdings keine DTA-Verfahren zum Abschluss gebracht. Fünf sind nun vorgesehen, eines davon für den Großraum Marseille, ein weiteres an der Riviera im Umland von Nizza (DTA Côte d'Azur).

Darüber hinaus bot der Zentralstaat zur Förderung intraregionaler Zusammenarbeit seit jeher denjenigen Kooperationsansätzen (ÉPCI) finanzielle Anreize, die sich zur Erhebung eigener Steuern entschließen konnten. Seit In-Kraft-Treten der Dezentralisierungsgesetze erhalten alle ÉPCI, die ihr eigenes Steuersystem installiert haben, einen spezifischen staatlichen Zuschuss, der Teil des nationalen DGF-Budgets ist – so als wären sie echte kommunale Gebietskörperschaften. Allerdings behaupten viele Fachleute und Mitglieder der Nationalversammlung, dass manche ÉPCI ausschließlich mit dem Ziel gegründet wurden, an diese Fördermittel zu gelangen, diese Zuschüsse dann jedoch, da keine wirklich gebietsweiten Politiken realisiert wurden, an die beteiligten Gemeinden weiterverteilt wurden.

Obschon Frankreich die von starkem staatlichen Interventionismus bei Reformen des Raumes geprägte Zeit zwischen 1960 und 1980 hinter sich gelassen hat, sprechen viele Fachleute heute wieder von einer „Rückkehr des Staates". DTA-Verfahren und Pays, unter Umständen in naher Zukunft auch „DATAR-Agglomerationen", sind möglicherweise relevante Indikatoren für einen derartigen Trend, und unter Umständen wird der Staat erneut eine wichtige Rolle für die Etablierung von gebietsweiten Strukturen und intraregionalen Kooperationsansätzen spielen.

---

8   Agglomérations: Im Unterschied zur INSEE-Definition entsprächen die Agglomérations im Konzept der DATAR den ländlichen Pays, würden aber auf die 100 größten urbanen Räume beschränkt bleiben.

Ein anderer, erst kürzlich in Erscheinung getretener Initiator intraregionaler Kooperation ist das, was man eine neue politische Elite nennen könnte, die erfolgreich hohe Wahlämter in den kommunalen Verwaltungen eingenommen hat. In einigen Verdichtungsräumen (wie Dünkirchen, Nantes und Straßburg beispielsweise) wird die Umwandlung von interkommunalen Kooperationsstrukturen in echte lokale Gebietskörperschaften mit Planungsbefugnissen für größere Gebiete vor allem von neu gewählten Bürgermeistern favorisiert. Diese betrachten den Verdichtungsraum oder die Stadtregion als das politische Betätigungsfeld der Zukunft, eine Institution oder ein räumliches Gebiet also, die für ihre politische Karriere von größerem Wert sind. Diese Politiker (der ehemalige Bürgermeister von Lyon, Michel Noir, ist ein typischer Repräsentant für diese neue politische Elite auf lokaler Ebene) stehen daher an vorderster Front, wenn es um eine entsprechende Modernisierung der französischen Institutionen geht. Vertreter dieser Elite finden sich in Parteien des rechten und linken Lagers gleichermaßen.

Diese neue politische Elite findet starke Unterstützung im Lager der Spitzenbeamten (Hauts Fonctionnaires), also der den so genannten Grands Corps angehörenden Verwaltungs- und Technikkader, die allesamt in den staatlichen Elitehochschulen ausgebildet wurden. Diese Führungskräfte haben seit jeher die Kooperation in wichtigen Planungs- und Verwaltungsräumen befürwortet; vor allem gilt dies für die metropolitanen Ballungsräume. Nach In-Kraft-Treten der Dezentralisierungsgesetze bildeten die Bürgermeister der größten Ballungsräume ihre eigenen Fach- und Verwaltungsstäbe nach dem Vorbild der nationalen Ministerien. Dies war auch in Départements und Regionen der Fall. Wegen des Transfers (meist leitender) staatlicher Bediensteter zu den lokalen Verwaltungen traten viele Beamte, die in den Fachdezernaten der Zentralregierung (entweder in Paris oder in dezentralisierten Strukturen) ausgebildet worden waren und daher schon mit den Vorschlägen zur Gebietsreform aus staatlicher Sicht befasst gewesen sind, als gewichtige Berater in die Dienste der ranghöchsten Kommunalpolitiker. Ihr Einfluß war in einigen Fällen stark, und so gelang es ihnen, die Vorstellungen von räumlicher Entwicklung von der einzelnen Gemeinde (in der Regel der Zentralstadt) auf gebietsübergreifende und kooperative Ansätze zu erweitern.

4.   Hauptgegner

Es gibt andererseits jedoch auch eine Reihe von Akteuren, die gegen intraregionale Kooperation argumentieren. An erster Stelle sind dies diejenigen, die in dieser Entwicklung eine Bedrohung sehen, oder Kräfte, die keine Vorteile in der Entwicklung von Kooperationsansätzen erkennen können.

Die Weigerung des Staates, eine regionale oder gebietsweite politische Gegenmacht zu installieren, fand auch bei den bestehenden lokalen Gebietskörperschaften Unterstützung, die in jedem institutionellen Wandel eine Bedrohung ihrer ohnehin schon geschwächten, jedoch immer noch vorhandenen Macht sahen. Die Dezentralisierung änderte nichts an dieser Vorstellung. Sie stärkte im Gegenteil die Macht der traditionellen kommunalen Verwaltungseinheiten und der lokalen Eliten, die das „System der Ämterhäufung" nutzen, um die politische Kontrolle auf lokaler Ebene zu monopolisieren. Mitte der 80er Jahre wurde dieser Umstand von einigen Kommunalvertretern, aber auch von Politikwissenschaftlern heftig kritisiert, die die Phase der Post-Dezentralisierung auch als „Krönung der Honoratioren" (Rondin, 1985) oder „Republik der Feudalen" (Meny, 1990) bezeichneten. Untermauert wurde diese Kritik mit dem Argument, dass die Bürgermeister großer Städte und die Präsidenten von Départements und Regionen ihre neuen, ihnen aus den Dezentralisierungsgesetzen erwachsenen Befugnisse zur Stärkung ihrer eigenen Positionen gegenüber anderen Funktionären nutzten (denen aus kleineren Städten beispielsweise).

Es ist deutlich erkennbar, dass sich einige Gemeinden und Départements durch die Entwicklung intraregionaler Kooperation bedroht fühlen. Dies um so mehr, wenn es um die Schaffung neuer Institutionen oder die Vorherrschaft eines Akteurs über die anderen geht. In vielen Fällen wurde den Départements vorgeworfen, sie würden sich stärker für ländliche Interessen als für den städtischen Raum mit seinen „integrierten" ÉPCI (wie im Fall Bordeaux) einsetzen. Dieses Problem ist gegenwärtig im Zusammenhang mit der noch offenen Frage der Abschaffung einiger Départements in den am stärksten verstädterten Räumen besonders brisant. Dies ist ganz offensichtlich der Fall im Département Rhône, das völlig im urbanen Verdichtungsraum Lyon aufgeht.

Viele Vorstadtkommunen fürchten darüber hinaus den dominierenden Einfluss der Kernstädte. Ganz allgemein gesprochen ergaben sich zwischen den Gemeinden Probleme aus territorialen und aus politischen Gründen. Erstere basieren auf den allgemein bekannten Konflikten zwischen Kernstädten und ihren Vorstadtgemeinden. In den meisten Fällen dominiert die Kernstadt die verschiedenen interkommunalen Kooperationsansätze in ihrem Einzugsgebiet. Dies liegt hauptsächlich an der Größe ihrer Bevölkerung und den in der Regel aus der Bevölkerungszahl der Mitgliederstädte abgeleiteten Mandaten in den ÉPCI-Verbandsversammlungen. Konsequenterweise ist der Bürgermeister einer Großstadt dann auch in der Regel der Vorsitzende der meisten Kooperationsansätze, einschließlich der SEML, verschiedener Agenturen und anderer Organisationen. Das hat zu zahlreichen Problemen geführt, und Vorstadtkommunen zeigten oft nur geringes Interesse am Beitritt zu solchen Kooperationsstrukturen, weil sie diese nicht zu kontrollieren vermochten. Sehr oft haben sie diese Kooperationsansätze, besonders die am stärksten „integrierten", als „Kriegsmaschinen" der Kernstädte betrachtet. Die Gemeinden der Peripherie haben daher oft eigene interkommunale Kooperationsstrukturen eingerichtet, um damit einer stärkeren Integration entgegenzuwirken. Das gilt z.B. für Lyon, Toulouse oder Marseille, wo sich Vorstadtgemeinden in eigenen ÉPCI zusammenfanden, um ein Gegengewicht zu den kernstadtbestimmten Kooperationsansätzen zu schaffen. Motive können entweder politische Gründe (z.B. Parteienstreit um die politische Kontrolle des jeweiligen Ansatzes) oder wirtschaftliche Überlegungen sein (eine wohlhabende Kommune hat beispielsweise kein Interesse daran, sich an einer interkommunalen Kooperation – und sei es nur für einen Zweck – zu beteiligen, wenn sie meint, das betreffende Problem alleine lösen zu können).

Intraregionale und institutionelle Kooperation bleibt im Allgemeinen eine Frage, die fast ausschließlich im Kreis öffentlicher Körperschaften behandelt wird. Obgleich in anderen Ländern wie den USA, Großbritannien oder Italien auch die Privatwirtschaft an dieser Debatte beteiligt wird, war dies in Frankreich bisher selten der Fall. Selbst im Falle von Lyon, der bisher stets als gutes Beispiel für eine Public Private Partnership bei der Erarbeitung des neuen Entwicklungsplans genannt wird (Padioleau und Demesteere, 1991), war der Privatsektor nur minimal einbezogen, und die beteiligten privatwirtschaftlichen Akteure zählten auch nicht zu den wichtigsten Kräften am Ort. Nebenbei bemerkt ist es nicht einfach, sich ein klares Bild von der territorialen Verankerung des privaten Sektors auf lokaler Ebene zu machen, also herauszufinden, auf welcher räumlichen Ebene die Privatwirtschaft ihre Interessen organisiert und wie sich diese Struktur entwickelt. Dies wird noch dadurch erschwert, daß die Privatwirtschaft keine monolithische Einheit bildet. Bisher hat sie jedenfalls auf nationaler Ebene keine offizielle Stellung zu institutionellen Fragen bezogen. Auf lokaler Ebene ist die Position der Privatwirtschaft ebenfalls nicht eindeutig, denn ihre Haltung hängt stark von den Besonderheiten der jeweiligen örtlichen Wirtschaftsstruktur und dem vorhandenen Grad an Misstrauen gegenüber öffentlichen Behörden ab.

Auf lokaler Ebene erfolgt die Beteiligung der Privatwirtschaft oft über die Industrie- und Handelskammern. Diese Organisationen wurden in der Regel auf den traditionellen Verwaltungsebenen der Gemeinden bzw. Départements eingerichtet, aber in einigen der größten Verdichtungsräume weiteten sie ihre Zuständigkeitsbereiche auch auf die Vorstadtgemeinden aus. In Bordeaux z.B. setzt sich die örtliche IHK zusammen mit den lokalen Gebietskörperschaften für die Gründung einer neuen Struktur ein: das Bureau de Recherche et d'Accueil (BRA) als Trägerorganisation für die Wirtschaftsförderung im Raum Bordeaux und Gironde. Im Ballungsraum Lyon dagegen scheinen die privatwirtschaftlichen Akteure und insbesondere die größten Unternehmen alle Versuche, eine gebietsweite Kooperation mit einer gemeinsamen Gewerbesteuer zu realisieren, abzulehnen. Die Privatwirtschaft hält es offenbar für besser, den steuerlichen Wettbewerb zwischen einzelnen Gemeinden aufrechtzuerhalten, da dies für die Ansiedlung von Firmen mehr Optionen offen lässt.

III. Die Kooperationsansätze, ihre Elemente und Merkmale

Die Organisation intraregionaler Kooperation lässt sich, je nach Zusammensetzung der Beteiligten, zwei Formen zuordnen: einerseits institutionellen Formen zur Zusammenarbeit lokaler Gebietskörperschaften (das heißt ÉPCI) und andererseits Formen und Organisationen, in denen verschiedene öffentliche Körperschaften mit unterschiedlichen Akteuren der Zivilgesellschaft (Privatunternehmen, gemeinnützigen Organisationen, einzelnen Bürgern) kooperieren. Diese werden hier mangels einer adäquaten Bezeichnung als nicht institutionalisierte Kooperationsansätze bezeichnet.

1. Die institutionellen Formen intraregionaler Kooperation

1.1 Interkommunale Zusammenarbeit in Form von ÉPCI

Schematisch lassen sich die acht, in der Einleitung genannten ÉPCI auf der Basis der ihnen gesetzlich auferlegten Grenzen in zwei Kategorien einteilen: erstens diejenigen, die lokale Gebietskörperschaften in ihrem Handlungsspielraum nur wenig einengen, da sie freiwilliger Natur und flexibel sind und zweitens jene, die den Spielraum der beteiligten Kommunen stärker einschränken, da sie mit gesetzlichen Vollmachten und spezifischen Finanzierungsmodalitäten ausgestattet sind. Letztere findet man in den meisten Ballungsräumen.

- Die ersten interkommunalen Kooperationsansätze entstanden 1890, als interkommunale Einzweck-Verbände (SIVU) vom Gesetzgeber genehmigt wurden. Sie wurden 1955 um die Mischverbände und 1959 um die interkommunalen Mehrzweckverbände (SIVOM) ergänzt. Erstere heißen Mischverbände, weil sie neben den Gemeinden auch Départements und Regionen sowie in manchen Fällen die Kammern (Handelskammern und andere berufsständische Kammern) einbeziehen. Alle diese institutionalisierten Kooperationsansätze weisen gemeinsame Merkmale auf: Sie sind freiwillig und flexibel. Diese beiden Merkmale erklären auch, warum die Gemeinden sich meist für eine dieser Formen entschieden haben.

Die Mitgliedschaft in diesen Kooperationsstrukturen ist freiwillig. Nur diejenigen Gemeinden, die eine Kooperation wünschen, treten ihnen bei. Allein die Mitglieder entscheiden darüber, welche Zuständigkeiten sie auf den Verband übertragen wollen (daher gibt es auch keine gesetzlich festgelegten Aufgaben) und wie diese umgesetzt und finanziert werden sollen (allerdings werden keine besonderen Steuern erhoben, denn dazu ist nur der Staat befugt). Jeder Verband hat als Organe eine Mitgliederversammlung und einen Vorstand. Ihre Zusammensetzung wird in den Satzungen festgelegt und ist daher nicht gesetzlich vorgegeben. Im Allgemeinen hängt die Zahl der Sitze einer Gemeinde von der Größe ihrer Bevölkerung ab; von dieser Regel kann aber abgewichen werden, wenn man die Dominanz einer einzelnen Gemeinde vermeiden will. In Mischverbänden hängt die Sitzverteilung zwischen den Mitgliedern ebenfalls von der Satzung ab; das Kriterium der Bevölkerungsgröße kann hier nicht angewandt werden.

Das Gesetz 88-13 von 1988 über interkommunale Zweckverbände (Mischverbände waren nicht davon betroffen) gab den Mitgliedern derartiger Verbände erheblich mehr Freiheiten. Vor diesem Gesetz war es zwar einfach, einem Zweckverband beizutreten, aber extrem schwierig, wieder auszutreten. Das Gesetz von 1988 erleichterte diese Möglichkeit deutlich unter der Annahme, dass der Beitritt zu einem Zweckverband um so leichter fallen würde, je einfacher der Austritt wäre (diese Auffassung wurde von den meisten Stadt- und Gemeindeverbänden nachdrücklich geteilt). Seit 1988 kann eine Gemeinde daher mit dem einfachen Hinweis austreten, die Mitgliedschaft in dem betreffenden Zweckverband stehe nicht mit ihren „Gemeindeinteressen" im Einklang. Darüber hinaus eröffnete das Gesetz den Gemeinden die Möglichkeit, einem Mehrzweckverband auch unter Übertragung nur spezifischer Befugnisse beizutreten. Vor 1988 konnte eine Gemeinde nur unter der Bedingung beitreten, dass sie alle Aufgaben abtrat, die Gegenstand des Mehrzweckverbandes waren. Wenn eine Gemeinde z.B. einem SIVOM mit den Aufgaben ÖPNV, Wasserwirtschaft und Abfallentsorgung beitreten wollte, musste sie diese drei Aufgabenbereiche an den Verband delegieren, auch wenn sie vielleicht lieber nur zwei Befugnisse abgetreten hätte. Seit 1988 kann die Gemeinde die zu übertragenden Befugnisse also selbst bestimmen. Das nennt man den „Verband à la carte". Die einem Mehrzweckverband unter diesen Bedingungen beigetretenen Gemeinden beteiligen sich konsequenterweise auch nur in entsprechend eingeschränktem Rahmen an seiner Finanzierung. Bisher liegen noch keine Untersuchungen über die Auswirkungen dieser Veränderungen auf die interkommunale Kooperation vor.

Die genaue Zahl solcher interkommunalen Zweckverbände zu ermitteln, fällt schwer, zumal einige von ihnen, die vor langer Zeit gegründet wurden, heute gar nicht mehr aktiv sind (als solches aber gelten, da sie formalrechtlich noch nicht aufgelöst wurden). 1989 erbrachte eine Studie des AMGVF (siehe Literaturverzeichnis), dass die größeren städtischen Gebiete im Durchschnitt über 15 interkommunale Kooperationsansätze verfügen. Die meisten davon waren interkommunale Zweckverbände. Die Mehrheit dieser Verbände befasst sich mit „technisch-fachlichen" Problemstellungen. Sie wurden in der Regel gegründet, um Dienstleistungen anzubieten, die eine einzelne Gemeinde nicht allein erbringen kann. Im Allgemeinen produzieren sie diese Leistungen nicht selbst, sondern organisieren und kontrollieren ihre Bereitstellung. Die eigentliche Produktion erfolgt durch die Privatwirtschaft oder halböffentliche Unternehmen (siehe den entsprechenden Abschnitt weiter unten). Die meisten haben folglich mit Leistungen zu tun, die aus technischen oder wirtschaftlichen Gründen sinnvollerweise gebietsweit erbracht werden. Hierzu zählen: ÖPNV, Abfallentsorgung, Wasseraufbereitung, Kanalisation, Planung und Bewirtschaftung von Kultur- und Sporteinrichtungen usw. Selten decken diese Zweckverbände alle dasselbe Gebiet ab. Daher werden die großen Ballungsräume nicht nur durch die große Zahl ihrer Gemeinden, sondern auch durch eine beträchtliche Zahl von Zweckverbänden fragmentiert.

■ In den 60er Jahren schuf der Gesetzgeber die Grundlagen für neue Kooperationsansätze in städtischen Gebieten, nämlich die 1959 eingeführten Distrikte (Districts) und die Umlandverbände (Communautés Urbaines), die es seit 1966 gibt. Später wurden durch das ATR-Gesetz weitere Kooperationsstrukturen zur Verbesserung der Zusammenarbeit zugelassen, und zwar die Gemeindeverbände (Communautés de Communes) und die Stadtverbände (Communautés de Villes).

Distrikte sind interkommunale Mehrzweckbehörden. Die Mitgliedschaft ist freiwillig, aber sie haben grundsätzlich zwei gesetzliche Kernkompetenzen: Wohnungswesen und Brandschutz. Darüber hinaus können ihnen die beteiligten Gemeinden zusätzliche Befugnisse übertragen. Außerdem können Distrikte, gleichfalls auf freiwilliger Basis, ihr Finanzwesen auf der Basis der vier Kommunalsteuern selber regeln. Obschon die Organisationsform der Distrikte aus heutiger Sicht erfolgreich zu sein scheint, da sie in städtischen Räumen immer häufiger praktiziert wird, war dies bis zu Anfang der 90er Jahre nicht der Fall. Bis zum In-Kraft-Treten des ATR-Gesetzes gab es kaum Distrikte in städtischen Räumen, und die meisten städtischen Distrikte hatten weder ein eigenes Steuersystem eingeführt, noch nahmen sie die ihnen gesetzlich übertragenen Befugnisse wahr. Grund war der deutliche Widerstand der Kommunen, diese Befugnisse an Institutionen abzutreten, die sich nicht so gut kontrollieren ließen wie die Zweckverbände (es ist für eine Gemeinde außerordentlich schwierig, aus einem solchen Distrikt wieder auszutreten, da sowohl der Distriktrat als auch alle beteiligten Stadt- und Gemeinderäte zustimmen müssen). Hinzu kam, dass die neuen Distrikte infolge der französischen Rechtstradition nur dann an die Stelle bestehender Verbandsformen treten konnten, wenn sie auch exakt dasselbe Territorium abdeckten (sich also auch aus denselben Gemeinden konstituierten). Wäre die Mitgliederstruktur eine andere, so käme der Distrikt als neue, zusätzliche Organisation hinzu.

- Nach geltendem Recht waren ab der zweiten Hälfte der 60er Jahre die Umlandverbände die „beste" interkommunale Kooperationsstruktur für Gebiete mit mehr als 50 000 Einwohnern, und die Regierung ging davon aus, daß der erwartete Erfolg der per Gesetz in den vier Ballungsräumen Bordeaux, Lille, Lyon und Straßburg eingerichteten Umlandverbände andere Stadtregionen zur Nachahmung inspirieren würde. Das geschah jedoch nicht, und bis 1973 kamen nur fünf weitere, kleinere städtische Räume hinzu (Cherbourg, Le Creusot, Dünkirchen, Brest und Le Mans). Erst 23 Jahre später wurden 1996 zwei neue Umlandverbände (Alençon und Nancy) gegründet, die aber schon seit Jahren als Distrikte organisiert waren.

Umlandverbände sind die am weitesten „integrierten" interkommunalen Kooperationsansätze. Zum einen stehen ihnen elf satzungsmäßige Kompetenzen zu (Planung, Bau und Instandhaltung von Schulen, ÖPNV, Brandschutz, interkommunale Wohnungsbauvorhaben, Wasserwirtschaft, Abfallentsorgung, Friedhöfe, Schlachthöfe, ruhender Verkehr und Straßenwesen). Darüber hinaus können ihnen die beteiligten Kommunen weitere Befugnisse übertragen wie beispielsweise kommunale Planung oder den sozialen Wohnungsbau. Zum anderen sind sie von Rechts wegen ermächtigt, eigene Steuern zu erheben. Grundlage hierfür ist die Steuerkompetenz der angeschlossenen Gemeinden (in Bezug auf die vier Kommunalsteuern).

Kommunen, die einem solchen Umlandverband beitreten wollen, müssen zahlreiche Restriktionen hinnehmen. Zunächst ist ein Austritt unmöglich. Auch die Übertragung nur eines Teils der satzungsmäßigen Kompetenzen wie bei Mehrzweckverbänden ist unmöglich. Zum Dritten gibt es sehr detaillierte Vorschriften über die Zusammensetzung der Räte von Umlandverbänden. So ist z.B. die Zahl der Delegierten pro Gemeinde vom Gesetz genau festgelegt. Obwohl diese auf dem Kriterium der Bevölkerungszahl basiert, wurden zusätzliche Sondervorschriften eingeführt (die jüngsten finden sich im LOADT, siehe Tabelle 3), damit sichergestellt ist, dass jede Gemeinde zumindest einen Sitz erhält.

Über diese Regelungen hinaus können manche Kommunen auch gezwungen werden, sich einem Umlandverband anzuschließen. Dieser kann nämlich mit Zustimmung von zwei Dritteln aller betroffenen Gemeinden gegründet werden, sofern in diesen Gemeinden mehr als die Hälfte der Gebietsbevölkerung wohnt, oder aber mit Zustimmung der Hälfte all dieser Gemeinden, vorausgesetzt, in diesen Gemeinden wohnen mehr als zwei Drittel der Gebietsbevölkerung.

Tabelle 3: Gesetzlich vorgeschriebene Zusammensetzung von Umlandverbandsräten 1995*

Zahl der Gemeinden	Gesamtbevölkerung des städtischen Verdichtungsraumes			
	weniger als 200 000	200 001 bis 600 000	600 001 bis 1 000 000	über 1 000 000
unter 20	50	80	90	120
21 bis 50	70	90	120	140
über 50	90	120	140	155

*Quelle: *Loi sur l'Aménagement et le Développement du Territoire (LOADT).*

- Mit dem ATR-Gesetz[9] wurden 1992 zwei neue Typen interkommunaler Institutionen eingeführt: die Gemeindeverbände (Communauté de Communes oder CC) und die Stadtverbände (Communauté de Villes oder CV). Gleichzeitig wurde der Schwellenwert für die Gründung eines Umlandverbandes auf 20 000 Einwohner gesenkt.

Auf den ersten Blick scheint dieses Gesetz das bestehende institutionelle System interkommunaler Kooperation nicht sonderlich in Frage zu stellen, da auch die neuen Einrichtungen vom guten Willen der Kommunen, ihrer politischen Zustimmung und ihrer finanziellen Unterstützung abhängen. Aber auf der finanziellen Seite wurde erstmalig ein wichtiges Element eingeführt: der Finanzausgleich.

Die Gemeindeverbände (CC) und Stadtverbände (CV) sind interkommunale Zweckgemeinschaften auf freiwilliger Basis. Im System der interkommunalen Kooperation können sie zwischen den Distrikten und den Umlandverbänden angesiedelt werden, da sie ihren Mitgliedern mehr Zwänge auferlegen als die Distrikte und flexibler sind als die Umlandverbände. Gemeinde- und Stadtver-

---

[9] Das ATR-Gesetz befasst sich mit zahlreichen Themen wie z.B. lokaler Demokratie und kommunalem Verwaltungspersonal. Intraregionale Kooperation ist nur ein (wenn auch wichtiger) Teilaspekt der eingeführten Maßnahmen.

316

bände haben zwei gesetzliche Kernkompetenzen: Wirtschaftsentwicklung und gemeindeübergreifende Flächennutzungsplanung. Darüber hinaus muss ihnen mindestens noch eine weitere der folgenden Befugnisse übertragen werden: Straßenwesen, Kultur, Umwelt, Wohnungswesen. Sie unterscheiden sich voneinander im Wesentlichen dadurch, dass:

- Gemeindeverbände ländliche Gebiete (mit weniger als 20 000 Einwohnern) betreffen, während Stadtverbände für städtische Gebiete (mit mehr als 20 000 Einwohnern) vorgesehen sind;

- das Gewerbesteueraufkommen der angeschlossenen Gemeinden per Gesetz an die Stadtverbände übergeht, während dies im Fall der ländlichen Gemeindeverbände nur eine Option ist. Hier gilt eine zehnjährige Übergangszeit für die Übertragung der kommunalen Gewerbesteuer auf die neuen Strukturen. Stadtverbände haben daher für die beteiligten Gemeinden einen stärkeren Zwangscharakter, da sie über die ihnen vom Gesetzgeber übertragenen Befugnisse hinaus auch das Gewerbesteueraufkommen ihrer Mitglieder vereinnahmen.

1.2   Das Beispiel der Region Lyon

Die Komplexität des französischen Systems der ÉPCI lässt sich anhand der institutionellen Strukturen in der Region Lyon anschaulich erläutern.

Der Ballungsraum Lyon (wie er im gemeindeübergreifenden Flächennutzungsplan SDAU definiert wird) setzt sich aus einer Vielzahl institutioneller Strukturen zusammen. Niemand kennt die genaue Zahl der „aktiven" Gebietseinheiten, ganz zu schweigen von der Zahl der öffentlichen Behörden, die am Management dieses Gebietes mit seinen 1,15 Millionen Einwohnern und seiner Fläche von 720 km^2 beteiligt sind. Dies liegt daran, dass einige der vor langer Zeit gegründeten ÉPCI gar nicht mehr tätig sind, jedoch nicht förmlich aufgelöst wurden und deshalb weiter als „aktiv" geführt werden.

Im SDAU-Planungsgebiet liegen 71 Gemeinden. Die größten sind Lyon (etwa 410 000 Einwohner) und Villeurbanne (etwa 115 000 Einwohner). Sieben Gemeinden haben weniger als 1 000 und 55 weniger als 10 000 Einwohner. Nur zwei haben mehr als 100 000 Einwohner. Außerdem wird das SDAU-Planungsgebiet vom Département Rhône umschlossen. Gleichzeitig gehört der Verdichtungsraum Lyon zur Region Rhône-Alpes. Daher ist diese Region auch direkt oder indirekt (über verschiedene Misch- und andere Verbände) an der Verwaltung des Großraums beteiligt.

Abbildung 1:   Der Ballungsraum Lyon

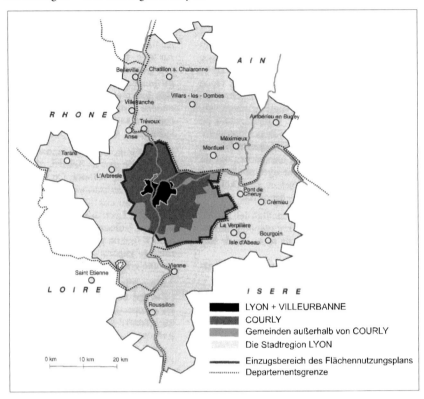

*Quelle: Zusammenstellung Christian Lefèvre.

Die genaue Zahl der aktiven interkommunalen Kooperationsstrukturen innerhalb des Verdichtungsraumes ist wie gesagt unbekannt. Die wichtigste Kooperationsstruktur ist die COURLY (Communauté Urbaine de Lyon – Umlandverband Lyon) mit ihren 55 angeschlossenen Gemeinden und rund 1,1 Millionen Einwohnern auf einer Fläche von über 500 km². Der Umlandverband COURLY, das Département Rhône, verschiedene Kommunen und die Region haben außerdem mehrere Mischverbände gegründet. Diese zeichnen für wichtige Aufgabenbereiche verantwortlich wie z.B. den Verkehrsverbund SYTRAL (Syndicat des Transports de l'Agglomération Lyonnaise), der gemeinsam vom Umlandverband COURLY und dem Département Rhône betrieben wird und dessen Budget in etwa dem der Stadt Lyon entspricht. Ferner gibt es innerhalb der Grenzen des Ballungsraumes Dutzende von interkommunalen Zweckverbänden.

Die Stadtregion Lyon (Région Urbaine de Lyon – RUL) ist ein Gemeindeverband von 442 Kommunen, der COURLY und vier Départements. Sie umfasst ein Gebiet, das in etwa dem metropolitanen Funktionsraum mit mehr als 2,5 Millionen Einwohnern entspricht. 1993 verabschiedete die RUL ein grob gehaltenes Planungsdokument (Charte d'Objectifs – Charta der Zielsetzungen).

2. Nicht institutionalisierte Kooperationsansätze

Kooperationsansätze zwischen lokalen Gebietskörperschaften sind traditionell nicht auf ÉPCI beschränkt. Es wurden auch andere operative Strukturen und flexiblere Ad-hoc-Organisationsformen für gebietsweite Aufgaben und Angelegenheiten eingerichtet, davon einige unter Einbeziehung staatlicher Institutionen und/oder der Privatwirtschaft oder von Bürgergruppen.[10] Dabei lassen sich drei verschiedene Typen unterscheiden: erstens Planungs- und Entwicklungsagenturen, zweitens lokale gemischtwirtschaftliche Unternehmen (Sociétés d'Economie Mixte Locales – SEML) und drittens andere Formen von Partnerschaften und ebenenübergreifenden Strukturen.

2.1 Planungs- und Entwicklungsagenturen

Mit dem staatlichen Rahmengesetz zur Flächennutzung von 1967 (Loi d'Orientation Foncière – LOF) wurden städtebauliche Planungsagenturen (Agences d'Urbanisme) eingerichtet, weil man der Ansicht war, gesonderte Fachstrukturen für die gebietsweite Planung zu benötigen. Diese Planungsagenturen sind freiwillige Zusammenschlüsse in der Rechtsform von Verbänden (Association – das heißt eine sehr flexible Form des Privatrechts), deren Mitglieder der Zentralstaat und Gemeinden bzw. deren interkommunale Zusammenschlüsse sind. In einigen Fällen (Lyon, Lille, Straßburg) sind auch Départements beteiligt, seltener, und das auch erst seit kurzem, Regionen (Dünkirchen, Lille, Nîmes).

Mit der Dezentralisierung ließ die zentralstaatliche Kontrolle über diese Ansätze spürbar nach (ebenso wie auch die staatliche Finanzunterstützung), weshalb diese heute fast ausschließlich von Städten und Gemeinden finanziert und kontrolliert werden.

---

[10] Als „nicht institutionalisierte" werden all diejenigen Kooperationsformen verstanden, die keine ÉCPI sind.

Diese Organisationen findet man in fast allen Verdichtungsräumen (nur Toulon und Nizza haben keine eigenen gebietsweiten Planungsagenturen). Die Agenturen sind für die Raumplanung zuständig (ihnen obliegt die Erarbeitung gemeindeübergreifender strategischer Pläne (SDAU), und häufig beraten sie die Gemeinden bei der Erstellung ihrer Flächennutzungspläne, den POS). Darüber hinaus werden sie von den Gemeinden oder gebietsweiten Kooperationsansätzen mit spezifischen Untersuchungen in verschiedenen Bereichen beauftragt (Wirtschaftsentwicklung, Wohnungswesen, Verkehr, Umwelt usw.).

Städtebauliche Planungsagenturen sind äußerst interessante Körperschaften, da sie über lange Zeit als einzige in der Lage waren, umfassende Konzepte und Ansätze für Verdichtungsräume anzubieten. Da sie aufgrund ihrer Mitgliederstruktur den Kern jeder Zusammenarbeit im Bereich der Planung bilden, haben sie oft die Präzisierung und Durchführung von Projekten erleichtert (namentlich im Verkehrswesen), indem sie eine Mittlerrolle zwischen den Gemeinden, den Départements und zuweilen auch dem Zentralstaat einnahmen. Sie sind seit dem Beginn der 90er Jahre erfolgreich, besonders wegen der Entwicklung strategischer Planungen. Während sich ihre Zahl seit 1970 kaum verändert hat (so wurden einige Agences d'Urbanisme wegen politischer Querelen mit Kernstädten wie Lille oder Rouen wieder aufgelöst), wurden erst in jüngster Zeit einige neu gegründet (Mulhouse, Marseille und Nîmes) oder ehemalige wieder eingerichtet (Lille und Rouen[11]).

In den letzten zehn Jahren wurden weitere Ansätze derselben Rechtsform (Association) gegründet. Einige beschäftigen sich mit Wirtschaftsförderung oder Umweltfragen, andere mit sozialen Themen. Die meisten beziehen mehrere substaatliche Verwaltungsebenen ein, um durch gebietsübergreifende Kooperation die Entwicklung ihres Raumes zu fördern.

2.2 Lokale gemischtwirtschaftliche Unternehmen (Sociétés d'Economie Mixte Locales – SEML)

Diese Unternehmen sind eine Besonderheit des politischen Systems in Frankreich. Es handelt sich um öffentlich kontrollierte Unternehmen mit privatwirtschaftlicher Rechtsform (Caillosse u.a., 1997), die man zwei Kategorien zuordnen kann: Die einen gehören hundertprozentig der öffentlichen Hand, die anderen beteiligen privatwirtschaftliche Akteure an ihrem Kapital. Diese Unternehmen wurden für die

---

[11]   Die Agences d'Urbanisme von Lille und Rouen waren in den 70er Jahren von den jeweiligen interkommunalen Kooperationsstrukturen (das heißt dem Umlandverband Lille und dem Mehrzweckverband Rouen) aufgelöst worden, und zwar wegen ihres starken Widerstandes gegen einige der von den lokalen Verwaltungsspitzen betriebenen Projekte.

kommunale und zentralstaatliche Ebene als Instrument des Handelns „außerhalb der rechtlichen Zwänge der französischen Verwaltung" eingerichtet.

- Rein öffentliche SEML: Sie sind seit 1926 rechtlich zulässig und wurden vor allem in den 60er Jahren vermehrt eingerichtet, um sich der Verstädterung, dem Bau von öffentlichen Versorgungseinrichtungen, Infrastrukturmaßnahmen wie auch dem Wohnungsbau zu widmen. Nach der Dezentralisierung wuchs ihre Zahl enorm, insbesondere wegen der flexiblen Möglichkeiten für die Gründung solcher Unternehmen, die mit den Dezentralisierungsgesetzen von 1983 eingeführt wurden (die Kommunen können beispielsweise bis zu 80 Prozent des Stammkapitals einer SEML halten). Es gibt ungefähr 1 400 dieser SEML, von denen sich rund die Hälfte mit Wohnungsbau befasst. Die anderen betreiben z.B. ÖPNV-Systeme (Grenoble, Toulouse, Nantes, Rennes) oder befassen sich mit Energieversorgung und Umweltproblemen. In den Bereichen ÖPNV, Planung und Entwicklung arbeiten sie meist mit der staatlichen Caisse des Dépôts et Consignations – CDC (einer Kreditanstalt des öffentlichen Rechts für Investitionen in lokale Projekte), den Gemeinden und sehr häufig auch mit interkommunalen Zweckverbänden zusammen.

- SEML mit privatwirtschaftlicher Beteiligung: In Frankreich spielt der Privatsektor eine wichtige Rolle beim Management urbaner Verdichtungsräume. Frankreich blickt auf eine lange Tradition privaten Engagements bei der Erbringung und Bereitstellung lokaler Dienstleistungen für die Bevölkerung zurück. Öffentliche Behörden (Kommunen oder ÉPCI) sind zwar für die Bereitstellung, nicht aber für den Betrieb von Dienstleistungen zuständig; diesen überlassen sie häufig dem Privatsektor (Lorrain, 1991). In vielen Fällen sind die privaten Akteure (mit privaten Anteilseignern) große Unternehmen, die den Gemeinden immer mehr Dienstleistungen – oft als „Paketlösungen" – anbieten. So ist beispielsweise die Compagnie Générale des Eaux, eines der weltweit führenden Unternehmen für die Bereitstellung kommunaler Dienstleistungen, in Bereichen tätig wie Wasserversorgung, lokale Telekommunikationsnetze, ÖPNV, innerstädtisches Stellplatzmanagement usw.

Die Einbeziehung der Privatwirtschaft ist jedoch von wesentlich geringerer Bedeutung, wenn es um interkommunale Kooperation geht. Intraregionale Zusammenarbeit war stets eine Angelegenheit der öffentlichen Hand. Das ändert sich jedoch langsam, wobei das privatwirtschaftliche Engagement bei der „Metropolitan Governance" von Fall zu Fall unterschiedlich ausfällt. Diese Verschiedenheit der Ansätze von einer Stadt zur anderen ist gleichfalls eine wichtige Folge der Dezentralisierung.

Im Bereich Stadtentwicklung sind Public Private Partnerships von großer Bedeutung. Sie nehmen die Form gemischtwirtschaftlicher Entwicklungsträger an, deren Aufgabenfeld von kleinen Projekten bis zu gebietsweiten Entwicklungsvorhaben reicht. So war die SARI (eine Tochterfirma der Compagnie Générale des Eaux) bei-spielsweise mit dem Pariser Stadtentwicklungsprojekt „La Défense" befasst und kürzlich am Bau der Cité Internationale in Lyon sowie der Cité du Vin in Bor-deaux beteiligt.

Privatwirtschaftliche Beteiligung geschieht auch durch die Industrie- und Handels-kammern, die Handwerkskammern und andere Organisationen der beruflichen Aus- und Weiterbildung, wobei die Zahl dieser Projekte nur schwer geschätzt wer-den kann. Sie sind meist in den Bereichen Tourismusförderung, Management von Gewerbe- und Einzelhandelsflächen sowie Kultur zu finden. Industrie- und Han-delskammern sind auch an mehreren SEML beteiligt, die sich mit bedeutenden Stadtentwicklungsvorhaben befassen. In Lille beispielsweise beteiligt sich die IHK an verschiedenen Entwicklungsvorhaben von regionaler Tragweite – insbesondere an Euralille, dem größten dieser Projekte – in Zusammenarbeit mit den dortigen Regional- und Départementsräten.

Besonders erwähnt werden sollten hier auch die regionalen Arbeitsmarktausschüsse (Comités de Bassin d'Emploi). In diesen Ausschüssen arbeiten lokale Gebietskör-perschaften, Unternehmen und Gewerkschaften gleichberechtigt zusammen. Sie wurden 1982 zur Bekämpfung der Arbeitslosigkeit auf der Ebene der regionalen Arbeitsmärkte gegründet. Darunter versteht man Gebiete, die weit größer als die Agglomération oder der Ballungsraum sind. Heute gibt es ungefähr 150 solcher Ausschüsse, in denen auch andere Interessengruppen mitarbeiten können. Ihr Ak-tionsfeld hat sich seit ihrer Gründung stark erweitert, da sie sich mittlerweile auch der beruflichen Aus- und Weiterbildung und der Wirtschaftsförderung widmen (Delfau, 1994).

Neben den Planungs- und Entwicklungsagenturen und den SEML gibt es noch vie-le andere Kooperationsstrukturen in unterschiedlichen Bereichen und mit unter-schiedlichen Rechtsformen. So sind z.B. die öffentlich-rechtlichen kommunalen Wohnungsbehörden (Offices publics d'Habitations à Loyer Modéré) für den sozia-len Wohnungsbau zuständig. In diesen Behörden arbeiten der Staat, die Gemein-den und Mieterverbände zusammen. Sie besitzen und bewirtschaften den Großteil des Sozialwohnungsbestandes in städtischen Verdichtungsräumen. Auch bei den Wasserwerken (Agences de l'Eau), die die Wasserversorgung im Umfang hydrologi-scher Einzugsgebiete planen und verwalten, sind der Staat, die Gemeinden und Verbraucherverbände vertreten.

2.3 Einbeziehung der Zivilgesellschaft auf gemeindeübergreifender Ebene

Die Zivilgesellschaft (das heißt die Privatwirtschaft sowie gemeinnützige Akteure) wird schon seit langem an den Projekten und Politiken lokaler Gebietskörperschaften beteiligt, seit kurzem ist sie aber auch formell durch bestimmte Rechtsverfahren in gemeindeübergreifende Politiken eingebunden. Dies war z.B. der Fall bei allen im Rahmen der „Politik für die Städte" initiierten Maßnahmen oder auch im Bereich sektoraler oder räumlicher Planungen. Die Entwicklung von strategischer Planung in den größten urbanen Räumen, die im Ergebnis zur Verabschiedung zahlreicher gemeindeübergreifender Flächennutzungspläne führte, hatte eine Vorreiterrolle für diese Praxis. In der Region Lyon beispielsweise wurden private Unternehmen über ihre berufsständischen Vertretungsorgane (Industrie- und Handelskammer, ADERLY[12,] Handwerkskammer) einbezogen; ihre Beteiligung erfolgte über gemeinsame Arbeitsgruppen und Monitoring-Ausschüsse mit lokalen Gebietskörperschaften und dezentralisierten staatlichen Behörden. Diese Praxis hat sich mittlerweile allgemein eingebürgert.

Als Antwort auf die wachsende Kritik von gesellschaftlichen Kräften (insbesondere der Grünen und der Kommunistischen Partei) führte die Zentralregierung zwei politische und institutionelle Neuerungen ein, um die demokratischen Legitimationsdefizite intraregionaler Kooperationsansätze zu kompensieren: erstens die Einführung direkter, demokratischer Kontrolle sowie zweitens die Stärkung der Beteiligung des Privatsektors und der Bürger – jeweils auf gemeindeübergreifender Ebene.

■ Direkte demokratische Kontrolle auf regionaler Ebene: Das ATR-Gesetz hatte zwar die Möglichkeit von Referenden eingeführt, aber nur auf kommunaler Ebene und für „ausschließlich kommunale Themen"[13]. Das Nationale Rahmengesetz zur Raumordnung und -entwicklung (Loi d'Orientation sur l'Aménagement et le Développement du Territoire – LOADT) führte 1995 auch Referenden und Initiativen auf interkommunaler Ebene ein, aber ausschließlich zu Fragen der Planung und Entwicklung. Nach diesem Gesetz kann auf Gesuch von mindestens 20 Prozent der Wahlbevölkerung eines von einer ÉPCI abgedeckten Gebietes ein Referendum zu Planungs- und Entwicklungsmaßnahmen dieser ÉPCI herbeigeführt werden. Das Konzept von direkter Demokratie ist hier jedoch wie auch schon im ATR-Gesetz ziemlich eingeschränkt: Referenden und Initiativen sind nicht bindend; die letzte Entscheidung obliegt weiterhin gewählten Funktionären. Ein Bürger darf nur eine Petition pro Jahr unter-

---

[12] Association pour le Développement Économique de la Région Lyonnaise – Verein für die Wirtschaftsentwicklung der Region Lyon (Anmerkung des Übersetzers).
[13] Ein Referendum kann beispielsweise nicht zu einem Vorhaben durchgeführt werden, das auch andere Gemeinden betrifft oder von nationalem Interesse ist (wie beispielsweise Standort eines Kraftwerkes).

schreiben; Aktivitäten in einem Jahr, in dem auch lokale Wahlen stattfinden (was durchaus nicht selten der Fall ist), unterliegen strengeren Einschränkungen usw. Dennoch stellen diese 1995 gesetzlich eingeführten Verfahren direkter Demokratie ein innovatives Element in politischer (erstmals wurden solche Initiativen eingeführt) und territorialer Hinsicht dar (erstmals wurde die gemeindeübergreifende Ebene bei einem solchen Thema berücksichtigt).

- Beteiligung des Privatsektors und der Bürger: Erst kürzlich wurden zwei verschiedene Formen der Bürgerbeteiligung eingerichtet: Ausschüsse der Nutzer öffentlicher Dienstleistungen (Commissions Consultatives des Services Locaux) sowie lokale Wirtschafts- und Sozialräte. Die Ausschüsse der Nutzer öffentlicher Dienstleistungen wurden 1992 durch das ATR-Gesetz eingeführt. In ihnen müssen Verbraucherverbände für bestimmte Dienstleistungen (z.B. der Verband der Nutzer des ÖPNV) vertreten sein; den Vorsitz übernimmt entweder der Bürgermeister oder der Präsident einer ÉPCI. Sie sind für Gemeinden mit mehr als 3 500 Einwohnern und für alle ÉPCI, in denen sich eine solche Gemeinde befindet, zwingend vorgeschrieben, wurden aber bisher faktisch noch nicht realisiert, vor allem deshalb, weil die rechtlichen Vorschriften und Regeln für ihre Durchführung noch nicht vorliegen. So bleibt das ATR-Gesetz noch ziemlich unpräzise, wenn es um die Struktur (wie wichtig ist beispielsweise die Mitarbeit von Verbraucherverbänden?) und die genaue Aufgabenstellung dieser Ausschüsse geht. Eigentlich sollten einschlägige Ausführungsbestimmungen (Décrets d'Application) erlassen werden; dies ist allerdings bisher noch nicht geschehen, so dass offen bleibt, wann diese Ausschüsse tatsächlich realisiert werden.

Kommunale Wirtschafts- und Sozialräte wurden ebenfalls mit dem ATR-Gesetz eingeführt, aber nur für Gemeinden mit mehr als 3 500 Einwohnern. Es handelt sich dabei um Organe mit beratender Funktion, deren Zusammensetzung von Gemeinde zu Gemeinde unterschiedlich sein kann. Den Vorsitz hat aber auf jeden Fall ein Stadt- oder Gemeinderatsmitglied. Viele Kommunen haben diese Möglichkeit genutzt, und auch überörtlich haben interkommunale Kooperationsansätze solche Räte eingerichtet (Dünkirchen, Grenoble, Nantes u.a.). Diese setzen sich im Allgemeinen aus Wirtschaftsverbänden, bürgerschaftlichen Interessenvereinen, Gewerkschaften usw. zusammen. Solche Ansätze findet man vor allem bei jenen ÉPCI, die generell bei Entwicklungsprojekten zu den fortschrittlichsten zählen (der Distrikt von Nantes, die Umlandverbände Dünkirchen, der Gemeindeverband Grenoble). Diese, vor allem von der oben erwähnten neuen politischen Elite unterstützten Wirtschafts- und Sozialräte sind alle noch zu neu (fast alle wurden 1996 und 1997 eingerichtet), um ihren realen Beitrag zur Verbesserung der demokratischen Kontrolle zu bewerten, aber sie sind ein deutliches Symbol für die politische Bedeutung, die neuerdings gebietsweiten Strukturen und Politiken beigemessen wird.

IV. Feststellbare Ergebnisse und Folgen intraregionaler Ansätze

Das allgemeine Bild intraregionaler Kooperation wandelt sich beträchtlich. Neue Perspektiven scheinen sich auf der Grundlage einer kritischen Bewertung der bisherigen Arbeitsweise intraregionaler Kooperation zu eröffnen, und in einigen Gutachten (DATAR 1997; Institut de la Décentralisation, 1996a; Commissariat Général du Plan, 1993) werden auch eine solche Bewertung sowie Verfahren zur Beschleunigung intraregionaler Kooperation und zur Schaffung neuer Institutionen gefordert. Das wäre vor einem Jahrzehnt noch unmöglich gewesen, insbesondere weil die Dezentralisierungsgesetze die Kommune zur unantastbaren Gebietseinheit hatten werden lassen. Noch vor einigen Jahren wurde intraregionale Kooperation im Wesentlichen vom Zentralstaat praktiziert. Das ist nun nicht länger der Fall, und einige Gemeindeverbände machen inzwischen eigene Vorschläge. Das Thema ist also nicht länger tabu.

1. Allgemeine Bewertung

Man könnte behaupten, intraregionale Kooperation sei ein Erfolg, zumindest in ihrer institutionalisierten Form (den ÉPCI), da die Zahl der ÉPCI in den letzten 15 Jahren deutlich gestiegen ist (siehe Tabelle 4). Aber eine solche Behauptung wäre falsch. Denn tatsächlich nahm nur die Zahl solcher Kooperationsansätze signifikant zu, die mit weniger Zwängen für die Kommunen verbunden sind, das heißt der Ein- oder Mehrzweckverbände oder seit kurzem auch der Gemeindeverbände.

Die erste Dezentralisierungsphase (etwa von 1982 bis 1990) war eine Zeit der kommunalen Selbsterhaltung. Eifersüchtig wachten die Kommunen über ihre neuen Befugnisse, die sie mit anderen Gemeinden nicht teilen wollten. Es war eine Zeit harten Wettbewerbs zwischen den lokalen Gebietskörperschaften, die gleichzeitig als „Komplizen und Rivalen" (Mabileau, 1991) betrachtet wurden. Im Hinblick auf Kooperation war diese Periode auch durch den Rückzug des Zentralstaates (insbesondere aus der Politik der Institutionen) und die allgemeine Akzeptanz der These gekennzeichnet, dass eine verstärkte Zusammenarbeit nur auf Grundlage freiwilliger Zusammenschlüsse und flexibler Ansätze erfolgen könne. Interkommunale Kooperationsstrukturen konnten vom Staat nicht mehr verbindlich vorgeschrieben werden, da die Gemeinden ein solches Vorgehen als unrechtmäßige Einmischung in ihre kommunalen Angelegenheiten verstanden hätten. Im Gegenteil: Man vertrat die Ansicht, dass Kooperation nur auf dem guten Willen der Gemeinden beruhen sollte und umso erfolgreicher sein würde, je weniger sie den kommunalen Spielraum einengt. Dies kam auch klar im Gesetz von 1988 (Loi 88-13) zum Ausdruck, das den Kommunen den Austritt aus intraregionalen Zusammenschlüssen ermöglichte und ihnen die Möglichkeit einer Beteiligung „à la carte" in den SIVOM eröffnete.

Tabelle 4: Zahlenmäßige Entwicklung der ÉPCI nach Typen, 1972-1996*

	1972	1980	1985	1990	1996
SIVU, Einzweckverbände	9 300	11 600	12 000		14 500
SIVOM, Mehrzweckverbände	150	2 000	2 100		2 500
Misch-verbände			560	750	1 200
Distrikte	100	150	150	240	320
Gemeinde-verbände					900
Stadt-verbände					5
Umland-verbände	9	9	9	9	11
Verbände der „Neuen Städte"			9	9	9

*Quelle: *Direction Générale des Collectivités Locales (DGCL).*

Die Bewertung der mit mehr Restriktionen verbundenen Kooperationsansätze, das heißt der Umlandverbände und der Stadtverbände (CV), fällt leichter als die der weniger restriktiven, vor allem deshalb, weil sie weitaus weniger zahlreich sind. Bisher waren sie nicht unbedingt ein Erfolg, zumindest quantitativ gesehen: Es gibt elf Umlandverbände, von denen nur sechs (unter ihnen die vier gesetzlich vorgeschriebenen) in großstädtischen Verdichtungsräumen gegründet wurden, sowie fünf in städtischen Räumen mittlerer Größe eingerichtete Stadtverbände (CV). Außerdem muss die Souveränität und Stabilität einiger Umlandverbände hinterfragt werden, wie der Fall Bordeaux zeigt, auch wenn er schon weiter zurückliegt.

Seit seiner Gründung im Jahre 1967 wurde der Umlandverband Bordeaux (Communauté Urbaine de Bordeaux – CUB) ununterbrochen von dem Bürgermeister von Bordeaux, Jacques Chaban-Delmas, einem politischen Führer der Rechten (er war Premierminister und mehrfach Präsident der Nationalversammlung), geleitet. Die Kommunalwahlen von 1977 führten zu einem Erdrutschsieg für linke Parteien. Obwohl die Kernstadt von Bordeaux weiter von der Rechten regiert wurde, hielten in einem der Großteil der Vorstädte nun Sozialisten oder Kommunisten die Mehrheit. Konsequenterweise forderten die linken Parteien, und insbesondere die Sozialisten, den Vorsitz im Rat des Umlandverbandes der CUB für sich. Um dies zu verhindern, drohte Chaban-Delmas, auch wenn dies rechtswidrig war, mit dem Austritt aus der CUB. Wenige Monate später wurde ein Gesetz (das Foyer-Gesetz) in der Nationalversammlung, deren Präsident Chaban-Delmas damals war, verabschiedet, das einen solchen Austritt ermöglichte. Durch diese neue Möglichkeit gestärkt, hatte Chaban-Delmas nun eine bessere Verhandlungsposition im Kampf um den Erhalt seines Vorsitzes in der CUB. Das Foyer-Gesetz wurde 1982 wieder abgeschafft.

Obwohl dieser Fall eher wie eine übertriebene Karikatur wirkt, illustriert er doch beispielhaft die vorhandenen Spannungen innerhalb der meisten integrierten ÉPCI in den größten städtischen Räumen. Im Umlandverband von Lyon (COURLY) beispielsweise bestanden seit jeher Konflikte zwischen der Stadt Lyon und ihrer Nachbargemeinde Villeurbanne, da Lyon von bedeutenden Vertretern der politischen Rechten, Villeurbanne hingegen von solchen der Linken kontrolliert wurde. Allerdings gingen die daraus entstehenden Konflikte nicht so weit wie in Bordeaux. In den meisten Fällen konnte ein Konsens geschaffen und ein Kompromiss gefunden werden, so z.B. in dem neuen gemeindeübergreifenden Rahmenplan (Schéma Directeur d'Aménagement et d'Urbanisme – SDAU), in dem beide Städte (Lyon und Villeurbanne) gleichermaßen als Kernstadt bezeichnet werden.

Finanziell gesehen kann intraregionale Kooperation ebenfalls nicht als Erfolg gesehen werden, und zwar hauptsächlich wegen der Finanzkrise in städtischen Gebieten, die auf das Fehlen eines umfassenden Lösungsansatzes für Steuer- und Finanzprobleme zurückzuführen ist. Die Haushaltsdefizite der Kernstädte stiegen daher beträchtlich an. Ursachen hierfür sind nicht nur der unzureichende Transfer staatlicher Finanzmittel in Folge der Dezentralisierungsgesetze, sondern auch die Tatsache, dass die Städte ihre Steuern nicht weiter erhöhen können, um erforderliche Investitionen tätigen und die Qualität ihrer Dienstleistungen aufrechterhalten zu können. Dabei befinden sich die Kernstädte wegen der so genannten Zentralitätskosten in einer schlimmen Situation. Es handelt sich dabei um Kosten, die für die verschiedensten Institutionen und Infrastruktureinrichtungen allein von den Kernstädten und ihren Bewohnern aufgebracht werden müssen, obwohl sie von der Bevölkerung des gesamten verstädterten Raumes genutzt werden. Dies ist der wohlbekannte Trittbrettfahrereffekt. Hinzu kommt der Vorwurf an die Adresse vieler interkommunaler Kooperationsstrukturen, Steuerzahler zu stark zu belasten, da sie zusätzliche Verbandssteuern einführen, anstatt diese an die Stelle der existierenden Kommunalsteuern zu setzen. Kommunale Gebietskörperschaften, ihre Kooperationsstrukturen und auch die Bürger selbst halten inzwischen die Steuerlast für zu hoch. Dieses Problem konnte bisher allerdings nicht erfolgreich gelöst werden. Fast jeder denkt, dass eine grundlegende Reform des kommunalen Steuerwesens und der Finanzbeziehungen zwischen Zentralstaat und Gemeinden erforderlich sei. Solch eine Reform steht zwar schon seit vielen Jahren auf der Tagesordnung, nur hat sich bisher noch keine Regierung gewagt, sie zu realisieren.

Die in mancher Hinsicht negativen Anmerkungen zur Realität der bestehenden institutionellen Formen intraregionaler Kooperation bedeuten allerdings nicht, dass es in den vergangenen Jahren und besonders nach dem ATR-Gesetz keine Entwicklungen in städtischen Räumen gegeben habe. Im Gegenteil: So gründeten beispielsweise viele Ballungsräume (wie z.B. Nantes, Grenoble, Marseille, Mulhouse usw.) ihre eigenen Gemeindeverbände (CC) auf der Grundlage eines weiteren Gesetzes (Loi Sapin) von 1993. Darüber hinaus stieg die Zahl der Kooperationsansätze, die sich für eigene Steuereinkünfte aussprachen, beachtlich an. Viele Distrikte wurden in städtischen Räumen gegründet (Montpellier, Rennes oder Toulouse beispielsweise), und die meisten von ihnen haben nun ihr eigenes Steuersystem (eine Steuer, die vom Umfang der jeweiligen Einnahmen aus den vier Kommunalsteuern abhängt). Während im Jahr 1990 nur zehn Prozent der französischen Bevölkerung im Einzugsgebiet von ÉPCI mit eigenen Steuereinkünften lebten, stieg dieser Prozentsatz auf 48 Prozent (28 Millionen Menschen in 13 000 Gemeinden) im Jahre 1996 (AMGVF, 1997).

Wichtiger, weil auch aussagekräftiger für die Bedeutung, die gebietsweiten Kooperationsvorhaben und -politiken inzwischen gegeben wird, ist der steuerliche Finanzausgleich. Mehrere interkommunale Gebietseinheiten, wie Distrikte oder Umlandverbände, sind mittlerweile in ein Finanzausgleichssystem integriert, das auf einer gebietsweiten Gewerbesteuer beruht. Einschlägige Erfahrungen werden derzeit im Distrikt Rennes, im Umlandverband Lyon und in zirka 30 weiteren Gemeindeverbänden (CC) gesammelt, wie auch selbstverständlich in den fünf Stadtverbänden (CV). Dieses neue intraregionale Steuersystem wird als „agglomerationsweite Gewerbesteuer" bezeichnet (Taxe Professionnelle d'Agglomération). Der Distrikt Rennes ist in dieser Hinsicht am weitesten fortgeschritten.

Unter Ausnutzung der Möglichkeiten des ATR-Gesetzes forderten 17 Bürgermeister und Vorstandsvorsitzende verschiedener ÉPCI in der Region Rennes den Distriktspräsidenten (der zugleich auch Bürgermeister von Rennes war) im Mai 1992 auf, die Einführung eines distriktweiten Gewerbesteuersystems zu prüfen. Dieser Vorschlag wurde im November 1992 gebilligt. Inzwischen wird die Gewerbesteuer aller Mitgliedsgemeinden des Distrikts durch den Distrikt erhoben. Das gesamte Gewerbesteueraufkommen wird dann in drei Teile aufgeteilt. Der Distrikt bekommt den ersten Teil, der zweite geht zurück an die Gemeinden und der dritte (auch Solidaritätszuschuss genannte) dient dem Finanzausgleich zwischen den reichsten und den ärmsten Gemeinden des Distrikts. Dieses System hat sich als erfolgreich erwiesen. Lagen die Einnahmenunterschiede aus dem Gewerbesteuerhebesatz 1997 noch bei 1:67, so liegen sie heute nur noch bei 1:9, und in fast dem gesamten Distrikt gilt inzwischen ein einheitlicher Gewerbesteuerhebesatz. Dadurch ist auch der Gewerbesteuerkrieg im Wettstreit um Firmenansiedlungen fast verschwunden; das Gewerbesteueraufkommen einer Gemeinde ist nun nicht mehr vom Standort der Unternehmen abhängig. 1996 wurde dieses System des Gewerbesteuerausgleichs in den fünf Stadtverbänden (CV) und in ungefähr 40 Gemeindeverbänden (CC – zumeist in ländlichen Gebieten) eingeführt (Wachter, 1997). Der Distrikt Rennes ist bisher noch der einzige, größere verstädterte Raum mit diesem System, aber in anderen Ballungsräumen wie Marseille oder Lyon wird eine Einführung ebenfalls erwogen.

2. Bewertung unter spezifischen Aspekten

Eine genauere Bewertung soll unter folgenden drei Aspekten erfolgen: dem räumlichen Aspekt (Diskrepanz zwischen ÉPCI und den tatsächlichen funktionalen Räumen), dem politischen Aspekt (im Hinblick auf die Fähigkeit zur Entwicklung und Umsetzung gebietsweiter Politiken und Aktivitäten) und dem soziopolitischen Aspekt (Grad an demokratisch legitimierter Kontrolle und räumlicher Identifikation).

2.1 Kooperationsansätze und funktionale Räume

Die auch heute noch vielfach gültigen Überlegungen zur räumlichen Abgrenzung verschiedener Kooperationsansätze, insbesondere der am weitesten entwickelten, sind keineswegs aus rein fachlichen und funktionalen Kriterien abgeleitet. Mit ziemlicher Sicherheit spielen dabei Geschichte, Politik und wirtschaftliche Faktoren eine wichtigere Rolle. Die immer noch auffällige Diskrepanz zwischen dem territorialen Zuschnitt interkommunaler Kooperationsstrukturen (ÉPCI) und den funktional verflochtenen Ballungsräumen illustrieren diese These augenfällig.

Für den Anfang genügt die Feststellung, dass in vielen Fällen die am weitesten entwickelten ÉPCI (in der Regel die mit eigenen Steuereinnahmen) noch nicht einmal

Abbildung: 2: Vergleich einiger interkommunaler Zweckverbände im Verdichtungsraum Mulhouse mit dem Agglomerationsraum (nach
INSEE)*

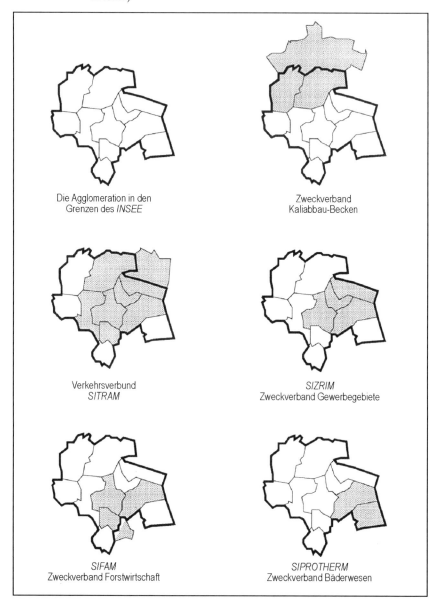

Die Agglomeration in den
Grenzen des *INSEE*

Zweckverband
Kaliabbau-Becken

Verkehrsverbund
SITRAM

SIZRIM
Zweckverband Gewerbegebiete

SIFAM
Zweckverband Forstwirtschaft

SIPROTHERM
Zweckverband Bäderwesen

*Quelle: Zusammenstellung Christian Lefèvre.

die Agglomeration im Sinne der INSEE-Definition (zusammenhängende Sied-lungsstruktur) abdecken. Ihr Gebiet ist entweder zu klein oder deckt nur Teile der Agglomeration ab. Die Agglomération Mulhouse (etwa 200 000 Einwohner) ist da-für ein signifikantes Beispiel (vgl. Abbildung 2).

Wie unschwer aus dem Vergleich des Gebiets der Agglomération mit den Zustän-digkeitsgrenzen der verschiedenen ÉPCI (SIVU und SIVOM) zu erkennen ist, sind die Gebietsgrenzen in keinem Fall deckungsgleich; einige ÉPCI sind zu klein, ande-re gehen über die Grenzen der Agglomeration hinaus, keine ÉPCI ist jedoch grö-ßer. Diese Situation lässt sich durch folgende Umstände erklären.

- Historischer Hintergrund: Im Nordwesten des verstädterten Raumes lagen wichtige Phosphatbergwerke, die noch bis Ende der 80er Jahre in Betrieb waren. Die Gemeinden im Nordwesten des Gebiets hatten folglich gemeinsame In-teressen und Probleme (insbesondere bei der Verwaltung von Sozialwohnun-gen), die sie ohne Interventionen seitens der Kernstadt lösen wollten. Dieser Umstand formte die räumliche Konfiguration der einzelnen Kooperationsan-sätze.

- Konflikte zwischen Kernstadt und Peripherie: Einige Gemeinden (wie Ilzach mit etwa 10 000 Einwohnern, aber auch fast alle anderen noch halb ländlichen Gemeinden des äußeren Randes) fürchteten seit jeher, durch den Beitritt zu ei-ner interkommunalen Kooperationsstruktur (ÉPCI) bestimmte Politiken (und damit auch Kosten) von der Kernstadt aufgezwungen zu bekommen. Dies gilt z.B. für den öffentlichen Verkehrsverbund SITRAM, in den diese Gemeinden eigentlich einbezogen sein müssten, denn ein großer Teil ihrer Erwerbsbevölke-rung pendelt zur Arbeit in andere Gemeinden der Agglomeration. Aber bisher weigerten sich fast alle, diesem Verkehrsverbund beizutreten, weil sie weder ei-nen Beitrag zur Reduzierung des SITRAM-Defizits leisten, noch die privaten Transportunternehmen zur Zahlung der Transportsteuer zwingen wollen, die mit dem Eintritt in den Verkehrsverbund verbindlich fällig würde.

- Die politischen Konflikte: Einige Gemeinden werden seit langem von konserva-tiven Parteien regiert und wünschen daher keine Beteiligung an kooperativen Strukturen, die von der seit 1989 von der Linken regierten Stadt Mulhouse dominiert werden. Dieses politische Hindernis war in den vergangenen Jahren eine große Hürde für die Gründung eines Distrikts, der die bestehenden ÉPCI ersetzt hätte.

Das Beispiel von Mulhouse ist keine Ausnahme. Es illustriert im Gegenteil die fran-zösische Lage sehr gut. Die Diskrepanz zwischen institutionellen Gebietszuschnit-ten und funktional zusammenhängenden Räumen ist signifikant. Es wäre daher de-finitiv wichtiger, den territorialen Zuschnitt interkommunaler Kooperationsansätze mit dem tatsächlich funktionalen Raum zu vergleichen, der z.B. durch tägliche

Pendlerbeziehungen definiert wird und zu dem im Falle von Mulhouse auch noch Teile des Baseler Landes in der Schweiz gehören.

Wir können diese Feststellung territorialer Diskrepanzen noch erweitern, wenn wir die Gebiete einiger der am weitesten entwickelten ÉPCI, der Umlandverbände oder der Distrikte also, mit den Planungsgebieten der neuen gemeindeübergreifenden Rahmenpläne (SDAU) vergleichen, die zur Zeit aufgestellt werden. Mit der Begrenzung dieser Gebiete wird nämlich der Versuch unternommen, den funktionalen Raum der einzelnen Metropolen weitgehend abzudecken.

Die Dezentralisierungsgesetze von 1983 versuchten das Problem der territorialen Diskrepanzen bei Planungsfragen durch die Schaffung neuer ÉPCI zu lösen: der SIEP (Syndicat Intercommunal d'Études et de Programmation – Interkommunaler Zweckverband für Gutachten und Planung). Ein SIEP ist nichts anderes als ein SIVU, aber gesetzlich verbindlich vorgeschrieben für jedes Gebiet, in dem gemeindeübergreifende Planung stattfinden soll. Zweck dieser Neugründung war die Schaffung von Kooperationsstrukturen zur Erarbeitung der SDAU (oder auch anderer Planwerke) für Gebiete, die über die bestehenden ÉPCI hinausgehen. Nach einem der Dezentralisierungsgesetze von 1983 konnten nur ÉPCI, die für Stadtplanung zuständig waren, solche gemeindeübergreifenden Flächennutzungspläne aufstellen. Dies galt von Rechts wegen für die Umlandverbände und für einige Distrikte, deren Einzugsgebiete allerdings zu klein waren. Daher mussten neue Kooperati-

Tabelle 5: Vergleich einiger ÉPCI- und SDAU-Gebiete, Stand 1997*

Verdichtungs-raum	ÉPCI-Bevölkerung	Zahl der Ge-meinden	Bevölkerung des SDAU-Gebiets	Zahl der Ge-meinden im SDAU-Planungsgebiet
Bordeaux	600 000	27	800 000	91
Grenoble	370 000	23	550 000	114
Lyon	1 100 000	55	1 150 000	71
Marseille	1 100 000	3	1 700 000	70
Toulouse	500 000	15	625 000	63

*Quelle: Zusammenstellung Christian Lefèvre aus verschiedenen Quellen (Fédération Nationale des Agences d'Urbanisme, Direction de l'Aménagement et de l'Urbanisme, Ministère de l'Equipement).

onsstrukturen eingerichtet werden, um städtische Planung für größere Räume realisieren zu können. Damit jedoch die Befugnisse der Gemeinden und anderer ÉPCI durch die neu zu gründenden SIEP nicht in Frage gestellt werden konnten, wurden deren Zuständigkeiten und die Dauer ihrer Aktivitäten von vornherein beschränkt. Das Gesetz vom 7. Januar 1983 (eines der Dezentralisierungsgesetze) begrenzte die Befugnisse der SIEP auf die Erstellung gemeindeübergreifender Flächennutzungspläne (SDAU) – nicht ihre Durchführung – und verfügte, dass sie nach spätestens fünf Jahren wieder aufzulösen seien. Das führte allerdings zu Problemen (Was geschieht, wenn der SDAU nach fünf Jahren nicht fertig ist? Wie soll er dann ohne eine Kooperationsstruktur, die das Gebiet des SDAU abdeckt, in die Praxis umgesetzt werden?), die 1992 dadurch gelöst wurden, dass man den SIEP die Weiterführung ihrer Arbeit nach Ablauf der fünf Jahre erlaubte.

Für die Erstellung übergreifender Flächennutzungspläne gründeten daher Umlandverbände und Distrikte SIEP. In Lyon beispielsweise deckte der dortige SIEP, der Planungsverband SEPAL (Syndicat d'Études et de Programmation de l'Agglomération Lyonnaise), das Gebiet des Umlandverbandes und seiner 16 Anrainergemeinden ab. Er wurde 1990 aufgelöst. In Toulouse heißt der Planungsverband SMEAT (Syndicat Mixte pour Entreprendre et Mettre en Oeuvre la Révision du Schéma Directeur de l'Agglomération Toulousaine)[14]. Er wurde 1991 gegründet und umfasst 63 Gemeinden (die 15 Gemeinden des Distrikts, 14 zum Gemeindeverband SICOVAL gehörende Gemeinden sowie 34 weitere). Wie schon der Name sagt, wird der SMEAT nach Genehmigung des gemeindeübergreifenden Flächennutzungsplans nicht aufgelöst werden, sondern für dessen Umsetzung bestehen bleiben. 1997 war der Flächennutzungsplan für den Verdichtungsraum Toulouse noch nicht verabschiedet.

Bis jetzt können SIEP allerdings nicht als Lösung für die Diskrepanzen zwischen institutionellen und funktionalen Räumen betrachtet werden. Zum einen haben sie nur reine Planungsbefugnis und zum anderen tendieren sie in Bezug auf ihre Mitgliederstruktur (die Mitgliedschaft ist freiwillig) dazu, derselben Entwicklungslogik zu folgen wie die anderen ÉPCI.

Die Frage des Gebietszuschnitts ist umso problematischer, wenn einige Gemeinden ihren eigenen Kooperationsansatz entwickeln wollen. Die Umwandlung einer weniger integrierten interkommunalen Kooperationsstruktur in eine stärker integrierte (wie z.B. einen Umlandverband, einen Distrikt, einen Gemeinde- oder einen Stadtverband) ist nur möglich, wenn die Gebietsgrenzen von altem und neuem Kooperationsansatz deckungsgleich sind. Wenn die beiden Strukturen nämlich nicht dieselben Gemeinden abdecken, dann ist ihre Mitgliederstruktur eine jeweils andere, was sich auch in ihren politischen Strukturen widerspiegeln muss. Der Widerstand

---

[14] Mischverband für die Planung und Umsetzung des novellierten gemeindeübergreifenden Flächennutzungsplans für die Agglomeration Toulouse.

einer einzigen Gemeinde kann daher ein solches Umwandlungsvorhaben scheitern lassen, wie klein diese auch sein mag. Ergebnis ist häufig die Weiterexistenz der alten ÉPCI und die Einrichtung einer zusätzlichen neuen mit zuweilen deutlich anderen Befugnissen.

2.2 Möglichkeiten gebietsweiter Politiken

Man hätte eigentlich erwarten können, dass Umlandverbände, Distrikte mit eigenen Steuereinnahmen, aber auch einige Gemeindeverbände und Stadtverbände gebietsweite Politiken beschließen und umsetzen – Politiken also, die Vorrang vor denen der Einzelgemeinden haben, da sie ja die am weitesten entwickelten Kooperationsstrukturen darstellen. Dies gilt insbesondere für Umlandverbände oder Distrikte, da sie über eine größere Zahl von Befugnissen verfügen (wie z.B. Flächennutzung, ÖPNV, Abwasserentsorgung). Obwohl es merkwürdigerweise nur wenige Studien zur Praxis gebietsweiter Politiken gibt, kann man jedoch anhand eines Vergleichs mit vorliegenden Untersuchungen beispielsweise aus Großbritannien oder den USA (Lefèvre, 1998) feststellen, daß mehrere Faktoren gegen eine solche Entwicklung sprechen.

In Umlandverbänden haben alle Mitglieder ein Vetorecht in Bezug auf Politiken oder Maßnahmen, die der Verbandsrat beschließt und die ihr eigenes Gemeindegebiet in besonderem Maße betreffen. Bürgermeister haben hiervon reichlich Gebrauch gemacht (Sorbets, 1984). Dies ist verständlich, denn die Mitglieder des Rates eines Umlandverbandes haben ein Interesse daran, die Unabhängigkeit einer jeden einzelnen Gemeinde zu respektieren, da jedes Mitglied nur seine Gemeinde und nicht die übergeordnete Gebietseinheit vertritt. Dieselben politischen Überlegungen und Regeln gelten in Bezug auf Finanzierungsmodalitäten. Es ist allgemein übliche und legitime Praxis, daß jede Gemeinde einen gleichen Anteil vom gemeinsamen Kuchen abbekommt (man spricht hier vom „Système des Enveloppes"). Natürlich steht diese Praxis dem übergeordneten Interesse eines Verdichtungsraumes entgegen und ist von Nachteil für die Entwicklung gebietsweiter Politikansätze. Aus diesem Grund wurden gebietsweite Politiken in den am weitesten entwickelten ÉPCI nicht im erwarteten Ausmaß umgesetzt.

Einige Veränderungen lassen sich dennoch beobachten. Der Umlandverband Lyon (COURLY) beispielsweise verklagte einige Gemeinden vor dem Verwaltungsgericht, weil sie sich nicht an von dem Umlandverband erlassene Vorschriften hielten. Dies geschah z.B. im Bereich der Flächennutzung.

Man könnte daher auch den Standpunkt vertreten, dass sich, obwohl der Grad der Umsetzung intraregionaler Politiken wesentlich geringer ist, als er sein könnte, ein Trend zur Entwicklung solcher gemeinsamen politischen Ansätze abzeichnet. Umlandverbände und einige Distrikte scheinen inzwischen in diese Richtung zu gehen, da einigen Kommunalpolitikern und Verwaltungsfachleuten immer klarer wird, dass sie allein mit den neuen, ihnen durch die Dezentralisierungsgesetze erwachsenen Befugnissen und Finanzmitteln nichts ausrichten können.

2.3 Rechenschaftspflicht interkommunaler Kooperationsansätze

Die bessere Beteiligung der Zivilgesellschaft, insbesondere der Bürger, an der Entwicklung und Steuerung von Räumen war ein zentrales Anliegen der Dezentralisierungsgesetze. In diesem Sinne wurde die Dezentralisierung auch eingeführt, politische Macht und Entscheidungsbefugnisse sollten bevölkerungsnäher angesiedelt werden. Dazu kam es aber nicht, da sich die lokalen Würdenträger dieser Befugnisse bemächtigten (Rondin, 1985; Mény, 1992); inzwischen wird häufig die mangelnde demokratische Kontrolle vieler lokaler Gebietseinheiten kritisiert.

Was für lokale Gebietseinheiten gilt, stimmt in wesentlich größerem Maße auch für intraregionale Kooperationsstrukturen. Den ÉPCI wird vorgeworfen, für den Normalbürger zu abgehoben zu sein, insbesondere, weil ihre Gremien den Wählern nicht direkt zu Rechenschaft verpflichtet sind. Zudem sind die Ratsmitglieder solcher Kooperationsansätze Vertreter der Mitgliedskommunen, die nicht direkt gewählt werden. Hinzu kommt, dass die Kommunen auch Delegierte in diese Gremien entsenden können, die selber keine gewählten Stadt- oder Gemeinderatsmitglieder sind.

Der Mangel an demokratischer Kontrolle in verschiedenen ÉPCI wurde auch deshalb heftig kritisiert, weil diese Organisationen zunehmende Bedeutung erlangen: zum einen im Hinblick auf öffentliche Ausgaben (obschon landesweite Zahlen nicht vorliegen, vgl. Rousseau, 1997, für Lyon), zum anderen in Bezug auf politischen Einfluss (immer mehr von ihnen erheben Steuern und führen Projekte durch, die weit über das einfache Management und die Bereitstellung von Dienstleistungen hinausgehen). Diese Aspekte machen das Thema noch dringlicher.

Die meisten Mitgliedsgemeinden einer ÉPCI sind von der Kontrolle dieser Organisation weitgehend ausgeschlossen. Nur die größten unter ihnen können Vertreter zu allen Sitzungen entsenden und sind in der Lage, ihre Meinung zu äußern oder Alternativen zu den Politiken bzw. Maßnahmen der ÉPCI vorzustellen, die in der Regel von der politischen Leitung des urbanen Raums (sehr oft dem Bürgermeister der Kernstadt) vorgeschlagen werden. In den meisten Fällen sind die kleinen Gemeinden nicht voll am Geschehen beteiligt, da sie über kein adäquates Fach- bzw. Verwaltungspersonal und nur begrenzten Sachverstand verfügen und ihre gewählten Politiker diese Funktion nur als Nebentätigkeit[15] wahrnehmen. So ist es durchaus üblich, dass eine kleine Gemeinde gar nicht über alles auf dem Laufenden ist, was in den verschiedenen ÉPCI vor sich geht, in denen sie Mitglied ist. Es ist ebenfalls üblich, dass kleine Gemeinden die Bedeutung und die Inhalte einer Debatte in einer ÉPCI-Sitzung gar nicht ermessen können. Diesem Umstand wurde allerdings im ATR-Gesetz deutlich Rechnung getragen, indem es verbindlich vorschreibt, dass von allen lokalen Sitzungen, einschließlich der der ÉPCI, ein Ergebnisprotokoll als Abstimmungsgrundlage für die Ratssitzungen angefertigt werden muss. Daher ist es verständlich, dass viele kleine Gemeinden oft Vorbehalte gegen interkommunale Kooperation hegen, insbesondere gegen die am weitesten entwickelten komplexen Strukturen.

Darüber hinaus werden die ÉPCI nicht von den Bewohnern des betroffenen Gebietes kontrolliert. Da ihre Räte nicht direkt gewählt werden, kümmern sich die meisten von ihnen weder um die Transparenz ihrer Verantwortlichkeiten noch um die Offenlegung ihrer Erfolge und Misserfolge. Selbst die am weitesten entwickelten interkommunalen Kooperationsstrukturen sind für ihre Wahlbevölkerung in keiner Weise greifbar. Gleichwohl kündigen sich hier Veränderungen an. So führen einige ÉPCI mittlerweile Meinungsumfragen zur Qualität der von ihnen erbrachten Dienstleistungen durch (vor allem im Bereich des ÖPNV); einige haben auch intensive Kampagnen zur Information über ihre Vorhaben gestartet sowie zur Sondierung der Stimmungslage in der Bevölkerung in Bezug auf bestimmte Projekte oder Pläne. Dies ist beispielsweise der Fall für den neuen übergreifenden Flächennutzungsplan (Schéma Directeur) des Umlandverbandes Lille (Communauté Urbaine de Lille – CUdL). Die CUdL führte freiwillig eine umfangreiche Informationskampagne zur Vorstellung der Hauptziele des neuen Planungsdokuments durch und ersuchte die Bürger und deren Vereinigungen um Stellungnahmen. Auch entstanden mehr und mehr gebietsweit agierende Bürgervereinigungen, die Maßnahmen der ÉPCI in Frage stellen; Themen sind entweder spezifische Vorhaben (Umwelt und Verkehr spielen dabei die wichtigste Rolle) oder Grundsatzfragen der Institution selbst. So gibt es z.B. im Gebiet von Bordeaux die Vereinigung „Transcub", die sich für den Bau eines neuen, gebietsweiten „Light-Rail"-Systems stark macht und die nun energisch auf die Schaffung einer neuen metropolitanen Verwaltungsstruktur drängt, deren Grenzen weit über die des jetzigen Umlandverbandes hinausgehen.

Der Mangel an demokratische Kontrolle über die Entscheidungen von ÉPCI ist nicht nur den öffentlichen Behörden anzulasten. Bürgerbeteiligung hat keine politische Tradition in Frankreich, wo die repräsentative Demokratie stets als Essenz der Demokratie galt. Ein starkes Bedürfnis nach mehr Bürgerbeteiligung, besonders auf

---

[15] Tatsächlich müssen die Bürgermeister der meisten kleinen und mittleren Gemeinden ihren bisherigen Beruf weiter ausüben, da die Vergütung des Bürgermeisteramtes in der Regel zur Deckung der Lebenshaltungskosten nicht ausreicht.

intraregionaler Ebene, ist nicht zu erkennen. Wenn sich die Bürger auch mit ihrer Gemeinde identifizieren, so gilt dies noch lange nicht für das überörtliche Gebiet. Hier fehlt oft das Zugehörigkeitsgefühl, und konsequenterweise ist dann auch die politische Beteiligung der Bürger auf dieser Ebene sehr schwach. Einige ÉPCI, wie z.B. in Lille, haben zwar Versuche zur Förderung dieses Zugehörigkeitsgefühls unternommen; dies sind allerdings bisher eher Ausnahmeerscheinungen. So haben die neu gegründeten Stadtverbände nie ernsthaft den Versuch unternommen, ihren Bürgern ein Zugehörigkeitsgefühl zu ihrem Einzugsgebiet zu vermitteln, und der Stadtverband von Cambrai (mit 17 Gemeinden und mehr als 60 000 Einwohnern) begnügte sich damit, bei seiner Gründung Straßenschilder mit der Aufschrift „Communauté de Villes de Cambrai" (Stadtverband Cambrai) aufzustellen. Augenscheinlich wurde dies von den gewählten Funktionären als ausreichend erachtet.

3. Gewinner und Verlierer

Es fällt immer schwer, frei heraus zu entscheiden, wer die Gewinner oder Verlierer im Institutionenspiel sind, denn das hängt letztlich von den Kriterien ab, anhand derer man Gewinner und Verlierer definiert. Außerdem können in einer Phase der öffentlichen Debatten und Veränderungen die Gewinner von gestern schnell die Verlierer von morgen werden. Da dies vermutlich in Frankreich auch der Fall sein wird, gliedert sich der nächste Abschnitt in zwei Unterabschnitte: erstens die Gewinner und Verlierer von gestern und zweitens die voraussichtlichen Gewinner und Verlierer von morgen.

3.1 Bisherige Gewinner und Verlierer

Auf der Grundlage der weiter oben vorgenommenen, allgemeinen und besonderen Bewertungen kann man ein skizzenhaftes Raster der bisherigen Gewinner und Verlierer intraregionaler Kooperationsansätze skizzieren.

Die Kommunen (Communes) und Départements sind die offensichtlichsten Gewinner der Versuche der letzten drei Jahrzehnte, intraregionale Kooperationsansätze zu entwickeln (Lefèvre, 1993). Denn ihnen gelang es, ihre Machtbefugnisse in den bestehenden ÉPCI, selbst in den am weitesten „integrierten" wie den Umlandverbänden, zu erhalten. Darüber hinaus wurde ihre politische und wirtschaftliche Macht durch die Dezentralisierungsgesetze noch gestärkt. Auch der Privatsektor wird als größerer Gewinner betrachtet (Lorrain, 1992), da er seine Rolle als relevanter Anbieter und Produzent von Dienstleistungen, oft in Form von „Paketlösungen", auf kommunaler und regionaler Ebene ausbauen konnte. Dies wurde durch die Dezentralisierung (die den Gemeinden mehr Befugnisse einräumte) und die Gründung interkommunaler Kooperationsansätze gefördert, die für gebietsweite technische Infrastrukturnetze sowie Dienstleistungen verantwortlich sind, die nach dem Willen von Wahlbeamten dem Privatsektor überlassen werden sollten. So ist es heute durchaus üblich, daß ein und dasselbe Privatunternehmen für den ÖPNV, die Wasserwirtschaft, das Kabelnetz und andere Telekommunikationsstrukturen im Einzugsbereich einer oder mehrerer ÉPCI und Kommunen desselben Ballungsraumes zuständig ist.

Auf der anderen Seite zählen die Bürger und der Staat zu den Verlierern: die Bürger, weil sie von der Beteiligung an intraregionalen Kooperationsstrukturen völlig ausgeschlossen wurden, und der Staat, weil er nicht in der Lage war, die beabsichtigten, mit eigener politischer Macht ausgestatteten intraregionalen Kooperationsstrukturen zu schaffen.

Aber viele neuere Veränderungen im Verhältnis zwischen lokalen Gebietskörperschaften und ihren ÉPCI weisen auf eine bedeutsame Entwicklung im institutionellen Gewinner-Verlierer-Spiel hin. So ist beispielsweise der im Falle des gemeindeübergreifenden Flächennutzungsplans von Lyon erreichte Kompromiss ein guter Beleg für den Meinungswandel in Bezug auf intraregionale Kooperation. Nachdem die Kernstädte eingesehen hatten, dass sie die Umlandgemeinden für die Verwirklichung ihrer Vorhaben benötigen, erklärten sich einige von ihnen bereit, einen Teil ihrer institutionellen Machtbefugnisse in den verschiedenen Organen von ÉPCI abzugeben und die Zahl ihrer eigenen Delegierten zu reduzieren, um damit zu mehr Ausgewogenheit in den Verbandsräten beizutragen. Dies gilt sowohl für die territoriale als auch für die politische Dimension. So erhielten Vorstädte und auch Parteien des linken Flügels in Bordeaux und Lyon 1995 wichtige politische Positionen (wie z.B. den stellvertretenden Vorsitz) in den zwei großen Umlandverbänden, der CUB und der COURLY.

3.2   Mögliche künftige Gewinner und Verlierer

Seit der Verabschiedung des LOADT im Jahre 1995 gab es zahlreiche Debatten über eine Verbesserung des Systems der lokalen Gebietskörperschaften in Frankreich. Mehrere Berichte von kommunalen Verbänden (ADCF, 1994; Institut de Décentralisation, 1996) oder auch von Seiten der Zentralregierung (DGCL, 1996; DATAR, 1997) wurden veröffentlicht. Zur Zeit werden zwei große Reformen vorbereitet: Die eine betrifft die Novellierung des LOADT, die andere ein neues Gesetz zur interkommunalen Zusammenarbeit (Loi sur l'Intercommunalité).[16]

Daher sind Veränderungen in naher Zukunft sehr wahrscheinlich. Einige werden die Neuordnung und Vereinfachung des bestehenden Systems intraregionaler Kooperation (ÉPCI) betreffen, andere werden substantiellerer Natur sein, da sie neue lokale Gebietseinheiten einführen werden.

- Neuordnung und Vereinfachung bestehender Kooperationsstrukturen: Das System der interkommunalen Zusammenarbeit ist zu einem wahren Labyrinth geworden, da in ein und demselben Gebiet immer neue Kooperationsstrukturen übereinander geschichtet wurden. Diese Entwicklung wird mittlerweile von nahezu jedem als Hindernis für die Förderung von Kooperation in relevanten Gebieten angesehen. Folglich wird über eine Vereinfachung des Systems intraregionaler Kooperation nachgedacht, was zu einer beachtlichen Verringerung der Zahl der ÉPCI führen dürfte. Mehrere Vorschläge befassen sich mit der Ersetzung bestimmter ÉPCI durch andere; in einigen wird beispielsweise die Umwandlung der Distrikte in Umlandverbände erörtert (Nationalversammlung, 1995). Einer davon wurde gebilligt und 1997 als Gesetz verabschiedet. Dieses Gesetz befasst sich mit dem bereits erwähnten Problem, dass bei Ersetzung einer ÉPCI durch eine andere beide notwendigerweise dasselbe Gebiet abdecken müssen. Nach dem neuen Gesetz kann ein Distrikt auch dann in einen Umlandverband umgewandelt werden, wenn das neue Gebiet größer ist, vorausgesetzt allerdings, die Bewohnerzahl des neuen Umlandverbandes liegt höchstens zehn Prozent über der des ehemaligen Distrikts. Man mag dies für eine nur sehr kleine Änderung halten, aber sie ist ein erster Schritt auf dem Weg zur Abschaffung der in Frankreich seit jeher geltenden Regel des „unveränderlichen Gebietszuschnitts" (Territoire Constant).

- Schaffung einer neuen Ebene der Kommunalverwaltung: Die Umsetzung der Dezentralisierung und der relative Rückzug des Staates aus vielen Aufgabenbereichen hinderten staatliche Verwaltungen nicht daran, sich mit territorialen und institutionellen Fragen zu beschäftigen. Zwar änderten sich Rolle und Eingriffsmodalitäten des Staates durch die Dezentralisierung, aber die institutionelle Organisation des französischen Staatsgebiets fällt weiterhin in die Zuständigkeit des Zentralstaates. Das letzte einschlägige Gesetz (LOADT) von 1995 ist hierfür ein guter Beleg, insbesondere weil es einen Nationalen Raumordnungsplan (Schéma National d'Aménagement du Territoire) vorsieht.

Wenn also der Staat bei diesem Thema fast ein Jahrzehnt (1981-1991) abwesend war, was man als einen angemessenen Zeitraum für die „Verdauung" der ersten Auswirkungen der Dezentralisierungsgesetze ansehen kann, so schlägt

---

[16] Vgl. Anhang: Entwurf des Ministeriums des Inneren vom Juni 1998.

das Pendel seit Anfang der 90er Jahre wieder in die andere Richtung. Die 1993 und 1994 sehr öffentlichkeitswirksam geführte und vom Staat initiierte Debatte über die nationale Raumordnung (Débat sur l'Aménagement du Territoire) brachte den Staat eindeutig wieder ins Geschehen zurück, allerdings ist die Position der Regierung noch ungewiss. Während beispielsweise die DATAR beauftragt war, ein nationales Raumordnungsprogramm zu erarbeiten, das auch das Thema der Institutionen angehen sollte, stoppte die neue sozialistische Regierung dieses Verfahren vorerst. Trotzdem bleiben, wie schon gesagt, zwei Reformprojekte weiter auf der Tagesordnung.

In Anbetracht der Tatsache, dass das bestehende System territorialer Institutionen überholt ist, weil es wirtschaftlicher Leistung und sozialer Kohäsion im Wege steht (Guigou, 1995), schlägt die DATAR die Einrichtung zweier neuer Institutionen bis zum Jahr 2015 vor. 400 Pays und 100 Agglomérations[17] sollen bis dahin neu gegründet werden. Während die Pays für kleine städtische Gebiete und ländliche Räume gedacht sind, sollen die Agglomérations in wirklich urbanen Räumen eingerichtet werden. Nach den Statistiken des INSEE würde die kleinste Agglomération 56 000 Einwohner umfassen und damit der geschätzten Größe des größten Pays entsprechen. Für jede Agglomération wird ein eigenes, gewähltes Parlament auf der Grundlage des PLM-Gesetzes vorgeschlagen. Dieses Gesetz von 1982, das den rechtlichen Status von Paris, Lyon und Marseille (daher „PLM") festlegte, hat eindeutig zu einer signifikanten Veränderung der Organisationsstruktur und der politischen Vertretung in diesen drei Städten geführt. Vor 1982 waren die drei Städte in mehrere Arrondissements (Stadtbezirke) unterteilt, die lediglich den Status von Verwaltungsuntereinheiten besaßen (20 in Paris, neun in Lyon und 16 in Marseille). Das PLM-Gesetz führte ein dezentralisiertes System mit „Bezirksbürgermeistern" (Maire d'Arrondissement) und gewählten „Bezirksvertretungen" (Conseil d'Arrondissement) ein, die mit einigen Befugnissen ausgestattet wurden. Im Wesentlichen waren diese beratender Natur, z.B. bei der Erstellung des lokalen Flächennutzungsplans (Plan d'Occupation des Sols) oder bei der Ausweisung von besonderen Entwicklungsgebieten (Zones d'Aménagement Concerté – ZAC) u.ä. Die Bezirksvertretungen werden heute direkt gewählt, und nur aus ihrem Kreis können auch die Mitglieder des Stadtrats gewählt werden (es gibt doppelt so viele gewählte Bezirksvertretungs- wie Stadtratsmitglieder). Die Wahlen für die beiden Organe finden daher gleichzeitig statt. Das LOADT-Gesetz von 1995 schlug die Ausdehnung dieses bisher nur für Paris, Lyon und Marseille geltenden PLM-Systems (in Bezug auf Befugnisse und politische Vertretung) auf alle Kooperationsstrukturen mit eigenen Steuereinnahmen vor. In der Praxis könnte dies bedeuten, dass die Mitgliedsgemeinden eines Umlandverbandes beispielsweise nur

---

[17] Nicht zu verwechseln mit den Agglomerationen im Sinne der INSEE-Definition, vgl. Fußnote 9 (Anmerkung des Übersetzers).

bestimmte Befugnisse behalten würden (was einer deutlichen Beschneidung ihrer bisherigen Zuständigkeiten gleichkäme) und der Rat des Umlandverbandes direkt gewählt würde und somit in der gleichen Weise demokratisch legitimiert wäre wie die Stadt- und Gemeinderäte, ausgestattet allerdings mit mehr Befugnissen.

Solche, in verschiedenen Organisationen der Zentralregierung (DATAR, Commissariat Général du Plan) angestellten Überlegungen finden auch auf lokaler Ebene in Gemeindeverbänden Unterstützung. So befürworten beispielsweise der Verband der Bürgermeister französischer Großstädte (AMGVF) und das Institut für Dezentralisierung (Institut de la Décentralisation) ausdrücklich eine einschneidende Reform, die den gebietsweiten Verwaltungseinheiten gegenüber Kommunen und Départements mehr Autonomie bringen soll. Für die großen Ballungsräume und die mit den am weitesten entwickelten Kooperationsansätzen wurde vorgeschlagen (Institut de Décentralisation, 1996), eigene gebietsweite und direkt gewählte Vertretungskörperschaften einzurichten und das „System der Ämterhäufung" (entsprechend der Praxis in den meisten westeuropäischen Ländern) zu verbieten. Gleichzeitig soll nach diesem Vorschlag das kommunale Steuersystem von Grund auf reformiert werden. Diese Überlegungen werden zur Zeit öffentlich erörtert; sie wurden auch intensiv auf nationalen Konferenzen diskutiert (CRDT-OIPR, 1997). Wenn diese Vorschläge für eine schnelle Umsetzung auch in vielem zu radikal sind, so stecken sie doch den Rahmen für die gegenwärtige Debatte ab, da sie sowohl im Staatsapparat als auch bei einigen lokalen Gebietskörperschaften starke Unterstützung fanden.

Alle diese Veränderungen werden das bisherige Verhältnis von Gewinnern und Verlierern nachhaltig beeinflussen. Zu den Gewinnern werden wahrscheinlich diejenigen politischen und ökonomischen Kräfte zählen, die die Schaffung neuer Gebietskörperschaften in intraregionalem Maßstab befürworten. Hierzu zählt insbesondere die neue politische Elite, die für Umlandverbände, städtische Distrikte und einige Regionen votiert. Zu den Verlierern werden die einzelnen Kommunen der Verdichtungsräume zählen, da sie einige ihrer wirtschaftlichen und politischen Befugnisse werden abgeben müssen (darunter auch solche, die ihnen erst durch die Dezentralisierungsgesetze übertragen worden waren). Auch die Départements werden zu den Verlierern zählen. Sie werden am meisten unter der Einrichtung intraregionaler Gebietskörperschaften leiden, weil die Schaffung solcher Institutionen ihre Daseinsberechtigung in Frage zu stellen droht. Die Abschaffung von Départements, zumindest derjenigen in den größten städtischen Räumen, ist damit nicht länger ein Tabuthema. Mehr und mehr setzt sich die Erkenntnis durch, dass zwei starke Institutionen wie intraregionale Gebietskörperschaften und Départements nicht nebeneinander im selben Raum bestehen können. Die Vorschläge der DATAR stoßen deshalb auch auf heftige Kritik seitens der APCG (Association des Présidents de Conseils Généraux), dem Verband der Präsidenten der Départementsräte, denn diese befürchten, das geheime Ziel dieser Vorschläge sei die Abschaffung der Départements. Und in der Tat lässt die sich abzeichnende neue institutionelle Struktur mit Gemeinden, intraregionalen Gebietskörperschaften (Pays und Agglomérations beispielsweise) und den Regionen die Départements außen vor, da für sie in diesem Rahmen kein Platz mehr ist. Die Départements besitzen allerdings zur Zeit noch große Macht und starken Einfluss, und sie genießen auch die Unterstützung vor allem jener politischen Parteien, die für die Aufrechterhaltung des von Napoleon eingeführten politisch-administrativen Systems eintreten. Dies sind z.B. die Kommunistische Partei Frankreichs (PCF), die Nationale Front (FN), ein Flügel der Sozialistischen Partei (MDC) sowie ein Teil der größten konservativen Partei (RPR). Die Abschaffung der Départments kann daher – wenn überhaupt – nur auf lange Sicht ins Auge gefasst werden.

V.   Abschließende Bewertung

Die Zukunft der intraregionalen Kooperation kann eventuell genauso vielversprechend sein, wie auf der anderen Seite die Bewertung gegenwärtig bestehender Kooperationsansätze negativ oder kritisch geraten musste. Das liegt vielleicht daran, dass die französische Gesellschaft, insbesondere ihre politische Klasse auf lokaler und nationaler Ebene, mittlerweile reif für Reformen geworden ist, die ihre politischen und institutionellen Strukturen maßgeblich verändern würden. Eine solche Entwicklung lässt sich auf mehrere Faktoren zurückführen, zwei davon spielen jedoch eine besondere Rolle, nämlich die Dezentralisierung und die zunehmende Bedeutung Europas:

- die Dezentralisierung, weil die Kommunen und ihre Spitzen nach etwa zehnjähriger Erfahrung mit mehr Autonomie zu realisieren begonnen haben, dass sie sich nicht länger ausschließlich auf ihre eigenen Ressourcen oder die der Zentralregierung verlassen können und das Institutionensystem folglich transformiert werden muss;

- Europa, weil es lokale Kräfte gezwungen hat, über den Tellerrand hinauszuschauen, zu vergleichen und in den Wettbewerb einzutreten, und damit zu erkennen, dass sie im Sinne ihrer Weiterentwicklung zusammenarbeiten müssen. Natürlich ist das keine homogene, für das gesamte französische Staatsgebiet geltende Entwicklung. Einige städtische Räume – oder auch ländliche Räume – sind bereits gut positioniert (Lille oder Straßburg z.B.), während andere (Bordeaux oder Marseille beispielsweise) gerade erst damit begonnen haben, in diese

Richtung zu denken. Aber die Zeichen des Wandels sind zu deutlich, als dass man sie missachten könnte.

Für die französische Gesellschaft wirft dies ein Problem und eine Frage auf: Das Problem ist die mangelnde Beteiligung nicht öffentlicher Akteure und Bürger an diesem Transformationsprozess. Und die Frage lautet, wie man mit dem so genannten Ende des republikanischen Territoriums umgehen soll.

Wenn es stimmt, dass die institutionelle Organisation des Staatsgebiets ein wichtiger Faktor für die wirtschaftliche Leistungsfähigkeit ist (Veltz, 1996), dann ist die mangelnden Beteiligung des Privatsektors ein Problem, dem man sich stellen muss. Das gleiche gilt für das Demokratiedefizit, das heißt die mangelnde Bürgerbeteiligung an dieser Debatte. Die demokratische Legitimität öffentlicher Politiken, die von bestimmten Institutionen in einzelnen Gebieten realisiert werden sollen, kann nämlich als ein entscheidender Faktor für den Erfolg dieser Politiken angesehen werden. Man kann daher prognostizieren, dass intraregionale Kooperation nicht die von ihren Befürwortern erwarteten Ergebnisse erzielen wird, solange sie nicht mit einer stärkeren Beteiligung des Privatsektors und der Bürger einhergeht.

Die meisten der genannten Vorschläge und gegenwärtigen Gedankenspiele werden im Falle ihrer Verwirklichung das Ende der traditionellen republikanischen Auffassung des nationalen Territoriums als eines homogen organisierten Staatsgebietes nach sich ziehen. Frankreich ist ein Zentralstaat, und wenn bestimmte Gebiete, wie z.B. die größten Städte, besonders behandelt werden, mit spezifischen Gebietskörperschaften und spezifischen Finanzquellen, dann könnte dies ein erster Schritt in Richtung der Demontage einer Staatsvorstellung sein, die die räumliche Ordnung Frankreichs spätestens seit der Französischen Revolution bestimmt hat. Wir werden wohl, so fürchten viele, wie z.B. der gegenwärtige Innenminister, eine räumliche Ordnung „à la carte" je nach der Bereitschaft und dem Grad der Mobilisierung lokaler Akteure erleben. Solch eine Entwicklung ist keineswegs unrealistisch, da in einigen Fällen bereits damit begonnen wurde, neue politische Räume einzurichten. In Lyon gab es beispielsweise Versuche, die Stadtregion Lyon (Région Urbaine de Lyon – RUL) zu gründen, die mit rund 450 Mitgliedsgemeinden ein wesentlich größeres Gebiet abdecken würde als die COURLY. Die RUL wird von einigen als Vorläufer einer starken intraregionalen Gebietskörperschaft angesehen, die die Metropolregion Lyon benötigt, um auf internationaler Ebene kooperieren und konkurrieren zu können. Auch einige Regionen (Bretagne, Midi-Pyrénées) haben angefangen, über ihre interne räumliche Organisation nachzudenken und entsprechende Studien durch ihre Wirtschafts- und Sozialausschüsse in Auftrag gegeben. In diesem Kontext könnte auch der Begriff der neuen Pays je nach lokalen Rahmenbedingungen unterschiedlich ausgelegt werden.

Das räumliche Institutionengefüge ist ein System; wird ein Element verändert, so hat das Auswirkungen auf die ganze Struktur. Die augenblickliche Kontroverse um die Départements ist ein guter Beleg für diesen Zusammenhang, da sie sowohl das gesamte System als auch die gegenwärtigen Befugnisse aller lokalen Gebietskörperschaften in Frage stellt, das heißt nicht nur die der Gemeinden auf der unteren, sondern auch die der Regionen auf der oberen Ebene. So stellt sich beispielsweise die Frage, welche Rolle Regionen in einer neuen institutionellen Konfiguration spielen sollen. Es ist klar, dass die meisten Regionen mehr Befugnisse und mehr Ressourcen wollen. In den Dezentralisierungsgesetzen wurden die Regionen als Verwaltungseinheiten für Programmentwicklung und Planung konzipiert. Aber in der Zwischenzeit haben sich viele auch mit anderen Themen und Sektoren beschäftigt, und die reichsten unter ihnen (Rhône-Alpes, Ile-de-France, Nord-Pas-de-Calais) haben unmissverständlich klargemacht, dass sie eine gewichtige Rolle in politischen, wirtschaftlichen und sozialen Belangen spielen wollen (Lefèvre, 1997).

Obwohl die Frage des Föderalismus nicht auf der Tagesordnung steht, wie in Spanien oder Italien, wurde das Problem der Reorganisation des französischen Institutionensystems erst kürzlich vom Interministeriellen Ausschuss für Raumordnung CIAT (Comité Interministériel sur l'Aménagement du Territoire) angesprochen. Zwei sehr unterschiedliche Positionen kristallisierten sich dabei heraus: Auf der einen Seite betonte der Innenminister, dass der zentralstaatliche Charakter der französischen Republik nicht zur Disposition stehe; auf der anderen Seite vertrat die Ministerin für Umwelt und Raumordnung (die Vorsitzende der Grünen Partei, Les Verts) die Ansicht, die aus Gemeinden, Départements und dem Zentralstaat bestehende institutionelle Struktur solle durch eine andere ersetzt werden: mit den Eckpfeilern Agglomérations, Regionen und Europa, wobei die Frage nach der Position des Nationalstaates offen bleibt. Fest steht jedoch, dass die Ergebnisse solcher Debatten in den kommenden Jahren deutliche Auswirkungen auf die Zukunft intraregionaler Kooperation in Frankreich haben werden.

Literatur

Assemblée Nationale, La transformation des districts urbains en communautés urbaines, Paris 1995 (Bericht Picotin, Nr. 2 419).

Association des Districts et des Communes de France (ADCF), Propositions pour l'intercommunalité, Paris 1994.

Association des Maires des Grandes Villes de France (AMGVF), Document de présentation de l'AMGVF, o.O. 1997.

Association des Maires des Grandes Villes de France (AMGVF), Bilan et réalité de la coopération intercommunale dans les grandes villes, Paris 1989 (Studie 97).

Baguenard, J., und J.M. Bécet, La démocratie locale. Que Sais-Je?, Paris 1995.

Biarez, S., Le pouvoir local, o.O. 1989.

Bréchon-Moulènes, C., Les organisations intercommunales, Paris 1988.

Caillosse, J., u.a., Les sociétés d'économie mixte locales: outils de quelle action publique?, in: F. Godard (Hrsg.), Le gouvernement des villes: territoire et pouvoir, Paris 1997.

Caillosse, J. (Hrsg.), Intercommunalités: invariance et mutation du modèle communal français, Rennes 1994.

Commissariat Général du Plan, Décentralisation, l'âge de raison, Paris 1993.

Commissariat Général du Plan, Ville, démocratie, solidarité: le pari d'une politique, Paris 1993.

Conseil Economique et Social, Espaces de solidarité, bassins de vie et pays, Paris 1996 (Rapport Rapeaud).

CRDT-OIPR, Construire les dynamiques des territoires: processus, acteurs, institutions et développement, Paris 1997.

Crozier, M., und J.C. Thoenig, La régulation des systèmes organisés complexes, in: Revue Française de Sociologie 6, 1975, H. 1.

Délégation à l'Aménagement du Territoire et à l'Action Régionale (DATAR), Schéma national d'Aménagement du Territoire: propositions des commissions thématiques, Paris 1997.

Delevoye, J.P., und D. Hoeffel, La décentralisation: Messieurs de l'Etat, encore un effort!, in: Les rapports du Sénat, Paris 1997.

Delfau, G., Le retour du citoyen: démocratie et territoires, La Tour d'Aigues 1994.

Direction Générale des Collectivités Locales (DGCL), Les collectivités locales en chiffres, Paris o.J. (1992-1997).

Direction Générale des Collectivités Locales (DGCL), Rapport sur l'intercommunalité, Paris 1996.

Durand, P., und J.C. Thoenig, L'Etat et la gestion publique territoriale, in: Revue Française de Science Politique, 1996.

Godard, F. (Hrsg.), Le gouvernement des villes: Territoires et Pouvoir, Descartes, Paris 1997.

Grémion, P., Le pouvoir périphérique, o.O. 1976.

Gilbert, G., und A. Guengant, La fiscalité locale en question, Paris 1991.

Guigou, J.L., France 2015, La Tour d'Aigues 1995.

Institut de la Décentralisation, De l'intercommunalité fonctionnelle à la supra-communalité citoyenne, Boulogne-Billancourt 1996a (hrsg. von C. Lefèvre).

Institut de la Décentralisation, La décentralisation en France, Paris 1996.

Jouve, B., u.a., La région urbaine de Lyon, entre projets d'aménagement et dynamiques institutionnelles, Zwischenbericht für die Region Rhône-Alpes, o.O. 1997.

Kooiman, J., Modern Governance, London 1993.

Lefèvre, C., Metropolitan government and governance in Western countries: a critical review, in: International Journal of Urban and Regional Research, 1998, H. 2.

Lefèvre, C., L'Europe en ses villes: de la recherche du bon gouvernement à la gouvernance régionale, in: S. Wachter, Des villes architectes, La Tour d'Aigues 1997.

Lefèvre, C., De l'intercommunalité fonctionnelle à la supra-communalité citoyenne, in: Institut de la Décentralisation, La décentralisation en France, Paris 1996.

Lefèvre, C., Les institutions d'agglomération dans les pays industrialisés: analyse comparative des cas italiens, français, britanniques et nord-américains, o.O. 1993.

Lefèvre, C., D. Lorrain und J.M. Offner, Territoires en coupe, o.O. 1997 (Bericht für die DATAR).

Lefèvre, C., und J. Pucher, The urban transport crisis in Europe and North America, London 1996.

Le Jeannic, T., La délimitation des nouvelles aires urbaines, in: Pumain, D. und Godard, F., Données urbaines, Paris 1996.

Lorrain, D., Le modèle ensemblier en France, in: E. Campagnac, Les grands groupes de la construction: de nouveaux acteurs urbains?, Paris 1992.

Lorrain, D., Public goods and private operators in France, in: R. Batley und G. Stoker (Hrsg.), Local Government in Europe, trends and development, London 1991.

Mabileau, A., Le système local en France, Paris 1991.

Mény, Y., La république des Fiefs, o.O. 1990.

Ohnet, J.M., Histoire de la décentralisation française, Paris 1996.

Némery, J.C., und S. Wachter, Gouverner les territoires, La Tour d'Aigues 1995.

Némery, J.C., und S. Wachter, Entre l'Europe et la décentralisation: les collectivités territoriales françaises, La Tour d'Aigues 1993.

Padioleau, J.G., und R. Demesteere, Les démarches stratégiques de planification des villes, in: Annales de la Recherche Urbaine, Bd. 10, 1991.

Prospectives d'Urbapress, Quel avenir pour les agglomérations?, in: Urbapress, 1996, H. 19.

Pumain, D., und F. Godard, Données urbaines, Paris 1996.

Rondin, J., Le sacre des notables, Paris 1985.

Rousseau, M.P., L'économie publique d'une grande agglomération: Lyon, Créteil 1997.

Saez, G., u.a., Gouvernance metropolitaine et transfrontalière: l'action publique territoriale, Paris 1997.

Sorbets, C., Le pouvoir d'agglomération: projections centrales et écran local, in: A. Mabileau, Les pouvoirs locaux à l'épreuve de la décentralisation, Paris 1983.

Sueur (Commission), Demain la ville, Paris 1998.

Veltz, P., Villes, mondialisation et territoires, Paris 1996.

Wachter, S. (Hrsg.), Des villes architectes, La Tour d'Aigues 1997.

Abkürzungsverzeichnis

ADCF	Association des Districts et des Communes de France Verband der Distrikte und Gemeinden Frankreichs
ADERLY	Association pour le Développement Economique de la Région Lyonnaise Verein für die Wirtschaftsentwicklung der Region Lyon
AMF	Association des Maires de France Verband der Bürgermeister Frankreichs
AMGVF	Association des Maires des Grandes Villes de France Verband der Bürgermeister der französischen Großstädte
APCG	Association des Présidents de Conseils Généraux Verband der Präsidenten der Generalräte auf der Ebene der Départements
ATR	Loi sur l'Administration Territoriale de la République Gesetz über die Territorialverwaltung der Republik von 1992
CC	Communauté de Communes Gemeindeverband
CCI	Chambre de Commerce et d'Industrie Industrie- und Handelskammer
COURLY	Communauté Urbaine de Lyon Umlandverband Lyon
CUB	Communauté Urbaine de Bordeaux Umlandverband Bordeaux
CUdL	Communauté Urbaine de Lille Umlandverband Lille
CV	Communauté de Villes Stadtverband
DATAR	Délégation à l'Aménagement du Territoire et à l'Action Régionale Staatliche Raumordnungs- und Regionalbehörde
DGCL	Direction Générale des Collectivités Locales Generaldirektion der kommunalen Gebietskörperschaften

DGF	Dotation Globale de Fonctionnement
	Allgemeine Betriebskostenpauschale
DTA	Directive Territoriale d'Aménagement
	Territoriale Richtlinien für Raumplanung
ÉPCI	Établissement Public de Coopération Intercommunale
	Öffentliche Einrichtung für interkommunale Zusammenarbeit
	(i.d.R. Zweckverbände)
INSEE	Institut National de Statistiques et d'Etudes Economiques
	Staatliches Institut für Statistik und Wirtschaftsforschung
LOADT	Loi sur l'Aménagement et le Développement du Territoire
	Staatliches Rahmengesetz zur Raumordnung und -entwicklung
LOF	Loi d'Orientation Foncière
	Staatliches Rahmengesetz zur Flächennutzung von 1967
LOV	Loi d'Orientation sur la Ville
	Städtebaurahmengesetz von 1991
PLM	Paris, Lyon, Marseille
POS	Plan d'Occupation du Sol
	Kommunaler Bebauungsplan
RUL	Région Urbaine de Lyon
	Stadtregion Lyon
SDAU	Schéma Directeur d'Aménagement et d'Urbanisme
	Regionaler Flächennutzungsplan
SEML	Société d'Economie Mixte Locale
	Gemischtwirtschaftliches Unternehmen auf lokaler Ebene
SIEP	Syndicat Intercommunal d'Etude et de Programmation
	Interkommunaler Zweckverband für Forschung und Planung
SIVU	Syndicat Intercommunal à Vocation Unique
	Interkommunaler Zweckverband mit nur einem Geschäftszweck
SIVOM	Syndicat Intercommunal à Vocation Multiple
	Interkommunaler Mehrzweckverband
SNAT	Schéma National d'Aménagement du Territoire
	Nationaler Raumordnungsplan

Anhang

Gesetz zur Organisation verstädterter Räume und zur Vereinfachung der interkommunalen Zusammenarbeit*

1. Die wichtigsten Prinzipien des Gesetzes

Die vor etwas mehr als einem Jahrhundert eingeführte interkommunale Zusammenarbeit hat in den letzten 20 Jahren einen deutlichen Entwicklungsschub erfahren. Die unterschiedlichen Formen interkommunaler Zusammenarbeit, die seit der Einführung der interkommunalen Zweckverbände im Jahre 1890 entstanden sind – heute zählt man acht mögliche Formen interkommunaler Kooperation – bieten den Kommunen die Möglichkeit, bei der Bereitstellung und Verwaltung spezifischer Dienstleistungen (wie z.B. im Bereich der Wasserver- und -entsorgung oder der Hausmüllbeseitigung) zusammenzuarbeiten, die sie alleine nicht hätten gewährleisten können. Die kommunale Identität, auf die französische Bürger besonderen Wert legen, stellen diese Ansätze nicht in Frage. Die Zahl der interkommunalen Zweckverbände mit nur einem Geschäftszweck (Syndicats Intercommunaux à Vocation Unique) und der Mehrzweckverbände (Syndicats Intercommunaux à Vocation Multiple) ist von ungefähr 10 000 im Jahr 1972 auf mehr als 16 000 im Jahr 1996 gestiegen.

Über das einfache Management von Dienstleistungen hinaus wurden Kommunen bald auch mit der Notwendigkeit konfrontiert, neue Aufgaben im Bereich der lokalen Wirtschafts- und Raumentwicklung zu übernehmen. Hierfür wurden interkommunale Verbände mit eigenen Finanzmitteln eingerichtet – die 1959 gegründeten „Distrikte" waren dafür das erste Beispiel.

Das Rahmengesetz zur territorialen Verwaltung der Republik vom 6. Februar 1992 (Loi sur l'Administration Territoriale de la République) führte neue interkommunale Kooperationsformen ein: den Gemeindeverband (Communauté de Communes) und den Stadtverband (Communauté de Villes) mit gesetzlich gesicherten Kompe-

---

*   Französisches Ministerium des Inneren, Generaldirektion für die lokale Ebene, Juni 1998.

tenzen in den Bereichen der wirtschaftlichen Entwicklung und der Raumplanung. Seither spielen interkommunale Kooperationsansätze mit eigenen Finanzmitteln eine immer größere Rolle.

Gab es 1992 erst 269 solche Verbände, zählt man heute bereits 1 577 öffentlich-rechtliche Körperschaften für interkommunale Zusammenarbeit mit eigenen Finanzmitteln (Établissements Publics de Coopération Intercommunale à Fiscalité Propre). Von den 36 763 Gemeinden Frankreichs waren am 1. Januar 1998 17 760 – also fast die Hälfte mit insgesamt 31,7 Millionen Einwohnern – Mitglieder solcher Verbände.

Hinter diesem Erfolg verbergen sich jedoch im Detail unausgewogene Verhältnisse: Die interkommunale Zusammenarbeit hat in der letzten Zeit vor allem den kleinen Gemeinden genutzt. Von den 17,6 Millionen Einwohnern, die im Einzugsgebiet von Kooperationsansätzen des mit dem Gesetz von 1992 ermöglichten Typus leben, haben mehr als zehn Millionen ihren Wohnort in Gemeinden mit weniger als 50 000 Einwohnern. Doch die Kernprobleme der französischen Gesellschaft konzentrieren sich gerade in den größeren Agglomerationen. Deswegen muss versucht werden, einen räumlichen Zusammenhalt (Cohésion Territoriale) durch Verringerung der Disparitäten zwischen den von den Kommunen erbrachten Dienstleistungen wiederherzustellen. Es kann keine staatliche Raumplanungspolitik geben, wenn in dieser Politik keine nationale Solidarität mit den schwächsten Räumen zum Ausdruck kommt.

Es geht folglich darum, geeignete Kooperationsformen für die verstädterten Räume (Aires Urbaines) zu entwickeln, in denen heute 80 Prozent der französischen Bevölkerung leben, um die dort auftretenden sozialen Probleme in den Griff zu bekommen.

Diese Räume sind im Allgemeinen die adäquate Ebene für die Umsetzung kohärenter Wohnungs-, Verkehrs-, Planungs- und Flächennutzungspolitiken. Agglomerationen müssen nicht nur einen Platz in den staatlichen Politiken für die Städte finden – die sich zu lange auf die Ebene der Stadtteile beschränkt haben –, sondern auch in den kommunalen Institutionen Frankreichs.

Das Gesetz zur Organisation verstädterter Räume und zur Vereinfachung der interkommunalen Zusammenarbeit soll Agglomerationen und verstädterten Räumen (Aires Urbaines) die notwendigen institutionellen Mittel zur Umsetzung solcher Politiken an die Hand geben:

- zum einen durch eine Neudefinition von Umlandverbänden (Communautés Urbaines) als Kooperationstypus für große bis sehr große Agglomerationen mit mindestens 500 000 Einwohnern und einem sehr hohen Integrationsgrad;

- zum andern dadurch, dass verstädterte Räume (Aires Urbaines) mit mindestens 50 000 Einwohnern, in denen heute insgesamt 37,4 Millionen Einwohner leben, eine angemessene Berücksichtigung in institutioneller, steuerlicher und finanzieller Hinsicht erfahren, auch deshalb, weil sie ein hohes wirtschaftliches Potenzial besitzen (75 Prozent der in Frankreich erzielten Gewerbesteuereinnahmen kommen aus diesen Räumen).

1.1 Anerkennung auf institutioneller Ebene durch Schaffung einer neuen Struktur: der Agglomerationsverband (Communauté d'Agglomération)

Agglomerationsverbände können binnen eines Zeitraums von fünf Jahren – ab dem Zeitpunkt des In-Kraft-Tretens des Gesetzes – gegründet werden. Diese Verbände gelten für verstädterte Bereiche, müssen einen zusammenhängenden Raum von mindestens 50 000 Einwohnern umfassen und eine Kerngemeinde von mindestens 15 000 Einwohnern einschließen. Die Abgeordneten von Agglomerationsverbänden (Communauté d'Agglomération) werden aus dem Kreis der Stadt- und Gemeinderäte der Mitgliedskommunen benannt. Zur Durchführung von Projekten zur Wirtschaftsentwicklung, zur räumlichen Planung und zur Organisation kommunaler Dienstleistungen werden die Verbände mit erweiterten Kompetenzen ausgestattet.

Agglomerationsverbänden werden zu diesem Zweck von Rechts wegen folgende obligatorische Befugnisse übertragen:

- Durchführung von Gemeinschaftsprojekten zur Wirtschaftsentwicklung;
- Raumplanung: übergreifende Flächennutzungsplanung sowie sektorale Planungen (Schéma Directeur et Schéma de Secteur), Organisation des ÖPNV;
- sozial ausgeglichene Wohnungsversorgung;
- Umsetzung der staatlichen „Politik für die Städte".

Zusätzlich müssen sie mindestens zwei der folgenden vier Zuständigkeiten übernehmen:

- Bau, Planung und Unterhaltung lokaler Verkehrswege; Reinhaltung der Luft;
- Wasserreinhaltung und Wasserqualität;
- Hausmüllabfuhr und -entsorgung;
- Bau, Planung, Unterhaltung und Management von öffentlichen Sport- und Kultureinrichtungen sowie von Grund- und Vorschulen, die von öffentlichem Interesse sind.

1.2 Anerkennung in steuerlicher Hinsicht durch Einführung eines einheitlichen Gewerbesteuersystems (Taxe Professionelle Unique – TPU)

Für den Agglomerationsverband als Kooperationsstruktur mit eigenen Steuereinnahmen gilt eine einheitliche Gewerbesteuer; damit soll wirtschaftliche und steuerliche Solidarität innerhalb seiner Gebietsgrenzen gewährleistet werden.

Um zusätzliche Anreize zur Einführung dieses Systems zu schaffen, sollen Agglomerations- und Umlandverbände (Communautés Urbaines) außer der einheitlichen Gewerbesteuer optional eine Ergänzungsabgabe auf die haushaltsbezogenen kommunalen Steuern (Grundsteuer und Wohnsteuer) erheben dürfen. Unabhängig von der Entscheidung zwischen beiden Optionen (nur TPU oder TPU plus Ergänzungsabgabe) werden interkommunale Kooperationsansätze nicht mehr gezwungen sein, ihre Gewerbesteuerhebesätze zu senken, sobald die Hebesätze der Kommunalsteuern in den Gemeinden sinken. In den darauf folgenden drei Jahren dürfen sie allerdings die Gewerbesteuersätze um höchstens die Hälfte des Anstiegs der haushaltsbezogenen Steuern in den Gemeinden erhöhen.

1.3 Anerkennung in finanzieller Hinsicht durch Zuweisung einer allgemeinen Betriebskostenpauschale (Dotation Globale de Fonctionnement – DGF)

Das Gesetz setzt diese allgemeine Betriebskostenpauschale für Agglomerationsverbände auf 250 Francs pro Einwohner fest, also auf mehr als das Doppelte des Betrages für Gemeindeverbände (Communautés de Communes). Außerdem wird der so genannte Koeffizient der steuerlichen Integration (Coefficient d'Intégration Fiscale), welcher der Berechnung der allgemeinen Betriebskostenpauschale zugrunde gelegt wird, für einen Zeitraum von zehn Jahren kalkuliert, um die Finanzierung langfristiger interkommunaler Projekte zu fördern und punktuelle Gelegenheitsinitiativen finanziell weniger attraktiv zu machen.

Anreize zur Bildung von Agglomerationsverbänden sollen aber nicht auf Kosten der existierenden Formen interkommunaler Zusammenarbeit oder der Kommunen geschaffen werden. Deren Finanzierungsmittel müssen erhalten bleiben.

Der Umfang der unter dem Titel „Allgemeine Betriebskostenpauschale für die Förderung interkommunaler Zusammenarbeit im städtischen Raum" bereitgestellten Haushaltsmittel muss folglich aufgestockt werden. Da die DGF den Mitteln zur Förderung der kommunalen Haushalte entnommen wird, werden diese mit zusätzlichen 500 Millionen Francs ausgestattet.

Die institutionelle Struktur der interkommunalen Zusammenarbeit mit ihren acht unterschiedlichen Rechtsformen ist offensichtlich zu komplex.

Der Gesetzentwurf verfolgt das Ziel, einheitliche rechtliche Rahmenbedingungen zu schaffen, die für alle öffentlich-rechtlichen Formen der interkommunalen Zusammenarbeit (Établissements Publics de Coopération Intercommunale - ÉPCI) gleichermaßen gelten. Die spezifischen Bestimmungen für jede der unterschiedlichen Formen sollen auf das absolut Notwendige beschränkt bleiben.

Einheitlich sollen vor allem folgende Aspekte geregelt werden:

- Ernennung der kommunalen Abgeordneten sowie Repräsentation der Kommunen,

- Dauer der Mandate,

- Delegation von Kompetenzen,

- Bestimmungen für eine qualifizierte Stimmenmehrheit,

- Auflösungsvoraussetzungen.

In der Absicht, die institutionelle Struktur der interkommunalen Zusammenarbeit zu vereinfachen, sieht das Gesetz darüber hinaus die Umwandlung der Distrikte in Gemeindeverbände (Communautés de Communes) oder in kommunale Zweckverbände (Syndicats des Communes) vor; es ist auch eine Umwandlung in Agglomerationsverbände oder Umlandverbände möglich, wenn sie bereits entsprechende Kompetenzen wahrnehmen. Das gleiche gilt für Stadtverbände (Communautés de Villes), die in Agglomerationsverbände (wenn sie entsprechende Funktionen innehaben) oder in Gemeindeverbände (Communautés de Communes) überführt werden können.

Umfang und Gewicht der Kompetenzen, die bereits heute von interkommunalen Kooperationsansätzen wahrgenommen werden, erfordern Mechanismen, die ihre Transparenz vergrößern. Deshalb ist vorgesehen, daß in den Organen der ÉPCI mit eigenen Steuermitteln nur gewählte Ratsmitglieder aus den angeschlossenen Gemeinden einen Sitz haben können. Außerdem ist der Vorsitzende eines solchen interkommunalen Verbandes gehalten, Stellungnahmen der Mitgliedsgemeinden zu seinem Haushaltsentwurf einzuholen und einen jährlichen Rechenschaftsbericht vorzulegen, der in den Mitgliedsgemeinden zur Diskussion gestellt wird. Schließlich kann jedes Entscheidungsorgan einer ÉPCI einen beratenden Ausschuß zu jeder Frage von interkommunalem Interesse gründen, um die Information der Bürger zu verbessern und ihre Beteiligung zu stärken.

2. Interkommunale Zusammenarbeit in Zahlen

Tabelle 6: Quantitative Entwicklung von Kooperationsansätzen*

Typen[1]	1972	1980	1988	1993	1995	1996	1997	1998
SIVU[2] (1890)	9 289	11 664	12 907	14 584	14 551	14 614	–	–
SIVOM[3] (1959)	1 243	1 980	2 287	2 362	2 106	2 221	–	–
Distrikte (1959)	95	147	165	289	322	318	316	310
Umlandverbände	8	9	9	9	9	10	11	12
SAN[4] (1970)			9	9	9	9	9	9
Gemeindeverbände (1992)				554	756	894	1 105	1 241
Stadtverbände (1992)				4	4	4	5	5

*Quelle: *Ministerium des Innern, Direction Générale des Collectivités Locales,* Juni 1998.

1 In Klammern Jahr der Einführung.
2 SIVU: Syndicat Intercommunal à Vocation Unique (Interkommunaler Zweckverband mit nur einem Geschäftszweck).
3 SIVOM: Syndicat Intercommunal à Vocation Multiple (Interkommunaler Mehrzweckverband).
4 SAN: Syndicat d'Agglomération Nouvelle (Verband der „Neuen Städte").

Tabelle 7: Entwicklung der allgemeinen Betriebskostenpauschale (DGF) für Gemeinden und interkommunale Kooperationsformen (ÉPCI) mit eigenem Steuersystem, in Francs*

	1992	1993	1994	1995	1996	1997	1998
DGF gesamt	92 226 000 000	96 219 000 000	98 143 500 000	99 811 940 000	103 576 391 000	104 881 972 000	106 333 399 000
davon für Gemeinden	74 024 508 596	76 358 046 848	77 603 555 445	78 701 269 671	81 364 437 926	82 123 165 768	83 011 532 000
Gemeindeanteil, in %	80,26	79,26	79,07	78,85	78,56	78,30	78,06
davon an ÉPCI (mit Bürgschaft)	2 759 000 000	3 386 047 526	3 802 794 497	4 184 915 269	4 661 399 405	5 018 728 975	5 334 815 422
Anteil der ÉPCI-Zuweisungen an den Gesamtzuweisungen für die kommunale Ebene, %	3,73	4,43	4,43	4,90	5,73	6,11	6,42

*Quelle: *Ministerium des Inneren, Direction Générale des Collectivités Locales*, Juni 1998.

357

Gordon Dabinett

Informelle versus formelle Kooperation zwischen Städten in Großbritannien und Nordirland

Inhalt

Verzeichnis der Abbildungen

Verzeichnis der Tabellen

Verzeichnis der Übersichten

„Die Verwaltung ist zur Aufgabe einer ganzen Reihe von Akteuren mit unterschiedlichen Zuständigkeiten geworden, deren isoliertes Agieren notwendige Veränderungen beeinträchtigen kann. Damit diese fragmentierten Strukturen kein zusammenhangloses Stückwerk von Maßnahmen nach sich ziehen, ist es erforderlich, die einzelnen Akteure in ein Netzwerk von Kooperationsansätzen einzubeziehen."
(Clarke und Stewart, 1992)

I. Einleitung

1. Kommunale Gebietskörperschaften im Verwaltungsaufbau

Dieses Kapitel bietet einen synoptischen und kritischen Überblick über die Praxis intraregionaler Kooperation zwischen Kernstädten und ihrem Umland im Vereinigten Königreich[1]. Was darunter verstanden werden soll, bedarf einer sorgfältigen Definition, da intraregionale Kooperation für eine Vielfalt von Ansätzen zwischen unterschiedlichen Organisationen und Institutionen steht. Dieser Überblick erhebt nicht den Anspruch, alle bestehenden Ansätze vorzustellen, wohl aber die wichtigsten Themen kommunaler Verwaltung im Vereinigten Königreich. Mit der Wahl einer reformwilligen Labour-Regierung im Mai 1997 wurden im Übrigen fast alle in diesem Beitrag angesprochenen Themen Gegenstand der aktuellen politischen Diskussion und Veränderung, das heißt, dass die Verwaltungsstrukturen urbaner Räume in fünf Jahren anders aussehen werden als heute.

Derzeit (1998) sind für die maßgeblichen Städte und Verdichtungsräume (Urban Areas) des Vereinigten Königreichs 86 städtische Gebietskörperschaften (Urban Local Authorities) zuständig (vgl. Abbildung 1 sowie Tabellen 1 und 2). Diese städtischen Gebietskörperschaften[2] wie der Sheffield City Council, der Londoner Stadt-

---

[1] Das Vereinigte Königreich Großbritannien und Nordirland wird in dieser Übersetzung stets mit der Kurzform als „Vereinigtes Königreich" oder „Großbritannien" bezeichnet (Anmerkung des Übersetzers).

[2] Es sind ausdrücklich *städtische* im Unterschied zu *ländlichen* Gebietskörperschaften gemeint, wie sich aus dem Vergleich der Zahlen in den Tabellen 1 und 2 ergibt. Im Zuständigkeitsbereich der Urban Local Authorities leben demnach 22 906 000 der insgesamt 58 606 000 Einwohner des Vereinigten Königreiches (Anmerkung des Übersetzers).

Abbildung 1: Die wichtigsten urbanen Verdichtungsräume in Großbritannien und Nordirland*

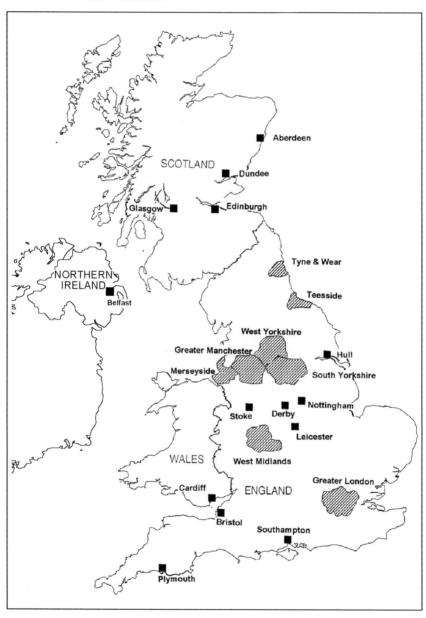

*Quelle: *Gordon Dabinett.*

Tabelle 1: Die größten Stadtregionen des Vereinigten Königreichs*

Stadtregionen	Gebietseinheit	Einwohnerzahl 1994/95
Belfast	Stadt	297 000
Nordirland	Region	1 649 000
Glasgow	Stadt	618 000
Strathclyde	Ballungsraum	2 288 000
Edinburgh	Stadt	448 000
Schottland	Region	5 137 000
Cardiff	Stadt	309 000
Wales	Region	2 917 000
Newcastle	Stadt	283 000
Sunderland	Stadt	296 000
Tyne and Wear	Ballungsraum	1 131 000
North	Staatl. Verwaltungsbezirk	2 605 000
Manchester	Stadt	433 000
Groß-Manchester	Ballungsraum	2 578 000
Liverpool	Stadt	471 000
Merseyside	Ballungsraum	1 427 000
North West	Staatl. Verwaltungsbezirk	6 900 000
Sheffield	Stadt	529 000
South Yorkshire	Ballungsraum	1 304 000
Leeds	Stadt	725 000
West Yorkshire	Ballungsraum	2 106 000
Yorkshire and the Humber	Staatl. Verwaltungsbezirk	5 029 000
Birmingham	Stadt	1 017 000
West Midlands	Ballungsraum	2 637 000
West Midlands	Staatl. Verwaltungsbezirk	5 306 000
London	Stadt	7 007 000
South East	„Planungsregion"/ Ballungsraum	17 870 000
Vereinigtes Königreich (Großbritannien und Nordirland)		58 606 000

*Quellen: *Gordon Dabinett* und *Regional Trends*.

bezirk Tower Hamlets oder der Glasgow City Council werden häufig als „einstufige Kommunalverwaltung" bezeichnet, denn in Ermangelung gewählter Organe auf regionaler oder subregionaler Ebene stellen sie die einzige Ebene von gewählten lokalen Körperschaften dar. In der Praxis ist die Autonomie dieser Körperschaften allerdings eingeschränkt, denn ihre Ausgabenbefugnisse und Kompetenzen bedürfen ausnahmslos der staatlichen Genehmigung oder Übertragung durch Verabschiedung entsprechender Gesetze in beiden Kammern des Parlaments, und zwar dem so genannten Ultravires-Prinzip gemäß (Wilson und Game, 1998). Die Befugnisse und Funktionen dieser lokalen Gebietskörperschaften sind durch zahlreiche Einzelgesetze definiert, die genau festlegen, über welche Rechte und Zuständigkeiten die Kommunen verfügen, und in welchem Verhältnis sie zur Zentralregierung stehen.

Jede Kommune wird durch einen gewählten Rat (Council) regiert, der sich aus örtlichen Vertretern der größeren politischen Parteien zusammensetzt. Die kommunalen Aufgaben und Leistungen werden von Dezernaten (Departments) erbracht, deren Personal sich aus einschlägigen Fachleuten sowie sonstigen Verwaltungsangestellten rekrutiert. Die 86 oben genannten Gebietskörperschaften gelten als „Mehrzweckkörperschaften", da sie die meisten öffentlichen Dienstleistungen in den städtischen Gebieten entweder selbst erbringen oder dafür zuständig sind (Wilson und Game, 1998). Die einzelnen städtischen Gebietskörperschaften für jeden Verdichtungsraum sind in Tabelle 2 aufgelistet.

Im Prinzip ist eine Kommunalverwaltung für eine Vielzahl unterschiedlicher Aufgaben zuständig (vgl. dazu im Einzelnen S. 375), aber in der Praxis erfolgen Finanzierung, Wahrnehmung und manchmal auch Management dieser Aufgaben im Kontext eines komplexen Geflechts von Beziehungen zur Zentralregierung, interkommunalen Verwaltungsausschüssen (Joint Boards und Joint Committees) und einer kaum überschaubaren Zahl nicht demokratisch legitimierter Organe, die größtenteils nach 1980 geschaffen wurden (vgl. Abbildung 2). Wer das derzeitige kommunale Verwaltungssystem im Vereinigten Königreich verstehen will, muss auch den scheinbar kontinuierlichen Veränderungsprozess beachten, dem Kommunalverwaltungen und die mit ihnen verbundenen Organe in den 80er und 90er Jahren ausgesetzt waren (Wilson und Game, 1998). Diese Dynamik wird sich wahrscheinlich im kommenden Jahrzehnt fortsetzen, da die neu gewählte Labour-Regierung ein Programm konstitutioneller Reformen verfolgt. Will man also die kommunale Verwaltungslandschaft in den wichtigsten Ballungsräumen des Vereinigten Königreichs im Jahre 1998 beschreiben, so fallen vor allem zwei zentrale Merkmale auf: Fragmentierung und Vielfalt (Clarke und Stewart, 1991; Stewart und Stoker, 1989; Wilson und Game, 1998).

Fragmentierung geht mit Urban Governance einher, da die großen Ballungsräume wie London und sein Umland (Greater London), die West Midlands um Birmingham oder Groß-Manchester (Greater Manchester) über keine übergreifende gewählte Verwaltungsebene verfügen (vgl. Abbildung 1 und Tabelle 2). Kommunale Dienstleistungen werden in diesen Verdichtungsräumen durch zahlreiche einzelne städtische Gebietskörperschaften erbracht – 33 im Falle Londons, sieben in den West Midlands, zehn in Greater Manchester usw. (vgl. Tabelle 2). Außerdem ist der Bereich kommunaler Verwaltung in den letzten 15 Jahren durch eine wachsende Zahl und formale Vielfalt von Maßnahmeträgern (Agencies) gekennzeichnet, die in Städten tätig sind oder deren Entwicklung beeinflussen. Einige öffentliche Dienstleistungen wurden privatisiert oder in die Hände quasi-marktwirtschaftlicher Akteure gelegt (wie ÖPNV oder Abfallentsorgung); der Zentralstaat verlagerte bis dahin von den Kommunen wahrgenommene Aufgaben oder übertrug neue Kompetenzen auf halbautonome Körperschaften (wie z.B. Polizeidienste und Umweltschutz); darüber hinaus schießen Partnerschaftsmodelle wie Pilze aus dem Boden (insbesondere in den Bereichen Stadterneuerung und Wirtschaftsentwicklung).

Ein Ergebnis dieser Veränderungen war die Entstehung unterschiedlicher institutioneller Vereinbarungen in den Städten, darunter auch neuer formeller und informeller Ansätze intraregionaler Zusammenarbeit. Teilweise spiegelt sich darin die tradierte Form des „Vereinigten Königreiches" aus den „Ländern" England, Schottland, Wales und Nordirland (vgl. Abbildung 3), aber diese Ansätze sind auch Ausdruck lokaler Bedingungen, denn die Städte und ihre Regionen konkurrieren untereinander um öffentliche und private Investitionen und bemühen sich um eine national und international gute Ausgangsposition. Das Ausmaß dieser Kooperationsvielfalt ist zwar durch vom Staat gesetzte Parameter beschränkt, aber die Zunahme regional gezielter eingesetzter Fördermittel für Erneuerungsmaßnahmen (Regeneration Funds) sowie die Unterstützung von „bottom-up"-Antworten auf institutionelle Veränderungen durch Londoner Regierung und Europäische Union haben dazu geführt, dass in den Verdichtungsräumen des Vereinigten Königreiches eine Vielzahl organisatorischer Beziehungen entstanden ist.

Tabelle 2: Städtische Gebietskörperschaften in Großbritannien und Nordirland und ihre Einwohnerzahlen*

Städtische Gebietskörperschaften im Raum Groß-London
Stadtbezirke (London Boroughs)

Barking and Dagenham	155 000	Hillingdon	245 000
Barnet	312 000	Hounslow	204 000
Bexley	220 000	Islington	175 000
Brent	245 000	Kensington & Chelsea	154 000
Bromley	293 000	Kingston Upon Thames	140 000
Camden	185 000	Lambeth	262 000
City of London	5 000	Lewisham	240 000
City of Westminster	195 000	Merton	179 000
Croydon	331 000	Newham	228 000
Ealing	292 000	Redbridge	227 000
Enfield	261 000	Richmond	176 000
Greenwich	211 000	Southwark	232 000
Hackney	194 000	Sutton	174 000
Hammersmith	156 000	Tower Hamlets	173 000
Haringey	213 000	Waltham Forest	221 000
Harrow	210 000	Wandsworth	265 000
Havering	231 000		

Städtische Gebietskörperschaften in den West Midlands
Bezirks- und Gemeinderäte (District and City Councils)

Birmingham	1 017 000	Solihull	203 000
Coventry	304 000	Walsall	263 000
Dudley	312 000	Wolverhampton	244 000
Sandwell	294 000		

Städtische Gebietskörperschaften im Raum Groß-Manchester
Bezirks- und Gemeinderäte

Bolton	265 000	Salford	231 000
Bury	182 000	Stockport	291 000
Manchester	433 000	Tameside	222 000
Oldham	220 000	Trafford	218 000
Rochdale	208 000	Wigan	310 000

Städtische Gebietskörperschaften im Verdichtungsraum Merseyside
Bezirks- und Gemeinderäte

Knowsley	154 000	St. Helens	180 000
Liverpool	471 000	Wirral	332 000
Sefton	291 000		

(Fortsetzung)

Städtische Gebietskörperschaften im Verdichtungsraum West Yorkshire Bezirks- und Gemeinderäte			
Bradford	483 000	Leeds	725 000
Calderdale	193 000	Wakefield	317 000
Kirklees	388 000		

Städtische Gebietskörperschaften im Verdichtungsraum South Yorkshire Bezirks- und Gemeinderäte			
Barnsley	227 000	Sheffield	529 000
Doncaster	293 000	Rotherham	256 000

Städtische Gebietskörperschaften im Verdichtungsraum Tyne & Wear Bezirks- und Gemeinderäte			
Gateshead	202 000	South Tyneside	156 000
Newcastle upon Tyne	283 000	Sunderland	296 000
North Tyneside	194 000		

Städtische Gebietskörperschaften anderer größerer und kleinerer Stadtregionen			
Teesside – Redcar	141 000	Bristol	401 000
Teesside – Middlesbrough	148 000		
Teesside – Stockton-on-Tees	178 000	Cardiff	309 000
Hull	268 000		
Leicester	296 000	Glasgow	618 000
Derby	232 000	Edinburgh	448 000
Nottingham	284 000	Dundee	151 000
Stoke-on-Trent	254 000	Aberdeen	219 000
Southampton	214 000		
Plymouth	257 000	Belfast	297 000

*Quelle: *Regional Trends* (Einwohnerzahlen Stand 1995), zusammengestellt von Gordon Dabinett.

Abbildung 2: Schematische Darstellung des Beziehungsgeflechts zwischen der nationalen und der kommunalen Ebene*

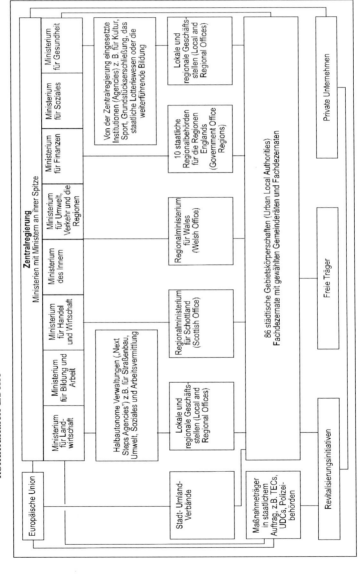

Zentralregierung
Ministerien mit Ministern an ihrer Spitze

| Ministerium für Land-wirtschaft | Ministerium für Bildung und Arbeit | Ministerium für Handel und Wirtschaft | Ministerium des Innern | Ministerium für Umwelt, Verkehr und die Regionen | Ministerium für Finanzen | Ministerium für Soziales | Ministerium für Gesundheit |

Halbautonome Verwaltungen ("Next Steps Agencies") z.B. für Straßenbau, Umwelt, Soziales und Arbeitsvermittlung

Von der Zentralregierung eingesetzte Institutionen (Agencies) z. B. für Kultur, Sport, Grundstückserschließung, das staatliche Lotteriewesen oder die weiterführende Bildung

Regionalministerium für Schottland (Scottish Office)

Regionalministerium für Wales (Welsh Office)

10 staatliche Regionalbehörden für die Regionen Englands (Government Office Regions)

Lokale und regionale Geschäfts-stellen (Local and Regional Offices)

Lokale und regionale Geschäfts-stellen (Local and Regional Offices)

86 städtische Gebietskörperschaften (Urban Local Authorities)
Fachdezernate mit gewählten Gemeinderäten und Fachdezernaten

Europäische Union

Stadt- Umland-Verbände

Maßnahmeträger in staatlichem Auftrag, z.B. TECs, UDCs, Polizei-behörden

Revitalisierungsinitiativen

Freie Träger

Private Unternehmen

* Quelle: *Gordon Dabinett.*

Abbildung 3:   Die Regionen des Vereinigten Königreichs*

West Midlands ist gleichzeitig die Bezeichnung für den Ballungsraum Birmingham und die ein größeres Gebiet abdeckende staatliche Regionalbehörde
(Government Office Region).

Merseyside ist gleichzeitig die Bezeichnung für den Ballungsraum Liverpool
und die geographisch deckungsgleiche staatliche Regionalbehörde.

Die staatliche Regionalbehörde für London ist geographisch deckungsgleich
mit dem Ballungsraum Groß-London.

*Quelle: *Regional Trends 32. Crown* © 1997.

2. Interkommunale Kooperation: Ansätze und Entwicklungstrends – ein Überblick

Welche Ansätze intraregionaler Kooperation haben sich in den wichtigsten Verdichtungsräumen herausgebildet, und lassen sich aus diesen Modellen allgemeine Erkenntnisse oder Erfahrungen ableiten? In Übersicht 1 (vgl. S. 392) wird der Versuch unternommen, die 1998 bestehenden Kooperationsformen knapp zusammenzufassen; dabei kann man im Wesentlichen vier Typen unterscheiden:

- Interkommunale Kooperation (Inter-Local Authority Cooperation),

- Zusammenarbeit zwischen Maßnahmeträgern (Inter-Agency Collaboration),

- Revitalisierungspartnerschaften (Urban Regeneration Partnerships),

- Stadt-Umland-Verbände (City-Region Associations).

In Ermangelung spezifischer gewählter Mittelinstanzen zwischen der kommunalen und der staatlichen Ebene bedarf die Form solcher Kooperationsansätze sorgfältiger Abwägung. Intraregionale Kooperation kann als Mittel gesehen werden, um das durch das Fehlen solcher Mittelinstanzen bestehende Vakuum zu füllen. In diesem Sinne befassen sich solche Ansätze häufig mit übergreifenden regionalen oder subregionalen Themen oder mit strategischen Fragen für die Entwicklung eines Verdichtungsraumes. So wird intraregionale Kooperation in unterschiedlichem räumlichem Maßstab praktiziert, mit unterschiedlichen Ansätzen, in vielfältigen Formen und zur Wahrnehmung verschiedenster Aufgaben. Fast alle Kooperationsansätze haben landesweite Themen oder Probleme zum Gegenstand, aber sowohl ihre Entstehungsgeschichte als auch ihr operativer Wirkungsbereich sind so gut wie immer durch die Anforderungen und Interessen einzelner Verdichtungsräume definiert. Zu den häufigsten Aufgaben solcher Kooperationsansätze zählen Stadtplanung und -erneuerung sowie Wirtschafts- und Investitionsförderung (mit Blick auf private und öffentliche Investitionen).

Einige Ansätze zur Zusammenarbeit basieren auf gesetzlichen Regelungen, wie z.B. für den Betrieb des öffentlichen Personennahverkehrs in großen Ballungsräumen, aber viele beruhen auch auf informellen Vereinbarungen zwischen den beteiligten Partnern. Manchmal entscheiden sich Kooperationspartner aus operativen und finanziellen Gründen für eine privatwirtschaftliche Gesellschaftsform. Keine dieser Körperschaften ist den Wählern gegenüber direkt rechenschaftspflichtig, obwohl einige von ihnen Mitglieder haben, die entweder von Gebietskörperschaften ernannt wurden oder aber Gemeindevertretungen angehören. Die Abschaffung einer regionalen Verwaltungsebene durch die Zentralregierung 1986 für England und 1996 für Schottland und Wales hat auch dazu geführt, dass stärker formalisierte intraregionale Mechanismen zur Wahrnehmung bestimmter strategischer Aufgaben eingerichtet wurden, wie z.B. bei der Stadtplanung, dem regionalen ÖPNV, der Feuerwehr und dem Zivilschutz sowie der Abfallentsorgung. Die entsprechenden Institutionen beruhen zwar auf denselben gesetzlichen Regelungen, der Grad ihrer Autonomie und die Art der Rechenschaftslegung variieren jedoch nach Aufgabe und Region.

In Verbindung mit dem allgemeinen Wandel der kommunalen Verwaltungsland-schaft im Vereinigten Königreich ergibt die Vielfalt intraregionaler Kooperations-formen insgesamt ein verwirrendes Bild, das sich anscheinend für jede Stadt, jeden Verdichtungsraum und jede Region nur gesondert erklären und verstehen lässt. Man kann jedoch davon ausgehen, dass hinter dem offensichtlich komplexen Ge-flecht von Vereinbarungen einige gemeinsame Themen und Antriebskräfte stehen. Erstens hat die zunehmende Globalisierung der städtischen Wirtschaft zusammen mit neuen Formen des New Public Management zu einem wachsenden Wettbe-werb zwischen urbanen Verdichtungsräumen und Regionen geführt, die unterein-ander um Subventionen, Ressourcen und die Ansiedlung von Unternehmen konkurrieren. Zweitens haben die Zersplitterung der kommunalen Verwaltungs-landschaft, die Einrichtung staatlich ernannter Maßnahmeträger, die Privatisierung öffentlicher Dienstleistungen und die Entstehung eines gewissen Regionalismus auf vielen Ebenen und bei vielen Funktionen der kommunalen Verwaltung ein Demo-kratiedefizit entstehen lassen. Und schließlich scheint es trotz der großen Zahl und Formenvielfalt von Kooperationsansätzen eine Konvergenz im Hinblick auf deren Ziele und operative Methoden zu geben: über die allgemeine Anerkennung von Public Private Partnerships, die Kürzung öffentlicher Ausgaben sowie eine Neube-wertung der Rolle des Staates und der Funktionen der kommunalen Ebene.

So kommt es, dass die gegenwärtigen Beispiele kommunaler Verwaltungsvereinba-rungen zunächst eine Vielzahl von Erfahrungen und Praktiken mit wechselnden Ansätzen liefern, deren Grundstruktur und Zielrichtung in 18 Jahren konservativer Regierungsverantwortung festgelegt wurden. Die Wahl einer neuen Labour-Regie-rung 1997 hat unmittelbar zu einem weiteren Veränderungsschub geführt. Dieser wird langfristig alle bestehenden Ansätze zur Verwaltung der urbanen Verdich-tungsräume in Frage stellen; kurzfristig werden vor allem die Instrumente zur Steu-erung von Erneuerungs- und Wirtschaftsförderungsaktivitäten revidiert werden, und zwar durch die Einrichtung regionaler Entwicklungsträger (Development Agencies) zur Gewährleistung einer besseren Koordination einschlägiger Maßnah-men (DETR, 1997). Die Regierung hat außerdem Vorschläge zur Bekämpfung des „Demokratiedefizits" veröffentlicht. Zu den vorgeschlagenen Änderungen zählen die Übertragung politischer Machtbefugnisse auf die „Regionen" und die Einfüh-rung anderer verfassungsmäßiger Neuerungen – zunächst versuchsweise – wie der Direktwahl der Oberbürgermeister oder einer neuen Gesamtstadtverwaltung für Groß-London (DETR, 1997; Deputy Prime Minister, 1997; The Scottish Office, 1997; The Secretary of State for Wales, 1997). Viele dieser Vorschläge basieren auf der in diesem Beitrag behandelten und im Folgenden genauer analysierten Praxis formeller und informeller Zusammenarbeit.

II. Intraregionale Kooperation in den Verdichtungsräumen des Vereinigten Königreichs

1. Hintergrund und politisches Umfeld

1.1 Kommunale Gebietskörperschaften – Kompetenzen und Finanzen

Um den Hintergrund intraregionaler Kooperation in Verdichtungsräumen zu verdeutlichen, soll hier eine vereinfachte Momentaufnahme des gegenwärtigen Standes kommunaler Verwaltung im Vereinigten Königreich erfolgen. Es gibt in Großbritannien und Nordirland 86 städtische Gebietskörperschaften, die sich in drei Hauptgruppen unterteilen lassen: London, die Ballungsräume um Oberzentren außerhalb Londons sowie andere urbane Verdichtungsräume (vgl. Abbildung 1 und Tabellen 1 und 2). Rund 23 Millionen Menschen leben in diesen wichtigsten verstädterten Regionen; dies sind fast 40 Prozent der Gesamtbevölkerung.

- London ist bei weitem der größte einzelne Ballungsraum, als dessen „Kern" normalerweise das Gebiet der 33 Londoner Stadtbezirke verstanden wird (der London Boroughs); 1995 zählte dieser auch als Groß-London (Greater London) bezeichnete Ballungsraum 7 004 000 Einwohner.

- Die sechs größten englischen Oberzentren bestehen aus der jeweiligen Kernstadt und ihrem verstädterten Umland. Sie werden geographisch durch die Grenzen der 36 für diese Räume zuständigen Gebietskörperschaften (City and District Councils) definiert. Im Einzelnen sind dies die Ballungsräume Tyne & Wear (um die Kernstadt Newcastle upon Tyne), South Yorkshire (Sheffield), West Yorkshire (Leeds), Greater Manchester (Manchester), Merseyside (Liverpool) und die West Midlands (Birmingham); sie hatten 1995 eine Bevölkerung von insgesamt 11 187 000 Einwohnern.

- Andere Verdichtungsräume um größere und mittelgroße Städte bilden die dritte Gruppe. Zu ihr gehören 17 städtische Gebietskörperschaften, die entweder aufgrund ihrer Größe (über 200 000 Einwohner) oder wegen ihrer Bedeutung als regionale „Zentren" (wie Bristol, Plymouth, Edinburgh, Belfast und Cardiff) unter diese Kategorie fallen. Ihre Gesamteinwohnerzahl belief sich 1995 auf 4 715 000.

Die Verwaltungsstrukturen dieser Gebiete kann man aus kommunaler oder nationaler Sicht beschreiben. Alle 86 verstädterten Gebiete verfügen über je eine gewählte lokale Ebene; die kommunalen Leistungen werden durch einstufige kommunale Mehrzweckverwaltungen erbracht, wie z.B. den Manchester City Council, den Bristol City Council oder den Londoner Stadtbezirk Borough of Greenwich. Diese Kommunalverwaltungen haben, wie bereits erwähnt, keine gesetzgeberischen Befugnisse, und ihre Ausgabevollmachten und Kompetenzen bedürfen ausnahmslos der Billigung oder Autorisierung durch beide Kammern des Parlaments. Es gibt keinen umfassenden Kodex verfassungsmäßiger Bestimmungen, in denen ihre Rechte und Zuständigkeiten sowie ihr Verhältnis zur nationalen Regierung definiert wären. Diese sind vielmehr Gegenstand zahlreicher Einzelgesetze und staatlicher Durchführungsrichtlinien. Die Zuständigkeitsbereiche dieser kommunalen Körperschaften haben sich im Laufe der Zeit entwickelt; ihre Grenzen werden ebenfalls durch die Regierung festgelegt. Die derzeitigen Grenzen der großen Ballungsräume Englands wurden 1986 gezogen, die der anderen englischen Verdichtungsräume sowie der Städte und Gemeinden in Schottland und Wales 1996/97. Die aktuellen Gemeindegrenzen in Nordirland wurden hingegen bereits 1972 definiert.

Städtische Gebietskörperschaften sind im Vereinigten Königreich für eine ganze Reihe kommunaler Dienstleistungen verantwortlich: Vorschulerziehung, Schulwesen für die Altersstufen 5 bis 16 Jahre, Teile des Schulwesens für die Altersstufen 16 bis 18 Jahre, räumliche Ordnung, Wirtschaftsentwicklung, Straßen- und Verkehrsplanung, Umweltschutz, Wohnungsbau, wohlfahrtsstaatliche Aufgaben, Freizeit, Kultur und Erholung, Feuerwehr und Rettungsdienste, Bibliothekswesen. Im Prinzip sind Kommunalverwaltungen für alle diese Aufgaben zuständig, aber in der Praxis sind die Wahrnehmung und in bestimmten Fällen auch das Management dieser Funktionen auf eine Vielzahl von interkommunalen Verwaltungsausschüssen und unterschiedlichsten Organisationen verteilt, die größtenteils nach 1980 geschaffen wurden und nicht direkt, manchmal nicht einmal indirekt demokratisch legitimiert sind.

Der Haushalt einer einzelnen kommunalen Gebietskörperschaft kann recht beachtliche Dimensionen annehmen. So belief sich der Haushalt des Sheffield City Council beispielsweise 1997/98 auf 400 Millionen £. Kommunale Dienstleistungen werden zum Teil durch die Einnahmen aus einer sogenannten Gemeindesteuer (Council Tax) finanziert, einer privaten Grundsteuer (Tax on Domestic Property), zu der jeder Haushalt veranlagt wird. Die Gemeinde erhebt die Grundsteuer selbst und bestimmt die Höhe des Steuersatzes, aber die Regierung kann eine „Kappungsgrenze" festlegen und macht von diesem Recht ausgiebig Gebrauch. Nur zwölf Prozent der kommunalen Ausgaben werden aus diesen Gemeindesteuereinnahmen finanziert. Veräußerungen von Gemeindevermögen, Gebühren und Abgaben tragen mit weiteren 20 Prozent zur Finanzierung der kommunalen Haushalte bei. Die verbleibenden 68 Prozent werden jedoch vom Staat bereitgestellt und kontrolliert, und zwar in Form der umverteilten Gemeindesteuer der Unternehmen[3], eines nach einer komplizierten Verteilungsformel berechneten allgemeinen Zuschusses und einer Reihe zweckgebundener Zuschüsse für bestimmte Dienstleistungen. Diese Zuschüsse werden aus den Einnahmen staatlicher Steuern wie Einkommensteuer, Körperschaftssteuer und Mehrwertsteuer finanziert.

Dies legt nun vielleicht die Vorstellung nahe, dass die Verwaltungsstruktur einer Stadt wie Birmingham aufgrund der einstufigen Kommunalverwaltung relativ einfach zu beschreiben und zu verstehen sei. Leider ist dem nicht so, denn neben dem Stadtrat (City Council) gibt es eine Reihe weiterer eigenständiger Akteure wie die Polizeibehörde, verschiedene interkommunale Verwaltungsausschüsse, die Bezirksgesundheitsbehörde, Health Service Trusts, ein Training and Enterprise Council, Schulbehörden (Boards of Further Education Colleges and Grant Maintained Schools), eine Stadtentwicklungsgesellschaft (Urban Development Corporation) sowie mehrere durch spezifische Programe der Zentralregierung finanzierte Einrichtungen (Housing Action Trust, City Challenge Board, Single Regeneration Budget Company). Diese komplexe Struktur ist weitgehend das Ergebnis der staatlichen Politik und entsprechender Maßnahmen in den 80er und 90er Jahren.[4]

---

[3] Die ortsansässigen Unternehmen zahlen gleichfalls eine Gemeindesteuer auf ihren Grundbesitz, deren Höhe die Regierung landesweit einheitlich festlegt. Sie wird von den Gemeinden erhoben, abgeführt und nach einem Pro-Kopf-Schlüssel umverteilt.

[4] Für die genannten Gremien lassen sich kaum adäquate deutsche Übersetzungen finden. Sie sind das Ergebnis der Politik zweier konservativer Regierungen und deren Bestrebungen, staatliche Funktionen aus dem engeren Regierungsbereich auszulagern. So werden Funktionsbereiche des öffentlichen Dienstes aus der Verantwortung der Ministerien genommen und teilautonomen Einheiten übertragen, denen man Budgets und Ziele vorgibt, welche sie in tatsächlicher oder idealer Konkurrenz zu privaten Anbietern erreichen sollen. Ende 1992 arbeitete bereits die Hälfte des Civil Service, also etwa 285 000 von insgesamt 570 000 Beamten in solchen semiautonomen Einheiten, so genannten Next Step Agencies. Außerdem entstanden zahlreiche Sonder- oder Ad-hoc-Institutionen, die weder dem staatlichen noch dem Privatsektor eindeutig zurechenbar sind (Quasi-Governmental bzw. Quasi-Autonomous-Non-Governmental Organisations, auch QGAs und Quangos genannt). Es entwickelte sich ein breiter „hybrider" Sektor, der seither klare Abgrenzungen zwischen Staats- und Privatsphäre außerordentlich erschwert (siehe auch Bundeszentrale für politische Bildung, Länderbericht Großbritannien, Bonn 1994). Daher wird nur in den Fällen der Versuch einer Übersetzung unternommen, in denen dies für das Textverständnis wichtig ist und sich ein Begriff nicht aus dem Text selbst erklärt (Anmerkung des Übersetzers).

1.2 Kommunale Gebietskörperschaften und Einflüsse der Zentralregierung

Die staatlichen Maßnahmen wirken sich in vielfältiger Weise auf die einzelnen Verdichtungsräume aus. Das Vereinigte Königreich besteht zwar aus vier historisch getrennten Ländern (England, Wales, Schottland und Nordirland – vgl. Abbildung 3), aber die legislative Gewalt ist in den Händen der beiden nationalen Kammern (Houses of Parliament) zentralisiert, während die Exekutive weitestgehend bei den Regierungsministerien in Whitehall liegt. Das Vereinigte Königreich wird daher in der Regel als zentraler Einheitsstaat angesehen. Die staatliche Zentralregierung nimmt mit folgenden Maßnahmen Einfluss auf die Großstädte und urbanen Ballungsräume:

- Politiken im Hinblick auf Aufgaben, Finanzierung und Zuständigkeitsgrenzen kommunaler Gebietskörperschaften;

- Politiken im Bereich des Städtebaus („urban policy"), durch die Mittel aus dem nationalen Haushalt für verstädterte Gebiete bereitgestellt werden. Das wichtigste Programm dieser Art ist derzeit das Single Regeneration Budget, aus dem wirtschaftliche und soziale Entwicklungsprojekte in städtischen und ländlichen Gebieten mit Revitalisierungsbedarf finanziert werden;

- nationale Politiken mit direkten Auswirkungen auf städtische Verdichtungsräume, in Bereichen wie Gesundheit, Verkehr, Wohnungsbau, Aus- und Weiterbildung sowie öffentliche Ordnung.

Die Zentralregierung kommt ihren Aufgaben im Wesentlichen durch vier verschiedene Organisationsformen nach:

- Die einzelnen Ministerien wie das Ministerium für Umwelt[5], Verkehr und die Regionen (Department of the Environment, Transport and the Regions – DETR), das Ministerium für Bildung und Arbeit (Department for Education and Employment – DfEE), das Ministerium für Denkmal- und Landschaftsschutz (Department of National Heritage), das Wirtschaftsministerium (Department of Trade and Industry – DTI) sowie das Innen-, das Außen- und das Verteidigungsministerium (The Home Office, The Foreign Office, The Ministry of Defence) usw.

- Viele Ministerien sind durch regionale Verwaltungseinheiten in den Regionen des Vereinigten Königreichs vertreten. So konzentrieren sich zwar die Arbeitskontakte der kommunalen Gebietskörperschaften auf das Ministerium für Umwelt, Verkehr und die Regionen, aber das DETR verfügt ebenso wie das

---

[5] Umwelt ist hier im weitesten Sinne zu verstehen, denn das DETR ist auch für Raumordnung, Wohnungs- und Städtebau zuständig (Anmerkung des Übersetzers).

DfEE und das DTI über weitere Kommunikationswege zur kommunalen Ebene, und zwar über die 1994 eingerichteten zehn staatlichen Regionalbehörden
(Government Offices for the Regions – GORs, vgl. Abbildung 3). Ihr Zweck
sollte es sein, die verschiedenen zentralstaatlichen Aktivitäten in den Regionen
zu integrieren; sie decken jedoch nicht alle Ressorts ab (interessanterweise fehlen Gesundheit, Sport, Fremdenverkehr sowie Rundfunk- und Fernmeldewe-
sen) und sind nicht für die staatlich eingesetzten Maßnahmeträger (siehe dazu
weiter unten) in ihrem Gebiet zuständig. Die kommunalen Gebietskörperschaften in Schottland, Wales und Nordirland wenden sich in den meisten Fragen
direkt an die für sie zuständigen dezentralen „Regionalministerien" (Offices of
State), die alle drei weitgehende Aufsichtsgewalt über kommunale Angelegenheiten in ihren Gebieten haben, wenn auch in unterschiedlichem Umfang.
Derzeit[6] verfügen diese Regionalbehörden und „Regionalministerien" über keine gesetzgebende Gewalt, keine gewählten Organe und keine Steuerhoheit.[7]

- Die Zentralregierung gründet und ernennt außerdem staatliche Maßnahmeträger (National Agencies) zur Wahrnehmung bestimmter Funktionen und zur
Erbringung bestimmter Leistungen. Diese halbunabhängigen Träger agieren im
ganzen Staatsgebiet, ihr Budget wird von der Zentralregierung gestellt, und ihre
Leitungsorgane werden von der Regierung berufen. Sie decken ein breites
Spektrum öffentlicher Aufgaben ab, von der Highway Agency (Bau und Instandhaltung des landesweiten Straßennetzes) über den Employment Service
(zuständig für Arbeitsvermittlung und Beratungsdienste) bis zur Benefits Agency (zuständig für Festsetzung und Auszahlung von Transferleistungen wie Sozialhilfe).

- Außerdem sind in allen verstädterten Gebieten vom Staat eingesetzte örtliche
Maßnahmeträger (Local Agencies) tätig. Sie werden von der Zentralregierung
mit Mitteln ausgestattet, um spezifische Aufgaben auf lokaler Ebene wahrzunehmen, und zwar landesweit oder auch nur in bestimmten Gebieten. Auch
diese sind gegenüber den Ministerien halbautonom und werden von regie-
rungsseitig berufenen Vorständen geleitet. So sind z.B. die 81 Training and Enterprise Councils in England und die 23 Local Enterprise Councils in Schottland für die Durchführung staatlich finanzierter Programme zur beruflichen
Weiterbildungs- und Wirtschaftsförderung zuständig. Ein anderes Beispiel sind
die 13 Urban Development Corporations, die für eine begrenzte Zeit (1981-
1998) in bestimmten Gebieten der größeren Städte in England und Wales ein-

---

6   Dieser Beitrag wurde Mitte 1998 abgeschlossen; die mittlerweile realisierten Reformen
    der Blair-Regierung konnten daher nicht berücksichtigt werden.
7   Das Scottish Office, das Welsh Office und das Northern Ireland Office sind den zustän-
    digen Londoner Ministern (z.B. dem Schottlandminister) unterstehende Querschnitts-
    ministerien, die zahlreiche Ressorts auf regionaler Ebene verwalten (vgl. Kapitel I.1.4 in
    diesem Beitrag) (Anmerkung des Übersetzers).

gerichtet wurden, um mit staatlichen Mitteln die städtebauliche Erneuerung der am stärksten heruntergekommenen Stadtviertel zu bewirken. Hierfür wurden ihnen die planungsrechtlichen Vollmachten der betroffenen Kommunen für diese Sanierungsgebiete übertragen.

Folglich müssen städtische Gebietskörperschaften, besonders in England, mit zahlreichen Einrichtungen der Zentralregierung und staatlich finanzierten Maßnahmeträgern umgehen, die wiederum eine Vielzahl von Standorten und Zuständigkeitsgrenzen haben. In Abbildung 2 wird ein schematischer Überblick über die Beziehungen zwischen der Zentralregierung und der kommunalen Ebene gegeben. Die folgenden Ausführungen beziehen sich auf einige entscheidende politische Veränderungen, die die kommunale Ebene in den letzten 15 Jahren berührt haben: insbesondere im Hinblick auf die räumlichen Zuständigkeitsgrenzen von Kommunen, die Funktionen der Kommunalverwaltungen und das Verhältnis zwischen Kommunal- und Zentralregierung.

1.3 Veränderung kommunaler Strukturen und Kompetenzen – „From Local Government to Local Governance"?

1.3.1 Reduzierung von Zuständigkeiten

Ende der 90er Jahre lässt sich mit Bestimmtheit feststellen, dass die institutionelle Landkarte der kommunalen Ebene in den 18 Jahren konservativer Zentralregierung wirklich umgestaltet wurde. Das Ergebnis ist ein System lokaler Verwaltungsstrukturen (Local Governance), in deren Rahmen kommunale Verwaltungen zunehmend Seite an Seite mit einer Reihe anderer Maßnahmeträger arbeiten. Dieses System wurde dadurch immer differenzierter, dass neuen Einrichtungen und Organisationen Aufgaben übertragen wurden, die zuvor in die Zuständigkeit kommunaler Verwaltungen gefallen waren. Gleichzeitig wurden bestehende Institutionen der Kontrolle der Kommunalverwaltungen entzogen. Es wurden zahlreiche quasi-autonome Maßnahmeträger im staatlichen Auftrag geschaffen, so genannte Quangos („Quasi-Autonomous Non-Governmental Organisations"). Aber auch die Grundlagen für das Erbringen von Leistungen haben sich für die Stadtverwaltungen geändert. Dies nährt die Ansicht, dass der eigentliche Charakter kommunaler Verwaltung selbst sich verändert hat (Cochrane, 1993; Stewart und Stoker, 1989; Stoker und Young, 1993). Darauf soll kurz unter drei zentralen Aspekten eingegangen werden:

- Änderungen in den Funktionen, die Kommunen mit Genehmigung der Zentralregierung wahrnehmen dürfen;

- Änderungen bei der Erstellung von Dienstleistungen, für die Kommunen zuständig sind;

- Änderungen der Beziehungen zwischen kommunaler und zentralstaatlicher Ebene im Hinblick auf das Erbringen kommunaler Dienstleistungen.

Britische Urban Local Authorities sind Mehrzweckkörperschaften und blicken auf eine lange Geschichte zurück, in der sie vielfältige Leistungen erbracht haben. In den letzten 15 Jahren wurden den Kommunen allerdings viele Zuständigkeiten entzogen, und zwar insbesondere in ihren Kernkompetenzbereichen wie Schulwesen und Wohnungsbau. Diese Veränderungen wurden durch Gesetze und Durchführungsrichtlinien der Zentralregierung sowie eine Neugestaltung der finanziellen Beziehungen zwischen nationaler und kommunaler Ebene herbeigeführt. Dies soll im Folgenden durch Beispiele aus einigen Kernbereichen verdeutlicht werden.

Das Schulwesen ist immer noch die bei weitem umfangreichste kommunale Aufgabe, für die fast die Hälfte aller Einnahmen aufgewendet wird. Im Laufe der 80er und 90er Jahre verabschiedete die Zentralregierung jedoch pro Jahr mindestens ein Gesetz über das Schulwesen und veränderte damit die Rolle der Kommunen als lokale Träger des Schulwesens grundlegend. So wurden ihnen völlig die Kontrolle über die Fachhochschulen (Polytechnics) und die verschiedenen weiterführenden Einrichtungen des britischen Bildungswesens für die Altersstufen über 16 bzw. über 18 Jahre entzogen (Colleges, Sixth-Form Colleges, Further Education Colleges). Diese werden nun direkt durch verschiedene Organisationen finanziert, die von der Zentralregierung eingesetzt wurden (z.B. die FEFCs – Further Education Funding Councils). Die Verwaltung öffentlicher Schulen hat sich radikal gewandelt, und die Kommunen sind nunmehr verpflichtet, den Schulleitungen mindestens 85 Prozent ihres Schulbudgets auszuzahlen oder ihnen entsprechende Vollmachten zu erteilen. Darüber hinaus können die Schulen durch Abstimmung der Elternschaft beschließen, sich der kommunalen Kontrolle vollständig zu entziehen (bis 1997 haben dies aber nur 1 188 von insgesamt 24 500 Schulen getan). Seit 1993 wird in einigen Regionen auch die Berufsberatung, bislang eine Domäne der Kommunalbehörden, durch sogenannte Careers Service Pathfinders vorgenommen. Dies sind Partnerschaftseinrichtungen, die in der Regel von der Kommune, dem lokalen Training and Enterprise Council und der lokalen Handelskammer gemeinsam betrieben werden.

Wohnungsbau ist ein weiterer Bereich, der infolge zentralstaatlicher Gesetzgebung und Verknappung öffentlicher Mittel eine weitreichende Änderung erfahren hat. Für viele Kommunen ist der soziale Wohnungsbau immer noch ein wichtiger Teil ihrer Aktivitäten, aber der Gesamtbestand an Wohnungen im kommunalen Besitz[8]

---

8   Sozialer Wohnungsbau war in England eine Aufgabe der Gemeinden, die Sozialwohnungen unter dem Begriff Council Housing selber bauten und bewirtschafteten (Anmerkung des Übersetzers).

ist von weit über sieben Millionen Wohneinheiten im Jahre 1980 auf deutlich unter fünf Millionen Mitte der 90er Jahre zurückgegangen. Die konservative Regierung hat den Verkauf kommunaler Wohnungsbestände gefördert und die Rolle der kommunalen Wohnungsbehörden als Wohnungsversorger eingeschränkt. Der soziale Wohnungsbau wird nunmehr hauptsächlich von Wohnungsbaugesellschaften (Housing Associations), Wohnungsbaugenossenschaften und privaten Vermietern getragen.

Das Polizeiwesen ist durch ein Gesetz von 1994, den Police and Magistrate's Court Act[9], grundlegend verändert worden. Per Gesetz wurden 43 Polizeibehörden als selbstständige und von den betreffenden Kommunen unabhängige Behörden eingerichtet. Seit dem 19. Jahrhundert waren in Großbritannien die Gemeinden für die Organisation des Polizeiwesens zuständig; eine Ausnahme bildete lediglich die direkt dem Innenministerium unterstehende Metropolitan Police in London.

Stadterneuerung und Planung lagen seit 1947 in der Verantwortung der Kommunen, allerdings mit fachlicher und finanzieller Unterstützung durch die Zentralregierung. Insbesondere in den 80er Jahren gab es zahlreiche Initiativen, um die zentrale Rolle der Kommunen in diesem Bereich durch private oder staatlich eingesetzte Trägerorganisationen zurückzudrängen oder ganz zu ersetzen (Lewis, 1992). Zwischen 1980 und 1998 setzte die Zentralregierung 13 Stadtentwicklungsgesellschaften (Urban Development Corporations) als Entwicklungsträger ein, stattete sie mit Fördermitteln aus und ermächtigte sie, die kommunalen Planungskompetenzen zu übernehmen, um marktorientierte Stadterneuerung zu betreiben (Lawless, 1991). Ebenso hatten alle Kommunen seit der Verabschiedung des Kommunalgesetzes (Local Government Act) von 1972 die Kompetenz für lokale Maßnahmen der Wirtschaftsförderung. Im Jahre 1989 aber errichtete die Zentralregierung neue Organisationen für Maßnahmen der Wirtschaftsförderung und zur beruflichen Aus- und Weiterbildung: 81 Training and Enterprise Councils (TECs) in England und Wales und 23 Local Enterprise Companies (LECs) in Schottland. Auch hierbei handelt es sich um staatlich eingesetzte Maßnahmeträger mit privatwirtschaftlich dominierten Vorständen, die direkt von der Zentralregierung finanziert werden.

1.3.2   Einführung des Compulsory Competitive Tendering

Wilson und Game behaupten, dass die vielleicht grundlegendste und weitreichendste aller zwischen 1979 und 1997 durch die konservative Regierung eingeführten Änderungen die obligatorische Ausschreibung kommunaler Dienstleistungen war (Compulsory Competitive Tendering – CCT). Eine schrittweise eingeführ-

---

[9]   Magistrate's Courts sind erstinstanzliche Gerichte für geringfügige Strafvergehen (Anmerkung des Übersetzers).

te Gesetzgebung zwang die Kommunen, bestimmte Dienstleistungen im freien Wettbewerb auszuschreiben, und zwar zu Bedingungen und innerhalb von Zeitrahmen, die von der Zentralregierung gesetzt wurden (Wilson und Game 1998).

Dieser Prozess vollzog sich über drei Stufen der Gesetzgebung:

- Das Kommunal-, Planungs- und Bodengesetz (Local Government, Planning and Land Act) von 1980 führte die Ausschreibungspflicht für den Bau und die Unterhaltung von Gebäuden und Straßen ein.

- Das Kommunalgesetz (Local Government Act) von 1988 weitete die Ausschreibungspflicht auf Gebäudereinigung, Pflege von Außenanlagen, Fahrzeuginstandhaltung, Schulmahlzeiten, sonstige Verwaltungsmaßnahmen, Müllabfuhr, Straßenreinigung und die Bewirtschaftung von Sport- und Freizeiteinrichtungen aus.

- Mit dem Local Government Act von 1992 schließlich galt die Ausschreibungspflicht dann auch für die Verwaltung des kommunalen Wohnungsbestandes und Bürotätigkeiten, wie z.B. im Rechts- und Personalbereich, im Finanzwesen oder bei Dienstleistungen im Bereich der Informationstechnologie.

In vielen Fällen (zwischen 75 und 85 Prozent) ging der Zuschlag nicht an private Wettbewerber, sondern an Angebote aus den Reihen der kommunalen Dienstleister, aber der Ausschreibungs- und Vergabeprozess führte zu tiefgreifenden Änderungen in der Arbeitsweise kommunaler Dienststellen, insbesondere im Hinblick auf ihr internes Management und die Entwicklung einer „Vertragskultur" (Wilson und Game, 1998).

1.3.3   Zunahme staatlicher Maßnahmeträger

Parallel mit diesem Prozess der Reform demokratisch legitimierter kommunaler Gebietskörperschaften wuchs die Zahl staatlich eingesetzter Organe auf lokaler Ebene. Während alle Regierungen der letzten Jahrzehnte versucht haben, ihre Ziele durch eine Reihe zentraler Ministerien, halbstaatlicher Maßnahmeträger, verwaltungsexterner Organe wie auch die Kommunen zu erreichen, zeichneten sich die späten 80er und die 90er Jahre durch eine wachsende Zahl staatlich eingesetzter und demokratisch nicht legitimierter Maßnahmeträger aus. Zunächst gab es mehr und mehr lokale Organisationen, die spezifische Funktionen in städtischen Gebieten übernahmen, nachdem man den dafür zuständigen Gebietskörperschaften die entsprechenden Kompetenzen und Mittel abgenommen hatte. Einige davon wurden in diesem Beitrag bereits erwähnt, wie z.B. TECs und LECs, Berufsberatungsstellen, Stadtentwicklungsgesellschaften, Housing Associations und Polizeibehörden. Ein weiteres Merkmal dieser Neuerungen ist die Vergabe staatlicher Fördermittel auf dem Wege der wettbewerblichen Ausschreibung (Stewart, 1994). Ein Beispiel hierfür ist die 1994 eingeführte Zusammenlegung eines Großteils staatlicher Fördermittel für die soziale und ökonomische Revitalisierung der englischen Innenstädte in dem so genannten Single Regeneration Budget (SRB). Eingesetzt werden diese Mittel durch örtliche Sanierungsträger in Form von Partnerschaften, denen normalerweise die Kommunalverwaltungen, die lokale TEC, Vertreter der örtlichen Wirtschaft und gemeinnützige Akteure angehören, die sich bereits erfolgreich um SRB-Subventionen beworben haben. Ferner gibt es zahlreiche, durch die Zentralregierung eingesetzte und ernannte Einrichtungen, die staatliche Zuschüsse an lokale Träger (z.B. Sports Council, Arts Council oder National Lottery Board) verteilen und in diesem Zusammenhang beratend und regulierend tätig sind. Es wurde nachgewiesen, dass es in England und Wales 1993 fast 5 000 solcher demokratisch nicht legitimierter Institutionen gab, die über öffentliche Gelder in Höhe von über 37 Milliarden £ verfügten. Dieser Betrag entspricht fast zwei Dritteln der staatlichen Zuschüsse für Kommunen. Ferner wurde geschätzt, dass diese Organisationen von 50 000 staatlich eingesetzten Kräften geführt werden. Dem steht ein System kommunaler Gebietskörperschaften mit 23 000 gewählten Ratsmitgliedern gegenüber. Schließlich gibt es noch von der staatlichen Verwaltung eingerichtete Organisationen zur Wahrnehmung von Leistungen auf nationaler Ebene. Diese „Exekutivorganisationen" (Executive Agencies) wurden weitgehend im Rahmen des Ende der 80er Jahre begonnenen Next-Steps-Programms der Zentralregierung eingerichtet (Greer, 1994). Im Oktober 1995 gab es 110 solcher Organisationen, die unter einem Hauptgeschäftsführer (Chief Executive) und mit weitgehender Managementautonomie Aufgaben nachgehen wie der Verwaltung staatlicher Transferleistungen (Benefits Agency), der Wohlfahrt für Kinder (Child Support Agency), der Arbeitsvermittlung (Employment Service), dem Umweltschutz (Environment Agency) oder dem Fernstraßenbau (Highways Agency). Sie werden nach dem Ermessen des zuständigen Ressortministers eingerichtet und sind ihm und dem Ministerium gegenüber rechenschaftspflichtig. Sie sollen staatliche Gelder beim Erbringen „öffentlicher Dienstleistungen" effizienter einsetzen als traditionelle Behörden.

In der Vergangenheit spielten die Kommunen dank des Umfangs ihrer Zuständigkeiten und ihrer Legitimation im Rahmen des britischen Regierungs- und Verwaltungssystems eine relativ dominante Rolle, auch wenn noch andere Einrichtungen öffentliche Dienstleitungen vor Ort erbrachten. In dieser Vorrangstellung sehen sie sich nun herausgefordert, denn heute müssen sie sich strategische Entscheidungsgewalt und Zuständigkeit für die Bereitstellung von Leistungen in vielen Bereichen der Politik mit anderen Institutionen teilen. Diese zunehmende Differenzierung in Kombination mit der Schwächung der Position der Kommunen zieht eine Fragmentierung des gesamten Systems nach sich (Stoker und Young, 1993). Den Kommunalbehörden wächst mehr und mehr die Rolle von strategischen Katalysatoren und Helfern in der Not zu, als dass sie lokale, gebietsweite und multisektorale

Dienstleister sein könnten. Die Beschneidung der kommunalen Zuständigkeiten wurde als Schwächung der Gemeindedemokratie aufgefasst (Cochrane, 1993). Da die Kommunen die einzigen Vertretungskörperschaften unterhalb der Zentralregierung mit unmittelbarer demokratischer Kontrolle sind, wird die relative Schwächung ihrer örtlichen Macht als Verlust an lokaler Demokratie und als Schaden für eine effektive Kommunalverwaltung insgesamt empfunden, denn das neu entstehende System zeichnet sich – wie schon dargelegt – durch fragmentierte und komplizierte Strukturen aus. Andererseits könnte man in diesen Änderungen auch einen Gewinn für lokale Demokratie und Regierungsfähigkeit sehen: z.B. in den Formen direkter Beteiligung, die einige der neuen lokalen Maßnahmeträger ermöglichen, und in der Fähigkeit dieser Organisationen, vielfältigen sozialen und wirtschaftlichen Anforderungen in bestimmten Gemeindegebieten nachzukommen.

1.4   Regionale Ebene und regionale Akteure

Die Beschreibung kommunaler Verwaltungsstrukturen in Kapitel II.1.1 zeigte, dass die Kommunen im Vereinigten Königreich die entscheidende politische Ebene unterhalb der Zentralregierung darstellen. Ferner wurde gezeigt, dass die verstädterten Räume Großbritanniens und Nordirlands derzeit von einer Vielzahl einstufiger Mehrzweck-Gebietskörperschaften (86) verwaltet und gesteuert werden. Die aktuelle territoriale Aufteilung verstädterter Räume wurde von der Zentralregierung 1986 für London und die regionalen englischen Oberzentren eingeführt (Local Government Act 1985) und zwischen 1996 und 1998 für Schottland, Wales und den Rest von England. Dieses einschichtige Verwaltungssystem für urbane Verdichtungsräume sollte, so die Begründung der Zentralregierung, eine stärkere lokale Identität ermöglichen, effizienter sein und eine klarere Rechenschaftslegung bewirken. Es trat an die Stelle des früheren „zweischichtigen Verwaltungssystems", das 1965 in London und 1972 im übrigen England, in Schottland und Wales eingeführt worden war. In diesem Zwei-Ebenen-Verwaltungsmodell wurde ganz London von einem Stadtrat regiert (Greater London Council) und die einzelnen Stadtbezirke von den 33 Bezirksverwaltungen (London Boroughs). In England und Wales war die lokale Ebene zwischen 53 „oberen" bzw. regionalen Gebietskörperschaften, den Counties, und 369 „unteren" Gebietskörperschaften, den Districts, aufgeteilt. Dabei gab es sechs metropolitane Counties für Ballungsräume sowie 47 nicht metropolitane; bei den Districts war diese Relation 36 zu 333. In Schottland gab es eine entsprechende Aufteilung zwischen neun „oberen" Regionen und 53 „unteren" Districts.

Die Abschaffung der oberen Verwaltungsebene hat den Wettbewerb um die Zuständigkeit für die umkämpften Gebiete der „Regionen" verschärft, wobei das Konzept der „Region" innerhalb der britischen öffentlichen Verwaltung einen recht ungewissen Status genießt. Es gibt zwar zahlreiche und vielfältige regionale Verwaltungsstrukturen, und obwohl es Zeiten gab, in denen die Einrichtung einer direkt gewählten regionalen Vertretungskörperschaft im Zentrum der Diskussion stand, fehlt bis heute jede Umsetzung dieses Gedankens in die Praxis (Stoker, Hogwood und Bullman, 1996). Der aktuelle konstitutionelle Reformprozess, den die neu gewählte Labour-Regierung 1997 eingeleitet hat, wird vielleicht eine Änderung dieser Situation (Local Government Association, 1997) bewirken. Ein zentrales Element in dieser Debatte ist der Status von Schottland, Wales und Nordirland. Das Vereinigte Königreich ist ein einheitlicher Zentralstaat, in dem alle Staatsgewalt in den Händen des Parlaments in London konzentriert ist, aber dieser Staat besteht gleichzeitig aus mehreren „Nationen", was in den verschiedenen Verwaltungsmodellen für die „nationalen Regionen" Wales, Schottland und Nordirland zum Ausdruck kommt.

England, Wales und Schottland werden seit 1707 vom Parlament in London regiert. England und Wales haben das gleiche Rechtssystem, Wales hat sein eigenes „Regionalministerium" in Cardiff, das Welsh Office. Dieses befasst sich mit den inneren Angelegenheiten von Wales, und es gibt einen „Walesminister" (Secretary of State for Wales), aber keine gewählte politische Vertretungskörperschaft. Schottland hat ein eigenes Rechtssystem und eine eigene Regionalverwaltung in Edinburgh, das Scottish Office. Es gibt einen „Schottlandminister" (Secretary of State for Scotland), aber auch hier kein gewähltes Regionalparlament. Die Position von Nordirland ist wieder eine andere. Nach der Teilung 1921 wurde Nordirland zunächst durch ein politisches und administratives System mit übertragener Souveränität (Devolution) regiert, den Stormont in Belfast. Dieses System wurde 1972 wieder abgeschafft und Nordirland unter die direkte Verwaltung durch das Northern Ireland Office mit einem Londoner Secretary of State an der Spitze gestellt. Diese drei Secretaries of State haben Ministerrang und einen Sitz im Kabinett, dem höchsten Exekutivorgan des nationalen Regierungssystems. Auch innerhalb Englands gibt es verschiedene regionale Verwaltungssysteme, und erst 1994 wurden zehn integrierte Regionalverwaltungen eingerichtet (vgl. Abbildung 3). Diese Government Offices for the Regions sind als Querschnittsbehörden unter einem höheren Beamten (Senior Regional Director) für die Durchführung verschiedener Regierungsprogramme zuständig. An ihrer Spitze steht kein Ministerialbürokrat oder politischer Funktionsträger, und sie werden durch kein gewähltes Parlament kontrolliert. So stellen die „Territorialministerien" in Schottland, Wales und Nordirland und die Regionalbehörden in England eine wichtige Modifikation des ansonsten überwiegend zentralstaatlichen Systems dar.

Wie dem auch sei, das Interesse an der Dezentralisierung von Entscheidungsgewalt durch territoriale Verwaltung und die Einrichtung gewählter regionaler Vertretungskörperschaften war im Laufe der Zeit recht schwankend. Im Allgemeinen werden die letzten 15 Jahre als Periode angesehen, in der die regionale Dimension der Regierung unmodern geworden ist, zumindest was Ideologie, Politik und Praxis der Zentralregierung betrifft (Association of Metropolitan Authorities, 1995). Gleichwohl lassen sich auch in diesem Zeitraum Zeichen für ein erneutes Aufkeimen des regionalistischen Interesses erkennen.

Jüngere Untersuchungen haben die komplexe regionale Dimension britischer Verwaltungsstrukturen erstmalig beleuchtet (Association of Metropolitan Authorities, 1995; Local Government Association, 1997, Stoker, Hogwood und Bullman, 1996). Diese regionalen Strukturen weisen große Unterschiede in ihrer Form auf und reichen von selbständigen Einheiten, die nicht eindeutig dem öffentlichen Sektor zugerechnet werden können, über nicht ministerielle regionale öffentlich-rechtliche Organisationen, staatlich eingesetzte Maßnahmeträger und spezifische Ressorts bis hin zu ressortübergreifenden Querschnittsbehörden (Government Offices for the Regions). Forschungsarbeiten haben die Existenz von rund 100 solcher Organisationen in Großbritannien nachgewiesen (Stoker, Hogwood und Bullman, 1996). Dabei bleiben die Sondermodelle für Schottland, Wales und Nordirland noch unberücksichtigt. Auch die Aktivitäten vieler staatlich eingesetzter Maßnahmeträger haben eine regionale Dimension und tragen zur Ausweitung unterschiedlicher territorialer Abgrenzungen bei, indem sie ihren regionalen Zuschnitt an ihren jeweiligen operativen Bedürfnissen ausrichten (z.B. unterhalten die halbstaatlichen Trägerorganisationen für Gesundheitswesen, Umweltschutz, Beschäftigung, Kultur, Sport und Fremdenverkehr stets auch regionale Büros und Einrichtungen). Die Privatisierung der öffentlichen Versorgungsunternehmen hat ebenfalls nicht zum völligen Verschwinden regionaler Strukturen geführt (Beispiele sind Yorkshire Electricity, Yorkshire Water und Yorkshire Cable). Interessenverbände wie der Britische Unternehmerverband CBI (Confederation of British Industry), der Gewerkschaftsbund TUC (Trades Union Council) und der Dachverband der Städte und Gemeinden LGA (Local Government Association) haben auch regionale Strukturen gebildet oder beibehalten.

Diese regionalen Strukturen unterliegen einem ständigen Wandel, sei es durch extern erzwungene Umorganisationen, sei es durch Veränderungen, die das eigene Management eingeleitet hat. Es gibt eine ganze Reihe regionaler Maßnahmeträger mit zahlreichen Aktivitäten, die sich auf die Gemeinden in ihrem Gebiet auswirken. Sie sammeln Informationen, beraten die Ministerien, handeln Verträge aus, weisen Mittel zu, überwachen und bewerten die Auswirkungen politischer Maßnahmen. In einigen dieser Funktionen mögen sie nach ihrem Selbstverständnis zwar die Wünsche und Ansichten der Kommunen an die Regierung vermitteln, aber sie sind regionalen oder örtlichen Interessen gegenüber nicht rechenschaftspflichtig. Selbst dann, wenn es eine regionale oder örtliche Vertretung gibt, wie im Falle der regionalen Kulturbüros (Arts Boards), wird diese im Kontext politischer und finanzieller Rahmenbedingungen tätig, die zentralstaatliche Behörden definiert haben. Nach Ansicht von Stoker, Hogwood und Bullman ist der Hauptgrund für die Entstehung solcher „regionaler" Strukturen nicht die Verwaltung von Räumen, sondern die Wahrnehmung bestimmter Funktionen (Stoker, Hogwood und Bullman, 1996). Auch hier sind Schottland, Wales und Nordirland wichtige Ausnahmen. Das ursprüngliche administrative Interesse liegt mit anderen Worten in der Umsetzung bestimmter politischer Programme, deren Management dann auf unterschiedliche Weise funktional oder räumlich organisiert werden kann. Die Bildung regionaler oder anderer territorialer Verwaltungseinheiten auf einer oder mehreren Ebenen dient unter den gegenwärtigen Rahmenbedingungen eher der administrativen Erleichterung bei der Wahrnehmung bestimmter Aufgaben als der Berücksichtigung der besonderen Merkmale einzelner Räume und basiert auch nicht auf der Überzeugung, man brauche generell eine „regionale Ebene". Daher sind die meisten dieser regionalen Strukturen derzeit keine autonomen Körperschaften, sondern Glieder in einer Kette politischer Umsetzungsmechanismen, die von der Zentralregierung ausgehen und oft auch die Kommunen und andere Organe einbeziehen. In den städtischen Verdichtungsräumen des Vereinigten Königreichs bleiben daher ebenso wie in ländlichen Gebieten die Kommunen die einzigen unmittelbar demokratisch legitimierten Vertretungskörperschaften neben der Zentralregierung.

1.5 Trends der Stadtentwicklung

Die wichtigsten verstädterten Gebiete sind in Abbildung 1 dargestellt, aber die Karte sagt nichts über Veränderungen und die Entstehung neuer urbaner Räume in den letzten drei Jahrzehnten aus. Aus jüngeren Forschungsarbeiten über die wichtigsten sozioökonomischen Trends in verstädterten Gebieten Großbritanniens werden fünf Kernthemen deutlich (Department of the Environment, 1996):

- die Bedeutung des wirtschaftlichen Strukturwandels seit den 70er Jahren für die Prägung der wirtschaftlichen und sozialen Struktur urbaner Räume;

- der spezifische Charakter Londons und dessen Vormachtstellung im Vereinigten Königreich als Global City und erster großer postindustrieller Ballungsraum des Landes;

- Hinweise darauf, dass die demographischen Strukturen des Landes von Stadtflucht und zunehmender Mobilität beeinflusst werden;

- die Entwicklung einer sozialen Polarisierung, insbesondere in bestimmten Räumen;

- die Entwicklung neuer städtischer „Lebensstile".

Viele dieser urbanen Trends können direkt auf den wirtschaftlichen Strukturwandel zurückgeführt werden, der in den 70er Jahren begann. Die damit verbundenen Prozesse zeitigten an unterschiedlichen Standorten in Abhängigkeit von den jeweiligen lokalen Bedingungen unterschiedliche Auswirkungen und Ergebnisse. Die größten Städte erlitten die schlimmsten Beschäftigungsrückgänge. Zwischen 1984 und 1991 gingen in London und Liverpool neun Prozent aller Arbeitsplätze verloren; Arbeitsplatzzuwachs gab es lediglich in Bristol und Leeds (Department of the Environment, 1996). Veränderungen in der Organisation der Produktion, die Entstehung einer neuen Arbeitsteilung zwischen den Geschlechtern, De-Industrialisierung und ein Wachstum des Dienstleistungssektors führten zu veränderten Beschäftigungschancen für unterschiedliche Bevölkerungsgruppen an unterschiedlichen Standorten. Alle verstädterten Gebiete haben einen tiefgreifenden Wandel erlebt sowie eine Reihe gemeinsamer Probleme erfahren, von denen auf die Existenz einer landesweiten Problematik und eine Zeit der Anpassung geschlossen werden konnte: mit möglichen Auswirkungen auf die Wettbewerbsfähigkeit der gesamten Volkswirtschaft wie auch die soziale Stabilität. Die Arbeitslosigkeit stieg im Laufe der 80er Jahre in den verstädterten Gebieten gegenüber dem nationalen Durchschnitt überproportional rasch an, und besonders schnell wuchs sie in den Innenstadtrandgebieten der größten Ballungsräume (Department of the Environment, 1996).

Die räumlichen Veränderungen auf breiter Front lenkten die Aufmerksamkeit auch auf die sich wandelnden Beziehungen zwischen den Städten und ihrem Umland. Die meisten „großstädtischen Probleme" treten räumlich begrenzt in Teilen der Innenstadtrandgebiete und den Großsiedlungen des sozialen Wohnungsbaus auf, während sich die neuen Chancen für wirtschaftliches Wachstum und „erfolgreiche" Wettbewerbsbedingungen weitgehend außerhalb der traditionellen Zuständigkeitsgrenzen der Städte auftun. Strukturelle Veränderungen des Arbeitsmarktes deuten darauf hin, dass Standorte, an denen es zu Investitionen in neue Dienstleistungsbranchen und neue Technologien kommt (z.B. Cambridge und der sogenannte M4-Korridor westlich von London entlang der gleichnamigen Autobahn), sich tendenziell sehr deutlich von den Städten unterscheiden, die den Zusammenbruch ihrer traditionellen Produktionsgrundlagen erlebt haben (wie Liverpool und Sheffield).

Diese urbanen Trends haben auch zu einer neuen geschlechtsspezifischen Arbeitsteilung geführt, mit wachsenden Chancen und höheren Beschäftigungsquoten von Frauen und Rückgängen bei Arbeitsplätzen in traditionellen Männerberufen. Solche Verschiebungen innerhalb des Arbeitsmarktes wirken sich auch auf die Kommunalpolitik aus. Die kommunalpolitischen Strukturen vieler großer Industriestädte waren über die Labour Party und die Gewerkschaften mit den männlich dominierten traditionellen Industrien verbunden. Diese Verbindungen wurden häufig deutlich geschwächt oder sind auch ganz zerbrochen, als die Macht dieser traditionellen Institutionen schrumpfte und neue Interessengruppen sich in der Kommunalpolitik artikulierten: wie Arbeitslose, Frauen, ethnische Minderheiten oder Gewerkschaftsvertreter aus dem öffentlichen Dienst.

Untersuchungen von Pendlerströmen belegen, dass auch die Zugangschancen zum Arbeitsmarkt umverteilt werden (Department of the Environment, 1996). Pendeln zwischen ländlichem Wohnort und städtischem Arbeitsplatz oder über weitere Strecken ist zwar ein weit verbreitetes Phänomen, aber dies gilt nur für bestimmte Beschäftigungsformen und Arbeitskräfte. Körperlich arbeitende, schlechter bezahlte und Teilzeitbeschäftigte pendeln über kürzere Strecken als der Durchschnitt. Bewohner der Innenstadtrandgebiete sind immer noch von den lokalen Arbeitsmarktmöglichkeiten abhängig, sehen sich aber hier einem verstärkten Konkurrenzdruck ausgesetzt. Trotz neuer Beschäftigungspole am Rande der Ballungsräume gibt es einen kontinuierlichen Pendlerstrom aus diesen Satellitenstädten in die meisten Kommunen, aber nur ein geringes Pendleraufkommen in Gegenrichtung. Die Stadt selbst wurde räumlich immer stärker fragmentiert, und der traditionelle räumliche Zusammenhang zwischen Arbeitsplatz, Wohnort und lokalem Zugehörigkeitsgefühl wird zusehends schwächer.

London ist aufgrund der Art, des Umfangs und der Folgen des wirtschaftlichen Wandels für die Stadt ein Sonderfall. London wird oft als Global City bezeichnet, und man könnte sagen, dass London mehr Gemeinsamkeiten mit New York aufweist als mit einer Stadt wie Sheffield. London wird als eine der zentralen Steuerungszentralen der Weltwirtschaft angesehen und ist ein Schlüsselstandort für die Finanzindustrie und spezialisierte Dienstleister. Über die Bezeichnung von London als genuiner Global City lässt sich streiten, aber mit Sicherheit ist es einzigartig in der Hierarchie britischer Städte. London hat nationale Bedeutung und weist spezifische großstädtische Probleme auf. Die schiere Dimension seiner Pendlermuster und Arbeitsmarktgrenzen wirft Fragen nach den angemessenen räumlichen Definitionen politisch-administrativer Strukturen auf, und infolgedessen stand der Charakter einer Gesamt-Londoner Stadtverwaltung stets zur Diskussion (Travers und Jones, 1997).

Innerhalb der Städte gab es eine breite demographische Verschiebung von den innerstädtischen in die Außenbezirke. Wenn der gegenwärtige Trend des wirtschaftlichen Strukturwandels sich fortsetzt und die Beschäftigungschancen weiterhin in den kleineren städtischen Zentren und in eher ländlichen Gebieten wachsen, wird die Bevölkerungsentwicklung diesem Trend vermutlich folgen (Department of the Environment, 1996). Diese Prozesse der Gegenurbanisierung und des wirtschaftlichen Strukturwandels haben auch die soziale Polarisierung verstärkt: die Lücke zwischen Bevölkerungsgruppen mit unterschiedlichen wirtschaftlichen Möglichkeiten, sozialen Chancen und differenten allgemeinen Lebensbedingungen wird immer größer. Die Polarisierung der Gesellschaft erfährt immer deutlicher eine räumliche Dimension: Der Konzentrationsprozess wird sich wahrscheinlich fortsetzen, gleichzeitig drohen weiterhin selektive Migration und Diskriminierung.

Darüber hinaus werden britische Städte mehr und mehr durch ein Nebeneinander vieler neuer Lebensstile geprägt, die auf neuen Geschlechterrollen, Kulturbegriffen und Technologien, einem neuen Familienbild, „flexibler Lebensgestaltung" und Freizeit beruhen. Einige sprechen in diesem Zusammenhang von der „postmodernen Stadt". Diese sozialen Prozesse spiegeln die Fragmentierung von Interessen wider, die Schaffung neuer Identitäten, die mit neuen Räumen und Gebieten verbunden sind; sie gehen auch einher mit einer Nachfrage nach neuen Dienstleistungen, mit neuen Erwartungen und neuen Formen demokratischer Legitimation, wobei das Konzept des individualistischen Bürgers mit der Idee neuer Gemeinschaften wetteifert (wie z.B. Umwelt- und Frauengruppen). Diese sozioökonomischen Trends repräsentieren die sich herausbildende britische Metropolis des 21. Jahrhunderts, die sich deutlich von den Städten unterscheidet, deren Wurzeln in der viktorianischen Industrialisierung und Urbanisierung lagen. Die Herstellung eines geradlinigen Kausalzusammenhangs zwischen diesen Prozessen und dem Wandel kommunaler Verwaltung und Steuerung wäre allzu vereinfacht, die tatsächlich bestehenden Zusammenhänge verdienen allerdings sorgfältige Beachtung.

2.   Kooperationsansätze

2.1   Die maßgeblichen Ansätze und ihre Auslöser

Folge der Politik der konservativen Zentralregierung war eine kleinteilig zersplitterte Verwaltungslandschaft auf kommunaler Ebene – vor diesem Hintergrund gab es zahlreiche und vielfältige Ansätze zu intraregionaler Zusammenarbeit. Auch diese Zusammenarbeit zwischen verschiedenen Organisationen ist sehr dynamisch, und die Beziehungen entwickeln sich ständig weiter. Gleichwohl kann man aus den Erfahrungen der wichtigsten verstädterten Gebiete einige gemeinsame Lehren ziehen und die meisten Kooperationsaktivitäten einer der folgenden vier Kategorien zuordnen:

- Interkommunale Kooperation (Inter-Local Authority Cooperation),
- Zusammenarbeit zwischen Maßnahmeträgern (Inter-Agency Collaboration),
- Revitalisierungspartnerschaften (Urban Regeneration Partnerships) sowie
- Stadt-Umland-Verbände (City-Region Associations).

Die wichtigsten Merkmale dieser Ansätze sind in Übersicht 1 zusammengestellt. Zwar kommen diese Ansätze in den meisten der großen britischen Verdichtungsräume vor, dennoch enthält die Übersicht weder eine vollständige Liste noch eine definitive Kategorisierung. Der Umstand, dass das Vereinigte Königreich aus „mehreren Nationen" besteht, führt dazu, dass diese Übersicht der kommunalen Verwaltungslandschaft stärker auf englische Stadtregionen eingeht als auf die einschlägige Problematik in Cardiff (Wales), Edinburgh und Glasgow (Schottland) oder Belfast (Nordirland), obwohl die in Übersicht 1 beschriebenen Elemente auch dort zu finden sind. Im Folgenden soll auf diese maßgeblichen Ansätze im Einzelnen eingegangen werden.

2.1.1   Interkommunale Kooperation – freiwillige Formen

Interkommunale Kooperation als unspezifische Form der Zusammenarbeit zwischen zwei oder mehr Kommunen, zählt nicht unbedingt zu den allgemeinen Merkmalen städtischer Verwaltungspraxis in Großbritannien, dennoch gibt es seit langem zahlreiche Beispiele hierfür. Es handelt sich weitgehend um einmalige oder spezifische Ansätze für ein besonderes Vorhaben oder Ziel. Dazu zählen z.B.

- die Bereitstellung von Dienstleistungen oder Infrastruktureinrichtungen, die über Gemeindegrenzen hinausreichen (wie etwa die Verwaltung des Rother Valley Country Park, der als Freizeiteinrichtung für Sheffield und Rotherham in South Yorkshire dient; oder die gemeinsame Planung der Verkehrsverbindungen über das Penninische Gebirge in Nordengland zwischen Groß-Manchester auf der einen und South und West Yorkshire auf der anderen Seite);

- die Bereitstellung von Dienstleistungen oder Infrastruktureinrichtungen, die dem gesamten Verdichtungsraum zugute kommen (z.B. Bau und Bewirtschaftung des Manchester International Airport, der für alle Gemeinden des Großraums Manchester von Vorteil ist, oder die Kooperationsvereinbarungen zwischen benachbarten Kern- und Randgemeinden großstädtischer Ballungsräume in den 60er Jahren über den Bau von Trabantensiedlungen).

Es gibt zwar viele Beispiele für solche freiwilligen Kooperationsmodelle unter Federführung der beteiligten Kommunen, aber daraus lässt sich weder ein allgemein geltendes Modell ableiten noch eine Erklärung für die wichtigsten auslösenden Faktoren für interkommunale Zusammenarbeit in den letzten 15 Jahren.

2.1.2   Durch Maßnahmen der Zentralregierung bedingte Kooperationsformen

Stärker beeinflusst wurde das Gesamtbild durch die scheinbar kontinuierliche Umgestaltung kommunaler Funktionen und territorialer Grenzen, die zu den tiefgreifenden Prozessen der Fragmentierung städtischer Verwaltungsstrukturen beigetragen hat, wie sie in Kapitel II.1 dargestellt sind. Die wichtigsten Katalysatoren für diese Entwicklung wurden im Namen von „Modernisierung" und „neoliberaler Politik" durch aufeinander folgende konservative Zentralregierungen initiiert und implementiert.

Übersicht 1: Die wichtigsten Formen intraregionaler Zusammenarbeit in den urbanen Ballungsräumen des Vereinigten Königreichs*

Ansätze / Merkmale	Interkommunale Kooperation	Zusammenarbeit zwischen Maßnahmeträgern	Revitalisierungspartnerschaften	Stadt-Umland-Verbände
Auslösende Faktoren	Abschaffung der übergreifenden Verwaltungsebene für Verdichtungsräume	Fragmentierung stadtregionaler Verwaltungsstrukturen	Massive Zunahme des interkommunalen Wettbewerbs	Zunehmender Regionalismus
Zielsetzungen	Erbringung strategischer regionsweiter Dienstleistungen	Effiziente Bereitstellung kommunaler Leistungen und Funktionen	Wettbewerbsvorteile und Revitalisierung	Förderung regionaler Interessen
Aufgabenbereiche	Feuerwehr, Abfallentsorgung, strategische Planung, ÖPNV, strategische Forschung, Zivilschutz	Verschiedene Aufgaben in den Bereichen Weiterbildung, Sport, Kultur, Gesundheit, Planung und Entwicklung, Wohnungsbau, Verkehr, EU-Programme	Standortmarketing und kommunale Imagepflege, erfolgreiche Bewerbung um Investoren, Veranstaltungen und Zuschüsse, Entwicklungsstrategien	Beratung, Lobbying, Entwicklung von Strategien zu verschiedenen Planungs-, Wirtschafts-, Sozial- und Umweltthemen
Räumliche Geltungsbereiche	Verdichtungsräume in den Grenzen der früheren Großraumverwaltungen	Verschiedene Ebenen von kommunal bis regional	Verschiedene, meistens stadtbezirksweit oder subregional	Geltungsbereiche der staatlichen Regionalbehörden

(Fortsetzung nächste Seite)

(Fortsetzung)

Ansätze / Merkmale	Interkommunale Kooperation	Zusammenarbeit zwischen Maßnahmeträgern	Revitalisierungspartnerschaften	Stadt-Umland-Verbände
Teilnehmer	Kommunale Gebietskörperschaften und gemeinsame Dienstleistungseinrichtungen	Kommunen und staatlich eingesetzte Maßnahmeträger	Staatlich eingesetzte Maßnahmeträger, kommunale Gebietskörperschaften, Privatunternehmen und andere lokale Akteure	Kommunen
Institutionelle Formen	Formell – unter der Kontrolle der Kommunen durch gemeinsame Vereinbarungen oder Einbettung in „obere" Behörden	Informell, vielfältig und weitgehend ad hoc, je nach Situation, Zeit und Funktion	Vielfältige informelle Bündnisse, Public Private Partnerships	Vielfältige formelle Versammlungs- und Verbandsformen mit Untergliederungen (Ausschüsse und Arbeitsgruppen)
Finanzierung	Örtliche Steuereinnahmen und staatliche Zuschüsse	Alle relevanten Mittel der teilnehmenden Körperschaften	Staatliche Sanierungs- und sonstige Fördermittel, die im Wettbewerb mit anderen eingeworben werden	Freiwillige Beiträge der beteiligten Kommunen
Rechtliche Zuständigkeit	Von den konstituierenden Kommunalkörperschaften entsandte gewählte Vertreter	Von der Regierung ernannte Vorstände und gewählte Vertreter aus den kommunalen Gebietskörperschaften	Selbstgewählte Eliten oder ernannte Vertreter	Von den Kommunen entsandte gewählte Vertreter

*Quelle: Zusammenstellung Gordon Dabinett.

Die Maßnahmen der Zentralregierung zur Abschaffung der oberen Gebietskörperschaften in den großstädtischen Ballungsräumen Englands (der Metropolitan County Councils) 1986, die analogen Maßnahmen für Wales und Schottland 1996 und 1997 (dort wurden die County und Regional Councils abgeschafft) sowie die Förderung „einschichtiger" Verwaltungsmodelle in anderen Räumen Englands Mitte der 90er Jahre führten dazu, dass Stadtregionen auf lokaler Ebene nun von einer Reihe einzelner und nur eine Ebene umfassender Bezirke (Districts) regiert werden. Die Situation im nordirischen Belfast bleibt insofern eine Besonderheit, als diese Kommune in ihrer gegenwärtigen Form 1972 eingerichtet wurde und die meisten Funktionen seither durch das staatliche Nordirlandministerium wahrgenommen werden.

Die Metropolitan County Councils wurden durch das 1985 verabschiedete Kommunalgesetz (Local Government Act) abgeschafft, mit dem die Zentralregierung die Bürokratie eindämmen, Doppelarbeit und Verschwendung bekämpfen und ganz allgemein die Einflussnahme des Staates reduzieren wollte. Damit beseitigte sie gleichzeitig Konfliktpotenziale wie auch den tatsächlich vorhandenen politischen Konflikt mit Kommunen, die von der Opposition, das heißt in diesem Falle der Labour Party, kontrolliert wurden. Um die so entstandene Lücke zu füllen, wurden bestimmte gemeindeübergreifende Aufgaben von interkommunalen Verwaltungsbehörden oder -ausschüssen übernommen (Joint Boards oder Joint Committees). Im Falle der Joint Boards erteilt die Zentralregierung der betreffenden interkommunalen Organisation die Vollmacht zur Wahrnehmung einer bestimmten Aufgabe und zur Bereitstellung entsprechender Mittel (z.B. für die Feuerwehr). Geleitet wird die Behörde von gewählten Ratsmitgliedern, die von den beteiligten Kommunen benannt werden. Im Fall der Joint Committees werden die entsprechenden Dienstleistungen von den beteiligten Kommunen selbst erbracht und finanziert, aber der gleichfalls aus delegierten Ratsmitgliedern der Mitgliedsgemeinden bestehende Ausschuss bestimmt die Leitlinien, nach denen diese Leistungen im Interesse des größeren Verdichtungsraumes erbracht werden sollen (z.B. Auswahl von Deponiestandorten).

Die eigentlich im Namen einer schlankeren öffentlichen Verwaltung durchgeführte Abschaffung der „oberen" Verwaltungsebene führte faktisch zu einer Zunahme lokaler Gremien. Eine ähnliche Erfahrung ergab sich mit den Nachwirkungen weiterer Änderungen der Kommunalverwaltung im Zeitraum 1996 bis 1998. Es ist zwar noch verfrüht, diese Veränderungen schon im Detail zu bewerten, doch illustriert das Beispiel des urbanen Ballungsraumes um Glasgow, welches Ausmaß die erweiterte interkommunale Zusammenarbeit angenommen hat. Früher waren für diesen Ballungsraum ein Regionalrat (Strathclyde Regional Council) und 19 Bezirksräte (District Councils) zuständig. Seit der 1996 erfolgten Abschaffung der regionalen Verwaltungsebene wurden sieben Joint Boards und drei neue Joint Committees gebildet, die sich mit ballungsraumweiten Aufgaben und politischen Entscheidungen wie strategischer Planung, Abfallentsorgung, Feuerwehr und Rettungsdiensten befassen sollen.

Es wurde zwar behauptet, dass die strategischen Kapazitäten der Metropolitan County Councils aus der Zeit vor 1986 größer gewesen seien als die der Einrichtungen, durch die sie ersetzt wurden, aber auch die alten Regionalstrukturen waren mit mehr oder weniger inhärenten Mängeln behaftet (Wannop, 1995). Sie waren von Natur aus instabil und unzulänglich konzipiert, was ihren territorialen Zuschnitt, ihre Funktionen und ihre Beziehungen zu „unteren" District Councils, staatlichen Stellen und privaten Interessengruppen betraf. Trotz dieser Mängel war es jedoch ein gravierender Fehler, die Councils einfach abzuschaffen, ohne über schlüssige Instrumente zu verfügen, mit denen sich der Beitrag der Councils zur strategischen Planung ersetzen und verbessern ließ. Die Zentralregierung selbst hat diesen Fehler durch ihre späteren Initiativen in den 90er Jahren für diesen Bereich stillschweigend eingestanden. Die außer Kraft gesetzten Metropolitan County Councils hatten bewiesen, dass sie trotz aller Einschränkungen in Bezug auf ihre Effektivität anders als die Zentralregierung in der Lage waren, Probleme zu identifizieren und vorherzusehen. Ihre Abschaffung ohne praxistauglichen Ersatz wurde als Rückzug von der Art strategischer Planung und koordinierter Verwaltung urbaner Ballungsräume betrachtet, die in den dynamischsten großstädtischen Regionen Europas damals gerade zum Tragen kam (Wannop, 1995).

Aus dieser Vernachlässigung ergaben sich folgende Konsequenzen:

- Es fehlt jegliche einflussreiche und effektive Organisationsstruktur, mit der es möglich wäre, auf der Ebene der Ballungsräume die Entwicklungs- mit der Verkehrsplanung oder anderen Aufgaben zu koordinieren.

- Repräsentativen regionalen Planungskonferenzen mangelt es an Macht oder Ressourcen für die Planung wesentlicher Infrastruktureinrichtungen, für entsprechende Investitionen oder eine entscheidende Unterstützung der wirtschaftlichen Wiederbelebung städtischer Gebiete.

- Alle Entscheidungen oberhalb der Distrikt-Ebene müssen von Ministern, Verwaltungsbeamten oder interkommunalen Körperschaften auf der Grundlage freiwilliger Zusammenarbeit getroffen werden.

- Spezialisierte Teams für strategische Programme in Bereichen wie Renaturierung von Flächen, Bodenschätze („minerals"), Abfallentsorgung, Erhaltung historischer Gebäude, Forschung und Informationswesen zerfielen.

Natürlich unterscheiden sich die Erfahrungen nach Abschaffung der oberen Verwaltungsebene von Fall zu Fall, insgesamt aber wurde Kontinuität unterbrochen, die Komplexität des Systems nahm zu, gleichzeitig wurde weitere Instabilität provoziert. Groß-London z.B. muss nunmehr damit leben, dass über die 33 Boroughs hinaus 30 verschiedene Verwaltungsdienststellen und 75 Trägerorganisationen zur Erbringung öffentlicher Dienstleistungen das kommunale Geschehen bestimmen (Newman und Thornley, 1997). In den Gebieten der ehemaligen Metropolitan Counties traten an die Stelle von Unklarheiten hinsichtlich der Aufteilung von Zuständigkeiten zwischen den beiden Verwaltungsebenen der Districts und Counties noch größere Verwirrung oder Informationslücken im Hinblick auf die neuen interkommunalen Körperschaften und gemeinsam zuständigen Behörden. In Untersuchungen über die Erfahrungen mit den neuen Ansätzen in den Stadtregionen Englands ernteten nur die West Midlands einstimmiges Lob für die angemessene Bewältigung strategischer Aufgaben durch Formen der direkten Zusammenarbeit zwischen den District Councils. Dies wird auf einen tatkräftigen und erfahrenen Regionalplaner im Londoner Ministerium für Raumordnung (Department of the Environment) und unterstützende Beiträge von Seiten der Kommunen im Umland der Kernstadt zurückgeführt (Collinge und Srbljanin, 1997). Die Zahl der Institutionen war in London sicherlich am größten (Travers und Jones, 1997), aber auch in Verdichtungsräumen wie West und South Yorkshire gab es keine oder nur wenig Zusammenarbeit. In allen betroffenen Gebieten blieben die Konflikte zwischen der dominierenden Kernstadt (London, Birmingham, Manchester, Leeds, Newcastle) mit den umliegenden städtischen Zentren und der Region eine unbewältigte Herausforderung, die auch bei den neueren Ansätzen für Zusammenarbeit und bei Partnerschaften auf der Tagesordnung bleibt.

2.1.3 Zusammenarbeit zwischen Maßnahmeträgern

Die Zusammenarbeit zwischen kommunalen Verwaltungen und anderen Institutionen zur Wahrnehmung städtischer Verwaltungsaufgaben war stets ein Merkmal britischer Verwaltungspraxis, hat allerdings in den 80er und 90er Jahren erheblich zugenommen. Während auf der einen Seite die Abschaffung der Mittelinstanzen zwischen zentraler und kommunaler Ebene die neuen einschichtigen Verwaltungen zu verstärkter Zusammenarbeit unter Federführung von Joint Boards und Joint Committees veranlasste, wurden auf der anderen Seite die Arbeitsweise und Einflusssphäre dieser neuen, potenziell mächtigen Mehrzweck-Verwaltungen durch das Vorgehen der Zentralregierung in Bezug auf Fragen der kommunalen Verwaltung generell in Frage gestellt. In diesem Beitrag wurde bereits dargestellt, wie die Zentralregierung die Funktionen und die Ausgabenhoheit der kommunalen Ebene eingeschränkt bzw. dass sie in vielen Bereichen früher kommunale Aufgaben an staatlich eingesetzte Trägerorganisationen oder so genannte Quangos übergeben hat. Deren räumliche Zuständigkeit deckt sich häufig nicht mit den Grenzen der einschichtigen Kommunalverwaltungen, umfasst entweder mehrere Kommunen, geht über Gemeindegrenzen hinaus oder gilt nur für ein begrenztes Gebiet innerhalb einer Gemeinde. Dieses Phänomen ist besonders häufig in England anzutreffen, ähnliche

Prozesse können aber auch in Schottland und Wales festgestellt werden. Städtische Gebietskörperschaften sind daher zur Zusammenarbeit mit vielen unterschiedlichen Stellen gezwungen, um bestimmte Dienstleistungen zu erbringen oder bestimmte politische Ziele zu verfolgen.

Jede Kommune, die noch eigene politische Aktivitäten in Bereichen verfolgen will, wie z.B. im Schul- und Gesundheitswesen, Wohnungswesen oder in der Stadtplanung, ist nunmehr gezwungen, Bündnisse einzugehen und aufrechtzuerhalten, und zwar nicht nur innerhalb ihrer gesetzlich vorgeschriebenen Aufgabengebiete, sondern häufig darüber hinaus – sowohl inhaltlich als auch räumlich. Die Notwendigkeit zu Experimenten in der Zusammenarbeit zwischen unterschiedlichen Institutionen und Agenturen über die Grenzen einzelner Gemeinden hinaus wurde zudem durch die regionale Organisation einiger Regierungsaufgaben verstärkt. Dies gilt z.B. für die Politikfelder Sport (Sports Council), Kultur (Arts Council), Gesundheit (National Health Service Executive), Umweltschutz (Environmental Agency) und Grundstücksentwicklung (English Partnerships). Alle genannten Organisationen decken unterschiedliche räumliche Einzugsgebiete ab. Auch die Deregulierung und Privatisierung des ÖPNV machten neue Formen der Zusammenarbeit mit den neuen „privaten" Bahn- und Buslinienbetreibern erforderlich.

Zweifellos hat die 1979 gewählte konservative Zentralregierung in den 80er Jahren gezielt versucht, die Rolle der Kommunen zu marginalisieren und zu schwächen, in den 90er Jahren haben die Kommunalregierungen jedoch wieder an Bedeutung gewonnen. Der Zuwachs an Bedeutung hatte allerdings mehr mit der Funktion der Kommunen als Katalysatoren und mit der neuen Vertragskultur zu tun. Dieser Umschwung begann mit dem Wechsel in der Toryführung (von Margaret Thatcher zu John Major im Jahr 1990) und hat sich bis heute unter der neuen Labour-Regierung seit 1997 fortgesetzt. Daher können diese neuen Formen der Zusammenarbeit zwischen Institutionen und Organisationen nicht nur als direktes Ergebnis der Auseinandersetzung zwischen den beiden großen politischen Parteien im Vereinigten Königreich gesehen werden, sondern mehr noch als allgemeiner Trend der „Modernisierung" von Verwaltungsstrukturen oder der Etablierung des Paradigmas des New Public Management (Cochrane, 1993; Thompson u.a., 1991). Beobachter haben darauf hingewiesen, dass diese „inter-agency"-Kooperationsansätze im Kern eher auf Funktionalität, Effizienz und Effektivität zielen als auf eine Neudefinition des urbanen Raumes oder eine Neubewertung der Zuständigkeiten und Einflussmöglichkeiten der städtischen Bevölkerung (Stoker, Hogwood und Bullman, 1996).

2.1.4 Revitalisierungsinitiativen in Form von Partnerschaften

Bei Revitalisierungsinitiativen handelt es sich um eine Sonderform der interinstitutionellen Zusammenarbeit in Stadtregionen, die besondere Aufmerksamkeit verdienen. Während bilaterale Zusammenarbeit zwischen Maßnahmeträgern ein normaler Vorgang im Rahmen der zersplitterten kommunalen Verwaltungslandschaft geworden ist, geht es bei den Revitalisierungsinitiativen um die Zusammenarbeit zwischen einer Vielzahl von Akteuren. In der Regel sind dies Organisationen aus dem öffentlichen und privaten Sektor, die zur städtischen Wirtschaftsentwicklung beitragen. Über diese Partnerschaften liegen umfassende Dokumentationen und Forschungsberichte vor (Audit Commission, 1989; Bailey, 1995; Lawless, 1991; Stewart, 1994; Stoker und Young, 1993). Die auslösenden Faktoren für solche Revitalisierungspartnerschaften ergeben sich aus drei zentralen Prozessen, die alle mit dem Wandel der kommunalen Verwaltungslandschaft im Laufe der 80er und 90er Jahre zusammenhängen:

- Zum einen wurden von Kommunen eingerichtete und geleitete Partnerschaften freiwillig aus der Erkenntnis heraus gegründet, dass Kommunen alleine nicht über genügend Ressourcen und Know-how verfügen (z.B. im Hinblick auf Finanzen, Fachwissen, Grundbesitz oder Zugang zu den Netzwerken des Marktes), um eine erfolgreiche wirtschaftliche Erneuerung zu erreichen.

- Zum anderen wurden Partnerschaften unter Einbeziehung der Kommunalbehörden von privaten Körperschaften, wie z.B. den örtlichen Industrie- und Handelskammern eingerichtet, um damit auf den externen wirtschaftlichen Strukturwandel zu reagieren und sich explizit dem zunehmenden globalen Wettbewerb um Ansiedlung und Erhalt von Kapital und Arbeitsplätzen zu stellen.

- Und schließlich wurden Kommunen oder Verdichtungsräume zur Gründung von Partnerschaften gezwungen, und zwar in der Regel durch die Zentralregierung oder die Europäische Kommission. Fördermittel für die wirtschaftliche und soziale Revitalisierung von Problemgebieten (z.B. aus dem britischen Single Regeneration Budget oder den europäischen Strukturfonds) sind zunehmend an die Bedingung geknüpft, dass die Empfänger ausdrücklich im Rahmen von „Partnerschaftsmodellen" arbeiten.

Die explosionsartige Vermehrung solcher Partnerschaften kann daher nicht allein aus neuen Formen des Gebietsmanagements erklärt werden, sondern eher als Mittel zur Freisetzung von Ressourcen. Sie entstehen auch deshalb, weil Organisationen immer stärker zusammenarbeiten müssen, um überhaupt etwas in Sachen Revitalisierung erreichen zu können. Die dabei zu lösenden Probleme fallen in die Zuständigkeit vieler verschiedener Stellen, und die sozioökonomischen Probleme selbst, wie etwa soziale Ausgrenzung, haben vielfältige Aspekte.

Dieser Anstieg in der Zusammenarbeit zwischen verschiedenen Organisationen wurde durch einen bisher nicht dagewesenen Prozess der institutionellen Fragmentierung und organisatorischen Vermehrung erforderlich, der durch die – kommunale Verwaltungen und öffentlichen Sektor im Allgemeinen betreffenden – Reformen der Regierung ausgelöst wurde. Ein Beobachter stellte fest, solche Partnerschaften gebe es überall, aber ihr übergroßes Gewicht habe nur wenig mit einer effizienteren Erbringung von Leistungen oder einem neuen Geist der Kooperation zu tun (Bailey, 1995). Diese neuen Partnerschaften konkurrieren wiederum untereinander um öffentliche Subventionen, Investitionen usw. Aufgrund ihrer spezifischen Struktur ist bei ihnen auch eine Tendenz zur Förderung kurzfristiger, unstrategischer Lösungsansätze feststellbar. Dies spiegelt sich in den Spannungen und strittigen Bereichen wider, die mit der Entstehung von immer mehr Revitalisierungsinitiativen auftreten, welche jeweils unterschiedliche Interessen in Stadtregionen und Verdichtungsräumen vertreten.

Solche Partnerschaften sind ganz offenkundig kein Allheilmittel. Ihre positive Seite liegt darin, dass sie ein Instrument der Konsenssicherung in Bezug auf Revitalisierungsstrategien und zur Gewinnung der Unterstützung des privaten Sektors darstellen. Negativ ist hingegen, dass sie zu einer Schwächung der Entscheidungskompetenz demokratisch legitimierter Gremien beitragen können. Der Partnerschaftsansatz mag zwar auf der Ebene einzelner Initiativen sinnvoll sein, die unkontrollierte Vermehrung solcher Ansätze birgt jedoch die Gefahr, eben jene Probleme mangelnder Koordinierung und organisatorischer Zersplitterung zu verschärfen, die das Partnerschaftsmodell eigentlich lösen soll. Einige Stimmen plädieren deshalb dafür, im Interesse eines effektiven regionalen Verwaltungsmanagements die Partnerschaften selbst besser zu koordinieren (Mawson, 1996).

2.1.5   Stadt-Umland-Verbände

Stadt-Umland-Verbände unterscheiden sich voneinander erheblich in Form, Zweck und Geschichte. In allen englischen Regionen gibt es solche Zusammenschlüsse der einzelnen Kommunen des jeweiligen Raumes. Ihre Form reicht von dauerhaften Regionalverbänden oder -versammlungen, die eine breite Palette von Themen beraten und Lobbying für ihre Angelegenheiten betreiben, bis hin zu Einrichtungen und Ausschüssen, die weniger regelmäßig zusammentreten, um Entscheidungen zu treffen, z.B. über Leitlinien regionaler Planung oder die Zusammenstellung von Anträgen für Fördermittel der Europäischen Kommission. Die Zahl der jeweils teilnehmenden Kommunen ist sehr unterschiedlich, und nicht jeder Regionalverband vertritt alle Kommunen seines Gebiets. In mancher Hinsicht wurden die Rolle und die auslösenden Faktoren für solche Ansätze durch das Fehlen einer gewählten regionalen Ebene und den Umstand bestimmt, dass externe Sachzwänge manchmal eine regionale Sicht erfordern (wie im Fall der EU-Programme) oder die Kom-

399

munen selbst Vorteile in einem regionalen Ansatz sehen (wie im Fall strategischer Entwicklungsplanung). In diesen Fällen erfüllen solche Formen der Zusammenarbeit eine praktische Funktion.

Diese Strukturen sind zwar einer raschen Entwicklung unterworfen (Association of Metropolitan Authorities, 1995; Local Government Association, 1997), 1998 gab es jedoch sechs solcher Verbände, die die wichtigsten urbanen Ballungsräume umfassten: die Local Authority Associations in Wales und Schottland, die North of England Assembly, die Regional Assembly for Yorkshire and Humberside, die North West Regional Association und das West Midlands Regional Forum. In London und seinem Umland, der South East Region, ist die Situation komplizierter; sie wird derzeit durch die 1997 gewählte Zentralregierung überprüft (Deputy Prime Minister, 1997; SERPLAN, 1995; Travers und Jones, 1997).

Die Stadt-Umland-Verbände werden für alle Überlegungen zur künftigen Rolle einer regionalen Regierungsebene im Vereinigten Königreich und insbesondere in England eine Schlüsselrolle spielen. Die Zentralregierung hat sich verpflichtet, in Schottland und Wales Regionalversammlungen mit übertragener Souveränität (Devolved Assemblies) einzurichten. Für England hat die im Mai 1997 gewählte Regierung ihre Absicht erklärt, regionale Entwicklungsagenturen (Regional Development Agencies) zu etablieren (DETR, 1997)[10]. Diese werden primär mit Wirtschaftsentwicklung befasst sein. Ihr Verhältnis zu den Kommunen wie auch Vorschläge zur Einführung gewählter Regionalräte sind allerdings derzeit noch nicht geklärt. Aber die Arbeit der aus kommunalen Vertretern zusammengesetzten Regionalversammlungen in den nördlichen Regionen oder in Yorkshire and Humberside sind ein deutlicher Hinweis auf das Engagement kommunaler Körperschaften, die ihre Rolle und ihre Funktion in der sich ausweitenden Arena regionaler Steuerungsansätze zu bestimmen versuchen. Weit weniger klar ist allerdings, in welchem Umfang diese regionsweiten Ansätze mit neuen Formen territorialer Verwaltung und Steuerung einhergehen, oder ob sie nur eine zusätzliche Ebene interorganisatorischer Zusammenarbeit darstellen werden, in deren Rahmen sich die Kernstädte weiterhin um Wettbewerbsvorteile für sich und ihre Ballungsräume bemühen.

2.2   Ziele und strategische Kernpunkte

Die Ziele intraregionaler Kooperationsmodelle in Großbritannien variieren im Kontext der zersplitterten Strukturen, aus denen sie hervorgegangen sind. Die vielen verschiedenen Ansätze orientieren sich alle an situationsspezifischen Zielen. Insbesondere seit Mitte 1997 bezog sich die Entwicklung kooperativer Ansätze für

---

[10]   Vgl. dazu Kapitel III: Nachwort 2000.

städtische Regionen durchgehend auf drei Schwerpunkte: Fragen der Funktion, der Koordination und des Wettbewerbs.

In den meisten Fällen zielt die Zusammenarbeit auf das Erreichen funktionaler Ziele, das heißt auf die Steigerung von Effizienz und Effektivität bei der Wahrnehmung spezifischer kommunaler Aufgaben wie strategische Planung, Abfallentsorgung, Feuerwehr und Rettungsdienste, ÖPNV, Kultur, Sport und Stadterneuerung. Während die zwischengemeindliche Zusammenarbeit von Zentralregierung und Kommunalverwaltungen unterstützt wurde, stellen die meisten anderen funktionalen Ziele eine Reaktion der Kommunen und örtlichen Maßnahmeträger auf Aktivitäten der Zentralregierung dar. Hilft die Zusammenarbeit also aus kommunaler Sicht bei der Bereitstellung öffentlicher Dienstleistungen für die lokale Bevölkerung, so wird sie von der Zentralregierung als unvermeidliche Nebenwirkung der Fragmentierung kommunaler Verwaltungsstrukturen betrachtet, durch die öffentliche Mittel wirkungsvoller eingesetzt werden sollen.

Diese Fragmentierung kommunaler Verwaltungsstrukturen führte anhaltend und bei vielen Betroffenen zum Ruf nach einer besseren Koordination zwischen und innerhalb von Organisationen und insbesondere zwischen zentralstaatlicher und kommunaler Ebene. Daher zielt intraregionale Kooperation häufig nicht auf neue programmatische Ziele, sondern einfach auf eine Verbesserung vorhandener Verfahren. Die Zersplitterung der Verwaltungslandschaft geht einher mit neuen Formen des kommunalen Verwaltungsmanagements (z.B. der obligatorischen Ausschreibung kommunaler Dienstleistungen) entsprechend dem Wunsch der Zentralregierung, mehr Wettbewerb bei Erfüllung kommunaler Aufgaben zu schaffen. Während der Weg einer vollständigen Privatisierung kommunaler Dienstleistungen nicht weiter verfolgt wurde, stellen wachsende Zahlen von Maßnahmeträgern und das Schließen von immer mehr neuen vertraglichen Vereinbarungen den Versuch dar, durch „marktähnliche" Rahmenbedingungen mehr Wettbewerb (und damit mehr Effizienz) zu erzielen.

Die starke Zunahme des städtischen Wettbewerbs hat außerdem zu einer Dominanz funktionaler Ziele geführt, die mit wirtschaftlicher Entwicklung und Revitalisierung verbunden sind. Dabei geht es um die Vermarktung von Stadt in einem weiten Sinn, das heißt, Städte sollen für das internationale Kapital interessant gemacht oder ihre Vorteile und Stärken für bestimmte Förderprogramme oder Projekte herausgestrichen werden. In diesem Fall nutzt regionale Zusammenarbeit positive Aspekte im Sinne der Imageverbesserung (gute Wohnungsversorgung, Zugang zu Naherholungsgebieten, Qualifikation und Flexibilität des lokalen Arbeitskräfteangebots), oder die Kooperation wird selbst als Mittel dargestellt, um „Dinge zu bewegen" im Sinne einer aktiven, zukunftsorientierten Einstellung, um potenziellen Investoren das Gefühl von Risiko zu nehmen.

Liegt diesen Ansätzen nun im Kern eine Neudefinition territorialer Prozesse und Interaktionen zugrunde? Derzeit scheint dies nicht der Fall zu sein, denn die Aktionsschwerpunkte sind stark von lokalem Kirchturmsdenken sowie den vorherrschenden Interessen (z.B. den unmittelbaren Anforderungen vorhandener Unternehmen) bestimmt. Ein Merkmal der erst in Umrissen erkennbaren Ziele dieser Kooperationsansätze ist die Beschäftigung mit sowohl wirtschaftlichen als auch sozialen Fragestellungen; auf die Einbeziehung von Umweltaspekten gibt es hingegen derzeit weniger greifbare Hinweise. Ein weiterer wichtiger Aspekt, den man im Kopf behalten sollte, ist der Umstand, dass die Ziele von Kooperationsansätzen nur selten ohne Berücksichtigung der Ziele einzelner Kommunen, Maßnahmeträger oder erst recht der Zentralregierung gesetzt werden können.

Das Ausmaß regionsweiter Zusammenarbeit und Verwaltung wurde in besonderem Maße durch die Art und Weise beeinflusst, in der man mit strategischen und Verkehrsplanungsaufgaben umgegangen ist. Nach Abschaffung der Metropolitan County Councils im März 1986 bestand der erste Schritt zur Erstellung von einheitlichen Raumordnungsplänen in städtischen Ballungsräumen (Unitary Development Plans) in der Ausarbeitung einer „strategischen Leitlinie" für alle Gebiete der früheren Metropolitan Counties. Ausgangspunkt für diese strategischen Leitlinien war die Erstellung abgestimmter Strategieberichte für jeden der betroffenen Verdichtungsräume. Diese wurden von den zuständigen örtlichen Gebietskörperschaften, den District Councils, gemeinsam vorbereitet und dienten als Diskussionsgrundlage für die sogenannten „Planungskonferenzen" der Jahre 1987/88. An diesen nahmen Vertreter des nationalen Ministeriums für Umwelt und Raumplanung, der lokalen Planungsbehörden sowie anderer öffentlicher und privater Maßnahmeträger teil. Das Department of the Environment erließ dann 1989 formelle „strategische Leitlinien" für jeden großstädtischen Ballungsraum und sicherte damit der Zentralregierung einen erheblichen Einfluss auf die Entwicklungsplanung in diesen Gebieten. Die Zersplitterung der Planungskompetenzen für Groß-London im Zuge der Abschaffung des Greater London Council (GLC) 1986 führte z.B. dazu, dass zahlreiche Aufgaben und Zuständigkeiten des GLC an die Stadtbezirke (Boroughs) oder an Ministerien der Zentralregierung übertragen wurden; viele erforderten aber auch die Einrichtung besonderer Organisationen. So zog die Aufteilung der strategischen Planung auf 33 Boroughs, die nun den Entwicklungsrahmen für ihre Gebiete als ersten Schritt des Unitary Development Plan individuell definieren mussten, die Einrichtung eines Groß-Londoner Planungsbeirates nach sich, des London Planning Advisory Committee. Dieser Beirat beriet die Regierung in allen Planungsfragen, die über die Grenzen eines Stadtbezirks hinausgingen. Im Laufe der Jahre hat er eigene Überlegungen zur Planungsstrategie für den gesamten Londoner Großraum formuliert; seine Einflussmöglichkeiten auf die Regierung blieben allerdings beschränkt (Thornley und Newman, 1997). Bis Mai 1994 war die politische Zusammensetzung des Beirates ausgewogen, sodass jede Stellungnahme parteiübergreifend gebilligt werden musste. Dadurch blieb sein Handlungsspielraum begrenzt. Selbst nach den Wahlen von 1994, in denen eine deutliche Mehrheit der Stadtbezirke an die Labour Party fiel, wurden Zweifel laut, ob die Boroughs selbst angesichts ihrer Verschiedenheit in der Lage seien, eine positive Koordinierungsrolle für die Gesamtstadt zu spielen. Strategische Planung für den gesamten Großraum, so die Diskussion, erfordere ein stärkeres Gefühl für eine gemeinsame Identität als Metropole und mehr Konsens (Thornley und Newman, 1997). Der Planungsbeirat brachte zwar einen Konsens zustande, aber die Zentralregierung zeigte wenig Neigung, einmal aufgelegte Programme zu ändern, und die Beiratsmitglieder wiesen selber darauf hin, dass sie weder die notwendigen Kapazitäten noch den erforderlichen Einfluss hätten, um ebenso wie strategische Planer in einer ebensolchen Behörde zu agieren.

2.3   Teilnehmer intraregionaler Kooperationsansätze

Die zahlreichen Formen intraregionaler Kooperation werden stark durch die Einbeziehung gewählter Kommunalpolitiker und kommunaler Beamter geprägt. Dies lässt sich vermutlich nicht vermeiden, aber noch bedeutsamer ist der jeweils unterschiedliche Einfluss dieses Sektors im Kontext verschiedener Kooperationsansätze. So haben Ratsmitglieder und kommunale Beamte einen beträchtlichen Einfluss auf interkommunale Kooperationsvereinbarungen und in Stadt-Umland-Verbänden; bei der Zusammenarbeit zwischen Maßnahmeträgern und bei Revitalisierungspartnerschaften stellt sich die Situation allerdings deutlich vielfältiger dar. Die Rolle der kommunalen Repräsentanten ist hier häufig zweitrangig im Vergleich mit Vertretern anderer Interessen; dies gilt insbesondere für die von der Zentralregierung ernannten Beteiligten. Die Zentralregierung hat zwar viele dieser Ansätze direkt oder indirekt ins Leben gerufen, Vertreter nationaler Ministerien oder Politiker der zentralen Ebene spielen jedoch oft nur eine geringe Rolle in den verschiedenen Organisationen. Ihr Einfluss wird weniger über eine Mitgliedschaft in den verschiedenen Organen ausgeübt als vielmehr durch ihre politische Macht als einzige gesetzgebende Körperschaft und ihre Möglichkeiten, Kontrolle über Fördermechanismen und Verfahrensstrukturen auszuüben.

Die Zentralregierung hat jedenfalls dafür gesorgt, dass bei vielen Ansätzen der intraregionalen Zusammenarbeit (insbesondere bei Kooperationsansätzen zwischen Maßnahmeträgern oder Revitalisierungspartnerschaften) neben der kommunalen Ebene zwei weitere Interessengruppen einbezogen werden – die Privatwirtschaft und die Zentralregierung in Form verschiedener staatlich eingesetzter Stellen. Diese Kooperationsansätze stützen sich gerne auf bestehende Netze und Vertretungsstrukturen wie den Gewerkschaftsbund TUC, den Unternehmerverband CBI, die Industrie- und Handelskammern oder bestehende interkommunale Kooperationsvereinbarungen und Zweckbündnisse. Und es ist nicht unüblich, dass ein Interessenvertreter in unterschiedlichen Kooperationsstrukturen mitwirkt und „mehrere Hüte tragen" muss. Wenn es bei diesen Kooperationsansätzen in jüngerer Zeit einen neu hinzugekommenen Mitspieler gibt, dann ist dies der Bildungs- und insbesondere der Hochschulsektor. Der Versuch einer Einbeziehung des Privatsektors ist vermutlich der bemerkenswerteste Aspekt, was die Expansion von Zusammenarbeit betrifft. Gemeinnützige oder basisorientierte Akteure scheinen hingegen im allgemeinen keine oder nur eine geringe Rolle zu spielen, außer im Falle einiger spezifischer Revitalisierungspartnerschaften. Darin spiegeln sich zum Teil der heterogene Charakter dieser Gruppen und das Fehlen übergreifender subregionaler oder regionaler Strukturen wider, in deren Rahmen sie ihre Anforderungen und Ansichten artikulieren könnten.

2.4   Räumliche Geltungsbereiche von Kooperationsansätzen

2.4.1   Relevanz bestehender Verwaltungsgrenzen

Die räumlichen Geltungsbereiche der im vorliegenden Beitrag dargestellten unterschiedlichen Kooperationsansätze werden alle durch bestehende Verwaltungsgrenzen bestimmt. Allem Anschein nach wollen die beteiligten Akteure dies nicht ändern, sie gehen eher funktional und pragmatisch davon aus, dass diese Grenzen existieren und damit der Rahmen für ihre Arbeit abgesteckt ist. Alle diese Verwaltungsgrenzen werden ausnahmslos durch die Zentralregierung festgelegt oder bedürfen der Genehmigung und Zustimmung durch diese. Interkommunale Zusammenarbeit findet also in den Grenzen der ehemaligen Metropolitan Counties statt (siehe Abbildung 1); Stadt-Umland-Verbände werden hingegen in den Zuständigkeitsgrenzen der staatlichen Regionalbehörden (siehe Abbildung 3) tätig.

Der territoriale Zuschnitt von trägerübergreifenden Kooperationsformen und Revitalisierungspartnerschaften ist komplizierter und strittiger, wird aber auch durch bestehende Verwaltungsgrenzen bestimmt. Hier ergeben sich für die Zusammenarbeit spezifische Probleme aus der Fragmentierung und dem Wettbewerb, die seit den 80er und 90er Jahren die städtische Verwaltungslandschaft verändern. Zum einen haben die vielen von der Zentralregierung eingesetzten Maßnahmeträger unterschiedliche administrative Zuständigkeitsgrenzen. So weisen die räumlichen Geltungsbereiche der Training and Enterprise Councils (TECs in England und Wales), der Local Enterprise Councils (LECs in Schottland), der Regionalbüros der Environment Agency, der Entwicklungsgesellschaft English Partnerships und der regionalen Councils für Kultur und Sport alle unterschiedliche Begrenzungen auf. Die nationale Städtebaupolitik wurde in den 80er und 90er Jahren weitgehend durch staatlich eingesetzte Maßnahmeträger umgesetzt, wie z.B. Stadtentwicklungsgesellschaften (Urban Development Corporations), die City Challenge Boards und Single Regeneration Budget Companies. Diese waren in eng begrenzten Zielgebieten tätig, die in der Regel zu einzelnen Kommunen gehörten. Beispiele sind die Leeds oder die Central Manchester Development Corporations. Einige dieser Sanierungs- und Entwicklungsträger waren aber auch für stadtbezirks- oder gemeindegrenzenübergreifende Gebiete zuständig, wie z.B. die London Docklands, Merseyside, Black Country und Tyne & Wear Development Corporations. Die Kommunen eines großstädtischen Ballungsraumes sahen sich damit gezwungen, in neuen strukturellen Formen zusammenzuarbeiten. Auch die räumlichen Zuständigkeitsgrenzen der TECs bzw. LECs in England und Wales fielen häufig mit Stadt- oder Gemeindegrenzen zusammen, oft war dies aber auch nicht der Fall; einige dehnen sich über mehrere Gemeinden aus, andere beziehen auch Teile angrenzender Stadtregionen mit ein. In Groß-London gab es z.B. nur neun TECs für insgesamt 33 Boroughs. Auch in anderen Regionen deckten Träger von Aus- und Weiterbildungsmaßnahmen oft mehrere Gemeinden ab: Tyneside TEC (vier Kommunen), Merseyside TEC, Calderdale & Kirklees TEC, Doncaster and Barnsley TEC (jeweils zwei Kommunen) und in Schottland die Lothian and Edinburgh Enterprise Ltd. (fünf Kommunen bis 1997).

Zum anderen ist es auch häufig immer noch so, dass Kirchturms- oder auch Wettbewerbsdenken in einigen Aufgabenbereichen eine vernünftige Zusammenarbeit verhindert. Die Stadt Birmingham scheint beispielsweise darauf bedacht, ihren Einfluss auf die Region als zweitgrößte Stadt des Vereinigten Königreichs zu behaupten (Collinge und Srbljanin, 1997). Zu den komplexesten Gebieten scheint der Ballungsraum Merseyside/Groß-Manchester rund um die Kernstädte Liverpool und Manchester zu zählen (siehe Abbildung 1 und Tabelle 2), in dem regionale Bündnisse infolge der Erstarkung der alten Metropolitan Areas durch neue Partnerschaften zerbrechen (Meegan, 1994; Williams, 1995, 1997). An solchen Beispielen lässt sich erkennen, dass der territoriale Zuschnitt von Stadt-Umland-Verbänden und interkommunalen Kooperationsansätzen zunehmend strittig wird.

2.4.2   Konkurrierende Organisationen innerhalb eines Territoriums

Die Entwicklung konkurrierender Organisationen in einem Territorium lässt sich durch eine Untersuchung der Organisationen illustrieren, die für Investitionsförderung und Revitalisierungsprojekte in einigen britischen Großstädten zuständig sind. In den frühen 80er Jahren haben die meisten größeren Städte außerhalb Londons eine Reihe regionsweit operierender Organisationen für Imagepflege eingerichtet und finanziert, und zwar als Teil einer Regionalpolitik zur Anwerbung neuer Investitionen für die „Randgebiete". Diese Organisationen waren unterschiedlich groß, wurden aber generell durch Bündnisse von Kommunen getragen, die sich daraus Mengeneffekte, Bündelung von Know-how und eine stärkere Profilierung erhofften. Als aber in den späten 80er Jahren Standortmarketing und Imageverbesserung für einzelne Städte immer mehr an Bedeutung gewannen und außerdem die Rezession ihren Tribut in Bezug auf Arbeitsplätze und Investitionen in den Kernstadtgebieten forderte, starteten viele Städte ihre eigenen Werbekampagnen wie Sheffield Shines oder Glasgow Miles Better. Im Nordwesten hat Manchester nach der erfolgreichen Bewerbung um die Austragung der Commonwealth-Spiele Mitte der 90er Jahre die Manchester Marketing Initiative und MIDAS gegründet (den Manchester Investment Development Agency Service). Auf ähnliche Weise hat Liverpool, das als einzige Stadt des Vereinigten Königreiches außerhalb Nordirlands umfangreiche EU-Strukturfondsmittel für Ziel-1-Gebiete erhält, dazu beigetragen, die regionale Entwicklung durch Initiativen wie Business Opportunities Merseyside und die Merseyside 2000 Partnership zu fördern. Da aber die zerbrechlichen regionalen Bündnisse eher durch gemeinsame Anstrengungen zur Einwerbung zusätzlicher Ressourcen für die Region zusammengehalten werden als durch wirkliche gemeinsame Interessen, können Themen wie die Verteilung von Mitteln innerhalb der Region die Partner rasch entzweien (etwa die Frage, ob der Flughafen von Liverpool oder der von Manchester ausgebaut werden soll).

Dieses Muster hat sich in anderen Regionen wiederholt. Sogar in den für ihr hohes Niveau an Zusammenarbeit bekannten West Midlands kam es zu Fragmentierung und neuen Bündnissen. Auf regionaler Ebene haben sich die an den Ballungsraum angrenzenden Kommunen mit den sieben Bezirken des Ballungsraums zum West Midlands Regional Forum zusammengeschlossen, einem gemeinsamen Diskussionsforum und Beratungsorgan. Vor dem Hintergrund der Wirtschaftskrise haben diese Akteure 1985 zusammen mit der West Midlands Group of Chambers of Commerce, Vertretern der großen regionalen Unternehmen und der Gewerkschaften sowie staatlich eingesetzten Maßnahmeträgern wie der Black-Country-Entwicklungsgesellschaft die West Midlands Development Agency gegründet. Diese Partnerschaft war als unabhängiges Unternehmen zu dem Zweck eingerichtet worden, Investitionen zu fördern und in Europa und darüber hinaus für die Region zu werben. Auf der subregionalen Ebene aber haben die vier Kommunen des „Black Country" nördlich von Birmingham 1986 einen gemeinsamen Beratungsausschuss (Joint Advisory Committee) gegründet, um der Gefahr ungezügelter Machtausübung der neu gegründeten Einheitsgemeinde (Birmingham City Council) zu begegnen (Newman, 1995). 1994 wurde die Coventry and Warwickshire Partnership gegründet, eine Partnerschaft zwischen Kommunen der Region Coventry und benachbarten ländlichen Gemeinden zur Stärkung dieser Subregion im Wettbewerb um Ressourcen. Zum Teil als Reaktion auf diese Vereinbarungen, aber auch in dem Versuch, den Einfluss der Zentralregierung abzuwehren, initiierte die Stadt Birmingham selbst verschiedene Partnerschaften und Fördergesellschaften, wie die Birmingham Heartlands Ltd., die Birmingham Marketing Partnership und die Birmingham City Pride. Damit haben kommunale Gebietskörperschaften, in besonderem Maße der Birmingham City Council, eine Führungsrolle bei der Bildung von Kooperationsnetzen eingenommen, gleichzeitig aber in anderer Hinsicht ihre Fähigkeit zur Koordinierung lokaler Politiken eingebüßt, da Konkurrenzdruck und institutioneller Wandel ein Wachstum horizontaler Netze auf regionaler und subregionaler Ebene begünstigten (Collinge und Srbljanin, 1997).

In London führten Revitalisierungsstrategien und Versuche, im Wettstreit um internationale Finanzmärkte und Fremdenverkehr erfolgreich zu sein, zur Gründung der London First und der London Pride Partnership. In diesen Partnerschaften wurden die Interessen der Privatwirtschaft und der London Boroughs zusammengeführt. Solche neuen Ansätze partnerschaftlicher Zusammenarbeit für den gesamten Ballungsraum ermutigten auch zur Gründung von Partnerschaften für kleinere Gebiete. Gestützt auf die Erfahrungen aus anderen Städten kann London inzwischen eine ganze Reihe solcher Initiativen vorweisen, wie z.B. die East London Partnership (Thornley und Newman, 1997). Diese haben ihren Platz neben bereits bestehenden Kooperationsansätzen eingenommen, die im Kontext spezifischer Förderprogramme oder strategischer Entwicklungsziele eingerichtet worden waren (Beispiele sind die Lee Valley Partnership oder das Thames Gateway Project). So wurde in den 90er Jahren die Verwaltungsstruktur im Großraum London weiter fragmentiert. Neben den in den 80er Jahren gegründeten Quangos wurden nun neue City Challenge und Single Regeneration Budget Initiativen sowie zahlreiche subregionale Partnerschaften gegründet. Über alle diese genannten Einrichtungen aber behält die Zentralregierung eine starke Kontrolle. Dies wurde durch institutionelle Reformen, die Vorgabe programmatischer Leitlinien, die Einrichtung neuer Maßnahmeträger und Ausgabekontrollen erreicht. Eine weitere Veränderung bestand in der Stärkung der Rolle des privaten Sektors. Es waren zwar alle London Boroughs involviert, aber die maßgeblichen Ziele wurden durch den Privatsektor und die zentralen Stadtbezirke wie die City of London (den Hauptfinanzbezirk) und die City of Westminster (wo die wichtigsten Regierungsbehörden sind) gesetzt, denen es um Londons internationale Wettbewerbsfähigkeit und seine Rolle als „global city" ging,

2.5   Kooperationsformen und Zuständigkeiten

Es gibt keine bedeutendere kommunale Dienstleistung oder Aufgabe, die nicht bis zu einem gewissen Grad Gegenstand der Zusammenarbeit zwischen verschiedenen Gebietskörperschaften oder Maßnahmeträgern ist. Daher ist es unmöglich, auf die zahlreichen bilateralen Vereinbarungen zwischen Kommunen oder einer Kommune und einer anderen Trägerorganisation einzugehen. Ein klareres Bild lässt sich indessen von den interkommunalen Verwaltungsausschüssen, den Revitalisierungsinitiativen und den Regionalverbänden zeichnen.

2.5.1 Interkommunale Verwaltungsausschüsse

Die Zuständigkeiten interkommunaler Verwaltungsausschüsse sind zwar im Detail von Gebiet zu Gebiet unterschiedlich, umfassen aber im Allgemeinen strategische Entwicklungsplanung, ÖPNV-Management (nicht die Bereitstellung der ÖPNV-Infrastruktur), Feuerwehr, Zivilschutz und Abfallentsorgung. Diese Organisationen haben entweder Joint Boards oder Joint Committees eingerichtet, die sich aus gewählten und von den beteiligten Kommunen delegierten Ratsmitgliedern zusammensetzen. Joint Boards werden dann gebildet, wenn eine Organisation direkt für die Erbringung einer Dienstleistung (z.B. Feuerwehr) zuständig und damit für Finanzierung, Personal und Managemententscheidungen verantwortlich ist. Joint Committees werden eingerichtet, wenn es um beratend-koordinierende Funktionen geht (z.B. im Bereich strategischer Entwicklungsplanung); Finanzierung, Personalwesen und Managemententscheidungen liegen hier in den Händen der betreffenden Kommunen.

Die Verwaltungsausschüsse der West Midlands geben dafür ein gutes Beispiel ab. Die Abschaffung des West Midland County Council 1986 veranlasste die Zentralregierung zur Einrichtung von Joint Boards aus Delegierten der sieben Kommunen des Verdichtungsraumes mit Satzungskompetenz auf regionaler Ebene zur Wahrnehmung „strategischer" Aufgaben wie Polizeiwesen, Feuerwehr und Zivilschutz, ÖPNV, Abfallbeseitigung und -entsorgung, Gewerbeaufsicht und Verbraucherschutz, Straßen, Verkehr und Rentenwesen. Die Arbeit dieser Boards wird in den meisten Fällen durch das zuständige Regionalbüro des Department of the Environment beaufsichtigt.

Ein West Midlands Joint Committee mit den Spitzen der sieben District Councils wurde – offenbar auf Ersuchen der Zentralregierung – freiwillig eingerichtet. Es sollte als Beratungsorgan für andere gemeinsame Aufgaben dienen und hat mehrere Unterausschüsse, die sich mit Planung und Verkehr, Abfallentsorgung, Fremdenverkehr, Freizeit und Verbraucherschutz befassen. Das Joint Committee kümmert sich auch um Regionalentwicklung und Werbung für den Ballungsraum. Es wird behauptet, die Zusammenarbeit zwischen den Kommunen der West Midlands sei besser oder zumindest breiter als in anderen Regionen Großbritanniens und politische Unterschiede zwischen den Partnerstädten würden die Beziehungen untereinander nicht über Gebühr belasten (Collinge und Srbljanin, 1997). Als Erklärung dafür wird auf die lange Tradition interkommunaler und vertikaler Absprachen sowie die gemeinsamen sozioökonomischen Merkmale der betreffenden Districts verwiesen. Andere Beobachter sehen darin eine Reaktion auf die allgemeine Zentralisierung von Macht in London und den Wunsch, aufgezwungene Entscheidungen der Ministerien zu vermeiden. Dennoch hat es seit der Abschaffung des West Midlands County Council 1986 keine konsolidierte Wirtschaftsförderungs- oder Flächennutzungsstrategie für den gesamten Verdichtungsraum mehr gegeben. Seit

1987 werden die strategischen Planungsleitlinien von den Regionalbüros des Department of the Environment vorgegeben.

2.5.2   Revitalisierungspartnerschaften

Revitalisierungspartnerschaften haben noch vielfältigere Zuständigkeiten und Strukturen als interkommunale Verwaltungsausschüsse. Es gibt viele Formen solcher
partnerschaftlichen Initiativen (Bailey, 1995); von besonderem Interesse sind allerdings Organisationen, die das Image einer Stadt oder Region fördern oder diese
vermarkten wollen. Alle britischen Städte betreiben Imagewerbung, um privates
Kapital und öffentliche Fördermittel anzulocken oder Ausrichter von Großereignis-
sen zu werden (wie der Olympischen Spiele oder der Fußball-Europameisterschaft).
Anfang der 80er Jahre haben die meisten Großstädte außerhalb Londons eine Reihe regional aktiver Organisationen zur Imagepflege gefördert und finanziert, und
zwar als Bestandteil regionaler Aktivitäten zur Investitionsförderung in den „Randgebieten". Die so geschaffenen Organisationen waren unterschiedlich groß, wurden
aber generell von kommunalen Bündnissen getragen, die sich daraus Mengeneffekte, Bündelung von Know-how und stärkere Profilierung erhofften (vgl. Kapitel
II. 2.4.2). Bekannteste Beispiele hierfür waren Leeds und Sheffield (die Yorkshire
and Humberside Development Agency und die Yorkshire and Humberside Partnership) sowie Manchester und Liverpool (INWARD). Es gab auch umfassendere
und stärker interventionistisch orientierte Organisationen wie die Northern Development Company im Norden Englands (Newcastle upon Tyne) oder Locate in
Schottland (ehemals Teil der Scottish Development Agency SDA) und die Welsh
Development Agency (WDA).

2.5.3   Regionalverbände

In Regionalverbänden sind jeweils unterschiedlich viele Kommunen vertreten, und
nicht jeder Regionalverband vertritt alle Kommunen seines Gebiets. Es gibt auch
erhebliche Unterschiede in Bezug auf die Größe ihrer Geschäftsstellen und die
Quellen ihrer Finanzierung. Ihre Vollmitglieder sind ausschließlich Kommunen, a-
ber bei vielen sind Vertreter von Ministerien, staatlich eingesetzten Maßnahmeträgern oder öffentlich-privaten Partnerschaften als Beobachter oder beratende Mitglieder zugelassen. Der am längsten bestehende Verband, der sich mit übergreifenden regionalen Themen beschäftigt, ist die 1986 gegründete North of England Assembly. Er hat zehn Mitarbeiter und unterhält Büros in Newcastle upon Tyne und
Brüssel. Weitere Mitarbeiter werden bei Bedarf von den beteiligten Kommunen gestellt. Die Assembly ist ein Zusammenschluss von Kommunen aus den fünf nord-
englischen Counties Cleveland, Cumbria, Durham, Northumberland und Tyne &

Wear. Jede Kommune entsendet nach einem auf die Bevölkerungszahl bezogenen Schlüssel Delegierte in das Entscheidungsgremium des Verbandes; dieses tritt mindestens dreimal jährlich zusammen. Ferner gibt es einen Vorstand sowie Ausschüsse für Regionalentwicklung, externe Angelegenheiten, Soziales und strategische Planung. Es gibt spezialisierte Beratergruppen, und der Verband trifft Vereinbarungen mit verschiedenen staatlich eingesetzten Organisationen und Quangos, wie der Northern Development Company, der Northern Arts usw. Als freiwilliger Zusammenschluss von Kommunen wird der Verband von seinen Mitgliedern finanziert; er verfügt jedoch über keine Exekutivmacht. Seine Funktionen sind Beratung, Formulierung politischer Maßnahmen und das Schaffen von Kontakten. In letzter Zeit hat er sich nachdrücklich für die Einrichtung einer regionalen Regierungsebene eingesetzt.

Ein jüngeres Beispiel für dieses „Modell" wurde in Yorkshire & Humberside realisiert. In der Regional Assembly for Yorkshire and Humberside sind die Spitzen aller 22 Mitgliedskommunen der Region vertreten, in ihren Wirtschafts- und Sozialausschüssen sind verschiedene spezifische Interessengruppen zu finden. Der Verband befasst sich mit allen Angelegenheiten, die der wirtschaftlichen, sozialen und ökologischen Entwicklung der Region dienen, und legt besonderes Gewicht auf die wirtschaftliche Erneuerung. Neben der Geschäftsstelle mit rund zehn Mitarbeitern in Wakefield, West Yorkshire, unterhält der Verband auch ein Europa-Büro in Brüssel. Seine Gründungsversammlung fand im Juli 1996 statt und war Ausdruck des Einvernehmens aller Kommunen, dass eine neue hochrangige Organisation zur Wahrnehmung lokaler Angelegenheiten auf regionaler Ebene notwendig sei. Der Verband soll als strategisches kommunalpolitisches Organ fungieren sowie demokratisch und lokal gewählte Vertretungskörperschaften stärken. Seine Arbeitsweise beruht auf dem Subsidiaritätsprinzip, demzufolge die Kommunen die entscheidende Ebene lokaler Verwaltung sind. Der Verband will sich daher nur mit Themen befassen, die eine regionale Herangehensweise erfordern und von einzelnen Gemeinden nicht wirksam geregelt werden können.

Die anderen Regionalverbände wie die North West Regional Association und das West Midlands Regional Forum sind derzeit noch deutlich kleiner hinsichtlich ihrer Aufgabenbereiche, Funktionen und internen Strukturen. Im englischen Südosten mit London als Kern gibt es eine längere Tradition regionaler Zusammenarbeit. Die älteste regionale Planungsorganisation ist SERPLAN (die London and South East Regional Planning Conference), die sich traditionell mit strategischen Planungsüberlegungen für den Großraum London und sein aufstrebendes Hinterland befasst. Sie deckt für die Gemeinden des Londoner Umlandes ein Gebiet ab, das sich nicht mit den derzeitigen Grenzen der entsprechenden staatlichen Regionalbehörden deckt (vgl. Abbildung 3). Alle Councils der Region gehören dieser Organisation an, Stimmrecht genießen jedoch nur je zwei Delegierte aus jedem County, jeweils einer für die Districts des betreffenden Gebietes sowie 16 Vertreter der London Boroughs, die vom Londoner Planungsbeirat LPAC ausgewählt werden (London Planning Advisory Committee). Die Konferenz tritt dreimal jährlich zur Beratung und Abstimmung über politische Ziele zusammen. Sie verfügt über einen hochrangigen Beirat und rund 20 Arbeitsgruppen zu Themen wie Bevölkerungsentwicklung, Wohnungsbau, Verkehr, Abfallentsorgung, Bodenschätze („minerals") und Konsolidierung statistischer Daten. Die SERPLAN hat elf Mitarbeiter, ihr Haushalt wird von den Mitgliedsgemeinden finanziert. Es gibt allerdings noch weitere Vertretungsorgane in der Region, wie z.B. SEEDS (South East Economic Development Strategy), das neue South East Regional Forum und subregionale Gruppierungen wie die Thames Gateway oder die Thames Valley Partnership. Langfristig bedeutender ist vermutlich die Einrichtung einer neuen Vertretungskörperschaft für Groß-London als Ganzes. Derzeit arbeitet die Regierung an Vorschlägen für die Schaffung einer Greater London Authority und von regionalen Entwicklungsträgern sowie für die Einführung eines direkt gewählten Oberbürgermeisters (DETR, 1997; Deputy Prime Minister, 1997).

2.6 Vertragliche Grundlagen, administrative Verankerung und Finanzierung von Kooperationsansätzen

Die in diesem Beitrag dargestellten Kooperationsmodelle stehen nicht für eine „neue Bewegung" oder neuartige organisatorische Rahmenbedingungen. Vertragliche Beziehungen beruhen daher auf langjährigen kommunalen Praktiken, die entweder Resultat gesetzlicher Bestimmungen der Zentralregierung (z.B. Joint Bodies) oder einer Reihe informeller Vereinbarungen sind.

Die weitreichenden und anhaltenden Veränderungen der kommunalen Verwaltungslandschaft durch Maßnahmen der Zentralregierung haben dazu geführt, dass die Bewältigung dieser Herausforderungen sowie kooperative Ansätze inzwischen in den meisten Aufgabenfeldern des kommunalen Handelns fest verankert sind. Dies bedeutet nicht, dass zwischengemeindliche Zusammenarbeit zu einer Alltäglichkeit geworden ist, denn es gibt immer noch viele kommunale Zuständigkeiten und Aufgaben, die von solchen Ansätzen nicht direkt berührt werden. Aber die Fragmentierung der kommunalen Verwaltungslandschaft hat einen höheren Grad an Zusammenarbeit zwischen Maßnahmeträgern zur Folge, wobei diese Zusammenarbeit häufig nicht über die Gemeindegrenzen hinausreicht.

Im Vereinigten Königreich unterliegen die Ausgaben der öffentlichen Hand im Allgemeinen einer strengen Kontrolle durch die Zentralregierung; dies gilt auch für die Haushalte und finanziellen Aktivitäten der Kommunen. Wie im Falle ihrer vertraglichen Beziehungen erfolgt auch die Finanzierung von Kooperationsansätzen innerhalb gängiger und tradierter kommunaler Strukturen. Der Haushalt der interkommunalen Joint Boards (die selbst Dienstleistungen erbringen) speist sich aus

Zuschüssen der Zentralregierung, lokalen Einnahmen und einem Anteil der kommunalen Steuern. Die Höhe wird von den Joint Boards festgelegt, aber erhoben werden diese Steuern von den einzelnen Kommunen (vgl. Kapitel II. 1.1). Die Aktivitäten und Geschäftskosten von Regionalverbänden werden aus freiwilligen Beiträgen der Mitgliedskommunen finanziert. Die Finanzierung von Kooperationsansätzen zwischen Maßnahmeträgern und von Revitalisierungspartnerschaften ist wesentlich vielfältiger und komplexer. Sie wird durch die spezifische Situation bestimmt, in der die betreffenden Organisationen agieren; im Allgemeinen stammen die Mittel jedoch häufig aus Beiträgen der betroffenen Kommunen, Privatkapital, staatlichen Zuschüssen sowie in Wettbewerbsverfahren vergebenen Geldern.

3. Ergebnisse und Konsequenzen

3.1 Kriterien der Erfolgsbewertung

Die Art, wie Städte regiert werden, und die Instrumente, die sie hierfür einsetzen, haben sich in den letzten 20 Jahren offenkundig verändert. Jede Bewertung dieser Veränderung muss allerdings den gleichzeitig stattgefundenen allgemeinen sozioökonomischen Wandel in den Städten berücksichtigen, der mit drastischen Verschiebungen im kulturellen und sozialen Verhalten sowie in den Beschäftigungs-, Bevölkerungs- und Wanderungstrends einherging. Außerdem ist es zu umfangreichen Veränderungen bei der staatlichen Regulierung gekommen; im Vereinigten Königreich sah sich ein stark zentralistischer Staat gezwungen, sich neuen europäischen und weltweiten Herausforderungen und Einflüssen zu stellen. Auf der anderen Seite ist die Zusammenarbeit zwischen Kommunen und Maßnahmeträgern nichts grundsätzlich Neues, sondern ein seit langem bekanntes Merkmal kommunaler Verwaltung. Nach welchen Kriterien soll man also nun die derzeitigen und im Entstehen begriffenen Ansätze zur Verwaltung urbaner Verdichtungsräume beurteilen? Zwei Merkmale verdienen dabei besondere Aufmerksamkeit:

- das Zustandekommen substanzieller Zusammenarbeit und Koordinierung im Gegensatz zu weiterer Zersplitterung und

- die Einrichtung von Ansätzen und Verfahren, die der lokalen Ebene gegenüber rechenschaftspflichtig sind – im Gegensatz zu von oben verordneten Zielen oder einer gesteuerten „Konvergenz" in Richtung übereinstimmender Ziele.

3.2   Fragmentierung versus Zusammenarbeit

Die britische Verwaltungslandschaft ist, vor allem in den Ballungsräumen, von weitreichender Zersplitterung geprägt. Es stellt sich daher die Frage, in welchem Maße die dargestellten intraregionalen Kooperationsansätze geeignet waren, diesem Trend entgegenzuwirken? Es wurde darauf hingewiesen, dass die verstärkte Einrichtung solcher Kooperationsbeziehungen unter anderem Resultat der institutionellen Fragmentierung und des daraus folgenden Demokratiedefizits und Vakuums bei der Entscheidungsfindung ist. In einigen Fällen hat man deshalb versucht, die alten Metropolitan Areas wieder „zusammenzuflicken", bei anderen ging es darum, die Lösungen für Probleme des engeren Ballungsraumes mit solchen für weiterreichende Stadt-Umland-Fragen zu koordinieren. Die tiefgreifenden Veränderungen bei der Erbringung öffentlicher Dienstleistungen durch Privatisierung und „Next Steps Agencies" (Greer, 1994) haben jedoch gleichzeitig bewirkt, dass die strukturelle Fragmentierung weiterhin ein vorherrschendes Merkmal bleibt. So kollidierten Versuche zur Verbesserung der großraumweiten oder regionalen ÖPNV-Planung mit der Deregulierung von Buslinien und der Entflechtung und Privatisierung der verschiedenen Elemente des Eisenbahnnetzes. In einigen Gebieten hat die Gründung vieler und unterschiedlicher Kooperationsnetze und Partnerschaften dieses fragmentierte Bild der Verwaltungsszenerie mit zusätzlichen horizontalen und vertikalen Verknüpfungen überdeckt. Manchmal treten auch Kompetenzkonflikte auf, wenn sich die Zuständigkeitsbereiche von Organisationen innerhalb eines Großraums überschneiden. Ob die neu entstehenden Regionalverbände und regionalen Entwicklungsträger diese Probleme lösen können, lässt sich derzeit noch nicht sagen, da mit solchen Ansätzen noch zu wenige Erfahrungen vorliegen. Entscheidend ist, dass ein großer Teil dieser Aufsplitterung von Zuständigkeiten und Verantwortung zentral kontrolliert oder gefördert wurde. Realisiert hat die Zentralregierung diese Kontrolle durch institutionelle Reformen (wie „New Public Management", „Value for Money" und „Next Steps Agencies"), hierarchische Planungsregulierung sowie verbindliche Bestimmungen für Revitalisierungsinitiativen. Zentralisierung diente als Gegengewicht zur Fragmentierung, und während das Gewebe der Netzwerke und Partnerschaften weiter wächst, haben viele lokale Maßnahmeträger ihre Fähigkeit eingebüßt, kommunale Politik zu koordinieren oder Entscheidungsgewalt auszuüben, da diese Netzwerke gegenüber der zentralen Regierungsmacht nur schwach bleiben.

3.3   Demokratische Kontrolle versus Konsensprinzip

Keiner der in diesem Beitrag diskutierten Kooperationsansätze wird von Gremien getragen, die unter der Kontrolle von direkt für diese Aufgabe gewählten Mitgliedern stehen. Bestenfalls werden die interkommunalen Verwaltungsausschüsse und

Stadt-Umland-Verbände durch delegierte oder selbsternannte Politiker beaufsichtigt, die aus demokratischen Kommunalwahlen hervorgegangen sind. Die meisten informellen und formellen Ansätze werden von Funktionären geführt, die sektorale Interessen vertreten (wie Ausbildung, Grundbesitz, Finanzierung usw.) und nicht immer für gebietsbezogene Interessen auf städtischer oder subregionaler Ebene stehen (z.B. Führungskräfte nationaler oder internationaler Unternehmen, Berufsverbände usw.). Dies könnte als nicht akzeptabler Bruch mit dem Prinzip der demokratischen Rechenschaftspflicht betrachtet werden, und derzeit mehren sich auch die Stimmen aus Kommunalverbänden, dass sich die beabsichtigten regionalen Entwicklungsträger (Regional Development Agencies) aus diesem Grund gegenüber demokratisch gewählten Regionalräten (Regional Councils) verantworten müssten (Local Government Association, 1997). Die wachsende Zahl von Partnerschaften und Kooperationsansätzen könnte andererseits auch als Bereicherung demokratischer Prozesse betrachtet werden, da sie vielen Gruppen und Individuen Chancen zu politischem Engagement eröffnen, die ansonsten von der politischen Entscheidungsfindung mittelbar oder auch unmittelbar ausgeschlossen geblieben wären (Bailey, 1995). Nicht alle Formen der „Vertretung" kommen nur aus der Wahlurne, zumal die reine Wahldemokratie angesichts niedriger Wahlbeteiligung (unter 30 Prozent bei den Kommunalwahlen im Mai 1998) und politischer Parteienwirtschaft als keineswegs perfekt angesehen wird. Wie dem auch sei, Zusammenarbeit beruht jedenfalls häufig auf der Grundlage einer gewissen Konsenssicherung. Man kann also behaupten, dass diese Ansätze apolitisch oder unpolitisch werden, da die Beteiligten Konflikte und strittige Themen vermeiden, um die Zusammenarbeit nicht zu gefährden. Diese Entpolitisierung mag zwar von Vorteil sein, wenn es darum geht, „Dinge zu erledigen"; dagegen ließe sich allerdings anführen, dass diese Entpolitisierung den ohnehin dominanten Interessen und Vorstellungen durch Kooperationsansätze Vorschub leistet. Konfliktlösungen oder radikale Alternativen und Ansätze, die nicht in das vorherrschende Interessenmuster „passen", werden hier nämlich ausgeblendet oder zumindest hintangestellt. Dies ist insbesondere dann der Fall, wenn der herrschende Konsens durch bestimmte Interessen etabliert, aufrechterhalten und getragen wird (wie etwa durch Vertreter der örtlichen Wirtschaft oder die Standpunkte potenzieller Investoren). Bei vielen der hier vorgestellten Ansätze hat die Zentralregierung in diese Richtung gewirkt, sie hat den Umfang und den Charakter kooperativer Ansätze definiert, und dies hat sicherlich in den 80er Jahren zu einer Hegemonie von wirtschaftlichem Determinismus und Marktideologie im Hinblick auf stadtregionale Verwaltung geführt. Kooperative Ansätze können immer dann die Diskussion erweitern helfen und zur Entwicklung einer Reihe von Optionen aus der jeweiligen Region beitragen, wenn das Subsidiaritätsprinzip respektiert wird und intraregionale Zusammenarbeit weder ein Vehikel zur Durchsetzung politischer Entscheidungen von oben nach unten noch ein Mittel ist, um Entscheidungen, die natürlicher- und gerechterweise näher an der Wählerbasis verbleiben sollten, nach oben zu verlagern.

4.   Abschließende Bewertung

Die vielfältigen Erfahrungen mit intraregionaler Kooperation in Großbritannien und Nordirland könnten eigentlich den Gedanken nahe legen, dass damit eine neue Form von vernetztem städtischem Management und Verwaltungssteuerung entsteht. Verstärkt wird eine solche Sichtweise noch durch die vergleichbare Zunahme von kommunalen Vereinbarungen und interregionalen Ansätzen, wobei letztere zunehmend europäische Dimension erlangen (z.B. Euro-Cities oder INTERREG II). Eine kritische Untersuchung dieser Trends und eine vom jeweiligen Kontext ihrer Entstehung ausgehende Bewertung zeigen jedoch, dass intraregionale Kooperationsansätze eher einen locker definierten Satz unterschiedlicher Verknüpfungselemente darstellen als ein gezielt geknüpftes Netzwerk. Partnerschaften werden meistens nach Opportunität gebildet, um Mittel einzuwerben und einen Konsens oder eine „gemeinsame Vision" zur Untermauerung von Förderanträgen zu schaffen. Viele basieren auf einer markt- und wettbewerbsorientierten Vorstellung öffentlicher Verwaltung und verwenden auch gerne entsprechende Begriffe. Häufig geht es ihnen um die Schaffung neuer Wettbewerbsvorteile für ihre Region, in ihren Arrangements sind sie aber eher funktional bestimmt.

In einem kritischen Sinne sind diese Formen der Zusammenarbeit noch keine ausgereiften Netze, viele sind noch in der Entstehungsphase oder werden als Reaktion auf externen Druck und externe Veränderungen oft neu definiert und umgewandelt. Viele gewählte Kommunalpolitiker, kommunale Verwaltungsfachkräfte und andere Beteiligte, wie etwa die Vertreter der Privatwirtschaft, haben erst wenig Erfahrung mit dieser Form von Zusammenarbeit sammeln können. Die Kooperationsnetze haben sich noch nicht zu einer neuen Form strategischer Managementstruktur entwickelt, die auf gegenseitigem Vertrauen beruht und dieses gleichzeitig fördert. Für echte Zusammenarbeit zwischen gleichberechtigten Partnern oder alternative Modelle und Ansätze zur Konfliktlösung wäre dieses Vertrauen allerdings notwendige Voraussetzung. Mit der Zeit wird es vielleicht dazu kommen, aber die derzeitige funktionale Struktur kommunaler Verwaltung und die vorherrschende Beziehung zwischen Kommunen und Zentralstaat können diesen Prozess ernsthaft behindern. In dieser Hinsicht bedeuten die gegenwärtig noch unerprobten Vorschläge für eine Regionalreform im Vereinigten Königreich ein Potenzial für echte Veränderung.

Das sich wandelnde Verhältnis zwischen kommunaler und zentraler Regierungsebene beherrscht in der Tat alle Diskussionen über städtische Verwaltung und Steuerung, und dies vermutlich in stärkerem Maße als die Diskussionen über die Rolle öffentlicher und privatwirtschaftlicher Interessen oder über formale Verwaltungsstrukturen im Unterschied zu basis- und nachbarschaftsorientierten Initiativen. Die Globalisierung, die Neuorientierung staatlichen Handelns durch neue Public-Management-Ansätze und die vorherrschenden sozioökonomischen Entwicklungs-trends schaffen einen sich rasch verändernden und komplexen Rahmen für kommunale Verwaltungsstrukturen. Die in ständiger Entwicklung begriffenen Strukturen der Zusammenarbeit bieten der nationalen und der kommunalen Verwaltungsebene zumindest ein Instrument zur Vermittlung dieses Wandels, und sie versuchen auch, innovative Ansätze, institutionelle Dynamik und Flexibilität zu befördern. Längerfristig und vielleicht sehr idealistisch betrachtet könnten sie zu einer neuen und lernenden Organisationskultur führen (Thompson u.a., 1991).

Ist der Spielraum für örtliches Handeln durch diese Entwicklungen schließlich eingeschränkt worden? Stellen sie eine weitere Phase der Globalisierung dar, in deren Kontext Entscheidungsgewalt und Zuständigkeiten von der nationalstaatlichen, regionalen und kommunalen Ebene quasi abgesaugt werden? Aus den Darstellungen dieses Beitrags ergeben sich keine Hinweise für die Beantwortung solcher kritischen Fragen außer dem Befund, dass die auslösenden Faktoren für viele Kooperationsansätze in den Lücken und Leerräumen sich neu arrangierender kommunaler Verwaltungsstrukturen zu finden waren. Bei einigen Kooperationsansätzen handelt es sich um ernst gemeinte Versuche, Einfluss und Rechenschaftspflicht auf kommunaler Ebene wiederherzustellen. Meistens aber ist ihr Kontext eher von verstärkt miteinander konkurrierenden Netzwerken als von dem Versuch bestimmt, irgendeine neue Form idealer demokratischer Verantwortlichkeit zu schaffen. Es wird allerdings erwartet, dass die 1997 gewählte Labour-Regierung sich dieser Frage annehmen wird (siehe z.B. Deputy Prime Minister, 1997; The Scottish Office, 1997; The Secretary of State for Wales, 1997).[11]

III. Nachwort 2000 – Neue Formen der Regionalpolitik und -verwaltung im Vereinigten Königreich

Im April 1997 wurde im Vereinigten Königreich eine neue Regierung unter der Führung von Tony Blair gewählt, und damit setzte eine neue Phase regionaler Dezentralisierung ein. Bis April 1999 hatte diese Regierung die Installierung von „Regional Development Agencies" in England, eines Regionalrats (Welsh Assembly) in

---

[11] Mit der Frage, ob diese Mitte 1998 formulierte Erwartung berechtigt war, setzt sich das folgende, Ende 1999 von Gordon Dabinett verfasste Nachwort auseinander (Anmerkung des Herausgebers).

Wales sowie eines neuen Parlaments für Schottland in die Wege geleitet und die Hoffnung auf die Bildung eines regionalen Parlaments in Nordirland bestärkt. In seiner Eröffnungsrede anlässlich der Jahreskonferenz der „Regional Studies Association" 1999 stellte Professor John Mawson von der Aston Business School die These auf, dass diese „New Labour"-Dezentralisierungspolitiken zu einer fundamentalen Umgestaltung räumlicher Politiken und der Verwaltung im Vereinigten Königreich führen würden. Er behauptete weiterhin, dass die wirtschaftlichen, politischen und administrativen Kräfte, die diese Rückkehr zu einem regional und dezentral orientierten Politikprogramm verursachten, tief verankert und deshalb Forderungen nach weiteren Veränderungen möglich seien.

Tatsächlich hat auch die Labour Regierung Interesse an einer weitreichenden Änderung räumlicher Politiken und Verwaltung gezeigt und eine Reihe von Maßnahmen zur Modernisierung lokaler und regionaler Verwaltungs- und Steuerungsinstanzen in Gang gesetzt. So wird beispielsweise London im Jahr 2000 (erstmals seit 1986 wieder) über ein gewähltes und strategisch orientiertes, für die gesamte Stadt zuständiges Gremium verfügen, an dessen Spitze ein gewählter Bürgermeister stehen soll. Dieses im Ansatz des „city mayor" zum Ausdruck kommende Konzept einer starken Führung ist nur ein Element innerhalb der generell beabsichtigten Reform und Modernisierung der kommunalen Ebene. Entscheidungsfindung im „Kabinett-Stil" wird dabei ebenso propagiert wie die Wahl von Bürgermeistern, und die Vorstellung eines bestmöglichen Gegenwertes („best value") ersetzt das wettbewerbsbestimmte Angebotsprinzip, wenn es um die Gewährleistung einer stärker kundenorientierten, effektiven und effizienten Bereitstellung von Dienstleistungen geht. Kommunale Kooperation (Joined-up Government) ist ein weiteres, der Vernetzung dienendes Element dieser neuen staatlichen Verwaltung, wenn Fragmentierung und institutionelle Instabilität – maßgebliche Merkmale der kommunalen Ebene im Vereinigten Königreich während der 1980er und 1990er Jahre – zur Diskussion stehen. Dies wird verdeutlicht durch Erneuerungsprogramme, die jetzt nicht mehr allein partnerschaftliche Kooperation, sondern auch die Notwendigkeit einer Zusammenarbeit zwischen verschiedenen Ebenen und Funktionsbereichen der Verwaltung betonen und die eine Bündelung und Bereitstellung kohärenter Politiken für benachteiligte Quartiere zum Ziel haben.

Gleichzeitig hat die neue Verwaltung die Einführung einer Fülle von politischen, auf Kooperation setzenden Experimenten („joined-up policy experiments") befördert, wie beispielsweise die Ausweisung spezifischer Gebiete für Gesundheits-, Beschäftigungs- und Erziehungsmaßnahmen (Health Action Zones, Employment Zones, Education Action Zones), und dies in einem solchen Ausmaß, dass die praktische Arbeit in vielen Gebieten zunehmend komplexer wurde und unter institutioneller Überlastung leidet. Die Auswirkungen dieser neuen Ansätze werden nur langfristig deutlich werden; aktuelle Debatten konzentrieren sich daher tendenziell auf die konstitutionellen Reformen in Schottland und Wales sowie die Einrichtung regionaler Entwicklungsagenturen (Regional Development Agencies, RDAs) in England.

Im Falle Schottlands hat das neue schottische Parlament bereits die Verantwortung für die Aufgaben des „Scottish Office" übernommen; es ist ermächtigt, die Innenpolitik für seinen Zuständigkeitsbereich zu gestalten sowie wesentliche gesetzgeberische Funktionen – mit Ausnahme bestimmter Bereiche wie Verteidigungspolitik – auszuüben. Darüber hinaus verfügt es über begrenzte Steuererhebungskompetenzen. In Wales wurde dem Regionalrat (Welsh Assembly) zwar das „Welsh Office" übertragen, er besitzt aber keine wesentlichen Gesetzgebungskompetenzen. Dafür ist er in der Lage, maßgeblichen Einfluss auf die walisische Kommunalverwaltung und andere Akteure auszuüben. In London werden der Bürgermeister und die neue Verwaltung für Groß-London (Greater London Authority) zweckgebundene Mittel für zentrale Dienste wie Polizei, Feuerwehr und Verkehr erhalten; außerdem sollen ihnen die Zuständigkeiten für die strategische Flächennutzungsplanung und die wirtschaftliche Entwicklung übertragen werden. Der Bürgermeister wird kraft seines Amtes über ein starkes und auf unmittelbaren Wahlen basierendes Mandat verfügen, das die Zentralregierung und ihre Ministerien nur schwer werden ignorieren können. Außerhalb von London wurden 1998 in England acht Regionale Entwicklungsagenturen (Regional Development Agencies, RDAs) per Dekret des Parlaments eingeführt. Ziele dieser Agenturen sind nach dem Gesetz

- die wirtschaftliche Entwicklung und Erneuerung voranzubringen,

- unternehmerische Effizienz, Investitionen und Wettbewerbsfähigkeit zu stärken,

- Beschäftigung und Arbeitsmarkt zu fördern,

- die Entwicklung und Vermittlung einstellungsrelevanter Qualifikationen zu verbessern sowie – dort, wo es notwendig ist – zur Realisierung einer nachhaltigen Entwicklung beizutragen.

Im April 1999 wurden die RDAs formell als nicht ressortgebundene öffentliche Körperschaften eingerichtet, die den üblichen staatlichen Kriterien der Rechenschaftslegung und der Einhaltung finanzrechtlicher Bestimmungen unterworfen und damit „Quangos" („Quasi Autonomous Non-Governmental Organizations", halböffentliche Organisationen) sind. Die RDA-Vorstände wurden durch den zuständigen Minister ernannt und verfügen meist über 13 Direktoren, die sich ebenso wie ihr Vorsitzender mehrheitlich aus dem Privatsektor rekrutieren. Vertreten sind auch maßgebliche regionale Organisationen und Institutionen wie Kommunalverwaltungen, gemeinnütziger Sektor oder weiterführende Bildungseinrichtungen. Den Vorständen obliegen in erster Linie Befugnisse und Zuständigkeiten, die bisher bei anderen Institutionen lagen und die ihnen nun von der Zentralregierung übertragen wurden. Diese erwartet von den RDAs, dass sie ihre Programme mit Hilfe lokaler Organisationen und Partnerschaften realisieren. Kommunalverwaltungen und andere regionale Institutionen wurden von der Zentralregierung außerdem darin unterstützt, auf der regionalen Ebene und auf freiwilliger Basis regionale Kammern (Regional Chambers) einzurichten, um damit eine gewisse Aufsicht über die Arbeit der RDAs zu gewährleisten. Diese Kammern müssen von den Agencies in Bezug auf ihre Strategien und Aktivitäten zu Rate gezogen werden; eine Berücksichtigung ihrer Vorstellungen ist allerdings nicht erforderlich.

Zur Durchführung ihrer praktischen Aufgaben erhielten die RDAs die Budgets und Zuständigkeiten bereits bestehender Organisationen wie der English Partnerships und der Rural Development Commission. Diese Zuständigkeiten betreffen hauptsächlich die Land- und Grundstücksentwicklung sowie die wirtschaftliche Erneuerung. Gleichzeitig übernehmen sie eine Führungsrolle in Bezug auf interne Investitionen und die Förder- und Werbestrategien der englischen regionalen Entwicklungsgesellschaften. Die RDAs managen das von der Zentralregierung aufgelegte Programm des Single Regeneration Budget und besitzen auch strategischen Zugang zu Strukturfondsmitteln der Europäischen Union, für deren Verwaltung allerdings noch Regionalbüros der Zentralregierung (Government Offices in the Regions, GORs) zuständig sind. Mit Beschäftigtenzahlen, die zwischen 150 bis 200 liegen, und jährlichen Budgets von 30 bis 250 Millionen £ erscheinen sie allerdings gegenüber den ihnen entsprechenden Einrichtungen in Schottland, Wales und Nordirland, die zwei- bis dreimal größer sind, wie Zwerge.

Der Schwerpunkt der RDA-Aktivitäten konzentriert sich eindeutig auf die Förderung von Unternehmen und internen Investitionen, Erneuerung und Ausbildung sowie die Entwicklung ländlicher Gebiete; den Rahmen für diese Aktivitäten bildet eine Strategie der nachhaltigen regionalen Entwicklung. Die Regionalen Entwicklungsagenturen mussten zunächst Entwurfsstrategien für Abstimmungsgespräche im Sommer 1999 erstellen und diesen Strategien dann bis Herbst 1999 eine endgültige Form geben. Mit den gesetzlichen, der Einrichtung von RDAs zugrunde liegenden Regelungen behielt sich die Regierung das Recht vor, den Agenturen in Bezug auf die Inhalte ihrer Strategien beratend zur Seite zu stehen, und damit sicherzustellen, dass diese den nationalen Politikrahmen berücksichtigen, partnerschaftliche Kooperation fördern und nicht zu einer Duplizierung bereits existierender Aktivitäten von Partnern in der Region führen. Den neuen Agenturen wurde zwar die Zuständigkeit für die Vorbereitung wirtschaftlicher Strategien übertragen, für die Flächennutzungsplanung sind aber weiterhin Gruppierungen kommunaler Gebietskörperschaften zuständig, die nun weitgehend unter den neuen Regionalkammern (Regional Chambers) zusammengefasst sind.

Nicht alle Regional Planning Guidance (RPG)-Regionen sind mit den RDA-Regionen identisch, und die Vorbereitung und Überarbeitung der RPGs befinden sich in unterschiedlichen Räumen in unterschiedlichen Stadien der Entwicklung. In ähnlicher Weise bleiben auch andere größere Programme und Funktionen wie Transport, EU-Strukturfonds und Ausbildungsförderung der direkten Kontrolle durch

RDAs entzogen. Aus der Sicht vieler Kommentatoren werden diese Dilemmata und Widersprüche wahrscheinlich bestehen bleiben, solange die englischen RDAs außerhalb von London von der Zentralregierung ernannte „Quangos" sind und keine demokratisch gewählten regionalen Organe existieren, die auf regionaler E-bene zur Rechenschaft verpflichtet sind.

Angesichts dieser aktuellen Situation ist jeder Versuch einer Prognose der künftigen Entwicklung schwierig, und daher lässt sich auch nicht sagen, wie die Regionen diese verschiedenen territorialen Zwänge verkraften können. Blairs New-Labour-Regierung hat jedenfalls künftig ein stärkeres Engagement für regionale Entscheidungsprozesse in Aussicht gestellt, und im Zuge der Entfaltung dieser neuen Steuerungsstrukturen („new governance structures") im neuen Jahrtausend sehen Kommunalverwaltungen und andere Akteure auf kurze Sicht eine Fülle von Herausforderungen und Möglichkeiten auf sich zukommen.

Literatur

Association of Metropolitan Authorities, Regionalism: the local government dimension, London 1995.

Audit Commission, Urban regeneration and economic development: the local government dimension, London 1989.

Bailey, N., Partnership agencies in British urban policy, London 1995.

Clarke, M., und J. D. Stewart, The local authority and the new community governance, in: Regional Studies, 1994, H. 28 (2), S. 201-219.

Clarke, M., und J. D. Stewart, Choices for local government for the 1990s and beyond, London 1991.

Cochrane, A., Local government, in: R. Maidment und G. Thompson (Hrsg.), Managing the United Kingdom, London 1993.

Collinge, C., und A. Srbljanin, Network relations in regional governance, Nijmegen 1997 (Beitrag zum XI. AESOP-Kongress).

Department of Environment, Transport and the Regions (DETR), Building partnerships for prosperity – sustainability, growth, competitiveness and employment in the English regions, London 1997.

Department of the Environment, Urban trends in England: latest evidence from the 1991 Census, London 1996.

Deputy Prime Minister, New leadership for London: the Government's proposals for a Greater London Authority, London 1997.

Greer, P., Transforming central government. The Next Steps initiative, Milton Keynes 1994.

Hall, S., J. Mawson und B. Nicholson, City Pride: the Birmingham experience, in: Local Economy, 1995, H. 10 (2), S. 108-116.

Lawless, P., Urban policy in the Thatcher decade: English inner city policy 1979-1990, in: Environment & Planning, 1991, H. C 9, S. 15-30.

Lewis, N., Inner city regeneration. The demise of regional and local government, Milton Keynes 1992.

Local Government Association, Regional strategic planning: the new local government agenda, London 1997.

Lowndes, V., u.a., Networks, partnerships and urban regeneration, in: Local Economy, 1997, H. 11 (4), S. 333-342.

Mawson, J., The re-emergence of the regional agenda in the English regions: new patterns of urban and regional governance?, in: Local Economy, 1996, H. 10 (4), S. 300-326.

Meegan, R., A „Europe of the Regions"? A view from Liverpool on the Atlantic Arc Periphery, in: European Planning Studies, 1994, H. 2 (1), S. 59-80.

Newman, P., London Pride, in: Local Economy, 1995, H. 10 (2), S. 117-123.

Serplan, A survey of the English Regional Associations, London 1995.

Stewart, J., und G. Stoker (Hrsg.), The future of local government, Basingstoke 1989.

Stewart, M., Between Whitehall and town hall: the realignment of urban regeneration policy in England, in: Policy & Politics, 1994, H. 22 (2), S. 133-146.

Stoker, G., B. Hogwood und U. Bullman, Regionalism, London 1996.

Stoker, G., und S. Young, Cities in the 1990s: local choice for a balanced strategy, Harlow 1993.

The Scottish Office, Scotland's Parliament, London 1997.

The Secretary of State for Wales, A voice for Wales, London 1997.

Thornley, A., Urban planning under Thatcherism. The challenge of the market, London 1993.

Thornley, A., und P. Newman, Fragmentation and centralisation in the governance of London: influencing the urban policy and planning agenda, in: Urban Studies, 1997, H. 34 (7), S. 967-988.

Thompson, G., u.a. (Hrsg.), Markets, hierarchies and networks: the co-ordination of social life, London 1991.

Travers, T., und G. Jones, The new government of London, York 1997.

Wannop, U. (Hrsg.), The regional imperative, London 1995.

Williams, G., Local capacity building and the entrepreneurial city: promoting Manchester as a European regional centre., Frankfurt/O., European University, 1997 (Beitrag für die EURRN-Konferenz).

Williams, G., Local governance and urban prospects: the potential of City Pride, in: Local Economy, 1995, H. 10 (2), S. 100-107.

Williams, G., Manchester City Pride – a focus for the future?, in: Local Economy, 1995, H. 10 (2), S. 124-132.

Anton M. J. Kreukels

Interkommunale Kooperation in den Niederlanden

Inhalt

Verzeichnis der Tabellen

Verzeichnis der Übersichten

I. Einführung

Die Niederlande haben eine Bevölkerung von 15 679 000 Einwohnern auf einer Fläche von nur 41 526 Quadratkilometern. Damit beträgt die Bevölkerungsdichte 452 Einwohner pro Quadratkilometer. Amsterdam ist die Hauptstadt und Den Haag der Sitz des Königshauses und der Regierung. In der Regierungsform verbindet sich eine konstitutionelle Monarchie mit einem parlamentarischen System. Das Staatsoberhaupt (König oder Königin) beauftragt nach Konsultation mit den Führungen der politischen Parteien einen so genannten Formateur[1] mit der Regierungsbildung und beruft auf seine Empfehlungen hin die Minister. Üblicherweise wird der Premierminister einer neuen Regierung als Formateur ernannt. Das königliche Staatsoberhaupt und die Minister bilden zusammen die „Krone". Nach der Verfassung der Niederlande sind nur die Regierungsmitglieder, nicht aber das Staatsoberhaupt gegenüber dem Parlament verantwortlich. Alle Gesetzesvorlagen werden dem Staatsrat (Raad van State)[2] vorgelegt, vom Parlament gebilligt und treten nach Unterzeichnung durch das Staatsoberhaupt und den zuständigen Minister in Kraft. Die Generalstaaten (Staten-Generaal) – so der Name des Parlaments – bestehen aus zwei Kammern, dem Unterhaus mit 150 direkt vom Volk gewählten Mitgliedern und dem Oberhaus mit 75 Mitgliedern. Diese werden indirekt gewählt, und zwar durch die Mitglieder der so genannten Provinzialstaaten (Provinciale Staten) oder Provinzparlamente (der niederländischen Mittelinstanz zwischen nationaler und kommunaler Ebene). Im niederländischen Wahlsystem wird die Kandidatur zur zweiten Kammer nicht über Wahlbezirke mit einem bestimmten Territorium verknüpft. Jeder Wähler stimmt für je einen der Kandidaten aus den landesweit gleichen Listen der politischen Parteien.

---

[1] Selbstverständlich kann es sich auch um eine Frau handeln, und dies gilt ebenso für alle folgenden Funktionsbezeichnungen und Titel. Es wird ausschließlich im Interesse einer leichteren Lesbarkeit auf „er/sie/seine/ihre/Innen"-Formulierungen verzichtet, sofern diese sich nicht bruchlos in den Satzbau einfügen lassen (Anmerkung des Übersetzers).

[2] Der Staatsrat ist das höchste Beratungsorgan der Krone. Das Staatsoberhaupt ist kraft seines Amtes Vorsitzender dieses Gremiums, dem außerdem ein stellvertretender Vorsitzender und bis zu 28 Mitglieder angehören. Diese werden auf Lebenszeit von der Krone ernannt und treten im Alter von 70 Jahren in den Ruhestand. Auch der Kronprinz oder die Kronprinzessin haben ab dem 18. Lebensjahr Sitz und Stimme im Staatsrat (Anmerkung des Übersetzers).

Abbildung 1:   Die Niederlande*

*Quelle: *Information and Documentation Centre for the Geography of the Netherlands* (IDG),
Compact Geography of the Netherlands, Den Haag 1996, S. 5.

430

II. Hintergrund und Voraussetzungen intraregionaler Kooperationsansätze

1. Politisch-administratives System und Kommunalverwaltungen

1.1 Die nationale Ebene

Die nationale Regierung der Niederlande bildet die Spitze eines Einheitsstaats mit zwölf Provinzen (Noord-Holland, Zuid-Holland, Zeeland, Flevoland, Utrecht, Noord-Brabant, Friesland, Groningen, Drenthe, Overijssel, Gelderland, Limburg) sowie 538 Städten und Gemeinden. Die nachgeordneten Verwaltungsebenen, das heißt Provinzen sowie Städte und Gemeinden, sind „autonom" im folgenden Sinne: Soweit nicht staatliche Gesetze oder Verordnungen explizit anderes vorschreiben, sind die Provinzregierungen für die Regelung aller ihnen relevant erscheinenden Angelegenheiten ihres Territoriums zuständig. Dasselbe gilt für die Kommunen in Bezug auf die Provinzregierungen. Damit genießen jede Provinz und jede Gemeinde innerhalb ihrer Grenzen All-Zuständigkeit, solange nicht übergeordnete

Übersicht 1:   Der niederländische Verwaltungs- und Regierungsaufbau*

Nationale Ebene
Konstitutionelle Monarchie
Exekutive: königliches Staatsoberhaupt und Regierung
Parlament: die Generalstaaten
(zwei Kammern: Ober- und Unterhaus)
Mittlere Regierungsebene
12 Provinzen
Kommunale Ebene
538 Städte und Gemeinden

*Quelle: Zusammenstellung Anton M. J. Kreukels.

Verwaltungsebenen (Provinz- oder Staatsregierung) per Gesetz spezifische Zuständigkeiten an sich ziehen. Darüber hinaus fungieren Provinzen und Kommunen als Ausführungsorgane übergeordneter Verwaltungsebenen im Hinblick auf die Umsetzung von Gesetzen und Entscheidungen in ihrem Zuständigkeitsbereich.

Allerdings haben, wie in Kapitel II. 3 dargestellt, im Laufe des 20. Jahrhunderts zunehmend zentralistische Tendenzen dazu geführt, dass die reale Bedeutung dieser konstitutionellen „Autonomie" der regionalen und kommunalen Ebene immer weiter eingeschränkt wurde. Gleichzeitig hat der Umfang von Auftragsangelegenheiten, welche die Kommunen für übergeordnete Verwaltungsebenen wahrnehmen müssen, enorm zugenommen.

1.2   Die Ebene der Provinzen

Jede Provinz verfügt als mittlere Verwaltungsebene über die folgenden Organe: ein Provinzparlament (Provinciale Staten), einen Deputiertenrat (Gedeputeerde Staten) als vollziehendes Organ und einen Kommissar der Königin (Commissaris van de Koningin). Das Provinzparlament ist für die wesentlichen Belange im Rahmen der Selbstverwaltung (Autonomie) der Provinz zuständig. Die Abgeordneten der Provinzparlamente werden von den Bürgern der Provinzen direkt gewählt. Jedes Provinzparlament ernennt aus dem Kreis seiner Mitglieder eine geschäftsführende Exekutive, den Deputiertenrat. Der von der Krone berufene Kommissar der Königin steht kraft Gesetzes sowohl dem Provinzparlament als auch dem Deputiertenrat vor. Er hat zwar nicht die weitreichenden staatlichen Machtbefugnisse eines Präfekten auf der mittleren Verwaltungsebene wie im klassischen französischen System, seine Position ist jedoch oft von ausschlaggebender Bedeutung, denn er wird ernannt und genießt im Vergleich mit den gewählten Mitgliedern der Provinzregierung (Parlament und Exekutive) eine größere Unabhängigkeit. Der Deputiertenrat bereitet die Entscheidungen und Verordnungen des Provinzparlaments vor und ist auch für deren Umsetzung zuständig. Gleiches gilt für Beschlüsse und Verordnungen der Zentralregierung, für deren Umsetzung die Provinzen zuständig sind.

Im Prinzip kann eine Provinz, wie bereits erwähnt, alle administrativen Aufgaben wahrnehmen. Es gilt das Prinzip einer umfassenden Verwaltungshoheit, welches ausdrücklich durch die Verfassung garantiert und durch das für diese Ebene geltende Provinzverwaltungsgesetz bestätigt wird (Provinciale Wet, 1850; neu: Provinciewet, 1992). In der Praxis fungieren die Provinzverwaltungen allerdings hauptsächlich als Koordinierungs- und Planungsorgane für ihre Einzugsbereiche und damit für die regionale Ebene; die Zahl ihrer operativen Aufgaben ist nur begrenzt. Strategische und Koordinierungsfunktionen kommen ihnen insbesondere in folgenden Bereichen zu: räumliche Planung; Umweltschutz; Transport und Verkehr; Wirtschaftsentwicklung; Strom-, Gas- und Wasserbereitstellung und -versorgung; Kultur; Natur- und Landschaftsschutz. Über diese territorialen Kompetenzen hinaus sind sie im Auftrag des Ministeriums für Wohnungsbau, Raumordnung und Umweltfragen (Ministerie van Volkshuisvesting, Ruimtelijke Ordening en Milieubeheer) zuständig für die Kontingentierung neu errichteter Wohnungen sowie die Zuteilung von Fördermitteln für die Stadterneuerung in kleineren und weniger urbanisierten Gemeinden. Echte operative Aufgaben nehmen die Provinzverwaltungen nur selten wahr.

1.3   Die kommunale Ebene

Jede Gemeinde verfügt über eine Kommunalverwaltung, die aus dem Stadtrat und einer Exekutive besteht (diese wird vom Bürgermeister und den Beigeordneten oder Dezernenten gebildet). Der Stadtrat hat oberste Entscheidungshoheit im Rahmen der Selbstverwaltung (Autonomie) einer Gemeinde. Die Ratsmitglieder werden für vier Jahre in gleicher Weise vom Volk gewählt wie die Mitglieder des Unterhauses der Generalstaaten und der Provinzparlamente, allerdings mit einem wichtigen Unterschied: Ausländer, die sich seit mindestens fünf Jahren legal in den Niederlanden aufhalten, sind berechtigt, an Kommunalwahlen teilzunehmen. Von der Beteiligung an den Wahlen zum Unterhaus oder zu den Provinzparlamenten sind sie dagegen ausgeschlossen. Der Bürgermeister wird von der Krone für sechs Jahre ernannt, und dieses Mandat kann verlängert werden. Seine Vollmachten entsprechen im Übrigen denen des Kommissars der Königin auf Provinzebene. Derzeit steht zur Diskussion, den Bürgermeister direkt auf Gemeindeebene wählen zu lassen, wie dies in anderen Verwaltungssystemen der Fall ist, und auf diese Weise die kommunale Demokratie zu stärken. Auf der Ebene der nationalen Politik bestehen jedoch große Vorbehalte gegenüber dieser Veränderung etablierter Machtverhältnisse. Ebenso starke Vorbehalte gibt es gegenüber einem echten und systematischeren Einsatz von Referenden auf kommunaler Ebene. Jeder Stadtrat wählt aus seiner Mitte eine Reihe von Beigeordneten, deren genaue Zahl von der Größe einer Gemeinde abhängt. Gemeinsam mit dem Bürgermeister bilden diese die kommunale Exekutive, den Magistrat oder Gemeindevorstand, der für die laufenden Geschäfte der Verwaltung zuständig ist. Der Bürgermeister ist gleichzeitig Vorsitzender des Magistrats und des Stadtrates. Der Magistrat bereitet die Entscheidungen des Stadtrates vor und führt sie durch. Ferner setzt er die Entscheidungen der Zentral- und der Provinzregierung um, für deren Vollzug er als Exekutivorgan zuständig ist. Die Kommunen können grundsätzlich – genau wie die Provinzen – alle Verwaltungsaufgaben wahrnehmen. Auch hier gilt das Prinzip einer durch die Verfassung garantierten umfassenden Zuständigkeit. Diese wird durch das Gemeindegesetz bestätigt (Gemeentewet von 1851; neu: Gemeentewet von 1992), in dem die Rechte und Pflichten kommunaler Territorialverwaltungen festgelegt sind.

In der Praxis unterliegen alle strategischen und operativen Entscheidungen auf kommunaler Ebene der Zuständigkeit des Magistrats: Stadtplanung, Wohnungsbau, Verkehr, Strom-, Gas- und Wasserversorgung, Umweltschutz, Sozialhilfe, Bildungswesen, öffentliches Gesundheitswesen, Arbeitsbeschaffung, Wirtschaftsentwicklung, Kunst und Kultur. Die meisten Koordinierungs- und Planungsaufgaben unmittelbar oberhalb der kommunalen Ebene (im subregionalen Maßstab) werden in Koordination mit angrenzenden Gemeinden durch sogenannte interkommunale Vereinbarungen wahrgenommen. Diese Übertragung kommunaler Verwaltungsaufgaben auf Organe freiwilliger interkommunaler Zusammenarbeit wird durch die Verfassung gewährleistet. Das Gesetz über die Regelung interkommunaler Verwaltungsvereinbarungen (Wet Gemeenschappelijke Regelingen von 1950 mit Novellierungen 1984, 1992 und 1994) wird als organisches Gesetz bezeichnet, da seine Legitimation ausdrücklich in der Verfassung wurzelt. Dies gilt genauso für das Gemeinde- und das Provinzverwaltungsgesetz.

1.4 Kombination aus einheitlichem und dezentralem System

Ungeachtet dieser ausgeprägt zentralisierten Struktur kann man die Niederlande in Bezug auf ihre vertikale Verwaltungsorganisation im Wesentlichen als dezentralisiertes und unitäres System bezeichnen. Ihr unitärer (und einheitlicher) Charakter beruht auf der Tatsache, dass innerhalb der nationalstaatlichen Organisation alle Verwaltungseinheiten, Provinzen und Kommunen, ungeachtet ihrer Größe, jeweils die gleichen administrativen Rechte und Pflichten haben und den Grundsätzen der Verfassung folgen müssen. Ihr dezentraler Charakter liegt darin, daß Provinzen und Kommunen innerhalb des nationalen Verwaltungssystems die Freiheit genießen, ihre Angelegenheiten selbst zu regeln. Diese Selbstbestimmung ist umfassend und wird durch die Verfassung garantiert[3]. Nur wenn eine übergeordnete Regierungsebene per Gesetz die Zuständigkeit für einen bestimmten Bereich übernimmt, wird diese der nachgeordneten Ebene entzogen. Dieses im Prinzip offene Verwaltungssystem unterscheidet sich von jenen, in denen die Machtbefugnisse und Verantwortungsbereiche der kommunalen und regionalen Ebenen genau aufgezählt oder diesen nur streng begrenzte Kompetenzen zugestanden werden (nach dem so ge-

---

3 Neben den Kommunen und Provinzen als nachgeordnete Gebietskörperschaften erwähnt die Verfassung ausdrücklich die bis ins Mittelalter zurückgehenden Wasserverbände (Waterschappen). Sie sind als demokratisch verwaltete Körperschaften für die Wasserqualität und den Wasserhaushalt in einem bestimmten Gebiet verantwortlich (Be- und Entwässerung, Trockenlegung, Wasserreinigung, Unterhaltung von Wasserstraßen und Poldern). Ihre Vorstände werden von den Haus- und Grundstückseigentümern des betreffenden Verbandsgebietes gewählt, Geschäftsführung und Vorsitzende allerdings von der Krone ernannt.

nannten Ultra-Vires-Prinzip). Doch bei aller grundsätzlichen Autonomie der nachgeordneten Verwaltungsebenen in den Niederlanden werden kommunale und regionale Verwaltungen gleichwohl von den übergeordneten Ebenen für bestimmte Vollzugsaufgaben in Anspruch genommen (im Niederländischen gibt es dafür den Begriff Medebewind). Kommunen und Provinzen fungieren häufig als Ausführungsorgane der staatlichen Verwaltung in Politikfeldern wie Gesundheits- und Bildungswesen, Wohnungsbau, Arbeitsbeschaffung und Sozialhilfe.

1.5 Funktionale und territoriale Dezentralisierung

In diesem Zusammenhang ist zu beachten, daß neben den Kommunen auch noch andere Institutionen staatliche Durchführungsaufgaben wahrnehmen. Es handelt sich hierbei um dezentralisierte Behörden der Ministerien oder um unabhängige (halb-)staatliche Maßnahmeträger, die auf Provinz-, regionaler oder interkommunaler Ebene tätig sind und eigene funktionsspezifische Verwaltungsbezirke bilden (man spricht hier von Gewesten, was sowohl Bezirk als auch Region heißen kann). Die Einrichtung dieser Organisationen ist das Ergebnis der funktionalen Dezentralisierung der Politikfelder verschiedener nationaler Ministerien.

Unterhalb der zentralstaatlichen Ebene kann man das niederländische Verwaltungssystem als komplexes institutionelles Geflecht beschreiben, in dem sich „territoriale Dezentralisierung" (deren Träger Provinzen und Kommunen sind) und „funktionale Dezentralisierung" überschneiden[4].

Die folgende Auflistung vermittelt eine Vorstellung von der Vielfalt unterschiedlicher, mit der funktionalen Dezentralisierung einhergehender räumlicher Einheiten mit jeweils unterschiedlichem Gebietszuschnitt: 28 regionale Arbeitsbeschaffungsverwaltungen; 25 Polizeibezirke; 42 Rettungsdienstbezirke; 45 Feuerwehrbezirke; 64 Gesundheitsversorgungsbezirke; 67 Bezirke für den öffentlich geförderten Woh-

---

[4] Im Hinblick auf die funktionale Dezentralisierung gibt es einige markante Unterschiede zwischen der Bundesrepublik Deutschland und dem Königreich der Niederlande. In der Bundesrepublik Deutschland gilt das Subsidiaritätsprinzip, demzufolge die Gebietskörperschaften und insbesondere die Städte und Gemeinden nur solche Aufgaben übernehmen, die der private Sektor nicht wahrnehmen kann. Im Vergleich dazu spielen die Kommunen in den Niederlanden eine dominantere Rolle. Ein weiterer Unterschied zwischen den Niederlanden und anderen europäischen Staaten besteht darin, dass in diesen Staaten die von übergeordneten Ebenen ausgehende Dezentralisierung zur Einrichtung spezifischer Institutionen geführt hat, wie z.B. Regierungsbezirke, Départements oder Préfectures. In den Niederlanden wird dagegen ein Großteil der von oben nach unten delegierten Kompetenzen von den Gemeinden selbst im Rahmen des bereits erwähnten Medebewind wahrgenommen. Darunter ist die Assistenz der Kommunen für übergeordnete Verwaltungsebenen zu verstehen, insbesondere bei der Wahrnehmung von Vollzugsaufgaben (Toonen, 1993).

nungsbau. Regionale Arbeitsbeschaffungsverwaltungen beispielsweise sind quasi-unabhängige, halbstaatliche, trilateral besetzte Organe (im angloamerikanischen Sprachraum Quangos genannt[5]), in denen Vertreter der Arbeitgeber, der Gewerkschaften und der Kommunen unter dem gemeinsamen Dach der dem Ministerium für Soziales und Arbeit zugeordneten nationalen Zentralverwaltung für Arbeitsbeschaffung (Centraal Bestuur Arbeidsvoorziening – CBA) zusammenarbeiten. Im Rahmen der funktionalen Dezentralisierung wurden auf lokaler Ebene Geschäfts-oder Dienststellen eingerichtet, die entsprechenden Ressorts auf nationaler oder Provinzebene zugeordnet sind.

In einigen Fällen werden dezentralisierte Funktionen auch von interkommunalen Zweckverbänden erfüllt. Dabei arbeiten mehrere Gemeinden zur Erfüllung einer dezentralisierten Aufgabe zusammen. Im Grunde sind interkommunale Vereinbarungen Ausdruck einer territorialen Dezentralisierung (sie sind interkommunale statt kommunale Einheiten), in deren Rahmen Aufgaben, die in den „autonomen" Zuständigkeitsbereich der kommunalen Ebene fallen, durch interkommunale Einrichtungen wahrgenommen werden.

In den 80er Jahren versuchte das Ministerium des Innern, dieses komplexe und ambivalente System funktionaler und territorialer Dezentralisierung zu reorganisieren; dies kam vor allem in einer Vielzahl gesonderter interkommunaler Kooperationsansätze zum Ausdruck: mit jeweils unterschiedlicher Größe und anderen Gruppen von Gemeinden. Das Ministerium erlegte den Gemeinden auf, diese Zweckverbände zu standardisieren und in so genannten übergreifenden Kooperationsgebieten (Samenwerkingsgebieden) neu zu gruppieren. In den 90er Jahren erwies sich dieser Versuch allerdings als erfolglos. Daher gab das Innenministerium die Reorganisierungsstrategie wieder auf.

In Abbildung 2 sind die für die Bildung interkommunaler Zweckverbände festgelegten Kooperationsgebiete dargestellt.

Alles in allem spielen die niederländischen Kommunal- und Provinzverwaltungen eine entscheidende Rolle bei der Regulierung der von ihnen abgedeckten Gebiete. Dies kommt in dem oft zitierten Slogan zum Ausdruck: „So zentral wie nötig, so dezentral wie möglich." Allerdings haben die Machtbefugnisse der Zentralregierung als Ausdruck der komplexen sozioökonomischen Verflechtungen eines modernen Nationalstaates im Laufe des 20. Jahrhunderts deutlich zugenommen.

---

5   Vgl. dazu die Ausführungen im Beitrag von *Gordon Dabinett* in diesem Band (Anmerkung des Übersetzers).

Abbildung 2:   Kooperationsgebiete für die Bildung interkommunaler Zweckver-
               bände in den Niederlanden*

*Quelle: *Niederländischer Verband der Städte und Gemeinden (VNG, Vereniging van Nederlandse
           Gemeenten)*, Verwaltungsgebietseinteilung (Gebiedsindeling 1995), Den Haag,
           S. 8 ff.

Erläuterungen zu Abbildung 2:

Lfd. Nr.	Gebietsbezeichnung	Zahl der Einwohner	Zahl der Gemeinden
1.	Oost-Groningen	151 759	9
2.	Noord-Groningen	112 606	8
3.	Centraal en West Groningen	294 278	8
4.	Noord-Friesland	250 412	15
5.	Zuidwest-Friesland	133 458	9
6.	Oost-Friesland	226 224	7
7.	Noord en Midden Drenthe	172 366	14
8.	Zuidoost-Drenthe	164 741	9
9.	Zuidwest-Drenthe	117 997	11
10.	IJssel-Vecht	390 117	21
11.	Stedendriehoek	394 463	12
12.	Twente	622 947	24
13.	Achterhoek	246 795	17
14.	Arnhem/Nijmegen	664 502	25
15.	Rivierenland	227 202	21
16.	Eem en Vallei	541 750	16
17.	Noordwest-Veluwe	154 382	6
18.	Flevoland	262 507	6
19.	Utrecht	753 597	28
20.	Gooi en Vechtstreek	243 211	11
21.	Ballungsraum Amsterdam	1 271 512	16
22.	West-Friesland	181 704	13
23.	Kop van Noord-Holland	160 922	9

(Fortsetzung nächste Seite)

(Fortsetzung)

Lfd. Nr.	Gebietsbezeichnung	Zahl der Einwohner	Zahl der Gemeinden
24.	Noord-Kennemerland	251 844	12
25.	West-Kennemerland	363 447	10
26.	Noord Zuid-Holland	375 920	16
27.	Zuidoost-Holland	358 515	19
28.	Haaglanden (Ballungsraum Den Haag)	926 041	16
29.	Rijnmond (Ballungsraum Rotterdam)	1 119 080	22
30.	Zuid Zuid-Holland	455 608	21
31.	Noord en Zuid-Beveland. Schouwen-Duivenland. Tholen	147 227	12
32.	Walcheren	111 184	8
33.	Zeeusch-Vlaanderen	107 365	7
34.	West-Brabant	580 026	35
35.	Midden-Brabant	432 612	21
36.	Noordoost-Brabant	574 260	30
37.	Zuidoost-Brabant (Ballungsraum Eindhoven)	686 298	34
38.	Noord-Limburg	475 293	32
39.	Zuid-Limburg	647 600	23

2. Siedlungsstruktur und Verstädterungsgrad

2.1 Standardisierte Gebietseinheiten für die Erhebung statistischer Daten

Bevor wir auf die historische Entwicklung von Politik und Verwaltung in den Niederlanden unter besonderer Berücksichtigung der subnationalen Ebenen zurückkommen, sollen einige Basisinformationen über die spezifischen soziogeographischen Merkmale aus Sicht der nachgeordneten Gebietskörperschaften gegeben werden.

Zunächst einmal gibt es in den Niederlanden ein gut funktionierendes System zur Erfassung und Darstellung von „Zahlen und Fakten" im gemeindeübergreifenden Kontext. Grundlage sind die so genannten COROP-Gebiete, die von einem Koordinierungsausschuss für Regionalforschung des niederländischen Zentralamtes für Statistik (Centraal Bureau van Statistiek) definiert werden (COROP steht für Coordinatiecommissie Regionaal Onderzoeksprogramma). Diese territoriale Kategorisierung wurde ausschließlich für statistische Zwecke eingeführt und wird auch nur in diesem Rahmen verwandt. Der Zuschnitt der gemeindeübergreifenden COROP-Gebiete hat keinerlei Bezug zu bestehenden Verwaltungs- und Gebietseinheiten. Gleichwohl können sie für statistische Zwecke zu größeren Territorien zusammengefasst werden: Provinzen, „Superregionen", NUTS III, II und I[6] . Die Definition der COROP-Gebiete beruht auf den intraregionalen sozioökonomischen Wechselbeziehungen zwischen Gemeinden und Gemeindegruppen; Grundlage sind Indikatoren, wie z.B. Pendlerströme.

Abbildung 3 gibt einen Überblick über diese COROP-Gebiete.

2.2 Die Verstädterung der Niederlande und das Beispiel der Randstad

Um von den COROP-Gebieten als den „Bausteinen" intraregionaler Bezüge zur soziogeographischen Struktur der Niederlande als Ganzes überzugehen, stellen wir zunächst die Karte des „Vierten nationalen Memorandums zur Stadt- und Regionalplanung" von 1988 vor (Abbildung 4). Daraus wird ersichtlich, in welchem Maße das Land großflächig verstädtert ist. Die Niederlande sind gewissermaßen „ein zusammenhängendes verstädtertes Geflecht".

---

6   NUTS steht für Nomenclature des Unités Territoriales Statistiques, die von der EU verwendete Systematik statistischer Gebietseinheiten; NUTS I = Länder, NUTS II = Regionen, NUTS III = Subregionen (Anmerkung des Übersetzers).

Abbildung 3:   COROP-Gebiete (Sozioökonomische Verflechtungsgebiete im
                interkommunalen Kontext)*

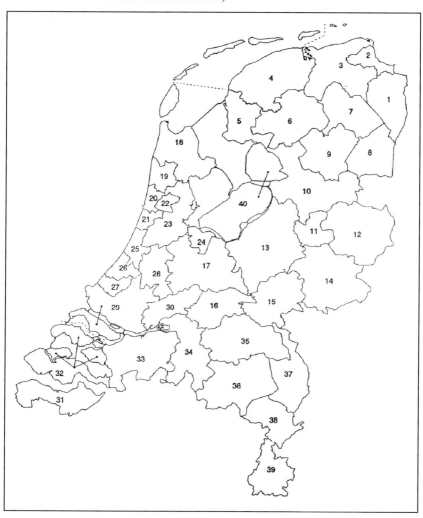

*Quelle: *Niederländischer Verband der Städte und Gemeinden (VNG, Vereniging van Nederlandse*
          Gemeenten), Verwaltungsgebietseinteilung (Gebiedsindeling 1995), Den Haag,
          S. 122 ff.

Erläuterung zu Abbildung 3:

Lfd. Nr.	Gebietsbezeichnung	Zahl der Einwohner	Zahl der Gemeinden
1.	Oost-Groningen	151 759	9
2.	Delfzijl und Umgebung	5 319	3
3.	Overig Groningen	352 565	13
4.	Noord-Friesland	319 734	18
5.	Zuidwest-Friesland	97 295	7
6.	Zuidoost-Friesland	193 065	13
7.	Noord-Drenthe	162 618	13
8.	Zuidoost-Drenthe	151 726	8
9.	Zuidwest-Drenthe	140 760	13
10.	Noord-Overijssel	331 878	18
11.	Zuidwest-Overijssel	130 876	6
12.	Twente	587 057	6
13.	Veluwe	613 009	17
14.	Achterhoek	367 645	24
15.	Arnhem/Nijmegen	673 017	25
16.	Zuidwest-Gelderland	211 250	20
17.	Utrecht	1 063 206	38
18.	Kop van Noord-Holland	342 696	22
19.	Alkmaar und Umgebung	223 168	10
20.	Ijmond	168 065	5
21.	Ballungsraum Haarlem	217 986	6
22.	Zaanstreek	147 951	2
23.	Großraum Amsterdam	1 129 633	15

(Fortsetzung nächste Seite)

(Fortsetzung)

Lfd. Nr.	Gebietsbezeichnung	Zahl der Einwohner	Zahl der Gemeinden
24.	Het Gooi en Vechtstreek	234 294	10
25.	Ballungsraum Leiden en Bollenstreek	375 920	16
26.	Ballungsraum Den Haag	705 604	7
27.	Delft en Westland	220 437	9
28.	Oost Zuid-Holland	316 582	16
29.	Groot Rijnmond (Großraum Rotterdam)	1 312 697	31
30.	Zuidoost Zuid-Holland	400 221	16
31.	Zeeuwsch-Vlaanderen	107 365	7
32.	Overig Zeeland (Rest von Zeeland)	258 411	20
33.	West Noord-Brabant	580 229	35
34.	Midden Noord-Brabant	457 536	25
35.	Noordoost Noord-Brabant	562 696	28
36.	Zuidoost Noord-Brabant (Ballungsraum Eindhoven)	676 735	32
37.	Noord-Limburg	267 851	18
38.	Midden-Limburg	214 879	15
39.	Zuid-Limburg	647 600	23
40.	Flevoland	262 507	6

Innerhalb dieses „verstädterten Geflechts" lassen sich die folgenden städtischen Verdichtungsräume und Stadtregionen unterscheiden:

- In dem größten verstädterten Raum im westlichen Teil des Landes, der so genannten Randstad (dem Stadtring), liegen drei Städte von nationaler Bedeutung:

  ▲ Amsterdam (772 350 Einwohner, Stand 1995), wichtigster Flughafen;
  ▲ Rotterdam (598 275 Einwohner, Stand 1995), wichtigster Seehafen;
  ▲ Den Haag (442 515 Einwohner, Stand 1995), Sitz der Regierung.

Abbildung 4: Städtische und ländliche Gebiete in den Niederlanden (nach dem
Vierten nationalen Memorandum zur Stadt- und Regionalplanung,
1988)*

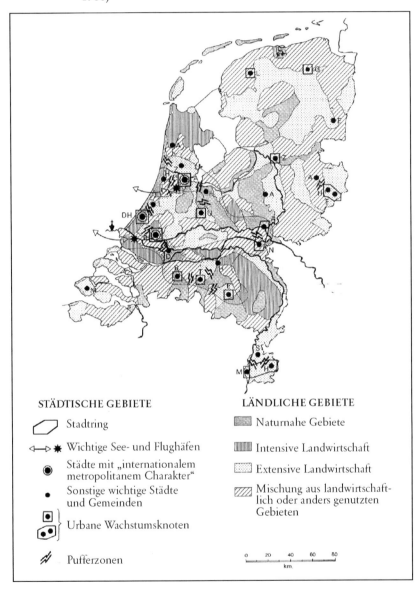

STÄDTISCHE GEBIETE

⬡ Stadtring

◁—▷ ✳ Wichtige See- und Flughäfen

◉ Städte mit „internationalem
metropolitanem Charakter"

• Sonstige wichtige Städte
und Gemeinden

▣
◐◐ } Urbane Wachstumsknoten

⚡ Pufferzonen

LÄNDLICHE GEBIETE

▦ Naturnahe Gebiete

▥ Intensive Landwirtschaft

▦ Extensive Landwirtschaft

▨ Mischung aus landwirtschaftlich oder anders genutzten
Gebieten

0 20 40 60 80
km.

*Quelle: *Information and Documentation Centre for the Geography of the Netherlands (IDG),*
Compact Geography of the Netherlands, Den Haag 1996, S. 51.

- Zu diesen drei verstädterten Räumen von nationaler Bedeutung läßt sich noch eine weitere Stadt zählen:

  ▲ Utrecht (235 629 Einwohner, Stand 1995). Dank seiner zentralen Lage ist Utrecht ein wichtiges Kongresszentrum und Sitz zahlreicher landesweit tätiger Unternehmen und Dienstleistungseinrichtungen.

Der Name Randstad für den am stärksten verstädterten westlichen Teil der Niederlande wurde von Albert Plesman geprägt, einem Luftfahrtpionier der ersten Hälfte des 20. Jahrhunderts. Vom Flugzeug aus hat er das spezifische morphologische Muster des westlichen Landesteils als urbanen Ring erkannt. Wesentliches Merkmal ist, dass es keinen dominanten städtischen Kern, sondern einen polyzentrischen Kreis von vier Städten gibt: Amsterdam, Rotterdam, Den Haag und Utrecht. Diese gruppieren sich um ein deutlich weniger dicht besiedeltes Gebiet im Zentrum, das „Grüne Herz". Das Städtesystem der Niederlande ist fragmentiert und unterscheidet sich damit deutlich von ausgeprägt metropolitanen Ballungsräumen wie Paris oder London. (Abbildung 5 illustriert diesen Sachverhalt).

Der Verdichtungsraum der Randstad ist also rein funktional und morphologisch definiert. Seine Merkmale sind hohe Bevölkerungsdichte (fast 50 Prozent der niederländischen Gesamtbevölkerung leben hier; allerdings verringert sich dieses Übergewicht inzwischen zugunsten anderer Landesteile, wovon in erster Linie die unmittelbar an die Randstad angrenzenden Regionen profitieren) sowie wichtige wirtschaftliche und kulturelle Funktionen (1960 wurden in diesem Landesteil 53,1 Prozent des Bruttoinlandsprodukts erwirtschaftet, 1990 noch 48,9 Prozent)[7].

Dieser Raum stellt keine eigene Verwaltungseinheit dar. Er besteht vielmehr aus Teilen der Provinzen Nordholland, Südholland, Utrecht und Flevoland. Daher nennt man diese Provinzen auch die Randstad-Provinzen. Die den verstädterten Raum der Randstad betreffenden Politiken und Programme gehen von den nationalen Ministerien, den betreffenden Provinzen und den vier großen Städten aus[8].

---

[7] 1992 lebten in den westlichen Niederlanden (das heißt der Randstad und einigen angrenzenden Gebieten) 7 098 700 Einwohner bei einer Gesamtbevölkerungszahl der Niederlande von 15 129 100. Quelle: *Information and Documentation Centre for the Geography of the Netherlands (IDG)*, The south-west Netherlands, Utrecht und Den Haag 1993 (Newsletter des IDG), S. 36; vgl. zum Anteil der Randstad am Wirtschaftsleben: *H. Nijmeijer*, Ruimtelijke Patronen, in: W. van der Velden und E. Wever (Hrsg.), Nederland is meer dan de Randstad, Utrecht 1995.

[8] Eine Initiative von 1997 belegt das Engagement der kommunalen Ebene. Die Planungsdezernenten von Amsterdam, Rotterdam, Den Haag und Utrecht stellten damals das Konzept der „Deltametropole" vor, mit dem sie die Entwicklung ihrer vier Städte und gleichzeitig der Randstad als Ganzes fördern wollten. Die betroffenen Provinzen unterstützten diese Bemühungen durch eine Vereinbarung zur Bildung übergreifender Zweckverbände. In Anbetracht der einschlägigen Interessenkonflikte und Meinungsver-

Abbildung 5:   Die Randstad und das „Grüne Herz"*

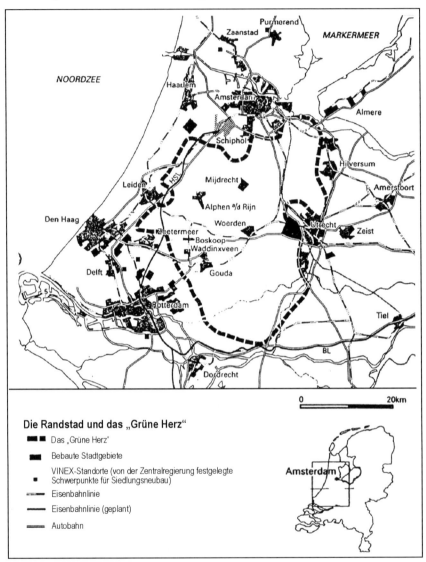

*Quelle: *Information and Documentation Centre for the Geography of the Netherlands (IDG)*, IDG-
Newsletter 2/1997, Utrecht 1997, S. 3.

schiedenheiten zwischen den Provinzen hat diese Vereinbarung allerdings keine nen-
nenswerte Wirkung gezeigt.

Die beiden Karten (vgl. Abbildungen 6 und 7) illustrieren das ausgeprägte Wachstum und die Dynamik der Randstad. Sie belegen gleichzeitig, dass es nahezu unmöglich ist, dieses Wachstum und diese Dynamik in Form größerer Verwaltungseinheiten zu erfassen und zu stabilisieren. Werden entsprechende Ansätze eingeführt, sind sie durch das anhaltende Wachstum und die kontinuierliche Umorganisation funktionaler und territorialer Beziehungen bald wieder überholt.

Abbildung 6:   Verstädterung der Randstad, Stand 1962*

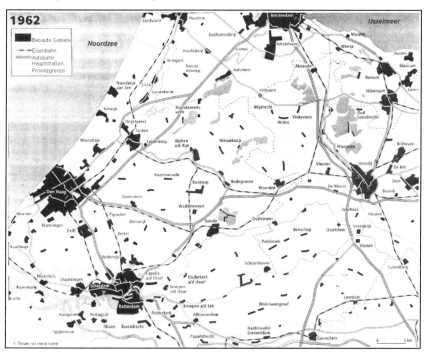

*Quelle: *Information and Documentation Centre for the Geography of the Netherlands (IDG),* IDG-Newsletter 2/1997 Utrecht 1997, S. 4.

447

Abbildung 7:   Verstädterung der Randstad, Stand 1995*

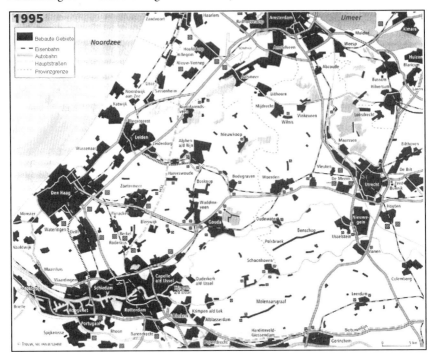

*Quelle: *Information and Documentation Centre for the Geography of the Netherlands (IDG),*
IDG-Newsletter 2/1997, Utrecht, 1997, S. 5.

2.3   Urbane Wachstumsknoten

Utrecht ist nicht nur eine der vier großen Städte der Randstad, sondern zählt auch
zur Gruppe der 13 wichtigsten urbanen Wachstumsknoten („stedelijke Knooppun-
ten") in der Kategorie von über 100 000 Einwohnern. Diese Städte haben den Status von Entwicklungszentren, in denen die Zentralregierung die im Vierten nationalen Memorandum zur Stadt- und Regionalplanung von 1988 genannten wichtigsten Funktionen und Infrastruktureinrichtungen zu konzentrieren versucht. Neben den „großen Vier" sind dies: Maastricht-Heerlen, Eindhoven, Tilburg, Breda,
Arnhem-Nijmegen, Hengel-Enschede, Zwolle, Leeuwarden und Groningen[9].

---

9   Empirische Untersuchungen zeigen allerdings, dass sich Wachstum und Ansiedlung
    zentraler Infrastruktureinrichtungen trotz der politischen Bemühungen der Zentralregie-
    rung nicht auf diese Gruppe der wichtigsten Wachstumsknoten beschränken.

Wenn man zu dieser Zielgruppe noch die Städte zwischen 70 000 und 100 000 Einwohnern hinzuzählt, dann ergeben sich daraus insgesamt 21 urbane Zentren, die eine besondere Rolle im Rahmen der niederländischen Sozial- und Wirtschaftspolitik für verstädterte Gebiete einnehmen. Diese Städte sind: Amersfoort, Den Bosch, Hilversum, Dordrecht, Leiden, Haarlem, Emmen und Alkmaar[10].

Generell lässt sich sagen, dass die Unterschiede zwischen dem westlichen Verdichtungsraum und den übrigen Landesteilen im Hinblick auf die wirtschaftliche und allgemeine Entwicklung geringer werden. Dennoch bleibt die Randstad der wirtschaftliche Motor des Landes, was auch in der Zahl der angesiedelten Unternehmen und Firmensitze zum Ausdruck kommt. Im Bereich der nördlichen Randstad (das heißt des Großraums Amsterdam) ist das wirtschaftliche Wachstum ausgeprägt, während die ökonomische Lage im Süden (in den Räumen Rotterdam und Den Haag) eher problematisch ist. Dort kommt es zur Abwanderung von Einwohnern und Unternehmen in andere Landesteile. Die in Bezug auf ihr wirtschaftliches Wachstum erfolgreichsten Regionen liegen im unmittelbaren Umfeld der Randstad: die Provinzen Utrecht und Flevoland, die den so genannten zentralen urbanen Gürtel bilden. Die Peripherie, das heißt die Provinzen Groningen, Friesland und Drenthe sowie der Süden mit Limburg und Zeeland, können mit dem ökonomischen Wachstum der Randstad und ihres „urbanen Gürtels" nicht Schritt halten (Nijmeijer, 1995; Van der Velden und Wever, 1995; Lambooy, 1998).

3. Politik und Verwaltung in den Niederlanden

3.1 Historischer Rückblick und Herausbildung des dezentralen Einheitsstaates

Die Niederlande blicken auf eine lange Tradition der Selbstverwaltung von Gemeinden und Provinzen zurück (vom Mittelalter bis Ende des 18. Jahrhunderts). Die politische Macht auf nationaler Ebene war nur begrenzt. Auch die Macht des Prinzen von Oranje, des so genannten Stadhouder, war eingeschränkt. Die „Gene-

---

[10] Unter der ersten Regierung von Premierminister Kok (1994-1998) wurde die Funktion eines Staatssekretärs für Großstadtfragen eingerichtet. Damit verband die Zentralregierung das Ziel, die sozialen Probleme in Großstädten zu lindern und deren wirtschaftliche Basis zu stärken. Mit Beginn der zweiten Amtsperiode der Regierung Kok wurde dieses Ressort in den Rang eines Ministeriums erhoben, das heißt mit einem größeren Budget und umfangreicheren Vollmachten ausgestattet. Auch der Zuständigkeitsbereich wurde vergrößert: Der neue Minister ist nun nicht nur für die vier großen Städte der Randstad zuständig, sondern auch für die Bekämpfung sozialer und wirtschaftlicher Probleme in den 21 verstädterten Zentren.

ralstaaten", das heißt die Versammlung von Vertretern der lokalen und regionalen Ebene, waren das entscheidende Organ. Insbesondere die der Hanse angeschlossenen Handelsstädte (Amsterdam ist das berühmteste Beispiel) vermitteln im 17. Jahrhundert ein Bild von dieser kommunalen Selbstverwaltung im Rahmen der „Republik der siebzehn holländischen Provinzen".

Mit der französischen Besetzung (1795-1813) wurde ein hierarchisches Verwaltungssystem nach napoleonischem Vorbild in den „Niederen Landen" eingeführt: eine dreistufige Verwaltung mit Zentralregierung, Provinzen und Kommunen. Weitere damit einhergehende Neuerungen waren die Kodifizierung des Verwaltungsrechts, ein Melderegister für die Bevölkerung und ein Liegenschaftskataster für die Eintragung von Landbesitz. Diese neuen Verwaltungsinstrumente wurden nach 1813 von der durch den Wiener Kongress (1814-1815) eingeführten Monarchie der Niederen Lande übernommen, zu denen damals auch Belgien gehörte. Die französische Verwaltungsstruktur wurde schrittweise an die niederländische Tradition der Selbstverwaltung und Autonomie der subnationalen Ebenen angepasst. So entstand ein dreistufiges System mit der nationalen Regierung an der Spitze und größerer Autonomie für die Provinzen und Kommunen als im ursprünglichen napoleonischen Modell. Gleichwohl ging die ausgeprägte Selbstverwaltung der vorangegangenen Jahrhunderte verloren. Die Niederlande wurden zu einem so genannten „dezentralisierten Einheitsstaat". Die Verfassungsreform des Jahres 1848 kann als Ratifizierung dieser Entwicklung betrachtet werden, und hier finden wir auch die Wurzeln für das heutige Verwaltungssystem der Niederlande.

Mit Beginn des 20. Jahrhunderts setzte ein geradliniger Prozess zunehmender Zentralisierung ein. Im Zuge dieser Entwicklung wurden kommunale Funktionen in Politikbereichen wie Wohnungsbau und Bildungs- und Gesundheitswesen insbesondere in den großen Städten (Amsterdam, Rotterdam, Den Haag und Utrecht) mehr und mehr nach Maßgabe nationaler Gesetze geregelt, und zwar mit dem Ziel einer landesweiten Vereinheitlichung. Damit einher ging eine Verschiebung des politischen Kräfteverhältnisses zugunsten der nationalen Regierung und auf Kosten der Provinzen und Kommunen.

3.2 Der dezentrale Korporatismus nach dem Zweiten Weltkrieg

Die deutsche Besetzung von 1940 bis 1945 wirkte erneut, wie schon die französische Fremdherrschaft an der Schwelle vom 18. zum 19. Jahrhundert, als Katalysator für eine verstärkte Zentralisierung von politischer Macht auf der nationalen Ebene. Nach dem Zweiten Weltkrieg beschleunigte sich dieser lineare Prozeß in Richtung eines zentralistischen Regimes, und zwar parallel zum massiven Ausbau des modernen Wohlfahrtsstaates zwischen 1950 und 1980. Das typisch niederländische

System der „Versäulung" organisierter Interessen (wozu insbesondere die Gewerkschaften und die Arbeitgeberverbände zählen) mit eigenständigen Organisationen für jede größere Konfession und weltanschauliche Richtung (katholisch, protestantisch, neutral) erzeugte einen starken Trend hin zu grundsätzlichen Vereinbarungen zwischen all diesen verschiedenen Interessengruppen auf nationaler Ebene; dieses Verfahren sollte für funktionsfähige Rahmenbedingungen in einer fragmentierten Gesellschaft sorgen.

Ab den 60er Jahren, der Blütezeit des Wohlfahrtsstaates, begann die öffentliche Hand auf nationaler Ebene, Personal und Finanzmittel zur Gewährleistung einer gesellschaftlichen Grundversorgung in den Bereichen Gesundheit, Bildung, Sozialhilfe und Arbeitslosenunterstützung bereitzustellen. Investitions- und Planungsprogramme für das Bildungs- und Gesundheitswesen, für den Wohnungsbau und für Stadterneuerung wurden auf eigene gesetzliche Grundlagen gestellt, die auch die Rahmenbedingungen für Planungs- und Entscheidungsverfahren setzten. Mit diesen Maßnahmen übernahm die Zentralregierung einen großen Teil der Entscheidungsvollmachten und Zuständigkeiten, die bis dahin typischerweise bei den gemeinnützigen Verbänden als Teil des korporatistischen niederländischen Säulensystems gelegen hatten.[11] Schritt für Schritt wurde die nationale Regierung auf diesem Wege zur relevanten Entscheidungsebene für die Bereiche Arbeitsmarkt, Wohnungsbau, Gesundheitswesen, Bildungswesen und Landwirtschaft. Die wirkliche Diskussion zwischen der korporatistischen Welt organisierter Interessen und der öffentlichen Verwaltung wurde nun auf nationaler Ebene geführt: zwischen der Regierung und nationalen Dachverbänden (Koepelorganizsaties), wie beispielsweise des Schulwesens, des Gesundheitswesens, der Wohnungsunternehmen usw.

Hier wurden Grundsatzvereinbarungen im Sinne der unterschiedlichen Partikularinteressen ausgehandelt, um zu verhindern, dass diese in Abhängigkeit von den Un-

---

[11] Dieses niederländische System des Aushandelns von Kompromissen und der Konsensbildung auf nationaler Ebene als Korrektiv in einer ideologisch und kulturell fragmentierten Gesellschaft nennt man heute das niederländische Poldermodell. Seine Grundlagen sind die ausgeprägte Fragmentierung und Versäulung entlang religiöser Trennlinien auf lokaler Ebene. Dies unterscheidet die Niederlande stark von solchen Staaten, in denen es zu homogeneren Gruppenbildungen gekommen ist, etwa nach dem Prinzip „cuius rex, eius religio". Eine klassische Untersuchung dieser niederländischen Politik des gegenseitigen Entgegenkommens findet sich in: *A. Lijphart*, The Politics of Accomodation: Pluralism and Democracy in the Netherlands, Berkeley 1968. Lijphart hat mit diesen Erkenntnissen die südafrikanische Regierung in Fragen der „Apartheid" beraten. Eine Analyse des modernen „Poldermodells" in gesellschaftlicher und wirtschaftlicher Hinsicht und der Art, in der dieses in einem Prozess des Erlernens neuartiger politischer Lösungen („puzzling") und der Herausbildung neuer Gleichgewichte („powering") an die Herausforderungen der 80er und 90er Jahre angepasst wurde, findet sich in *J. Visser und A. Hemerijck*, The Dutch Miracle. Job Growth, Welfare Reform and Corporatism in the Netherlands, Amsterdam 1997.

Übersicht 2:   Zentralistischer Korporatismus in den Niederlanden*

Ebenen	Öffentlicher Sektor	Privater Sektor
Nationale Ebene	Zentralregierung	Nationale Gesamtverbände (als Dachverbände der Provinzverbände, die wiederum Dachverbände der lokalen Verbände sind) mit Vertretern in den nationalen Beratungsorganen für spezifische Politikbereiche: Wirtschaft, Beschäftigung und Landwirtschaft (Sociaal-Economische Raad; Landbouwschap), Kultur (Raad voor de Kunst); Bildung (Onderwijsraad), Gesundheit (Nationale Raad voor de Volksgezondheid), Wohnungsbau, Raumordnung und Umweltschutz (Raad vor Volkshuisvesting, Milieubeheer en Ruimtelijke Ordening)
Mittlere Ebene	Provinzen	Dachverbände zur Vertretung spezifischer Interessen in verschiedenen Politikbereichen auf der Ebene der Provinzen
Kommunale Ebene	Gemeinden	Verbände zur Vertretung spezifischer Interessen in verschiedenen Politikbereichen auf (inter-)kommunaler Ebene

*Quelle: Zusammenstellung Anton M. J. Kreukels.

sicherheiten und Turbulenzen einer weltanschaulich wie religiös fragmentierten Gesellschaft auf lokaler und regionaler Ebene geraten.

Mehr als alle anderen Faktoren führte dieser zentralistische Korporatismus (vgl. Übersicht 2) zu einer verstärkten Abhängigkeit niederländischer Kommunal- und Re-

452

gionalverwaltungen vom Zentralstaat in der Nachkriegszeit. Vor diesem Hintergrund versteht man, warum die kommunalen Haushalte größtenteils über staatliche Zuweisungen finanziert werden (nur zehn Prozent der Gemeindeeinnahmen stammen aus kommunalen Steuern). Dieser Trend zum Zentralismus spiegelt sich in den finanziellen Beziehungen zwischen nationaler und kommunaler Ebene wider.

3.3 Vertikale und horizontale Verwaltungsbeziehungen: die Niederlande im internationalen Vergleich

Die Dynamik von Verwaltungssystemen in der westlichen Welt geht – auch unter dem Druck einer immer offeneren, sich internationalisierenden Wirtschaft – in Richtung einer Konvergenz unterschiedlicher Systeme[12]. In Westeuropa übernehmen mehrere vormals zentralistisch organisierte Staaten wie Frankreich, Italien, Spanien und Belgien Elemente eines föderalen Systems. Aus streng vertikal strukturierten entwickeln sie sich zu Systemen mit pluralistischen Beziehungen. Häufig werden als Gegengewicht subnationale Verwaltungseinheiten eingeführt (oft Regionalbehörden), und zwar als Mittelebene der staatlichen Ordnung (Sharpe, 1993; Meny, 1990). Beispiele dafür sind die Einführung der Regionen als neue Verwaltungseinheiten mit eigenen gewählten Vertretungsorganen in Frankreich oder die Stärkung der Regionen in Italien und Spanien. Diese Renaissance von Mittelinstanzen auf der Ebene zwischen Zentralregierung und Kommunalverwaltungen oder subregionalen Verwaltungseinheiten ist für die meisten Länder ebenso charakteristisch wie die Höherzonung von Kommunalverwaltungen in verstädterten Gebieten auf die Ebene der Ballungsräume.

Hinsichtlich der horizontalen Integration auf der subnationalen Ebene lässt sich hingegen statt Konvergenz eher Divergenz beobachten. Selbst wenn einige Staaten versuchen, die All-Zuständigkeit subnationaler Gebietskörperschaften zu fördern, zeigt doch die Realität eine zunehmende Vielfalt dezentralisierter Einrichtungen nationaler Behörden zur Wahrnehmung spezifischer Aufgaben, auf die funktionsübergreifende territoriale Gebietskörperschaften wie Provinzen und Kommunen nur begrenzten Einfluss haben. Der allgemeine Trend geht in Richtung einer Fragmentierung von Zuständigkeiten zwischen regionalen und lokalen Gebietskörperschaften einerseits und funktionalen Einrichtungen andererseits, die lokale und subregionale Verwaltungsstellen übergeordneter Behörden sind (Meny, 1990; Batley und Stoker, 1991).

---

[12] Diese Ausführungen basieren auf einer Arbeit von *W.G.M. Salet*, Gegrond Bestuur. Een internationale ijking van bestuurlijke betrekkingen, Delft 1994 (Technische Universiteit, Intree-rede Technische Bestuurskunde). Salets Analyse beruht auf der Typologie von *S. Humes*, Local Governance and National Power, New York 1991.

Übersicht 3: Die Niederlande im Vergleich mit anderen westeuropäischen Ländern in Bezug auf vertikale und horizontale Verwaltungsbeziehungen*

Merkmale \ Ansätze	Schwache vertikale Beziehungen	Starke vertikale Beziehungen
Schwach integrierte horizontale Beziehungen		Vereinigtes Königreich
		Frankreich
		Niederlande
Stark integrierte horizontale Beziehungen	Bundesrepublik Deutschland	

*Quelle: *W.G.M. Salet*, Gegrond Bestuur. Een internationale vergelijking van bestuurlijke betrekkingen, Delft 1994.

Zwei Typen werden in Übersicht 3 erkennbar. Für den einen steht das Vereinigte Königreich von Großbritannien und Nordirland: ein zentralistischer Staat mit subnationalen Verwaltungsebenen (Counties und Districts), die lose mit nachgeordneten funktionalen Einrichtungen nationaler Behörden verbunden sind. Der andere Typus wird durch die Bundesrepublik Deutschland repräsentiert, eine kooperatives föderales System mit stark integrierten horizontalen Beziehungen auf der (inter)kommunalen Ebene. Frankreich und die Niederlande entwickeln sich in den 80er Jahren von zentralistischen zu stärker dezentralisierten Einheitsstaaten. Gleichzeitig bewegen sie sich von traditionell stark integrierten horizontalen Beziehungen hin zu einer unklarer definierten Situation zwischen umfassend zuständigen regionalen und kommunalen Gebietskörperschaften einerseits und den auf denselben Ebenen operierenden Durchführungsorganen nationaler Behörden andererseits.

3.4 Das Steuer- und Finanzsystem – Reflex der Beziehungen zwischen Nationalregierung und nachgeordneten Gebietskörperschaften

Der zentralistische Charakter des niederländischen Verwaltungssystems kommt insbesondere im Steuersystem zum Ausdruck. Die nationale Ebene ist hier entscheidend, während Provinzen und Kommunen nur über eine sehr begrenzte Steuerhoheit verfügen. In dieser Hinsicht lassen sich die Niederlande als ausgeprägt zentralistisches Regime mit einem grundsätzlich dezentralisierten Verwaltungssystem bezeichnen. Dies kommt insbesondere in den finanziellen Beziehungen zwischen der nationalen Regierung und den subnationalen Gebietskörperschaften zum Ausdruck. Auf dies beziehen sich auch die Tabellen 1 und 2, wobei die Daten der Niederlande in einen europäischen Kontext eingeordnet werden. In Tabelle 1 werden die prozentualen Anteile von kommunalen Einnahmen am Bruttoinlandsprodukt verschiedener westeuropäischer Länder verglichen; dabei nehmen die Niederlande eine Position im Mittelfeld ein.

Tabelle 2 stellt die Zusammensetzung der Gemeindeeinkommen verschiedener westeuropäischer Länder – differenziert nach unterschiedlichen Quellen – dar. Hier wird die besondere Position der Niederlande im Vergleich mit den meisten anderen Staaten mehr als deutlich.

Die finanziellen Beziehungen zwischen Zentralstaat und Gemeinden werden bei Betrachtung der drei Haupteinnahmequellen der Kommunen deutlich[13]:

- Kommunale Steuern, Abgaben und Gebühren

  Kommunale Steuern, Abgaben und Gebühren stellten im 19. Jahrhundert den Löwenanteil am Gemeindeeinkommen, im Laufe des 20. Jahrhunderts wurde ihre Bedeutung jedoch systematisch beschnitten, wobei der Tiefpunkt 1970 erreicht war. Danach stiegen die „eigenen" Gemeindeeinnahmen wieder in gewissem Umfang durch die Einführung einer Grundsteuer 1977 (sie hat inzwischen den höchsten Anteil an den Eigeneinnahmen der Kommunen). Diese führte dazu, dass der Anteil kommunaler Steuern, Abgaben und Gebühren an den Gesamteinnahmen der Gemeinden bis 1989 auf fast 10 Prozent stieg.

---

[13] Dieser Überblick über kommunale Steuern und Abgaben, zweckungebundene Zuweisungen aus dem Gemeentefonds sowie zweckgebundenen Zuweisungen aus dem staatlichen Haushalt beruht auf: *Wetenschappelijke Raad voor het Regeringsbeleid (WRR) (Wissenschaftlicher politischer Beirat der Regierung)*, Institutions and Cities. The Dutch Experience, Den Haag 1990.

Tabelle 1: Kommunale Einnahmen im Verhältnis zum Bruttoinlandsprodukt in europäischen Ländern (1981, 1985 und 1987), in Prozent*

Staat	1981	1985	1987
Österreich	6,7	6,6	6,7
Belgien	4,7	5,0	–
Dänemark	31,0	29,8	27,6
Frankreich	5,8	–	–
Bundesrepublik Deutschland	5,6	5,3	5,2
Griechenland	1,7	1,7	3,1
Irland	4,5	5,1	4,8
Italien	5,9	4,1	–
Luxemburg	6,6	4,6	3,3[1]
Niederlande	11,3	12,4	11,8
Norwegen	15,2	14,0	19,0
Portugal	3,0	2,4	2,6
Spanien	2,7	5,2	5,0
Schweden	22,8	20,9	20,9
Schweiz	7,0	6,8	7,0[1]
Vereinigtes Königreich[2]	10,5[3]	9,7[4]	9,6[5]

*Quelle: *Council of Europe*, Types of financial control exercised by central or regional government over local governments. Study Series Local and Regional Authorities in Europe Nr. 45, Straßburg 1990, S. 40-44, zit. nach: Netherlands Scientific Council for Government Policy, Institutions and Cities, The Hague 1990, S.159.

[1] Daten für 1986.
[2] Ohne Nordirland.
[3] Daten für 1981/82.
[4] Daten für 1985/86.
[5] Daten für 1987/88.

Tabelle 2: Zusammensetzung der kommunalen Einnahmen in europäischen Ländern nach Herkunft (1981 und 1985), in Prozent der Gesamteinnahmen*

Staat	Kommunale Steuern und Gebühren		Allgemeine Zuschüsse		Zweck- gebundene Zuschüsse		Zuschüsse zum Investitions- haushalt	
	1981	1985	1981	1985	1981	1985	1981	1985
Österreich	78,4	65,6	–	–	15,1	18,0	6,5	6,4
Belgien	40,7	42,0	33,7	30,0	18,3	22,0	7,3	6,0
Dänemark	44,0	46,6	17,7	10,7	38,1	42,6	0,2	0,0
Frankreich	53,0	–	25,2	–	14,2	–	7,6	–
Bundesrepublik Deutschland	53,4	57,4	24,1	23,8	10,0	9,0	12,5	9,8
Griechenland	36,3	29,5	22,9	19,8	7,4	12,2	33,4	38,5
Irland	20,5	16,1	38,9	34,1	28,4	35,0	12,2	14,8
Italien	5,3	16,2	69,9	60,6	–	1,7	24,8	21,5
Luxemburg	85,2	84,4	2,2	1,4	1,5	1,7	11,1	12,5
Niederlande	5,8	5,2	28,9	23,0	62,2[1]	54,4	3,1[1]	17,5
Norwegen	58,9	48,7	23,9	43,6	15,6	6,3	1,4	1,4
Portugal	18,9	21,8	76,7	75,0	–	–	4,4	3,2
Spanien	61,2	72,2	29,9	19,9	1,3	1,8	7,6	6,1
Schweden	66,6	68,1	8,5	6,1	23,6	24,9	1,3	0,9
Schweiz	88,4	–	5,0	–	6,6	–	–	–
Vereinigtes Königreich	39,9	39,8	41,6	34,1	17,1	24,9	2,0	1,2

*Quelle: *Council of Europe*, zit. nach: Netherlands Scientific Council for Government Policy, Institutions and cities, The Hague 1990, S. 160.

1 Darlehen nach dem Wohnungsbauförderungsgesetz wurden für 1981 unter zweckgebundenen Zuweisungen und für 1985 unter Zuschüssen zum Investitionshaushalt geführt.

■ Zweckungebundene Zuweisungen aus dem Gemeindefonds (Gemeentefonds)

Der im Jahr 1929 eingerichtete Gemeentefonds war ursprünglich als Ausgleichsfonds konzipiert worden, um Mehrbelastungen einzelner Städte und Gemeinden unterschiedlicher Größe zu kompensieren. Dies gilt z.B. für Universitätsstädte, Städte mit besonders hohem Ausländeranteil oder Gemeinden mit besonderen Umweltproblemen (etwa in Bergbaurevieren). In den letzten Jahrzehnten stiegen die zweckungebundenen Zuweisungen spürbar rascher als die „eigenen Einnahmen" der Kommunen, blieben aber immer noch deutlich hinter der Summe der zweckgebundenen Zuweisungen zurück. Nach 1986 erhöhte sich der relative Anteil der zweckungebundenen Zuweisungen allerdings (auf über 27 Prozent im Jahr 1989).

■ Zweckgebundene Zuweisungen aus dem staatlichen Haushalt

Entscheidendes Merkmal der zweckgebundenen Zuweisungen ist, dass die Zentralregierung nicht nur deren Höhe festlegt, sondern auch deren Verwendungszweck bestimmt. Als diese zweckgebundenen Zuweisungen 1960 zum ersten Mal systematisch erfasst wurden, stellten sie bereits die Haupteinnahmequelle der Kommunen dar. Ihr Anteil am Gemeindeeinkommen stieg bis 1984 auf über 70 Prozent und fiel seitdem auf gegenwärtig rund 63 Prozent zurück[14].

Nach den beiden Ölkrisen der 70er Jahre trat eine schwere wirtschaftliche Rezession ein, die mit einer hohen Arbeitslosenquote einherging. Aufgrund des großen vom Erdgasvorkommen stammenden Reichtums sahen sich die Niederlande allerdings nicht gezwungen, eine rechtzeitige Korrektur ihres üppigen Wohlfahrtssystems vorzunehmen. International sprach man von der „holländischen Krankheit". In den 80er Jahren modifizierten die Gewerkschaften jedoch ihren Standpunkt und entwickelten ein Bewusstsein für die Verletzbarkeit der Wirtschaft und die damit verbundenen Gefahren für den Arbeitsmarkt. Dies führte zu einem 1982 geschlossenen Abkommen mit den Arbeitgebern, dem so genannten Accord van Wassenaar. Dies war aus heutiger Sicht die Wiederbelebung der niederländischen Kon-

---

[14] Ebenda, S. 146 f. In diesem Zusammenhang erscheint es sinnvoll, auf die Änderungsvorschläge hinzuweisen, die 1986 vom Rat für kommunale Finanzen (Raad voor de Gemeentefinanciën, heute: Raad voor de Bestuurlijke en Financiële Verhoudingen) vorgelegt wurden: (1) Aufstockung des Gemeindefonds und langfristige Gewährleistung eines festen Einnahmeanteils aus diesem Fonds für die Finanzierung allgemeiner Aufgaben; (2) radikale Reduzierung der Vielzahl zweckgebundener und von den verschiedenen Ressorts der Regierung ausgehender Zuweisungen, um die damit verbundene extreme Einengung des kommunalpolitischen Entscheidungsspielraums zu lockern; (3) Erhöhung der kommunalen Steuereinnahmen. Bevorzugte Lösung im Rahmen des unitären niederländischen Systems ist ein Finanzausgleich zwischen den verschiedenen Gebietskörperschaften. Daher schlägt der Rat vor, für die Kommunalverwaltungen bestimmte Ergänzungsabgaben auf die staatliche Lohn- und Einkommensteuer zu erheben. Im zentralistischen Klima des niederländischen Verwaltungssystems wurde allerdings keiner dieser Vorschläge in die Realität umgesetzt. Stattdessen hat man den Verteilungsschlüssel der Zuwendungen aus dem Gemeindefonds in den 90er Jahren verändert und dabei in gewissem Maße die größeren Städte bevorzugt, die besondere soziale und wirtschaftliche Lasten zu tragen haben.

senstradition, die in Kapitel II. 3.2 unter dem Stichwort „Poldermodell" beschrieben wurde. Gestützt auf dieses Verhalten der Sozialpartner konnte die Regierung Lubbers in drei aufeinanderfolgenden Legislaturperioden (1982-1994) eine rigorose Sparpolitik verwirklichen. Dies führte in den 80er Jahren zu einer deutlichen Reduzierung öffentlicher Leistungen sowie zu finanziellen und wirtschaftlichen Kürzungen und war auch der Auftakt für eine Reform des Verwaltungssystems (siehe Kapitel III. 1).

Die Senkung der Staatsquote wurde besonders auf der kommunalen Ebene spürbar, und zwar durch empfindliche Kürzungen bei den zweckfreien und -gebundenen Zuweisungen aus dem vertikalen Finanzausgleich. Der Sparbeitrag der Städte und Gemeinden zur Steuerreform war ungleich größer als der der Zentralregierung und der Provinzregierungen. Paradoxerweise führten diese erzwungene Reorganisierung und Beschneidung der Kommunalverwaltung dazu, dass viele niederländische Kommunen in den 80er und 90er Jahren kreative und vorausschauende Reformansätze entwickelten. Berühmte Beispiele hierfür sind Tilburg, Groningen und Delft. In diesem innovativen und von Unternehmergeist geprägten Klima wurde die strukturelle Unterordnung der Städte und Provinzen unter die mächtigen Koalitionen von organisierten Interessenverbänden und Zentralregierung (die alle Fragen unter sich aushandelten) deutlicher als je zuvor. Die Verwaltungs- und Finanzreformen der 80er Jahre haben an diesen typischen Abhängigkeiten letztlich nicht viel geändert.

4. Maßgebliche Trends in der intraregionalen Zusammenarbeit seit den 50er Jahren

Die Grundform intraregionaler Zusammenarbeit in den Niederlanden sind interkommunale Zweckverbände auf der Grundlage (im Prinzip) freiwilliger Vereinbarungen zwischen Gemeinden, häufig zwischen einer Kernstadt und ihren Umlandgemeinden. Diese Grundform freiwilliger Zusammenarbeit zwischen Kommunen wurde ursprünglich im Gemeindegesetz (Gemeentewet) von 1931 geregelt. 1950 wurde diese Kooperationsform auch auf die Provinzen ausgeweitet und durch ein Gesetz über die Regelung der Zusammenarbeit nachgeordneter Gebietskörperschaften (Wet Gemeenschappelijke Regelingen, 1950) definiert. Solche Zweckverbände konzentrieren sich auf bestimmte Aufgaben und Leistungen, wie z.B. Müllverbrennung, Wasseraufbereitung, Erholungseinrichtungen oder Rettungsdienste.

Seit dem Beginn des Jahrhunderts kam es mehr als einmal zu Vorschlägen, das Verwaltungssystem in Anbetracht des rasanten und stetigen Wachstums der großen

Städte anzupassen. Im Jahr 1974 enthielt vor allem ein vom Ministerium für Wohnungsbau, Raumordnung und Umweltfragen unterstütztes Memorandum zur Reform des nationalen Verwaltungssystems Plädoyers für eine grundsätzliche Neuordnung der Pflichten und Kompetenzen auf allen Ebenen der Verwaltung. Hierfür hätte das gesamte Land in 44 territoriale Verwaltungseinheiten mit umfassenden Kompetenzen auf subregionaler Ebene unterteilt werden sollen – so genannte Gewesten oder „Regierungsbezirke". Die Ähnlichkeit mit der Verwaltungsreform in Großbritannien und den dortigen Districts ist augenfällig. Später wurde dieser Vorschlag von 1974 modifiziert, und statt der 44 Gewesten sollten nun zunächst 26, dann 24 regionale Verwaltungseinheiten eingerichtet werden (Kreukels und Wilmer, 1990). Anders als in einigen anderen westeuropäischen Staaten fanden diese Vorschläge aus den 70er Jahren in den Niederlanden aber schließlich nicht genügend Unterstützung und teilten damit das Schicksal der Reformvorschläge aus der Zeit vor dem Zweiten Weltkrieg.

In den 80er Jahren setzte das Ministerium des Innern wieder verstärkt auf das Instrument der Zweckverbände, um auf diesem Wege, wie vor den 70er Jahren, interkommunale Beziehungen und Koordinierung im regionalen Kontext zu fördern. Hierfür wurde das Gesetz über die Regelung der Zusammenarbeit subnationaler Gebietskörperschaften von 1950 im Jahre 1984 novelliert und erweitert (Wet Gemeenschappelijke Regelingen, 1984). Nun bestand der Ehrgeiz darin, diese Vereinbarungen stärker zu standardisieren und zu vereinheitlichen, um die enorme Fragmentierung in eine Vielzahl separater Zweckverbände mit jeweils eigenen Zuständigkeiten und Gebietsgrenzen einzudämmen. Dies führte zur Einrichtung der so genannten übergreifenden Kooperationsgebiete (Samenwerkingsgebieden – vgl. Kapitel II. 1.5 und Abbildung 2). Nunmehr hatten die Provinzen zu überprüfen, ob neue Zweckverbände dem Zuschnitt dieser Kooperationsgebiete und dem Konzept der funktionalen Dezentralisierung entsprachen, bevor sie deren Einrichtung zustimmten. Damit versuchte das Ministerium des Innern, den Flickenteppich separater Zweckverbände in klarere Strukturen zu überführen. In der Praxis war diesem Versuch der Strukturierung und Integration kein Erfolg beschieden, unter anderem auch deshalb, weil die Provinzen gegenüber den Gemeinden nicht nachdrücklich genug auf Standardisierung und Einheitlichkeit von Kooperationsansätzen bestanden.

Seit dem Zweiten Weltkrieg gibt es auch noch einen anderen Ansatz, mit dem den zunehmenden interkommunalen Wechselbeziehungen, insbesondere zwischen Kernstädten und ihrem Umland, Rechnung getragen wird: Zusammenschluss oder Eingemeindung von Kommunen. Dadurch soll die Zahl der Gemeinden zugunsten größerer Einheiten verringert werden. In der Nachkriegszeit wurde auf diesem Wege die Zahl der Gemeinden von zunächst fast 900 auf heute 538 reduziert. Die großen Städte Amsterdam und Rotterdam haben ihr Gebiet in diesem Jahrhundert durch völlige oder partielle Eingemeindung umliegender Kommunen erheblich vergrößert. Den Haag und Utrecht dagegen haben keine ähnlich systematische Erweiterung ihrer Gemeindegrenzen erlebt, von einer bedeutenden Eingemeindung nach dem Zweiten Weltkrieg im Falle Utrechts einmal abgesehen. Beide Städte leiden daher – im Vergleich zu Amsterdam und Rotterdam – heute unter ungenügenden Entwicklungs- und Wachstumsmöglichkeiten innerhalb ihrer Grenzen. Neben den Eingemeindungen und Grenzberichtigungen im Falle großer Städte wie Amsterdam und Rotterdam begann das Ministerium des Innern ab den 60er Jahren mit systematischen Strategien zur Reduzierung der Zahl sehr kleiner Gemeinden, insbesondere in überwiegend ländlichen Provinzen. In der Provinz Limburg und in jüngerer Zeit auch in Noord-Brabant, Zeeland, Drenthe und Overijssel wurde auf diesem Wege die Zahl kleiner Gemeinden durch Zusammenlegung zu größeren Kommunen deutlich verringert. Diese Zusammenschlüsse und Eingemeindungen beruhen jeweils auf Spezialgesetzen der Zentralregierung; die Verfahrensgrundlagen sind im Rahmengesetz zur Neugliederung der Gemeinden niedergelegt, dem Wet Algemene Regels Herindeling von 1984 (1991 novelliert, nunmehr Wet Algemene Regels Gemeentelijke Indeling). Das Ministerium des Innern ist bei dieser Neugliederung federführend, aber auch die Provinzregierungen spielen eine wichtige Rolle bei der Vorbereitung und Beantragung solcher Zusammenschlüsse oder Eingemeindungen. Der Einfluss der Zentralregierung (das heißt die Rolle des Innenministeriums) wurde 1991 durch die Novellierung des Gesetzes zur Neugliederung der Gemeinden auf Kosten der Provinzen weiter gestärkt.

Im Gegensatz zu anderen europäischen Staaten wurde in den Niederlanden nicht der Weg zu einer differenzierteren Verwaltungsstruktur eingeschlagen, z.B. durch besondere regionale Verwaltungseinheiten für die großen Ballungsräume. Von dieser Regel gibt es allerdings zwei Ausnahmen. Durch Sondergesetze wurden besondere Verwaltungsstrukturen für den Verdichtungsraum Rotterdam, also die Rheinmündungsregion (1964) und den Großraum Eindhoven (1976), geschaffen. Beide wurden jedoch 1986 bzw. 1985 in einem Klima der Sparpolitik und im Zuge des Abbaus eines überdimensionierten öffentlichen Sektors wieder abgeschafft. So blieben die Niederlande ihrem unitären und einheitlichen System treu.

III. Intraregionale Kooperation – die Ansätze und ihre wichtigsten Elemente und Merkmale

1. Das politische Umfeld für innovative kommunale Strategien

Zunächst müssen wir feststellen, dass es in den Niederlanden nur geringfügige Unterschiede zwischen den Verwaltungs- und Finanzstrategien der Gemeinden gibt. Neben der Einheitlichkeit niederländischer Kommunen wurde hierfür bereits als weiterer Grund die starke Zentralisierung des Landes genannt. Dieses zentralisierte System grenzt die Entscheidungsspielräume auf kommunaler und regionaler Ebene erheblich ein. Dennoch gab es in den 80er und 90er Jahren gleichzeitig neue Anstöße in Richtung Dezentralisierung, und zwar im Zusammenhang mit der staatlichen Sparpolitik, die die Zentralregierung zur Kürzung ihrer finanziellen Ausgaben zwang. Deshalb wurden eine Reihe von Aufgaben auf die Provinzen (Natur- und Landschaftsschutz) und Gemeinden (insbesondere sozial- und wohnungspolitische Aufgaben) übertragen. Mit dieser Delegation von Verantwortung an nachgeordnete Verwaltungsebenen ging allerdings nicht immer die notwendige finanzielle Ausstattung einher.

1.1. Staatliche Sparpolitik

Die fiskalisch orientierte Sparpolitik der 80er Jahre zwang die Kommunen, das Beste aus dieser neuen Situation zu machen. Wie bereits erwähnt, war ein Nebeneffekt die Entwicklung einer zunehmend unternehmerischen und proaktiven Einstellung bei den Kommunalverwaltungen. Damit verstärkten sich die Unterschiede zwischen einzelnen Gemeinden im Hinblick auf ihre Innovations- und Investitionsstrategien. Inzwischen gibt es unter den niederländischen Städten wahre Champions in Fragen erfolgreicher kommunaler Verwaltung und Finanzpolitik wie Delft, Groningen und Tilburg. Das Tilburger Modell für innovative Verwaltungs- und Finanzpolitik erweckte sogar Aufmerksamkeit im Ausland.

Generell begannen die Gemeinden unter dem Druck der wirtschaftlichen, von den späten 70er bis in die frühen 90er Jahre anhaltenden Rezession Ende der 80er Jahre mit gezielten Maßnahmen zur wirtschaftlichen Revitalisierung. Diese betrafen meistens Investitionen in Liegenschaften und Infrastruktureinrichtungen und weniger die Förderung spezifischer Bereiche der örtlichen Wirtschaft. Nach einer langen, dem allgemeinen politischen Klima des Wohlfahrtsstaates entsprechenden Phase schwerpunktmäßiger Investitionen im Sozialbereich bedeutete dies eine erhebliche Umstellung. Gleichzeitig bemühte man sich jedoch auf kommunaler Ebene weiterhin, den Anstieg der Arbeitslosigkeit und den sozialen Abstieg einkommensschwacher Bevölkerungsgruppen politisch aufzuhalten, und zwar in höherem Maße als die Zentralregierung mit ihren fiskalischen und administrativen Reformen der 80er und 90er Jahre.

Mit dieser Schwerpunktverschiebung auf wirtschaftliche Probleme werden die Optionen der Gemeinden in Bezug auf die politische Zusammensetzung ihrer Entscheidungsorgane zunehmend geringer. Die Nationalregierung wird derzeit in den Niederlanden erstmalig von einer Koalition aus rechten und linken Parteien gestellt (in den Niederlanden spricht man von der „rosa Koalition", nach dem Mischton aus Rot und Weiß), aber auf kommunaler Ebene kennt man dieses für die nationale Ebene außergewöhnliche Phänomen schon länger, so z.B. in der langjährigen sozialdemokratischen Hochburg Amsterdam. Die Amsterdamer Erfahrungen halfen, den Weg zu ebnen für die neue breite Koalition auf nationaler Ebene von sozialdemokratischer Partei der Arbeit (PvdA), Liberalen und Zentrumsdemokraten (Regierung Kok, 1994-1998).

Die Neudefinition der Kommunalpolitik im Verhältnis zu anderen Verwaltungsebenen (Provinzen und Zentralregierung) verschiebt sich schrittweise von einer „Sparpolitik" in Richtung „politische Innovation". Zunächst verfolgten die niederländischen Kommunen ab den 80er Jahren vorrangig eine Strategie der Kosteneinsparung durch Verschiebung von Maßnahmen und Kürzung von Investitionsausgaben. Nach einer Anfangsphase (1980-1989), in der die Schaffung einer gesunden finanziellen Basis höchste Priorität genoss, lässt sich von den frühen 90er Jahren an eine Verschiebung hin zu zukunftsorientierten Investitionen beobachten. Gestützt wurde diese Entwicklung durch einen erneuten, soliden volkswirtschaftlichen Aufschwung. Für die kommunale Sparpolitik sind daher folgende drei Entwicklungsetappen charakteristisch:

- Ausgabenkürzungen in spezifischen Politikfeldern (vor allem in den als am unwichtigsten geltenden wie Kultur, Kunst und Freizeit);

- allgemeinere Ansätze zur Entlastung der kommunalen Haushalte (durch Effizienzsteigerung, Vorruhestandsregelungen, Arbeitszeitverkürzung und Auslagerung von Dienstleistungen);

- Entwicklung kreativer Finanzierungsinstrumente (wie z.B. Investitionen durch Public Private Partnerships, Darlehen und Leasingmodelle).

Aufgrund des zentralisierten Verwaltungs- und Finanzsystems gibt es für die niederländischen Kommunen nur geringen Spielraum auf der Einnahmenseite. Folglich musste man neben den üblichen, auf Umorganisation setzenden Maßnahmen zur Haushaltskonsolidierung nach anderen Finanzierungsquellen suchen, und zwar insbesondere durch vertragliche Vereinbarungen mit der Privatwirtschaft. Die ersten Kürzungs- und Anpassungsmaßnahmen der Jahre 1980-1989 können also als Initialzündungen für die spätere Phase unternehmerisch orientierter Kommunalpolitik betrachtet werden.

Die großen und mittleren Städte leisteten dabei die Pionierarbeit. Unter der Oberfläche neuer Initiativen und Projekte lässt sich eine allmähliche Umstrukturierung kommunalpolitischer Mechanismen erkennen. Diese verschieben sich in Richtung eines stärker gemischten, öffentlich-privatwirtschaftlichen Systems mit dem Schwerpunkt auf wirtschaftlicher, technologischer, ökologischer und kultureller Innovation. Das traditionelle System sozialer Sicherheit wurde dabei ebenso wie die Sozialpolitik beibehalten, wenn auch in angepasster und reduzierter Form. Bei diesem Übergang hin zu einem flexibleren, einfacher strukturierten und weniger umfangreichen öffentlichen Sektor auf kommunaler Ebene spielen aktuelle Rahmenbedingungen und Anforderungen eine besondere Rolle: Hierzu zählen die neuen Technologien, die Bedeutung internationaler Wirtschaftsbeziehungen, die Auswirkungen sozialer und kultureller Segmentierung auf lokaler und regionaler Ebene, demographische Veränderungen (z.B. Veränderungen der Alterspyramide der Bevölkerung) sowie eine relativ hohe Arbeitslosigkeit, vor allem bei ungelernten und ausländischen Arbeitskräften.

In der aktuellen niederländischen Debatte wird diese Absicht, ein angemessenes Gleichgewicht zwischen den neuen Anforderungen wirtschaftlicher, technologischer und kultureller Innovation und einem elementaren Wohlfahrtssystem zu finden, deutlich. Was aber die Möglichkeiten für größere kommunale Unabhängigkeit und geringere administrative und finanzielle Zentralisierung betrifft, so besteht immer noch eine große Lücke zwischen der aktuellen Einstellung der Kommunalpolitik auf der einen Seite und der Zentralregierung sowie den nationalen Organen der politischen Parteien und den organisierten Interessenverbänden auf der anderen Seite. Während die Akteure der nationalen Ebene deutlich davor zurückscheuen, den Kommunen mehr Autonomie zu gewähren, suchen Kommunalpolitiker und kommunale Verwaltungen auf kreative Weise nach neuen Wegen zur Erweiterung ihrer Chancen und Möglichkeiten. Dies geschieht gegenwärtig durch das Knüpfen neuer Beziehungen zum privaten Sektor auf kommunaler Ebene und durch Verwaltungsvereinbarungen der Kommunen oder Provinzen mit der Zentralregierung.

1.2 Relevanzgewinn privater Akteure

Sobald der private Sektor anfängt, eine größere Rolle in der Kommunalpolitik zu spielen, geht der Einfluss der Zentralregierung partiell zurück, was eine relative Autonomie von Kommunal- und Regionalverwaltungen mit sich bringt. Die gelegentlich geübte Praxis von Gewerkschaften und Arbeitgeberverbänden, auf lokaler und regionaler Ebene miteinander zu verhandeln, unterstützt diese Entwicklung. Hierzu muß man wissen, dass z.B. Tarifverhandlungen für die Angestellten von Kommunalverwaltungen in den Niederlanden nicht Aufgabe der Kommunen, sondern der Zentralregierung sind. Dies gilt für alle Tarifverträge im öffentlichen Dienst. Auch bei den ersten Bemühungen zur administrativen Dezentralisierung wie den zweckungebundenen Zuweisungen im Rahmen der Stadterneuerung spielte die Zentralregierung die entscheidende Rolle. Man darf nicht vergessen, dass die Zentralregierung letztlich alle anderen Verwaltungsebenen kontrolliert und indirekt, durch ihre zentralstaatliche Steuerpolitik und Gesetzgebung, auch den gesamten niederländischen Privatsektor beeinflusst.

Gleichzeitig gab es zweifellos Veränderungen im Hinblick auf die strategische Autonomie von einzelnen auf lokaler und regionaler Ebene tätigen Interessengruppen, Funktionären oder Verwaltungsbeamten gegenüber der kommunalen und staatlichen Verwaltung als Ganzes. Ein wichtiges Merkmal der gegenwärtigen strukturellen Veränderung ist – in Bezug auf strategische Autonomie – die stärkere Position der Wirtschaft gegenüber der Sozialpolitik und sozialen Sicherheitsleistungen. Wirtschaftlichen Prinzipien und Aktivitäten kommt derzeit innerhalb des Verwaltungssystems eine vorteilhafte Position zu: Wirtschaftsunternehmen genießen größeren strategischen Entscheidungsspielraum als die Organisationen und Verbände der Sozialpolitik und erhalten deutlich mehr Fördermittel der öffentlichen Hand als in der jüngeren Vergangenheit. In diesem Bereich gibt es eine ganze Palette von Experimenten und Versuchsprojekten, wie z.B. die Gründung öffentlich geförderter Entwicklungsgesellschaften (Ontwikkelingsmaatschappijen). Gleichwohl setzen die aktuelle Steuerpolitik und Verwaltungsrichtlinien einem kreativeren Einsatz solcher finanziellen Initiativen (bei Wahrung des öffentlichen Interesses) enge Grenzen.

Schließlich ist anzumerken, dass es in den Kommunalverwaltungen oft an ausreichendem Finanz- und Management-Know-how oder an einschlägigen Kompetenzen mangelt. Erst jetzt, nach einer Reihe erfolgloser und halbherziger Versuche, gründen Kommunen echte Public Private Partnerships, um Projekte zu finanzieren und das erforderliche Know-how zu erhalten. Folgeprojekte profitieren dann von den Erfahrungen mit diesen Partnerschaften. Die ersten echten Versuche in dieser Richtung zeigen deutlich, dass in den Kommunalverwaltungen gravierende Informationsdefizite im Hinblick auf marktorientiertes Vorgehen bestehen. Kooperationsvorhaben mit privatwirtschaftlichen Akteuren im lokalen und regionalen Zusammenhang könnten jedoch indirekt eine Stärkung der Kommunal- und Regionalpolitik gegenüber der nationalen Ebene bewirken. Man kann damit rechnen, dass sich aus diesem Wandel des Verhältnisses zwischen privaten Akteuren und öffentlichen Funktionsträgern erhebliche Veränderungen ergeben, und zwar sowohl zwischen den genannten Gruppen als auch zwischen kommunaler und nationaler Verwaltung. Dies begünstigt langfristig eine größere lokale Autonomie[15].

1.3 Dezentralisierung einzelner Politikfelder

Will man die relative und strategische Autonomie der lokalen gegenüber der nationalen Ebene untersuchen, sollte man sinnvollerweise zwischen einzelnen Politikfeldern unterscheiden. Auch wenn die Umstrukturierung zugunsten kommunaler Verwaltungen oft nur marginal ist, erweisen sich einige Politikbereiche als fortschrittlicher als andere. Am stärksten zentralisiert ist momentan immer noch der Bildungsbereich, obwohl auch hier Ansätze zur Dezentralisierung eingeleitet wurden. Die Gemeinden bleiben jedoch im Allgemeinen auf die Rolle reiner Durchführungsorgane nationaler Politiken reduziert. In geringerem Maße gilt dies auch für das Gesundheitswesen. Allerdings ermöglichen einige Umstellungen, Angebot und Nachfrage im lokalen und regionalen Zusammenhang besser aufeinander abzustimmen. Auch das soziale Sicherungssystem zählt im internationalen Vergleich zu den am stärksten zentralisierten Bereichen. Auch hier fungieren die Kommunen als Vollzugsorgane der nationalen Politik. Allerdings führte die ausgeprägte Ballung von Problemen, vor allem in großen Städten, in geringerem Umfang auch in Städten mittlerer Größe, zu besonderen Vereinbarungen zwischen der Zentralregierung und einer Reihe von Kommunen. Dies bewirkte wiederum, dass das Amt eines Staatssekretärs für großstädtische Belange geschaffen und inzwischen in ein reguläres Ministeramt umgewandelt wurde (Minister voor het Grote Stedenbeleid). Gleichzeitig kommt in den oben genannten Vereinbarungen die wachsende Bedeutung der Städte im Bereich von Beschäftigungs- und sozialen Sicherungsprogrammen zum Ausdruck. Was schließlich das weite Feld der Stadtplanung betrifft, so tragen zwar die Kommunen die Hauptverantwortung für strategische Projekte, aber das nationale Ministerium für Wohnungsbau, Raumordnung und Umweltschutz behält durch Festlegung der Rahmenbedingungen sowie finanzielle Steuerung auch weiterhin erheblichen Einfluss. Diese dominante Rolle der Zentralregierung zeigt sich in den Programmen zur Revitalisierung des Kop van Zuid in Rotterdam, der Innenstadtrandgebiete von Den Haag und des Bahnhofsviertels in Utrecht. Dies

---

[15] Dieser Teil wurde übernommen aus: *Anton Kreukels und Tejo Spit*, Fiscal Retrenchment and the Relationship between National Government and Local Administration in the Netherlands, in: Susan F. Clarke (Hrsg.), Urban Innovation and Autonomy. Political Implications of Policy Change, Urban Innovation Series, Vol. 1, Newbury Park, London, New Delhi 1989, S. 153 ff.

gilt auch für die Neubausiedlungen am Rande der großen Städte unter dem so genannten VINEX-Programm und die Infrastrukturprogramme für den Flughafen Amsterdam und den Seehafen Rotterdam.

Zwei Politikbereiche gelten als Versuchslabors der Verwaltungsdezentralisierung in den Niederlanden: Stadterneuerung und Wohnungsbau, insbesondere öffentlich geförderter Wohnungsbau. In beiden Bereichen wurden Finanzierungs- und Verfahrensansätze entwickelt, die den Städten viel Entscheidungsspielraum im Rahmen eines breit angelegten Förderprogramms lassen. Aber auch hier werden die strategischen Weichenstellungen auf nationaler Ebene vorgenommen. Insgesamt gibt es im niederländischen System also nach wie vor große Zurückhaltung, lokale und regionale Autonomie zu gewähren. Die genannten Beispiele von Dezentralisierung stehen deshalb nicht für eine generelle Übertragung strategischer Entscheidungs- oder Steuerungsmöglichkeiten in Personal- oder Finanzfragen auf die lokale oder regionale Ebene. Subnationale Gebietskörperschaften haben allerdings größere Entscheidungsfreiheit als zuvor im Hinblick auf die Zu- und Verteilung von Grundversorgungseinrichtungen.

2. Vorschläge und Ansätze zur intraregionalen Kooperation in den 80er und 90er Jahren

2.1 Einrichtung neuer Großkommunen

Der Druck zur Schaffung effektiverer Verwaltungen für die Stadtregionen nahm zu, als in den 80er Jahren insbesondere in Amsterdam, Rotterdam, Den Haag und Utrecht Arbeitslosenzahlen und Sozialhilfebedarf stiegen, während das ökonomische Profil dieser Regionen gleichzeitig schlecht war.

Die Zentralregierung richtete seinerzeit einen Ausschuss ein, der die Situation analysieren und Empfehlungen ausarbeiten sollte. Dieser Ausschuss (die so genannte Comissie Montijn, benannt nach ihrem Vorsitzenden, einem ehemaligen Industriekapitän der Shell-Gruppe) sprach sich 1989 dafür aus, den administrativen Zuschnitt der Gemeindegebiete von Amsterdam, Rotterdam, Den Haag und Utrecht den Grenzen der jeweiligen Verdichtungsräume anzupassen[16]. Diese Empfehlung sah die Schaffung neuer Kommunen vor: Groß-Amsterdam, Groß-Rotterdam,

---

[16] Siehe den Ausschussbericht: *Ministerie van Binnenlandse Zaken (Ministerium des Innern), Grote Steden, Grote Kansen, Rapport van de Externe Commissie Grote Stedenbeleid,* 's-Gravenhage (Den Haag) 1989. Der Autor war Mitglied dieses Ausschusses.

Groß-Den Haag, Groß-Utrecht. Innerhalb ihrer Grenzen sollten kleinere Gemeinden auf Stadtbezirksebene eingerichtet werden. Die übergreifende „Superkommune" sollte allerdings auf der kommunalen Ebene als einschichtige Verwaltung die beherrschende Rolle im Zuständigkeitsbereich der jeweiligen Provinzregierung spielen. Mit diesem Großkommunenmodell hob sich der Montijn-Ausschuss deutlich von dem später in die Diskussion eingeführten Konzept der Stadtprovinzen ab, das weiter unten erläutert wird. Beobachter und Kenner des Innenministeriums bezweifelten allerdings seinerzeit, dass die Empfehlungen des Montijn-Ausschusses genügend Unterstützung finden würden. Auch wenn der Vorschlag für eine Neugliederung der Gemeinden einen transparenten und effizienten Ansatz darstellte, war dies in politischer Hinsicht ein radikaler Vorschlag, hätte er doch die Auflösung einer ganzen Reihe von Umlandgemeinden zugunsten der Kernstädte Amsterdam, Rotterdam, Den Haag und Utrecht bedeutet. Gewicht und Einfluss dieser umliegenden Gemeinden innerhalb der wichtigsten politischen Parteien erwiesen sich aber erneut als beträchtlich – wie dies auch bereits bei früheren Verwaltungsreformversuchen in verstädterten Gebieten deutlich geworden war. Außerdem hatte eine Verwaltungsreform zugunsten einer besseren Koordination in verstädterten Verdichtungsräumen nicht die Qualität eines Kernthemas, die erforderlich gewesen wäre, um für eine derartige Strategie realistische Durchsetzungschancen zu eröffnen. Vor diesem Hintergrund verzichtete das Ministerium – wie erwartet – auf die Umsetzung des neuen Ansatzes.

2.2   Der Governance-Ansatz

Kurze Zeit später, im Jahre 1990, erstellte der Wetenschappelijke Raad voor het Regeringsbeleid (ein wissenschaftlicher Beirat und Think Tank der Zentralregierung) im Auftrag der Regierung einen Bericht über die vier großen Ballungsräume unter dem Titel „Institutions and Cities. The Dutch Experience". Dieser Bericht plädierte für einen Governance-Ansatz anstelle einer neuen Verwaltungsebene für diese Stadtregionen. Kerngedanke war die Stärkung kommunaler und regionaler Gegenmacht gegenüber der Dominanz funktionaler (dezentralisierter) staatlicher Behörden und unabhängiger halbstaatlicher Maßnahmeträger, die als Durchführungsorgane zentralstaatlicher Politik agierten. Damit wollte man den bereits bestehenden Beziehungen im subregionalen Kontext Rechnung tragen und von den Kommunal- und Provinzbehörden ausgehend neue Bezüge schaffen: Governance als ein horizontales Beziehungsgeflecht statt Schaffung einer neuen subregionalen Verwaltungs- und Regierungsebene (Government).

Deshalb sprach sich der Beirat in seinen Empfehlungen zunächst für die Beibehaltung des bestehenden dreistufigen System aus (Zentralregierung – Provinzen – Städte und Gemeinden), um darauf aufbauend Vorschläge für eine stärkere Dezentralisierung der finanziellen Beziehungen zwischen der Regierung und insbesondere den Kommunen zu entwickeln. Auf diese Weise sollte eine aktive Kommunal- und Regionalverwaltung gefördert werden, die über substanzielle Gegenmacht zur Zentralregierung verfügt[17]. Ferner empfahl der Beirat einen Zusammenschluss von Gemeinden in den Fällen, in denen das Auseinanderklaffen von städtischer Realität und administrativem Gebietszuschnitt zu ernsten funktionalen Problemen für die urbanen Kerne führte.

Dieser differenzierte und indirekte Weg zur Stärkung der nachgeordneten Verwaltungsebenen insbesondere in den großen städtischen Verdichtungsräumen stieß auf wenig Gegenliebe in den Kreisen derjenigen, die so rasch wie möglich klar umrissene neue Verwaltungssysteme für die Stadtregionen einführen wollten. Auch das Ministerium des Innern folgte den Empfehlungen des Beirates erwartungsgemäß nicht, stattdessen schloss es ein Bündnis mit einflussreichen Kommunalpolitikern und Beamten der Amsterdamer Kommunalverwaltung (zu denen der Oberbürgermeister und einige Derzernenten zählten) und setzte von 1990 an auf eine Strategie der schrittweisen Transformation der Stadtregionen von Amsterdam, Rotterdam, Den Haag und Utrecht in Richtung einer spezifischen, den Provinzen ähnlichen Form von Mittelinstanzen, so genannten Stadtprovinzen.

2.3 Die Stadtprovinzen

Mit der Option der Stadtprovinzen war den Interessen der Kommunalpolitiker und Verwaltungsspitzen der vier großen Städte am besten gedient. Diese Eliten sollten das administrative Zentrum der neuen Stadtprovinzen bilden und damit Entscheidungskompetenzen in strategischen Schlüsselfragen erhalten, die das gesamte Gebiet der Kernstadt und das der umliegenden Gemeinden betrafen. Darüber hinaus sollten diese Stadtprovinzen aus dem Zuständigkeitsbereich der zwölf bestehenden Provinzen herausgenommen und hierarchisch unmittelbar unterhalb der Zentralregierung angesiedelt werden. Die vier genannten Städte sollten damit eine administrative Aufwertung erfahren und zu den Stadtprovinzen Groß-Amsterdam, Groß-Rotterdam, Groß-Den Haag und Groß-Utrecht werden.

Die vorgeschlagene neue Struktur war zweistufig: mit einer nachgeordneten Ebene einzelner Gemeinden bzw. Stadtbezirke unterhalb der Stadtprovinzen. In diesem zweistufigen Ansatz war die Übertragung von Macht aus den Händen der einzelnen Gemeinden an die auf einer übergreifenden Ebene angesiedelten Stadtprovinzen weniger ausgeprägt als in dem einstufigen Modell der „Superkommune". Daher

---

[17] *Wetenschappelijke Raad voor het Regeringsbeleid*, Institutions and Cities. The Dutch Experience, Berichte an die Regierung Nr. 37, überarbeitete Auflage Den Haag 1990. Der Autor war Mitglied des Beirates und für die Vorbereitung des Berichts verantwortlich.

erschien die zweistufige Option als realistischere Alternative. So wurde dieser Ansatz zur Leitlinie der starken Koalition von Innenministerium und den vier großen Städten bei ihren Bemühungen um Optimierung der Verwaltungsstrukturen von Kernstädten und denen der umliegenden Gemeinden.

Der Ansatz der Stadtprovinzen weist viele Gemeinsamkeiten mit der Konstruktion der Stadtstaaten Berlin, Hamburg und Bremen im föderalen System der Bundesrepublik Deutschland auf. Die Verteilung der Macht zwischen der übergreifenden regionalen Ebene (der Stadtprovinz) und den nachgeordneten Gemeinden innerhalb dieser Stadtprovinzen ist allerdings, verglichen mit der in deutschen „Stadtstaaten", ziemlich unausgewogen. Die meisten öffentlichen Verwaltungsaufgaben sollten auf der Ebene der Gemeinden verbleiben. Nur strategische Entscheidungen wurden in die Zuständigkeit der Stadtprovinz übertragen, wie z.B. gebietsübergreifende strategische Entwicklungsplanung, Wohnungsbaukonzepte, Standortplanung für neue Gewerbeansiedlungen, Infrastruktur- und Umweltschutzkonzepte, Verteilung der Fördermittel für Wohnungsbau und spezielle Fördergebiete, Trägerschaft des regionalen ÖPNV, Zuweisung von Flächen für Funktionen von regionaler Bedeutung und koordinierte Flächennutzungsplanung samt der Erschließung strategisch wichtiger Flächen. Die Aufteilung finanzieller Zuweisungen zwischen Stadtprovinz und einzelnen Gemeinden blieb Sache der Zentralregierung und sollte nicht von den Stadtprovinzen selber beschlossen werden. Dadurch sollten die Gemeinden vor einer zu starken Dominanz der übergeordneten Stadtprovinzen geschützt werden. Aus der genannten Aufgabenliste lässt sich eine Neuaufteilung von Zuständigkeiten ablesen, die traditionell wie folgt verteilt waren: In der Verantwortung der Zentralregierung lagen regionale Verkehrsplanung, Fördermittel für die Entwicklung spezifischer Standorte und Zuteilung der Subventionen für den sozialen Wohnungsbau (teilweise); die Provinzverwaltung war zuständig für Umweltschutz und Wohnungsbauförderung (teilweise), und die Kompetenzen der Kommunen umfassten Gewerbeansiedlungskonzepte, Ausweisung von Flächen für strategische Funktionen, Flächennutzungsplanung und Erschließung strategisch wichtiger Flächen. Hinzu kommen neue Aufgaben und Zuständigkeiten wie die integrierte strategische Entwicklungsplanung (Integraal Structuurplan) für die Region, die eine verbindliche Flächenausweisung für regional strategische Funktionen innerhalb der Stadtprovinz festlegt.

Später, in den frühen 90er Jahren, erweiterte das Ministerium des Innern das Modell der Stadtprovinzen über die vier größten Städte hinaus auf die Stadtregionen von Eindhoven, Arnheim-Nijmegen und Hengelo-Enschede. Diese sieben verstädterten Gebiete sollten sich Schritt für Schritt auf der Grundlage eines Memorandums des Innenministeriums entwickeln, des so genannten BON-Memorandums. BON steht für Besturen op Niveau, was soviel bedeutet wie Höherstufung von Verwaltungsebenen. Rechtsgrundlage der schrittweise vorgesehenen Einführung neuer Stadtprovinzen war das Rahmengesetz zur Höherstufung von Verwaltungsebenen von 1994 (Kaderwet BON). Die erste Phase dieses Prozesses ist die Einführung interkommunaler Kooperation für einen Zeitraum von vier Jahren. Dann beginnt die zweite Phase mit der zunächst vorläufigen Einrichtung einer übergreifenden Verwaltungsstruktur. Nach weiteren drei Jahren und einer Evaluierung kann die Stadtprovinz durch Sondergesetz für die betreffende Region formell konstituiert werden. Die Stadt Amsterdam, die sich als erste und am stärksten für die Einrichtung von Stadtprovinzen einsetzte, wurde inzwischen von Rotterdam als erstem Testfall für dieses neue regionale Verwaltungsmodell abgelöst. Rotterdam ist durch eine noch mächtigere Koalition mit dem Innenministerium verbunden, und das Sondergesetz für die Stadtprovinz Rotterdam war ein Symbol für diesen Sonderstatus. Seit 1994 steht Rotterdam vor den sechs anderen Stadtregionen an der Spitze der Entwicklung.

Der Zuschnitt der Stadtprovinzen Amsterdam, Rotterdam, Den Haag und Utrecht ist in den Abbildungen 8 bis 11 dargestellt.

Abbildung 8: Die Stadtprovinz Amsterdam*

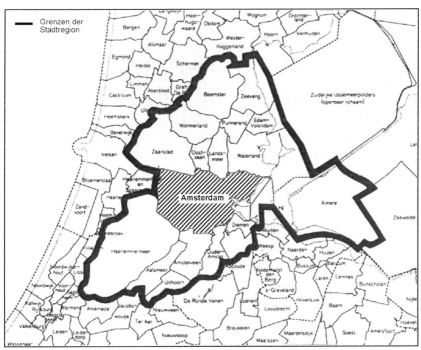

*Quelle: *Ministerie van Binnenlandse Zaken* Bestuur en Stedelijke Gebieden, Bestuur op Niveau, Deel 2, 's- Gravenhage 1991, Appendix, Samenstelling Stedelijke Gebieden.

Abbildung 9:   Die Stadtprovinz Rotterdam*

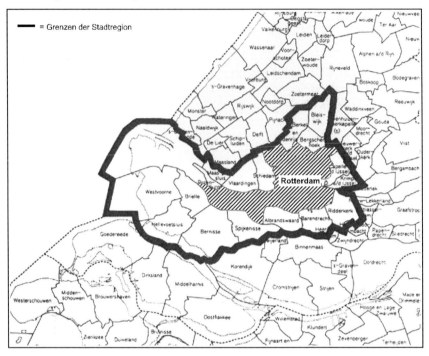

*Quelle: *Ministerie van Binnenlandse Zaken*, Bestuur en Stedelijke Gebieden, Bestuur op Niveau, Deel 2, 's- Gravenhage 1991, Appendix, Samenstelling Stedelijke Gebieden.

Abbildung 10: Die Stadtprovinz Den Haag*

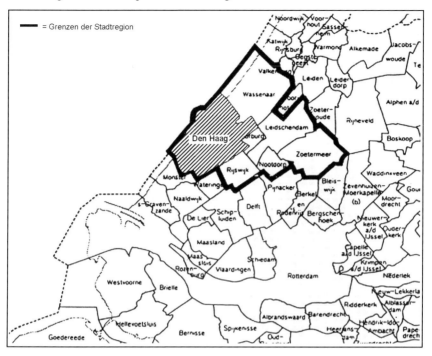

*Quelle: *Ministerie van Binnenlandse Zaken*, Bestuur en Stedelijke Gebieden, Bestuur op Niveau, Deel 2, 's- Gravenhage 1991, Appendix, Samenstelling Stedelijke Gebieden.

Abbildung 11: Die Stadtprovinz Utrecht[*]

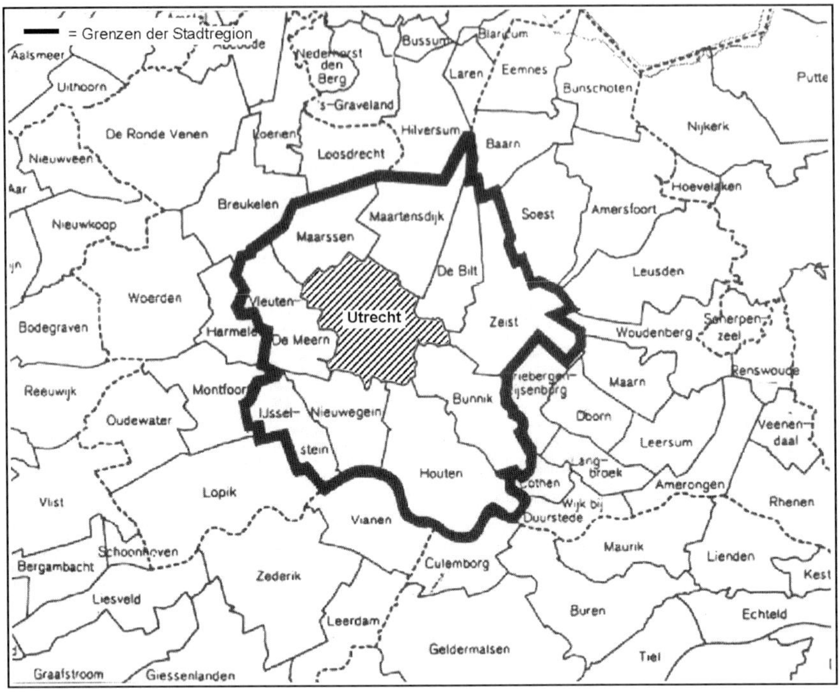

*Quelle: *Ministerie van Binnenlandse Zaken*, Bestuur en Stedelijke Gebieden, Bestuur op Niveau, Deel 2, 's- Gravenhage 1991, Appendix, Samenstelling Stedelijke Gebieden.

2.4 Substitution bestehender Provinzen durch Regierungsbezirke

In den Jahren 1993/1994 gab es, wie schon einmal in den 70er Jahren, erneute Versuche des Innenministeriums zur Neuordnung des Staatsgebiets. Diesmal sollten
die Provinzen durch 23 „Regierungsbezirke" (Gewesten) ersetzt werden, die man als
Miniprovinzen im Rahmen einer Neugliederung der Mittelinstanzen betrachten
kann. Mit diesem Ansatz wurde das Modell der Stadtprovinzen auf die gesamten
Niederlande ausgeweitet. Die neuen „Regierungsbezirke" sind nicht mit den funktionalen Verwaltungsbezirken zu verwechseln, die in Kapitel II. 1.5 behandelt wurden. Hinter diesem Vorschlag stand im Innenministerium die Überzeugung, dass
die bestehenden Provinzverwaltungen nicht genügend vorausschauende Eigeninitia-
ative entwickeln würden, um den Anforderungen an eine moderne Mittelinstanz
im Rahmen der staatlichen Ordnung zu genügen. Darüber hinaus wurden die Pro-

vinzen auch wegen zu großer Bürgerferne kritisiert. Diese reagierten allerdings auf diese Kritik mit einer Kampagne zur Stärkung und Erneuerung ihrer Funktion als Mittelinstanz[18] und konnten damit den Angriff auf ihr Fortbestehen zunächst abwehren. In der Folgezeit verschwand somit auch der Vorschlag zur Neuordnung der nachgeordneten Regierungsebenen in 23 „Regierungsbezirke" wieder nach und nach aus den Diskussionen in Politik und Verwaltung.

2.5 Bürgerreferenden in Rotterdam und Amsterdam, das vorläufige Ende der Stadtprovinzen

In den 90er Jahren wurden gleichzeitig auch kritische Reaktionen von Verwaltungsrechtsexperten auf das Konzept der Stadtprovinzen laut, die argumentierten, dass dieses Konzept nicht verfassungskonform sei. In der Verfassung, so die Experten, werde das Königreich der Niederlande verbindlich als einheitliches und unitäres Staatswesen definiert, das neue Modell stelle daher eine klare Abweichung von diesem Prinzip dar.

Wie dem auch sei, auch diesem jüngsten Versuch zur Einführung einer besonderen Verwaltungsform für niederländische Stadtregionen war letztlich kein Erfolg beschieden. In zwei Volksabstimmungen in Rotterdam (Mai 1995) und Amsterdam (Juni 1995), in denen die Bürger zu dem Ansatz der Stadtprovinzen Stellung nehmen sollten, wurden die Verfechter dieser neuen Verwaltungsstrukur mit einem klaren „Nein" konfrontiert. Die negative Reaktion der Bevölkerung in den beiden größten Städten des Landes lässt sich auf folgende Gründe zurückführen:

- man befürchtete, die Kernstädte Rotterdam und Amsterdam würden in einer neuen, nicht genauer einzuschätzenden „Stadtregion" mit den Umlandgemeinden aufgehen und damit ihre Identität und ihren Sonderstatus verlieren;

- der Prozess dieser Verwaltungsreform wurde als nach außen abgeschottete Angelegenheit eines kleinen internen Kreises von Beamten des Innenministeriums und einer Reihe von Politikern (insbesondere den Bürgermeistern der beiden Kernstädte und ihrer Umlandgemeinden) betrachtet; es gab keine offene Auseinandersetzung mit maßgeblichen Interessengruppen, ganz zu schweigen von einer Einbeziehung der breiten Bevölkerung auf lokaler und regionaler Ebene.

---

18 Diese Reaktion kann man in dem folgenden Bericht nachlesen, der vom Verband der Niederländischen Provinzen in Auftrag gegeben wurde: *Th.A.J. Toonen u.a.*, Vernieuwing van politiek en bestuur in de provincie. Pre-advies ten behoeve van het IPO-project „de provincie van de toekomst" (IPO-strategiegroep Van Kemenade*)*, Rotterdam 1994 (BCR, Bureau voor Contractresearch).

Nach diesem negativen Ausgang der beiden Referenden reduzierte das Ministerium des Innern seinen ursprünglichen Vorschlag einer Schaffung von Stadtprovinzen für sieben Verdichtungsräume des Landes auf nur noch zwei: Rotterdam und Eindhoven. Und vor kurzem wurden im Rahmen der Koalitionsvereinbarungen für die zweite Regierung Kok auch diese beiden Reformvorhaben zurückgezogen. Damit ist man wieder auf dieselbe Situation wie zu Beginn des langwierigen Prozesses Anfang der 90er Jahre zurückgeworfen. Die Anpassung der subnationalen Verwaltungsebenen an Entwicklungsdynamik und Wechselbeziehungen im größeren räumlichen Kontext kann wieder nur im Rahmen des einheitlichen Verwaltungssystems erfolgen, dem letztlich zwei Instrumente zur Verfügung stehen: ein fragmentiertes Ensemble von Zweckverbänden und interkommunalen Vereinbarungen sowie die Zusammenlegung oder Eingemeindung von Kommunen.

2.6 Neuere Überlegungen und Entwicklungstrends

1994 hatte die erste Regierung Kok einen neuen Ansatz für die Gestaltung von Zweckverbänden eingeführt. Statt diese in festgelegte Standard-Kooperationsgebiete (Samenwerkingsgebieden) zu integrieren, wie in dem novellierten Gesetz über die Regelung der Zusammenarbeit nachgeordneter Gebietskörperschaften von 1992 formal festgelegt, sollte nunmehr ein anderer Ansatz verfolgt werden: Umstrukturierung durch Dezentralisierung nationaler Aufgaben an nachgeordnete Verwaltungsebenen (Provinzen und Kommunen). Von der Regelung einer strukturellen Integration von Zweckverbänden sollten hingegen wieder Ausnahmen möglich sein. Dies kann als Verschiebung hin zu einer erneuten Stärkung der subnationalen Gebietskörperschaften gegenüber den dezentralisierten funktionalen Organen des Staates angesehen werden. Ein solcher Trend kommt auch darin zum Ausdruck, dass Zusammenlegung oder Eingemeindung von Kommunen ab 1994 wieder eine größere Rolle spielen. Konkrete Auswirkungen dieser Strategie lassen sich noch nicht erkennen. Ein erster Eindruck ist jedoch, daß die dezentralisierten funktionalen Organe des Staates gegenüber den Provinzen und Kommunen immer noch sehr mächtig sind. Gleichzeitig wurden bei der Dezentralisierung staatlicher Aufgaben auf nachgeordnete Verwaltungsebenen nur begrenzte Fortschritte erzielt.

Die vorläufig letzte Stufe dieses neuen Ansatzes ist der Vorstoß der zweiten Regierung Kok ab 1998, den zwölf Provinzen wieder die zentrale Rolle bei der Koordinierung interkommunaler Zusammenarbeit und intraregionaler Integration zuzuweisen. Diese Aufforderung geht mit dem Versprechen einher, den Provinzen auch die nötigen Instrumente und Mittel zur Stärkung ihrer Rolle als Mittelinstanz an die Hand zu geben. Es gibt allerdings einen wichtigen Vorbehalt im Rahmen dieser neuen Provinzpolitik der zweiten Regierung Kok. Wenn die Provinzen die ihnen zugedachte Rolle bei der intraregionalen Koordinierung und Integration spielen und die damit verbundenen Kompetenzen, Ressourcen und Instrumente erhalten wollen, müssen sie zeigen, dass sie in der Lage sind, dies auf wirklich innovative Weise zu tun. Aus Sicht der nationalen Politik traut man ihnen nämlich noch nicht genügend Eigeninitiative zu, um jene vorausschauend aktive Politik zu betreiben, die von mittleren Verwaltungsebenen heute erwartet wird.

3. Der Ansatz der Stadtprovinzen

3.1 Die maßgeblichen Initiatoren

Die erfolglosen Initiativen zur Schaffung besonderer Gebietskörperschaften (vergleichbar mit den deutschen Stadtstaaten Hamburg, Bremen und Berlin) für die Stadtregionen Amsterdam, Rotterdam, Den Haag und Utrecht gingen vom Ministerium des Innern aus (von 1989 bis heute). Der starken Lobby für dieses Projekt gehörten Kommunalpolitiker und Spitzenbeamte der Verwaltung zunächst aus Amsterdam, später aus Rotterdam an. Diese wirkten als treibende Kraft der Kampagne und leiteten von 1985 bis 1996 eine gut organisierte Plattform der „großen Vier".

Diese Koalition des Innenministeriums mit den politischen und administrativen Spitzen der beiden größten Städte fand Unterstützung bei einer Gruppe von Abgeordneten des Unterhauses, die sich für das Modell der „Stadtprovinzen" einsetzten. Sie stammten aus den Reihen der sozialdemokratischen PvdA (Partei der Arbeit), der Christdemokraten (CDA) und der Neoliberalen (D 66). Die Liberalen nahmen in dieser Angelegenheit eine eher opportunistische Haltung ein und hatten de facto auch nur geringen politischen Einfluss, sowohl in der Opposition als auch im Rahmen ihrer Regierungsbeteiligung. Darüber hinaus war diese Verwaltungsreform kein Kernthema der anderen Parteien, die wechselnde Regierungskoalitionen bildeten: Christdemokraten und Liberale (zweite Regierung Lubbers bis 1988), Christdemokraten und Partei der Arbeit (dritte Regierung Lubbers von 1988 bis 1994), Sozialdemokraten, Liberale und Neoliberale (erste Regierung Kok von 1994 bis 1998).

Außerhalb der sieben wichtigsten Stadtregionen (auf die das Innenministerium sein Konzept der Stadtprovinzen ausweiten wollte) wurde eine ausgeprägtere intraregionale Kooperation in anderen verstädterten Bereichen durch Anpassung und Standardisierung von Zweckverbänden erreicht. Hier waren das Innenministerium und die Provinzbehörden gemeinsam die Initiatoren und Förderer einer effektiveren intraregionalen Verwaltung auf freiwilliger Basis, und zwar durch einen koordinierteren und einheitlicheren Einsatz des Instruments der Zweckverbände. Sie stützten sich dabei auf das 1984 novellierte Gesetz zur Regelung der Zusammenarbeit nachgeordneter Gebietskörperschaften, das 1994 um diesen Aspekt der Standardisierung und Integration ergänzt wurde.

Nicht zuletzt spielte das Innenministerium mit Unterstützung der betreffenden Provinzen auch eine entscheidende Rolle bei der systematischen Verringerung der Zahl von Gemeinden, insbesondere in ländlichen Provinzen, das heißt in Limburg, Noord-Brabant, Zeeland, später in Drenthe und zuletzt in der Provinz Overijssel.

3.2   Die maßgeblichen Gegner

Die stärkste Opposition gegen die Verwaltungsreform zur Einrichtung von Stadtprovinzen kam letztlich von der Bevölkerung und maßgeblichen Interessengruppen der Städte Amsterdam und Rotterdam. In eigens zu diesem Thema durchgeführten Referenden sprach sich – wie bereits dargelegt – die Bevölkerung 1995 deutlich und explizit gegen dieses neue Verwaltungssystem aus. Bürger und Interessengruppen befürchteten, die Identität und Einheitlichkeit „ihrer" Städte Amsterdam und Rotterdam zu verlieren. Maßgebliche Interessengruppen (Unternehmen, Organisationen und Verbände in den Kernstädten und der Region) verhielten sich dieser Initiative gegenüber im Allgemeinen kritisch, um nicht zu sagen zynisch, weil sie diese als ein „Projekt" von Verwaltungstechnokraten empfanden, über das mit ihnen – anders als bei anderen Vorhaben auf lokaler und regionaler Ebene – keinerlei Diskussion im Vorfeld geführt worden war. Neben dieser expliziten Opposition stieß das Thema im Kernbereich der politischen Parteien, bei den Machteliten, der Wirtschaft und den organisierten Interessenverbänden auf ziemliche Gleichgültigkeit. In diesen Kreisen jenseits der Kerngruppe von Verfechtern der Verwaltungsreform wurde die Initiative lediglich formal und aus opportunistischen Gründen unterstützt. Dieses marginale Engagement in den großen politischen Parteien erklärt mehr als alles andere das Scheitern des neuen Verwaltungskonzepts für die Verdichtungsräume der vier großen Städte.

Anhaltenden und expliziten Widerstand gegen die spezifische Verwaltungsreform für die vier, später sieben großen Stadtregionen gab es auch aus den Reihen von Verwaltungsrechtsexperten. Sie sahen in dieser Reform eine Verletzung des Einheitlichkeitsprinzips der Verfassung, da mit den neuen Stadtprovinzen neben den weiterbestehenden klassischen Provinzen eine zweite Kategorie von Provinzen eingeführt werden sollte. Von Anfang an kritisch äußerten sich auch wissenschaftliche Berater der öffentlichen Verwaltung und der Kommunalpolitik. Hierzu sei erneut auf den Bericht des wissenschaftlichen Beirats der niederländischen Regierung verwiesen[19]. Der Beirat kam, wie weiter oben bereits dargestellt, auf der Grundlage einer vergleichenden Analyse vorangegangener Versuche zur Einführung neuer Verwaltungssysteme für Stadtregionen in Westeuropa, den USA und Kanada zu dem Ergebnis, dass langfristig keine dieser spezifischen politisch-administrativen Regelungen für Verdichtungsräume stabile Lösungen liefern könne. Im Gegenteil: Sie scheinen alle nach einer Reihe von Jahren zu scheitern. In Anbetracht der ausgesprochen starken Dynamik in den funktionalen und territorialen Wechselbeziehungen schienen die neuen Regionalverwaltungen in diesen Ländern schon bald von innen wie von außen auf zunehmende Ablehnung zu stoßen, wodurch sie in der Folgezeit nur noch Schatten einer starken Regionalverwaltung waren. Aus diesen Gründen und geleitet von der Idee eines konsistenten dreischichtigen Verwaltungssystems empfahl der Beirat die Fortführung des unitären und einheitlichen Systems mit drei Ebenen von Gebietskörperschaften: Kommunen, Provinzen und Zentralregierung. Ferner kam der Beirat zu dem Schluss, dass in einer begrenzten Zahl von Fällen bei besonders untragbaren Situationen die Möglichkeit zur Eingemeindung umliegender Kommunen in die Kernstadt gegeben sein sollte. Ansonsten wurde eine Kombination aus Zusammenarbeit und Wettbewerb zwischen der Kernstadt und ihren Umlandgemeinden in Form pragmatischer horizontaler Beziehungsgeflechte als beste Strategie betrachtet: Governance statt Government.

3.3 Ziele der Initiatoren und geplante Kompetenzverteilung zwischen Stadtprovinzen und Mitgliedgemeinden

Die Ziele und strategischen Schwerpunkte wurden vom öffentlichen Sektor der vier großen Städte auf kommunaler und regionaler Ebene bestimmt. Ab 1985 verfolgten Kommunalpolitiker und Spitzenbeamte der Verwaltung in Amsterdam Schritt für Schritt ein Programm, mit dem sie eine Verwaltungsreform verwirklichen wollten: mit eigenen Bezirksverwaltungen für jeden Stadtteil, ergänzt durch eine übergreifende Verwaltung für die Stadtregion unter Einbeziehung der umliegenden Gemeinden des Verdichtungsraumes, die denselben Status erhalten sollten wie die Bezirksverwaltungen. Die neue Regionalverwaltung wäre somit zu einer aufgewerteten und ausgeweiteten Kernstadtverwaltung geworden. Amsterdam überzeugte schließlich die anderen drei großen Städte, Rotterdam, Den Haag und Utrecht, eine koordinierte Lobby für eine solche Verwaltungsreform zu bilden und auf der Ebene der nationalen Politik dafür zu werben, insbesondere gegenüber dem Ministe-

---

[19] *Wetenschappelijke Raad voor het Regeringsbeleid*. Diese kritische Haltung ergab sich nicht nur aus Studien, die zum Teil auf der Public-Choice-Theorie basierten, wie der von *Ostrom, Tiebout und Warren*, 1961, sondern auch aus Arbeiten mit einer allgemeineren politikwissenschaftlichen Ausrichtung wie der von *Barlow*, 1991, oder von *Kreukels*, 1982.

rium des Innern. Dieses verfolgte in diesem Zusammenhang im Wesentlichen zwei Interessen: erstens eine Stärkung und Modernisierung der Verwaltungsstrukturen städtischer Gebiete und damit des gesamten Systems der Kommunal- und Provinzverwaltungen; zweitens Stärkung der eigenen Position gegenüber anderen Ministerien dadurch, dass deren Kompetenzen teilweise auf die neuen Stadtprovinzen übertragen werden sollten (insbesondere in den Bereichen Wohnungsbau, Verkehr, Stadtplanung und Wirtschaftsentwicklung). Mit diesem ehrgeizigen Ziel wollte das Innenministerium sein eher schwaches Image, das ihm seit den 80er Jahren innerhalb der staatlichen Verwaltung anhing, verbessern.

Das organisatorische Konzept der Stadtprovinzen bestand darin, die regional übergreifende Entscheidungsgewalt dieser Gebietskörperschaften auf spezifische strategische Aufgabenbereiche zu konzentrieren: wie strategisches Management für den Rotterdamer Hafen, die Raumordnung und Flächennutzungsplanung für die Stadtregion, Verkehrsplanung, ÖPNV-Management und Umweltschutz unter regionalen Gesichtspunkten, regionale Standortplanung für Wohnungsbau und regionale Gewerbeansiedlung. Operative Aufgaben der Grundversorgung sollten den Gemeinden überlassen bleiben. Dazu zählten insbesondere soziale Einrichtungen und soziale Dienstleistungen, Gesundheits- und Bildungswesen sowie erhaltende Maßnahmen in den Stadtvierteln. Diese Aufteilung bedeutete, dass die Stadtprovinzen neben Planungs- und Koordinierungskompetenzen auch wesentliche operative Aufgaben übernehmen sollten. Sie erhielten damit den Charakter einer „zweiseitigen" Verwaltung, die Elemente des üblichen Aufgabenprofils von Kommunen (insbesondere operative Aufgaben) sowie von Provinzen (Planung und Koordinierung) in sich vereint. Darin hätten sich Stadtprovinzen von den herkömmlichen Provinzen unterschieden. Gleichzeitig sollten die Gemeinden innerhalb der Stadtprovinzen nicht den gleichen Umfang an Aufgaben und Kompetenzen besitzen wie herkömmliche Kommunen. Sie sollten gewissermaßen einer Reihe operativer Funktionen und strategischer Aufgaben zugunsten der übergreifenden neuen Stadtprovinzen „beraubt" werden.

In Übersicht 4 sind die spezifischen Kompetenzen einer Stadtprovinz in Relation zu ihren Mitgliedsgemeinden dargestellt, wie sie für die Stadtprovinz Rotterdam geplant waren.

Die großen Städte hofften, mit dieser Reform ihre Verwaltung optimieren zu können (sowohl intern innerhalb der Region als auch nach außen gegenüber den Provinzen und der nationalen Regierung): insbesondere im Hinblick auf den Wohnungsmarkt, die Bodenpolitik, die Standorte neuer Industrie- und Bürobetriebe, den regionalen ÖPNV, den Umweltschutz und schließlich die übergreifende Flächennutzungsplanung für die gesamte Stadtregion.

Übersicht 4: Kompetenzverteilung zwischen Stadtprovinzen und Gemeinden im Gegensatz zur Kompetenzverteilung zwischen herkömmlichen Provinzen und Kommunen*

Finanzen	Spezifische Aufteilung der Zuweisungen aus dem Provinciefonds und dem Gemeentefonds entsprechend den konkreten Aufgaben von Stadtprovinz und Gemeinden in Abhängigkeit von den spezifischen Problemen und Herausforderungen einer Stadtregion – im Gegensatz zur festgelegten Aufteilung bei herkömmlichen Provinzen und Kommunen.
Integrierter Strategischer Entwicklungsplan (Integraal Structuurplan – ISP)	Die Stadtprovinz hat mehr Möglichkeiten zur strategischen Entwicklungsplanung für die Gemeinden innerhalb ihres Gebiets als reguläre Provinzen. Dies kommt in dem so genannten Integrierten Strategischen Entwicklungsplan ISP zum Ausdruck. Der ISP ist eine Kombination aus umfassendem Entwicklungsplan (für wirtschaftliche, soziale und sonstige Entwicklung) und einem übergreifenden Raumordnungsplan für die gesamte städtische Region. Im Unterschied zum Strukturplan (Streekplan) herkömmlicher Provinzen ist der Integrierte Entwicklungsplan für die betroffenen Gemeinden verbindlich. Im Hinblick auf Umsetzung und konkrete Standortentscheidungen für Entwicklungsprojekte kann der ISP verbindliche Vorgaben für Entscheidungen und die damit zusammenhängenden Arbeiten und Aktivitäten formulieren.
Hafengebiete (im Fall von Rotterdam), Kernstadt und andere herausgehobene Bereiche	Anders als herkömmliche Provinzen haben die Stadtprovinzen die allgemeine Verwaltungskompetenz für den Hafen und die Kernstadt. Sie (und nicht die betroffenen Kommunen wie im Fall der regulären Provinzen) sind für Bebauungsplanung und Bodenpolitik im Hafengebiet und in der Kernstadt zuständig. Diese Kompetenzen der Stadtprovinz können auch auf andere, als solche ausgewiesene Sondergebiete ausgeweitet werden. Fördermittel und wesentliche Instrumente der Stadterneuerung werden direkt in die Hände der Stadtprovinzen gelegt und nur mehr den betroffenen Einzelgemeinden zur Verfügung gestellt wie im Fall der bestehenden Provinzen. Die Gemeinden behalten allerdings ihre operativen Aufgaben im Bereich der Stadterneuerung bei.
Wohnungsbau/ Wohngebiete	Die Stadtprovinz erhält die Richtlinienkompetenz für den Wohnungsbau und die Zuteilung von Kontingenten (Wohneinheiten) für geförderten Wohnungsbau an die Kommunen. Die einzelnen Gemeinden haben – abgesehen von den seitens der Stadtprovinz vorgegebenen Richtlinien und Rahmenbedingungen – dieselben Kompetenzen im Bereich des Bauwesens, der Erneuerung und der Zuweisung von Wohnungen wie Kommunen innerhalb bestehender Provinzen. Sie bleiben mit den genannten Einschränkungen die wichtigste Verwaltungsebene für die sozialen und baulichen Aspekte der einzelnen Stadtgebiete.
Sicherheit	Keine besonderen Kompetenzen für die Stadtprovinzen wie im Falle der bestehenden Provinzen. Der „Kommissar der Königin" in der Stadtprovinz hat dieselbe Schlüsselposition wie derzeit der Bürgermeister der Kernstadt, was die Koordinierung des Polizeiwesens in der Kernstadt und den umliegenden Gemeinden betrifft.
Wirtschaft, Arbeitsbeschaffung und Beschäftigung, Soziale Dienste, Gesundheitswesen, ethnische Minderheiten	Mit Ausnahme der oben genannten Sonderkompetenzen, insbesondere im Hinblick auf Häfen, Kernstädte und sonstige Sondergebiete, gibt es keine zusätzlichen oder besonderen Machtbefugnisse für die Stadtprovinzen, die von den traditionellen Beziehungen zwischen Kommunen und bestehenden Provinzen abweichen.

*Quelle: *Ministerie van Binnenlandse Zaken*, Voorstel van Wet Bijzondere Bepalingen Provincie Rotterdam, 's-Gravenhage 1995.

3.4 Relevante Akteure: Bürgermeister der Kernstädte und Provinzregierungen

Generell gelang es den Bürgermeistern aller vier großen Städte, die Bürgermeister der umliegenden Gemeinden in das Reformprojekt für die jeweilige Stadtregion einzubeziehen. In regelmäßigen Sitzungen unter Leitung des Bürgermeisters der Kernstadt wurden sie zu einem wichtigen Faktor bei der Vorbereitung der umliegenden Gemeinden auf die neue Option der Stadtprovinz. Dies führte bald zur Einrichtung vorläufiger Verwaltungsorgane für die Stadtregionen: ROA Amsterdam (Regionaal Overleg Amsterdam); OOR Rotterdam (Overleg Orgaan Rijnmond); Haaglanden, Den Haag; KMU Utrecht (Kring Midden Utrecht), später RBU (Regionaal Beraad Utrecht). Der Kreis von Bürgermeistern der Umlandgemeinden unter dem Vorsitz des Bürgermeisters der Kernstadt spielte in allen vier Fällen eine entscheidende Rolle als Plattform zur Bildung von Stadtprovinzen. Die von dieser Entwicklung erheblich betroffenen bestehenden Provinzen verhielten sich unterschiedlich. Sie nahmen eine eher opportunistische als prinzipielle Haltung ein, die im Laufe der Zeit aber mehrfach wechselte. Die Rolle, die einzelne betroffene Provinzen, insbesondere Noord-Holland, Zuid-Holland und Utrecht, einnahmen, hatte keine spürbaren Auswirkungen auf die Entwicklung des Stadtprovinzprojekts, die die Lobby aus Kernstädten und Vertretern des Innenministeriums betrieb. Erst im Herbst 1993 starteten die Provinzen langsam eine offensive Kampagne gegen die Einführung der Stadtprovinzen, und zwar über ihren nationalen Interessenverband.

Unter der Koordination des Innenministeriums und mit Beteiligung der Provinzen, in denen die vier Kernstädte liegen, verpflichteten sich diese regionalen Koalitionen auf die Verwirklichung der „Verwaltungsaufwertung" in mehreren Schritten (Besturen op Niveau: BON) ab 1990 mit dem Ziel der Schaffung von Stadtprovinzen. Diese sollten besondere Zuständigkeiten für strategische Politiken erhalten; grundlegende Verwaltungskompetenzen sollten aber auf der Ebene der einzelnen Gemeinden und der Stadtbezirke der Kernstadt verbleiben.

3.5 Finanzstruktur und rechtliche Basis

Die Umorganisation bestehender Großstädte in Stadtprovinzen sollte kostenneutral erfolgen, das heißt, die für das herkömmliche Verwaltungssystem vereinbarten Budgetrahmen sollten nicht überschritten werden.

Das Finanzsystem der neuen Stadtprovinzen war folgendermaßen geplant: Die Stadtprovinz soll über dieselben Steuereinnahmequellen verfügen wie eine herkömmliche Provinz. Im Provinzverwaltungsgesetz (Provinciewet, 1992) ist festgelegt, welche Steuern und Abgaben eine Provinz erheben darf. Die wichtigste Steuer für die Provinzen ist eine Ergänzungsabgabe auf die Kraftfahrzeugsteuer. Weitere Einnahmequellen sind eine Ergänzungsabgabe auf Rundfunk- und Fernsehgebühren, eine Grundwasserschutzabgabe und eine örtliche Steuer auf die Verschmutzung von Oberflächengewässern. Wegen ihres ausgeprägten Aufgabenprofils und des Umfangs ihrer operativen Aufgaben soll die Stadtprovinz darüber hinaus auch einen Teil der üblicherweise nur den Kommunen zustehenden Grundsteuer erheben dürfen. Dabei sollen die Grundsteuereinnahmen für Wohngrundstücke weiterhin in die Gemeindekassen fließen, für alle anderen Grundstücke an die Stadtprovinz.

Der Verwaltungsreformansatz zur Schaffung von Stadtprovinzen stellt, ebenso wie die Fusionen und Eingemeindungen, einen Versuch dar, durch Intervention von außen die intraregionale Zusammenarbeit zu stärken. Im Gegensatz zu den Zweckverbänden geht es hier nicht um freiwillige Vereinbarungen unter den Beteiligten.

Neben den Zweckverbänden auf intraregionaler Ebene gibt es außerdem eine lange Tradition von Ad-hoc-Vereinbarungen zwischen einzelnen Städten und bestimmten Ministerien, ja sogar mit der Regierung als Ganzes. Dies gilt besonders für Amsterdam und Rotterdam und in geringerem Maße auch für Den Haag und Utrecht (vergleiche dazu die weiter oben erwähnten Beispiele für strategische Projekte des Ministeriums für Wohnungsbau, Raumordnung und Umweltfragen). Darüber hinaus ist es auch schon seit langem Praxis, dass umfassende Grundsatzvereinbarungen zwischen der Zentralregierung und dem niederländischen Verband der Städte und Gemeinden sowie dem Verband der Provinzen abgeschlossen werden, und zwar meistens für die Dauer einer Legislaturperiode (vier Jahre).

Es gibt dagegen noch keine wirkliche Tradition vertraglicher Vereinbarungen zwischen dem öffentlichen Sektor und der Privatwirtschaft. Erste Beispiele echter Public Private Partnerships existieren erst seit kurzem. Zunehmend bündeln Kommunen heute ihre Kräfte, um spezifische Aufgaben gemeinsam wahrzunehmen, wie Industrieansiedlung, Wohnungsbau, Verkehr und Umweltschutz. Dafür bilden sie Zweckverbände nach dem Gesetz über die Regelung der Zusammenarbeit nachgeordneter Gebietskörperschaften.

3.6   Räumliche Einzugsgebiete

Übergreifende Kooperationsgebiete (vgl. dazu noch einmal Abbildung 2) stellen den ersten Versuch zur Schaffung einheitlicher Bezugsräume für die interkommunale Zusammenarbeit dar, und zwar als Reaktion darauf, dass jede funktionale Einheit ein anderes Einzugsgebiet abdeckt (Gesundheitswesen, Bildungswesen, Arbeitsbeschaffung, Handelskammern usw.). Dahinter steckte die Absicht, die große Zahl von Zweckverbänden im Rahmen größerer, übergreifender Kooperationsgebiete innerhalb der einzelnen Provinz zu standardisieren. Von 1994 an richtete sich die Aufmerksamkeit allerdings wieder auf die Stärkung der grundlegenden Machtbefugnisse und Zuständigkeiten der Gemeinden und Provinzen auf Kosten besonderer funktionsspezifischer Behörden oder Zweckverbände. Damit wurde der Ansatz einer schrittweise vorzunehmenden Reorganisation der unterschiedlichen Einzugsgebiete von Zweckverbänden und funktionalen Verwaltungsbezirken in einheitliche übergreifende „Kooperationsgebiete" nicht weiterverfolgt.

Übersicht 5:   Die wichtigsten Formen intraregionaler Kooperation in den verstädterten Regionen der Niederlande*

Ansätze / Merkmale	Zweckverbände	Funktionale Verwaltungsbezirke	Großkommunen	Stadtprovinzen
Auslösende Faktoren, Grundlagen	Gesetz über die Regelung der Zusammenarbeit nachgeordneter Gebietskörperschaften von 1950, Novellierungen 1984 und 1994	Erste Verfassung über das dezentralisierte einheitliche Staatswesen	Commissie Montijn, 1989 (Montijn-Ausschuss)	Allianz von Innenministerium und den vier größten Städten 1990-1998
Ziele	Interkommunale Zusammenarbeit auf freiwilliger Grundlage zur Wahrnehmung spezifischer Aufgaben oder Dienstleistungen	Dezentrale Umsetzung staatlicher Politik durch funktional gegliederte dezentrale Behörden oder halbstaatliche Maßnahmeträger	Schaffung einer einstufigen integrierten Kommunalverwaltung für die Verdichtungsräume Groß-Amsterdam, Groß-Rotterdam, Groß-Den Haag und Groß-Utrecht	Schaffung eines zweistufigen Verwaltungssystems für Stadtregionen mit einer regionalen Stadtprovinz und nachgeordneten Gemeinden oder Stadtbezirken für zuletzt sieben verstädterte Räume
Funktionen	Vielfältige gesonderte Funktionen	Vielfältige gesonderte Funktionen	Offen und umfassend	Offen und umfassend
Räumliche Einzugsgebiete	Unterschiedlich, je nach Funktion	Unterschiedlich, je nach Funktion	Kernstadt und Umlandgemeinden	Kernstadt und Umlandgemeinden

(Fortsetzung nächste Seite)

(Fortsetzung)

Merkmale \ Ansätze	Zweckverbände	Funktionale Verwaltungsbezirke	Großkommunen	Stadtprovinzen
Teilnehmer	Städte und Gemeinden	Regierungsbehörden und/oder halbstaatliche Maßnahmeträger	Eine Großkommune mit dezentralisierten Vewaltungseinheiten innerhalb ihrer Grenzen	Eine übergreifende Stadtprovinz mit einzelnen Gemeinden oder Stadtbezirken innerhalb ihrer Grenzen
Institutionelle Form	Formell und auf gesetzlicher Grundlage (siehe oben)	Größtenteils formell auf Grundlage spezifischer nationaler Gesetze	Auf Grundlage des Gesetzes zur Neugliederung der Gemeinden von 1991	Auf Grundlage von Sondergesetzen für jede einzelne Stadtprovinz
Finanzierung	Aus dem kommunalen Steueraufkommen, aus staatlichen Fördermitteln und Benutzergebühren	Aus dem Staatshaushalt, dem Budget halbstaatlicher Maßnahmeträger und aus Benutzergebühren	Aus dem Gemeindefonds, aus zweckgebundenen Zuweisungen, kommunalen Steuern, Abgaben und Gebühren	Aus dem Provinzfonds, dem Gemeindefonds, aus zweckgebundenen Zuweisungen, kommunalen Steuern, Abgaben und Gebühren
Rechenschaftslegung	Gegenüber gewählten Mitgliedern aus den Räten der beteiligten Gemeinden	Gegenüber der Zentralregierung oder den Aufsichtsorganen halbstaatlicher Maßnahmeträger	Gegenüber gewählten Ratsmitgliedern der Großkommune	Gegenüber gewählten Mitgliedern aus den Räten der Stadtprovinz und der Gemeinden

*Quelle: Zusammenstellung Anton M. J. Kreukels.

4. Ergebnisse und mögliche Konsequenzen

Das Scheitern des Stadtprovinzmodells hängt mit dem geringen Engagement seitens der nationalen Politik sowie der unzureichenden Kommunikation mit der Bevölkerung, den Organisationen und den Verbänden der betroffenen Stadtregionen zusammen. Dies erklärt das überwältigende „Nein" der Bürger in den Volksabstimmungen von Rotterdam und Amsterdam 1995.

Nach der Verlängerung des Status quo in der Frage der Stadtprovinzen kann man keine Gewinner oder Verlierer feststellen, außer dass die führenden Kommunalpolitiker und Verwaltungsbeamten der Kernstädte (als treibende Kraft hinter dem Reformprojekt) in ihrem Ehrgeiz gestoppt wurden, zu Führern der neuen Stadtprovinzen aufzusteigen. Auch für das Ministerium des Innern bedeutete das Scheitern der Verwaltungsreform einen Prestigeverlust. Inzwischen ist wieder stärker die Rede von eher informellen und aufgabenbezogenen Formen intraregionaler Koordinierung, im Gegensatz zu formellen und umfassenden Ansätzen intraregionaler Kooperation wie den Stadtprovinzen.

Der beste Weg wäre die weitere Stärkung der Zweckverbände in Richtung eines effizienteren Systems der intraregionalen Koordinierung, ergänzt durch unternehmensähnliche Strukturen für strategische und Planungsaufgaben sowie operative Verwaltungstätigkeiten im regionalen Kontext: beispielsweise für ÖPNV, Umweltschutz und Wirtschaftsentwicklung. Diesen pragmatischen Strukturen müssten jedoch übergreifende politische Organe auf regionaler Ebene gegenüberstehen. Diese Funktion könnte z.B. ein Regionalrat wahrnehmen, dessen Mitglieder von den beteiligten Gemeinden ernannt werden sollten. Damit wäre das erforderliche Instrument demokratischer Kontrolle und Kritik für die Abstimmung allgemeiner politischer und administrativer Fragen im intraregionalen Zusammenhang gesichert.

Die Privatwirtschaft ist die wichtigste Kraft zur Stärkung der Stadtregionen neben der öffentlichen Hand. Das Engagement der Wirtschaft und ihrer strategischen Organisationen und Verbände ist daher unverzichtbar, wenn man die Verwaltungsstrukturen in Stadtregionen verbessern will. Dieser Ansatz spielte bei den Bemühungen um Stadtprovinzen in den Niederlanden in der jüngsten Vergangenheit jedoch keine Rolle.

5.   Abschließende Bewertung

Zunächst einmal wird eine Reorganisation der Verwaltungsstruktur für intraregionale Zusammenhänge, insbesondere für urbane Verdichtungsräume mit einer Kernstadt und ihren Umlandgemeinden, in diesem Beitrag nur als Bestandteil eines breiteren Spektrums von Anpassungsmaßnahmen betrachtet. Eine Verwaltungsreform zur Stärkung intraregionaler Beziehungen wird dabei nicht einmal als das wichtigste Element angesehen. Dies entspricht dem Motto „mehr Governance statt mehr Government", also Förderung eines horizontalen Beziehungsgeflechts statt Schaffung neuer übergeordneter Verwaltungsebenen, wie dies in den Studien der Public-Choice-Schule vertreten wird (Ostrom, Tiebout und Warren, 1962; Warren, Rosentraub und Weschler, 1992). Die gleiche Position wird in dem bereits erwähnten Bericht an die niederländische Regierung mit dem Titel Institutions and Cities. The Dutch Experience, 1990 vertreten. Dieser Bericht kommt zu dem Ergebnis, dass das Konzept einer neuen, klar definierten und umfassenden subregionalen Verwaltungsebene für städtische Ballungsräume eine schwächere Lösung darstellt als häufig angenommen. Diese Überzeugung wird durch den Befund belegt, dass solche weltweit seit den 50er Jahren erprobten neuen Verwaltungseinheiten im Allgemeinen nicht sehr langlebig waren (Barlow, 1991; Kreukels, 1982). Die Dynamik funktionaler und territorialer Entwicklung ist so komplex und weitreichend und verändert sich vor allem auch im Laufe der Zeit so stark, dass bisher jeder Ansatz zur Schaffung größerer, umfassenderer Verwaltungsebenen in urbanen Verdichtungsräumen sehr bald von der Entwicklung überholt wurde. Folglich benötigt man Alternativen für die notwendige administrative Anpassung der großen Verdichtungsräume.

Die folgenden drei Aspekte verweisen auf die vorrangigen Elemente einer breiter angelegten Verwaltungsinnovation für Stadtregionen in den Niederlanden. Grundlage ist eine Strategie, die das Schwergewicht auf Governance legt, dabei jedoch gleichzeitig die nötige Erneuerung der Government-Strukturen nicht vernachlässigt. Dies ist ein pragmatischer Lösungsweg anstelle eines umfassenden Gesamtentwurfs (Kreukels, 1992).

- Stärkung der Autonomie von Kommunen und Provinzen und – damit untrennbar verbunden – Stärkung ihrer finanziellen Selbstbestimmung (das heißt Erhöhung des Anteils eigener Einnahmen/Steuern am Haushalt).

- Stärkung der Befugnisse nachgeordneter Provinz- und Kommunalverwaltungen gegenüber den auf ihrem Gebiet tätigen dezentralisierten funktionalen staatlichen Maßnahmeträgern, insbesondere in den Bereichen Bildung, Gesundheit und Arbeitsvermittlung.

- Anpassung der Verwaltungsstrukturen großstädtischer Verdichtungsräume entsprechend den funktionalen Verflechtungen innerhalb dieser Räume, aber auch unter Berücksichtigung der Wechselbeziehungen mit dem weiteren Hinterland.

Diese drei Aspekte beziehen sich nicht nur auf intraregionale, sondern auch auf interregionale Beziehungen; das kommunale und regionale Verwaltungssystem sollte sich stärker gegenüber der Außenwelt im weiteren Sinne öffnen. Zwei aufeinander bezogene Ebenen spielen hier eine Rolle: die subregionale Ebene der Stadtregionen wie Amsterdam, Rotterdam, Den Haag oder Utrecht und die regionale Ebene größerer zusammenhängender verstädterter Gebiete wie der so genannten Randstad, in die die genannten Stadtregionen eingebettet sind (Kreukels und Pollé, 1997).

Die Niederlande erschienen zwischenzeitlich als „konservativ" im Hinblick auf jede Art von Verwaltungsreform zur Verbesserung der intraregionalen Zusammenarbeit in städtischen Gebieten. Es gab in diesem Jahrhundert eine Reihe von Anläufen zur Schaffung modernisierter Verwaltungsstrukturen auf der Ebene der Stadtregionen. Allerdings war auch dem neuesten Versuch zur Einführung von Stadtprovinzen letztlich kein Erfolg beschieden. Man kann daher die Frage stellen, ob die systematische Umstrukturierung der Verwaltung überhaupt die richtige Lösung für die Probleme ist, die sich aus mangelnder intraregionaler Koordination in städtischen Gebieten ergeben. Denn eine solche intraregionale Verwaltungsstruktur wäre zwar neu, aber in sich geschlossen und vom interregionalen wie nationalen Kontext abgelöst. In diesem Beitrag wird explizit die Auffassung vertreten, dass dies nicht die richtige Lösung wäre. Subnationale Verwaltungsebenen werden vielmehr als ein System betrachtet, das möglichst offen und flexibel sein sollte, um den komplexen und in ständiger Veränderung befindlichen Wechselbeziehungen auf regionaler Ebene entsprechen zu können (Peterson, 1981; Peterson, 1995). Subnationale Verwaltungsstrukturen sind per definitionem eine Mischung aus territorial dezentralisierten Einheiten (Provinzen und Kommunen) und funktional dezentralisierten Einheiten, die entweder von unten (der kommunalen Ebene) oder von oben (den nationalen Ministerien) organisiert sind. Es ist weder realistisch noch sinnvoll, das System dezentralisierter funktionsspezifischer Maßnahmeträger zugunsten einer territorialen Dezentralisierung zu reduzieren. Eine bessere Zielsetzung bestünde vielmehr in einem ausgewogenen Gleichgewicht zwischen beiden Systemen der Dezentralisierung, und zwar auf intraregionaler wie interregionaler Ebene.

Abgesehen von Eingemeindungen oder Fusionen in den Fällen, in denen der räumliche Zuschnitt einer Kommunalverwaltung der Realität einer Stadtregion in keiner Weise entspricht, sollte der zunehmenden interkommunalen Verflechtung pragmatisch Rechnung getragen werden. Operative und strategische Aufgaben werden dabei durch abgestimmtes Handeln der subnationalen Gebietskörperschaften und der im staatlichen Auftrag aktiven dezentralisierten Maßnahmeträger angepackt. Ein solcher Ansatz verlangt allerdings vor allem ständiges Bemühen um administrative Kommunikation und politischen Meinungsaustausch sowie eine klare Abgrenzung von administrativen und politischen Zuständigkeiten. Dies erfordert eine ebenso klare Rollenaufteilung zwischen allen betroffenen Organen, sowohl zwischen Gebietskörperschaften und staatlichen Maßnahmeträgern als auch im Binnenverhältnis beider „Lager". Wie in anderen westeuropäischen Ländern sind diese Abgrenzung und die Rollenaufteilung auch in den Niederlanden ziemlich unklar und damit wenig durchsichtig. Größere Transparenz in den Beziehungen zwischen räumlich (nachgeordnete Gebietskörperschaften) und funktional (staatliche Maßnahmeträger) dezentralisierten Akteuren ist mehr als alles andere eine wesentliche Voraussetzung für die Stärkung administrativer Zuständigkeiten und demokratischer Kontrolle innerhalb urbaner Verdichtungsräume und auch im breiteren nationalen Kontext.

Dieser Ansatz enthält eine klare Entscheidung für eine mehrstufige Verwaltungsorganisation (Scharpf, 1989; Scharpf, 1994). Er stellt eine Abkehr von der Position dar, die Zentralisierung und Dezentralisierung sowie Zusammenarbeit und Wettbewerb jeweils als Gegensätze betrachtet. In komplexen und dynamischen Verwaltungssystemen spielen Zentralisierung und Dezentralisierung sowie Zusammenarbeit und Wettbewerb vielmehr eine komplementäre Rolle auf und zwischen verschiedenen Verwaltungsebenen und -einheiten. Man kann diese widersprüchlichen Merkmale als das einigende Band betrachten, das die verschiedenen Spieler auf dem gemeinsamen Spielfeld zusammenhält.

Die folgenden Prinzipien (Kreukels, 1993) dienen als Leitlinie für eine solche mehrstufige räumlich organisierte Verwaltung:

- Die Städte planen, eingebettet in ihre Regionen, ihre eigene Entwicklung selbst und in engem Kontakt mit den benachbarten Gemeinden. Diese Entwicklung sollte den Bedingungen und Anforderungen der Wirtschaft sowie den sozialen, kulturellen und ökologischen Interessen in einem regionalen Rahmen Rechnung tragen. Hierbei sollten in besonderem Maße die vielgestaltigen Beziehungen und offenen Grenzen in sich erweiternden Räumen berücksichtigt werden, und zwar in regionaler, nationaler und internationaler Hinsicht.

- Provinz- und Zentralregierung räumen den Kommunen auf der einen Seite den notwendigen Kompetenz- und Handlungsspielraum ein, damit diese eine solche Entwicklungspolitik verfolgen und die entsprechenden unternehmerischen Schritte auf lokaler und regionaler Ebene realisieren können. Sie gewähren den kommunalen und regionalen Gebietskörperschaften ausreichende finanzielle und verfahrensbezogene Autonomie, damit Risiken und Zuständigkeiten einander entsprechen. Auf der anderen Seite fördern die Provinz- und die Zentralregierung die Entwicklung auf kommunaler und regionaler Ebene durch spezifische Strategien. Dies bedeutet Hilfe und Unterstützung für die Städte und Regionen im (inter)nationalen Kontext, wobei die übergeordneten Regierungsebenen den kommunalen und regionalen Körperschaften zur Seite stehen, anstatt ihnen – wie traditionell üblich – von oben nach unten orientierte strategische Anweisungen zu geben.

- Wo eindeutig nationale oder internationale Interessen berührt werden, und zwar in wirtschaftlich-finanzieller, sozialer, kultureller oder ökologischer Hinsicht, übernehmen Provinz- oder staatliche Behörden die politische Verantwortung für direkte Eingriffe in die lokale und regionale Entwicklung. Dabei verfügen sie stärker als bisher über Entscheidungs- und Weisungsbefugnisse sowie über strategische Kompetenzen.

Es gibt in den Niederlanden bereits eine Ausgangsbasis für einen solchen relativ flexiblen und informellen Ansatz der intraregionalen Zusammenarbeit. Es handelt sich dabei um das sogenannte ROM-Projekt; ROM steht für Raumordnung und

Umweltschutz (Ruimtelijke Ordening en Milieubeheer). ROM-Projekte wurden in einer Reihe von strategisch wichtigen Regionen eingerichtet, in denen viele Konflikte über Flächennutzung und Infrastrukturentwicklung bestehen; ihr Ziel ist eine langfristige Integration von Flächennutzung und Umweltschutz in den betreffenden Gebieten. In solchen ROM-Projekten arbeiten die Vertreter der Kommunen, der Privatwirtschaft, der Verbände in der Stadtregion, der Provinzbehörden und der staatlichen Maßnahmeträger zwei oder drei Jahre lang zusammen, häufig unter dem Vorsitz einer unabhängigen Persönlichkeit, und handeln konkrete Vereinbarungen für die jeweilige Stadtregion aus. Das erfolgreiche ROM-Projekt Rijnmond für die Stadtregion von Rotterdam kann dabei als relativ guter Ausgleich für das Scheitern des Stadtprovinzansatzes in diesem großen urbanen Ballungsraum der Niederlande angesehen werden. Dieses umfassende Entwicklungsprojekt zeigt auch, wie notwendig gut funktionierende Provinzen als Mittelinstanzen zwischen nationaler Regierung und kommunaler Ebene sind.

Literatur

Barlow, I.M., Metropolitan Government, London und New York 1991.

Batley, R., und G. Stoker, Local Government in Europe, London 1991.

Bestuur en Stedelijke Gebieden, Bestuur op Niveau, Deel 2, 's-Gravenhage 1991 (Ministerie van Binnenlandse Zaken).

Fourth National Memorandum on Urban and Regional Planning, Den Haag 1988.

Gebiedsindeling, Den Haag 1995 (VNG, Vereniging van Nederlandse Gemeenten).

Grote Steden, Grote Kansen, Rapport van de Externe Commissie Grote Stedenbeleid, 's-Gravenhage 1989 (Ministerie van Binnenlandse Zaken).

Humes, S., Local Governance and National Power, New York 1991.

Information and Documentation Centre for the Geography of the Netherlands, IDG-Newsletter 2/1997, Utrecht 1997.

Information and Documentation Centre for the Geography of the Netherlands, Compact Geography of the Netherlands, Den Haag 1996.

Information and Documentation Centre for the Geography of the Netherlands, Newsletter: The south-west Netherlands, Utrecht und Den Haag 1993.

Institutions and Cities. The Dutch Experience. Netherlands Scientific Council for Government Policy, Den Haag 1990 (Reports to the Government, Nr. 37).

Kreukels, Anton M.J., Environment, economic development and administration, Paris 1993 (Organisation for Economic Cooperation and Development (OECD), Environment Directorate, Group on Urban Affairs, Expert Meeting on the Ecological City, Paris, May 1993).

Kreukels, Anton M.J., Metropolitan administrative structures and the Dutch experience, in: Governing metropolitan regions, towards new administrative structures in urban Europe, Eindhoven 1992 (Speeches of the international conference, organized by: The City of Eindhoven, European Institute for Comparative Urban Research (EURICUR), The Council of European Municipalities and Regions, Dutch Section, Erasmus International Forum, Eindhoven, April 1992), S. 17 ff.

Kreukels, Anton M.J., The restructuring and growth of the Randstad cities – Current policy issues, in: Frans M. Dieleman und Sako Musterd (Hrsg.), The Randstad: A Research and Policy Laboratory, Kluwer 1992, S. 237-262.

Kreukels, Anton M.J., und Egge-Jan Pollé, Urbanization and spatial planning in an international perspective, in: HBE, Netherlands Journal of Housing and The Built Environment, 1997, Nr. 1 (Special issue: Spatial planning in the Netherlands. Current developments and debates), S. 135-164.

Kreukels, Anton M.J., und W.G.M. Salet (Hrsg.), Debating Institutions and Cities, Den Haag 1992 (Proceedings of the Anglo-Dutch Conference on Urban Regeneration, WRR Preliminary and background studies V-76, Netherlands Scientific Council for Government Policy).

Kreukels, Anton M.J., und Simonis, J.B.D., Metropolitan Politics and „Managed Growth"; The Rotterdam Case/the Netherlands, 1995 (Paper presented at the 91st Annual Meeting of the American Political Science Association (APSA), 1995 in Chicago).

Kreukels, Anton M.J., und T.J.M. Spit, Public-Private Partnership in the Netherlands, Window on The Netherlands, in: TESG Tijdschrift voor Economische en Sociale Geografie, 1990, Nr. 5, S. 388-392.

Kreukels, Anton M.J., und T.J.M. Spit, Fiscal Retrenchment and the Relationship Between National Government and Local Administration in the Netherlands, in: Susan F. Clarke (Hrsg.), Urban Innovation and Autonomy. Political Implications of Policy Change, Urban Innovation Series, Newbury Park, London, Neu Delhi 1989, S. 153-181.

Kreukels, Anton M.J., und H.J.T. Wilmer, Metropolitan Government in the Netherlands, Window on The Netherlands, in: TESG Tijdschrift voor Economische en Sociale Geografie, 1990, Nr. 4, S. 299-306.

Lambooy, J.G., Polynucleation and Economic Development: the Randstad, in: European Planning Studies, 1998, Nr. 4, S. 457-466.

Lijphart, A., The Politics of Accomodation: Pluralism and Democracy in the Netherlands, Berkeley 1968.

Markusen, A.R., Regions. The Economics and Politics of Territory, Totowa 1987.

Meny, Y., Government and Politics in Western Europe, Oxford 1990.

Ministerie van Binnenlandse Zaken, Wet Bijzondere Bepalingen Provincie Rotterdam, 's-Gravenhage 1995.

Norton, A., International Handbook of Local and Regional Government, Aldershot 1993.

Nijmeijer, H., Ruimtelijke Patronen, in: W. van der Velden und E. Wever (Hrsg.), Nederland is meer dan de Randstad, Utrecht 1995, S. 21-38.

Ostrom, V., C.M. Tiebout und R. Warren, The Organization of Government in Metropolitan Areas, in: American Political Science Review, 1961, S. 831-842.

Peterson, P., The Price of Federalism, Washington D.C. 1995.

Peterson, P., City Limits, Chicago 1981.

Rusk, D., Cities without suburbs, Washington D.C. 1993.

Salet, W.G.M., Gegrond Bestuur. Een internationale vergelijking van bestuurlijke betrekkingen, Delft 1994.

Scharpf, F., Community and Autonomy. Multi-Level Policy-Making in the European Union, Florenz 1994 (RSC Working Papers, 1994, Nr. 1, European University).

Scharpf, F., Regionalisierung des europäischen Raums, Köln 1989 (Cappenberger Gespräche der Freiherr von Stein-Gesellschaft, Bd. 23).

Sharpe, L.J. (Hrsg.), The Rise of Meso Government in Europe, London 1993.

Self, P., Planning the Urban Region. A Comparative Study of Policies and Organizations, London 1982.

Stein, J.M. (Hrsg.), Growth Management. The Planning Challenge of the 1990's, Newbury Park, London, Neu Delhi 1993.

Toonen, Th.A.J., Bestuur op Niveau: regionalisatie in een ontzuilend bestuur, in: Acta Politica, 1993, Nr. 3, S. 295-25.

Toonen, Th.A.J., u.a., Innovation of Politics and Administration of Provinces (Vernieuwing van politiek en bestuur in de provincie. Pre-advies ten behoeve van het IPO-project „de provincie van de toekomst"; IPO-strategiegroep Van Kemenade), Rotterdam 1994 (BCR, Bureau voor Contractresearch).

van der Velden, W., und E. Wever, (Hrsg.), Nederland is meer dan de Randstad. De economische emancipatie van overig Nederland, Utrecht 1995.

Visser, J., und A. Hemerijck, The Dutch Miracle. Job Growth, Welfare Reform and Corporatism in the Netherlands, Amsterdam 1997.

Warren, R., M.S. Rosentraub und L.F. Weschler, Building Urban Governance: An Agenda for the 1990s, in: Journal of Urban Affairs (hrsg. von D.L. Ames u.a.), 1992, Nr. 3/4, S. 399-422.

Wetenschappelijke Raad voor het Regeringsbeleid (WRR) (Wissenschaftlicher politischer Beirat der Regierung), Institutions and Cities. The Dutch Experience, Den Haag 1990.

BILANZ

Werner Heinz

Wesentliche Merkmale
interkommunaler Kooperation in Stadtregionen

Inhalt

Einleitung

Zwischen Beginn und Abschluss der vorliegenden Studie liegen mehr als zwei Jahre. Das Thema „Interkommunale Kooperation in Stadtregionen" hat in diesem Zeitraum nichts von seiner eingangs genannten Bedeutung verloren. Im Gegenteil: Immer wieder war es Gegenstand einschlägiger Tagungen und Veröffentlichungen[1]. Die dabei geäußerten Vorstellungen und Forderungen in Bezug auf Form und Organisation von Kooperationsansätzen sind vielfältig und decken wie schon in früheren Phasen der Kooperationsdiskussion ein breites Spektrum ab.

Vielfältig, dies zeigen die in diesem Band vorgestellten Untersuchungsergebnisse, sind auch die Kooperationsansätze und -überlegungen in den am Projekt beteiligten Nationen. Nahezu überall gibt es eine Vielzahl von Ansätzen mit unterschiedlichen Aufgaben, Zielsetzungen, Organisationsstrukturen, Beteiligten usw. Trotz dieser Unterschiede und aller Besonderheiten bei den jeweiligen nationalen Ausgangsbedingungen lassen sich die meisten dieser Ansätze jedoch interessanterweise staatenübergreifend vier verschiedenen Typen zuordnen: Einem Typus der informellen sowie drei Typen der formellen Kooperation, zu denen zum einen funktionsspezifische und zum anderen multifunktionale – entweder verbandsmäßig oder gebietskörperschaftlich verfasste – Organisationseinheiten zählen.

Das in der Einleitung dieser Studie genannte Dilemma im Hinblick auf eine eindeutige Definition von Begriffen wie Region und Stadtregionen konnte vor allem im Rahmen einer mehrere Nationen mit unterschiedlichen Regionsvorstellungen erfassenden Arbeit nicht gelöst werden. Gegenstand aller Beiträge waren, darüber bestand unter den Projektbeteiligten Übereinstimmung, Kernstädte und deren jeweiliges, mit diesen funktional eng verflochtenes Umland. In diesen Räumen stattfindende Kooperationsansätze wurden jedoch, anders als dies bisweilen im deutschen Sprachraum der Fall ist, nicht allein oder überwiegend unter Aspekten der räumlichen Planung betrachtet, sondern als institutionelle, potenziell die unterschiedlichsten Funktionen umfassende Arrangements verstanden. Der Kreis der Beteiligten dieser Arrangements ist aufgrund der Unterschiede in den nationalen Verwaltungsstrukturen verschieden und umfasst ein breites Spektrum von Körperschaften, Institutionen und Agenturen, die auf lokaler Ebene tätig sind.

Interkommunale Kooperation in Stadtregionen ist in allen projektbeteiligten Nationen nichts Neues. Als spezifische lokale Reaktionsform auf funktionale Veränderungen und Erfordernisse verfügen diese Kooperationsansätze vielmehr überall ü-

---

[1]   Relevante Ergebnisse dieser Tagungen und Veröffentlichungen wurden – soweit dies im Einzelnen möglich war – in das Kapitel über deutsche Kooperationsansätze eingearbeitet.

ber eine lange Tradition: mit „Boomzeiten" (dies gilt vor allem für Teile der USA, Frankreich und die westdeutschen Bundesländer) in den späten 60er und frühen 70er Jahren. Neu sind allerdings die seit den 80er Jahren feststellbaren Veränderungen einiger relevanter Rahmendaten. So wurden oder werden die politisch-administrativen Strukturen auf lokaler Ebene in den meisten der projektbeteiligten Staaten reorganisiert und sind damit nicht länger eine stabile Einflussgröße; die mit diesen Veränderungen oft einhergehenden Ansätze zur Dezentralisierung, Liberalisierung und Privatisierung kommunaler Verwaltungen haben darüber hinaus die Struktur potenzieller Kooperationspartner verändert und deren Zahl ansteigen lassen. Neu ist schließlich auch die deutliche Zunahme funktionsspezifischer und/oder informeller Kooperationsansätze, die zum einen Ergebnis der oben genannten Veränderungen und zum anderen auch Resultat vorhandener, umfassenderen Kooperationsansätzen entgegenstehender Restriktionen sind. Besonders deutlich zeigt sich der Zusammenhang zwischen politisch-administrativen Veränderungen auf kommunaler Ebene sowie Form und Zahl von Kooperationsansätzen in Frankreich und in Großbritannien, neuerdings auch in Deutschland. Diese Veränderungen sind während der Bearbeitung der vorliegenden Studie weitergegangen: beispielsweise als Ergebnis spezifischer regional- und kommunalpolitischer Entscheidungen der 1997 gewählten Labour-Regierung in Großbritannien oder als Folge von Landtagswahlen in deutschen Bundesländern. Ihnen konnte aus verständlichen Gründen nur begrenzt Rechnung getragen werden. Für die ausländischen Beiträge gilt dies etwa bis Herbst 1998, für den deutschen Beitrag bis Mitte 1999.

Obgleich alle Autoren als Grundlage für Ihren Beitrag einen gemeinsamen Frageleitfaden erhalten hatten, setzen die Beiträge dieses Bandes bei der Darstellung nationaler Erfahrungen mit interkommunalen Kooperationsansätzen in Stadtregionen unterschiedliche Schwerpunkte. Diese reichen von der Beschreibung des nationalen Spektrums an Kooperationsansätzen über eine Diskussion anhand von Fallbeispielen bis zur Konzentration auf spezifische nationalstaatliche Regierungs- und Verwaltungsstrukturen. Diese Unterschiede sind zum Teil Ergebnis der unterschiedlichen nationalen Ausgangsbedingungen, wie z.B. neuerer tiefgreifender allgemeiner Verwaltungsreformen oder einer Beschränkung der Kooperationsdiskussion auf nur wenige Ballungsräume. Sie sind aber auch Resultat der inhaltlichen Positionen, Einstellungen und Sichtweisen der einzelnen Autoren. Letztere werden auch bei der Frage nach den strategischen Präferenzen für die weitere Entwicklung und in der Art der jeweils gewählten Darstellung deutlich. Diese reicht von eher analytisch bis deskriptiv, von eher kritisch bis entwicklungskonform. Für das Ziel dieser Studie, die breitere Auseinandersetzung mit einigen Fragen, die sich aus deutscher Sicht im Kontext der interkommunalen Kooperation in Stadtregionen stellen, sind diese Unterschiede nicht von Nachteil. Sie ermöglichen vielmehr ein mehrschichtiges Bild, in das unterschiedliche Aspekte und Sichtweisen eingehen.

An dieser Stelle soll nun Bilanz gezogen werden. In Form einer Querschnittsbetrachtung aller vorgestellten Beiträge[2] werden die zentralen Elemente interkommunaler Kooperationsansätze – ihre nationalspezifischen Besonderheiten und gren-
zenübergreifenden Gemeinsamkeiten – kritisch gegenübergestellt. Als Gliederungsprinzip dienen die in der Einleitung der Studie genannten, in der hiesigen kommunalpolitischen Diskussion relevanten Fragenkomplexe:

- politisch-administrativer Hintergrund,
- Anlässe und Auslöser von Kooperationsansätzen,
- maßgebliche Akteure: Befürworter und Gegner,
- Organisationsformen der Kooperation sowie maßgebliche Elemente von Kooperationsansätzen,
- aktueller Stand, künftige Entwicklung und offene Fragen.

1. Allgemeine Ausgangsbedingungen und konkrete Anlässe für die Einrichtung interkommunaler Kooperationsansätze in Stadtregionen

1.1 Der politisch-administrative Hintergrund

Die maßgeblichen Akteure interkommunaler Kooperationsansätze in Stadtregionen sind in der Regel – dies gilt auch für andere Nationen – öffentlich-rechtlich
verfasste Institutionen, Organisationen und Körperschaften, die sich von kommunalen Gebietskörperschaften deutscher Prägung oft deutlich unterscheiden. Maßgebliche Unterschiede bestehen auch bei den jeweils geltenden staatlichen und administrativen Strukturen, von denen die Kompetenzen und Handlungsspielräume
der lokalen, bisweilen auch regionalen Akteure abhängig sind. Bei den projektbeteiligten Nationen lassen sich vereinfacht zwei Typen unterscheiden: zum einen ein
zentralstaatlich organisierter und zum anderen ein föderaler (bundesstaatlicher).

---

[2]   Die folgenden Ausführungen verstehen sich als Gegenüberstellung und Synthese der
      sechs nationalen Projektberichte. Auf Angaben über die genauen Fundstellen der im
      Einzelnen zusammengestellten Ergebnisse und Überlegungen wurde aus Gründen der
      besseren Lesbarkeit verzichtet.

Zum zentralstaatlich organisierten Typus zählen Frankreich, Großbritannien[3] und die Niederlande, zum bundesstaatlich organisierten die USA, die Bundesrepublik Deutschland sowie Kanada.

1.1.1 Zentralstaatlich organisierte Nationen

Unter den zentralstaatlich organisierten Nationen gilt Frankreich trotz der in den frühen 80er Jahren eingeleiteten Dezentralisierungspolitiken nach wie vor als Prototyp. Frankreich versteht sich ebenso wie die Niederlande als Einheitsstaat, das heißt als Staat, bei dem alle substaatlichen Gebietskörperschaften jeweils über dieselben Befugnisse, Formen von Ressourcen wie auch politisch-administrativen Strukturen verfügen. Diese Strukturen und Zuständigkeiten beruhen stets – dies gilt auch für Großbritannien – auf der Übertragung entsprechender Befugnisse durch den Zentralstaat auf untere Verwaltungsebenen. In Bezug auf Verwaltungsaufbau, Kompetenzverteilung zwischen den unterschiedlichen Verwaltungsebenen sowie Gestaltung der kommunalen Ebene zeigen die genannten Staaten jedoch deutliche Unterschiede:

- Frankreichs politisch-administrative Struktur gliedert sich in vier Ebenen: den Zentralstaat, die Regionen, die Départements und die Gemeinden. Über eigene Behörden und Organe ist der Zentralstaat auf allen Ebenen der substaatlichen Verwaltung vertreten. So stehen beispielsweise auf den Ebenen der Départements und Regionen den politischen Vertretungskörperschaften der direkt gewählten Räte jeweils Verwaltungsspitzen in Form staatlich ernannter Präfekten gegenüber.

Die Zahl der Gemeinden, zu deren Kompetenzschwerpunkten die Kontrolle der Flächennutzung sowie kommunale Versorgungseinrichtungen zählen, ist in Frankreich infolge der Unterlassung von in anderen Staaten durchgeführten Eingemeindungen und Gebietsreformen mit mehr als 36 500 unverhältnismäßig groß; sie entspricht etwa der Gesamtzahl der kommunalen Gebietskörperschaften in den übrigen Staaten der Europäischen Union. Die 1982 und 1983 von Seiten des Zentralstaates eingeleitete Dezentralisierung hat an dieser Situation nichts geändert, da sie nicht mit einer Gebietsreform verbunden war. Durch die Übertragung zentralstaatlicher Befugnisse und Ressourcen hat diese Reform vielmehr zu einer Stärkung kommunaler Gebietskörperschaften und der Départements geführt.

Das Ergebnis dieser politischen und institutionellen Fragmentierung der lokalen Ebene und des Widerstandes kommunaler Gebietskörperschaften – deren poli-

---

[3] Der Bericht über Großbritannien wurde noch vor Beginn der Reformen der Regierung Blair in Richtung einer stärkeren Regionalisierung fertiggestellt.

tische Repräsentanten in der Regel zusätzliche Funktionen auf anderen Verwaltungs- und Politikebenen wahrnehmen (Cumul des Mandats) – gegenüber territorialen Reformen ist eine weitere französische Besonderheit: die Einrichtung einer Vielzahl von formellen interkommunalen Kooperationsansätzen (etwa 19 000), in deren Mittelpunkt stets die Kommunen stehen.

■ Das Vereinigte Königreich (United Kingdom) besteht zwar formal aus vier verschiedenen Ländern (England, Wales, Schottland und Nordirland), die legislative Gewalt ist jedoch in den Händen von zwei Kammern (Houses of Parliament) zentralisiert, die Exekutivgewalt liegt bei der Zentralregierung. Die Befugnisse und Kompetenzen der lokalen Ebene (Urban Local Authorities), die insbesondere in den Bereichen der räumlichen Planung, der sozialen und technischen Infrastruktur sowie in Teilbereichen des Schulwesens liegen, sind ausnahmslos durch den Zentralstaat geregelt.

Im Zuge der auf Dezentralisierung und Verwaltungsmodernisierung orientierten Politiken zweier konservativer Regierungen wurden ab der Mitte der 80er Jahre eine Vielzahl, die kommunale Ebene in starkem Maße verändernder organisatorisch-institutioneller Reformen durchgeführt. Das so genannte zweischichtige Verwaltungssystem auf lokaler/regionaler Ebene mit „oberen" bzw. regionalen Gebietskörperschaften (Counties) und „unteren" bzw. lokalen Gebietskörperschaften (Districts) wurde durch ein „einschichtiges System" ersetzt. Bekanntestes Beispiel hierfür ist die 1986 erfolgte Auflösung des Greater London Council. Zeitgleich mit dieser Maßnahme wurden öffentliche Aufgaben und Versorgungsleistungen effektiviert (im Zuge des Compulsory Competitive Tendering), privatisiert oder öffentlich-privaten Partnerschaften übertragen. Von der Zentralregierung und einzelnen Ministerien wurde darüber hinaus eine Vielzahl funktionsspezifischer Einheiten (Agencies) auf regionaler wie lokaler Ebene institutionalisiert.

Im Ergebnis haben diese Reformen zu einer Fragmentierung und Komplizierung der lokalen/regionalen politisch-administrativen Strukturen und einer Schwächung kommunaler Verwaltungen sowie – ähnlich wie in Frankreich – zur Herausbildung einer Vielzahl intraregionaler Kooperationsansätze und zur Entstehung einer Verwaltungslandschaft geführt, die mit dem Begriff der Local Governance umschrieben wird.

■ Die Verwaltungsstruktur in den Niederlanden ist dreistufig und seit dem frühen 19. Jahrhundert am französischen Verwaltungssystem orientiert: mit Zentralregierung, Provinzen und Kommunen. Wie in Frankreich sind die substaatlichen Ebenen mit jeweils gleichen Rechten, Pflichten und Ressourcen ausgestattet (Einheitlichkeit des Verwaltungssystems). Gleichzeitig gesteht die Verfassung Provinzen und Kommunen innerhalb ihrer Grenzen ein prinzipielles Selbstbestimmungsrecht zu (dezentraler Charakter des Verwaltungssystems). Die in den

50er und 60 Jahren erfolgte Konzentration von Zuständigkeiten auf staatlicher Ebene führte in der Praxis jedoch dazu, dass die Verwaltungshoheit der Provinzen zunehmend auf Planungs- und Koordinierungsfunktionen reduziert wurde und den Kommunen gleichzeitig vermehrt Durchführungsaufgaben für übergeordnete Ebenen zugewiesen wurden. Deutlich wird die Abhängigkeit der kommunalen Ebene vom Zentralstaat vor allem bei den kommunalen Einnahmen. Weniger als zehn Prozent dieser Einnahmen stammen aus kommunalen Steuern und Gebühren; die restlichen Mittel setzen sich aus allgemeinen oder zweckbestimmten Zuweisungen des Staates zusammen.

Auch in den Niederlanden ist der Staat auf substaatlicher Ebene durch eigene Organe vertreten. Den direkt gewählten Provinzparlamenten und Provinzverwaltungen stehen von der Krone berufene Kommissare vor; diesen entsprechen auf kommunaler Ebene Bürgermeister, die über vergleichbare Vollmachten verfügen und gleichfalls von der Krone ernannt werden.

Die institutionelle Fragmentierung auf lokaler Ebene ist in den Niederlanden im Vergleich mit Frankreich oder dem Vereinigten Königreich gering. Als Folge von Eingemeindungsstrategien der Zentralregierung – in der Nachkriegszeit und erneut ab den 60er Jahren – ist die Zahl der Gemeinden auf gegenwärtig 538 zurückgegangen. Einrichtung und Diskussion interkommunaler Kooperationsansätze sind daher in den Niederlanden nicht vorrangig eine Reaktion auf die institutionelle Vielfalt der lokalen Ebene. Sie sind vielmehr Ergebnis einer staatlich initiierten Reform zur generellen Modernisierung substaatlicher Verwaltungsebenen sowie von Überlegungen zur gezielten Reorganisation einzelner Verdichtungsräume.

1.1.2   Föderal (bundesstaatlich) organisierte Nationen

Im Gegensatz zu den zentralstaatlich verfassten Nationen verfügen die föderal organisierten über eine unterhalb des Nationalstaats angesiedelte Ebene, die Eigenstaatlichkeit besitzt. Bundesstaaten in den USA, Bundesländer in Deutschland und Provinzen in Kanada fungieren nicht wie im Einheitsstaat als bloße staatliche Verwaltungsbezirke, sondern sie verfügen über eigene Verfassungen, Staatsgebiete und staatliche Gewalten. Für Struktur und Organisation der kommunalen Ebene ist nicht der Nationalstaat zuständig, diese sind vielmehr Sache der jeweiligen Bundesstaaten oder -länder. Diese Zuständigkeitsregelung gilt auch für die im Einzelnen praktizierten Ansätze und Formen interkommunaler Kooperation.

- Aus kommunaler Sicht nimmt Deutschland unter den genannten Nationen infolge der grundgesetzlich garantierten Verwaltungshoheit kommunaler Gebietskörperschaften (kreisfreie und kreisangehörige Gemeinden sowie Kreise) eine besondere Rolle ein. Diese Gebietskörperschaften sind befugt, „alle Angelegenheiten der örtlichen Gemeinschaft im Rahmen der Gesetze in eigener Verantwortung zu regeln". Faktisch wird dieser Kompetenz- und Handlungsspielraum jedoch immer kleiner: Der Anteil freiwilliger Aufgaben nimmt zugunsten gesetzlich vorgeschriebener Pflichtaufgaben kontinuierlich ab; gleichzeitig tragen Modernisierung und Reorganisation kommunaler Verwaltungen dazu bei, dass früher öffentlich erbrachte Leistungen ausgelagert und damit teil- oder vollprivatisiert werden.

Aufbau und Organisation kommunaler Gebietskörperschaften sind in Deutschland anders als bei den so genannten Einheitsstaaten nicht einheitlich, sondern länderspezifisch unterschiedlich geregelt. Ländersache war auch die Gebietsreform der 60er und 70er Jahre, welche die Zahl der Gemeinden in Westdeutschland auf fast ein Drittel schrumpfen ließ (etwa 8 500). In Ostdeutschland mit seinen ursprünglich mehr als 7 500 Gemeinden wird eine solche Reform gegenwärtig gleichfalls auf Länderebene durchgeführt.

Die Gesamtzahl interkommunaler Kooperationsansätze ist zwar nicht bekannt, es besteht jedoch Übereinstimmung, dass ihre Zahl auch nach der Gebietsreform – vor allem im Bereich der funktionsspezifischen und informellen Kooperationsformen – weiter gestiegen ist. Nur folgerichtig hat daher in jüngster Zeit der Begriff der Local Governance auch in die deutsche kommunalpolitische Diskussion Eingang gefunden.

- Der Verwaltungsaufbau in den gleichfalls föderal organisierten USA ist vierstufig: mit Nationalregierung, Bundesstaaten (50), Kreisen (Counties) und kommunalen Gebietskörperschaften (Local Governments). Alle hoheitlichen Aufgaben sind zwischen Nationalregierung und Bundesstaaten aufgeteilt. Die Kreise fungieren als substaatliche Ebene zur Durchführung staatlicher Aufgaben; Exekutive und Legislative sind auf dieser Ebene in der Regel nicht getrennt, sondern liegen in den Händen eines gemeinsamen Ausschusses.

Die kommunalen Gebietskörperschaften verfügen über keine eigenen Hoheitsbefugnisse. Sie sind rechtliche „Abkömmlinge" der jeweiligen Bundesstaaten, die auch für die Festsetzung ihrer Kompetenzen und Aufgaben zuständig sind. In allen Bundesstaaten können darüber hinaus zusätzliche lokale Gebietseinheiten wie Gemeinden (Municipalities), aufgabenspezifische Verwaltungseinheiten (Special Districts) oder -behörden (Public Authorities) eingerichtet werden. Nach Ansicht des US-amerikanischen Berichterstatters ist dies Ausdruck einer nationalen Besonderheit: der starken Abneigung, bestehende öffentlich-rechtliche Körperschaften mit mehr Kompetenzen und Macht zu versehen. Bevorzugt wird daher die Einrichtung neuer, problembezogener Verwaltungseinheiten.

Anders als in Deutschland gibt es in den USA kein flächendeckendes Netz kommunaler Gebietskörperschaften und -einheiten. Viele Bürger leben daher in

Gebieten, die als „unincorporated", das heißt als nicht kommunal verfasst, bezeichnet werden. Die mehr als 270 Metropolitan Areas der USA, die im Durchschnitt jeweils 100 lokale Gebietseinheiten umfassen, haben vor allem eine statistische Funktion. Über umfassende politische und administrative Strukturen verfügen diese mit deutschen Ballungsräumen vergleichbaren Gebiete nur in wenigen Ausnahmefällen. In der Regel sind sie durch eine starke Fragmentierung und ein Konglomerat unterschiedlicher und individueller Kooperationsansätze gekennzeichnet.

■ Kanada ist ebenso wie die USA ein Bundesstaat: mit zehn Provinzen und zwei im äußersten Nordwesten gelegenen sogenannten Territorien, die nicht den Status von Provinzen besitzen, in einigen Bereichen jedoch über dieselben Kompetenzen verfügen. Alle hoheitlichen Befugnisse verteilen sich auf diese beiden Ebenen. Die Kommunen als dritte Ebene der kanadischen Verwaltungsstruktur gelten laut Verfassung als „Geschöpfe der Provinzen", die für die Regelung ihrer lokalen Angelegenheiten zuständig sind. Ihr konkreter Handlungsspielraum wird jedoch faktisch durch die jeweiligen Provinzregierungen definiert, welche die Aufgaben und Befugnisse der kommunalen Ebene festlegen. In der Regel zählen dazu Verkehr, technische Infrastruktur, räumliche Planung und Umwelt. In Bereichen wie Sozial-, Gesundheits- und Bildungswesen besaßen die kanadischen Kommunen bis vor kurzem keine Zuständigkeiten. Hierfür waren von den Provinzregierungen eingerichtete Sonderbehörden oder dezentrale Institutionen der Bundes- oder Provinzregierungen zuständig. Finanzprobleme der Bundesregierung und eine ab Mitte der 90er Jahre eingeleitete Veränderung des bis dahin geltenden vertikalen Finanzausgleichs veranlassten jedoch inzwischen einige Provinzen, der kommunalen Ebene weitere Aufgaben – vor allem im Sozialbereich – zu übertragen.

Einsparungsorientierte Ziele stehen gegenwärtig auch bei interkommunalen Kooperationsansätzen im Vordergrund. Die für die Einrichtung dieser Ansätze zuständigen Provinzregierungen sehen darin vor allem eine Möglichkeit zur Reduzierung ihrer Ausgaben: durch eine verbesserte Koordinierung und Effektivierung von Verwaltungsleistungen auf kommunaler Ebene sowie eine Rationalisierung der Beziehungen zwischen Provinz- und kommunaler Ebene.

Die kommunale Ebene in den projektbeteiligten Nationen ist unterschiedlich organisiert und reicht von einem komplexen Geflecht an Gebietskörperschaften und Gebietseinheiten in den USA bis zu relativ starken kommunalen Gebietskörperschaften in Deutschland. Aufgaben, Kompetenzen und Strukturen dieser Ebene werden in Zentralstaaten von der staatlichen, in föderal verfassten Staaten von der jeweils zuständigen bundesstaatlichen Ebene (Länder, Provinzen) festgelegt. Diese Zuständigkeitsregelung gilt meist auch für die Einrichtung interkommunaler Kooperationsansätze.

Unabhängig von der Größe der einzelnen Staaten gibt es deutliche Unterschiede, was die jeweilige Zahl der kommunalen Gebietskörperschaften und Gebietseinheiten betrifft. Am höchsten sind diese Zahlen in Frankreich und den USA, am niedrigsten in den Niederlanden. Die Fragmentierung auf lokaler Ebene wird in allen Staaten verstärkt durch funktionsspezifische, auf dieser Ebene tätige Einrichtungen übergeordneter zentral- und bundesstaatlicher Akteure. Eine weitere vertikale Dezentralisierung und horizontale Separierung öffentlicher Aufgaben und Funktionen haben die in den 90er Jahren eingeleiteten Ansätze einer oft weitreichenden Verwaltungsmodernisierung bewirkt. Die organisatorisch-institutionellen Ausgangsbedingungen für interkommunale Kooperationsansätze in Stadtregionen wurden und werden damit zusätzlich komplizierter und unübersichtlicher.

1.2 Maßgebliche Kooperationsanlässe und -notwendigkeiten

Die unterschiedlichen und häufig miteinander verknüpften Anlässe und Ursachen, die für eine Verbesserung interkommunaler Zusammenarbeit in Stadtregionen, das heißt die Einrichtung neuer oder die Revision bestehender Kooperationsansätze, genannt werden, decken ein breites Spektrum ab und sind in der Regel Ausdruck vielfältiger Veränderungen wie auch widersprüchlicher Entwicklungen. Gegenwärtig zählen dazu insbesondere: fragmentierte politisch-administrative Strukturen auf lokaler Ebene; zunehmende Diskrepanzen zwischen siedlungsstrukturellem Wachstum und institutionellen Gebietsgrenzen; Verschärfung des interkommunalen Wettbewerbsdrucks auf regionaler Ebene; veränderte Aufgaben und Problemstellungen auf kommunaler und regionaler Ebene; wachsende, die weitere Entwicklung von Stadtregionen bedrohende finanzielle Disparitäten zwischen Kernstädten und Umlandgemeinden; Relevanzgewinn der regionalen Ebene sowie nicht zuletzt Unzulänglichkeiten und Defizite bereits bestehender Kooperationsansätze.

Fragmentierte politisch-administrative Strukturen auf lokaler Ebene

Der Kooperationsanlass der fragmentierten politisch-administrativen Strukturen auf lokaler Ebene ist in besonderem Maße in Großbritannien, Frankreich, den USA sowie in Ostdeutschland gegeben und Ergebnis nationaler Besonderheiten. Zu diesen zählen zum einen kleinteilige tradierte Verwaltungsstrukturen wie in Frankreich und in Ostdeutschland, die im Falle Frankreichs durch staatliche, in den frühen 80er Jahren einsetzende Dezentralisierungspolitiken weiter verstärkt, in Ostdeutschland gegenwärtig im Zuge einer umfassenden Gebietsreform allerdings sukzessive abgebaut werden. Dies sind zum anderen die patchworkartig aus unterschiedlichen – oft nur auf eine Aufgabe begrenzten – Institutionen zusammengesetzten lokalen Strukturen der USA oder die als Folge parteipolitisch motivierter Entscheidungen der Zentralregierung in den 80er Jahren eingeleitete Fragmentierung der lokalen Ebene in Großbritannien durch eine tiefgreifende Verwaltungsreform. Wesentliche Elemente dieser Reform waren Abschaffung übergreifender kommunaler Gebietskörperschaften (Counties) sowie vertikale Dezentralisierung und horizontale Separierung durch Einrichtung einer Vielzahl substaatlicher Agenturen und öffentlich-privater Körperschaften. Ungeachtet der jeweils unterschiedlichen Ursachen ist das Ergebnis dieser kleinteiligen Verwaltungsstrukturen überall das gleiche: Herausbildung vielfältiger, die bereits bestehende Fragmentierung zusätzlich verstärkender Kooperationsbeziehungen zwischen den verschiedenen Akteuren auf lokaler Ebene.

Zunehmende Diskrepanzen zwischen siedlungsstrukturellem Wachstum, funktionaler Verflechtung und institutionellen Gebietsgrenzen

Das Moment zunehmender Diskrepanzen hat bereits bei der in der alten Bundesrepublik Deutschland zwischen 1967 und 1977 durchgeführten Gebietsreform eine maßgebliche Rolle gespielt; in der Zwischenzeit hat es weiter an Bedeutung gewonnen. Die flächenmäßige Expansion der Verdichtungsräume und Stadtregionen hat weiter zugenommen und war – und dies ist das Neue der Entwicklung – nahezu überall mit einer Veränderung bisheriger räumlicher Nutzungsstrukturen und Nutzungsschwerpunkte verbunden. Bevölkerungs- und Arbeitsplatzzuwachs konzentrieren sich immer weniger auf die häufig spürbar an Dominanz verlierenden Kernstädte, sondern verschieben sich tendenziell in die städtischen Rand- und Umlandbereiche. Im Umland der Kernstädte entwickeln sich kleinere und größere Kommunen, die über ein zunehmend breiter werdendes Spektrum an Funktionen verfügen und sich immer weniger als hierarchisch eingebundene Entlastungsstandorte verstehen, sondern als selbständige Akteure innerhalb funktional vielfältig verflochtener polyzentrischer Siedlungsräume.

Infolge der kleinteiligen kommunalen Gebietsgrenzen und in Ermangelung übergreifender Steuerungsinstrumente verläuft die Entwicklung dieser Räume allerdings weitgehend unkoordiniert. Vorhandene Potenziale und Entwicklungschancen werden damit suboptimal genutzt, die Position der identitätsprägenden Kernstadt häufig geschwächt. Rechnung getragen wurde den räumlich-siedlungsstrukturellen Veränderungen häufig allein von Seiten der Städtestatistiker (so z.B. in Frankreich und in Deutschland): mit einer ab der Mitte der 90er Jahre erfolgenden Überarbeitung ihrer bis dahin geltenden Abgrenzungs- und Gliederungsmodelle für verstädterte Regionen.

Verschärfung des internationalen Wettbewerbs auf regionaler Ebene

Die Globalisierung von Produktion, Finanz- und Warenmärkten und die Einrichtung supranationaler Organisationen und Wirtschaftsräume (Europäische Union in Europa, North American Free Trade Agreement [NAFTA], das Freihandelsabkommen zwischen den USA, Kanada und Mexiko) haben dazu beigetragen, den interkommunalen Wettbewerb nicht nur weiter zu verschärfen und zu internationalisieren, sondern ihn auch auf eine andere, das heißt die regionale Ebene zu verlagern. Für die Erhaltung und Verbesserung der Wettbewerbschancen von Städten reichen daher nach Ansicht der unterschiedlichsten Akteure aus Wirtschaft, Politik und Wissenschaft individuelle und isolierte Aktivitäten einzelner Kommunen immer weniger aus. Entscheidungs- und Genehmigungsvorgänge werden zudem durch fragmentierte politisch-administrative Strukturen behindert und verzögert. Erforderlich sind daher gemeinsame Aktivitäten im regionalen Kontext.

Die besondere Bedeutung, die dem Aspekt des wirtschaftlichen Wettbewerbs in aktuellen Überlegungen und Forderungen zur interkommunalen Kooperation in den projektbeteiligten Staaten beigemessen wird, ist neu. Bei den auch in anderen Staaten durchgeführten Gebietsreformen der 60er und 70er Jahre haben Wettbewerbskriterien als Folge damals anderer Rahmenbedingungen kaum eine Rolle gespielt.

Wachsende, die weitere Entwicklung von Stadtregionen bedrohende finanzielle Disparitäten zwischen Kernstädten und Umlandgemeinden

Diskrepanzen in Bezug auf die Verteilung von Lasten und Vorteilen zwischen Kernstädten und ihrem Umland sind nichts Neues. Die in diesem Zusammenhang immer wieder genannten hohen Zentralitätskosten der Kernstädte (insbesondere für Einrichtungen der sozialen und technischen Infrastruktur oder für kulturelle Einrichtungen) waren auch schon in den 60er und 70er Jahren nicht allein in den westdeutschen Bundesländern Gegenstand der Diskussion. Vergleichsweise neu ist allerdings – vor allem für europäische Städte – eine inzwischen oft dramatische Diskrepanz zwischen der Finanzlage der Kernstädte und der ihrer Umlandgemeinden. Die hierfür genannten Ursachen reichen von der Dezentralisierung staatlicher Kompetenzen ohne entsprechenden Kostenausgleich bis zu steuerrechtlichen, vor allem die Kernstädte negativ betreffenden Reformen, von veränderten, das städtische Umland begünstigenden demographischen wie auch siedlungs- und wirtschaftsstrukturellen Entwicklungstrends bis zum Anstieg gesamtgesellschaftlicher, sich häufig in den Kernstädten konkretisierender und konzentrierender Probleme.

Vor diesem Hintergrund, aber auch aus Gründen der Kostenreduzierung und einer gleichmäßigeren Kostenverteilung sowie zur Vermeidung von Leistungseinschränkungen – mit negativen Konsequenzen für die gesamte Stadtregion –, zeigen viele Kernstädte ein verstärktes Kooperationsinteresse. Dieses wird allerdings nur selten von der häufig wesentlich wohlhabenderen Peripherie geteilt und meist, darauf wird vor allem von französischer und deutscher Seite hingewiesen, zusätzlich durch die jeweils geltenden nationalen Steuergesetze konterkariert.

Veränderte Aufgaben und Problemstellungen auf kommunaler und regionaler Ebene

Neben institutionellen und finanziellen, siedlungsstrukturellen wie auch wettbewerbsorientierten Anlässen spielen in der interkommunalen Kooperationsdiskussion auch veränderte, vielfach aus diesen Faktoren resultierende Aufgaben und Problemstellungen eine maßgebliche Rolle. Aus französischer Sicht zeichnet sich hier bereits ein Paradigmenwechsel ab: Noch vor einem Jahrzehnt hätten interkommunale Kooperationsansätze im Wesentlichen der gemeinsamen Bereitstellung sektoraler Dienstleistungen gedient, heute hingegen stünden „transsektorale" und territoriale Grenzen übergreifende Probleme im Vordergrund, die entsprechend koordinierter Aktivitäten bedürften.

Ein Bedeutungsgewinn regionsorientierter Aufgabenstellungen wird auch aus anderen Staaten berichtet: in Bereichen wie Planung und Steuerung der Siedlungsentwicklung, übergreifende Wirtschaftsförderung oder Bekämpfung von Arbeitslosigkeit und sozialen Problemen, Abbau räumlicher Disparitäten sowie Fragen des Umweltschutzes. Entsprochen wird diesen Aufgaben und Problemstellungen meist mit informellen Kooperationsansätzen: über Regionalkonferenzen in Deutschland oder öffentlich-private Partnerschaften und Aktionsbündnisse in den USA, wobei sich vor allem letztere mit Fragen der Qualifizierung von Arbeitskräften, der nachhaltigen Entwicklung oder dem Management von Ökosystemen beschäftigen. Bei der Mehrzahl der formellen Kooperationsansätze stehen hingegen weiterhin meist einzelne und eng begrenzte Aufgaben und Vorhaben im Vordergrund: für den Ver- und Entsorgungsbereich sowie den Verkehrssektor.

Relevanzgewinn der regionalen Ebene

Der Relevanzgewinn der regionalen Ebene gilt nicht allein für Verdichtungsräume und Stadtregionen, sondern für die regionale Ebene allgemein[4]. Drei Momente spielen hierbei eine maßgebliche Rolle.

Das erste hat mit der künftigen Funktion der Nationalstaaten zu tun. Kommt es als Folge veränderter politischer und sozioökonomischer Rahmenbedingungen (insbesondere Einrichtung supranationaler Organisationseinheiten wie Europäischer Uni-

---

[4] Zu den damit zusammenhängenden Definitionsproblemen vgl. Abschnitt I. 1.4 im deutschen Beitrag dieser Studie.

on sowie Herausbildung großer, transnational agierender und national kaum noch zu regulierender Wirtschaftsunternehmen) zu einer Reorganisation des National-staates bei einem Abbau sozialstaatlicher Elemente oder ist eine Aushöhlung des Nationalstaates zu erwarten mit deutlichen Kompetenzverlusten nicht allein zu-gunsten supranationaler, sondern auch subnationaler Ebenen wie der Regionen?

Das zweite Moment hat mit der ökonomischen Bedeutung zu tun, die regionalen Räumen und ihren endogenen Potenzialen im Zuge der wachsenden Globalisie-rung der Wirtschaft zugeschrieben wird. Danach benötigen die relevanten Wirt-schaftsakteure – vor allem im Forschungs- und Entwicklungssektor, aber auch in der Produktion – Räume mit spezifischen sozioökonomischen Strukturmerkmalen. Solche Räume sind allerdings nicht beliebig herstellbar, sondern das Ergebnis be-sonderer Voraussetzungen und Entwicklungen. Regional begrenzte Räume gewin-nen folglich mit ihren endogenen Potenzialen zunehmend an Gewicht.

Das dritte Moment schließlich hat mit der wachsenden Regionalisierung von För-dermitteln zu tun: zum einen auf der Ebene der Europäischen Union, deren För-derstrategien zunehmend spezifische Regionen zum Adressaten haben, und zum anderen in Staaten wie Frankreich oder auch in einigen deutschen Bundesländern. In Frankreich sind einige Kooperationsansätze offenbar allein mit dem Ziel ge-gründet worden, derartige Fördermittel zu erhalten.

Defizite und Unzulänglichkeiten bestehender Ansätze

Als Anlass für veränderte Kooperationsformen werden vor allem von US-amerikanischer, britischer und französischer Seite auch Defizite und Unzulänglich-keiten bestehender Ansätze genannt. Sie äußern sich in fragmentierten Strukturen auf lokaler Ebene und einer Vielzahl der auf dieser Ebene installierten Kooperati-onsansätze. Kritisiert werden letztere wegen ihrer mangelnden unmittelbaren de-mokratischen Kontrolle und Legitimation, der – von US-amerikanischer Seite ge-nannten – daraus resultierenden Gefahr ihrer Vereinnahmung durch bestimmte In-teressen und nicht zuletzt wegen der durch diese Ansätze ausgelösten zusätzlichen Komplizierung der Verwaltungsstrukturen von Verdichtungsräumen.

Auf Defizite und Unzulänglichkeiten wurde und wird in Deutschland vor allem bei einzelnen der territorialen und großraumorientierten Ansätze hingewiesen und damit die in mehren Staaten gemachte Erfahrung bestätigt, dass diese Ansätze meist zeitspezifischen Konstellationen entsprechen und daher in bestimmten Etappen einer Revision bedürfen. Gegenstand der Kritik waren und sind unzureichende Aufgabenerfüllung, Kompetenzüberschneidungen mit bestehenden kommunalen Gebietskörperschaften oder auch ein nicht mehr zeitgemäßer räumlicher Zuschnitt.

Die Anlässe und Ursachen für Forderungen nach einer verstärkten Kooperation in Stadtregionen sind in der Regel Resultat eines widersprüchlichen Gemischs von externen Herausforderungen und internen Veränderungen einerseits sowie diesen Entwicklungen entgegenstehenden institutionellen Strukturen und Regularien andererseits.

Zu diesen Auslösern zählen auch rigide staatliche Dezentralisierungspolitiken, wie z.B. im Großbritannien der 80er und 90er Jahre. Diese Politiken verursachen oder verstärken die weitere Fragmentierung der lokalen Ebene sowie vorhandene Diskrepanzen und tragen somit zu einem Anstieg isolierter Kooperationsansätze bei. Ergebnis ist eine weitere institutionelle Zersplitterung und eine Verstärkung bereits bestehender regionsbezogener Kooperations- und Koordinationsbedarfe.

2. Akteure – Initiatoren und Protagonisten, Gegner und Kritiker

Die für die Notwendigkeit interkommunaler Kooperationsansätze genannten Faktoren und Anlässe führen jedoch nicht zwangsläufig zur Einrichtung solcher, der jeweiligen Problemsituation entsprechender Ansätze. Zwischen potenzieller Notwendigkeit und praktischer Umsetzung stehen in der Regel die jeweils gegebenen politisch-administrativen Strukturen sowie eine Reihe unterschiedlicher Akteure, die die Realisierung von Kooperationsansätzen maßgeblich bestimmen, fördern oder auch verhindern können. Interkommunale Kooperationsansätze sind damit in starkem Maße ein Spiegelbild der jeweils existierenden Akteurskonstellationen, ihrer Interessen und Einflussmöglichkeiten.

Wer nun sind diese Akteure in den projektbeteiligten Staaten? Zum einen kommunale Gebietskörperschaften sowie lokale Institutionen und Organisationen als unmittelbar Beteiligte der Kooperation (von Städten, Gemeinden und Kreisen in Deutschland bis zu Municipalities, Special Districts und Public Authorities in den USA) und zum anderen – infolge der verfassungsrechtlichen Verankerung kommunaler Gebietskörperschaften in hierarchisch organisierten Staats- und Verwaltungssystemen – staatliche und substaatliche Akteure. In zentralstaatlich organisierten Ländern sind dies die Zentralregierungen und deren „verlängerte Arme" auf regionaler und lokaler Ebene (Regionen und Départements in Frankreich, Provinzen in den Niederlanden sowie eine Vielzahl von Agenturen und Maßnahmeträgern in Großbritannien), in föderal organisierten Staaten die Regierungen der Bundesstaaten (USA), die Länder (Deutschland) und die Provinzen (Kanada) sowie die jeweiligen staatlichen Mittelinstanzen (z.B. Counties in den USA oder Regierungsbezirke in Deutschland). Eine zunehmende Rolle spielen schließlich – auch als Folge der unten genannten Modernisierung kommunaler Gebietskörperschaften – Vertreter des Privatsektors.

Form und Struktur von Akteuren sind allerdings – dies gilt in jüngerer Zeit insbesondere für die lokale Ebene – nicht stabil, sondern werden seit der zweiten Hälfte der 80er Jahre einem sukzessiven Modernisierungs- und Reorganisationsprozess unterzogen. Beispiele und Belege hierfür gibt es vor allem aus Großbritannien, den Niederlanden und der Bundesrepublik Deutschland. Administrative Strukturen und Verfahrensabläufe werden dabei mit dem Ziel ihrer Effektivierung verändert und umgebaut, gleichzeitig werden bisher öffentlich erbrachte Leistungen abgebaut und ausgelagert (über formelle und materielle Privatisierungen einerseits oder in Form von Teilprivatisierungen – Public Private Partnerships – andererseits).

Welche Position nun staatliche und kommunale, öffentliche und private Akteure im konkreten Fall einnehmen, ob sie für oder gegen die Einrichtung eines interkommunalen Kooperationsansatzes votieren, hängt wiederum von mehreren, sich zum Teil gleichfalls verändernden Faktoren ab: Staats- und Verwaltungssystem, Position und Funktion der Akteure im Verwaltungsaufbau, politischen Interessen, zeitspezifischen Konstellationen (wie z.B. kommunaler Wirtschaftskraft, siedlungsstrukturellem Verflechtungsgrad) und nicht zuletzt von den zur Diskussion stehenden Formen der Kooperation und deren potenziellen Auswirkungen. Hierbei gilt: Je umfassender Kooperationsansätze konzipiert sind, desto deutlicher unterscheiden sich die Positionen der Akteure.

In Anbetracht dieser Variablen und der oben genannten Veränderungen scheinen Aussagen über die Positionen unterschiedlicher Akteure zunächst nur fallspezifisch möglich zu sein. Bei einem genaueren Vergleich der unterschiedlichen nationalen Erfahrungen zeigen sich jedoch mehrere Gemeinsamkeiten. Sowohl unter den Initiatoren und Befürwortern als auch bei den Gegnern und Kritikern umfassenderer, über eine bloß aufgabenspezifische Zusammenarbeit hinausgehender Kooperationsansätze lassen sich – wenn auch mit gewissen Vereinfachungen – mehrere, in allen projektbeteiligten Staaten ähnliche Gruppen von Akteuren ausmachen.

2.1 Initiatoren und Befürworter

Zu den Initiatoren und Befürwortern zählen vor allem jene Akteure, die sich aus der Einrichtung interkommunaler Kooperationsansätze spezifische Vorteile erwarten. Insgesamt lassen sich vier Gruppen unterscheiden:

■ Die zentralstaatliche oder – in föderal organisierten Staaten – die Ebene der Bundesstaaten[5]. In den Niederlanden war es das Ministerium des Innern, das bei mehreren Reformversuchen zur Reorganisation der Stadt-Umland-Beziehungen in besonderem Maße aktiv war. Ziele waren die Effektivierung und Modernisierung der Verwaltungsstrukturen in Stadtregionen sowie eine Stärkung der Position des Ministeriums innerhalb des Kabinetts. In Frankreich war gleichfalls der Zentralstaat der maßgebliche Akteur: über die Einrichtung unterschiedlicher interkommunaler Kooperationsansätze (Etablissements Publics de Coopération Intercommunale) und über spezifische finanzielle Kooperationsanreize. Die staatlichen Aktivitäten im Vereinigten Königreich waren hingegen mittelbarer Natur. Über eine verstärkte Zentralisierung und die Abschaffung bestehender regionaler Institutionen (Metropolitan Counties) stimulierte der Zentralstaat die Verwirklichung einer Vielzahl neuer – nun allerdings stärker staatlich kontrollierbarer – Kooperationsansätze.

Eine offensive Rolle in Bezug auf interkommunale Kooperationsansätze spielen unter den föderal organisierten Staaten insbesondere die Provinzregierungen in Kanada und deren Ministerien für kommunale Angelegenheiten: Aktuellstes Beispiel ist die 1997 erfolgte Bildung einer neuen, den Großraum von Toronto erfassenden Gebietskörperschaft. Maßgebliche Ziele waren hier – ebenso wie bei Kooperationsansätzen in anderen kanadischen Regionen – die Effektivierung der Verwaltung sowie eine Reduzierung der administrativen und politischen Beziehungen zwischen den Entscheidungsträgern von Provinz und kommunaler Ebene. Im Vergleich dazu nehmen deutsche Bundesländer eine eher ambivalente Position ein. Sie unterstützen und fördern Kooperationsansätze nur, solange sie nicht zu stark und damit zu potenzieller Konkurrenz werden. In den USA waren bei den meisten Kooperationsansätzen ebenfalls die Bundesstaaten, konkret Abgeordnete der jeweiligen Parlamente, auf Seiten der Befürworter zu finden. Aber auch die Bundesregierung in Washington hat sich für interkommunale Kooperationsansätze engagiert: z.B. über die Förderung regionaler Planungsverbände zur Koordinierung des Einsatzes von Bundesmitteln.

■ Kernstädte und ihre politischen Repräsentanten. Ihr Interesse an interkommunalen Kooperationsansätzen scheint in demselben Maße zuzunehmen, in dem früher dominante Kernstädte an Beschäftigten, Einwohnern und Wirtschaftskraft zugunsten ihrer Umlandgemeinden verlieren. Hohen Zentralitätskosten stehen dann gravierende Rückgänge auf der Einnahmeseite sowie gleichzeitig sich verschärfende Wettbewerbsanforderungen von nationaler und internationaler Seite gegenüber.

---

5 Dies sind auch die Ebenen, die stets für die Realisierung umfassenderer Kooperationsansätze, die über aufgabenspezifische Organisationseinheiten hinausgehen, zuständig sind.

Bei mehreren der international bekannten großraumorientierten Kooperations-ansätze spielten und spielen daher Kernstädte und/oder ihre politischen Repräsentanten eine maßgebliche Rolle: in Kanada in den Großräumen von Montréal und Toronto[6], in den US-amerikanischen Stadtregionen von Minneapolis/St. Paul und Portland, bei den Reformüberlegungen für die verstädterten Räume von Amsterdam und Rotterdam in den Niederlanden und auch beim Verband Region Stuttgart und den aktuellen Reforminitiativen im Raum Hannover. In Frankreich schließlich lässt sich die Herausbildung einer neuen politischen Elite auf lokaler Ebene beobachten – hierzu zählen vor allem in jüngster Zeit gewählte Bürgermeister –, die sich gleichfalls für die Einrichtung „echter lokaler Gebietskörperschaften mit Planungsbefugnissen für größere Gebiete" einsetzt.

- Die Wirtschaft und ihre Akteure. Auf ein spezifisches Interesse der Wirtschaft an interkommunalen Kooperationsansätzen in Stadtregionen wird vor allem von US-amerikanischer und kanadischer Seite hingewiesen. Fragmentierte Entscheidungsstrukturen und -kompetenzen sind aus wirtschaftlicher Sicht kontraproduktiv: Sie erschweren konkrete Investitionsvorhaben infolge komplizierter regulatorischer Rahmenbedingungen und bedeuten nach Ansicht kritischer Beobachter auch eine Beeinträchtigung der Einflussnahme relevanter wirtschaftlicher Akteure auf die öffentliche Politik in Stadtregionen. Die Wirtschaft und ihre Verbände sind daher deutlich an einer Vereinfachung bestehender politisch-administrativer Strukturen interessiert; sie sind selbst bereits häufig regional organisiert. Auch in deutschen Verdichtungsräumen – bekanntestes Beispiel ist hier der Rhein-Main-Raum – haben sich Repräsentanten der Wirtschaft für eine verbesserte interkommunale Kooperation ausgesprochen und entsprechende Initiativen und Vorschläge lanciert.

Ein Beispiel dafür, dass wirtschaftliche Akteure im Sinne ihrer Interessen auch eine diametral entgegengesetzte Position einnehmen können, ist der französische Großraum Lyon. Dort sprachen sich die größten Unternehmen gegen eine gebietsweite Kooperation und eine gemeinsame Gewerbesteuer aus und votierten für die Beibehaltung des steuerlichen Wettbewerbs zwischen den einzelnen Gemeinden, da sie als Folge der vorgesehenen Reform eine Verschlechterung ihrer Ansiedlungsoptionen befürchteten.

In Großbritannien schließlich wurden Privatsektor und Wirtschaft auf Initiative der Zentralregierung bei der Restrukturierung der lokalen Ebene und der For-

---

[6] Bei dem 1997 im Raum Toronto erfolgten zweiten Gemeinde-Zusammenschluss – diesmal von sechs Städten – zu einer Mehr-Millionenstadt fanden sich die Bürgermeister allerdings auf seiten der Gegner des Reformansatzes: Sie befürchteten einen Verlust lokaler Besonderheiten und eine zu große räumliche Distanz zwischen den Bürgern und ihren politischen Vertretern.

mierung neuer intraregionaler Kooperationsansätze tätig, die als Folge der staatlichen Dezentralisierungspolitik und der damit verbundenen Fragmentierung der lokalen Ebene notwendig geworden waren.

■ Fachlich involvierte Akteure und Medien. Insbesondere in Frankreich und den USA werden Kooperationsansätze in Stadtregionen auch von Seiten der Fachwelt unterstützt (von Führungskräften aus den staatlichen Eliteschulen in Frankreich, von Verwaltungsreformern und der akademisch gebildeten Fachöffentlichkeit in den USA, die sich für transparentere und effektivere Verwaltungsstrukturen und einen Abbau lokalistischen Kirchturmdenkens auf regionaler Ebene einsetzen). Auch in Deutschland setzt sich die Fachwelt für Ansätze der interkommunalen Kooperation ein, allerdings ähnlich wie in den USA mit unterschiedlichen Präferenzen. Während Verwaltungsjuristen und Akteure aus dem universitären Raum in der Regel für regionsweite Ansätze eintreten – mit unterschiedlichen Positionen in Bezug auf deren organisatorische Ausgestaltung (verbandsmäßig oder körperschaftlich) –, votieren vor allem freie Planer und Berater, häufig unter Berufung auf den Public-Choice-Ansatz, für ein breites und damit auch gleichzeitig ihre Beschäftigungsmöglichkeiten erweiterndes Spektrum unterschiedlicher Ansätze.

Beispiele für ein Engagement von Medien (in der Regel lokale Zeitungen) werden aus Kanada, den USA und Deutschland genannt. Diese versprechen sich aus Kooperationsansätzen – dies gilt zumindest für die USA – höhere Auflagenzahlen und größere Anzeigenmärkte.

2.2 Gegner und Kritiker

Auch bei den Gegnern und Kritikern von Kooperation lassen sich vereinfacht vier Gruppen unterscheiden. Zu ihnen zählen Organisationen und Institutionen sowie gesellschaftliche Gruppen, die aus der Einrichtung übergreifender Kooperationsformen spezifische Nachteile, Einbußen oder Verluste befürchten. Gegner und Kritiker lassen sich selbstverständlich auch unter den als Initiatoren und Befürworter genannten Gruppen finden. Sie sind dort allerdings – jedenfalls gegenwärtig – meist Einzelerscheinungen und werden deshalb an dieser Stelle vernachlässigt.

■ Staatliche Mittelinstanzen, bestehende Gemeindeverbände. Die Einrichtung stadtregionaler Kooperationsansätze ist in der Regel für bestehende Organisationen und Institutionen mit Kompetenzverlusten verbunden. Erfolgt die Kooperation in Gestalt einer neuen Gebietskörperschaft, so kann dies auch einen Existenzverlust bedeuten. Es ist daher nicht überraschend, dass staatliche Mittelinstanzen, Gemeindeverbände und deren Dachorganisationen meist zu den schärfsten Gegnern solcher Kooperationsansätze gehören. In Frankreich zählen hierzu insbesondere die Départements und der Verband der Distrikte und Gemeinden, in Deutschland Landkreise sowie Kreis- und Gemeindetage, aber auch Regierungspräsidien – und zwar immer dann, wenn umfassende, mit einer Verwaltungsstrukturreform verbundene und damit die Existenz dieser Organisationen gefährdende Ansätze gefordert werden.

- Vorstädte und Umlandgemeinden. Deren Widerstand – Beispiele hierfür werden insbesondere aus Frankreich und Ostdeutschland genannt – ist immer dann am größten, wenn Eingemeindungen oder regionalstadtähnliche Gemeindezusammenschlüsse zur Diskussion stehen. Maßgeblicher Grund sind die mit diesen Reformen befürchteten Verluste an Macht, Einfluss, Positionen und Funktionen auf Seiten potenziell betroffener Gebietskörperschaften und ihrer relevanten Funktions- und Mandatsträger. Aber auch weniger weitreichenden Kooperationsansätzen in Verbandsform stehen Vorstädte und Umlandgemeinden zunehmend kritisch gegenüber. Neben Macht- und Kompetenzverlusten wird vor allem für französische und deutsche Umlandkommunen die Dominanz der jeweiligen Kernstädte als Kooperationshindernis genannt.

Eine maßgebliche Rolle spielen nicht zuletzt auch finanzielle Erwägungen. Zum einen sind Stadtrand- und Umlandgemeinden, selbst wenn sie in den vergangenen Jahren häufig deutliche Wirtschafts- und Einnahmezuwächse zu verzeichnen hatten, in der Regel nicht bereit, sich an den hohen Zentralitätskosten der gleichzeitig mit Einnahmerückgängen konfrontierten Kernstädte zu beteiligen. Und zum anderen nimmt bei vielen Ballungsraumgemeinden als Folge insgesamt knapper werdender Ressourcen isoliertes Kirchturmdenken wieder zu.

- Städtische Bewohner und Bewohnergruppen. Bürger identifizieren sich mit ihrer Gemeinde, ihr Zugehörigkeitsgefühl zu einer Stadtregion und ihr Interesse an regionsweiten politisch-administrativen Einrichtungen sind hingegen meist gering. Diese Feststellung aus Frankreich gilt offenbar auch für andere Nationalstaaten. Bei den Referenda zur Einrichtung von Großraumkommunen in Toronto (Kanada) und den niederländischen Städten Amsterdam und Rotterdam votierten die Bürger weniger gegen die Einrichtung einer neuen suprakommunalen Ebene, da sie sich von dieser nicht konkret betroffen fühlten. Sie sprachen sich vielmehr gegen die mit dieser Reform verbundene Eingemeindung ihrer Städte aus, von der sie einen Verlust an demokratischer Kontrolle, eine zu große räumliche Distanz zu „ihrer" Kommunalverwaltung und nicht zuletzt einen räumlichen Identitätsverlust befürchteten.

In US-amerikanischen Städten stoßen interkommunale Kooperationsansätze vor allem bei zwei Bevölkerungsgruppen auf Widerstand: zum einen bei einkommensstärkeren Vorstadtbewohnern, die als Folge von Kooperationsansätzen eine „Plünderung ihrer Kassen", einen Effizienzverlust ihrer Verwaltungen sowie eine Mitverantwortung für die Probleme der Kernstädte befürchten, und zum anderen bei afroamerikanischen Bewohnergruppen, die aufgrund der vorherrschenden räumlichen Segregation von Wohngebieten in den USA in manchen Gemeinden die Mehrheit stellen, diese Mehrheitsposition aber durch eine Zusammenlegung von Gebietseinheiten gefährdet sehen.

- ■ Die Fachwelt. Hier geht es weniger um explizite Gegnerschaft, sondern um das Eintreten für unterschiedliche und widerstreitende Positionen. So sprechen sich beispielsweise in nahezu allen projektbeteiligten Staaten Vertreter des neoliberalen Public-Choice-Ansatzes, die sich an Prinzipien wie lokaler Autonomie und Vielfalt mit differenzierten kommunalen Leistungsangeboten und freien Wahlmöglichkeiten für die jeweiligen Bewohner orientieren, für Netzwerke interkommunaler Vereinbarungen aus. Übergreifende Kooperationsansätze werden hingegen als entwicklungshemmend empfunden. Die Protagonisten eben dieser Ansätze kritisieren wiederum die von Public-Choice-Anhängern präferierten kleinteiligen Kooperationsformen: wegen ihrer Defizite in Bezug auf Transparenz und demokratische Kontrolle und den mit diesen Ansätzen verbundenen Fragmentierungstendenzen.

Bei der Einrichtung interkommunaler Kooperationsansätze spielt eine Vielzahl von Akteuren eine Rolle: mit jeweils unterschiedlichen und auch veränderlichen Positionen, Interessen und Einflussmöglichkeiten. Die Umsetzung spezifischer Kooperationsnotwendigkeiten in praktische Formen der Zusammenarbeit ist daher stets das Ergebnis konkreter Machtverhältnisse und Durchsetzungsmöglichkeiten sowie realisierbarer Kompromisse – zwischen Befürwortern, die sich aus den neuen Ansätzen Vorteile erwarten, und Gegnern, die Nachteile befürchten. Der Typus des jeweiligen Staatssystems ist offenbar weniger entscheidend. Entscheidend sind vielmehr – wie die Erfahrungen aus Großbritannien und auch aus Kanada zeigen –politische Präferenzen und die Durchsetzungskraft der jeweils zuständigen Akteure.

3. Kooperationsformen, Organisationsstrukturen

Intraregionale Kooperation ist dadurch gekennzeichnet, dass zwei oder mehrere, meist öffentlich-rechtliche Institutionen zur Realisierung gemeinsam formulierter Zielsetzungen und Aufgabenstellungen zusammenarbeiten. Dies kann auf der Basis von gegenseitigen Absprachen oder gemeinsamen vertraglichen Vereinbarungen geschehen wie auch über einen Zusammenschluss in Verbands- oder Gebietskörperschaftsform. Die Kooperationsbeteiligten sind in der Regel kommunale Gebietskörperschaften; es können aber auch andere Verwaltungsebenen, von diesen auf lokaler Ebene eingerichtete Organisationen sowie private Akteure sein.

Wie die verschiedenen nationalen Berichte zeigen, kann die Form dieser Kooperation sehr unterschiedlich ausfallen[7]. Sie hängt im Einzelfall von mehreren Einflussgrößen ab: den spezifischen Problemen, Aufgaben und Anlässen, den jeweiligen politisch-administrativen Strukturen, den Akteuren und ihrer Kooperationsbereitschaft und den durch bundes- oder zentralstaatliche Politiken gesetzten Rahmenbedingungen. Trotz der durch das Zusammenwirken dieser Faktoren bedingten Vielfalt realisierter Formen lassen sich, wie bereits eingangs erwähnt, intraregionale Kooperationsansätze unter Vernachlässigung einzelfallspezifischer Besonderheiten nationalstaatenübergreifend einigen wenigen, nach dem Grad der Institutionalisierung, dem Umfang der Aktivitäten und der Form der Organisation (Verband oder Gebietskörperschaft) differenzierenden Typen zuordnen. Hierzu zählen der Typus der informellen oder der – nach dem Begriff, den der Autor des Frankreich-Beitrags verwendete – nicht institutionalisierten Kooperation, die auf eine Aufgabe oder ein Vorhaben beschränkte institutionalisierte Zusammenarbeit (funktionsspezifische Organisationseinheiten) sowie zwei Typen der multisektoralen, in der Regel von übergeordneten Verwaltungsebenen initiierten Kooperation – zum einen in Verbands-, zum anderen in gebietskörperschaftlicher Form. Darüber hinaus gibt es in mehreren Staaten Sonderformen der Zusammenarbeit.

Selbstverständlich sind auch andere Typisierungen möglich. So unterscheidet beispielsweise der Europarat zwischen Gemeindezusammenschlüssen in Form von Eingemeindungen, der Übertragung bestimmter Funktionen an bestehende regionale Gebietskörperschaften, der Einrichtung regionsspezifischer Mehrzweckorganisationen sowie schließlich der traditionellen interkommunalen Kooperation in Form von Zweckverbänden, zwischengemeindlichen Vereinbarungen, privatrechtlichen Organisationen usw.[8] In eine ähnliche Richtung geht auch die von Max Barlow vorgeschlagene Strukturierung: in einen monozentrischen Typus (Zusammenschluss aller Städte und Gemeinden einer Regionen zu einer Großkommune), einen polyzentrischen Typus (mit einer Vielzahl von Gemeinden und zwischengemeindlichen Kooperationsansätzen) und ein zweistufiges Verwaltungsmodell (mit einer übergeordneten regionalen und einer „unteren", aus den lokalen Gebietskörperschaften zusammengesetzten Ebene)[9].

---

[7] Ein besonders breites Spektrum an Kooperationsansätzen ist dem Europarat zufolge vor allem in Deutschland zu finden, siehe *Council of Europe* (*Hrsg.*), Conference of European Ministers responsible for Local Government. Theme I: Major Cities and their Peripheries, Straßburg 1993.

[8] Ebenda.

[9] *Max Barlow*, Structures of Government in Metropolitan Regions: A Context for Planning, Dublin 1993 (Manuskript zur Tagung „The European City and its Region").

3.1 Nicht institutionalisierte Formen der Kooperation

Intraregionale Kooperation wird meist mit der Einrichtung öffentlich-rechtlicher Körperschaften assoziiert, sie kann aber auch in anderer Form erfolgen: informell oder in Gestalt privatrechtlicher Organisationen. In der kommunalen Praxis haben Kooperationsansätze dieser Art in den letzten Jahren deutlich an Relevanz gewonnen.

3.1.1 Informelle Kooperationsansätze

Informelle Kooperationsansätze – hierfür ist vor allem die deutsche Praxis ein Beispiel – reichen vom zwischengemeindlichen Erfahrungs- und Informationsaustausch über regelmäßige Gesprächskreise der Verwaltungsspitzen benachbarter Gemeinden bis zu Regionalkonferenzen, Foren und Netzwerken mit unterschiedlichen Teilnehmerkreisen. Zu diesen können neben Vertretern der beteiligten Kommunen und anderer öffentlich-rechtlicher Institutionen auch Akteure aus der Privatwirtschaft, der Wissenschaft sowie von Bürgergruppen zählen. In manchen Fällen haben informelle Kooperationsansätze als Eingangs- und Vorstufe einer institutionalisierten kommunalen Zusammenarbeit fungiert. In jüngerer Zeit werden sie allerdings neben und als Ergänzung zu institutionalisierten Organisationen eingerichtet, und diese Variante scheint im Zuge eines veränderten, verstärkt auf Dialog und Diskurs setzenden Politikverständnisses zunehmend an Bedeutung zu gewinnen.

Als Vorteile informeller Kooperationsansätze gelten ihre flexiblen Reaktionsmöglichkeiten in Bezug auf neu auftretende Herausforderungen, die von ihnen ausgehende Bündelung regionaler Kräfte wie auch ihre interaktiven, den Aufbau von wechselseitigem Vertrauen ermöglichenden Strukturen. Zu den potenziellen Nachteilen zählen die häufige Dominanz wirtschaftlicher Themenstellungen und Akteure, deren mangelnde demokratische Legitimation und Kontrolle sowie die Beschränkung auf weitgehend unproblematische und konfliktarme Aufgaben und Fragestellungen.

3.1.2 Privatrechtlich organisierte Ansätze

Die nach dem Privatrecht organisierte Zusammenarbeit kann zwei Formen annehmen: Bei der einen ist zwar die Rechtsform privat, die Beteiligten rekrutieren sich hingegen aus dem öffentlichen Sektor; bei der anderen gilt der Terminus privat auch für einen Teil der Akteure.

Ein Beispiel für den ersten Typus sind die in vielen französischen Stadtregionen eingerichteten Planungsagenturen, zu deren Mitgliedern Zentralstaat, Kommunen sowie in diesen Räumen bestehende interkommunale Kooperationsansätze zählen. Aufgabenschwerpunkte dieser Agenturen sind die Erstellung gemeindeübergreifender Strategiepläne, in jüngerer Zeit auch die Auseinandersetzung mit übergreifenden Fragen der Wirtschaftsförderung oder der Umweltentwicklung; darüber hinaus beraten sie auch häufig Gemeinden bei der Erstellung ihrer Flächennutzungspläne.

Deutsche Kooperationsansätze nach dem Privatrecht sind vorzugsweise in GmbH-Form organisiert. Sie sind überwiegend in den Bereichen der technischen Infra-struktur (Ver- und Entsorgungsleistungen, Abfallbeseitigung, ÖPNV) sowie in der Wirtschafts- und Tourismusförderung zu finden. Vorteile der GmbH-Form werden in ihrer relativ einfachen Gründung, der geringen Regelungsdichte wie auch in ihrer Verwaltungsunabhängigkeit und der daraus resultierenden Beschleunigung von Entscheidungsprozessen gesehen. Als Nachteil werden auch hier der Mangel an demokratischer Kontrolle sowie die potenzielle Dominanz betriebswirtschaftlicher Erfordernisse bei der Entscheidungsfindung gesehen.

Beispiele für den zweiten Typus privatrechtlicher Organisation, bei dem in starkem Maße auch private Akteure zu den Beteiligten zählen (Public Private Partnerships) gibt es in nahezu allen projektbeteiligten Staaten. In Frankreich zählen hierzu vor allem die Sociétés d'Economie Mixte Locales, deren Aufgabenschwerpunkte in Be-trieb und Management spezifischer Leistungen liegen. Die öffentlichen Akteure sind dabei in der Regel für Auftragsvergabe und Aufsicht zuständig, die privaten Beteiligten hingegen für Erstellung und Betrieb der jeweiligen Leistungen.

Die Tätigkeitsschwerpunkte öffentlich-privater Kooperationsansätze in den USA sind wesentlich breiter und reichen von Strategien zur Verbesserung der stadtregio-nalen Wettbewerbsfähigkeit über Ansätze zur Bekämpfung der Jugendkriminalität bis zu Fragen des Arbeitsmarktes oder einer angemessenen Wohnungsversorgung. Eine aktuell diskutierte Frage lautet allerdings auch hier: Reichen diese öffentlich privaten Aktionsbündnisse aus, um über kurzfristige Erfolge hinaus dauerhafte Verbesserungen zu erzielen, oder sind hierfür institutionalisierte Formen der Ko-operation nicht unabdingbar?

In Großbritannien sind öffentlich-private Revitalisierungspartnerschaften sowohl auf städtischer als auch auf regionaler Ebene tätig; ihre Einrichtung ist oft Voraus-setzung für den Erhalt von Fördermitteln (der Zentralregierung oder auch der Eu-ropäischen Kommission). Diese Partnerschaften sind Ausdruck veränderter Politik- und Managementvorstellungen, vor allem aber Ergebnis der durch konservative Regierungen in Großbritannien gezielt betriebenen Fragmentierung der lokalen E-bene. Auf Kritik stoßen diese Partnerschaften vor allem aus zwei Gründen: zum ei-nen wegen ihrer kurzfristigen Orientierung und ihres Verzichts auf strategische Zielsetzungen und zum anderen wegen der Tatsache, dass sie infolge ihrer unkontrollierten quantitativen Zunahme nicht dazu beitragen, vorhandene Koordinierungsdefizite zu reduzieren, sondern im Gegenteil weiteren Koordinationsbedarf auslösen.

Öffentlich-private Allianzen (Organismes Mixtes) in Kanada schließlich erinnern an die in mehreren deutschen Bundesländern eingerichteten Regionalkonferenzen. Anders als bei den umsetzungsorientierten Partnerschaften in Großbritannien und den USA handelt es sich auch hier um Diskussionsforen und Plattformen des Meinungsaustausches, die allein beratende Funktionen haben. Über Entscheidungskompetenzen verfügen diese Organisationen nicht. Sie tragen aber dazu bei, das Beteiligungsgebot der Öffentlichkeit zu unterlaufen, da die von ihnen beratenen Vorhaben von der öffentlichen Konsultationspflicht entbunden sind.

3.2 Institutionalisierte Formen der Kooperation – zwischen Gebietskörperschaften

Öffentlich-rechtlich institutionalisierte Kooperationsansätze gibt es in allen projektbeteiligten Staaten: mit vielfältigen Formen, die zum Teil bereits auf das ausgehende 19. Jahrhundert zurückgehen. Generell gilt allerdings: Je komplexer und umfassender eine Kooperationsform ist, desto geringer ist der Grad ihrer quantitativen Verbreitung.

3.2.1 Funktionsspezifische Kooperationsansätze

Am weitesten verbreitet sind Kooperationsansätze mit nur einem spezifischen Geschäftszweck. Allein in Frankreich gibt es 14 500 dieser Syndicats Intercommunaux à Vocation Unique (SIVU). Aber auch in Deutschland (mit seinen Zweckverbänden und öffentlich-rechtlichen Vereinbarungen), in Kanada (mit den Organismes à Vocation Unique und Districts Spéciaux), den USA (mit Interlocal Agreements, Special Districts sowie Public Authorities) und den Niederlanden sind aufgaben- oder funktionsspezifische Kooperationsformen ein gängiges Instrument der gemeindegrenzenübergreifenden Aufgaben- und Leistungserfüllung. Vereinfacht lassen sich auch hier zwei Typen unterscheiden: zum einen der in allen Staaten bekannte Typus der Kooperation zwischen lokalen Gebietskörperschaften und zum anderen der vor allem in den USA weit verbreitete Typus der für ein größeres Territorium zuständigen Sonderbehörde (Special Districts und Public Authorities).

Interkommunale Zweckverbände und interkommunale Vereinbarungen

Aufgabenspezifische Zweckverbände als häufigste Form interkommunaler Zusammenarbeit kommen zwischen Städten aller Größenordnungen vor; in verstädterten Regionen bestehen oft mehrere dieser Verbände nebeneinander, oft werden sie auch mit anderen Kooperationsansätzen kombiniert.

Die Einrichtung dieser Verbände erfolgt entweder durch die Kooperationspartner oder die jeweils zuständigen landes- oder zentralstaatlichen Behörden. Potenziell können diese Verbände die unterschiedlichsten lokalen Aufgaben übernehmen. In der kommunalen Praxis stehen allerdings Funktionen und Leistungen im Vordergrund, die aus technischen und/oder wirtschaftlichen Gründen sinnvollerweise gemeindegrenzenübergreifend erbracht werden. Dies gilt vor allem für die Bereiche der technischen, der kulturellen und der Freizeitinfrastruktur: Trinkwasser- und Energieversorgung, Abwasser- und Abfallentsorgung, ÖPNV, Planung und Bewirtschaftung von Kultur- und Sporteinrichtungen oder auch – wie beispielsweise in Kanada – Bewirtschaftung von Nationalparks. Zweckverbände können die von ihnen bereitgestellten Leistungen entweder selbst erbringen oder wie in Frankreich nur für deren Management und Kontrolle zuständig sein; die eigentliche Produktion erfolgt dann durch die Privatwirtschaft oder halböffentliche Unternehmen.

In Großbritannien haben zwischengemeindliche, in der Regel aufgabenspezifische Vereinbarungen mit der Abschaffung der „oberen" Gebietskörperschaften in verstädterten Ballungsräumen stark an Bedeutung gewonnen. Die Durchführung oder Koordination bestimmter gemeindeübergreifender Aufgaben wurde zunehmend interkommunalen, mit delegierten Ratsmitgliedern der jeweiligen Mitgliedskommunen besetzten Ausschüssen (Joint Boards oder Joint Committees) übertragen. Während Joint Boards von der Zentralregierung eingerichtet und finanziert werden und die ihnen übertragenen Aufgaben selbst durchführen, liegen im Falle der Joint Committees die Erbringung und Finanzierung von Leistungen bei den beteiligten Kommunen. Die Funktion der Committees beschränkt sich auf die Aufstellung aufgabenspezifischer Leitlinien für ihren räumlichen Geltungsbereich.

Eine interessante Variante stellen interkommunale Vereinbarungen zwischen US-amerikanischen Städten dar. Neben der gemeinsamen Wahrnehmung einer Aufgabe oder Leistung kann auch die Übertragung von Aufgaben und Leistungen an andere lokale Gebietskörperschaften vereinbart werden. Die Vertragspartner stehen sich dabei als Auftraggeber und Auftragnehmer gegenüber. Gegenstand interkommunaler Vereinbarungen können auch gegenseitige Unterstützungsleistungen sein. Dies gilt für den Fall, dass die vorhandenen Kapazitäten der Vertragspartner durch einen ungewöhnlich hohen Bedarf zeitweise überschritten werden (z.B. bei Feuerwehreinsätzen oder größeren, teure Maschinen erfordernden Maßnahmen der Straßeninstandhaltung).

Organe aufgabenspezifischer Organisationseinheiten sind in der Regel Verbandsversammlung und Vorstand. Näheres regeln – dies gilt für alle projektbeteiligten Staaten gleichermaßen – die jeweiligen Verbandssatzungen. Eine staatenübergreifende Gemeinsamkeit besteht auch darin, dass die Mitglieder von Verbandsversammlungen in der Regel delegierte Ratsvertreter aus den einzelnen Mitgliedsgemeinden sind. Die Zahl der Sitze einer Gemeinde hängt meist von deren Einwohnerzahl ab. Von dieser Regel kann allerdings – wie Beispiele aus Frankreich zeigen – abgewichen werden, um eine zu starke Dominanz großer Kernstädte zu vermeiden.

Finanzielle Basis von Zweckverbänden und interkommunalen Vereinbarungen sind von den Mitgliedern erhobene Beiträge und Umlagen sowie Gebühren, die die Leistungsnutzer zu entrichten haben. Die Erhebung eigener Steuern steht ihnen nicht zu.

Die Vorteile dieser Kooperationsform liegen – und dies gilt erneut nationalstaatenübergreifend – vor allem in ihrer vergleichsweise einfachen Einrichtung sowie in der mit ihnen gegebenen Möglichkeit der konkreten Problemorientierung (dies betrifft spezifische Anforderungen, örtliche Gegebenheiten und räumlichen Zuschnitt gleichermaßen). Als Folge ihrer Verwaltungsunabhängigkeit werden weitere Vorteile auch in Professionalisierung, Beschleunigung und Effizienzgewinn gesehen. Ihr zentraler und insbesondere in verstädterten Regionen und Verdichtungsräumen sichtbar werdender Nachteil liegt allerdings darin, dass sie zwar der kleinteilig funktionsspezifischen Kooperation dienen, gleichzeitig aber, da sie in der Regel Querbezüge zwischen verschiedenen Sektoren und Problemstellungen auf regionaler Ebene aussparen, einen immer größer werdenden Koordinierungsbedarf zur Folge haben.

Regionale Planungsverbände

Planungsverbände sind vor allem in einigen deutschen Bundesländern zu finden. Ebenso wie Zweckverbände sind sie Körperschaften des öffentlichen Rechts; Gemeinsamkeiten gibt es auch im Hinblick auf die jeweiligen Organe (Verbandsversammlung und Verbandsvorsitzender). Die Besonderheit dieser von Länderseite eingerichteten Verbände liegt in ihrem Aufgabenbereich: der gemeindegrenzenübergreifenden räumlichen Planung für die jeweiligen Verbandsmitglieder. Die allein in Baden-Württemberg eingerichteten Nachbarschaftsverbände sind für die Aufstellung gemeinsamer Flächennutzungspläne zuständig; Regionalverbänden in Baden-Württemberg, Bayern, Mecklenburg-Vorpommern und Sachsen obliegt hingegen die Regionalplanung. Da die einzelnen Länder flächendeckend in Regionen unterteilt sind, sind Regionalverbände nicht allein für verstädterte, sondern auch für ländlich strukturierte Räume zuständig. Neben der Formulierung großräumiger Ziele der Raumordnung und Landesplanung und der Erfassung und Analyse regionsspezifischer Entwicklungsprobleme dienen Regionalverbände nach dem Verständnis der betreffenden Landesregierungen auch der – vor allem in verstädterten Regionen erforderlichen – Koordinierung von Einzelplanungen. Infolge der Abwehrhaltung vieler Umlandgemeinden können sie dieser Aufgabe in der Praxis jedoch kaum gerecht werden; bewährt haben sich diese Verbände hingegen als Planungsinstrument und als Plattform für Stadt-Umland-Dialoge.

Plattform-Charakter wird auch den Regionalbezirken in der kanadischen Provinz British Columbia zugeschrieben. Ursprünglich waren diese ebenso wie deutsche Regionalverbände für die Erstellung regionaler Raumordnungspläne innerhalb ihrer Bezirksgrenzen zuständig, diese Kompetenz wurde ihnen jedoch Anfang der 80er Jahre entzogen. Aber auch ohne formelle Planungszuständigkeiten blieben diese Institutionen weiter bestehen und fungieren nun als Foren des Dialogs und der freiwilligen Abstimmung zwischen den jeweils beteiligten Kommunen.

Regionale Sonderbehörden (Public Authorities und Special Districts)

Regionale Sonderbehörden, die für bestimmte gemeindegrenzenüberschreitende Räume eingerichtet werden, finden sich vor allem in den USA; Special Districts gibt es allerdings auch in Kanada. Ebenso wie Zweckverbände oder interkommunale Vereinbarungen sind auch sie für spezifische Problemstellungen zuständig. Und ihr räumlicher Geltungsbereich lässt sich gleichfalls maßgeschneidert an den Einzugsbereich einer bestimmten Problematik anpassen. Ein maßgeblicher Unterschied besteht allerdings in der Art ihrer Einrichtung. Diese Organisationen sind nicht das Ergebnis interkommunaler Kooperation, sondern ein Produkt bundesstaatlicher Entscheidungen (in Kanada der Provinzregierungen). Mit ihrer Einrichtung sollen eine Kompetenzhäufung und damit auch ein Machtzuwachs in den Händen weniger Gebietskörperschaften vermieden werden. Streng genommen dürften diese Organisationen in einer Studie über interkommunale Zusammenarbeit keine Erwähnung finden; dass dies dennoch der Fall ist, liegt an dem regionalen Bezug dieser Organisationen.

Zielorientierung und Zweckbestimmtheit sind bei Special Districts und Public Authorities gleich. Ansonsten weisen diese Organisationen eine Reihe von Unterschieden auf. Dies gilt für

■ ihre Aufgabenschwerpunkte (hier stehen bei den Special Districts Ver- und Entsorgungsleistungen sowie das Schulwesen im Vordergrund; Public Authorities sind hingegen häufig für Fragen des Wohnungsbaus und des ÖPNV sowie kulturelle Einrichtungen zuständig),

- ihre demokratische Legitimation (die Leitungsorgane von Special Districts werden von den Bewohnern des jeweiligen Einzugsgebiets gewählt; bei den Public Authorities werden diese Organe ernannt) sowie

- ihre Finanzierung (Special Districts können eigene Steuern erheben sowie projektgebundene Anleihen [Revenue Bonds] ausgeben; Public Authorities finanzieren sich hingegen aus Gebühren und bundes- oder nationalstaatlichen Zuschüssen).

Ähnlich wie bei aufgabenspezifischen Zweckverbänden wird auch an Special Districts und Public Authorities kritisiert, dass sie dazu beitragen, die Verwaltungsstruktur in Verdichtungsräumen weiter zu komplizieren und den ohnehin bestehenden Koordinierungsbedarf zu erhöhen. Darüber hinaus wird moniert, dass sie infolge nur geringer Wahlbeteiligung und gleichfalls geringen Medieninteresses keiner ausreichenden öffentlichen Kontrolle unterliegen und daher für eine Vereinnahmung durch private Interessengruppen anfällig sind.

3.2.2 Regionsorientierte Kooperationsansätze

Die zunehmende funktionale Verflechtung von Kernstädten mit ihrem Umland großräumiges siedlungsstrukturelles Wachstum bei kleinräumigen institutionellen Gemarkungsgrenzen, wachsende, die weitere Entwicklung von Stadtregionen bedrohende finanzielle Disparitäten zwischen Kernstädten und Umlandgemeinden sowie veränderte Aufgaben und Problemstellungen, die verstärkt gemeindegrenzenübergreifende Lösungsansätze erfordern, haben Städte und Gemeinden wie auch übergeordnete Verwaltungsebenen immer wieder veranlasst, über räumlich wie sektoral umfassende regionsorientierte Kooperationsansätze nachzudenken. Eine Realisierung der vielfältigen Ergebnisse dieser Bemühungen – die von Mehrzweck-Pflichtverbänden mit weitreichenden Kompetenzen und eigenen Ressourcen über Eingemeindungen bis zu Gemeindezusammenschlüssen in neuen übergeordneten Gebietskörperschaften reichten –, stieß vor allem in föderal organisierten Staaten häufig auf Widerstand bei maßgeblichen, von diesen Reformen negativ betroffenen Akteuren (Umlandgemeinden, staatlichen Mittelinstanzen, städtischen Bewohnern). Aber auch in einem Zentralstaat wie den Niederlanden scheiterte die Umsetzung weitergehender Reformansätze auf stadtregionaler Ebene am vorhandenen Geflecht widersprüchlicher Interessen und Vorstellungen.

Die Zahl realisierter Ansätze ist daher – sieht man von den in früheren Jahren durchgeführten Eingemeindungen einmal ab – in den meisten projektbeteiligten Staaten vergleichsweise gering. Eine Ausnahme stellt allein Frankreich dar. Hier wurde seit den späten 50er Jahren von staatlicher Seite eine Reihe unterschiedlicher Kooperationsformen mit jeweils gleichen Strukturmerkmalen in die Praxis umgesetzt. Diese Formen reichen von Mehrzweckverbänden (Syndicats Intercommu-

naux à Vocation Multiple) bis zu Stadtverbänden mit gebietskörperschaftlichen E-
lementen (Communautés Urbaines). Insgesamt handelt es sich um fast 4 000 Kooperationsansätze, von denen die meisten allerdings in ländlich strukturierten Gebieten eingerichtet wurden. Die Zahl der Ansätze in verstädterten Ballungsräumen
beläuft sich hingegen auch in Frankreich auf weniger als 20.

Stadtregionale Kooperationsansätze sind – mit Ausnahme der französischen Beispiele und der nicht realisierten Reformüberlegungen in den Niederlanden – in der
Regel Unikate. Ihre Organisation, ihre Zuständigkeiten und ihr räumlicher Zuschnitt sind in Abhängigkeit vom jeweiligen Staats- und Verwaltungssystem wie
auch von den politischen und gesellschaftlichen Rahmenbedingungen zum Zeitpunkt ihrer Einrichtung unterschiedlich. Unter Verzicht auf die Besonderheiten
des Einzelfalles lassen sich jedoch auch hier staatenübergreifend drei immer wiederkehrende Typen feststellen: Mehrzweck-Pflichtverbände, neue Gebietskörperschaften sowie Mehrzweck-Pflichtverbände mit gebietskörperschaftlichen Elementen.
Darüber hinaus gibt es in allen Staaten nationalspezifische Sonderformen wie Metropolitan Planning Organizations in den USA, Inter Agency Collaborations in
Großbritannien oder großräumige Verwaltungsstrukturreformen unter Einrichtung
regionsweiter Koordinierungsinstanzen in Kanada.

Mehrzweckverbände

Mehrzweckverbände reichen von den Syndicats Intercommunaux à Vocation Multiple in Frankreich über einzelne Umland- und Regionalverbände in Deutschland
bis zu den City-Region-Associations in Großbritannien. Mehrzweck-Kooperations-
ansätze finden sich in den größeren Ballungsräumen der meisten projektbeteiligten
Staaten. Eine bemerkenswerte Ausnahme stellt Frankreich dar: mit einer ganzen Palette unterschiedlicher Verbandstypen, die auch oder nur in ländlich strukturierten
Gebieten eingerichtet werden und mit jeweils unterschiedlichen Kompetenzen und
Ressourcen ausgestattet sind. Interessantes Merkmal der Syndicats Intercommunaux à Vocation Multiple (interkommunale Mehrzweckverbände) ist beispielsweise,
dass eine Gemeinde einem solchen Verband seit 1988 auch dann beitreten kann,
wenn sie ihm nur einzelne und nicht alle der von ihm vertretenen Befugnisse übertragen will. In Organisation und Finanzierung unterscheiden sich diese „Verbände
à la carte" nicht von Verbänden, die für nur einen Geschäftszweck eingerichtet
wurden. Ebenso wie diese finanzieren sie sich aus Umlagen und Gebühren; eigene
Steuern erheben können sie nicht. Eine Variante stellen die gleichfalls in ländlich
strukturierten wie auch verstädterten Gebieten eingerichteten Distrikte (Districts)
dar: Diesen stehen zwei spezifische Funktionen (Wohnungswesen und Brandschutz) zu, weitere können ihnen übertragen werden, und sie sind berechtigt, eigene Steuern zu erheben.

Mit Ausnahme dieser typisierten Formen in Frankreich sind Mehrzweckverbände in verstädterten Gebieten anderer projektbeteiligter Länder spezifische Reaktionen auf die Anforderungen und Konstellationen konkreter Situationen. Ihre Aufgaben und Kompetenzen variieren daher von Fall zu Fall. Ähnlichkeiten bestehen allerdings in Bezug auf die Organisation dieser Verbände und den Umstand, dass sie in einer Reihe von Fällen über gebietskörperschaftliche Elemente verfügen (wodurch eine eindeutige Zuordnung, dies gilt vor allem für einige ausländische Beispiele, häufig erschwert wird). Bei Ansätzen ohne diese gebietskörperschaftliche Dimension deuten sich gleichfalls Veränderungen in diese Richtung an.

Mehrzweckverbände mit gebietskörperschaftlichen Elementen

Vor allem in Verdichtungsräumen eingerichtete Mehrzweckverbände mit gebietskörperschaftlichen Elementen decken meist ein breites Spektrum an Funktionen ab. Hierzu zählen häufig überörtliche Planungsaufgaben (wie Aufstellung von Flächennutzungsplänen, Generalverkehrsplänen oder Landschaftsplänen), Bodenbevorratung, Wasserversorgung, Abwasser- und Abfallentsorgung, ÖPNV, Friedhöfe, Betrieb von Freizeit- und Erholungseinrichtungen, Wirtschaftsförderung und Tourismusmarketing. Einige dieser Verbände wie z.B. der Metropolitan Council in Minneapolis/St. Paul oder der Portland Metropolitan Services District in den USA haben zunächst mit nur einigen wenigen Kompetenzen (wie z.B. Abwasser und Verkehr) begonnen und diese sukzessive um zusätzliche Aufgabenfelder erweitert. Andere Verbände verfügen hingegen von Anfang an über eine relativ große Zahl von Funktionen: Beispiele hierfür sind die französischen Stadtverbände (Communautés Urbaines). Ihnen stehen laut Gesetz elf Funktionsbereiche zu, die von der räumlichen Planung bis zum ruhenden Verkehr und Straßenwesen reichen und deren Spektrum von den beteiligten Kommunen auf freiwilliger Basis erweitert werden kann.

Deutsche Stadt-Umland-Verbände mit gebietskörperschaftlichen Elementen – Beispiele sind hier der Umlandverband Frankfurt (UVF) oder der Verband Region Stuttgart – verfügen gleichfalls über ein breites Spektrum an Zuständigkeiten. Wie jedoch die mehr als 20-jährige Geschichte des UVF zeigt, lassen sich diese, sobald sie über Planungs- und Beratungsfunktionen hinausgehen, oft kaum oder nur schwer realisieren.

Mitglieder von Regional- und Stadt-Umland-Verbänden sind die kommunalen Gebietskörperschaften der jeweiligen Räume (Kernstädte und Umlandgemeinden, Kreise, aber auch aufgabenspezifische Organisationseinheiten wie Public Authorities und Special Districts in den USA). Die Hauptwillensbildung- und Entscheidungsorgane dieser Verbände setzen sich entweder aus Delegierten der jeweiligen Mitgliedskörperschaften, deren Zahl sich in der Regel nach der jeweiligen Einwohnerzahl richtet oder – und hierin besteht die erste Analogie zu Gebietskörperschaften – aus Personen zusammen, die von den wahlberechtigten Bewohnern der einzelnen Verbandsmitglieder gewählt wurden. Beispiele für die zweite Variante sind insbesondere kanadische Gemeindeverbände sowie einzelne Stadt-Umland-Verbände in Deutschland. Ein weiteres gebietskörperschaftliches Element weisen US-amerikanische und französische Stadt- oder Regionalverbände auf: Sie sind ermächtigt, eigene Steuern – in der Regel Grund- oder Gewerbesteuern – zu erheben.

Zentrale Vorteile von Stadt- und Regionalverbänden sind ihr Regionsbezug und ihre multisektorale, Querbezügen und Interdependenzen zwischen einzelnen Aufgabenfeldern Rechnung tragende Orientierung. In vielen Fällen fungieren diese Verbände als übergeordnete Verwaltungsebene in Verdichtungsräumen. Diese Ebene ist aber nicht – und hierin liegt ein entscheidendes Defizit dieser Verbände – wie die früheren Metropolitan oder District Councils in Großbritannien in das jeweilige nationale politisch-administrative System integriert, sondern stellt einen Zusatz dar, der in starkem Maße von der kommunalen Ebene abhängig ist. Dies gilt auch für Verbände mit gebietskörperschaftlichen Elementen. Die Mitglieder des Verbandsausschusses des Frankfurter Umlandverbandes beispielsweise sind zwar direkt gewählt, zur Um- und Durchsetzung seiner Ziele fehlt es dem Verband jedoch an eigenen Ressourcen und Tauschpotenzialen, wie z. B. Steuereinnahmen, Grundstücken und Genehmigungsrechten. Anders ist die Situation bei den französischen Communautés Urbaines: Diese sind zwar berechtigt, eigene Steuern einzuziehen und damit von der Umlage-Zahlungsbereitschaft ihrer Mitglieder unabhängig, dafür sind jedoch die Mitglieder ihrer Entscheidungsorgane Delegierte der jeweiligen Mitgliedskommunen und diesen gegenüber rechenschaftspflichtig.

Ergebnis dieser Abhängigkeiten ist, dass auch Regional- und Umlandverbände strittigen Fragen und Verteilungsproblemen häufig ausweichen und sich auf so genannte „win-win"-Aufgaben konzentrieren oder dass es anderenfalls zu immer wiederkehrenden Auseinandersetzungen mit ihren lokalen Mitgliedskörperschaften um Kompetenzen und Ressourcen kommt.

3.3 Institutionalisierte Formen der Kooperation – in Gestalt neuer Gebietskörperschaften

3.3.1 Eingemeindungen und Gemeindezusammenschlüsse

Die gängigste Form zur Lösung von Stadt-Umland-Problemen waren in mehreren der projektbeteiligten Staaten über Jahrzehnte die Eingemeindung von Randgemeinden oder Gemeindezusammenschlüsse zu neuen Gebietskörperschaften. Eine Ausnahme bildet erneut Frankreich, wo eine entsprechende Gebietsreform bis heute unterblieben ist.

In den Niederlanden haben Eingemeindungen in der Nachkriegszeit die Zahl der Kommunen um mehr als ein Drittel auf weniger als 600 schrumpfen lassen und Großstädten wie Amsterdam und Rotterdam zu erheblichen Flächenzuwächsen verholfen. Zur Reduzierung der Zahl sehr kleiner Gemeinden wurden und werden Eingemeindungen auf Beschluss der Zentralregierung auch in jüngerer Zeit praktiziert; Gleiches gilt für die ostdeutschen Bundesländer. In Westdeutschland wurden Eingemeindungen in großem Maßstab im Zuge der Gebietsreform zwischen 1967 und 1977 durchgeführt; die Gesamtzahl der Gemeinden wurde dabei auf etwa ein Drittel reduziert. Vorhandene Stadt-Umland-Probleme in Verdichtungsräumen wurden mit der Gebietsreform jedoch nur selten gelöst, da viele Großstädte nur unwesentliche Gebietszuwächse erfuhren und gebietskörperschaftliche Reformvorschläge sich infolge restriktiver Strukturen und widerstreitender Interessen relevanter Akteure nicht realisieren ließen.

In Kanada hingegen wurden Eingemeindungen oft gezielt von Provinzregierungen und Kernstädten zur Lösung der Stadt-Umland-Problematik eingesetzt. Diese Politik war allerdings nicht Teil einer koordinierten Gebietsreform, und so wurden oft gleichzeitig mit diesen Maßnahmen an der Peripherie urbaner Räume und in zunehmender Entfernung von den jeweiligen Kernstädten neue Gemeinden gegründet.

3.3.2 Gemeindeverbände und Reformansätze

Zur Stärkung von Großstadtregionen und zur Bündelung der dortigen Kräfte werden immer wieder Reformansätze vorgeschlagen, die eine Neustrukturierung der Gebietskörperschaften in Stadtregionen zum Ziel haben; in der Regel stoßen diese Vorschläge jedoch auf heftigen Widerstand aus der Praxis (vgl. auch Kapitel 2). Deutsche Regionalstadt- und Regionalkreisüberlegungen ließen sich daher ebensowenig realisieren wie Empfehlungen für die Einrichtung von Großkommunen in den Ballungsräumen der Niederlande. Eine Umsetzung gebietskörperschaftlicher Reformansätze in Stadtregionen ist – dies belegen die Erfahrungen aller projektbeteiligten Staaten – nur in Ausnahmefällen möglich. Exemplarisch lassen sich hier die folgenden nennen:

- Zusammenlegung von Kernstadt und umliegendem Kreis (City-County-Consolidation) in den USA. Von etwa 50 Reformvorhaben wurden bis in die späten 60er Jahre zwölf realisiert, nur drei davon in Verdichtungsräumen (um die Städte Nashville, Jacksonville und Indianapolis). Aus heutiger Sicht haben alle drei Regionen von der Zusammenlegung profitiert. Es ist ihnen gelungen, strategische Entwicklungspläne aufzustellen und umzusetzen, sie weisen jeweils ein überdurchschnittlich hohes Wirtschaftswachstum auf und sind zudem im interregionalen Wettbewerb gut positioniert.

- Einrichtung eines zweistufigen, nach regionalen und lokalen Aufgaben differenzierenden Verwaltungssystems in Verdichtungsräumen. Ein Beispiel hierfür ist der Urban-County-Ansatz in den USA. Kernstadt und Umlandgemeinden treten hier gemeindeübergreifende Aufgaben (wie z.B. Verkehrsplanung, Entsorgungsleistungen, Gesundheitswesen) an den Kreis ab und behalten nur eingeschränkte Kompetenzen zurück (Zoning, Gewerbeaufsicht, Polizeifunktionen). Dieser Ansatz wurde allerdings nur einmal umgesetzt, und zwar in Dade County, Florida, dem Ballungsraum, dessen Kernstadt Miami ist. Zu Problemen ist es vor allem wegen der ungenügenden Steuererhebungskompetenz des Kreises und des Widerstandes der Gemeinden gegenüber steuerlichen Reformvorhaben gekommen.

- Mit der Einrichtung von Gemeindeverbänden wurde ab den 50er Jahren auch in drei kanadischen Provinzen ein zweistufiges Verwaltungssystem installiert; der oberen Ebene wurden dabei umfangreiche Kompetenzen vor allem in den Bereichen Raumordnung, Umweltschutz und ÖPNV übertragen. Eine eindeutige Zuordnung dieser Verbände innerhalb der hier gewählten Systematik fällt allerdings schwer, und die Frage, ob sie nicht eher zu den Verbänden mit gebietskörperschaftlichen Elementen zählen, ist sicherlich berechtigt. Ihre Zuordnung zu den gebietskörperschaftlichen Kooperationsansätzen erfolgt allerdings wegen des „Referenzmodells" dieser Stadtverbände, der Municipality of Metropolitan Toronto (Metro Toronto). Dieser Ansatz hat internationale Bekanntheit erlangt und gilt als Prototyp einer zweistufigen Verwaltung in Verdichtungsräumen.

Der Anfang 1954 von der Provinz Ontario eingerichtete Gemeindeverband umfasste zunächst 13, nach 1967 erfolgten Gemeindezusammenschlüssen noch sechs Städte. Dem Verband oblagen umfangreiche Kompetenzen im Bereich der technischen, der sozialen und der Freizeitinfrastruktur. Lokale und bürgernahe Aufgaben – von Satzungen im Bereich des Bau- und Planungsrechts über Feuerwehr- und Gesundheitsdienste bis zu Stadtbüchereien – verblieben bei den Mitgliedsstädten. Für eine Reihe von Aufgabenfeldern bestanden gemeinsame Zuständigkeiten (von der Wirtschaftsförderung über Wasserver- und Müllentsorgung bis zu Fragen des sozialen Wohnungsbaus).

Ab 1988 gehörten dem Rat von Metro Toronto neben den jeweiligen Bürgermeistern direkt gewählte Repräsentanten der sechs Mitgliedsstädte an. Im Gegensatz zu den französischen Communautés Urbaines war dieser Verband jedoch nicht berechtigt, eigene Steuern zu erheben. Seine Finanzierung erfolgte vielmehr über Umlagen, deren Höhe sich am besteuerbaren Immobilienbestand der Mitgliedsgemeinden orientierte[10]. Die unterschiedlichen, zum Teil

---

[10] Vgl. *Andrew Sancton*, Governing Canada's City Regions: Adapting Form to Function, Quebec 1994, S. 77 f.

noch aus den 40er Jahren stammenden Bemessungsgrundlagen führten jedoch ab den frühen 90er Jahren zu zunehmenden Differenzen zwischen der Kernstadt und ihren Nachbarkommunen. Latent vorhandene Interessengegensätze wurden nun manifest, und der Städte-Verband sah sich in der Folgezeit wachsender Kritik ausgesetzt. 1997 mündeten diese Auseinandersetzungen schließlich in die Auflösung von Metro Toronto und den von der Provinzregierung verfügten Zusammenschluss der sechs Mitgliedsstädte zu einer Großkommune (vgl. Kapitel 3.4).

■ Nach dem Kreismodell organisierte Gemeindeverbände in Deutschland. Einziges realisiertes Beispiel ist bis jetzt der bereits 1974 gebildete Stadtverband Saarbrücken. Ursprünglich war zwar die stufenweise Verwirklichung einer einheitlichen kreisfreien Regionalstadt für das Verbandsgebiet vorgesehen, die Umsetzung dieses Vorschlags scheiterte jedoch am Widerstand der verbandsangehörigen Gemeinden. Die Einrichtung eines weiteren öffentlich-rechtlichen Gemeindeverbandes wird gegenwärtig im Raum Hannover mit dem Reformvorschlag „Region Hannover" diskutiert.

Mit der Gründung des Stadtverbandes hat die Kernstadt Saarbrücken ihre Kreisfreiheit verloren; ihre Zuständigkeiten für das Stadtgebiet blieben allerdings weitgehend erhalten. Dem Stadtverband obliegen alle Aufgaben eines saarländischen Landkreises und die Aufstellung des Flächennutzungsplanes.

Die Mitglieder des Hauptwillensbildungsorgans, des Stadtverbandstages, werden von den Bürgern der verbandsangehörigen Gemeinden direkt gewählt. Finanziert wird der Verband über Umlagen der Verbandsmitglieder, Schlüsselzuweisungen des Landes sowie – wenn auch nur in geringem Umfang – aus eigenen Steuereinnahmen. Eigene Steuereinnahmen, allerdings als Haupteinnahmequelle, waren ursprünglich auch bei dem Reformvorschlag „Region Hannover" vorgesehen. Da das Grundgesetz jedoch auf kommunaler Ebene nur Städten und Gemeinden eine eigene Steuerhoheit einräumt, wäre hierfür eine Grundgesetzänderung erforderlich gewesen.

■ Wiederherstellung einer Großkommune – der Fall London. Mit der Abschaffung des Greater London Council (GLC) 1986 zerfiel die Stadt London in 33, für ihre jeweiligen räumlichen Bereiche zuständige Stadtbezirke. Durch diesen Beschluss der Zentralregierung gab es in London weder eine gesamtstädtische Verwaltung noch entsprechende Planungs- und Entwicklungsstrategien. Das Ergebnis waren „verworrene Zuständigkeiten, Aufgabenduplizierung sowie widersprüchliche und konfligierende Programme und Aktivitäten"[11].

---

[11] *OECD (Hrsg.)*, Redefining Urban Governance – Implementing Decentralization at the Metropolitan Level, Paris 1999 (Manuskript), S. 35.

Die Regierung Blair beabsichtigt daher eine wenn auch modifizierte Wiederherstellung des früheren Zustandes: mit der Einrichtung einer Greater London
Authority (GLA),einem direkt gewählten Bürgermeister und einer gleichfalls direkt gewählten Vertretungskörperschaft. Mit ihrem räumlichen Zuschnitt soll
die GLA dem GLC ähneln; als Aufgabenschwerpunkte sind vorgesehen: strategische Planung, Verkehr, Umwelt und Wirtschaftsförderung. Beobachter
schließen nicht aus, dass dieser Ansatz die auch in anderen englischen Ballungsräumen – deren Metropolitan Councils gleichfalls 1986 abgeschafft wurden –
bestehenden Überlegungen zur Wiedereinrichtung einer stadtregionalen Verwaltungsebene bestärken könnte. Die Direktwahl von Bürgermeistern ist jedenfalls bereits in fünf britischen Städten vorgesehen[12].

- Stadtprovinzen in den Niederlanden. Einen zweistufigen gebietskörperschaftlichen Ansatz stellt auch das in den 90er Jahren zunächst für die Städte Amsterdam, Rotterdam, Den Haag und Utrecht in den Niederlanden entwickelte Modell der Stadtprovinzen dar. Eine Umsetzung dieses Reformvorhabens ist infolge des negativen Ausgangs von zwei 1995 durchgeführten Referenden in Rotterdam und Amsterdam bisher allerdings nicht erfolgt.

Beim Ansatz der Stadtprovinzen sollte die obere Ebene vor allem für strategische Fragen und Entscheidungen zuständig sein: von strategischer Entwicklungsplanung über Richtlinienkompetenzen im Wohnungsbau bis zur Bereitstellung von Flächen für Funktionen mit regionaler Bedeutung. Lokale und bü-
gernahe Aufgaben sollten weiterhin bei den Gemeinden verbleiben. Finanziert
werden sollten die Stadtprovinzen ebenso wie die niederländischen Gemeinden
vorwiegend über Zuweisungen der Zentralregierung, die auch für die konkrete
Mittelaufteilung zuständig sein sollte.

3.4   Sonderformen der Kooperation

Bei den Sonderformen handelt es sich im Wesentlichen um Kooperationsansätze,
die entweder von den zuständigen National- oder Provinzregierungen eingerichtet
wurden oder aber – wie in Großbritannien – mittelbares Ergebnis der Verwaltungs-
reform- und Umstrukturierungspolitik einer Zentralregierung sind:

- Stadtregionale Planungsverbände (Metropolitan Planning Organizations) in den
USA. Grundlage für die Einrichtung dieser Verbände waren die wahltaktisch
begründete Ausweitung nationalstaatlicher Zuschussprogramme für urbane Ballungsräume durch die Kennedy-Regierung in den frühen 60er Jahren und ein

---

[12] Ebenda, S. 110.

Interesse der Bundesbehörden, Konflikte und Probleme bei der Mittelvergabe zu minimieren.

Zur Prüfung und Koordinierung der Anträge lokaler Gebietseinheiten für staatliche Förderprogramme wurden daher in vielen Verdichtungsräumen Vermittlungsstellen unter der Bezeichnung Metropolitan Planning Organizations eingerichtet. Häufig gingen diese Organisationen aus bereits bestehenden informellen, der Diskussion gemeinsamer Probleme dienenden Vereinigungen (Councils of Governments) hervor. Mitglieder waren und sind in der Regel die gewählten Verwaltungsspitzen größerer Gebietskörperschaften oder – im Falle kleinerer Gemeinden einzelne Ratsmitglieder. Der Zugang zu Bundesmitteln war damit, und dies ist das Interessante an diesem Ansatz, für die Gemeinden und ihre relevanten Akteure an eine Kooperation auf regionaler Ebene gekoppelt. Finanziert wurden und werden diese Verbände aus Bundeszuschüssen sowie lokalen Umlagen.

In ihrer Blütezeit, den 70er Jahren, dienten Planungsverbände nach Aussage von Beobachtern nicht allein als Koordinierungsstellen für die Verknüpfung unterschiedlicher Planungen und Programme im regionalen Kontext, sondern fungierten auch für die beteiligten Repräsentanten unterschiedlicher Gemeinden als Foren zur Diskussion regionalrelevanter Probleme und Fragestellungen. Trotz einer wechselvollen Geschichte und starker Einschnitte in den 80er Jahren haben sich Planungsverbände bis heute erhalten. Ihre Koordinationstätigkeit beschränkt sich inzwischen auf nur wenige Schwerpunkte – Verkehrswesen, Umwelt und langfristige Planung; bei relevanten Entscheidungen in diesen Bereichen sind sie jedoch zu zentralen Akteuren in US-amerikanischen Verdichtungsräumen geworden.

Nachteile dieser Organisationen werden insbesondere darin gesehen, dass auch sie sich vorwiegend mit weitgehend unstrittigen Fragen, wie z.B. Infrastrukturproblemen, befassen, nicht alle lokalen Gebietseinheiten (wie z.B. Public Authorities und Special Districts) einbeziehen und, dass diese Verbände – dies wird als der gravierendste Nachteil angesehen – in hohem Maße von der Bundesregierung und deren Förderpolitiken abhängig sind.

- Zusammenarbeit zwischen unterschiedlichen Maßnahmeträgern in Großbritannien. Diese Kooperationsform ist das Ergebnis der von der britischen Zentralregierung in den 80er und 90er Jahren durchgeführten tiefgreifenden, vor allem die kommunale Ebene in starkem Maße betreffenden Verwaltungsreform. Diese Reform war gekennzeichnet durch Abschaffung der regionalen Verwaltungsebene, Dezentralisierung staatlicher Aufgaben sowie (Teil-)Privatisierung kommunaler Leistungen und eine damit einhergehende Entstehung zahlreicher staatlicher, halbstaatlicher, kommunaler und privater Organisationen mit unterschiedlichen Zuständigkeiten und Einzugsbereichen. Kommunale Gebietskörperschaften sahen sich daher zur Realisierung spezifischer Ziele und Leistungen zunehmend gezwungen, mit den unterschiedlichsten Organisationen und Institutionen zu kooperieren. Diese träger- und institutionenübergreifende Kooperation ist inzwischen in Großbritannien ein fester Bestandteil regionalen Handelns geworden, der von staatlicher Seite – dies gilt auch für die seit 1997 amtierende Labour-Regierung – im Sinne von mehr Funktionalität und Effizienz aktiv unterstützt wird, was einige Beobachter bereits von einer Etablierung neuer Paradigmen des öffentlichen Managements sprechen lässt.

- Umfassende Verwaltungsreform: Einrichtung ballungsraumweiter Koordinierungsinstanzen bei gleichzeitigem Zusammenschluss mehrerer Kernstädte zu einer Großkommune in der Region Toronto. Ungeachtet eines gegenteiligen Wählervotums hat die Provinzregierung von Ontario 1997 die früheren sechs Mitgliedsgemeinden der Municipality of Metropolitan Toronto mittels eines Spezialgesetzes zu einer einzigen Stadt zusammengeschlossen. Die Bezirke dieser neuen Stadt entsprechen mit ihren Grenzen den früher selbständigen Kommunen; die Regelung der lokalen Angelegenheiten liegt in Händen von sechs Stadtbezirksausschüssen. Der seit Anfang 1998 bestehende Rat der Gesamtstadt fungiert hingegen als zentrales Entscheidungsorgan, legt Prioritäten fest und beschließt die Budgets für kommunale Service- und Versorgungsaufgaben sowie soziale Dienste. Für Betrieb und Management mehrerer Aufgabenbereiche, wie z.B. ÖPNV, Gesundheitswesen und Denkmalschutz, wurden einzelne Zweckverbände gegründet. Eine definitive Regelung der Zuständigkeitsverteilung zwischen bezirklicher und gesamtstädtischer Ebene wird nicht vor Ablauf mehrerer Jahre erwartet.

Neben dieser Neuorganisation des Kernbereichs wurden für die Großregion Toronto Anfang 1999 zwei Koordinierungsinstanzen eingerichtet: der Greater Toronto Services Board (GTSB) und die Greater Toronto Transit Authority, die mit weitreichenden Kompetenzen ausgestattet wurden. Während letztere für den Regionalverkehr zustandig ist, wurde dem GTSB die Verantwortung für regionale Entwicklungsplanung, Abfallentsorgung sowie größere Infrastrukturvorhaben übertragen. Die Tätigkeitsschwerpunkte des GTSB liegen jedoch weniger im Entscheidungsbereich als in den Feldern der Beratung, Koordinierung und Leitlinienentwicklung. Seiner Bezeichnung entsprechend soll der GTSB als Koordinierungsinstanz für öffentliche Dienstleistungen im Großraum Toronto fungieren. Für einen Abbau regionsinterner Disparitäten sollen zwei weitere Neuerungen sorgen: Einrichtung eines großraumweiten Pools zur Finanzierung sozialer Dienstleistungen sowie Einführung einer marktwertorientierten Grundstücksbewertung für den gesamten Großraum mit dem Ziel einer Reduzierung der gegenwärtigen Grundsteuerdifferenzen zwischen Kernstadt und Umlandgemeinden.

Finanziert werden die neuen Koordinierungsinstanzen über Beiträge ihrer Mitglieder. Ihre Entscheidungsorgane setzen sich aus Vertretern aller Mitgliedskommunen zusammen. Eine Einrichtung regionaler Koordinierungsinstanzen (Services Boards) wird auch in anderen kanadischen Provinzen erwogen.

Diese organisatorischen Reformen im Ballungsraum Toronto sind verknüpft mit einer generellen, auf stärkere Dezentralisierung setzenden Neuorganisation der operativen und finanziellen Zuständigkeiten von Regierungs- und kommunaler Ebene in der Provinz Ontario.

- Einrichtung von Dienstleistungszentren in Nordrhein-Westfalen. Der aktuell in Nordrhein-Westfalen diskutierten Verwaltungsreform scheint die kanadische Provinz Ontario stellenweise als Vorbild gedient zu haben. Dies gilt insbesondere für die geplanten und an den Greater Toronto Services Board erinnernden regionalen Dienstleistungszentren. Insgesamt sollen fünf solcher Dienstleistungszentren zur Bündelung und Koordinierung regional bedeutsamer Aufgaben eingerichtet werden. Gleichzeitig ist vorgesehen, die bestehenden Landschaftsverbände und Regierungspräsidien sowie den Kommunalverband Ruhrgebiet (KVR) aufzulösen. Die Kompetenzen dieser Institutionen sollen nicht einfach den neuen Dienstleistungszentren übertragen, sondern so organisiert werden, dass damit sowohl kommunale Ebene als auch oberste Landesbehörden eine Stärkung erfahren[13].

- Einrichtung von stadtregionalen Körperschaften (Communautés d'Agglomération) in Frankreich. Diese von DATAR, der staatlichen Raumordnungsbehörde, vorgeschlagenen Organisationen sind bisher allerdings nicht über das Diskussionsstadium hinausgekommen. Communautés d'Agglomération sind ein weiterer „Baustein" im System französischer Kommunalverbände und sollen in verstädterten Räumen mit mindestens 50 000 Einwohnern eingerichtet werden. Insgesamt sind etwa 100 derartige Verbände vorgesehen. Wie die bereits bestehenden Verbandsformen (Communautés de Communes, Communautés de Villes, Communautés Urbaines) sollen auch die neuen Agglomerationsverbände über mehrere verbindliche sowie zwei optionale Kompetenzen verfügen. Zur Durchführung ihrer Angelegenheiten stehen ihnen gleichfalls eigene Steuermittel zu. Die Mitglieder ihrer Vertretungskörperschaften sollen sich ebenso wie bei den Communautés Urbaines aus den Räten der jeweiligen Mitgliedskommunen rekrutieren.

Für die bisherigen Communautés Urbaines ist mit dieser Neuregelung eine Aufwertung verbunden; sie sind nun allein für Verdichtungsräume mit mehr als 500 000 Einwohnern zuständig. Die geplanten Veränderungen stellen eine Er-

---

13 Vgl. *Dieter Leicht*, „Nichts Genaues weiß man nicht", in: Demokratische Gemeinde, 1999, H. 3, S. 97 f.

gänzung, zum Teil auch Reorganisation des bestehenden Systems der Etablissements Publics de Coopération Intercommunale dar; eine Gebietsreform ist mit diesen Neuerungen allerdings nicht beabsichtigt.

Interkommunale Kooperation ist in allen projektbeteiligten Staaten ein fester Bestandteil kommunalen Verwaltungshandelns. Am ältesten und in allen Nationalstaaten am weitesten verbreitet sind Eingemeindungen und aufgabenspezifische Kooperationsansätze. Letztere lassen sich vergleichsweise leicht und situationsadäquat realisieren, tragen aber – Frankreich und Großbritannien sind hierfür deutliche Beispiele – zu einer weiteren Fragmentierung der kommunalen Ebene bei. Eingemeindungen werden hingegen gegenwärtig – mit Ausnahme von Ostdeutschland – aufgrund politischer Hürden kaum noch durchgeführt. Einen deutlichen Anstieg haben in den letzten Jahren dafür informelle sowie öffentlich-private Kooperationsansätze erfahren. Sie tragen allerdings gleichfalls dazu bei, die Unübersichtlichkeit und Fragmentierung der lokalen Ebene zu erhöhen.

Übergreifende, dem steigenden Koordinierungsbedarf in Stadtregionen Rechnung tragende Ansätze sind – trotz der immer wieder betonten Notwendigkeit ihrer Einrichtung – in allen Staaten vergleichsweise selten zu finden. Ihre spezifischen Formen sind nicht allein Resultat der konkreten Anlässe, Aufgaben, Akteure und Konstellationen des jeweiligen Ortes, sondern in starkem Maße auch durch die Verwaltungs- und Politikstrukturen der einzelnen Nationalstaaten bestimmt. So stehen beispielsweise in einem Zentralstaat wie Frankreich für die interkommunale Kooperation in Stadtregionen mehrere, nach Gebietsgröße differierende staatlich vorgegebene Kooperationstypen zur Verfügung, und auch in den Niederlanden wurden mehrere gleichgerichtete, allerdings gescheiterte Versuche zur Einrichtung typisierter Kooperationsformen unternommen. Bei den Kooperationsansätzen vor allem föderaler Staaten handelt es sich hingegen stets um situationsspezifische Speziallösungen, die nur schwer mit etablierten Verwaltungsstrukturen zu vereinbaren sind.

4. Kooperationsansätze – maßgebliche Elemente

Maßgebliche Elemente von Kooperationsansätzen sind neben den im vorhergehenden Kapitel diskutierten Formen der Kooperation die jeweiligen Aktions- und Aufgabenfelder, ihre spezifischen (insbesondere finanziellen) Ressourcen, ihr räumlicher Zuschnitt und nicht zuletzt die Zusammensetzung ihrer Entscheidungsorgane. Bei der Diskussion der unterschiedlichen Kooperationsformen sind diese Elemente – getrennt nach einzelnen Ansätzen – zum Teil bereits zur Sprache gekommen, Doppelungen mit der folgenden komprimierten Querschnittsbetrachtung waren daher nicht zu vermeiden.

4.1 Aktions- und Aufgabenfelder

Die Aufgaben und Aktivitäten interkommunaler Kooperationsansätze decken ein breites inhaltliches Spektrum ab. Dieses reicht von der übergreifenden räumlichen Planung über Verkehrswesen, Ver- und Entsorgung sowie regionale Struktur- und Wirtschaftsförderung bis zum Gesundheits- und Bildungssektor und zu Fragen der Kultur- und Freizeitinfrastruktur. Die Aktivitäten in diesen Sektoren können projekt- und vorhabenspezifisch, aber auch übergreifend und regional orientiert sein. Grundsätzlich können alle kommunalen Aufgaben, soweit keine rechtlichen Hinderungsgründe bestehen, Gegenstand der Zusammenarbeit sein. Oft sind Kooperationsansätze auch nur für einzelne Teilaufgaben oder -leistungen innerhalb größerer Aufgabenfelder zuständig (für strategische Planung, Beratung, Trägerschaft, Betrieb, Management usw.).

Bei einer Gegenüberstellung der vielfältigen Kooperationsansätze werden allerdings in Bezug auf die praktischen Aufgabenwahrnehmung einige nationalstaatenübergreifende Trends und Schwerpunktsetzungen deutlich:

- Bei den meisten Kooperationsansätzen geht es um die Bewältigung nur einer Aufgabe oder die Erbringung einer spezifischen Leistung, die über die Kompetenzen und/oder Kapazitäten einer einzelnen Kommune hinausgeht. Kooperationsinteresse und -bereitschaft der jeweiligen Akteure sind in diesen Fällen am größten, ihre Kompetenzeinbußen am geringsten.

  Die erbrachten Aufgaben und Leistungen sind zwar vielfältig, den breitesten Raum nehmen aber in allen Staaten Realisierungs- und Trägerschaftsaufgaben im Ver- und Entsorgungssektor sowie im öffentlichen Personennahverkehr ein. Eine zunehmende Rolle spielen auch Kultur-, Sport- und Freizeiteinrichtungen. Eine deutsche Besonderheit scheint hingegen die ausschließliche oder vorrangige Beschäftigung mit Fragen der Regional- oder Flächennutzungsplanung zu sein.

- Eine gezielte Bündelung einiger weniger Aufgaben findet vor allem bei französischen Kommunalverbänden statt. Stadt- oder Gemeindeverbänden stehen beispielsweise als gesetzlich festgelegte Kompetenzen Wirtschaftsentwicklung und Planung zu, den Distrikten Wohnungswesen und Brandschutz. Weitere Kompetenzen können diesen Organisationen von ihren jeweiligen Mitgliedsgemeinden übertragen werden.

- Über ein breites Spektrum unterschiedlicher Aufgaben verfügen regionsweit operierende Verbände. Dieses ist zwar von Fall zu Fall verschieden, Ver- und Entsorgungswirtschaft sowie Verkehrswesen stehen allerdings auch hier häufig im Vordergrund oder dienen – wie im Falle eines US-amerikanischen Multicounty Metropolitan Government – als Nukleus, der um andere Funktionen ergänzt wird. Weitere Aufgabenfelder stadtregionaler Verbände sind überörtliche Planungsaufgaben, Landschaftspflege und Umweltschutz sowie Wirtschaftsförderung und Öffentlichkeitsarbeit. Vorzugsweise handelt es sich oft um eher „weiche" Aufgabenbereiche[14], mit denen weder strittige Fragen der Verteilung von Lasten und Kosten noch weitreichende Eingriffe in die Zuständigkeiten etablierter Institutionen und Organisationen verbunden sind. In Ermangelung klarer Abgrenzungen sind problematische Überschneidungen zwischen den Kompetenzen von Kooperationsansätzen und denen anderer Akteure dennoch oft nicht zu vermeiden.

Konflikthaltiger als die Themen sind jedoch vielfach die konkreten Tätigkeitsschwerpunkte. Deutlich wird dies bei Kooperationsansätzen, die sowohl auf Koordinierungs- und Beratungs- als auch auf operative und Trägerschaftsaufgaben zielen. Während sich die Beratungsleistungen meist hoher Akzeptanz bei den jeweiligen Mitgliedern erfreuen, stoßen Trägerschaftsaktivitäten als „harte" Aufgaben – dies zeigen insbesondere die Erfahrungen deutscher Verbände – auf den deutlichen Widerstand von Mitgliedsgemeinden.

- Mit einer Konzentration auf strategische Aufgaben und Beratungstätigkeiten wird bisweilen versucht, diese Probleme zu umgehen. Beispiele hierfür sind regionale Koordinierungsinstanzen in Kanada (mit dem Greater Toronto Services Board als einzigem bisher realisiertem Fall) sowie City-Region-Associations in Großbritannien. Die britischen Verbände betreiben darüber hinaus Lobbying bei der Europäischen Union über eigene Büros in Brüssel; die kanadischen Verbände sollen zu stadtregionalen Dienstleistungszentren ausgebaut werden.

- Das breiteste Aufgaben- und Themenspektrum findet sich schließlich bei öffentlich-privaten Partnerschaften. Es reicht von konkreten Projekten und Einzelvorhaben bis zu übergreifenden gesellschaftspolitischen Problemstellungen wie – und hierfür stehen vor allem US-amerikanische Aktionsbündnisse – Bekämpfung der Jugendkriminalität, Qualifizierung von Arbeitskräften oder nachhaltige Stadt Umland-Entwicklung.

Belege dafür, dass der vom Autor des Frankreichbeitrags konstatierte Paradigmenwechsel in Bezug auf die Inhalte und Aktivitäten von Kooperationsansätzen tatsächlich stattfindet, lassen sich nur wenige finden. Den vielfältigen Anlässen, die eine verstärkte Koordination und strategische Orientierung auf regionaler Ebene sowie einen Ausgleich bestehender Disparitäten erfordern, wird in der Praxis nach wie vor nur in Ausnahmefällen entsprochen. Bei solchen Ansätzen lässt sich allerdings ein gemeinsamer Trend feststellen: Eine immer klarere Trennung zwischen übergreifenden regionalen Koordinierungs- und Planungs- sowie konkreten lokalen

---

[14] Vgl. dazu *Götz von Rohr*, Interkommunale Kooperation, Thesenpapier für die wissenschaftliche Plenarsitzung der ARL „Kooperation im Prozeß des räumlichen Strukturwandels", Gelsenkirchen 1999 (Manuskript), S. 2.

Umsetzungsaufgaben. Damit wird versucht, praktisch den vorhandenen restriktiven Strukturen und programmatisch dem Subsidiaritätsprinzip Rechnung zu tragen.

4.2 Finanzierung interkommunaler Kooperationsansätze

Auch die Finanzierung interkommunaler Kooperationsansätze ist von mehreren Faktoren abhängig: Aufgaben und Problemstellung, Kooperationsform, Akteuren usw.; den alles umfassenden Rahmen setzt allerdings in jedem Fall das jeweilige nationale Finanzsystem. In der Praxis werden meist mehrere Finanzierungsquellen miteinander verknüpft. Nur wenige Kooperationsansätze sind von einer einzigen Finanzierungsquelle abhängig. Die Zahl dieser Quellen ist relativ gering, und so stehen ungeachtet aller nationalen Unterschiede und Besonderheiten in allen projektbeteiligten Ländern – wenn auch mit spezifischen Schwerpunktsetzungen – die gleichen potenziellen Finanzierungsquellen zur Verfügung: Gebühren, Beiträge, Umlagen, Zuschüsse übergeordneter Gebietskörperschaften (in Europa auch der Europäischen Union) sowie eigene Steuereinnahmen. In einigen wenigen Fällen ist es darüber hinaus zu einem regionalen Finanzausgleich beziehungsweise zur Einrichtung zweckgebundener Regionalfonds gekommen.

Gebühren und Beiträge

Die Finanzierungsform der Gebühren und Beiträge findet sich insbesondere – wenn auch selten ausschließlich – bei aufgabenspezifischen Organisationseinheiten wie den Public Authorities und Special Districts in den USA oder Zweckverbänden in Deutschland und Kanada. Aber auch regionsweit operierende Verbände wie der Portland Metropolitan Services District oder der Umlandverband Frankfurt ziehen Gebühren und Beiträge ein.

Umlagen

Bei den jeweiligen Verbandsmitgliedern erhobene Umlagen spielen bei interkommunalen Verwaltungsausschüssen in Großbritannien, vor allem aber bei deutschen Ein- und Mehrzweckverbänden eine maßgebliche Rolle. Die Höhe dieser Umlagen, die in der Regel jährlich neu festgesetzt wird, kann sich – im Falle aufgabenspezifischer Kooperationsansätze – am Nutzen für einzelne Mitglieder oder den jeweiligen Anteilen bei der Aufgabenerfüllung bemessen. Bei regionsorientierten

Verbänden spielen in der Regel mehrere, in unterschiedlichen Kombinationen auftretende Kriterien eine Rolle: sonstige Einnahmen des Verbandes, Einwohnerzahl, Wirtschaftskraft, Steuerkraftzahlen der Mitgliedsgemeinden sowie das Ausmaß, in dem bestimmte Einrichtungen einzelnen Mitgliedskörperschaften zugute kommen. Es können auch mehrere, nach Leistungen und Leistungsempfängern getrennte Umlagen wie beim Verband Region Stuttgart gleichzeitig erhoben werden.

In der Praxis geht die Finanzierungsform der Umlagen häufig mit Verteilungskonflikten einher. Die Chancen für solche Konflikte nehmen mit steigender Umlagenhöhe, größer werdender Zahl der Verbandsmitglieder und regionaler Aufgabenorientierung potenziell zu, weil damit der Zusammenhang zwischen finanziellen Belastungen und spezifischen Kooperationsvorteilen für die einzelnen Mitglieder immer weniger mess- und darstellbar wird.

Zuschüsse und Zuweisungen übergeordneter Verwaltungsebenen

Zuschüsse und Zuweisungen von Landesebene oder von Seiten des Zentralstaates spielen neben anderen Finanzierungsquellen sowohl bei einigen deutschen als auch bei französischen Kommunalverbänden eine Rolle. Von besonderer Bedeutung ist hierbei in Frankreich der mit den Dezentralisierungsgesetzen der frühen 80er Jahre eingerichtete allgemeine Betriebskostenzuschuss (Dotation Globale de Fonctionnement), der von allen Kommunalverbänden (von den Communautés de Communes bis zu den Communautés Urbaines) in Anspruch genommen werden kann.

In einigen Fällen stellen staatliche Zuschüsse allerdings auch – wie z.B. bei den Metropolitan Planning Organizations in den USA – die Hauptfinanzierungsquelle dar. Eine ähnliche Regelung war auch für die in den Niederlanden geplanten Stadtprovinzen vorgesehen: nicht als Sonderregelung, sondern als Teil des niederländischen Finanzsystems, bei dem kommunale Gebietskörperschaften in starkem Maße von staatlichen Zuschussen abhangig sind.

Eine solche Dominanz nur einer Finanzierungsquelle kann für die jeweiligen Mittelempfänger allerdings eine starke inhaltliche Abhängigkeit bedeuten und auch – und dafür sind erneut die US-amerikanischen Metropolitan Planning Organizations während der Reagan-Ära ein Beispiel – mit einer existentiellen Gefährdung infolge veränderter politischer Schwerpunktsetzungen und Prioritäten bei der Vergabe von Fördermitteln einhergehen.

Eigene Steuereinnahmen

Die Unabhängigkeit von Kooperationsansätzen ist um so größer, je mehr sie über eigene Ressourcen, das heißt eigene Finanzmittel verfügen. In Deutschland sind eigene Steuereinnahmen bisher nur Vorschläge im Kontext gebietskörperschaftlicher Reformüberlegungen geblieben. Da das Grundgesetz auf kommunaler Ebene nur Städten und Kreisen eine eigene Steuerhoheit einräumt, setzt eine Realisierung dieser Vorschläge eine Grundgesetzänderung voraus.

Anders ist die Situation in den USA und auch in Frankreich. Hier zählen eigene Steuereinnahmen zu den festen Finanzierungsquellen für einige Kooperationsansätze. In den USA sind dies die für spezifische Aufgaben zuständigen Special Districts, die ermächtigt sind, eigene Grundsteuern zu erheben, und in Frankreich steht die Steuererhebungskompetenz sowohl den Distrikten als auch den verschiedenen Typen von Kommunalverbänden zu. Bei Distrikten und Communautés Urbaines sind die Verbandssteuern sowohl in ihrer Höhe als auch in ihrer Zusammensetzung von den Kommunalsteuern ihrer jeweiligen Mitglieder abhängig. Den Communautés de Villes und unter bestimmten Bedingungen auch den Communautés de Communes stehen hingegen die gesamten Gewerbesteuereinnahmen der verbandsangehörigen Gemeinden zu.

In der Praxis werden meist mehrere dieser Finanzierungsquellen miteinander verknüpft. So finanziert beispielsweise der Portland Metropolitan Services District in den USA seine Betriebskosten zur Hälfte über Gebühren für Dienstleistungen, die andere Hälfte stammt aus einer Mischung von zweckgebundenen Grundsteuermitteln und Zuschüssen. Der Haushalt der Joint Boards in Großbritannien wiederum setzt sich aus Zuschüssen der Zentralregierung, lokalen Einnahmen und Anteilen des Steueraufkommens der Mitgliedskommunen zusammen.

Regionaler Finanzausgleich, Einrichtung spezifischer Regionalfonds

Ein horizontaler Finanzausgleich auf regionaler Ebene ist ein oft genanntes Ziel, in der Praxis der projektbeteiligten Länder wird er jedoch nur selten realisiert. Ein Beispiel aus den USA ist der Metropolitan Council von Minneapolis/St. Paul. Auf der Basis eines bundesstaatlichen Spezialgesetzes wurde zur Reduzierung bestehender Disparitäten zwischen Kernstadt und Peripherie ein regionaler Pool für Grundsteuererzuwächse aus gewerblichen Erschließungs- und Entwicklungsmaßnahmen eingerichtet. Grundlage für die Mittelverteilung ist ein an den jeweiligen lokalen Vermögenslagen orientierter Schlüssel.

Zur Einrichtung regionaler Steuerpools führt auch die einzelnen französischen Kommunalverbänden gesetzlich zugestandene Berechtigung zur Einziehung der innerhalb ihres Verbandsgebietes anfallenden Gewerbesteuern. Positive Nebenfolgen der Einführung dieser „agglomerationsweiten Gewerbesteuer" waren in der Praxis, dass sich die Gewerbesteuerhebesätze der Mitgliedsgemeinden nahezu angeglichen haben, damit die hebesatzbedingten Differenzen bei den kommunalen Gewerbesteuereinnahmen deutlich zurückgegangen sind sowie schließlich der interkommunale Konkurrenzkampf um die Ansiedlung neuer Betriebe kaum noch existiert.

Zwei weitere innerregionale Ausgleichsregelungen sind im Zuständigkeitsbereich des Greater Toronto Services Board in Kanada vorgesehen: zum einen die Einrichtung eines großraumbezogenen Pools zur Finanzierung sozialer Dienstleistungen und zum anderen die Einführung einer gleichfalls für den gesamten Großraum geltenden, am tatsächlichen Marktwert orientierten Grundstücksbewertung. Diese soll dazu beitragen, die gegenwärtigen Grundsteuerdifferenzen zwischen Kernstadt und Umlandgemeinden vor allem im Gewerbesektor zu reduzieren, und – ebenso wie im Falle der französischen Stadtverbände – ein verändertes unternehmerisches Ansiedlungsverhalten stimulieren.

Die meisten interkommunalen Kooperationsansätze finanzieren sich aus Zuwendungen anderer, in der Regel öffentlich-rechtlicher Akteure. Die in vielen Fällen praktizierte Mischfinanzierung durch eine Kombination unterschiedlicher Zuwendungen trägt zwar dazu bei, einseitige Abhängigkeiten zu vermeiden, das Grundproblem der Abhängigkeit wird dadurch jedoch nicht beseitigt. Eigene Steuereinnahmen, die eine größere Autonomie sichern, stehen allerdings – außer für französische Kommunalverbände – nur wenigen Kooperationsansätzen zur Verfügung.

4.3   Ausführungs- und Entscheidungsorgane, demokratische Kontrolle

Formell organisierte interkommunale Kooperationsansätze verfügen in der Regel über eine operative Einheit (Geschäftsstelle) sowie über Entscheidungsorgane, deren Mitglieder mittel- oder unmittelbar demokratisch legitimiert sind.

Größe der Geschäfts- oder Verwaltungsstelle und Zusammensetzung der Mitarbeiter unterliegen keinen festen Regeln. Bestimmungsfaktoren sind die jeweilige Organisation und ihr Aufgabenspektrum. In Ausnahmefällen, wie bei den City-Region-Associations in Großbritannien, kommt es zur Einrichtung kleinerer Zweigstellen in unmittelbarer Nähe potenzieller Fördermittelgeber. Organisationen, die über keine eigenen Mitarbeiter verfügen – wie z.B. einige der aufgabenspezifischen Organisationseinheiten – greifen in der Regel auf Personal und Sachmittel eines ihrer Verbandsmitglieder zurück.

Die Entscheidungs- und Hauptwillensbildungsorgane der meisten Kooperationsansätze setzen sich in der Regel aus Vertretern der jeweiligen Mitglieder zusammen. Mitglieder sind in der Mehrzahl der Fälle kommunale Gebietskörperschaften; es können jedoch auch wie bei den französischen Kooperationsansätzen andere Verwaltungsebenen oder in den jeweiligen Gebieten operierende Verbände oder aber – und hierfür sind britische Inter Agency Collaborations ein Beispiel – andere, gleichfalls im Verbandsgebiet aktive Institutionen und Organisationen sein.

Kommunale Gebietskörperschaften – und nur diese sind Gegenstand der folgenden Diskussion – bestimmen ihre Vertreter in den Entscheidungsorganen gemeinsamer Kooperationsverbände in der Regel nach dem Delegationsprinzip. Dabei kann es sich, wie in der überwiegenden Mehrzahl der Fälle, um delegierte oder für diesen Zweck aus ihren Reihen gewählte Mitglieder von Stadt- und Gemeinderäten handeln; es können aber auch die Verwaltungsspitzen der jeweiligen Mitgliedsgemeinden sein. Ob die kommunalen Vertreter in Verbandsversammlungen über ein freies Mandat verfügen oder aber an die Weisungen der sie entsendenden Vertretungskörperschaften gebunden sind, ist von den jeweiligen Verbandsstatuten abhängig. Gleiches gilt in der Regel auch für die Anzahl der von den einzelnen Gemeinden zu entsendenden Repräsentanten. Diese bemisst sich meist nach der Bevölkerungszahl einer Kommune; von diesem Prinzip kann allerdings, hierauf wird von französischer Seite hingewiesen, abgewichen werden, um zu vermeiden, dass eine Gemeinde die anderen majorisiert.

In manchen Fällen – wie z.B. bei einigen der deutschen Regional- und Mehrzweckverbände – sind neben den Entscheidungsorganen zusätzliche Beiräte aus Vertretern unterschiedlicher gesellschaftlicher Organisationen eingerichtet worden; diese besitzen jedoch keine Entscheidungskompetenz, sondern haben nur beratende Funktion.

Eine Direktwahl der Mitglieder der Entscheidungsorgane verbandsmäßig organisierter Kooperationsansätze findet nur bei einigen wenigen multisektoralen Verbänden statt. Beispiele hierfür sind die bis 1997 existierende Municipality of Metropolitan Toronto und einige kanadische Communautés Urbaines, der Umlandverband Frankfurt und der Verband Region Stuttgart sowie mit Einschränkungen die Special Districts in den USA. Bei Kooperationsansätzen in Form neuer Gebietskörperschaften ist eine Direktwahl der kommunalen Vertreter obligatorisch; die Zahl derartiger Ansätze ist allerdings in allen projektbeteiligten Ländern sehr gering.

Vor allem auf französischer Seite stößt der Mangel an unmittelbarer demokratischer Kontrolle bei formellen Kooperationsansätzen auf zunehmende Kritik. Der deutliche Kompetenz- und Einflussgewinn von Zweck- und Kommunalverbänden findet danach in den Entscheidungsstrukturen dieser Verbände keine angemessene Entsprechung; diese werden daher häufig von den jeweils größten Gemeinden majorisiert. Kleinere Kommunen hingegen sind infolge zeitlicher Engpässe und fachlicher Defizite ihrer Vertreter weder in allen Sitzungen noch in ausreichender Weise repräsentiert. Im Sinne einer Verbesserung dieser Situation sollten daher, so wird gefordert, die lokalen Repräsentanten mit mehr Kompetenzen und Ressourcen ausgestattet werden und einer unmittelbaren demokratischen Kontrolle unterliegen.

Auf zwei weitere in diesem Kontext problematische Entwicklungen wird von nahezu allen Berichterstattern hingewiesen:

- eine Zunahme informeller Kooperationsansätze, deren Mitglieder unter funktionalen Gesichtspunkten bestimmt werden, und die keinerlei demokratischer Kontrolle unterliegen, sowie

- eine gleichfalls zunehmende Verlagerung kommunaler Aufgaben auf funktionsspezifische Organisationseinheiten, deren Entscheidungsorgane zwar mittelbar demokratisch legitimiert sind, die aber für den durchschnittlichen Gebietsbewohner häufig nur einen weiteren Rückgang an Einflussmöglichkeiten und Übersichtlichkeit bedeuten.

Über die Notwendigkeit einer demokratischen Legitimation interkommunaler Kooperationsansätze, die für öffentliche Aufgaben und Angelegenheiten zuständig sind, sowie darüber, dass die gegenwärtigen Regelungen oft unzureichend sind, besteht weitgehende Übereinstimmung. Wie diesem Defizit allerdings wirkungsvoll zu begegnen ist, ist eine von den jeweiligen nationalen und lokalen Konstellationen abhängige Frage; Einigkeit scheint jedoch darüber zu bestehen, dass die kommunalen Repräsentanten vor allem in regionsweit tätigen Verbänden ihren Wählern gegenüber unmittelbar rechenschaftspflichtig sein sollten.

4.4 Räumlicher Zuschnitt

Der räumliche Zuschnitt von Kooperationsansätzen orientiert sich in der Regel – und dies gilt nationalstaatenübergreifend sowohl für aufgabenspezifische als auch für regionsorientierte Ansätze – an bestehenden Gebiets- und Verwaltungsgrenzen. In den meisten Fällen wirft dieser Zuschnitt jedoch Probleme auf. Bei der Realisierung regionsorientierter Ansätze werden diese in der Regel unmittelbar sichtbar, bei aufgabenspezifischen Organisationseinheiten werden sie hingegen erst mittelbar wirksam. Die Grenzziehung des Einzelfalles ist bei diesen Organisationen in der Regel kein Problem; schließlich zählt es zu den unbestreitbaren Vorteilen dieser Einrichtungen, dass sie ihren räumlichen Zuschnitt „maßgeschneidert", das heißt den jeweiligen Aufgaben, Gebietsgrenzen und Interessen potenziell Beteiligter entsprechend, vornehmen können. In Staaten wie Großbritannien und Frankreich, in denen zu diesen Beteiligten auch andere Organisationen und Institutionen oder bereits bestehende Kooperationsansätze mit jeweils unterschiedlichen Einzugsgebieten zählen können, wird diese Grenzziehung zwar komplizierter, bleibt aber immer noch weitgehend unproblematisch. Zu einem Problem wird der räumliche Zuschnitt von Kooperationen mit einem spezifischen Geschäftszweck jedoch immer dann, wenn – wie in den meisten Ballungsräumen üblich – mehrere dieser Organisationen mit jeweils anderen Kombinationen von Akteuren nebeneinander existieren. Ihre Einzugsbereiche sind meist weder mit dem Ballungsraum noch untereinander deckungsgleich und geben – dafür ist der Verdichtungsraum Mülhausen in Frankreich eines von vielen Beispielen – ein verwirrendes Bild räumlicher Überschneidungen wieder. In den Niederlanden hat dieser Sachverhalt das zuständige Ministerium des Innern bereits in den 80er Jahren veranlasst, einen Versuch zur räumlichen Neuorganisation des Zweckverbandswesens zu unternehmen. Landesweit wurden daher 39 so genannte Kooperationsgebiete (Samenwerkingsgebieden) mit verbindlichen räumlichen Grenzen für die Bildung neuer und die Reorganisation bestehender Zweckverbände eingerichtet. Diesem Ansatz war allerdings infolge der toleranten Genehmigungspraxis der zuständigen Provinzregierungen in der Praxis kein Erfolg beschieden; er wurde daher in den 90er Jahren wieder aufgegeben.

Bei der Einrichtung regionsorientierter Kooperationsansätze scheint der räumliche Zuschnitt zunächst vor allem deshalb problematisch, weil die unterschiedlichen Funktions- und Aufgabenbereiche – vom Ver- und Entsorgungswesen bis zum ÖPNV, vom Wohnungsmarkt bis zur Kultur- und Freizeitinfrastruktur – jeweils unterschiedliche Einzugsbereiche betreffen. Und jeder dieser Einzugsbereiche ist in Abhängigkeit von aufgabenspezifischen wie siedlungsstrukturellen Entwicklungen relativ raschen Veränderungen unterworfen. Ein Blick in die Praxis lässt allerdings oft starke Diskrepanzen zwischen dem räumlichen Zuschnitt interkommunaler Kooperationsansätze und den jeweiligen funktionalen Beziehungen deutlich werden und zeigt, dass bei der Festlegung dieses Zuschnitts häufig andere als funktionale Kriterien eine wesentlich wichtigere Rolle spielen. Hierzu zählen insbesondere

- historische Bezüge, die im positiven Fall eine Kooperation erleichtern, im negativen Fall jedoch erschweren oder auch verhindern können,

- parteipolitische Unterschiede und Konflikte oder auch Gemeinsamkeiten zwischen potenziellen Kooperationspartnern,

- das in der Regel problematische Verhältnis zwischen Kernstadt und Umlandgemeinden, das letztere – oft nicht unberechtigt – eine Majorisierung durch die Kernstadt befürchten lässt, sowie nicht zuletzt

- ökonomische Disparitäten und Konkurrenzen zwischen potenziellen Kooperationspartnern, die sich gleichfalls negativ auf deren Kooperationsinteresse auswirken können.

Bei der Einrichtung des Metropolitan Council der „Zwillingsstadt" Minneapolis/St. Paul beispielsweise spielten ethnische und religiöse Gemeinsamkeiten der jeweiligen Stadtbewohner eine maßgebliche Rolle. Für den Gebietszuschnitt des Frankfurter Umlandverbandes waren weniger funktionale Verflechtungskriterien ausschlaggebend als politische Zweckmäßigkeitsüberlegungen, die darin zum Ausdruck kommen, dass dem Verband mehrere der an die Kernstadt angrenzenden Landkreise nur mit einem Teilgebiet angehören. Und der geplante Gemeindeverband „Region Hannover" schließlich scheint vor allem auch deshalb realisierbar zu sein, weil die Kernstadt von nur einem Mantelkreis mit ähnlichen politischen Mehrheitsverhältnissen umgeben ist.

Ein maßgebliche Rolle können funktionale Kriterien vor allem dann spielen, wenn der räumliche Zuschnitt eines Verbandsgebietes von der zuständigen Regierungsebene verordnet wird. Ein Beispiel hierfür ist der Einzugsbereich des Greater Toronto Services Board, die Greater Toronto Area. Dieser Ballungsraum, der nach Mexiko City, New York, Los Angeles und Chicago die fünftgrößte Stadtregion in Nordamerika bildet[15], wurde durch Beschluss der Provinzregierung Ontario zum Verbandsgebiet und damit „die Region an sich" zur „Region für sich" erklärt.

Aufgaben und Kompetenzen, Finanzen, räumlicher Zuschnitt und demokratische Legitimation als maßgebliche Elemente interkommunaler Kooperationsansätze sind keine statischen Größen, sondern Variablen und jeweils von einer Vielzahl von Einflussfaktoren abhängig. Ungeachtet der damit möglichen unterschiedlichen Ausprägungen und Merkmalskombinationen haben sich bei umfassenderen und stadtregionalen Kooperationsansätzen vor allem jene als sinnvoll erwiesen, bei denen möglichst viele der folgenden Merkmale gegeben sind:

- *klare Trennung zwischen den Aufgaben der übergeordneten und denen der lokalen Ebene,*

- *eigene Finanzmittel in Form eigener Steuereinnahmen,*

- *Besetzung der Entscheidungsorgane mit direkt von den Wählern der Mitgliedskommunen gewählten Repräsentanten sowie*

- *ein räumlicher Zuschnitt, der nicht das Ergebnis vielfältiger Kompromisse, sondern vor allem relevanter funktionaler Verflechtungen ist.*

---

[15] *OECD (Hrsg.)*, S. 224.

5. Fazit, offene Fragen und weiterführende Empfehlungen

5.1 Fazit und abschließende Bewertung

Interkommunale Kooperation: beständige Forderung und abhängige Variable

Das Thema interkommunale Kooperation ist weder für deutsche noch für ausländische Kommunen neu. Die ersten gesetzlichen Regelungen zur Einrichtung interkommunaler Zweckverbände gab es in mehreren Staaten schon im ausgehenden 19. Jahrhundert. Dieses schon seit langem bestehende Erfordernis interkommunaler Zusammenarbeit ist vor allem Ausdruck des Widerspruchs zwischen tradierten und statischen Gemeindegrenzen und der Dynamik gesellschaftlicher und wirtschaftlicher, diese Grenzen transzendierender Entwicklungen. Der auf der Ebene der Nationalstaaten zu beobachtende „Prozeß der Territorialisierung, Deterritorialisierung und Reterritorialisierung, der durch die ganze historische Geographie des Kapitalismus kontinuierlich vonstatten geht"[16], findet auf kommunaler und regionaler Ebene seine kleinräumliche Entsprechung in vielfältigen und wechselnden Kooperationsbeziehungen sowie unterschiedlichen Formen der administrativen Neuorganisation (Eingemeindungen, Gemeindeverbände und -zusammenschlüsse), mit denen veränderten sozioökonomischen Beziehungen und Konstellationen Rechnung getragen werden soll.

Das Verhältnis zwischen sozioökonomischer Entwicklung und kommunalen Strukturen und Abgrenzungen gehorcht jedoch keinen Automatismen, sondern ist – wie die nationalspezifisch unterschiedlichen Erfahrungen zeigen – durch eine Vielzahl intermediärer Variablen bestimmt, die nationaler wie kommunaler, politisch-administrativer wie akteursspezifischer Natur sein können. Strukturelle Reformen und Innovationen auf kommunaler und regionaler Ebene sind daher stets eine vielfach gebrochene Reaktion auf spezifische gesellschaftliche Anforderungen.

Aktuelle Kooperationsnotwendigkeit und ihre Ursachen

Die Notwendigkeit einer verstärkten Kooperation auf kommunaler Ebene und/ oder auch einer Reform dieser Ebene wird seit den späten 80er beziehungsweise

---

[16] *David Harvey*, Betrifft Globalisierung, in: Steffen Becker, Thomas Sablowski und Wilhelm Schumm (Hrsg.), Jenseits der Nationalökonomie?, Berlin und Hamburg 1997, S. 37.

frühen 90er Jahren in allen projektbeteiligten Nationen betont. Gleichzeitig messen auch suprakommunale Gebietskörperschaften (von der Europäischen Union über Bundes- und Zentralstaaten bis zu Ländern und Provinzen) der stadtregionalen E-bene zunehmende Bedeutung bei.

Zu den maßgeblichen Gründen für eine verstärkte Kooperationsnotwendigkeit – insbesondere in verstädterten Regionen – zählen fragmentierte politisch-administrative Strukturen auf lokaler Ebene (als Folge unterlassener oder, wie in Großbritannien, staatlich veranlasster Gebietsreformen) bei gleichzeitig sich ändernden Aufgaben- und Problemstellungen; ein zunehmendes siedlungsstrukturelles, mit vielfältigen Formen kernstadtexterner Entwicklung (Sub-, Ex-, Periurbanisierung) einhergehendes Wachstum; eine immer dichtere funktionale Verflechtung zwischen allen stadtregionalen Teilräumen (Kernstädten, alten und neuen Umlandgemeinden sowie „Zwischenstädten"); gleichfalls zunehmende, für die Gesamtentwicklung von Stadtregionen bedrohliche finanzielle Disparitäten zwischen Kernstädten, Peripherie und Umland; eine auf supranationaler wie nationaler Ebene stattfindende und an regionale Allianzen und Kooperationsbündnisse gebundene Regionalisierung von Fördermitteln; ein Bedeutungsgewinn der regionalen Ebene im Kontext des sich verschärfenden und internationalisierenden Wettbewerbs der (Groß-)Städte sowie nicht zuletzt ein häufig bestehendes Dickicht von Kompetenzen innerhalb von Stadtregionen (infolge eines oft unkoordinierten Nebeneinanders unterschiedlicher, für öffentliche Angelegenheiten zuständiger Gebietskörperschaften, Organisationen und Institutionen).

Veränderte Rahmenbedingungen infolge des Transformationsprozesses öffentlicher Akteure

Anlässe und Kooperationsnotwendigkeiten treffen in jüngerer Zeit auf politisch-administrative Strukturen, die anders als zu Zeiten der auch in anderen Staaten durchgeführten Gebietsreformen der 60er und 70er Jahre brüchig und in Veränderung begriffen und gleichzeitig oft selbst Anlass verstärkter Kooperations- und Koordinationsbedarfe sind. Vieles, was früher stabil und sicher schien – wie maßgebliche Akteure, deren Rollen und Kompetenzen – ist inzwischen Gegenstand von Reorganisation und Umbau geworden.

Auf der Ebene der einzelnen Zentral- und Bundesstaaten beispielsweise lässt sich als Folge veränderter politischer und sozioökonomischer Rahmenbedingungen (von der Einrichtung supranationaler Organisationen bis zur Herausbildung großer, transnational agierender Wirtschaftsunternehmen) eine tendenzielle Transformation des Nationalstaates bisheriger Prägung beobachten. Ob diese vor allem einen Umbau in Richtung „nationaler Wettbewerbsstaat"[17] unter weitgehender Reduzie-

---

[17] *Joachim Hirsch*, Der nationale Wettbewerbsstaat, Berlin 1995.

rung bisheriger keynesianisch-wohlfahrtsstaatlicher Elemente und/oder aber eine Aushöhlung des Nationalstaates infolge deutlicher Kompetenzverluste zugunsten supra- oder subnationaler Ebenen bedeuten wird, ist eine von Staat zu Staat unterschiedlich zu beantwortende Frage.

Gleichzeitig mit dem Wandel vom regulierenden zum wirtschaftlich agierenden Staat vollzieht sich in einigen Ländern auch ein tiefgreifender Modernisierungsprozess der kommunalen Ebene, bei dem gleichfalls die Privatwirtschaft und/oder ihre Prinzipien eine maßgebliche Rolle spielen. Zentrale Ziele dieses Umbauprozesses sind zum einen die Effektivierung kommunaler Verwaltungen (durch Reduzierung administrativer Ebenen wie in Großbritannien oder durch interne Reorganisation wie in den Niederlanden und in Deutschland) und zum anderen eine strukturelle, in den meisten Staaten zu beobachtende Veränderung durch Ausgliederung sowie Voll- oder Teilprivatisierung bisher kommunal erbrachter Leistungen und Aufgaben. Die Ergebnisse dieses Transformationsprozesses auf stadtregionaler Ebene – dafür sind die Entwicklungen in Großbritannien ein klarer Beleg – sind ein Anstieg der Zahl von Akteuren, weitere Fragmentierung und Kompetenzüberschneidungen und damit zusätzlicher Kooperations- und Koordinierungsbedarfe.

Neben diesen politisch-administrativen, keineswegs geradlinig und im Einzelnen von Staat zu Staat unterschiedlich oder in Widersprüchen verlaufenden Reformprozessen haben sich auch die wirtschaftlichen Anforderungen und Akteursstrukturen verändert. Letztere sind durch ein zunehmend breiter werdendes Spektrum von regional, national oder international operierenden Akteuren gekennzeichnet, deren Präferenzen und Blickwinkel deutlich schwanken: zwischen starker und kleinteilig orientierter interkommunaler Konkurrenz (zur Beibehaltung eigener Handlungsoptionen) sowie einer verbesserten großräumigen Koordination (im Sinne gesamtregionaler Wettbewerbsfähigkeit).

Kooperationsformen und aktuelle Entwicklungstrends

Diesen allgemein sich verändernden Rahmenbedingungen steht in allen projektbeteiligten Nationen eine breite Palette von interkommunalen Kooperationsansätzen gegenüber. Diese sind zum einen Ausdruck von spezifischen nationalen und lokalen Bedingungen (auch früherer Zeiten) und zum anderen Reflex der staatenübergreifenden Modernisierungsbemühungen der vergangenen Jahre. Unter Vernachlässigung der Besonderheiten des Einzelfalles lassen sich hier in jüngerer Zeit zwei übergreifende, mit einem jeweils anderen Verständnis von öffentlicher Hand und ihren Funktionen einhergehende Entwicklungstrends feststellen:

- zum einen eine deutliche Zunahme aufgaben- und projektspezifischer formeller oder in ihrem räumlichen und inhaltlichen Umfang unterschiedlich konzipierter informeller Ansätze,

- zum anderen eine in der Regel punktuelle Renaissance regionsweit operierender und nicht allein auf Kooperation, sondern insbesondere auf Koordination setzender Formen der Zusammenarbeit.

Der erste dieser beiden Trends ist vor allem Ergebnis des aktuellen Modernisierungsprozesses kommunaler Verwaltungen und geht daher in den meisten der in dieser Studie behandelten Staaten auf neoliberale Reformansätze wie New-Public-Management und Public-Choice und deren Ziele und Prinzipien zurück. Danach sind[18]:

- freiwillige Kooperation auf kommunaler Ebene der Einrichtung übergreifender regionsweiter Ansätze vorzuziehen,

- institutionelle Fragmentierung und räumliche Überschaubarkeit Garanten dafür, dass Wettbewerb und individuelle Wahlmöglichkeiten erhalten bleiben,

- kommunale Vielfalt und Kleinteiligkeit von Vorteil für Innovationen bei der lokalen Aufgaben- und Leistungserbringung,

- regionsorientierte Verwaltungsansätze undemokratisch, da sie die Distanz zwischen Bürgern und Verwaltung vergrößern,

- Vorstellungen eines zusammenhängenden Territoriums nur noch ein Mythos; räumliche Grenzen werden durch die spezifischen und jeweils unterschiedlichen Einzugsbereiche von Aufgaben und Problemen bestimmt und unterliegen einer „variablen Geometrie"[19].

Neben diesen Prinzipien, die immer mehr Bereiche der öffentlichen Verwaltung erfassen, können für den „Boom" kleinteiliger und/oder informeller Kooperationsansätze auch weitere Gründe – wie parteipolitische Zielvorstellungen im Großbritannien der 80er und 90er Jahre oder fragmentierte kommunale Verwaltungsstrukturen wie in Frankreich oder (noch) in Ostdeutschland – eine wichtige Rolle spielen.

Das Ergebnis für die Akteursstrukturen in Verdichtungsräumen ist allerdings ungeachtet unterschiedlicher Ursachen meist gleich; vertikale Dezentralisierung und horizontale Segmentierung münden in ein zunehmend schwerer zu überschauendes Nebeneinander von Gebietskörperschaften, Organisationen und Institutionen sowie öffentlich-rechtlich, privatrechtlich oder auch informell organisierten Kooperationsansätzen mit jeweils unterschiedlichen Akteuren, Aufgaben und Gebietszuschnitten. Im angloamerikanischen Raum wird diese Entwicklung schon seit den 70er Jahren mit dem inzwischen auch in den deutschen Sprachraum vordringenden Begriff der Urban Governance umschrieben. Von vielen, die diesen Begriff verwenden und insbesondere von den Protagonisten der Public-Choice-Bewegung

---

[18] *OECD (Hrsg.)*, S. 23 f.
[19] *Georges Cavallier*, Challenges for Urban Governance in the European Union, Dublin 1998, S. 33 f.

wird allerdings meist vergessen, dass Urban Governance für den Urheber dieses Begriffs, den US-amerikanischen Stadtforscher Victor Jones, kein isoliert anzustrebendes Ziel bedeutet, sondern immer einer regionsweit operierenden Instanz als Voraussetzung bedarf: zur Koordinierung der „numerous special-purpose bodies in the region."[20]

Aufgabenspezifische wie informelle Kooperationsansätze haben – und dies ist nicht allein die Sichtweise von Vertretern des Public-Choice-Ansatzes – unbestreitbare Vorteile. Sie lassen sich relativ leicht einrichten und können den spezifischen Umständen des Einzelfalles (Aufgaben, Problemen, örtlichen Konstellationen) entsprechend organisiert und räumlich konzipiert werden. Bei aufgabenspezifischen Organisationseinheiten werden als weitere Vorteile Professionalisierung, zeitliche Beschleunigung und Effizienzgewinn genannt, bei informellen hingegen die Einbeziehung unterschiedlicher und zusätzlicher Akteure sowie der Aufbau von interaktiven Strukturen und Vertrauen zwischen diesen Akteuren.

Zu den zentralen Nachteilen zählen die mit diesen Kooperationsformen einhergehende Fragmentierung der kommunalen Ebene und der daraus für die Bürger resultierende Verlust an Übersichtlichkeit und Transparenz, der Rückgang unmittelbarer demokratischer Kontrolle durch Übertragung öffentlicher Aufgaben an mittelbar oder – im Falle informeller Ansätze – in keiner Weise legitimierte Kooperationsorgane sowie eine Konzentration auf weitgehend unstrittige Aufgaben und Probleme. Vorrang hat dabei das Konsensprinzip – unter bewusster Vermeidung möglicher Konflikte und mit der Gefahr, dass dadurch nur bestimmte, ohnehin einflussreiche Interessen und Positionen bestätigt werden.

Seit den frühen 90er Jahren haben auch regionsorientierte Kooperationsansätze – und dies ist der zweite Entwicklungstrend – erneut an Bedeutung gewonnen: zunächst in der kommunalwissenschaftlichen und auch -politischen Diskussion, in jüngster Zeit auch in der kommunalen Praxis. Diese Ansätze erfolgen allerdings mit Ausnahme von Frankreich nur punktuell und konzentrieren sich jeweils auf einige wenige Stadtregionen. Beispiele hierfür sind

- die geplante Einrichtung der Greater London Authority und von Regional Development Agencies in Großbritannien,

- die Neuordnung des Systems stadtregionaler Verbände in Frankreich mit der Einrichtung eines besonderen Typs von Verbänden für Verdichtungsräume mit mehr als 500 000 Einwohnern,

- die beabsichtigte Einrichtung von Stadtprovinzen in verstädterten Regionen der Niederlande,

---

[20] Zit. nach *Max Barlow*, S. 6.

- die Einrichtung einer ballungsraumweiten Koordinierungsinstanz im Groß-raum Toronto unter gleichzeitigem Zusammenschluss der Kernstädte dieses Raumes zu einer Großkommune sowie schließlich

- die beiden deutschen Reformansätze „Verband Region Stuttgart" und „Region Hannover".

Während in den 60er und 70er Jahren den meist regionsorientierten Reformansät-zen noch ein spezifisches Verständnis von Staat und öffentlicher Hand, ihren Insti-tutionen sowie deren regulierenden und koordinierenden Funktionen zugrunde lag, sind heutige Reformansätze vor allem pragmatische Reaktionen auf bereits an anderer Stelle genannte Kooperationsanlässe: von regionsinternen Veränderungen und Disparitäten (in Bezug auf Ressourcen, Finanzen und Lasten) bis zu externen, in der Regel wettbewerbsbestimmten Anforderungen. Sie sind aber auch – und Bei-spiele hierfür sind vor allem die Entwicklungen in Großbritannien und Frankreich – eine Reaktion auf die mit dem ersten Entwicklungstrend einhergehende (weitere) Fragmentierung der kommunalen Ebene und den daraus resultierenden erhöhten Koordinierungsbedarf. Kleinteilige Gebietsstrukturen und Kooperationsansätze so-wie regionsweite Formen der Zusammenarbeit stehen damit in einem engen Zu-sammenhang: Je größer die Zahl punktueller und informeller Ansätze, desto höher wird der Bedarf an übergreifenden Instanzen zur Steuerung und Koordinierung.

Die mit stadtregionalen Kooperationsansätzen verbundenen Vor- und Nachteile sind daher vielfach das genaue Gegenteil der positiven und negativen Seiten klein-teiliger oder informeller Kooperationsformen. Zu den Vorteilen wird insbesondere gezählt, dass diese Ansätze neben der Herstellung einer (möglichst großen) Kon-gruenz von räumlich-institutionellem Zuschnitt und stadtregionalen sozioökono-mischen Verflechtungen Verbesserungen bei der Kosten- und Ressourcenvertei-lung und der stadtregionalen Flächennutzungs- und Standortplanung bewirken sowie Mengenvorteile bei der Bereitstellung regionsweiter Leistungen ermöglichen (kön-nen)[21]. Darüber hinaus unterliegen sie neuerdings in zunehmendem Maße einer unmittelbaren demokratischen Kontrolle durch die Gebietsbewohner.

Die Nachteile stadtregionaler Kooperationsansätze liegen häufig darin begründet, dass sie – wenn sie nicht in gebietskörperschaftlicher Form organisiert sind – außer-halb der tradierten politisch-administrativen Systeme etabliert werden und damit Ergebnis vielfältiger Kompromisse sind. Die sich daraus ergebenden Unzulänglich-keiten in Bezug auf Kompetenzen, Funktionen und Zuschnitt führen wiederum dazu, dass die Ansätze die in sie gesetzten Erwartungen – insbesondere in Bezug auf regionsinterne Ausgleichs- und Verteilungsfragen – nicht oder nur unzurei-chend erfüllen können. Der gravierendste Nachteil verbandsförmig organisierter Ansätze besteht allerdings oft in ihrer tendenziellen Inflexibilität, das heißt darin,

---

[21] *OECD (Hrsg.)*, S. 23.

dass sie nur – und dies im günstigsten Fall – den spezifischen Erfordernissen eines bestimmten Zeitabschnitts und der dann gegebenen Konstellationen entsprechen, diese Erfordernisse jedoch infolge der räumlich-funktionalen Entwicklungsdynamik von Stadtregionen kontinuierlichen Veränderungen unterworfen sind.

5.2 Offene Fragen zur weiteren Entwicklung interkommunaler Kooperationsansätze

Interkommunale Kooperationsansätze in Stadtregionen waren und sind das vielfach vermittelte Ergebnis eines komplexen Geflechts aus nationalen Spezifika und übergreifenden Entwicklungstrends, politischen Schwerpunktsetzungen und ökonomischen Erfordernissen, administrativen Strukturen und räumlich-funktionalen Veränderungen. Auch künftige Strukturen und Formen von Kooperationsansätzen werden von der Entwicklung dieser Rahmenbedingungen und Einflussfaktoren abhängen, das heißt insbesondere von

- dem Selbstverständnis der öffentlichen Hand. Werden sich öffentliche Akteure als regulierende und koordinierende Instanzen oder aber vor allem als Marktteilnehmer und Kooperationspartner sowie Moderatoren gesellschaftlicher Entwicklungsprozesse verstehen? Welche Kompetenzen und Funktionen werden in diesem Zusammenhang bei öffentlichen (kommunalen) Akteuren verbleiben, welche an private oder halbprivate übertragen werden?

- der Entwicklung der aktuellen, die kommunale Ebene fragmentierenden Verwaltungsmodernisierung. Wird diese in ihrer bisherigen Form weiter fortgeführt oder – wie in Großbritannien beabsichtigt – als Folge vorliegender negativer Erfahrungen einer deutlichen Revision unterzogen?

- der Rolle und Entwicklung verstädterter Regionen. Wird sich der gegenwärtig von vielen Seiten betonte Wettbewerb der Regionen weiter verschärfen? Welche Auswirkungen sind daraus für die künftige funktionale und siedlungsstrukturelle Entwicklung von Regionen zu erwarten?

- der Entwicklung vorhandener Widersprüche und Disparitäten in Stadtregionen. Werden diese weiter zunehmen oder sich künftig durch geeignete Maßnahmen abfedern lassen?

- den maßgeblichen Akteuren, ihren Interessen und Präferenzen. Werden diese bei Kooperationsansätzen eher auf Konsensorientierung und Verhandlungsplanung setzen und sich auf unstrittige Themenstellungen sowie „weiche" Kooperationsformen beschränken oder sich auch konfliktträchtigeren, „härtere" Ansätze erfordernden Themenstellungen zuwenden?

- der künftigen Entwicklung vorhandener politisch-administrativer Strukturen. Wird beispielsweise eine umfassende, die Zahl der Gemeinden deutlich reduzierende Gebietsreform in Frankreich durchgeführt werden? Wird die beabsichtigte Regionalisierung im Vereinigten Königreich umgesetzt? Wird es zu einer Neuorganisation der staatlichen Mittelebene (Provinzen in den Niederlanden, Bundesländer in Deutschland) oder aber weitreichenden Verwaltungsstrukturreformen innerhalb einzelner deutscher Bundesländer kommen?

Eine Beantwortung dieser Fragen ist gegenwärtig nicht möglich. Sicher ist allerdings, dass es auch in Zukunft nicht den für alle Regionen und alle Situationen passenden Ansatz geben wird. Es ist deshalb weiterhin – eventuell mit veränderten Schwerpunktsetzungen – ein Nebeneinander von aufgabenspezifischen Funktionseinheiten, informellen Netzwerken, multisektoralen Verbänden oder auch ballungsraumspezifischen Gebietskörperschaften zu erwarten. Zu erwarten ist ferner, dass der durch kleinteilige Verwaltungsstrukturen und die Public-Choice-Bewegung ausgelöste institutionelle und organisatorische Wirrwarr in Stadtregionen immer deutlicher und der Bedarf an intraregionaler Koordination damit zunehmend größer wird. Ein Indiz hierfür sind die in jüngster Zeit in mehreren Staaten geäußerten Forderungen nach einer Verbindung von kleinteiligen und übergreifenden Ansätzen über die Einrichtung regional orientierter Koordinierungsinstanzen.

In Deutschland wurde ein solcher Ansatz zur Verknüpfung von „weichen" und „harten", „kleinen" und „großen" Kooperationsformen bereits Anfang der 90er Jahre von einem Vertreter des Frankfurter Umlandverbandes unter dem Begriff „Netzwerkmodell" vorgeschlagen[22] (vgl. dazu Kapitel IV. des deutschen Beitrags in dieser Studie); in jüngerer Zeit wurde dieser Ansatz von verschiedenen Seiten wieder aufgegriffen[23]. Gefordert wird die Einrichtung einer Institution, die „quasi als 'Dach' über den bewährten Zweckverbänden mit eng umgrenzten Kooperationsfeldern die Zusammenarbeit bündelt"[24]. Die Form dieser Institution sollte die eines Mehrzweckverbandes sein[25]; es ließe sich auch „an den bestehenden Regionalplanungsorganisationen ansetzen, die aber in ihrem Charakter zu Entwicklungsagenturen mutieren müßten"[26]. Für den niederländischen Kooperationspartner der vor-

---

[22] *Lorenz Rautenstrauch*, Netzwerke als Organisationsmodelle für die Regionalverwaltung – Überlegungen auf dem Erfahrungshintergrund des Verdichtungsraumes Rhein-Main, Frankfurt/M. 1992 (Manuskript).

[23] Vgl. dazu *Folkert Kiepe*, Die Region als Dach für die kommunale Kooperation – Zur Notwendigkeit von Stadtregionen, in: Eildienst Städtetag Nordrhein-Westfalen, 1999, H. 1/2, S. 2 ff.; *Dietrich Fürst*, „Weiche" versus „harte" Kommunalverbände: Gibt es Gründe für eine „härtere" Institutionalisierung der regionalen Kooperation?, in: Gerhard Seiler (Hrsg.), Gelebte Demokratie, Stuttgart 1998, S. 138 ff.

[24] *Rolf Böhme*, Für neue Instrumente in der regionalen Zusammenarbeit, in: Demokratische Gemeinde 1999, H. 7, S. 17.

[25] Ebenda.

[26] *Dietrich Fürst*, S. 155.

liegenden Studie ist ein Regionalrat mit Bündelungskompetenzen denkbar, und im kanadischen Großraum Toronto sind derartige Überlegungen bereits ansatzsweise umgesetzt worden: mit der Einrichtung des Greater Toronto Services Board.

5.3 Weiterführende Empfehlungen

Umfassende stadtregionale Kooperationsansätze werden in Zukunft an Gewicht gewinnen und dazu beitragen, dass – frei nach Marx – „Regionen an sich" zu „Regionen für sich" werden. Dafür sprechen sowohl die politisch-administrativen Defizite kleinteiliger Verwaltungs- und Kooperationsstrukturen (Kompetenzüberschneidungen, Unübersichtlichkeit usw.) als auch die zunehmende regionale Orientierung relevanter, im internationalen Maßstab operierender Wirtschaftsakteure sowie suprakommunaler wie auch supranationaler Fördermittelgeber. Welche Kooperationsformen dabei zum Zuge kommen – Gemeindeverbände in Gebietskörperschaftsform oder als Koordinierungsinstanzen fungierende Mehrzweckverbände oder Entwicklungsagenturen –, wird von den Bedingungen des Einzelfalles und den jeweiligen Akteuren und ihren spezifischen Interessen abhängen. Damit diese Ansätze die in sie gesetzten Erwartungen erfüllen können und um zu vermeiden, dass sie rasch zu „zahnlosen Tigern" – wie Kritiker den Frankfurter Umlandverband bezeichnen – werden, legen die Erfahrungen mit ausländischen, aber auch deutschen Kooperationsansätzen die Berücksichtigung mehrerer Aspekte nahe

Einzelfallorientierung

Form, Aufgaben und Zuschnitt von Kooperationsansätzen sollten sich an den spezifischen Bedingungen, Problemen und Anforderungen einer Region orientieren. Den für alle Situationen und Konstellationen passenden Kooperationsansatz gibt es nicht.

Aus den Fehlern der Vergangenheit lernen

Der Entwicklung neuer Ansätze sollte stets eine kritische Auseinandersetzung mit den Defiziten und Schwachstellen bisheriger Kooperationsformen vorausgehen. Die unzureichende Funktionsfähigkeit bestehender Kooperationsansätze ist vielfach weniger Ausdruck konzeptioneller Unzulänglichkeiten als der politisch, fiskalisch wie auch individuell begründeten Widerstände maßgeblicher Akteure.

Eindeutige Ebenentrennung

Kooperationsansätze sollten nicht additiv, sondern integrativ in vorhandene Verwaltungsstrukturen eingefügt werden: Die dafür notwendige Anpassung gilt für beide Seiten; im Sinne von mehr Transparenz und Klarheit des Verwaltungssystems sollte die Einrichtung stadtregionaler Kooperationsansätze eventuell auch Anlass für umfassendere Verwaltungsstrukturreformen sein.

Klare Aufgabentrennung

Die Aufgaben und Kompetenzen übergreifender Kooperationsansätze einerseits und der kommunalen Ebene andererseits (von kommunalen Gebietskörperschaften bis zu aufgabenspezifischen Funktionseinheiten) sollten klar voneinander abgegrenzt, Überschneidungen weitgehend vermieden werden. Regionsweit orientierte Ansätze sollten mit strategischen, konzeptionellen, koordinierenden wie auch regulierenden Kompetenzen in allen für den Einzelfall relevanten Funktionsbereichen ausgestattet sein; operative und Bürgernähe erfordernde Aufgaben und Dienstleistungen sollten der kommunalen Ebene vorbehalten bleiben.

Finanzielle Grundlagen

In Bezug auf ihre Finanzen sollten Kooperationsansätze möglichst unabhängig sein. Als günstigste Finanzierungsform haben sich eigene Steuereinnahmen oder – wenn diese aus verfassungsrechtlichen Gründen nicht durchsetzbar sind – Mischfinanzierungen aus Gebühren, Umlagen und Zuweisungen unterschiedlicher Ebenen erwiesen. Einseitige Abhängigkeiten von nur wenigen Mittelgebern oder Mitgliedskommunen sollten vermieden werden.

Räumlicher Zuschnitt

Die räumlichen Grenzen von Kooperationsansätzen sollten sich an den räumlich-funktionalen Beziehungen und den konkreten Problemen und Aufgaben der jeweiligen Stadtregion orientieren. Vorliegende, an funktionalen Verflechtungskriterien orientierte Abgrenzungsvorschläge von Seiten der Städtestatistiker könnten dabei als Grundlage dienen. Grenzziehungen, die vor allem durch politische Zweckmäßigkeitsüberlegungen und die in der Regel vorhandenen Widerstände kommunaler Akteure bestimmt werden, haben hingegen meist eine dauerhafte Beeinträchtigung der Funktionsfähigkeit von Kooperationsansätzen zur Folge.

Demokratische Legitimation

Die Entscheidungsorgane von Kooperationsansätzen sollten mit direkt von den Bürgern der Mitgliedskommunen gewählten Repräsentanten besetzt sein. Damit kann zum einen die potenzielle Dominanz spezifischer Interessengruppen vermieden und gleichzeitig zum anderen das Engagement der Bürger für regionale Belange gesteigert werden.

Formen der Kooperation

Als Idealform sollten Gemeindeverbände in Gebietskörperschaftsform angestrebt werden, da sich mit dieser Organisationsform den oben genannten Forderungen am besten Rechnung tragen lässt. Eine schwächere, infolge der mit der Einrichtung gebietskörperschaftlicher Organisationsformen verbundenen Schwierigkeiten jedoch vielfach notwendige Alternative bieten Mehrzweckverbände. Diese sollten allerdings – so weit wie möglich – mit gebietskörperschaftlichen Elementen ausgestattet sein. Dies gilt auch für Koordinierungsinstanzen, wenn diese den ihnen übertragenen Aufgaben gerecht werden sollen.

Impulse übergeordneter Verwaltungsebenen

Die Einrichtung stadtregionaler Kooperation sollte nicht der Freiwilligkeit kommunaler Gebietskörperschaften überlassen werden. Kooperationsansätze mit weitergehenden, in vorhandene Strukturen, Interessen und Pfründe eingreifenden Kompetenzen bedürfen der Unterstützung staatlicher, für die Einrichtung dieser Ansätze verfassungsrechtlich ohnehin zuständiger Ebenen. Eine Neuverteilung von Kompetenzen und Finanzmitteln ist allein durch eine freiwillige Kooperation von Gemeinden nicht zu erreichen.

Flankierende Maßnahmen

Zur Gewährleistung der Funktionsfähigkeit und zur Realisierung der mit ihnen verbundenen Ziele sollte die Einrichtung stadtregionaler Kooperationsansätze mit einer oder mehreren der folgenden Maßnahmen verknüpft werden: einer Reform vorhandener Verwaltungsstrukturen im Sinne ihrer Vereinfachung und zur Vermeidung von Kompetenzüberschneidungen; der Überführung einzelner, die interkommunale Konkurrenz maßgeblich beeinflussender Steuern auf die regionale Ebene (wie bei einigen französischen Beispielen) oder der Einrichtung von übergreifenden, an spezifische Steuereinnahmen gebundenen Regionalfonds.

Frühzeitige Bürgerbeteiligung

Bei der Einrichtung regionsorientierter Kooperationsansätze sollten die jeweiligen Gebietsbewohner frühzeitig in den Prozess der Konzipierung und Entwicklung einbezogen werden. Damit lassen sich Engagement und Interessen der Bürger für geplante Reformansätze erhöhen, gleichzeitig wird die Gefahr eines späteren Scheiterns (im Zuge von Referenda, wie etwa in den Niederlanden) minimiert.

Vermeidung punktueller Ansätze

Stadtregionale Kooperationsansätze sollten Teil von Konzepten sein, die jeweils das ganze Bundesland erfassen. Die auch in anderen Staaten (mit Ausnahme von Frankreich) vorherrschende Konzentration stadtregionaler Kooperationsansätze auf die jeweils wirtschaftsstärksten Räume unter Vernachlässigung der übrigen Landesteile verstärkt ohnehin sich vollziehende räumliche Konzentrationsprozesse in wirtschaftlicher und demographischer Hinsicht und trägt damit zur Verschärfung bestehender regionaler Disparitäten bei.

Zeitlicher Rahmen

Stadtregionale Kooperationsansätze als Reaktion auf zeitspezifische Anforderungen und Konstellationen sollten ausreichend elastisch und flexibel konzipiert werden, um auch unter veränderten Bedingungen funktionsfähig zu bleiben. Gleichzeitig sollte allerdings auf diese Bedingungen eingewirkt, das heißt versucht werden, innerregionale Siedlungstätigkeit und räumlich-funktionale Entwicklungsprozesse so zu steuern, dass diese die räumlichen Zuständigkeitsbereiche von Kooperationsansätzen nicht bereits kurz nach ihrer Einrichtung obsolet erscheinen lassen.

Literatur

Barlow, Max, Structures of Government in Metropolitan Regions: A Context for Planning, Dublin 1993 (Manuskript zur Tagung „The European City and its Region").

Böhme, Rolf, Für neue Instrumente in der regionalen Zusammenarbeit, in: Demokratische Gemeinde, 1999, H. 7, S. 17 ff.

Cavallier, Georges, Challenges for Urban Governance in the European Union, Dublin 1998.

Council of Europe (Hrsg.), Conference of European Ministers responsible for Local Government. Theme I: Major Cities and their Peripheries, H. 10, Straßburg 1993.

Fürst, Dietrich, „Weiche" versus „harte" Kommunalverbände: Gibt es Gründe für eine „härtere" Institutionalisierung der regionalen Kooperation?, in Gerhard Seiler (Hrsg.), Gelebte Demokratie, Stuttgart 1998, S. 138 ff.

Harvey, David, Betrifft Globalisierung, in: Steffen Becker, Thomas Sablowski und Wilhelm Schumm (Hrsg.), Jenseits der Nationalökonomie?, Berlin und Hamburg 1997, S. 37 ff.

Hirsch, Joachim, Der nationale Wettbewerbsstaat, Berlin 1995.

Kiepe, Folkert, Die Region als Dach für die kommunale Kooperation – Zur Notwendigkeit von Stadtregionen, in: Eildienst Städtetag Nordrhein-Westfalen, 1999, H. 1/2, S. 2.

Leicht, Dieter, „Nichts Genaues weiß man nicht", in: Demokratische Gemeinde, 1999, H. 3, S. 97 f.

OECD (Hrsg.) Redefining Urban Governance – Implementing Decentralization at the Me tropolitan Level, Paris 1999 (Manuskript).

Rautenstrauch, Lorenz, Netzwerke als Organisationsmodelle für die Regionalverwaltung – Überlegungen auf dem Erfahrungshintergrund des Verdichtungsraumes Rhein-Main, Frankfurt/M. 1992 (Manuskript).

Rohr, Götz von, Interkommunale Kooperation, Thesenpapier für die wissenschaftliche Plenarsitzung der ARL „Kooperation im Prozeß des räumlichen Strukturwandels", Gelsenkirchen 1999 (Manuskript).

Sancton, Andrew, Governing Canada's City Regions: Adapting Form to Function, Quebec 1994.

VERZEICHNIS DER AUTOREN

Gordon Dabinett, Reader in Urban Regional Policy, Centre for Regional Economic and Social Research, School of Environment and Development, Sheffield-Hallam University, Großbritannien.

Dr. phil. *Werner Heinz*, Deutsches Institut für Urbanistik, Abt. Köln.

Prof. *Terrence Jones*, College of Arts and Sciences, Department of Political Science, University of Missouri – St. Louis, USA.

Prof. *Anton M.J. Kreukels*, Faculteit Ruimtelijke Wetenschappen, Universiteit Utrecht, Niederlande.

Prof. *Christian Lefèvre*, LATTS, Ecole Nationale des Ponts et Chaussées, Université Paris Val-de-Marne, Frankreich.

Prof. *Louise Quesnel*, Département de Science Politique, Université Laval, Quebec, Kanada.

Veröffentlichungen des Deutschen Instituts für Urbanistik

❐ **Schriften**

Zukunft der Arbeit in der Stadt
Von Dietrich Henckel, Matthias Eberling
und Busso Grabow
1999. Bd. 92. 416 S., 37 Abb., 20 Tab., 14
Übers., 2 Karten, DM 68,25
ISBN 3-17-016292-6

Die Zukunft der (Erwerbs-)Arbeit bestimmt
mehr als vieles andere die Zukunft der
Städte. Deutschland ist im internationalen
Vergleich durch hohe Arbeitslosenraten gekennzeichnet. Obwohl die Bekämpfung der
Arbeitslosigkeit weder formal kommunale
Aufgabe ist, noch die Städte instrumentell
und finanziell hinreichend dafür ausgestattet sind, sind sie zum Handeln gezwungen.

Die Studie – entstanden in Kooperation mit
fünf Großstädten – beschreibt die Veränderungen von Wirtschaft und Arbeit, nimmt
Stellung zu generellen Handlungschancen
und -grenzen, geht auf spezifisches Ausmaß
und spezifische Struktur der Arbeitslosigkeit
und deren Folgen für die Städte ein und be-
nennt konkrete kommunale Handlungsmöglichkeiten. Als Innovatoren können die
Kommunen – ungeachtet ihrer beschränkten Möglichkeiten – Wesentliches für die
Weiterentwicklung der Erwerbsarbeitsge-
sellschaft leisten.

**Kontrast und Parallele – kulturelle und po-
litische Identitätsbildung ostdeutscher Generationen**
Von Albrecht Göschel
1999. Bd. 91. 348 S., DM 58,–
ISBN 3-17-016292-6

In Hinsicht auf eine Integration der neuen,
gesamtdeutschen Gesellschaft stellt sich die
Frage, ob zwischen ost- und westdeutschen
Mentalitäten Unterschiede oder Ähnlichkeiten, Kontraste oder Parallelen dominieren. Für die neuen Bundesländer werden –
gleichermaßen zutreffend wie verfehlt und
begrenzt – sowohl Eigenständigkeiten in
den Entwicklungen von Normen und Einstellungen als auch Verzögerungen, Still-
stand oder gar Rückschritte gegenüber dem
Wandel im Westen konstatiert.

Vier ostdeutsche Generationen – 30er- bis
60er Jahre – zeigen deutliche Parallelen zu
den entsprechenden westdeutschen, werden aber durch staatliche Repression, Dominanz alter Eliten und kulturelle Isolation
gebrochen und in die Statik der DDR gezwungen. Die spiegelbildlichen Ansätze der
Mentalitätsentwicklung konnten sich nicht
zu breiten Bewegungen ausweiten, so daß
aus parallelen Ansätzen und Motiven kon-
trastierende Generationsformen entstanden.

Die Schriften des Deutschen Instituts für Urbanistik erhalten Sie nur im Buchhandel und beim
Verlag W. Kohlhammer   Postfach 80 04 30   D-70549 Stuttgart

Veröffentlichungen des Deutschen Instituts für Urbanistik

❐ **Difu-Beiträge zur Stadtforschung**

Städtebauliche Verträge – ein Handbuch
Zweite, grundlegend überarbeitete und er-
weiterte Auflage
Von Arno Bunzel, Diana Coulmas und
Gerd Schmidt-Eichstaedt
1999. Bd. 31. 328 S., 38 Regelungsbei-
spiele, 6 Übers., Sachregister, DM 62,–
ISBN 3-88118-292-6

**Zwischen Pflichtaufgaben und wirtschaft-
licher Betätigung – kommunale Abfallentsorgung in der Kreislaufwirtschaft**
Von Stephan Tomerius
1999. Bd. 30. 420 S., 19 Übers., 4 Sat-
zungsbeispiele, Stichwortregister, DM 82,–
ISBN 3-88118-291-8

**Ökologisch orientierte Wirtschaftspolitik –
ein neues kommunales Handlungsfeld**
Von Beate Hollbach-Grömig
1999. Bd. 29. 264 S., 8 Abb., 12 Tab.,
9 Übers., DM 48,–
ISBN 3-88118-285-3

❐ **Difu-Arbeitshilfen**

**Bauleitplanung und Flächenmanagement
bei Eingriffen in Natur und Landschaft**
Von Arno Bunzel
1999. 209 S., Schutzgebühr DM 55,–
ISBN 3-88118-279-9

**Neuerungen im Baugesetzbuch 1998 –
kommentiert für die Praxis**
Von Arno Bunzel, Lothar Hecker, Petra Lau,
Rainer Müller-Jökel, Michael Schaber
1998. 186 S., Schutzgebühr DM 52,–
ISBN 3-88118-250-0

**Das Verfahren zur Aufstellung eines Be-
bauungsplans**
Zweite Auflage unter Berücksichtigung des
novellierten Baugesetzbuchs 1998
Von Horst O. Taft, Marie-Luis Wallraven-
Lindl
1998. 149 S., Schutzgebühr DM 45,–
ISBN 3-88118-254-3

Difu-Beiträge zur Stadtforschung und Difu-Arbeitshilfen erhalten Sie im Buchhandel und beim

Deutschen Institut für Urbanistik
Postfach 12 03 21
D-10593 Berlin
Fax: 0 30/39 001-275
E-Mail: Verlag@difu.de
http://www.difu.de